Dr. Ernst Stahl
Dr. Georg Wittmann
Dr. Thomas Krabichler
Markus Breitschaft

E-Commerce-Leitfaden

Noch erfolgreicher im elektronischen Handel

3., vollständig überarbeitete und erweiterte Auflage

Universitätsverlag Regensburg

E-Commerce-Leitfaden

Noch erfolgreicher im elektronischen Handel
3., vollständig überarbeitete und erweiterte Auflage
Dr. Ernst Stahl, Dr. Georg Wittmann,
Dr. Thomas Krabichler, Markus Breitschaft

ISBN 978-3-86845-054-5

Verlag

Universitätsverlag Regensburg GmbH, Leibnizstraße 13, 93055 Regensburg, www.univerlag-regensburg.de

Grafische Konzeption und Gestaltung

seitenwind GmbH | Design und Kommunikation, Blumenstraße 18, 93055 Regensburg, www.seitenwind.com

Bildnachweis

ibi research
shutterstock.com: Africa Studio, Albo003, Alexander Lukin, Alexey Arkhipov, Alhovik, almagami, amasterphotographer, anaken2012, Anusorn P nachol, ArchMan, Artgraphics, Barbara J. Johnson, Benjamin Haas, bioraven, Bocos Benedict, Brendan Howard, Brian A Jackson, c., C. Vanrintel, carlosseller, Chad McDermott, Chepko Danil Vitalevich, Christophe Testi, cobalt88, crystalfoto, d3images, Darryl Sleath, Dchauy, dencg, Denisenko, Denis Vrublevski, Dinga, Dirk Ercken, disfera, djdarkflower, Eduard Härkönen, Eimantas Buzas, ekler, ericlefrancais, f9photos, Franck Boston, Freerk Brouwer, GoodMood Photo, GrigoryL, Hibrida, Horiyan, I. Pilon, infografick, Ints Vikmanis, Involved Channel, iofoto, isaravut, Ivonne Wierink, lznogood, Jiri Hera, Jo Ann Snover, justone, Kasia, kedrov, Lichtmeister, Liv friis-larsen, martan, mhatzapa, Miro Novak, momoforsale, Natali Glado, nik7ch, Oculo, Oleksiy Mark, Pedro Miguel Sousa, PHOTOCREO Michal Bednarek, photosync, Pichugin Dmitry, Refat, Rehan Qureshi, Robert Biedermann, Roman Sigaev, Rtimages, Sashkin, Sebastian Crocker, Stephen Coburn, STILLFX, tashatuvango, thumb, Timashov Sergiy, TOSP Photo, tr3gin, Tungphoto, Vahe Katrjyan, Valentina R., Valentyn Volkov, Valerie Potapova, Vector Department, vectorlib-com, Vivid Pixels, VLADGRIN, Vorm in Beeld, Yanas, Yuliyan Velchev, zentilia, Zhukov Oleg, zimmytws.

E-Commerce-Leitfaden-Team

Sabine Pur, Dr. Ernst Stahl, Stefan Weinfurtner, Silke Weisheit, Dr. Georg Wittmann

Kontakt

ibi research an der Universität Regensburg GmbH
Galgenbergstraße 25
93053 Regensburg

Telefon: 0941 943-1901

E-Mail: info@ibi.de
         team@ecommerce-leitfaden.de

Web: www.ibi.de
         www.ecommerce-leitfaden.de

Haftungserklärung

NAVIGATOR

eCommerce
Leitfaden

ibi

Inhalt

ibi

ibi

ibi

Geleitwort des Bundesverbands der Dienstleister für Online-Anbieter (BDOA)

Das Wachstum im E-Commerce wird wohl bald nicht mehr solide zweistellig sein, sondern dürfte „nur" noch zwischen 5-10 % p. a. liegen. Die gute Nachricht dabei: Solche Werte sind nachhaltig und werden sich in diesem Jahrzehnt strukturbedingt auch nicht mehr wesentlich verändern. Umso mehr lohnt es sich jetzt, die eigenen Abläufe als Anbieter genauer unter die Lupe zu nehmen, um Optimierungen vorzunehmen. Dafür ist der vorliegende E-Commerce-Leitfaden der beste Einstieg.

Zwei zunächst scheinbar gegenläufige Trends lassen sich strukturell ausmachen. Da sind zum einen die immer komplexer werdenden Wertschöpfungsketten. Zwar hat es den Distanzhandel mit großem Erfolg auch vor dem Internet-Zeitalter gegeben. Die Möglichkeiten der unmittelbaren digitalen Integration von Werbung, „Katalog" und Bestellabwicklung führen jedoch zu diversen Zusätzen, wie z. B. totaler mobiler Verfügbarkeit (one shop POS / Web), Einbindung in private Empfehlungen (Social Communities) oder Opti-

mierung von Warenwirtschaft und Finanzbuchhaltung (integriertes Fulfillment). Selbst Fachleuten fällt es schwer, hier einen substanziellen Überblick zu wahren. Immer neue Innovationen tun sich auf, vermeintliche Nischenfunktionen werden überraschend erfolgreich. Zum anderen versuchen immer mehr Anbieter, diese zunehmende Komplexität in Plattformen einzubinden und damit prozessual steuerbar zu machen. Auch hier ist der E-Commerce-Leitfaden aus meiner Sicht unverzichtbar, um zumindest den Status quo zu verstehen, damit daraus für das eigene Unternehmen denkbare Optionen abgeleitet werden können.

Der Bundesverband der Dienstleister für Online-Anbieter BDOA e. V. begrüßt darüber hinaus die Initiative, den vorliegenden E-Commerce-Leitfaden auch im Rahmen persönlicher E-Commerce-Tage und Verbandsveranstaltungen einem möglichst breiten Publikum zur Verbesserung von Transparenz und Verständnis bekannt zu machen. Dabei gilt in jedem Fall der alte Grundsatz: „Bücher sind am besten, wenn sie gelesen werden." ☺

Köln, im August 2012

Manfred K. Wolff
Vorsitzender des Bundesverbands der Dienstleister für Online-Anbieter (BDOA) e. V.

Geleitwort des Bundesverband des Deutschen Versandhandels (bvh)

Mit 34 Milliarden Euro Umsatz im Jahr 2011 legte der Interaktive Handel, d. h. der Online- und Versandhandel, in Deutschland eine hervorragende Leistung hin. Auch für das Jahr 2012 prognostiziert der bvh wieder eine Steigerung und rechnet aktuell mit 36,5 Milliarden Euro Umsatz für Waren. Der Anteil am Einzelhandel ist mittlerweile schon auf über 8 Prozent gestiegen. Diese kontinuierlich positive Entwicklung verdankt der Interaktive Handel vor allem dem Branchenturbo E-Commerce und dem Internet als Interaktionsmedium schlechthin. Das Internet ist und bleibt der Wachstumsmotor der Branche.

Mittlerweile gehen rund 65 Prozent der Branchenumsätze aller Distanzkäufe über die virtuelle Ladentheke. In Umsatzzahlen ausgedrückt rechnet man in diesem Jahr für den E-Commerce mit einem Umsatz von über 30 Milliarden Euro für Waren und Dienstleistungen.

Auch Trends wie Social Media und Mobile werden von Kunden- und Händlerseite ausgezeichnet angenommen und können sich schnell etablieren. Der bvh als Branchenvereinigung der Interaktiven Händler greift aktuelle Entwicklungen auf und beleuchtet diese. Im Erfahrungsaustausch mit den über 330 Mitgliedsunternehmen können Potenziale für die Branche am besten ausgemacht werden.

Aus diesem Grund unterstützt der bvh die Bestrebungen im Rahmen des Projekts „E-Commerce-Leitfaden", um interessierten Händlern objektive, praxistaugliche und ansprechend aufbereitete Informationen für ihre Internet-Aktivitäten an die Hand zu geben.

Wir wünschen den E-Commerce-Händlern weiterhin viel Erfolg. Aber vor allem appellieren wir weiterhin an die Innovationsbereitschaft, Aufgeschlossenheit und Schnelligkeit der Branche, die diese rasanten und beeindruckenden Entwicklungen erst möglich machen.

Berlin, im August 2012

Christoph Wenk-Fischer
Hauptgeschäftsführer des Bundesverband des Deutschen Versandhandels (bvh)

Geleitwort des Handelsverbands Deutschland (HDE)

Der E-Commerce hat seine Leistungsfähigkeit im Einzelhandel beeindruckend unter Beweis gestellt. Die Entwicklung in den vergangenen Jahren, vor allem aber die Erwartungen für die Zukunft zeigen, dass heute kein Einzelhändler dem Thema Internet aus dem Weg gehen kann.

Der stationäre Einzelhandel ist daher gut beraten, sich mit den Möglichkeiten dieser nicht mehr ganz neuen Dimension Internet vertraut zu machen. Dabei ist es längst nicht mehr ausreichend, eine Web-Visitenkarte mit einer Anfahrtsbeschreibung zu hinterlegen oder das Warenangebot einfach nur zu präsentieren. Die Kunden nutzen das Internet inzwischen mit großer Selbstverständlichkeit. Sie recherchieren Produktinformationen und suchen nach dem günstigsten Preis, bevor sie online bestellen oder in den stationären Markt gehen. Immer mehr Smartphone-Besitzer suchen auch gleich direkt im Laden online nach günstigeren Angeboten.

Das Internet als Absatzkanal wird also weiter an Bedeutung gewinnen. Doch deshalb ist der stationäre Handel noch lange nicht überflüssig. Denn auch wenn die Wachstumsraten im Fernabsatz (Versandhandel plus Online-Handel) stetig steigen, beträgt der Anteil am Gesamtabsatz des Einzelhandels nicht viel mehr als sechs Prozent. Es ist also noch nicht zu spät, sich dem Trend zu stellen und sein Geschäft an die Entwicklung anzupassen.

Wichtig ist der richtige Mix: Online- und Offline-Aktivitäten müssen intelligent verzahnt werden. Unter dem Stichwort „Multichannel-Anbieter" können sich klassische stationäre Einzelhändler auch heute noch eine Position schaffen, in der sie ihre spezifischen Vorzüge ausspielen können: Regionalität und Kundennähe verbunden mit der Präsenz im Netz. Die Online-Anzeige der Warenverfügbarkeit im Geschäft, die Bestellung im Netz bei Abholung im Laden, die Umtauschmöglichkeit online gekaufter Ware im Ladengeschäft, die Einbindung des mobilen Internets via Smartphones oder sozialer Netzwerke wie Facebook sind nur Beispiele für Multichannel-Aktivitäten. Die Verzahnung von Online- und POS-orientierten Aktivitäten in allen Bereichen – das ist die Herausforderung, die es zu meistern gilt. Das trifft nahezu alle Prozesse wie Marketing, Warenwirtschaft, Bestellung, Bezahlung, Lieferung bzw. Abholung und Umtausch oder Rückgabe.

Der vorliegende Leitfaden soll Hilfestellung geben, wie in Verbindung mit dem stationären Geschäft das Online-Engagement zu einem wertvollen zweiten Standbein für das eigene Unternehmen werden kann.

Berlin, im August 2012

Stefan Genth
Hauptgeschäftsführer des Handelsverbands Deutschland (HDE) e. V.

Geleitwort der Industrie- und Handelskammer Regensburg für Oberpfalz / Kelheim

Erfolgreich im Internet! Das ist für viele Unternehmen die Basis für neue Geschäftsideen, aber immer mehr auch für bestehende Handelsunternehmen ein zusätzlicher Vertriebskanal und damit Teil einer langfristigen Strategie. Das Internet-Angebot macht dem klassischen Ladengeschäft zunehmend Konkurrenz: Die Auswahl an Waren ist überwältigend, dem veröffentlichten Kommentar von Kunden oder die Bewertung von Freunden im Web 2.0 wird vertraut und die angebotene Servicequalität macht den Online-Einkauf einfacher und bequemer als je zuvor.

Ich muss also im Internet verkaufen oder mein Verkauf muss besser werden. Doch wie mache ich es richtig? Diese Frage stellen sich alle, die neu im Internet ihre Waren anbieten wollen und sie bleibt auch für die etablierten Internet-Händler ein Dauerthema. Grundlegende Informationen und wertvolle Tipps gibt hier der E-Commerce-Leitfaden. Er beantwortet die wichtigen Fragen rund um Shop-Auswahl, Online-Recht, Web-Controlling, Zahlungsabwicklung, Risikovermeidung, Versand oder auch Expansion ins Ausland.

Erfolgreiche Praxisbeispiele gibt es viele und gerade in Ostbayern haben einige Unternehmen mit E-Commerce ein neues Standbein aufgebaut. Die örtliche Nähe zu Kunden und zur Infrastruktur spielt im Internet-Handel eine untergeordnete Rolle. Besonders Unternehmen im ländlichen Raum profitieren deswegen vom Shop im Web. Der vorliegende Leitfaden bietet umfassende Informationen für Händler, Berater und Dienstleister, um entweder selbst mit innovativen Vertriebswegen im E-Commerce erfolgreich zu sein oder Kunden qualifiziert unterstützen zu können, ihre Position im Wettbewerb zu stärken.

Regensburg, im August 2012

Dr. Jürgen Helmes
Hauptgeschäftsführer der IHK Regensburg für Oberpfalz / Kelheim

ibi

Geleitwort von Prof. Dr. Dieter Bartmann und Prof. Dr. Hans-Gert Penzel

Das Internet ist heute nicht mehr aus dem täglichen Leben wegzudenken. Nutzten früher nur technikaffine Menschen die Möglichkeiten des Internets, so ist es heute in fast allen Bevölkerungsschichten als Informations- und Kommunikationsmedium im Einsatz. Dabei erfreut sich insbesondere das Einkaufen im Internet zunehmender Beliebtheit. Immer mehr Unternehmen bieten ihre Waren und Dienstleistungen im Internet an. Jedoch ist es oft ein weiter und steiniger Weg, bis der eigene Online-Shop erfolgreich läuft. Der E-Commerce unterliegt zudem einer hohen Dynamik, die täglich neue Herausforderungen zutage fördert. Ein spannendes Feld, sowohl für die Praxis als auch für die anwendungsorientierte Forschung.

Um Antworten auf die wichtigsten Fragen rund um den elektronischen Handel zu geben, hat sich ein Konsortium, bestehend aus namhaften Lösungsanbietern und dem Forschungs- und Beratungsinstitut ibi research an der Universität Regensburg (www.ibi.de), gebildet. Die Unternehmen und ibi research bündeln in diesem Projekt ihr Know-how und ihre Erfahrungen und geben diesem Leitfaden somit seinen besonderen Wert. Dieser stellt eine in dieser Konstellation einzigartige Wissens- und Erfahrungsansammlung dar.

Bei der Konzeption wurde nicht nur auf die inhaltliche Qualität geachtet, sondern auch auf die Anforderungen der Online-Händler Rücksicht genommen. Anhand von anschaulich aufbereiteten Inhalten wird über Chancen und Risiken im E-Commerce informiert. Dabei ist der Leitfaden sowohl für die E-Commerce-Anfänger als auch für die „alten Hasen" hilfreich.

Das vorliegende Ergebnis bietet Händlern „Hilfe zur Selbsthilfe" und stellt dazu auch für Beratungsstellen, wie Banken und Sparkassen, Kammern und Verbänden, Agenturen und Bildungseinrichtungen, ein Nachschlagewerk dar, das die häufigsten Fragen zu den unterschiedlichsten Aspekten des elektronischen Handels beantwortet und hilft, Fehler zu vermeiden.

Wir wünschen Ihnen bei der Lektüre interessante Erkenntnisse und hoffen, dass dieser Leitfaden für Ihre Projekte und Geschäfte eine wertvolle Hilfe ist. Viel Erfolg und alles Gute!

Regensburg, im August 2012

Prof. Dr. Dieter Bartmann
Aufsichtsratsvorsitzender des Instituts ibi research an der Universität Regensburg

Prof. Dr. Hans-Gert Penzel
Geschäftsführer des Instituts ibi research an der Universität Regensburg

ibi research an der Universität Regensburg

Geleitwort des Projektträgers „Arbeits-gestaltung und Dienstleistungen" im DLR, Projektträger für das BMBF

Gut 15 Jahre ist es her, dass sich das Bundesministerium für Bildung und Forschung (BMBF) zur Förderung der Dienstleistungsforschung bekannte und damit in der Forschungspolitik dem wachsenden Stellenwert der Dienstleistungen und des Tertiären Sektors Rechnung trug. Einen weiteren Meilenstein stellt das 2006 verkündete Förderprogramm „Innovationen mit Dienstleistungen" dar. Bis 2009 förderte das BMBF im Bereich „Exportfähigkeit und Internationalisierung von Dienstleistungen" fast 70 Forschungs- und Entwicklungsvorhaben, deren Laufzeit bis zu drei Jahre betrug. Für diese Förderung sprachen viele gute Gründe.

Der Export und die Internationalisierung von Dienstleistungen führen in Deutschland ein Schattendasein. Getragen wird der Export überwiegend von Gütern und Sachleistungen; seit Jahren beträgt der Anteil von Dienstleistungen am Gesamtexport etwas mehr als 15 %. Dies ist, gemessen am Anteil der Dienstleistungen an der Wertschöpfung oder an der Beschäftigung, ungemein wenig. Schon heute sind mehr als 70 % der Beschäftigten im Tertiären Sektor tätig und über 70 % der Wertschöpfung stammt aus der Dienstleistungsproduktion. Es ist richtig, dass Deutschland Weltmeister im Export von Tourismusdienstleistungen ist, insgesamt betrachtet, ist hier jedoch noch „mehr Musik drin".

Dabei wären viele Dienstleistungen, die schon heute im Inland mit viel Erfolg abgesetzt werden, auch für den Export geeignet, wenn entsprechende unterstützende Geschäftsmodelle und entsprechende Kompetenzen und Unternehmenskulturen aufgebaut werden würden. Ein weiterer zentraler Aspekt, der über die Beteiligung am Export entscheidet, ist die Frage, wie sicher die Zahlungsabwicklung im Exportgeschäft überhaupt ist. Auf ausländischen Märkten aktiv zu werden, ist eine Sache, die andere ist aber, wie sichergestellt werden kann, dass die Zahlungen so fließen, wie der Exporteur es sich wünscht. Für viele Unternehmen, gerade für die kleinen, ist es existenziell, dass sie innerhalb vereinbarter Fristen zu ihrem Geld kommen. Gibt es hierbei Unsicherheiten, keine praktikablen Verfahrensweisen oder nur rudimentäre Informationen darüber, welche Zahlungsweise die angemessene ist, dann werden etliche Betriebe nicht bereit sein, Exportmärkte zu bedienen.

Für den Förderschwerpunkt war es eine große inhaltliche Bereicherung, dass sich ibi research dieser Fragen angenommen hat. Über eine Laufzeit von gut drei Jahren wurden alle relevanten Aspekte der elektronischen Zahlungsabwicklung im Export von Dienstleistungen bearbeitet. Dabei wurde nicht vergessen, auf neue Entwicklungen innerhalb des europäischen Binnenmarktes einzugehen. So enthält dieser Leitfaden auch ausführliche Informationen zur Single Euro Payments Area (SEPA).

Das DLR wünscht diesem Leitfaden eine weite Verbreitung und dass er dazu beiträgt, Unternehmen zu animieren, grenzüberschreitend tätig zu werden.

Bonn, im August 2012

Klaus Zühlke-Robinet
Koordinator Förderbereich „Innovative Dienstleistungen", Projektträger im Deutschen Zentrum für Luft und Raumfahrt e. V. (DLR)

ibi

Vorwort des
E-Commerce-Leitfaden-Teams

Die Attraktivität des Internets als Vertriebskanal für Waren und Dienstleistungen ist ungebrochen. Wie unsere zahlreichen Umfragen im Rahmen des Projekts E-Commerce-Leitfaden seit Jahren klar zeigen, ist der Handel im Internet für viele Unternehmen nicht mehr wegzudenken. Jahr um Jahr steigen die Umsätze im deutschen Online-Handel und das Wachstum soll auch in Zukunft noch weiter anhalten. Wer jedoch im elektronischen Handel erfolgreich sein will, hat eine Vielzahl von Herausforderungen zu meistern. Die Klärung dieser Fragen kostet viel Zeit und Mühe, da die relevanten Informationen über eine Vielzahl von Anlaufstellen verteilt und oftmals nicht problemorientiert aufbereitet sind.

Ausgehend von diesen Erkenntnissen hat ibi research an der Universität Regensburg bereits im Jahr 2007 gemeinsam mit namhaften Lösungsanbietern aus dem E-Commerce-Bereich sowie E-Commerce-Experten einen Leitfaden erstellt, der wesentliche Fragestellungen des E-Commerce in einem Dokument aufgreift und Hilfe bei den gängigsten Problemen bietet. Die Resonanz auf diesen Leitfaden in seiner 1. und 2. Auflage war enorm. Die sehr hohe Anzahl an Downloads des kostenlosen PDF-Dokuments von der Website www.ecommerce-leitfaden.de und den Websites der Partner und Unterstützer zeugen von dem hohen Interesse an kompakten und anschaulich aufbereiteten Informationen zum E-Commerce.

Vor diesem Hintergrund haben wir uns erneut entschieden, gemeinsam mit den Leitfadenpartnern die 3. Auflage des Leitfadens herauszugeben. Dabei wurden die bisherigen Schwerpunkte des Leitfadens deutlich ausgebaut und die aktuellen Entwicklungen des Online-Handels verarbeitet. So wurden alle Inhalte komplett überarbeitet und aktualisiert. Dazu gehören u. a. rechtliche Aspekte im E-Commerce, neue Zahlungsverfahren, Ansätze im Online-Marketing und auch der Bereich Internationalisierung über das Internet. Neben diesen umfangreichen Aktualisierungen wurden auch neue Trends und Entwicklungen am Markt, wie die elektronische Rechnungsabwicklung, aufgegriffen und Möglichkeiten aufgezeigt, wie Online-Händler diese für sich nutzen bzw. mit ihnen umgehen können.

Um die Inhalte empirisch abzusichern, wurden zahlreiche Händler- und Endkundenbefragungen durchgeführt sowie viele Gespräche mit Online-Händlern und Fachexperten geführt. Dadurch konnten wir sicherstellen, dass die Inhalte des neuen

Leitfadens die Entwicklungen der Praxis widerspiegeln und wichtige Themen frühzeitig adressieren.

Trotz der jetzt erfolgten Aktualisierungen und Erweiterungen ist ein solcher Leitfaden natürlich niemals vollständig abgeschlossen. Neu entstehende Produkte und Lösungen bewegen den Handel im Internet zunehmend. Insbesondere die wachsende Verbreitung von mobilen Endgeräten bietet neue Möglichkeiten der Kundenansprache oder Zahlungsabwicklung. Mit diesen und weiteren wichtigen Themen werden wir uns daher in Zukunft noch intensiver beschäftigen.

Die Aufarbeitung der einzelnen Themen sowie auch die Erstellung des Leitfadens wären ohne die Mitwirkung verschiedener Firmen, Institutionen und Interview-Partner nicht möglich gewesen. Unser Dank gilt deshalb allen Unterstützern, besonders den Leitfadenpartnern, die uns durch die Bereitstellung ihres fachlichen Know-hows und ihrer praktischen Erfahrungen mit Rat und Tat zur Seite standen. In Bezug auf die im Rahmen des Projekts durchgeführten Umfragen gilt unser Dank zudem allen Umfrageteilnehmern, den Medienvertretern und -partnern, die zur Bekanntmachung der Umfragen maßgeblich beigetragen haben. Ein weiterer Dank gilt der IHK Regensburg, dem Bundesverband der Dienstleister für Online-Anbieter (BDOA), dem Bundesverband des Deutschen Versandhandels (bvh), dem Handelsverband Deutschland (HDE) und dem Bundesministerium für Bildung und Forschung (BMBF), die als Unterstützer des E-Commerce-Leitfadens wertvolle Beiträge zum Gelingen dieses „Großvorhabens" geleistet haben. Für das große Engagement bei der grafischen Aufbereitung der Inhalte möchten wir uns bei der Agentur seitenwind sehr herzlich bedanken, die auch der neuen Auflage, in bewährter Art und Weise, einen neuen zeitgemäßen Stil verliehen hat.

Wir hoffen, mit dem vorliegenden Leitfaden einen möglichst umfassenden und gut verständlichen Überblick über die derzeit relevanten Themen im E-Commerce zu bieten. Wir würden uns freuen, wenn (Online-)Händler und auch beratende Stellen in diesem Leitfaden ein nützliches Nachschlagewerk sehen, das zu einer weiterhin positiven Entwicklung des Internet-Handels beitragen kann.

Wir wünschen Ihnen viel Freude und Gewinn beim Lesen und sind sehr froh, dass wir nach intensivster Arbeit am neuen Leitfaden ihn jetzt veröffentlichen haben können. Wir denken, es hat sich gelohnt!

Regensburg, im August 2012

Sabine Pur, Dr. Ernst Stahl, Stefan Weinfurtner, Silke Weisheit, Dr. Georg Wittmann

E-Commerce-Leitfaden-Team, ibi research an der Universität Regensburg

research

an der Universität Regensburg

ibi

www.ecommerce-leitfaden.de

Vertiefende Informationen zu den Inhalten dieser Abschnitte sowie Links zu Lösungs-anbietern erhalten Sie auf der Website www.ecommerce-leitfaden.de. Dort finden Sie auch weitere kostenlose Angebote, wie den Newsletter, Online-Tools und weitere Studien.

NAVIGATOR

1

1. >> ÜBER DEN E-COMMERCE-LEITFADEN

Schon seit Jahren wachsende Umsätze im Online-Handel und weiter zunehmende Internet-Nutzerzahlen machen ein attraktives Internet-Angebot mit Online-Bestellmöglichkeit für Unternehmen, jeglicher Größenordnung und Branche, immer wichtiger. Heute erwarten sowohl Konsumenten als auch Firmenkunden einen ausgereiften Internet-Auftritt, der ausführliche und aktuelle Informationen über das Unternehmen und dessen Produkte oder Dienstleistungen bereithält. Ebenso wird es immer selbstverständlicher, dass man die Leistungen gleich online bestellen und je nach Produkt bestenfalls gleich nutzen kann.

1

Der E-Commerce-Leitfaden – mehr als nur ein Buch

Der Verkauf von Waren und Dienstleistungen über das Internet (E-Commerce) stellt auch heute noch immer eine zunehmend wichtiger werdende Einnahmequelle für Unternehmen dar. In der Praxis zeigt sich jedoch, dass Unternehmen häufig mit massiven Problemen zu kämpfen haben, wenn sie im E-Commerce dabei sein wollen. Dadurch lassen sich viele Unternehmen von einem Engagement im Internet abschrecken oder stellen ihre Aktivitäten entmutigt wieder ein. Auch erfolgreiche Online-Händler werden tagtäglich mit neuen Herausforderungen und Trends konfrontiert und müssen ihre Prozesse kontinuierlich optimieren.

Vielen Unternehmen fehlt es hierbei an geeigneter Unterstützung bzw. an geeigneten Lösungen. Insbesondere kleinere Händler haben häufig nicht die erforderlichen Ressourcen, um sich die notwendigen Informationen aus einer Fülle unterschiedlicher Quellen zusammenzusuchen. An diesem Problem setzt der vorliegende E-Commerce-Leitfaden in seiner mittlerweile 3., vollständig überarbeiteten und erweiterten Auflage an. Er gibt auch dieses Mal wieder kompakt und aus einem Guss Antworten auf die wichtigsten Fragen rund um den elektronischen Handel und behandelt dabei die folgenden Themenschwerpunkte:

- Einstieg in den E-Commerce
- Strategien im Internet-Handel
- Shop-Systeme und Warenwirtschaft
- Vermeidung rechtlicher Stolperfallen
- Erfolgskontrolle der Online-Aktivitäten
- Auswahl geeigneter Zahlungsverfahren
- Schutz vor Zahlungsstörungen
- Versand und Bestellabwicklung
- Erschließung ausländischer Märkte
- Single Euro Payments Area (SEPA)

Um die Erstellung des Leitfadens überhaupt erst zu ermöglichen, hat sich ein Konsortium, bestehend aus namhaften Lösungsanbietern (vgl. Abbildung 1-1) und dem Forschungsinstitut ibi research an der Universität Regensburg, gebildet. Dabei flossen das fachliche Know-how der Konsortialpartner sowie die wissenschaftliche Methodenkompetenz des Forschungsinstituts ein. Nähere Informationen zu den Partnern und ibi research finden Sie im Anhang des Leitfadens.

Der Leitfaden nimmt häufig gestellte Fragen vorweg und beantwortet diese umfassend und neutral, ohne den Leser durch „Fachchinesisch" und langwierige Abhandlungen abzuschrecken. Aus diesem Grund wurde auch in dieser Auflage wieder besonders viel Wert darauf gelegt, die Inhalte durch anschauliche Infoboxen, Fallbeispiele, die z. B. die Auswirkungen unterschiedlicher Maßnahmen auf den Gewinn eines fiktiven Händlers veranschaulichen, und Checklisten anzureichern. Ferner wurden die Erfahrungen zahlreicher Händler, die im E-Commerce erfolgreich sind, praxisnah und anwenderfreundlich aufbereitet und einbezogen.

1

Abb. 1-1: Partner des E-Commerce-Leitfadens 2012

Um sicherzustellen, dass der Leitfaden die wichtigen Fragen der Zielgruppe adressiert, basieren die Inhalte zum einen auf vielen Gesprächen mit Händlern, deren Kunden sowie Fachexperten. Zum anderen wurden zahlreiche Umfragen zu den verschiedensten Themenschwerpunkten, wie Multikanalvertrieb, Shop-Systeme und Warenwirtschaft, Online-Marketing und Web-Controlling sowie Zahlungsabwicklung im E-Commerce, durchgeführt. Ziel dieser Befragungen war es herauszufinden, wo den Händlern im Internet „der Schuh drückt", wie Kunden zum Einkauf über das Internet stehen und auf welche Themen im Leitfaden besonders eingegangen werden soll. Daneben sollten auch bisher wenig oder gar nicht empirisch gesicherte Zusammenhänge mit fundiertem Zahlenmaterial beleuchtet werden, um so für Händler eine bessere Entscheidungsgrundlage bereitzustellen.

Die Ergebnisse der Befragungen können von der Website des E-Commerce-Leitfadens heruntergeladen werden (www.ecommerce-leitfaden.de/studien).

Aufbereitet und untergliedert wurden die Inhalte des Leitfadens in folgende Kapitel:

- Über den E-Commerce-Leitfaden (Kapitel 1)
- Im Internet verkaufen – aber richtig! (Kapitel 2)
- Lasst Zahlen sprechen – Konversionsraten steigern durch Web-Controlling (Kapitel 3)
- Bezahlen bitte – einfach, schnell und sicher! (Kapitel 4)
- Keine Chance ohne Risikomanagement – schützen Sie sich vor Zahlungsstörungen (Kapitel 5)
- Versand – vom Shop zum Kunden (Kapitel 6)
- Geschäfte ohne Grenzen – im Ausland verkaufen (Kapitel 7)

Ergänzt wird der Leitfaden durch die Website www.ecommerce-leitfaden.de, auf der weitere Angebote verfügbar sind, wie:

- E-Commerce-Newsletter
- Studien und Beiträge zu aktuellen Themen
- Partnerverzeichnis
- Veranstaltungshinweise
- Infoanforderung

Für wen ist der Leitfaden gedacht?

Der Leitfaden richtet sich primär an Selbstständige und Unternehmen, die physische oder digitale Produkte bzw. Dienstleistungen über das Internet verkaufen bzw. dies zukünftig tun wollen. Er bietet jedoch auch denen Hilfestellung, die Unternehmen bei Fragen rund um den E-Commerce beraten und unterstützen, z. B. Banken und Sparkassen, Kammern (HWK, IHK), Verbände, Hochschulen und unabhängige regionale Kompetenzzentren. Auf Wunsch können diese ein individualisiertes elektronisches Exemplar des Leitfadens erhalten und an ihre Kunden und Mitglieder weitergeben (weitere Informationen unter www.ecommerce-leitfaden.de/whitelabeling).

Wie gehts weiter?

Gerade im E-Commerce hat sich in den vergangenen Jahren gezeigt, dass nichts beständiger ist als der Wandel. Daher strebt das Leitfaden-konsortium eine langfristige partnerschaftliche Zusammenarbeit an. Dadurch kann die Aktualität des Leitfadenprojekts gewährleistet und aktuellen Entwicklungen, wie die immer wichtiger werdende Internationalisierung im E-Commerce, Rechnung getragen werden. Ansonsten würde die Gefahr bestehen, dass der Leitfaden die Fragen der Händler im Zeitablauf nur noch unvollständig beantworten könnte. Um der Schnelllebigkeit verschiedener Themen gerecht zu werden, bietet die E-Commerce-Leitfaden-Website zu ausgewählten Themen eine Vielzahl an weiteren Artikeln, Checklisten, Studien und Zahlenmaterial.

Um dem Wunsch vieler E-Commerce-Leitfaden-Leser nach einem intensiven persönlichen Austausch von Ideen, Konzepten und Erfahrungen nachzukommen, werden außerdem zahlreiche Veranstaltungen, beispielsweise die E-Commerce-Tage, angeboten. Mehr zu den Terminen und den Veranstaltungsinhalten können Interessierte unter www.ecommerce-leitfaden.de/Veranstaltungen finden.

www.ecommerce-leitfaden.de

Vertiefende Informationen zu den Inhalten dieser Abschnitte sowie Links zu Lösungsanbietern erhalten Sie auf der Website www.ecommerce-leitfaden.de. Dort finden Sie auch
weitere kostenlose Angebote, wie den Newsletter, Online-Tools und weitere Studien.

2

2. ›› IM INTERNET VERKAUFEN – ABER RICHTIG!

Das Internet ist nach wie vor der Vertriebskanal mit den höchsten Zuwachsraten bei den Umsätzen. Eine wichtige, aber nicht die einzige Möglichkeit, um im Internet zu verkaufen, ist der eigene Online-Shop. Welche weiteren Möglichkeiten des Internet-Vertriebs es gibt und welche Potenziale der so genannte „Multikanalvertrieb" bietet, wird in diesem Kapitel erläutert. Anschließend wird gezeigt, wie bei der Bereitstellung eines Web-Shops vorzugehen ist.

ibi

2

2.1 Was, Sie verkaufen noch nicht im Internet?

Verschiedenen Untersuchungen und Prognosen zufolge werden die Umsätze im E-Commerce weiterhin stark zunehmen. Nicht mehr nur Bücher oder CDs werden im Internet verkauft, auch hochpreisige Produkte, wie Unterhaltungselektronik oder Reisen, erfreuen sich wachsender Beliebtheit bei Online-Käufern. Wer bisher nicht im Internet vertreten ist, muss sich beeilen, denn die Konkurrenz schläft auch dort nicht!

Etwa 82 % der Unternehmen und 79 % der Privatpersonen sind online und nutzen das Internet z. B. für Kommunikation und Recherche, aber auch für den Einkauf von Waren und Dienstleistungen. Von den etwa 40 Mio. Haushalten in Deutschland besitzen circa 77 % einen Internet-Zugang und 81 % der Personen, die das Internet in den letzten drei Monaten genutzt haben, kauften Waren oder Dienstleistungen im Internet ein – Tendenz steigend (Destatis 2011a, Destatis 2011b).

Im Jahr 2011 wurden laut Bundesverband des Deutschen Versandhandels (bvh) 21,7 Mrd. Euro für Waren und Dienstleistungen ausgegeben, die über das Internet verkauft wurden. Das entspricht einem Anteil von über 60 % des gesamten Versandhandel-umsatzes 2011. Im Vergleich zum Online-Umsatz 2010 von 18,3 Mrd. Euro ist dies eine Steigerung von etwa 19 %. Für das Jahr 2012 rechnet der bvh mit einem E-Commerce-Umsatz von über 25 Mrd. Euro. Das Internet ist damit weiterhin der Ver-triebskanal mit der höchsten Wachstumsdynamik (vgl. Abbildung 2-1).

Der E-Commerce ist in Deutschland in den letzten Jahren stetig gewachsen. Auch zukünftig werden hohe Zuwachsraten erwartet.

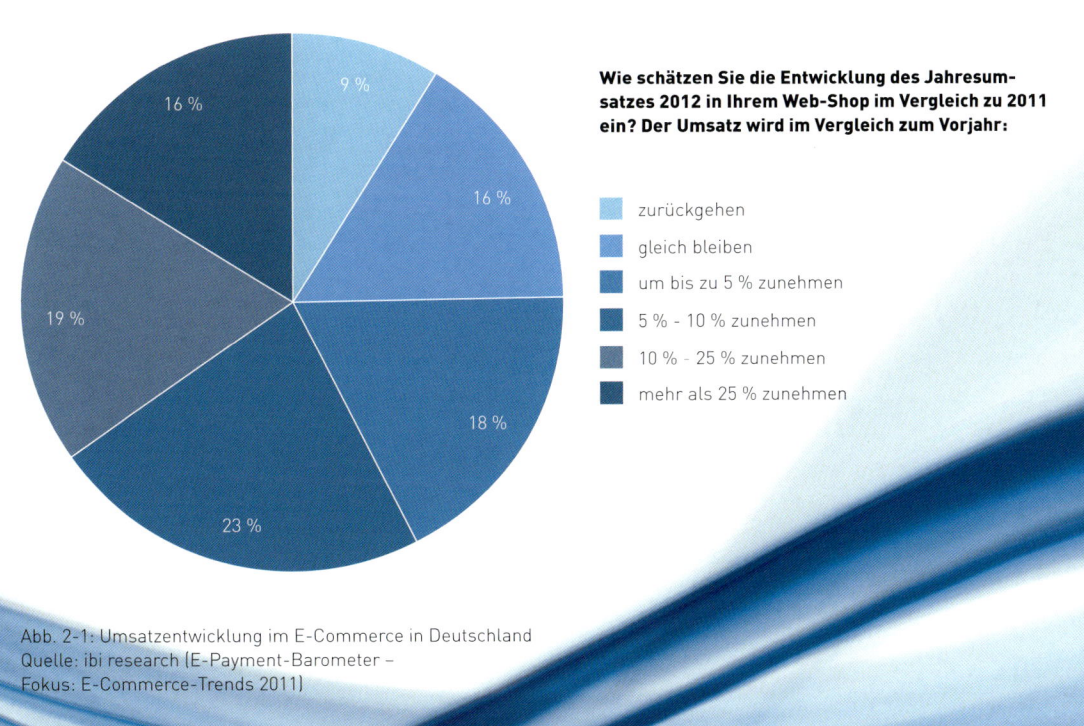

Wie schätzen Sie die Entwicklung des Jahresum-satzes 2012 in Ihrem Web-Shop im Vergleich zu 2011 ein? Der Umsatz wird im Vergleich zum Vorjahr:

- zurückgehen
- gleich bleiben
- um bis zu 5 % zunehmen
- 5 % - 10 % zunehmen
- 10 % - 25 % zunehmen
- mehr als 25 % zunehmen

Abb. 2-1: Umsatzentwicklung im E-Commerce in Deutschland
Quelle: ibi research (E-Payment-Barometer –
Fokus: E-Commerce-Trends 2011)

ibi

2

Die meisten Kunden kaufen Bücher, Eintrittskarten und Bekleidung im Internet.

Haben Sie in den letzten 12 Monaten folgende Produkte über das Internet gekauft?

(Mehrfachnennungen möglich)

Potenzial noch nicht ausgereizt

Betrachtet man die steigenden E-Commerce-Umsätze genauer, dann fällt auf, dass der Anstieg auf unterschiedliche Gründe zurückzuführen ist. Sowohl die Zahl der Käufe insgesamt als auch die Ausgaben haben zugenommen. Am häufigsten werden im Internet physische Produkte, wie Bücher, Bekleidung, Schuhe und Elektronik, gekauft, aber auch Dienstleistungen, wie Flüge oder Reisen, werden online gebucht. Auch bisher von Vielen als internetuntypisch gesehene Produkte wie Gesundheitsprodukte und Möbel gewinnen an Bedeutung (vgl. Abbildung 2-2).

Kategorie	Wert
Bücher	43,4 %
Eintrittskarten	35,1 %
Damenbekleidung	26,8 %
Hotels für Urlaubs- oder Geschäftsreisen	26,7 %
Musik-CDs	25,7 %
Urlaubsreisen und Last-Minute-Reisen	25,5 %
Schuhe	25,2 %
Herrenbekleidung	23,9 %
Spielwaren	23,1 %
Filme auf DVDs, Videos	21,3 %
Bahntickets	20,7 %
Flugtickets von Billig-Airlines	19,7 %
Computer-Hardware oder -Zubehör	19,4 %
Gesundheitsprodukte oder Medikamente	17,8 %
Möbel oder Wohnungseinrichtung	17,4 %
Sportartikel, Sportgeräte	17,1 %
Computer-Software ohne Games	15,7 %
Telekommunikationsprodukte	15,6 %
Andere Flugtickets	15,4 %
Musik oder Filme als Download	13,8 %

Abb. 2-2: Top 20 der im Internet gekauften Waren und Dienstleistungen
Quelle: eigene Berechnung auf Basis von AGOF 2012

Immer mehr Händler zieht es ins Internet.

Seit wann verkaufen Sie Waren und / oder Dienstleistungen über das Internet?

Die Konkurrenz schläft nicht

Die steigende Beliebtheit des Internets als Einkaufsmöglichkeit spiegelt sich auch in einer zunehmenden Anzahl an Online-Shops wider. Insbesondere in den letzten Jahren wurden zahlreiche Web-Shops eröffnet (vgl. Abbildung 2-3). Die Konkurrenz nimmt daher auch im Internet stetig zu. Für Unternehmen, die bisher noch nicht über das Internet verkaufen, gilt es, den Anschluss nicht zu verpassen bzw. zu entscheiden, auf welche Weise das Internet für den Verkauf der eigenen Produkte bzw. Dienstleistungen genutzt werden kann.

Zusammenfassend kann man sagen, dass derzeit der Verkauf über das Internet stetig an Fahrt gewinnt und interessante Chancen zur Gewinnung neuer Zielgruppen bzw. zur Bindung von Bestandskunden eröffnet. Ein besonders erfolgreiches Beispiel für die Erschließung der Potenziale des Internet-Vertriebs stellt COTRACO dar, dessen Geschäftsführer Joachim Löffler im nachfolgenden Interview seine Erfahrungen wiedergibt.

Zu spät für den Einstieg ist es sicher noch nicht. Jedoch sollten Sie nicht blindlings mit dem Internet-Handel starten. Wie es gelingen kann, sich erfolgreich im E-Commerce zu etablieren und wie die gängigsten Schwierigkeiten und Risiken bewältigt werden können, wird nachfolgend erläutert.

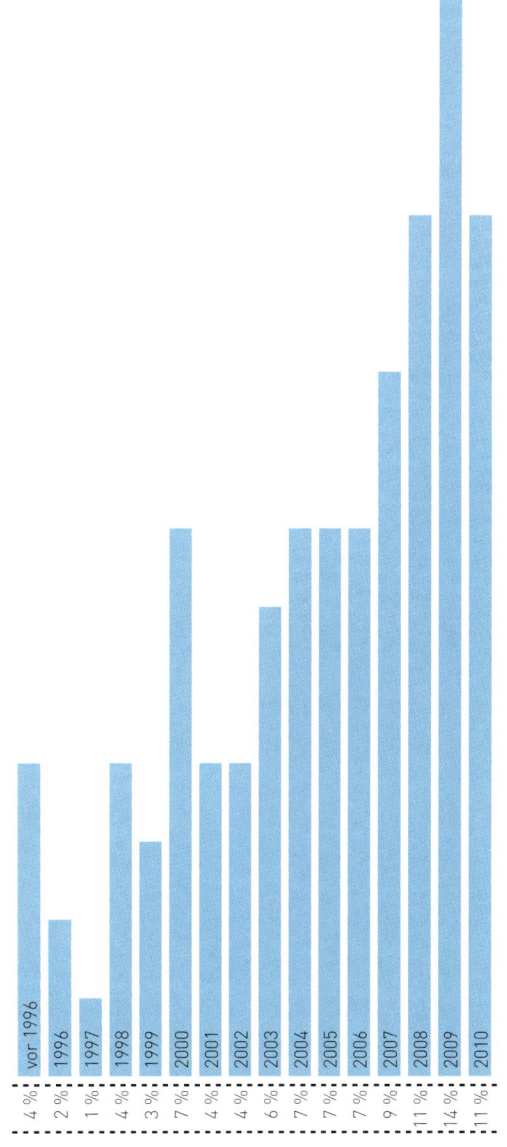

Abb. 2-3: Einstiegszeitpunkte der Unternehmen in den E-Commerce
Quelle: ibi research (E-Commerce-Leitfaden-Studien 2011)

ibi

2

Mit Hochdruck in den E-Commerce

Im Gespräch mit Joachim Löffler und Andreas Kampl, COTRACO,
www.kaerchercenter-cotraco.de

Die COTRACO GmbH gehört zu den umsatzstärksten Kärcher Fachhändlern in Deutschland. Als Kärcher-Center (höchster Status, den ein Kärcher-Partner erreichen kann) stellt COTRACO in ihrem Gebäude in Abensberg auf rund 400 qm Fläche Produkte aus allen Bereichen der Reinigungstechnik des Herstellers Kärcher aus. Als Fachhändler liegt das Hauptaugenmerk auf der Kundenberatung. Dies gilt für Privatpersonen ebenso wie für Kunden aus Gewerbe und Industrie. Seit 2010 betreibt COTRACO auch einen Online-Shop für Privat- und Geschäftskunden.

INTERVIEW

Ist der Einstieg in den elektronischen Handel Ihrer Meinung nach heute noch sinnvoll?

Für die COTRACO GmbH war der Einstig sinnvoll. Uns ging es vornehmlich darum, neben unseren bereits etablierten Vertriebsstrukturen einen weiteren Absatzkanal zu erschließen. Der Wettbewerb im Internet ist hart – keine Frage. Als Fachhändler geht es uns aber nicht darum, der billigste Anbieter im Markt zu sein und unsere Produkte zu Schleuderpreisen zu verkaufen. Unser Anspruch ist es, unsere Kunden bereits vor dem Kauf gut zu informieren und zu beraten, damit Sie nicht das falsche Gerät kaufen. Dies geht natürlich mit der Produktdarstellung in unserem Online-Shop besonders gut. Viele unserer Kunden nutzen ebenso die Möglichkeit, sich von uns vor dem Kauf telefonisch beraten zu lassen, nachdem sie sich zuvor im Shop über die Produkte informiert haben. Dementsprechend ist bei uns die Rücksende- bzw. Stornoquote erfreulicherweise extrem niedrig.

Was sind Ihrer Meinung nach die größten Herausforderungen für Neueinsteiger in den elektronischen Handel?

Als relativ kleines Unternehmen sind wir vom Erfolg unseres Online-Shops quasi „überrannt" worden. Die Herausforderung für uns bestand in der Neuausrichtung unserer internen Prozesse, um die stetig steigende Anzahl an Aufträgen bewältigen zu können. Insbesondere unterscheidet sich der Prozess Auftragsbearbeitung stark von der Auftragsabwicklung im stationären Ladengeschäft. In erster Linie betrifft dies die Kommunikation mit dem Kunden, da der Online-Kunde vom Zeitpunkt der Bestellung bis zur Anlieferung der Waren auf die aktive Versorgung mit Informationen zu seinem Auftrag angewiesen ist. Ohne diese Informationen wäre der Shop ansonsten eine Art „Black-Box" für ihn. An dieser Stelle mussten wir lernen, dass Online-Shopper sehr sensibel auf verzögerte oder fehlende Informationen reagieren. Weiterhin war eine nicht unbeachtliche Aufgabe die Anbindung des Shops an unser bereits vorhandenes Warenwirtschaftssystem, da die Schnittstelle dazu erst programmiert und unseren Bedürfnissen angepasst werden musste.

Wie wichtig ist der Faktor Kundenvertrauen für Ihren Online-Erfolg?

Das Vertrauen unserer Kunden in uns und unsere Leistungen ist uns im stationären Geschäft genauso wichtig wie in unserem Online-Shop. Im Internet versuchen wir dies durch Elemente wie Gütesiegel (vgl. Infobox 2-14) oder die Zertifizierung durch Kärcher als „e-commerce zertifizierter Partner" zu unterstützen. Ebenso können die Kunden durch die im zentralen Blickfeld angezeigte Rufnummer jederzeit zu uns Kontakt aufnehmen und sich vor dem Kauf umfassend telefonisch beraten lassen. Letztlich ist für das Vertrauen unserer Kunden und damit für einen eventuellen Folgekauf aber wohl nur die Qualität unserer Auftragsabwicklung ausschlaggebend.

> Die Herausforderung für uns bestand in der Neuausrichtung unserer internen Prozesse, um die stetig steigende Anzahl an Aufträgen bewältigen zu können.
>
> Joachim Löffler, COTRACO

Welche Zahlungsverfahren bieten Sie an und welche Erfahrungen haben Sie damit gemacht?

Wir bieten in unserem Shop zurzeit die Zahlungsarten Kauf auf Rechnung, Vorkasse, sofortüberweisung, PayPal, Kreditkarte und Nachnahme an. Da wir die Wahl der Zahlungsarten sofortüberweisung und Vorkasse mit 2 % Nachlass belohnen, ist der prozentuale Anteil dieser Zahlungsarten recht hoch. Die Kunden können bei diesen beiden Zahlungsarten noch einmal sparen und vertrauen uns genug, um den Betrag vor Lieferung der Ware anzuweisen. Bei Kauf auf Rechnung arbeiten wir mit einem Dienstleister zusammen und wickeln diese Zahlungsart als Factoring über ihn ab. Die Kunden bezahlen hierbei an uns einen geringen Aufpreis auf den Warenwert und haben dafür im Gegenzug Zeit, die Waren auf Rechnung mit einem Zahlungsziel von 14 Tagen zu bezahlen. Weitere Zahlungsarten sind geplant und werden von uns momentan auf ihre Praxistauglichkeit in unserem Sinne geprüft.

Warum haben Sie Ihren Shop in einen Bereich für Privatkunden und für Gewerbekunden aufgeteilt?

Wir haben diese Aufteilung gewählt, da viele unserer Produkte für gewerbliche Anwender für den „Privatmann" schlichtweg ungeeignet und uninteressant sind. Ebenso verhält es sich umgekehrt. Durch diese Aufteilung haben wir zugleich die Möglichkeit, die Preise im gewerblichen Bereich ohne Mehrwertsteuer anzuzeigen, was im Geschäftsalltag die übliche Darstellungsweise ist. Schon beim Umschalten in den gewerblichen Bereich wird der Kunde darauf hingewiesen. Gewerbliche Kunden haben oftmals auch den Wunsch, sich vor dem Kauf ein Angebot einzuholen. Dieses können wir mit unserem Shop mit einer extra dafür programmierten Funktion, der Angebotsliste, realisieren. Hier hat der Kunde nach der Registrierung die Möglichkeit, mehrere Produkte einzustellen und uns diese Liste mit der Bitte um ein Angebot zuzusenden. Nicht zuletzt hat der gewerbliche Bereich auch entsprechend anders lautende allgemeine Geschäftsbedingungen. Der Kunde muss in diesem Sinne bei der Bestellung durch das Setzen eines Hakens bestätigen, dass er nicht für den privaten Bedarf einkauft. ▪

2.2 E-Commerce: ja – aber wie?

Neben dem eigenen Web-Shop existieren weitere Möglichkeiten des Internet-Vertriebs, z. B. Auktions- und Verkaufsplattformen oder Sub-Shops, die in die Konzeption des Online-Vertriebs einbezogen werden müssen. Auch die klassischen Vertriebswege wie Kataloge oder Ladengeschäfte dürfen nicht außer Acht gelassen werden, sondern können den Online-Vertrieb sinnvoll ergänzen. Auf diese Aspekte wird in den folgenden Abschnitten näher eingegangen.

Viele Wege führen ins Internet

Wie Abbildung 2-4 zeigt, stellt der eigene Web-Shop die derzeit beliebteste Form des elektronischen Handels dar. Fast alle (86 %) der befragten Online-Händler verfügen über einen eigenen Web-Shop, über den sie ihre Produkte und / oder Dienstleistungen verkaufen. Knapp 30 % der Befragten verkaufen zudem über Auktionsplattformen (z. B. eBay, hood.de), ebenso viele über eine Verkaufsplattform (z. B. Amazon.de Marketplace oder Scout24). Sub-Shops werden derzeit nur von 6 % der Befragten genutzt. Die Vor- und Nachteile dieser Vertriebswege werden im Folgenden näher erläutert.

Verkaufsplattformen

Verkaufsplattformen (Marktplätze oder auch Shopping-Malls genannt) verfolgen das gleiche Prinzip wie Einkaufszentren bzw. Marktplätze in der realen Welt. Unter einem Dach bzw. an einem Platz sind unterschiedliche Händler vereint, um so gegenseitig Vorteile zu nutzen (vgl. Infobox 2-1). Ob diese Vorteile realisiert werden können, ist allerdings umstritten.

Betreiber von Verkaufsplattformen versuchen, durch die Bündelung von verschiedenen Angeboten unter einer Web-Adresse die Attraktivität der Angebote für den Kunden zu steigern. Da kein langwieriges Suchen mehr nach verschiedenen Produkten notwendig ist, soll der Einkauf für die Kunden deutlich vereinfacht werden. Zudem teilen sich die Händler einer Verkaufsplattform in der Regel eine gemeinsame Infrastruktur, was wiederum zu Kostenvorteilen führt. Jeder einzelne Shop-Betreiber nutzt z. B. ein vorkonfiguriertes Shop-System, das im Hintergrund zentral gewartet und gepflegt wird. Nachteil: Die Lösungen bieten wenig Flexibilität und Platz für eigene Ideen. Meistens werden auch entsprechende Verwaltungs- und Zahlungssysteme zentral zur Verfügung gestellt, so dass sich ein Händler wirklich auf das eigentliche Geschäft konzentrieren kann. Die Anpassung dieser Prozesse nach eigenen Vorstellungen, z. B. die Integration eines weiteren Zahlungsverfahrens, ist häufig jedoch nicht möglich.

Ein weiterer Vorteil von Verkaufsplattformen liegt darin, dass durch den Auftritt in einem Verbund die Werbe- und Marketing-Kosten reduziert werden können, da hierfür in der Regel die Betreiber aufkommen. E-Commerce-Einsteiger haben zudem den Vorteil einer bestehenden Kundenbasis. Auf den ersten Blick stellen Verkaufsplattformen somit eine gute Idee dar, um auch mit reduziertem Aufwand E-Commerce zu betreiben. Kritiker führen jedoch häufig an, dass die Bündelung verschiedener Angebote unter einer Web-Präsenz den Kunden kaum beim Einkauf unterstützt. Die langen Wege, die in der realen Welt zu bewältigen sind, sind in der virtuellen Welt kaum vorhanden, da andere Anbieter ohnehin nur einen Mausklick entfernt sind.

2

Der eigene Online-Shop ist der am häufigsten genutzte Vertriebsweg.

Über welche der folgenden Vertriebswege verkaufen Sie Ihre Produkte und Dienstleistungen?
(Mehrfachnennungen möglich)

86 %	Eigener Online-Shop
38 %	Ladengeschäft / Lagerverkauf
32 %	Direktvertrieb (telefonisch oder persönlich)
27 %	Online-Verkaufsplattform
27 %	Online-Auktionsplattform
19 %	Messen / Ausstellungen
18 %	Katalog
16 %	Eigene Website ohne extra Online-Shop (Kontakt / Verkauf per E-Mail / Telefon)
6 %	Sub-Shop
4 %	Sonstiger Online-Vertrieb
3 %	Sonstige Vertriebswege

Abb. 2-4: Von Online-Händlern genutzte Vertriebswege
Quelle: ibi research (E-Commerce-Leitfaden-Studien 2011)

Verkaufsplattformen

In den letzten Jahren haben sich einige Verkaufsplattformen erfolgreich etablieren können. Im Folgenden wird anhand des Beispiels Amazon.de Marketplace das Konzept einer Verkaufsplattform beschrieben.

Über Amazon.de Marketplace kann man eigene Angebote zu Produkten einstellen, die von Amazon.de bereits vertrieben werden. Auf der jeweiligen Produktseite finden Sie alle Angebote des Produkts, Ihre und die von Amazon.de, hinterlegt. Sobald man bei Amazon.de registriert ist, kann man eigene Angebote eingeben. Dazu sind entsprechende Produktangaben, der Preis sowie Ihre Daten zur Zahlungsabwicklung notwendig. Wird Ihr Artikel gekauft, erhalten Sie eine Benachrichtigung per E-Mail.

In der E-Mail finden Sie dann die Anschrift des Käufers. Die Zahlungsabwicklung erfolgt komplett über Amazon.de. Für das Einstellen der Produkte fallen keine Gebühren an, erst bei einem erfolgreichen Verkauf werden Gebühren fällig.

Weitere Verkaufsplattformen sind unter anderem:

- Hitmeister
- kauflux
- MeinPaket.de
- Rakuten
- Scout24
- Shopping.com
- Yatego

Infobox 2-1: Verkaufsplattformen

ibi

Verkauf über eBay und andere Auktionsplattformen

Die Versteigerung von Artikeln ist eine weitere beliebte Möglichkeit zum Verkauf über das Internet. Dabei existieren neben dem sehr großen Anbieter eBay noch weitere, kleinere Anbieter, die diese Art des Verkaufens im Internet unterstützen. Vorteilhaft sind bei eBay die etablierte Marke und die bestehende Kundenbasis. Nachteilig sind häufig relativ hohe Gebühren und die beschränkten Möglichkeiten zur Anpassung des Layouts. Andere Auktionsplattformen sind gegebenenfalls günstiger oder verlangen überhaupt keine Gebühren. Dafür ist jedoch häufig die Kundenbasis bzw. die Reichweite nicht so groß.

Der Ablauf ist bei fast allen Auktionsanbietern annähernd identisch. Nach der Registrierung können Sie Ihre Produkte in verschiedenen Kategorien einstellen. Wird eines Ihrer Produkte ersteigert, erhalten Sie per E-Mail eine Nachricht, an wen Ihr Produkt verkauft wurde. Anschließend können Sie die Zahlungsabwicklung bzw. den Versand des Produktes vornehmen.

Bezahlt wird bei Auktionshäusern in Deutschland oft per Banküberweisung. Daneben bieten immer mehr Auktionsplattformen Kreditkartenzahlungen oder E-Payment–Verfahren an.

Verkauf über Sub-Shops

Eine weitere Art, Produkte über das Internet zu verkaufen, sind so genannte Sub-Shops. Dabei wird die Shop-Plattform in die Website eines Dritten integriert, um so bestimmte Produkte über dessen Website anbieten und verkaufen zu können (vgl. Infobox 2-2). Der Betreiber der Shop-Plattform beteiligt den Website-Betreiber dann über ein Provisionsmodell an den Verkäufen.

Shop ist Top

Auch wenn es zahlreiche Möglichkeiten zum Vertrieb von Produkten und Dienstleistungen über das Internet gibt, bleibt der eigene Online-Shop immer noch die beliebteste. Zwar gibt es auch Händler, die Verkaufs- und Auktionsplattformen sehr erfolgreich nutzen, dennoch ist der eigene Shop die häufigste Form des Verkaufs über das Internet (vgl. Abbildung 2-4). Was bei der Umsetzung eines eigenen Online-Shops zu beachten ist, erläutert Mario Zanier, xt:Commerce, im nachfolgenden Interview. Auf die Vorgehensweise und die unterschiedlichen Möglichkeiten zur Realisierung des eigenen Shops, auf Marketing-Maßnahmen zur Bekanntmachung und auf Ihre Pflichten beim Verkauf über Online-Shops wird in Abschnitt 2.3 näher eingegangen.

Verkauf über Seiten Dritter: Fallbeispiel Sub-Shops

Beispiele für Sub-Shops sind Anbieter von Merchandising-Produkten, wie Spreadshirt, Shirtcity oder auch Amazon.de mit seinem Konzept aStore. So ermöglicht Spreadshirt es sowohl privaten als auch kommerziellen Betreibern von Internet-Seiten, einen eigenen Online-Shop mit selbst gestalteten Artikeln einzurichten und diesen in ihren Web-Auftritt zu integrieren. Notwendig sind lediglich ein Internet-Zugang sowie die Grafiken und Logos der Merchandising-Produkte. Spreadshirt übernimmt von der Lagerhaltung über Produktion, Versand und Zahlungsabwicklung bis hin zum Kundenservice alle notwendigen Funktionen, um die individuellen Merchandising-Produkte online zu vertreiben. Die Betreiber der Websites können sich sowohl bei Amazon.de aStore als auch bei Spreadshirt & Co. zusätzliche Umsatzpotenziale erschließen und ihre Website aufwerten. Mit der Abwicklung (Bezahlung, Lieferung etc.) werden sie nicht belastet, das übernimmt in der Regel der Dienstleister gegen eine Provision. Für den Anbieter solcher Konzepte eröffnen sich zusätzliche Umsatzpotenziale und eine gute Möglichkeit, Kundenkontakte sehr gezielt anzugehen.

Infobox 2-2: Verkauf über Sub-Shops

ibi

2

Virtuelle Ladeneinrichtung – Shop-Software und mehr

Im Gespräch mit Mario Zanier, xt:Commerce, www.xt-commerce.com

Die xt:Commerce GmbH ist Anbieter von Support-Dienstleistungen, Payment-Lösungen, Software-Lösungen und Zusatzmodulen rund um die hauseigene Marke xt:Commerce Shop-Software. Das Leistungsportfolio der xt:Commerce GmbH umfasst neben der Konzeption und Gestaltung der Shop-Lösung xt:Commerce VEYTON 4 sowohl die Weiterentwicklung als auch die Pflege bereits veröffentlichter Systeme sowie Hilfe und Support bezüglich Installation, Handling und Pflege. Zusammen mit ausgesuchten Partnern, darunter ERP-Anbieter, Billing- und Micropayment-Unternehmen sowie Banken, entwickelt die xt:Commerce GmbH ständig neue zukunftsweisende Technologien und Anwendungserweiterungen. Die xt:Commerce GmbH arbeitet international und betreut weltweit Kunden, die von der internationalisierten Software profitieren.

INTERVIEW

Herr Zanier, welche grundsätzlichen Anforderungen muss eine Shop-Software erfüllen?

Bevor Sie sich für eine Shop-Software entscheiden, müssen Sie einige Vorüberlegungen anstellen. Ideal ist es, wenn man zunächst ein Anforderungsprofil für den Shop erstellt und dieses als Orientierungspunkt bei der Auswahl verwendet. Zum Beispiel sollten Sie sich überlegen, wie viele Produkte Sie heute und vielleicht in Zukunft in Ihrem Shop verkaufen wollen. Bei manchen Shop-Lösungen ist die Anzahl der Produkte, die maximal angeboten werden können, limitiert. Zudem sollten Sie auch generelle Erweiterungen der Software bedenken, wie etwa die Möglichkeiten, Dienstleister oder auch eigene Systeme über Schnittstellen anzubinden oder vielleicht auch ein Sprachmodul für den Verkauf ins Ausland zu integrieren. Wichtig ist, dass die Anforderungen nicht nur den aktuellen Stand, sondern auch zukünftige Entwicklungen berücksichtigen. Je mehr Sie also vorab festlegen, desto einfacher können Sie sich für eine geeignete Shop-Lösung entscheiden.

Welche Shop-Lösung sollte man auswählen?

Je nachdem, welche technischen und zeitlichen Möglichkeiten Sie selbst haben, um an der Shop-Erstellung mitzuwirken, bieten sich verschiedene Lösungen an. Grundsätzlich sollten Sie sich entscheiden, ob eine Shop-Lösung gekauft oder gemietet werden soll. Beides hat Vor- und Nachteile. Kauf-Shops bieten in der Regel ein breiteres Funktionsspektrum als Miet-Shops. Beide Lösungen erfordern normalerweise keine bzw. kaum Programmierkenntnisse und sind in der Regel leicht zu bedienen. Die Anschaffungskosten sind beim Kauf-Shop im Vergleich zu einer Mietlösung zunächst teurer. Auf längere Zeit dreht sich das Verhältnis jedoch um. Zudem fallen häufig bei gekauften Lösungen auch noch zusätzliche Kosten für Updates an. Falls man noch nicht genau abschätzen kann, wie das Internet-Angebot von den Kunden angenommen wird, sind Miet-Shops zu Beginn meist völlig ausreichend.

Weitere Varianten sind Open-Source-Lösungen. Diese sind in der Regel kostenlos, bieten völlige Gestaltungsfreiheit und zahlreiche Features. Jedoch erfordern sie umfassendes eigenes technisches Know-how. Für die Wartung und Pflege ist der Online-Händler selbst verantwortlich.

Was sind Ihrer Meinung nach die wichtigsten Kriterien, um einen Web-Shop gerade in der Anlaufphase bekannt zu machen?

Eine fundierte Planung ist das A und O eines jeden Web-Shop-Projekts. Wenn die Kunden bei der ersten Nutzung des Shops nicht zufrieden sind, wird man sich schwer tun, diese als Stammkunden zu gewinnen und den Shop zu etablieren. In der Regel

> ### Eine fundierte Planung ist das A und O eines jeden Web-Shop-Projekts!
>
> Mario Zanier, xt:Commerce

hat man nur einen „Schuss", d. h., surft der Kunde einen Shop an und ist mit diesem nicht zufrieden, dann wird er kaum wiederkommen. Deshalb muss der Shop einfach passen.

Damit der Kunde mit der Shop-Nutzung und mit dem Einkauf zufrieden ist, müssen viele Dinge von Beginn an beachtet werden. Dazu zählt beispielsweise die Nutzerfreundlichkeit des Shops, wie etwa eine intuitive Navigation oder eine gute Suchfunktion. Aber auch die mit den Bestellungen verbundenen internen Abläufe, z. B. Versand, Abrechnung und Reklamation, sind festzulegen. Hier müssen die Shop-Lösungen Möglichkeiten bieten, um über die entsprechenden Schnittstellen die Abläufe möglichst effizient und kundenfreundlich abzuwickeln. Der Kunde sieht immer den ganzen Prozess. Ist der Shop zwar äußerst nutzerfreundlich, aber das Produkt ist entgegen der Daten im Shop nicht in drei Tagen, sondern erst in zwei Wochen lieferbar, ist der Kunde unzufrieden. Denken Sie immer daran, dass der Web-Shop Ihr Aushängeschild ist.

Wenn die Funktionen alle definiert sind, müssen natürlich auch Kunden in den virtuellen Laden kommen. Marketing und Werbung sind zudem für kleine Shops notwendig. Dabei müssen es nicht immer gleich Bannerwerbungen oder große Zeitungsanzeigen sein. Im Internet sind viele andere Dinge wichtig. So ist es beispielsweise sinnvoll, in Suchmaschinen gut gelistet zu sein. Dazu gehört unter anderem auch, entsprechende Inhalte auf der eigenen Website vorzuhalten. „Content is king" – dieser oft bemühte Satz ist nicht nur in Bezug auf die Suchmaschinen wichtig, sondern auch, um Kunden auf der Website zu halten. Ist das Interesse der Kunden durch die Website geweckt, so verweilen sie dort länger und kaufen häufig auch

eher ein. In diesem Zusammenhang sei an eine gute Darstellung der Produkte nicht nur durch Bilder, sondern auch durch umfangreiche Produktinformationen erinnert: Das Auge „isst" mit. Zudem ist die Nutzung von Preis- bzw. Produktvergleichsseiten zur Steigerung der Bekanntheit zu empfehlen.

Welches sind in der Praxis die häufigsten Fehler, die bei der Erstellung eines eigenen Web-Shops passieren?

Häufig werden Shops rein aus der Sicht des Händlers entwickelt. Dies ist leider meistens falsch. Bei der Shop-Entwicklung muss immer der Kunde berücksichtigt werden. Überlegen Sie sich, ob der Kunde Ihren Shop findet oder wie Sie ihn darauf aufmerksam machen könnten. Gestalten Sie den Shop so, dass der Kunde während und nach dem Kauf zufrieden ist und Ihren Shop gerne weiterempfiehlt und wiederkommt. Dazu müssen neben der Usability auch die Sicherheit sowie die Kundenpflege stimmen. Um den häufig vorhandenen Sicherheitsbedenken zu begegnen, sollten Sie beispielsweise überlegen, ob sich für Ihr Internet-Angebot ein Prüfsiegel eignet. Einfacher geht es, wenn Sie gewisse Themen offen auf Ihrer Website kommunizieren. Informieren Sie beispielsweise über Ihr Vorgehen bei Garantie- und Gewährleistungsfällen. Erklären Sie Umtausch- und Rückgaberechte. Bieten Sie verschiedene Kontaktmöglichkeiten (Telefon, E-Mail, Ladengeschäft etc.) und nehmen Sie den Kunden bei der Kontaktaufnahme ernst. Um das Vertrauen des Kunden zu stärken, ist es außerdem hilfreich, die Menschen vorzustellen, die hinter dem Unternehmen stecken. Das nimmt die Angst vor Betrug und hilft, den Kunden gegenüber Ihrem Internet-Angebot positiv zu stimmen. ■

2

Mehrwerte durch online + offline

Neben den dargestellten Vertriebsmöglichkeiten über das Internet werden häufig auch Offline-Vertriebskanäle zum Verkauf der Produkte und Dienstleistungen genutzt. So betreibt jeder dritte der befragten Händler ein Ladengeschäft oder ist über einen Direktvertrieb am Markt aktiv, 18 % geben einen gedruckten Katalog heraus (vgl. Abbildung 2-4). Durch die zunehmende Verbreitung von mobilen Endgeräten (z. B. Smartphones, Tablet-Computer) wird das Thema Mobile Commerce für Online-Händler immer wichtiger (vgl. das Interview mit Björn Kraus, PHOENIX MEDIA). Wie die folgenden Ausführungen zeigen, gewinnt die Nutzung mehrerer Kommunikations- und Vertriebskanäle und deren Abstimmung für Händler zusehends an Bedeutung.

Multikanal – Fluch oder Segen?

Der Vertrieb über mehrere Wege kann Vor- und Nachteile haben, besonders wichtig ist es, den Überblick zu wahren. Preisgestaltung, Warenbestand, Auslieferung etc. müssen miteinander verzahnt sein, um Kunden nicht zu enttäuschen und die Vorteile des Mehrkanalvertriebs nicht zu verspielen. Die folgenden Beispiele sollen dies verdeutlichen.

So ist Vorsicht geboten, wenn Bestellungen über unterschiedliche Kanäle eintreffen und auf den gleichen Warenbestand zugreifen. Bestellt ein Kunde ein Produkt über das Internet, und annähernd zeitgleich kommt ein anderer Kunde in Ihr Ladengeschäft, um dort dasselbe Produkt zu erwerben, dann müssen beide Bestellungen entsprechend im Warenbestand verbucht werden, um nicht in Lieferengpässe zu geraten und Kunden zu enttäuschen. Zudem gilt es bei Bestellungen über das Internet, diese auch für alle relevanten Mitarbeiter transparent zu machen. Ruft ein Kunde beispielsweise nach einer Bestellung im Internet in einer Filiale an, weil er eine Rückfrage hat bzw. kommt er im Geschäft vorbei, dann sollten die Mitarbeiter auf die entsprechenden Informationen zugreifen können. Verwirrung und verärgerte Kunden lassen sich so vermeiden.

Auch sollten Sie sich grundsätzlich überlegen, welche Produktpalette Sie über das Internet verkaufen wollen: alle Produkte, die es auch im Ladengeschäft gibt, oder vielleicht mehr oder weniger (vgl. Abbildung 2-5)?

Etwa 30 % der Multikanalhändler bieten im Internet mehr Produkte an als im Ladengeschäft.

Wie unterscheidet sich das Sortiment, das Sie im Online-Shop anbieten, von dem Ihres Ladengeschäfts?

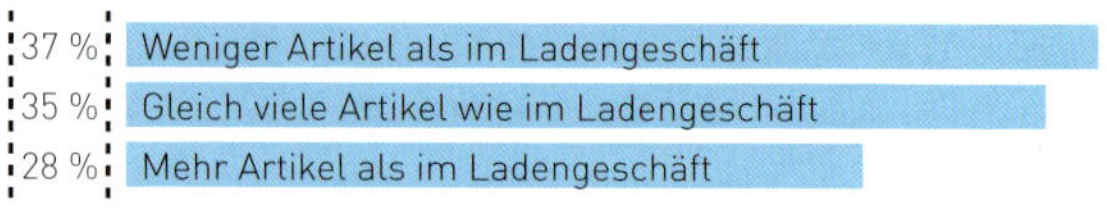

37 % Weniger Artikel als im Ladengeschäft
35 % Gleich viele Artikel wie im Ladengeschäft
28 % Mehr Artikel als im Ladengeschäft

Abb. 2-5. Sortimentsvergleich Online-Shop / Ladengeschäft
Quelle: ibi research (Shop-Systeme, Warenwirtschaft und Versand 2011)

Zudem gilt es, für die verschiedenen Vertriebskanäle auch die Preisstruktur festzulegen. Soll beispielsweise das Produkt im Internet billiger sein als im Ladengeschäft oder bei der telefonischen Bestellung? Zu beachten ist hierbei insbesondere, dass die Kanäle nicht isoliert betrachtet werden dürfen, sondern sich gegenseitig sowohl positiv als auch negativ beeinflussen können. Negativ in der Hinsicht, dass sich der Verkauf von Produkten vom Ladengeschäft auf das Internet verlagern kann, was in der Folge zu einem geringeren Umsatz bei etwa gleichbleibenden Kosten im Offline-Handel führen kann. Man spricht hierbei von Kannibalisierungseffekten. Das Zusammenspiel der beiden Kanäle kann jedoch auch zu einer Steigerung des Absatzes führen, z. B., weil die potenziellen Kunden einem Online-Verkäufer, den sie auch aus der realen Welt kennen, eher vertrauen (vgl. das Interview mit Sandra Bachfischer, Teehaus Bachfischer, in diesem Abschnitt).

Auch das Angebot im Internet kann sich positiv auf die anderen Vertriebskanäle auswirken. So bieten einige Online-Shops die Möglichkeit, die Bestellung im Ladengeschäft abzuholen. Häufig zeigt sich, dass Kunden, die im Internet bestellten und die Waren dann im Ladengeschäft abholen, dort dann nochmals zusätzliche Produkte kaufen. Ein positiver Effekt des Zusammenspiels der einzelnen Vertriebskanäle.

Arbeiten die Vertriebskanäle also gut zusammen, dann lassen sich durchaus zahlreiche Vorteile realisieren. Jedoch dürfen die beschriebenen Gefahren nicht leichtsinnig außer Acht gelassen werden, um wirklich einen erfolgreichen Multikanalvertrieb zu etablieren.

ibi

Multikanalvertrieb: ganz klar! Aber wie? –
Fakten aus dem deutschen (Online-)Handel

Schneller, günstiger, vielfältiger – dies sind nur einige Schlagworte aus dem Online-Handel, mit denen sich lokale Einzelhändler auseinandersetzen müssen. Der Bedarf, die eigene Strategie zu überdenken, ist heute deutlicher spürbar denn je. Doch auch der Wettbewerb unter den „reinen" Online-Händlern wird ständig härter. Unternehmen müssen sich von der Masse abheben und die Präferenzen der Kunden zunehmend stärker berücksichtigen, um weiterhin erfolgreich zu sein. Welche Ansprüche Kunden an das Zusammenspiel der verschiedenen Vertriebskanäle haben, hat das E-Commerce-Leitfaden-Team mit seinen Partnern in der Endkundenbefragung „Multikanalvertrieb: ganz klar! Aber wie? – Fakten aus dem deutschen (Online-)Handel" herausgefunden.

Jeder Händler sollte sich überlegen, ob sein Vertrieb auf mehrere Kanäle ausgeweitet werden sollte bzw. wie über diese Kanäle Kunden am besten anzusprechen sind. Die Art der Kanäle kann dabei vielfältig und unter Berücksichtigung der angebotenen Produkte und Dienstleistungen entsprechend gewählt werden. Die klassischen Vertriebswege, wie das lokale Ladengeschäft und der Katalog, können um den Online-Shop, den mobilen Shop oder durch innovative Ansätze wie der Integration eines Shops in soziale Netzwerke ergänzt werden.

Die Untersuchung zur Ermittlung der Kundenpräferenzen im Multikanalvertrieb war szenariobasiert angelegt, d. h. den Teilnehmern wurden zufällig verschiedene Situationen möglichst konkret geschildert, die beim Einkaufen denkbar wären (Bsp. „Sie stehen vor der Situation ein neues Paar Laufschuhe im Wert von ca. 75 € kaufen zu wollen."). Bei der Produktauswahl wurde darauf Wert gelegt, dass diese multikanalfähig sind, also der Kauf sowohl in einem lokalen Ladengeschäft als auch im Internet technisch möglich und denkbar wäre.

Weitere Informationen zu dieser Studie sowie den Link zum kostenlosen Download finden Sie auf der Website des Leitfadens (www.ecommerce-leitfaden.de/multikanalvertrieb).

Christian Schneider, Georg Wittmann, Ernst Stahl, Stefan Weinfurtner, Sabine Pur
Multikanalvertrieb: ganz klar! Aber wie? – Fakten aus dem deutschen (Online-)Handel
April 2012
ISBN 978-3-940416-42-1

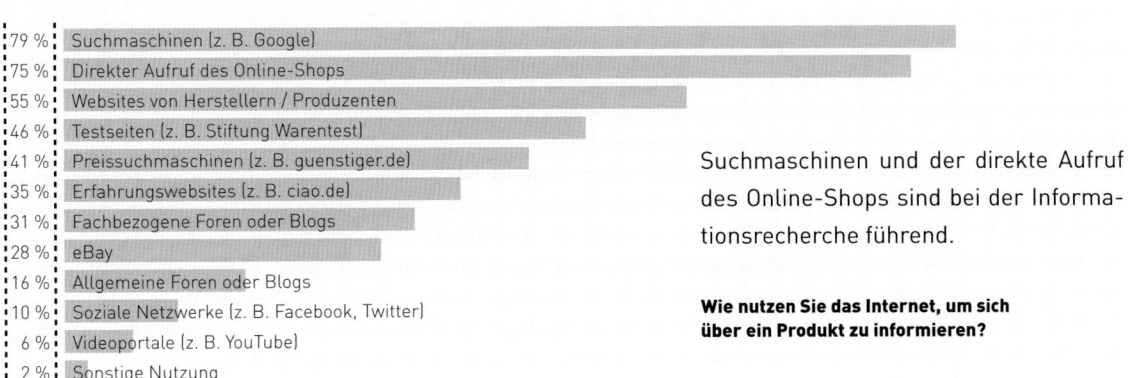

Suchmaschinen und der direkte Aufruf des Online-Shops sind bei der Informationsrecherche führend.

Wie nutzen Sie das Internet, um sich über ein Produkt zu informieren?

Abb. 2-6: Nutzung des Internets zur Informationsgewinnung über ein Produkt
Quelle: ibi research (Multikanalvertrieb: ganz klar! Aber wie? 2012)

Infobox 2-3: Studie „Multikanalvertrieb: ganz klar! Aber wie?"

Multikanalvertrieb: GANZ KLAR! ABER WIE?

Studienergebnisse zum Kundenverhalten im Multikanalvertrieb

www.ecommerce-leitfaden.de/multikanalvertrieb

Informationsquelle Nr. 1 für Kunden: das Internet

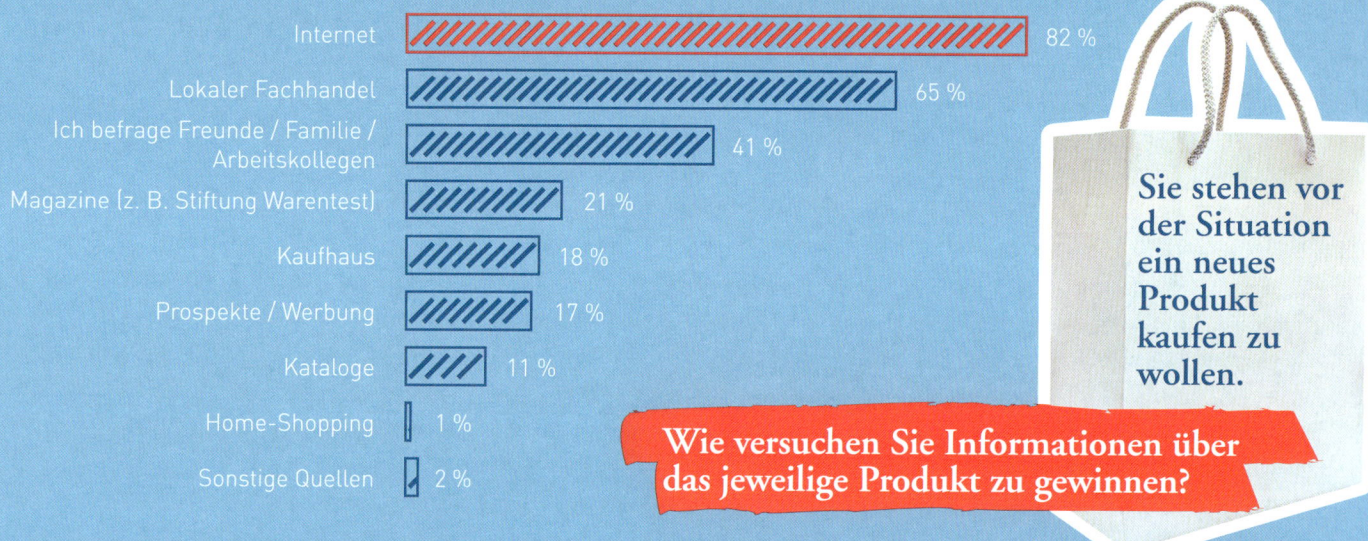

Internet	82 %
Lokaler Fachhandel	65 %
Ich befrage Freunde / Familie / Arbeitskollegen	41 %
Magazine (z. B. Stiftung Warentest)	21 %
Kaufhaus	18 %
Prospekte / Werbung	17 %
Kataloge	11 %
Home-Shopping	1 %
Sonstige Quellen	2 %

Sie stehen vor der Situation ein neues Produkt kaufen zu wollen.

Wie versuchen Sie Informationen über das jeweilige Produkt zu gewinnen?

Kunden suchen Online-Händler über Suchmaschinen oder rufen den Online-Shop direkt auf

Suchmaschinen (z. B. Google)	70 %
Direkter Aufruf des Online-Shops	68 %
Preissuchmaschinen (z. B. guenstiger.de)	44 %
Websites von Herstellern / Produzenten	40 %
Erfahrungswebsites (z. B. Ciao)	25 %
Testseiten (z. B. Stiftung Warentest)	24 %
eBay	20 %
Fachbezogene Foren oder Blogs	15 %
Allgemeine Foren oder Blogs	11 %
Soziale Netzwerke (z. B. Facebook, Twitter)	5 %
Videoportale (z. B. YouTube)	1 %
Sonstige Quellen	3 %

Wie gehen Sie vor, um einen Online-Shop für ein Produkt zu finden?

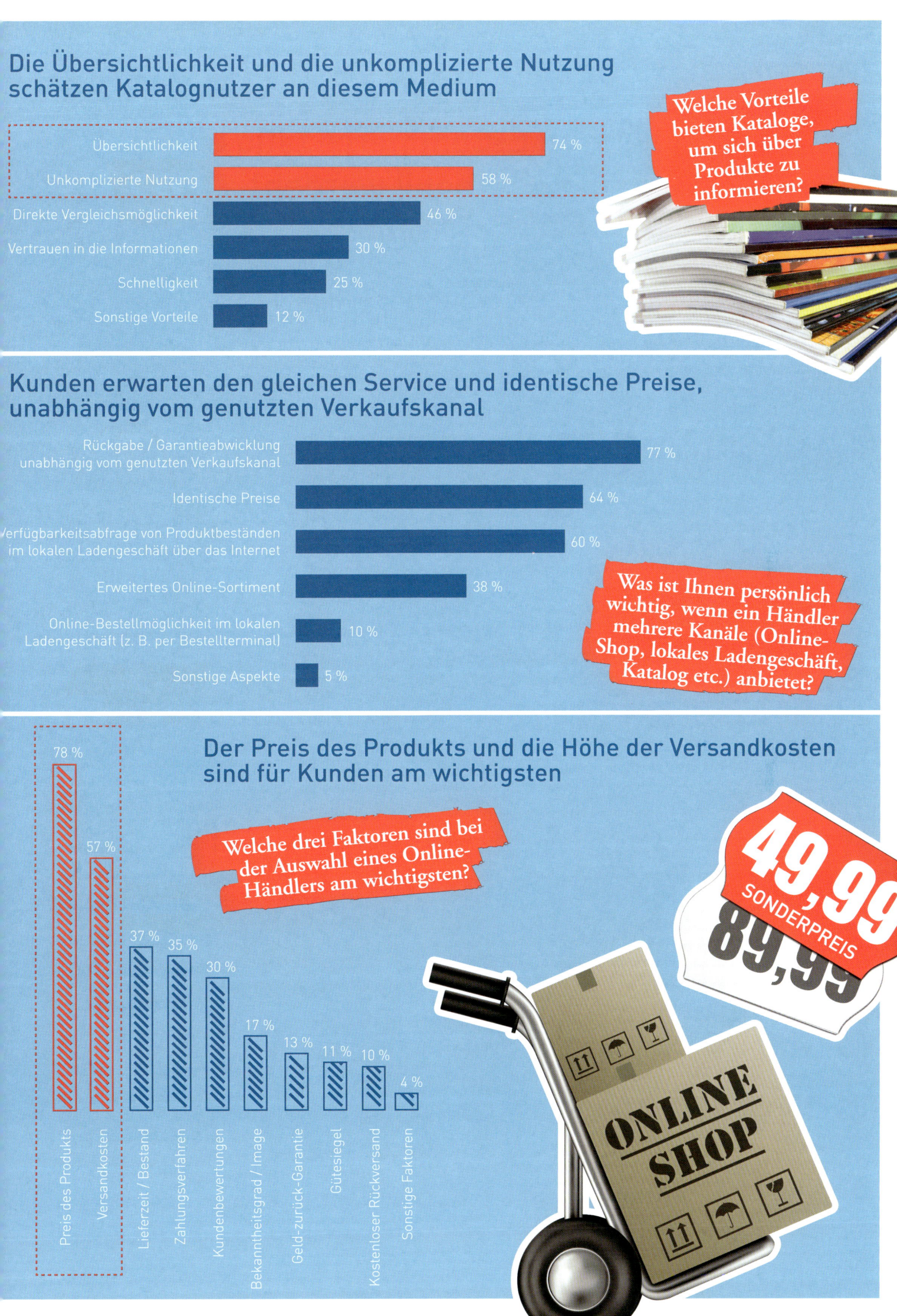

Die Übersichtlichkeit und die unkomplizierte Nutzung schätzen Katalognutzer an diesem Medium

Welche Vorteile bieten Kataloge, um sich über Produkte zu informieren?

- Übersichtlichkeit — 74 %
- Unkomplizierte Nutzung — 58 %
- Direkte Vergleichsmöglichkeit — 46 %
- Vertrauen in die Informationen — 30 %
- Schnelligkeit — 25 %
- Sonstige Vorteile — 12 %

Kunden erwarten den gleichen Service und identische Preise, unabhängig vom genutzten Verkaufskanal

Was ist Ihnen persönlich wichtig, wenn ein Händler mehrere Kanäle (Online-Shop, lokales Ladengeschäft, Katalog etc.) anbietet?

- Rückgabe / Garantieabwicklung unabhängig vom genutzten Verkaufskanal — 77 %
- Identische Preise — 64 %
- Verfügbarkeitsabfrage von Produktbeständen im lokalen Ladengeschäft über das Internet — 60 %
- Erweitertes Online-Sortiment — 38 %
- Online-Bestellmöglichkeit im lokalen Ladengeschäft (z. B. per Bestellterminal) — 10 %
- Sonstige Aspekte — 5 %

Der Preis des Produkts und die Höhe der Versandkosten sind für Kunden am wichtigsten

Welche drei Faktoren sind bei der Auswahl eines Online-Händlers am wichtigsten?

- Preis des Produkts — 78 %
- Versandkosten — 57 %
- Lieferzeit / Bestand — 37 %
- Zahlungsverfahren — 35 %
- Kundenbewertungen — 30 %
- Bekanntheitsgrad / Image — 17 %
- Geld-zurück-Garantie — 13 %
- Gütesiegel — 11 %
- Kostenloser Rückversand — 10 %
- Sonstige Faktoren — 4 %

49,99 SONDERPREIS
~~89,99~~

ONLINE SHOP

2

Wer im E-Commerce tätig ist, muss mobil werden!

Im Gespräch mit Björn Kraus, PHOENIX MEDIA, www.phoenix-media.eu

Björn Kraus ist Technischer Leiter (CTO) bei PHOENIX MEDIA, einer Full-Service-E-Commerce-Agentur, die seit über zehn Jahren für Händler in Deutschland, Österreich, der Schweiz sowie weiteren europäischen Ländern individuelle E-Commerce-Lösungen auf Basis von Magento Commerce entwickelt und betreibt.

INTERVIEW

Herr Kraus, wirkt sich der anhaltende Trend zum Einsatz mobiler Endgeräte auch auf den E-Commerce aus?

Absolut! Der Fernabsatzkanal Internet löst sich vom heimischen PC und wird von vielen Menschen unterwegs beispielsweise in Bussen und Bahnen genutzt. Durch die Verfügbarkeit schneller UMTS- oder HSDPA-Mobilfunknetze ist das Internet und damit der E-Commerce nicht länger an den Internet-Anschluss zu Hause oder im Büro gebunden, sondern kann nun jederzeit und überall genutzt werden.

Dabei geht es nicht nur um die Möglichkeit, an der Bushaltestelle kurz noch ein Buch oder neue Schuhe zu bestellen. Mittlerweile sind wir viel weiter! Das mobile Internet eröffnet den Kunden beispielsweise eine höhere Preistransparenz durch Barcode-Scanner. Diese zeigen Kunden im Laden zu jedem Produkt, ob diese zu einem angemessenen Preis angeboten werden oder ob der Artikel im Internet nicht vielleicht günstiger bestellt werden kann.

In vielen Zeitschriften und auch in öffentlichen Verkehrsmitteln sieht man inzwischen Produktwerbungen mit QR-Codes. Dies sind Quadrate, die Daten als schwarze und weiße Punkte codieren und z. B. mit Smartphones ausgelesen und interpretiert werden können. Die Smartphones führen dann Interessenten direkt auf spezielle Internet-Seiten, so genannte Landing-Pages, auf denen sie weitere Informationen über das Produkt sowie auch Kaufoptionen finden. Eine tolle Möglichkeit, klassische Print-Werbung mit Mobile Commerce zu verbinden.

Welche Trends sehen Sie für den Mobile Commerce?

Dem Mobile Commerce wird auf jeden Fall in den nächsten Jahren eine wesentlich größere Bedeutung zukommen als bisher. Neue Designs für Online-Shops werden nicht mehr nur für den Desktop-Bildschirm entwickelt, sondern müssen auch auf Tablet-Computer und Smartphones funktionieren. Wir gehen davon aus, dass schon in zwei bis drei Jahren ein Großteil aller Transaktionen über mobile Endgeräte vorgenommen wird.

Ändert sich damit auch das Einkaufsverhalten der Konsumenten?

Davon bin ich überzeugt! Mit „Couch Commerce" wird diese neue Art des mobilen Einkaufens sehr treffend beschrieben: bequem von der Couch, mit einfachen Fingergesten über ein mobiles Endgerät, online einkaufen. E-Commerce-Angebote müssen deshalb hinsichtlich ihrer Benutzerfreundlichkeit (Usability) genau auf die neuen Bedienkonzepte ausgerichtet werden.

Hierbei halten gerade die neuen Smartphone-Generationen noch eine Vielzahl weiterer technischer Möglichkeiten bereit. So ist insbesondere der Bereich Payment ein hoch spannendes Thema, in das viele Payment Service Provider enorme Summen investieren, um ihre Angebote auf die mobilen Geräte zu bringen. Dabei wird nicht nur auf eine einfachere Handhabung für E-Commerce-Anwendungen geachtet.

Auch im stationären Handel zeigen sich neue Konzepte, die v. a. den klassischen EC- und Kreditkarten, z. B. unter Einsatz von NFC, der Near Field Communication, Konkurrenz machen. Das Smartphone wird somit zur universellen elektronischen Geldbörse, über das Kauf- und Bezahlprozesse online wie auch offline getätigt werden können.

> Wir empfehlen Händlern, auch beim Mobile Commerce auf flexible und offene Standards zu setzen.
>
> Björn Kraus, PHOENIX MEDIA

Was raten Sie E-Commerce-Händlern, die noch keine M-Commerce-Strategie haben?

Es wird Zeit! Denn wer jetzt nicht reagiert, kann z. B. bereits im kommenden Weihnachtsgeschäft Umsätze an Konkurrenten mit einem mobilen Angebot verlieren. Grundsätzlich sollte jeder Online-Shop mit einem Smartphone oder Tablet-Computer bedienbar sein. Hierfür müssen technische Hürden, wie Flash oder schwer zu bedienende Navigationselemente, vermieden werden. Für Smartphones empfiehlt sich darüber hinaus eine eigene, abgespeckte Shop-Version zu gestalten, die auf Bildschirmgröße und Bedienmöglichkeiten der mobilen Browser angepasst ist.

Wer ein größeres Budget zur Verfügung hat und seinen Kunden einen höheren Mehrwert bieten möchte, sollte außerdem überlegen, für die verschiedenen Smartphone-Plattformen spezielle Apps zu entwickeln. Mit solchen Anwendungen können die technischen Möglichkeiten der Geräte, wie die Kamera, um einen Barcode zu scannen, oder GPS, um das nächste Ladengeschäft zu finden, genutzt werden. Weiterhin wäre vielleicht auch eine kleine praktische Anwendung denkbar, die den Kunden unterstützt, wiederkehrende Bestellungen auszulösen. Der Kreativität sind hier keine Grenzen gesetzt. Durch den festen Platz der eigenen App im Smartphone des Kunden kann eine enorme Kundenbindung erzielt werden.

Was sollten Händler bei der Wahl ihrer technologischen Plattform beachten?

Wir empfehlen Händlern, auch beim Mobile Commerce auf flexible und offene Standards zu setzen. Wir raten generell von Lösungen ab, die bestehende Online-Inhalte für die Nutzung auf mobilen Endgeräten lediglich „transformieren".

Solche Angebote sind in der Regel sehr fehleranfällig und verursachen hohe Wartungskosten. Heutige E-Commerce-Lösungen, wie die von uns eingesetzte Lösung „Magento Commerce", ermöglichen eine Ausgabe von HTML5-Inhalten. Auf diese Weise bekommt der Shop-Besucher immer die optimale Darstellung der mobilen Website für sein jeweiliges Gerät. Entsprechende Templates liefert der Plattformanbieter entweder schon mit oder sie können für wenige hundert Euro nachinstalliert werden.

Gleiches gilt auch für den Aufbau von Apps. Auch diese sollten nach Möglichkeit an den bestehenden Online-Shop über Web-Services angebunden werden. Dies ermöglicht dem Kunden beispielsweise, sowohl die App auf dem Smartphone als auch den Browser auf dem Desktop-PC zu verwenden, um auf sein Kundenkonto, seine Wunschliste oder den noch offenen Warenkorb zuzugreifen. Die verschiedenen Front-Ends eines Online-Shops müssen vom Kunden als eine Einheit wahrgenommen und genutzt werden können.

Aber nicht nur aus dem Blickwinkel der Usability ist die Wahl der richtigen technologischen Plattform für den Online-Händler von Interesse. Er kann sich außerdem eine Menge Kosten sparen, da zentrale Schnittstellen, zum ERP- oder zum Payment-System, nicht mehrfach entwickelt werden müssen.

Ich rate deshalb Online-Händlern dringend eine zentrale Plattform zu verwenden, um Multi-Shops für verschiedene Länder und Darstellungsmedien aufzusetzen. Durch eine zentrale Produktpflege stehen die Inhalte immer aktuell für alle Front-Ends zur Verfügung und die Bestellerfassung kann wie im klassischen E-Commerce ohne Umwege in das ERP-System weitergeleitet werden. Eine effiziente technologische Basis ist somit ganz klar auch im Mobile Commerce Grundvoraussetzung für den Erfolg. ■

ibi

STUDIE

2

Total global? – Die Bedeutung regionaler Kunden im E-Commerce

Einer der wesentlichen Vorteile des Online-Handels ist, dass sich über das Internet Kunden in aller Welt erreichen lassen. Trotzdem bezeichnen knapp 40 % der im Rahmen des Projekts E-Commerce-Leitfaden befragten Online-Händler die Kunden aus der Region als sehr wichtig (vgl. Abbildung 2-7). Als eine der wichtigsten Werbemöglichkeiten zur Gewinnung regionaler Kunden wurde von den Unternehmen die regionale Presse genannt.

Etwa die Hälfte der befragten Online-Händler verfügt neben dem Web-Shop auch über ein Ladengeschäft. Gerade diese Kombination aus stationärem und virtuellem Shop bietet interessante Möglichkeiten, regionale Kunden besonders anzusprechen. So bieten zwei von drei dieser Händler den (regionalen) Kunden an, bestellte Waren versandkostenfrei im Ladengeschäft abzuholen, jeder zweite ermöglicht den Umtausch online bestellter Waren im Ladengeschäft.

Selbst für fast jeden dritten Händler, der über kein stationäres Ladengeschäft verfügt, sind die Kunden aus der Region auch sehr wichtig. Diese Händler locken regionale Kunden z. B. durch Verzicht auf Versandkosten bei Lieferung an Adressen in einem bestimmten Umkreis, durch besondere Vergünstigungen oder durch sonstige Leistungen, wie Installationsservice oder Abholung ab Lager.

Als wichtigste Werbemöglichkeiten, um Kunden aus der Region auf den Online-Shop aufmerksam zu machen, wurden von jeweils etwa einem Drittel der Online-Händler Hinweise im Ladengeschäft sowie Anzeigen und Artikel in regionalen Zeitungen genannt. Jeweils etwa ein Viertel wirbt auf regionalen Online-Portalen / -Marktplätzen oder beteiligt sich an Veranstaltungen in der Region (vgl. Abbildung 2-8).

Für knapp 40 % der Online-Händler ist das Geschäft mit regionalen Kunden sehr wichtig.

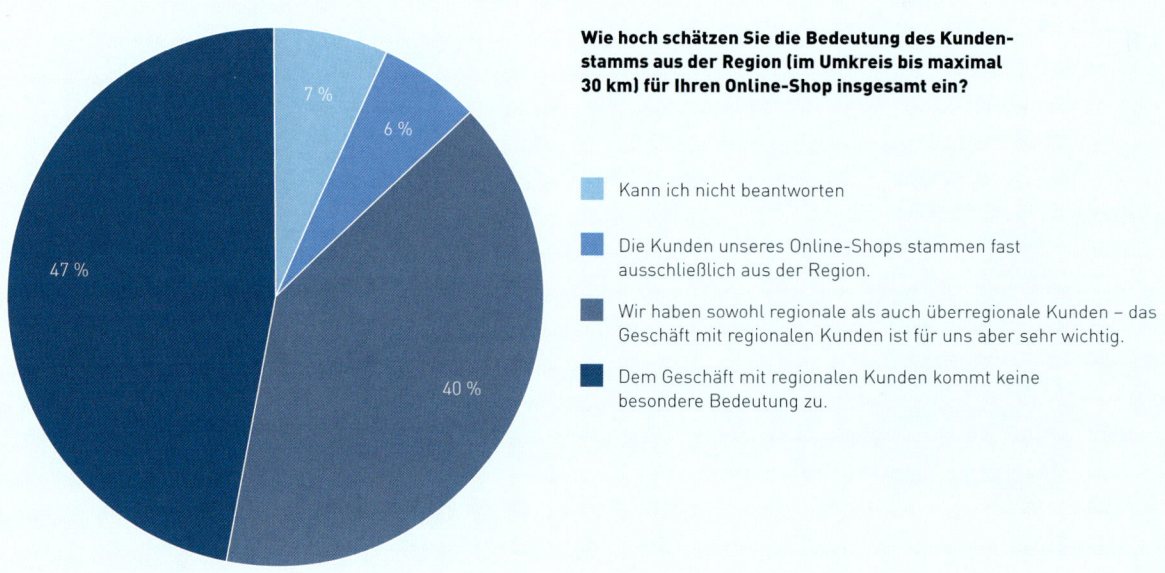

Abb. 2-7: Bedeutung des regionalen Kundenstamms
Quelle: ibi research (Total global? 2010)

ibi

Bei den Online-Händlern, die auch ein Ladengeschäft führen, kann keine eindeutige Aussage darüber getroffen werden, ob der Shop oder der Laden das Hauptstandbein bilden. Bei 35 % dieser Händler sind die Umsätze im Online-Shop deutlich höher als im Ladengeschäft, bei 43 % ist es umgekehrt. Jeweils 11 % gaben an, dass die Umsätze in etwa gleich hoch sind oder konnten dazu keine Auskunft geben.

Für die Kunden bietet die Kombination aus Online-Shop und Ladengeschäft auch den Vorteil, dass sie sich vor dem Online-Kauf im Laden informieren können und umgekehrt. Wie die Ergebnisse zeigen, werden beide Möglichkeiten von den Kunden genutzt. Dabei informieren sich im Durchschnitt mehr Kunden vorab online und kaufen dann im Laden, als umgekehrt.

Für die Zukunft wird von den befragten Online-Händlern unter anderem erwartet, dass die Bedeutung des Geschäfts mit regionalen Kunden insgesamt noch weiter zunimmt. Nur 6 % von ihnen gehen von einer abnehmenden Bedeutung aus.

Weitere Informationen zu dieser Studie sowie den Link zum kostenlosen Download finden Sie auf der Website des Leitfadens (www.ecommerce-leitfaden.de/total-global).

Silke Weisheit, Thomas Krabichler, Georg Wittmann, Ernst Stahl:
Total global? – Die Bedeutung regionaler Kunden für Online-Händler
Juni 2010
ISBN 978-3-940416-23-0

Die regionale Presse spielt bei der Ansprache von Kunden aus der Region eine wichtige Rolle.

Nutzen Sie besondere Werbemöglichkeiten, um Kunden aus der Region auf Ihren Online-Shop hinzuweisen?
(nur Händler, deren Kunden fast ausschließlich aus der Region stammen oder
für die das Geschäft mit regionalen Kunden sehr wichtig ist)

35 %	Hinweise im Ladengeschäft
33 %	Regionale Zeitungen (Anzeigen / Artikel)
25 %	Sonstige regionale Online-Portale oder -Marktplätze
24 %	Auftritte auf regionalen Veranstaltungen
18 %	Regionale Postwurfsendungen
16 %	Sonstige Kooperationen mit Online-Anbietern aus der Region
15 %	Regionalbezogene SEO- / SEA-Maßnahmen
14 %	Online-Auftritte von regionalen Zeitungen
14 %	Regionales Sponsoring
9 %	Regionalbezogener Newsletter
6 %	Sonstige Werbemöglichkeiten
27 %	Nein, wir nutzen keine besonderen Werbemöglichkeiten

Abb. 2-8: Genutzte Werbemöglichkeiten zur regionalen Kundengewinnung
Quelle: ibi research (Total global? 2010)

Infobox 2-4: Studie „Total global?"

ibi

Je nach Geschmack – „It's Tea Time" im Laden oder im Internet

Im Gespräch mit Sandra Bachfischer, Teehaus Dagmar Bachfischer,
www.teehaus-bachfischer.de

Mit über 330 Sorten Tee bietet das Teehaus Bachfischer ein sehr umfangreiches Teesortiment. Bisher schätzten vor allem die Kunden des Ladengeschäfts in der Regensburger Altstadt die hochwertigen Tees, die auf Basis eigener Rezepturen selbst gemischt und aromatisiert werden. Im neuen Web-Shop des Unternehmens wird der Teekauf nun auch im Internet zum Erlebnis.

INTERVIEW

Frau Bachfischer, welche Potenziale eröffnet Ihnen als etabliertem Teefachhandel das Internet?

Die Entwicklung neuer Teemischungen ist mit verhältnismäßig großem Aufwand verbunden, der sich für viele Teefachgeschäfte, die nur über ein Ladengeschäft verkaufen, kaum mehr rechnet. Schon seit einigen Jahren bieten wir unseren Kunden daher zusätzlich einen Katalog an, aus dem sie ihre Lieblingstees bestellen können. Ein Online-Shop stellt für uns ein sehr gutes Mittel dar, um unsere Kundenbasis weiter auszubauen und an unsere bestehenden Kunden mehr zu verkaufen.

Für die Neukundengewinnung ist es ein nicht zu unterschätzender Vorteil, wenn die Kunden sehen, dass hinter einem Online-Shop ein reales Geschäft mit einer Adresse und tatsächlichen Personen steckt. Das schafft Vertrauen im anonymen und für viele Anbieter auch riskanten Internet-Geschäft. Bei uns äußert sich das unter anderem dadurch, dass sehr viele Kunden bedenkenlos per Vorkasse bezahlen.

Unseren Stammkunden, die derzeit bei uns im Geschäft einkaufen oder über unseren Katalog bestellen, bieten wir über das Internet eine schnelle und bequeme Möglichkeit zur Nachbestellung von Tees. Der Online-Shop passt somit sehr gut zu unserer Philosophie, unsere Kunden umfassend zu bedienen und dadurch die Verbundenheit mit unserem Haus zu stärken. Um den Shop bekannt zu machen, weisen wir unsere Stammkunden im Kundengespräch auf den Web-Shop hin und drucken die Web-Adresse auf unseren Teepackungen auf.

Welche Überlegungen haben Sie angestellt, bevor Sie an die Umsetzung Ihres eigenen Online-Shops gegangen sind?

Am Anfang stand eine intensive Planungs- und Analysephase. In dieser Phase haben wir sehr früh eine ausgiebige Marktanalyse durchgeführt, um einen Überblick zu gewinnen, was unsere Konkurrenten bisher im Internet machen. Wer vertreibt bereits seine Tees im Internet? Welche Informationen bzw. Funktionen bieten die Konkurrenten? Zu welchen Konditionen verkaufen sie ihre Produkte im Internet? Diese und weitere Fragen haben wir uns dabei gestellt und so einen Plan für unser Internet-Angebot entwickelt.

Bei der Umsetzung unserer Internet-Strategie haben wir versucht, uns möglichst nah an unserem existierenden Geschäft zu orientieren. In der realen Welt arbeiten wir sehr intensiv mit Gerüchen und individuellen Beratungsgesprächen. Im Internet ist beides nur bedingt möglich. Deshalb haben wir versucht, durch die Integration eines selbst entwickelten Teeberaters ein Beratungsgespräch möglichst realitätsgetreu im Internet nachzubilden. Das „Erlebnis Tee" mit seinen Gerüchen und Geschmäckern konnten wir natürlich nicht online verfügbar machen. Wir haben aber so viele Informationen wie möglich zu den einzelnen Sorten in unseren Online-Shop integriert, damit unsere Kunden einen möglichst realistischen Eindruck von den Tees bekommen.

Parallel dazu haben wir die unternehmensinternen Abläufe analysiert, die vom Online-Shop betroffen

ibi

> Für die Neukundengewinnung ist es ein nicht zu unterschätzender Vorteil, wenn die Kunden sehen, dass hinter einem Online-Shop ein reales Geschäft steckt.
>
> Sandra Bachfischer, Teehaus Dagmar Bachfischer

waren und angepasst werden mussten. Dazu gehörten die Schritte der Auftragsannahme, der Auftragsverarbeitung und des Versands genauso wie die buchhalterische Erfassung und Überwachung der Zahlungen. Wir haben uns beispielsweise angeschaut, wie wir bisher mit Reklamationen umgehen oder wie lange es bis zum Versand der Ware dauert. Auch, welche Personen bis dahin in den Bestellprozess eingebunden sind, haben wir analysiert. Zudem mussten wir uns überlegen, wie wir den Shop an unsere bestehenden EDV-Systeme, wie Buchhaltung und Lagerverwaltung, anbinden und welche Mitarbeiter für den Shop bzw. die zugehörigen Prozesse verantwortlich sind.

Aufbauend auf unseren Überlegungen und Recherchen haben wir dann unsere Zielvorstellung formuliert und uns ein Budget gesetzt, das wir zur Erreichung der Ziele für realistisch erachteten. Denn bei aller Euphorie, die bei dem Thema „Internet" immer wieder aufkommt, muss auch hierbei hart gerechnet werden.

Sie haben für den Aufbau Ihres Online-Shops eine Agentur beauftragt. Wieso haben Sie sich hierzu entschieden und wie sind Sie in dieser Phase vorgegangen?

Auf Basis der Vorgaben aus der Planungs- und Analysephase haben wir ein ausführliches Briefing erstellt und dieses an mehrere Internet-Agenturen versandt mit der Bitte, uns entsprechende Angebote zu unterbreiten. Wir haben uns für die professionelle Unterstützung durch eine spezialisierte Agentur entschieden, da dies aus unserer Sicht deutlich schneller und effizienter zum Ziel führt, als selbst zu versuchen, eine Lösung zu entwickeln. Sicher ist die Unterstützung durch einen professionellen Partner nicht immer billig, aber wir können sagen, dass es sich in unserem Fall gelohnt hat.

Nachdem wir uns für eine Agentur entschieden hatten, wurde das Projekt in Angriff genommen. Zu diesem Zeitpunkt mussten wir jedoch lernen, dass der Aufbau eines Online-Vertriebswegs kein Projekt ist, welches man nebenbei durchführt. Es verlangt hohe Konzentration und sehr intensiven persönlichen Einsatz. Die ständige Kommunikation mit der Agentur zur Abstimmung der konkreten Ausgestaltung und Funktionen gehört genauso dazu wie auch die Aufbereitung der fachlichen Inhalte. Denn während die technische Verantwortung aufseiten der Agentur lag, lag die inhaltliche Kompetenz natürlich bei uns. ■

2.3 Ohne Pannen und Umwege ans Ziel – was bei der Umsetzung zu beachten ist

Wenn die Entscheidung für einen eigenen Shop getroffen wurde, gilt es zu klären, wie die Umsetzung realisiert werden kann. Zwar gibt es hierfür kein Patentrezept, da viele Einzelfallentscheidungen notwendig sind. Jedoch stehen Händler, die im Internet-Handel aktiv werden wollen bzw. es bereits sind, immer wieder vor denselben Aufgaben. Die folgenden Abschnitte sollen deshalb die wichtigsten dieser Fragen beantworten bzw. Hilfestellung zur Beantwortung geben.

Bevor Sie beginnen, Ihre Ideen in die Tat umzusetzen, sollten Sie einen strukturierten Vorgehensplan entwerfen. Eine intensive Planung hilft Ihnen später, unnötige Fehler und Nachbesserungsarbeiten zu vermeiden. Am Anfang der Umsetzungsphase stehen dann in der Regel die Auswahl eines geeigneten Shop-Systems und geeigneter Marketing-Möglichkeiten, um den Shop bekannt zu machen. Aber auch die Berücksichtigung rechtlicher Anforderungen und die Durchführung ausreichender Tests dürfen nicht vergessen werden.

Abbildung 2-9 zeigt, was derzeit für die befragten Händler die wichtigsten Aufgaben beim Verkauf im Internet sind. An erster Stelle steht die Verbesserung des Suchmaschinenrankings (vgl. den Abschnitt zur Bekanntmachung des Internet-Angebots). Hierauf folgt der Ausbau des Produktangebots / -sortiments im Shop sowie die Verbesserung der Produktpräsentation und der Nutzerfreundlichkeit. Wie aufwendig dies ist, hängt auch vom eingesetzten Shop-System ab. Schon bei der Auswahl des Shop-Systems ist daher zu prüfen, welche Möglichkeiten dieses bietet, um Produktbeschreibungen einfach und bequem zu erstellen bzw. zu ändern (vgl. den Abschnitt zu Shop-Lösungen).

Diese und die weiteren übrigen Aspekte, die in Abbildung 2-9 aufgeführt sind, hängen auch von der vorherigen Planung des Online-Angebots sowie den organisatorischen Abläufen im laufenden Betrieb ab. Auf diese Punkte wird im folgenden Abschnitt näher eingegangen.

Die Verbesserung des Suchmaschinenrankings ist die wichtigste Aufgabe für Online-Händler.

Was sind in 2012 für Sie die wichtigsten Aufgaben in Ihrem Web-Shop? (Mehrfachnennungen möglch)

Abb. 2-9: Die wichtigsten Aufgaben für Händler im E-Commerce
Quelle: ibi research (E-Payment-Barometer – Fokus: E-Commerce-Trends 2011)

2

Gut geplant ist halb gewonnen!

Der Aufbau eines eigenen Online-Angebots ist keine einfache Aufgabe. Wie die folgenden Abschnitte zeigen, gilt es, sowohl bei der Erstellung einer Online-Präsenz als auch im laufenden Betrieb einiges zu berücksichtigen. Eine der Umsetzung des Projekts „Web-Shop" vorgelagerte Planungsphase ist daher Pflicht! So ist vor dem Einstieg in den E-Commerce zunächst sorgfältig zu überlegen, inwieweit sich die eigenen Produkte und Dienstleistungen überhaupt für den Vertrieb über das Internet eignen. In diesem Zusammenhang müssen beispielsweise die anfallenden Versandkosten, die notwendige Logistik oder auch der Umgang mit Retouren bedacht werden. Zudem ist zu prüfen, ob ein Internet-Angebot mit Ihrer strategischen Ausrichtung zusammenpasst und wie dieser Vertriebskanal zu den anderen Vertriebswegen steht.

Auch sollten Sie zunächst analysieren, wie Ihre Wettbewerber im Internet agieren. Zum einen lassen sich daraus Lösungen für eigene Probleme ableiten, zum anderen sieht man sich im „globalen Dorf" häufig einer ganz anderen Konkurrenz gegenüber als bisher. Daneben gilt es zu klären, ob die bisherige Kundschaft überhaupt in einem Online-Shop einkaufen würde oder ob für die Geschäftsstelle in der virtuellen Welt eine neue Zielgruppe angesprochen werden muss.

Legen Sie einen Zeitplan fest, wann welche Schritte zu erledigen sind und auch, wann der Shop erste Gewinne erwirtschaften soll. Sofern Sie die Umsetzung des Projekts „Web-Shop" nicht selbst vornehmen, sollten Sie einen Projektverantwortlichen bestimmen. Dieser koordiniert und überprüft die anfallenden Aufgaben und nimmt gegebenenfalls Korrekturen im Projektablauf vor.

Weitere wichtige Aspekte, die bei der Planung eines Online-Angebots zu berücksichtigen sind, werden in Checkliste 2-1 sowie im Interview mit Konstantin Waldau, Atrada, zusammengefasst.

Checkliste: Planung von E-Commerce-Projekten

E-Commerce-Lösungen müssen nicht nur den individuellen Geschäftsprozessen und Anforderungen des Unternehmens genügen, sondern darüber hinaus auch ausreichende Flexibilität für beständige Weiterentwicklung gewähren. Erfolgreiche E-Commerce-Projekte sind nämlich immer zukunftsorientiert. Maßgeblich hierfür ist ein von Anfang an strukturierter Prozess, der sich konzeptionell mit der strategischen Planung auseinandersetzt. Diese Checkliste soll für mehr Klarheit bei der Planung von E-Commerce-Projekten sorgen.

Die grundsätzlichen Fragen zu Beginn eines E-Commerce-Projektes lauten für alle Unternehmer: Ist es die erste E-Commerce-Aktivität und welchen Stellenwert nimmt diese im Gesamtvertriebsmix ein? Soll der Shop Bestandteil einer umfassenden Online-Strategie sein?

Auf dieser Basis werden anschließend die Kundensegmente, das Portfolio der Waren und Dienstleistungen, die geplanten Umsatzvolumina sowie die internationale bzw. ausschließlich nationale Ausrichtung besprochen. Im zweiten Schritt müssen alle Inhalte sortiert und die konkreten Fachanforderungen benannt werden. Hier empfiehlt sich ein Kick-off-Workshop mit ALLEN beteiligten Bereichen eines Unternehmens. Darin sollten Vorstellungen, Wünsche und zu lösende Probleme erfasst und bedarfsgerecht analysiert werden. Auf dieser Grundlage kann im Anschluss bereits eine grobe Kostenplanung und in der Folge ein Lastenheft erstellt werden. Letzteres dient auch als Fundament für die Erstellung einer Ausschreibung bzw. für das Einholen eines Angebots und für die spätere strukturierte Umsetzung.

Auswahlkriterien für Technologie & Partner
Bei der Entscheidung für eine Standard- oder eine maßgeschneiderte E-Commerce-Software-Lösung stehen die Flexibilität und der Grad an gewünschter Individualität im Fokus. Mietlösungen bzw. „Software ▶

ibi

as a Service" (SaaS) bieten den Vorteil, dass sich der Betreiber im Rahmen festgeschriebener Service-Level-Agreements (SLA) zur Wartung und uneingeschränkten Funktionalität verpflichtet. Das heißt, dass auch bei zunehmender Komplexität und Dynamik von Projekten das Erfüllen aller Anforderungen an Performanz, Erreichbarkeit und Skalierbarkeit sichergestellt ist. Bei größeren Shop-Systemen kommt zusätzlich noch der Full-Service-Aspekt ins Spiel. Bei der Wahl des richtigen Technologiepartners – also Software-Unternehmen vs. Agentur als Anbieter von Managed Services – sollten Unternehmen vor allem auf die Marktnähe des Anbieters sowie auf praxisrelevante Problemlösungen nebst passenden Referenzen achten.

Schnittstellen & Integration

Um im E-Commerce erfolgreich zu agieren, sollten sich alle Geschäftsprozesse konsequent auf den Online-Kanal ausrichten. Standardisierten Schnittstellen sowie einer einfachen Integration und Synchronisierung vor- und nachgelagerter Systeme, wie Customer-Relationship-Management (CRM), Payment oder Logistik, kommen dabei eine zentrale Bedeutung zu. Standards sind nämlich nicht nur kompatibel mit bestehenden Shop-Lösungen, sondern ermöglichen auch den Wechsel von Partnern und wahren für Unternehmen die nötige Flexibilität.

Straffe Projektsteuerung

Mit Blick auf die Umsetzung aller inhaltlichen Entscheidungen ist ein fester Ansprechpartner während der gesamten Projektlaufzeit Dreh- und Angelpunkt im Unternehmen. Er nimmt Anfragen entgegen, formuliert Aufträge und verteilt diese an die jeweiligen Experten. Außerdem informiert er aktiv über den Status quo und achtet auf die Einhaltung von Budgets und Terminen. Ratsam ist zudem das Identifizieren von K.-o.-Kriterien ("Showstoppern") – also Sachvorhaben, die das gesamte Projekt gefährden können. Mögliche Fehlentwicklungen lassen sich so frühzeitig erkennen, so dass entsprechende Gegenmaßnahmen eingeleitet werden können.

Zusätzliche Überlegungen

Auch E-Commerce-Systeme, wie Online-Shops, bedürfen einer rechtlichen Betreuung. So kümmert sich ein Anwalt nicht nur um das Erstellen rechtssicherer AGB, sondern unterstützt auch beim datenschutzkonformen Umgang mit Kundendaten oder bei der steuerlichen Behandlung von Umsätzen. Ist der Shop rechtlich abgesichert und eine Qualitätssicherung erfolgreich absolviert, steht einem Online-Start nichts mehr im Wege. Nun gilt es den E-Commerce-Prozessen genügend Zeit zu geben, um Akzeptanz zu gewinnen. Hektische Änderungen an vermeintlichen Stellschrauben schaden der Nachvollziehbarkeit, welche Anpassungen wirklich sinnvoll sind. Unternehmen sollten zunächst eine ausreichende Anlaufphase abwarten und darin erste Erfahrungen sammeln, um im Anschluss daran ihr System beständig, aber mit Bedacht, weiterentwickeln zu können.

Wichtige Teilbereiche der Planung von E-Commerce-Projekten

1. Strategische Überlegungen – Basisfragen

- Ist das geplante E-Commerce-Projekt die erste Aktivität in diesem Bereich? (Wenn nein, wer kann E-Commerce-Kompetenz beitragen?)
- Welchen Stellenwert nimmt der E-Commerce im Gesamtvertriebsmix ein?
- Welche vorhandenen Geschäfts- und Unternehmensprozesse sind involviert?

- Welche Online-Shop-Kanäle sollen bedient werden (z. B. eigener Shop, Auktions- oder Verkaufsplattformen)?
- Welches Portfolio an Waren und Dienstleistungen wird angeboten?
- Welche Preisstrategie soll verfolgt werden?
- Welche Kunden- bzw. Zielgruppen werden adressiert und wie (z. B. B2B, B2C bzw. Sprache, Layout)?

- Soll der Shop national oder auch grenzüberschreitend ausgerichtet sein?
- Welche Funktionen soll der Shop beinhalten (z. B. Detailansicht bei Produkten, Warenkorb mit Wunschzettelfunktion, Gutscheincodes)?
- Welche Maßnahmen sollen zur Vertriebsförderung eingesetzt werden?
- Wie ist die Lagerhaltung organisiert (z. B. zentral oder dezentral)?
- Sind bereits Versand- und Retourenerfahrungen vorhanden?

- Welche Zahlungsverfahren sollen eingesetzt werden?
- Wird ein (erweitertes) Risiko- und Inkasso-Management nötig sein?
- Anhand welcher Kriterien wird der Projekterfolg gemessen (z. B. Umsatz, Konversionsrate, Neukundengewinnung)?
- Welche K.-o.-Kriterien können den Projekterfolg gefährden?

2. Vom Kick-off-Workshop zum Lastenheft – Die ersten Planungsschritte

- Definition klarer Projektziele
- Erfassen von Vorstellungen, Wünschen und zu lösenden Problemen
- Bedarfsanalyse
- Grobe Kostenplanung

- Bewertung der Fachanforderungen – nach Wichtigkeit, Integrationsfähigkeit, Auswirkungen, Widersprüchen, Kostenimplikationen und Notwendigkeit
- Erstellung eines (detaillierten) Lastenheftes

3. Technologie & Partner

- Festlegung auf eine Standard- oder eine Individuallösung
- Entscheidung zwischen Miete oder Kauf der gewählten Lösung sowie der Art des Betriebs der Lösung (z. B. eigener Betrieb vs. Fremdbetrieb)
- Auswahl eines Technologiepartners (z. B. Spezialist(en) oder Full-Service-Agentur)
- Definition von Anforderungen an Performanz, Erreichbarkeit, Skalierbarkeit und Erweiterbarkeit

- Einbindung vor- und nachgelagerter Systeme (z. B. Payment, Logistik, Kundenservice)
- Nach Möglichkeit Verwendung standardisierter Schnittstellen
- Sicherstellung der Darstellung für gängige Browser-Varianten und ggf. für den Zugriff über mobile Endgeräte
- Ggf. Integration von CRM-Elementen zur Kundengewinnung und -bindung
- Rechtliche Absicherung und Betreuung
- Detaillierte Kostenplanung (z. B. Betrieb und Wartung)

4. Projektorganisation

- Aufgabenverteilung durch einen Projektverantwortlichen
- Festlegung von Meilensteinen

- Zeitplanung und Überwachung einzelner Projektabschnitte
- Definition wichtiger „Randprozesse" und deren Abläufe (z. B. Zahlungsstörung, Retouren)

5. Zusätzliche Überlegungen

- Dem Shop bzw. dem E-Commerce-Projekt Zeit geben, akzeptiert zu werden
- Individuellen Kundendialog pflegen, etwa im Rahmen von Anfragen und Reklamationen (z. B. auch über Feedback- und Kontaktformulare)
- Tools einsetzen, die die Kommunikation rund um das E-Commerce-Angebot nachvollziehbar machen (z. B. Ticketsystem)

- Web-Controlling-Lösungen zur Messung des Nutzerverhaltens und zur Verbesserung der Shop-Qualität implementieren
- Regelmäßiges und systematisches Testen durch eigenes Personal und im Idealfall durch Dritte

Checkliste 2-1: Planung von E-Commerce-Projekten
Quelle: ibi research / Atrada

ibi

Shop-Projekte richtig planen und umsetzen

Im Gespräch mit Konstantin Waldau, Atrada, www.atrada.net

Konstantin Waldau ist Vorstand und CEO der Atrada AG, die unter diesem Markenzeichen bereits seit 1999 im E-Commerce tätig ist. Die Tochter der Deutschen Telekom begleitet Unternehmen im Rahmen eines „Managed eCommerce" in allen Belangen der E-Commerce-Prozesskette – von der Beratung und Analyse über die Planung und technische Umsetzung bis hin zum wirtschaftlichen Betrieb von Online-Handelsplattformen. Basierend auf eigener Erfahrung und langjährigem Know-how realisiert der Internet-Pionier heute Millionen von Transaktionen pro Monat, darunter Ticket-Verkäufe, Musik-Downloads und B2B-Auktionen für Kraftfahrzeuge.

INTERVIEW

Herr Waldau, wie gehen Unternehmen richtig an ein Shop-Projekt heran?

Die grundsätzlichsten Fragen für alle Unternehmer, egal ob aus dem B2B- oder B2C-Umfeld, lauten: Ist es die erste Aktivität im E-Commerce und welchen Stellenwert nimmt diese im Gesamtvertriebsmix ein? Außerdem ist wichtig zu wissen, ob der Shop Bestandteil einer umfassenden Online-Strategie, also ein Part unter vielen – wie Marktplatzpräsenz oder übergreifendes Online-Marketing – sein soll. Hiernach richtet sich die gesamte folgende Projektorganisation aus. Sind diese Basisfragen geklärt, können die strategischen Eckpunkte definiert werden. Dazu zählen beispielsweise die Kundensegmente, das Portfolio der Waren und Dienstleistungen, die Umsatzvolumina sowie die Wettbewerbssituation.

Ausgehend von den strategischen Zielen gilt es, anschließend die Fachanforderungen konkret zu benennen und in eine einheitliche Form zu bringen. Dazu sollten zunächst in einem Kick-off-Workshop Vorstellungen, Wünsche und die zu lösenden Probleme aller Beteiligten erfasst und bedarfsgerecht analysiert werden. Auf dieser Grundlage kann im Anschluss bereits eine grobe Kostenplanung und in der Folge ein Lastenheft erstellt werden.

Was sind die wichtigsten Auswahlkriterien auf der Suche nach dem passenden System und dem richtigen Partner?

Die zentrale Rolle bei der Umsetzung einer Online-Handelsplattform spielt die technische Shop-Lösung. Die Entscheidung für ein Standard- oder ein maßgeschneidertes Produkt ist vor allem geprägt durch den Grad an gewünschter Flexibilität und Individualität. Mietlösungen bzw. SaaS (Software as a Service) bieten ferner den Vorteil, dass sich der Betreiber im Rahmen festgeschriebener Service-Level-Vereinbarungen zur Wartung und uneingeschränkten Funktionalität verpflichtet und das Erfüllen aller Anforderungen an Performanz, Erreichbarkeit und Skalierbarkeit sicherstellt. Darüber hinaus ist es ratsam, bei der Planung ein Hauptaugenmerk auf standardisierte Schnittstellen zu legen, die kompatibel mit bestehenden Hintergrundsystemen – etwa Warenwirtschafts- oder CRM-Lösungen – sind.

Mit Blick auf Prozesse wie Kundenbetreuung, Zahlungsabwicklung oder Logistik ist auch die Wahl des geeigneten Partners essenziell. Bei größeren Shop-Systemen kommt hier zusätzlich der Full-Service-Aspekt ins Spiel. Denn im Gegensatz zur internen Abwicklung entlasten Managed Services die eigene IT und ermöglichen flexible Preismodelle.

> Bei Shop-Projekten ist das Wichtigste eine straffe Projektplanung, in der Aufgaben klar verteilt und Meilensteine gesetzt sind.
>
> Konstantin Waldau, Atrada

Mein Tipp: Holen Sie sich in Bezug auf die rechtliche Betreuung des Shops fachkundigen Rat. Ein Anwalt kümmert sich nicht nur um das Erstellen rechtssicherer AGB, sondern unterstützt Sie auch beim Umgang mit Kundendaten oder der steuerlichen Behandlung von Umsätzen.

Wie stellt man sicher, dass die gesteckten Ziele auch erreicht werden?

Eine straffe Projektplanung, in der Aufgaben klar verteilt und Meilensteine gesetzt sind, stellt hinsichtlich der Zielerreichung das A und O dar. Dreh- und Angelpunkt während der gesamten Projektlaufzeit und in der Betriebsphase ist dabei ein fester Ansprechpartner im Unternehmen. Er nimmt Anfragen entgegen, formuliert den Auftrag und gibt ihn an interne bzw. externe Beteiligte weiter. Außerdem informiert er aktiv über den Status quo und achtet auf die Einhaltung von Budgets und Terminen.

Bei der Zusammenarbeit mit externen Partnern sollten Termine am Anfang der Zusammenarbeit unbedingt vertraglich festgeschrieben und mit entsprechenden Vertragsstrafen bei Terminüberschreitungen verknüpft werden.

Was möchten Sie den Lesern des E-Commerce-Leitfadens darüber hinaus mit auf den Weg geben?

Nicht nur die Umsetzung, sondern auch die erfolgreiche Etablierung eines Online-Shops braucht genügend Zeit. Viele Händler zeigen sich enttäuscht, wenn endlich alle Arbeiten abgeschlossen sind und dann zunächst nur wenige Kunden den Shop besuchen. Jedoch dauert es eine Weile, bis die Plattform bei der Zielgruppe bekannt wird und sich positive Erfahrungen unter den Kunden herumsprechen.

Wichtiger als hektische Änderungen zur vermeintlichen Optimierung des Shops ist in dieser Phase der direkte, interaktive Kundendialog. Eine wichtige Rolle spielt in diesem Zusammenhang das Einbinden von nutzergenerierten Inhalten wie etwa Produktbewertungen sowie der Austausch über Social-Commerce-Tools. Web-Controlling-Lösungen sollten mit Blick auf gezielte Optimierungen erst realisiert werden, wenn ausreichend Erfahrungswerte vorliegen. ■

Neben der Auswahl der technischen Shop-Lösung und der Domain, der Festlegung der Marketing-Maßnahmen und der Überprüfung der rechtlichen Anforderungen (vgl. die nachfolgenden Abschnitte dieses Kapitels) ist die Eingliederung des Shops in die bestehenden Unternehmensabläufe eine wichtige Fragestellung, die im Rahmen der Umsetzungsphase zu klären ist. So ist festzulegen, wer den Online-Shop pflegt, Produkte einstellt, inhaltliche und optische Überarbeitungen vornimmt oder auch, wer für die kontinuierliche Weiterentwicklung und Anpassung des Shops (Strategie, rechtliche Änderungen etc.) verantwortlich ist.

In Bezug auf die Bestellungen haben Sie festzulegen, wie die eingehenden Bestellungen entgegengenommen und weiterverarbeitet werden und wer dafür verantwortlich ist. Legen Sie fest, wer wann welche Tätigkeiten durchführen muss.

Ein weiterer wichtiger Punkt ist die Rechnungsstellung und -überwachung. Wer versendet die Rechnung und wann? Wer kümmert sich um die Überwachung der Zahlungseingänge und wie wird mit säumigen Schuldnern umgegangen? Kapitel 5 gibt hierzu einen tieferen Einblick.

Auch beim Thema „Reklamationen" sollten Sie einen Verantwortlichen bestimmen, der Ansprechpartner für Fragen von Kunden ist und die notwendigen Abläufe koordiniert.

Da sich Reklamationen nicht nur auf Produkte beziehen können, sondern auch auf die Funktionen des Online-Shops, muss ein verantwortlicher Mitarbeiter für den technischen Betrieb des Shops bestimmt werden. Dieser ist dann für die regelmäßige technische Wartung des Systems verantwortlich und wird ebenso bei der Weiterentwicklung des Shops (z. B. Updates oder Erweiterungen) mit eingebunden. Der technische Verantwortliche sollte sich zudem insbesondere mit der Thematik „Sicherheit des Internet-Angebots" auseinandersetzen.

Außerdem empfiehlt es sich, dass Sie regelmäßig überprüfen, ob Ihr Shop bzw. der ganze Internet-Auftritt nicht verbessert werden kann. Hier ist jeder Mitarbeiter angehalten, Verbesserungsvorschläge zu initiieren und zu überdenken. Beispielsweise sollten regelmäßig Kundenanforderungen in Bezug auf den Online-Shop überprüft werden. Methoden des Web-Controllings sind hierbei sehr hilfreich (vgl. Kapitel 3). Zudem sollten Sie auch auf Verbesserungsvorschläge von Kunden reagieren. Voraussetzung hierfür ist, dass Kunden Ihnen diese mitteilen können und die Anregungen nicht irgendwo versickern. In diesem Zusammenhang sollten Sie überprüfen, was Ihre Kunden bzw. andere zu Ihrem Internet-Angebot meinen. Ein Blick in Foren und auf Bewertungsseiten kann hier nicht schaden.

Der vorliegende Leitfaden soll Sie bei der Umsetzung Ihres Online-Angebots unterstützen. Jedoch muss klar sein, dass es immer wieder sehr individuelle Fragestellungen gibt, die besser mit einem Fachmann besprochen werden. Hierzu existieren zahlreiche Anlaufstellen, die entweder selbst ent-

Unterstützung beim Einstieg in den E-Commerce

Folgende Stellen bieten teilweise Beratungsgespräche sowie themenspezifische Informationsveranstaltungen bzw. -materialien zum Einstieg in den E-Commerce an (Auswahl in alphabetischer Reihenfolge):

- Bundesverband der Dienstleister für Online-Anbieter (BDOA) e. V., www.bdoa.de
- Bundesverband des Deutschen Versandhandels (bvh) e. V., www.versandhandel.org
- Bundesverband Digitale Wirtschaft (BVDW) e. V., www.bvdw.org
- Bundesverband Informationswirtschaft, Telekommunikation und neue Medien (BITKOM) e. V., www.bitkom.org
- eco – Verband der deutschen Internetwirtschaft e. V., www.eco.de
- Handelsverband Deutschland (HDE) e. V., www.einzelhandel.de
- Industrie- und Handelskammern sowie Handwerkskammern, www.dihk.de bzw. www.handwerkskammer.de
- Netzwerk Elektronischer Geschäftsverkehr, www.ec-net.de

Infobox 2-5: Unterstützungsstellen für den Einstieg in den E-Commerce

sprechende Kompetenz besitzen oder an geeignete Personen verweisen können. Infobox 2-5 gibt einen Überblick über mögliche Anlaufstellen.

Shop-Lösungen – welche ist die richtige?

Eine der ersten Fragen, die bei der Umsetzung eines eigenen Web-Shops zu klären ist, ist die Auswahl einer geeigneten Shop-Lösung. Unterschiedliche Möglichkeiten, von der kostenlosen Open-Source-Software über die Miete oder den Kauf von vorgefertigten Lösungen bis hin zur vollständigen Eigenentwicklung, kommen hierfür infrage. Auf die Vor- und Nachteile der einzelnen Lösungen wird im Folgenden näher eingegangen.

Anforderungen an Shop-Lösungen

Bevor Sie unterschiedliche Shop-Lösungen bewerten, sollten Sie sich zuerst Ihre Anforderungen bewusst machen. Im Folgenden werden beispielhafte Kriterien aufgezeigt, die bei keiner Betrachtung fehlen sollten. Darüber hinaus existieren in der Regel jedoch auch noch unternehmensindividuelle Anforderungen, die ebenfalls berücksichtigt werden sollten.

Eine der ersten Fragen, die Sie beantworten sollten, beschäftigt sich mit dem Warenangebot, das Sie in Ihrem Web-Shop verkaufen möchten. Dabei ist zu klären, ob das System überhaupt die Anzahl von Produkten verwalten kann, die Sie verkaufen möchten. Denken Sie daran, dass Sie zukünftig vielleicht auch weitere Produkte vertreiben wollen, so dass das System gegebenenfalls auch erweiterbar sein sollte. Falls notwendig, sollten Sie überprüfen, ob sowohl physische als auch digitale Produkte vertrieben werden können. Bei digitalen Produkten, wie etwa Software, Musik oder Videos, verlangen viele Kunden eine sofortige Download-Möglichkeit. Unterstützt die Software dies? Zudem wäre zu überprüfen, ob es von den Produkten vielleicht zusätzliche Varianten, z. B. weitere Farben oder Größen, geben soll. Nicht alle Shops bieten hierfür eine komfortable Unterstützung an.

Da Ihre Kunden die Produkte nicht wie im Laden anfassen können, sollten Sie das Angebot durch Bilder illustrieren, die Produkte detailliert beschreiben und auf Vollständigkeit der Informationen achten. Überprüfen Sie, welche Funktionen die Shop-Lösung hierfür bereithält. Kontrollieren Sie, ob die Software es zulässt, mehr als ein Bild je Produkt zu präsentieren und ob ein Bild auch in verschiedenen Darstellungsgrößen verwaltet und angezeigt werden kann. Bei einigen Produkten erscheint es sinnvoll, ein Video einzubinden bzw. eine dreidimensionale Ansicht zu ermöglichen. Eine entsprechende Software-Unterstützung bieten nicht alle Software-Lösungen.

Wenn Sie sich entschieden haben, welche Produktinformationen in Ihrem Internet-Angebot präsentiert werden sollen, müssen diese erfasst und in das Shop-System eingepflegt werden. Üblicherweise erfassen Sie die Daten und Bilder zuerst offline. Mithilfe von Tabellenkalkulations- oder Datenbankprogrammen geht das oft recht zügig. Anschließend können Sie Ihre Produktdaten über eine Importfunktion in die Shop-Software einspielen.

Neben funktionalen und inhaltlichen Elementen sollte Ihre Produktpräsentation möglichst ansprechend sein. Fertige Design-Vorlagen erleichtern hierbei die Gestaltung. Beim Layout sollten Sie berücksichtigen, dass sich Ihr Online-Shop in Ihr Corporate Design eingliedert. Sowohl die Offline-Welt als auch Ihr Internet-Auftritt außerhalb des Shops sollten ein harmonisches Ganzes darstellen.

Im Zusammenhang mit dem Layout sei auf einen weiteren wichtigen Punkt bei der Auswahl eines geeigneten Shop-Systems hingewiesen: die Navigationsstruktur. Kunden suchen nicht lange auf einer Website, sie müssen sich sofort orientieren können und ihre Ziele möglichst schnell finden. Ihr Shop sollte deshalb eine übersichtliche Navigationsstruktur unterstützen und auch eine Suchfunktion anbieten (zum Thema „Suchfunktion" vgl. das folgende Interview mit Gero Lüben, exorbyte, sowie die Infobox 2-6). Des Weiteren sollte es möglich sein, manche Produkte zwei oder mehreren Kategorien gleichzeitig zuordnen zu können. Ebenso wichtig wie eine sinnvolle Zuordnung zu den einzelnen Kategorien ist, dass Ihre Produkte auch in Suchmaschinen gefunden werden. Dazu sollte es die Software ermöglichen, jedem Produkt einen eigenen Titel und individuelle Metatags zuzuordnen (vgl. Infobox 2-7).

Die Suchfunktion entscheidet über Kauf oder Nichtkauf

Im Gespräch mit Gero Lüben, exorbyte GmbH, www.exorbyte-commerce.de

Gero Lüben ist kaufmännischer Geschäftsführer der exorbyte GmbH. Speziell für Online-Shops bietet das mehrfach ausgezeichnete Software-Unternehmen mit „exorbyte Commerce Search" eine intelligente, fehlertolerante Produktsuche, die in zahlreichen Shops und Portalen jeglicher Größe im Einsatz ist.

INTERVIEW

Herr Lüben, warum ist das Thema Shop-Suche bzw. Suchen im Online-Shop so wichtig?

Die Suchfunktion ist die am häufigsten genutzte Einstiegspforte und Funktion im Online-Shop. Dass das so ist, hängt insbesondere auch mit Google zusammen, nämlich mit der Gewohnheit, alles einfach mal zu suchen. Und mit den gelernten Erwartungen, auch schnell und einfach fündig zu werden. Hinzu kommen die von Google forcierten Funktionen, wie die automatische Vervollständigung der Sucheingabe, das so genannte Auto-Suggest. Der Nutzer hat sich an den Umgang mit dem Auto-Suggest gewöhnt und nimmt es als zwingenden Komfort wahr – eben auch in einem Online-Shop. Die Suchfunktion hat immens an Bedeutung hinzugewonnen. Hier bewegt sich der User. Hierdurch will der User schnell und einfach zu seinem gewünschten Produkt kommen. Und damit ist die Suche äußerst umsatzrelevant.

Über die „normale" Navigation kann man doch auch relativ zügig zum gewünschten Produkt kommen?

Das ist zwar möglich, aber weder vom User angestrebt noch in den meisten Fällen so. Fast 80 % der User nutzen nahezu ausschließlich die Suche, um ihr Produkt zu finden; also eben nicht so etwas wie die Kategorienavigation. Klar, denn die Suche mit einer Auto-Suggest-Funktion ist deutlich schneller und einfacher. Suchbegriff eingeben, schauen, was sogleich in der Drop-down-Box erscheint und auf einen Eintrag klicken. Das können Kategorien sein, Hersteller oder einzelne Produkte. In jedem Fall reduziert es das Zeit- und Klickaufkommen im Vergleich zur Navigationsnutzung enorm – oftmals auf gerade mal einen Klick. Außerdem muss der User sich hier nicht sicher sein, welcher Kategorie sein gewünschtes Produkt zugeordnet ist. Soll er auf der Suche nach einem Rucksack in der Kategorie Sport, Freizeit oder Accessoires suchen? Diese Entscheidung nimmt ihm das intelligente Auto-Suggest mit treffenden Vorschlägen ab.

Eine intelligente Suche ist also der benutzerfreundliche Weg zum Wunsch-Produkt?

Ja, und vor allem eben der Weg, dass überhaupt gekauft wird. User können ja auch nur das kaufen, was sie finden. Je relevanter die Treffer dabei sind, desto motivierter und entschlossener wird gekauft. Die Suchfunktion entscheidet sozusagen über den Kauf oder den Nichtkauf.

Wovon hängt die Relevanz der Treffer denn ab?

In erster Linie am Verstehen der Sucheingabe. Es geht darum, dass die Suche wie ein realer Kundenberater agiert und quasi jede Anfrage versteht. Egal, wie undeutlich oder ungenau sie ist. Das funktioniert aber nur, wenn die Suche wie ein Mensch fehlertolerant und intelligent agieren kann, also beispielsweise in der Lage ist, das Fehlende oder das Falsche selbst zu korrigieren. Beispiel: Ein User vertippt sich mit „huszenbombon", so muss die Suche verstehen, was gesucht wird und die relevanten Ergebnisse sofort liefern.

Wie funktioniert diese Fehlertoleranz? Hinterlegen Sie Wortlisten mit Schreibfehlern?

Nein, das wäre nicht intelligent. Wenn man ein Wörterbuch im Hintergrund einsetzen würde, so könnte man lediglich die erwarteten Fehler auffan-

> # Für das Marketing und den direkten Abverkauf sollte der Shop-Betreiber das Suchverhalten seiner Besucher analysieren und Suchergebnisse beeinflussen können.
>
> Gero Lüben, exorbyte GmbH

gen. Unerwartete Fehler, wie Buchstabendreher oder Vertipper, bei denen der User statt des Buchstabens „s", das „d" erwischt hat, lassen sich damit nicht erfassen. Auch irrsinnige Eingaben, wie „xayspirin", müssen relevante Aspirin-Produkte liefern. Unerwartete Eingaben sind das Gros und erfordern damit eine intelligente Suche. Das geht aber nicht durch Wortlisten, sondern muss mathematisch über Algorithmen gelöst werden. Prinzipiell geht es hier um die Nähe des eingegebenen Suchwortes zu den in der Shopdatenbank vorhandenen Produkten. Dieser Abgleich muss jedoch sehr schnell passieren. Denn diese Intelligenz muss im Auto-Suggest vorhanden sein. Nichts anderes macht ja auch ein Kundenberater. Er versucht den Kunden zu verstehen, egal wie undeutlich er sich ausdrückt, und fragt sofort mit Vorschlägen nach.

Im Online-Shopping ist diese Geschwindigkeit extrem wichtig. Die Geduld bzw. das Zeitempfinden der User ist hier anders als im realen Shopping. Wobei, wenn Sie in ein Kaufhaus gehen und keine Zeit haben, dann fragen Sie ja auch gleich den Kundenberater, wo was ist. Und das soll die Suche eben tun: nämlich den Weg zum gewünschten Produkt vereinfachen und verkürzen sowie den Besucher komfortabel zum Produkt führen.

Die Suche ist also eine Art Kundenberater – wie sieht das praktisch aus?

Ja, sozusagen. Hier gibt es zwei Perspektiven. Aus der Sicht des Users geht es darum, dass quasi jede Suchanfrage verstanden wird. Gibt er „daddelmaschine" ein, sollen Spielkonsolen gefunden werden. Gibt er „huszen" ein, sollen Mittel gegen Husten gefunden werden. Auf der Ergebnisseite muss sich dem User dann aber auch eine komfortable, der Suchanfrage angepasste Navigation eröffnen. Im Fachjargon nennt sich das Dynamische Navigation oder After-Search-Navigation. Dabei sind Filter anklickbar, mit denen die Ergebnisse verfeinert bzw. eingegrenzt werden können, um so einfach das gewünschte Produkt zu finden. Das können allgemeine Filter, wie Kategorie, Hersteller oder Preis, sein, aber auch shop-individuelle Filter sollten dargestellt werden, wie die Möglichkeit nach Tablette, Saft, Granulat und dergleichen auszuwählen. Solch eine übersichtliche und anpassbare Ergebnisseite zu haben, wird umso wichtiger, je allgemeiner die Suchanfrage gestellt wird, z. B. „camcorder", und sich dadurch in den meisten Fällen eine große Trefferliste ergeben kann. Aus Sicht des Shop-Betreibers bedeutet das alles schlichtweg die Möglichkeit auf mehr Umsatz, da Produkte gefunden und gekauft werden können. Allerdings spielen für ihn weitere Aspekte eine wichtige Rolle – nämlich, dass er die Suchergebnisse beeinflussen und das Suchverhalten analysieren kann. D. h., möchte der Shop-Betreiber bestimmte Produkte oder gewisse Hersteller bevorzugt verkaufen, dann sollte er diese entsprechend auf- oder abwerten können. Dies nennt sich Ranking und ist Shop-Betreibern beim Abverkauf sehr hilfreich. Aktuelle Angebote oder margenstarke Produkte können einfach nach oben gehievt werden. Am Ende sollte der Shop-Betreiber aber auch wissen, was tatsächlich gesucht wurde und was gar nicht gefunden wurde. So kann er sein Marketing und seinen Vertrieb besser ausrichten, um z. B. aktuelle Angebote zu erstellen oder seine Suche weiter zu optimieren, indem er bei Nulltreffern diverse Aliasse auf ähnliche Produkte im Sortiment hinterlegt.

ibi

2

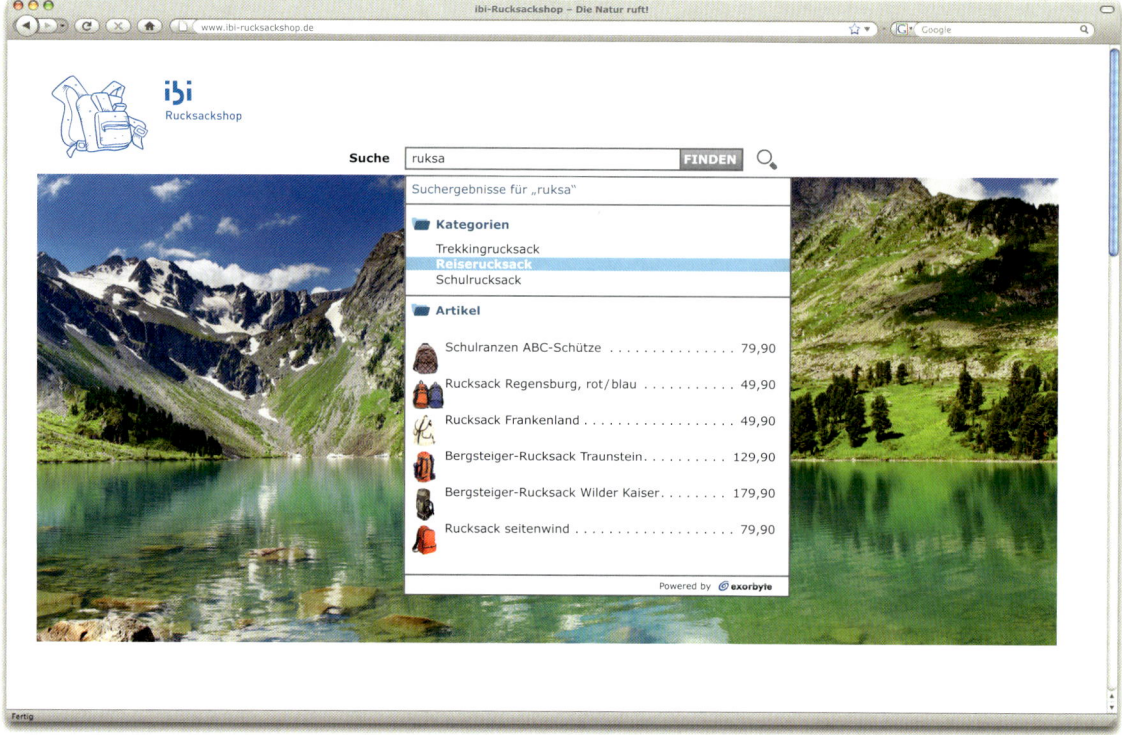

Wie wird diese Fülle an Funktionen in ein Shop-System integriert? Mit welchem Investitionsaufwand muss bei einer intelligenten Produktsuche gerechnet werden?

Das hängt vom Anbieter ab. Wir empfehlen in erster Linie den Einsatz als SaaS-Lösung. Wichtig dabei ist, dass das Hosting seitens des Anbieters redundant gestaltet ist und damit auch eine hohe Verfügbarkeit gewährleistet werden kann. Unsere intelligente Suche ersetzt die bestehende Suche komplett und ist generell in wenigen Minuten integriert. Dazu reichen rudimentäre HTML-Kenntnisse aus. Kurz gesagt: Artikeldaten hochladen, Code-Schnipsel einfügen, fertig. Auf diese Einfachheit und Schnelligkeit bei der Integration haben wir besonders großen Wert gelegt, was von den Shop-Betreibern auch sehr geschätzt wird. Ebenso unsere Web-Konsole, mit der die Suche umfangreich per einfachen Klicks angepasst werden kann.

Kostenseitig gibt es bei den verschiedenen Lösungen am Markt gravierende Unterschiede. Entscheidend ist hier tatsächlich das Preis-Leistungs-Verhältnis. Wichtig ist aber vielmehr, was die Investition dem Shop-Betreiber bringt. Und da rechnet sich das relativ schnell.

Wie genau rechnet sich der Einsatz einer intelligenten Produktsuche denn?

Zum einen steigert sich in erster Linie die Usability. Eine intelligente Suche denkt und lenkt im Sinne des Users. Der Shop kann intuitiv benutzt werden. Fehler werden automatisch korrigiert. Der User wird effizient, effektiv und komfortabel zum Produkt geführt. Unsere Kunden berichten meistens davon, dass seit dem Einsatz der intelligenten Produktsuche ihre Kunden zufriedener sind, mehr Besucher bestellen, Besucher länger im Shop verweilen, auch mehr wiederkehrende Kunden zu verzeichnen sind und generell der Umsatz gestiegen ist. Die prozentualen Werte liegen teilweise jedoch weit auseinander. Teilweise hören wir von Konversionssteigerungen von über 80 %, wobei hier 10 % eher die Regel sind. Ebenso beim Umsatz: Hier konnte ein Shop von heute auf morgen 6 % mehr Umsatz erreichen, nur weil er unsere Suche eingeschaltet hat. Ein anderer Shop-Betreiber hat nach ein paar Wochen über 20 % mehr Umsatz erreicht. Das sagen große und kleine Shop-Betreiber. ■

ibi

Intelligente Shop-Suche: Warum, wie und wozu?

Es gibt viele Stellschrauben, einen Online-Shop zu optimieren. Mit das Wichtigste ist jedoch die Suchfunktion, denn sie ist das zentrale Bedienelement im Shop.

Warum ist die Suche im Shop so wichtig?

Studien belegen, dass bis zu 80 % der User nahezu ausschließlich die Suche verwenden, um das gewünschte Produkt zu finden. Ein Phänomen, das vor allem durch Google gelernt ist. User wollen schnell und einfach fündig werden – egal, was sie eingeben. Sie erwarten, von der Suchmaschine geführt, korrigiert und beraten zu werden. Ist das nicht der Fall, ist der Ausstieg schnell vollzogen. Jeder dritte User verlässt einen Shop, weil er ein Produkt nicht findet – obwohl das Produkt vorhanden ist. Beispielsweise weil der Suchbegriff falsch geschrieben ist oder der relevante Treffer weit hinten platziert ist. Auch liefert jede fünfte Suche keine angemessenen Ergebnisse. Missstände, die User vergraulen und Shop-Betreiber verärgern, weil bares Geld verloren geht. Der Bedarf nach einer optimierten bzw. intelligenten Suche liegt nahe. Eine E-Commerce-Leitfaden-Studie (www.ecommerce-leitfaden.de/shop-suche) unter Shop-Betreibern bestätigt dies: Über 70 % halten es in ihrem Shop für absolut nötig, eine optimierte bzw. intelligente Suche einzusetzen. Jene Shop-Betreiber, die das bereits tun, berichten mehrheitlich davon, dass Kunden zufriedener sind, mehr Besucher bestellen, mehr wiederkehrende Kunden zu verzeichnen sind und der Umsatz generell gestiegen ist. Andere Untersuchungen untermauern dies mit der Erkenntnis, dass für 60 % der User die Suche der Hauptgrund ist, zum Shop zurückzukehren oder sich für immer von ihm abzuwenden. Wenn man zudem bedenkt, dass nahezu 50 % des Shop-Umsatzes mit wiederkehrenden Usern erzielt wird, so liegt es mehr als nahe, sich einer optimierten bzw. intelligenten Shop-Suche anzunehmen und so genanntes Searchandising zu betreiben. Searchandising bezeichnet die Nutzung der Suchfunktion als verkaufsförderndes Instrument (Merchandising-Instrument).

Was bedeutet „Intelligenz" in der Shop-Suche?

Für User: Vereinfachung und Verkürzung. Wer keinen Umsatz verschenken will, muss den Erwartungen der User gerecht werden. Die Suche soll und muss den Weg zum gewünschten Produkt vereinfachen und verkürzen. Es wird erwartet, dass die Suche sehr treffsicher, komfortabel und schnell ist. Unerwartete (Fehl-)Eingaben und auch der Branchenjargon müssen verstanden werden. Ergebnisseiten sollen übersichtlich und anpassbar sein. Dabei ist eine nutzerfreundliche Sortierung entscheidend, da User die Trefferliste etwa 6,5 Sekunden betrachten und vier Einträge wahrnehmen. Für Shop-Betreiber bedeutet „Intelligenz" Beeinflussung und Optimierung der Suche. Erst wenn der Shop-Betreiber Einfluss auf die Suchergebnisse nehmen kann, die Suche laufend optimieren kann bzw. die Suche das stellenweise selbst tut, handelt es sich um eine intelligente Shop-Suche. Genauso wie ein Filialleiter seine Kundenberater schult und sensibilisiert, genauso muss auch ein Online-Shop-Betreiber seinen „Kundenberater" – die Suche – pflegen können. Genauso wie Kundenberater selbst dazulernen, muss auch die Suche im Online-Shop sich selbst optimieren können, um immer verkaufsfördernder zu werden.

Wie sollte das Suchfeld gestaltet sein?

Landet der User in einem Shop, sucht er instinktiv das Suchfeld. Die Mehrheit der User erwartet das Suchfeld im oberen rechten Bereich der Website und am zweithäufigsten im oberen linken Bereich. Dieser Umstand entspricht dem Leseverhalten der rechtsläufigen Schriften. Generell lässt sich festhalten, dass eine Positionierung des Suchfeldes im oberen Bereich elementar ist. Das Suchfeld sollte ausreichend plakativ platziert sein und keine Fragen aufkommen lassen. Es muss klar sein, dass es sich um das Suchfeld handelt, z. B. indem das Wort „Suche" links neben dem Suchfeld steht. Der Such-Button darf nicht fehlen und sollte bspw. mit dem Begriff „Suche" oder „Los" bezeichnet sein. Aber auch das Symbol der Lupe hat sich mittlerweile als Such-Button durchgesetzt. Zusammengefasst empfiehlt es sich, das Suchfeld prominent im oberen Seitenbereich mit Such-Button und dem Wort „Suche" zu gestalten.

Welche wesentlichen Funktionen braucht eine gute Suche?

Treffsichere Fehlertoleranz

Das wichtigste Element ist eine treffsichere Fehlertoleranz, die zudem extrem schnell sein sollte. Tippfehler (kamrea), Rechtschreibfehler (labtop), Phonetik (fletskrin), Singular / Plural (fahrräder), Schreibweisen (photoalbum), Wortvertauschungen (schärfentiefe) und insbesondere unerwartete Eingaben (funckstexkdose) müssen verstanden werden. Die Fehlertoleranz sollte nicht auf Wortlisten basieren, sondern auf Algorithmen, wie dem Levenshtein, der wissenschaftlich als sehr robuster Algorithmus gilt. Dennoch sollten Wortlisten (Aliasse, Synonyme) hinterlegt werden können, da sie die Treffsicherheit verbessern. Damit können weit auseinanderliegende Wörter zugeordnet werden (z. B. ceran, glaskeramik) und auch der Branchenjargon (z. B. spielkonsole, daddelmaschine) abgebildet werden. Eine treffsichere Fehlertoleranz sollte stetig für relevante Treffer sorgen und letztlich die Nulltrefferquote signifikant reduzieren. Auch sollte der Shop-Betreiber die Platzierung der Suchergebnisse beeinflussen können (Ranking), damit beispielsweise Topseller oder margenstarke Produkte zuerst erscheinen. Produktempfehlungen, die anstatt von Nulltreffern angezeigt werden, oder die Möglichkeit, spezielle Suchbegriffe (xmas) direkt auf spezielle Zielseiten (z. B. „Die schönsten Weihnachtsgeschenke") umzuleiten, sind weitere Merkmale einer intelligenten, treffsicheren Shop-Suche.

Dynamische Filternavigation

Ein weiteres Element ist die dynamische Filternavigation, womit Trefferlisten vom User mittels Facetten (Kategorien, Hersteller, Preis etc.) komfortabel verfeinert werden können. Wichtig wird dies vor allem bei allgemeineren Suchbegriffen, wie Hose oder Notebook, um aus einer Vielzahl an Treffern einfach zum gesuchten Produkt zu „navigieren".

Fehlertolerantes Auto-Suggest

Einen für den User besonders hohen Usability-Mehrwert stellt das Auto-Suggest dar. Die Funktion zeigt Vorschläge bzw. Treffer direkt während der Sucheingabe in einer Drop-down-Box an. Mehr als die Hälfte der User kommt direkt darüber zum Produkt – insbesondere in Shops mit komplizierteren Produktnamen wie bei Apotheken. Das Auto-Suggest berät den User aktiv, denkt mit und hält ihn im Shop. Das Aussehen und die Handhabung (Look and Feel) dieser Funktion sollte shop-individuell einstellbar sein, um beispielsweise Produktvorschaubilder (Thumbnails) anzuzeigen. Wichtig ist, dass auch hier alle Produkte durchsucht werden und alle vorgenannten Elemente zum Tragen kommen.

Aussagekräftiges Reporting

Shop-Betreiber tun gut daran, die Suchvorgänge ihrer Besucher zu analysieren, um die Suche verkaufsfördernd zu gestalten. Fragen wie „Welche Begriffe wurden wie oft eingegeben? Was wurde nicht gefunden? Wie wird das Auto-Suggest genutzt?" geben wertvolle Aufschlüsse. Damit können gezielte Produktkampagnen erstellt werden, das Suchmaschinenmarketing angepasst oder spezielle Aliasse hinterlegt werden.

Höhere Kundenzufriedenheit sowie eine höhere Konversionsrate sind die Hauptverbesserungen.

64 %	Höhere Kundenzufriedenheit
59 %	Höhere Konversionsrate / mehr Besucher bestellen
39 %	Höhere Kundenbindung / mehr wiederkehrende Kunden
28 %	Höherer Umsatz allgemein
28 %	Längere Verweildauer im Shop
21 %	Höhere Bestellmenge pro Bestellung
9 %	Keine signifikanten Verbesserungen
3 %	Eher Verschlechterungen
1 %	Sonstige Verbesserungen

Welche Verbesserungen erleben Sie bei dem Einsatz der optimierten Shop-Suche / Suchfunktion?

Abb. 2-10: Verbesserungen durch eine optimierte Suche
Quelle: ibi research (Die Shop-Suche auf dem Prüfstand 2012)

ibi

Ist Suche gleich Suche?

In der Regel ist die Standardsuche eines Shop-Systems nicht in der Lage, all die benannten Funktionen abzubilden. Es bedarf Drittlösungen. Der Vergleich ist entscheidend. Die Qualität der Suche und die einzelnen Funktionen sollten im Detail betrachtet werden, da es teilweise gravierende Unterschiede gibt. Bei der Integration bzw. Einbindung in das Shop-System empfiehlt es sich, z. B. eine Cloud-Lösung mit redundantem Hosting zu verwenden, um Zeit- und Kostenaufwände hinsichtlich Integration und Betrieb gering zu halten. In jedem Fall sollten Shop-Betreiber die Referenz-Shops der Suchanbieter selbst durch einen „Quick-Test" überprüfen, indem man verschiedene, unerwartete Sucheingaben macht und u. a. folgende Aspekte berücksichtigt:

- Wie gut ist die Fehlertoleranz? Werden z. B. Aspirin-Produkte auch mit der Sucheingabe „xayspirin" gefunden?
- Ist das Auto-Suggest auch fehlertolerant?
- Sind das Auto-Suggest und die eigentliche Suche sehr schnell?
- Erlaubt die Filternavigation eine Mehrfachauswahl?
- Kann die Suche im Aussehen, in ihrer Handhabung (Look and Feel) und Funktionalität per Web-Konsole einfach gepflegt werden?
- Können Ranking und Aliasing nicht nur auf einzelne Produkte, sondern auch datenbank-übergreifend bestimmt werden?
- Kann die Suche im eigenen Shop und mit eigenen Daten kurzerhand getestet werden, ohne dass es für die Öffentlichkeit sichtbar ist?
- Ist die Integration in den Shop schnell und einfach durchgeführt?
- Können die Suchvorgänge analysiert werden?
- Stimmt das Preis-Leistungs-Verhältnis im Vergleich?

Wie wirkt sich eine intelligente Suche aus?

Eine intelligente Shop-Suche soll im Sinne des Nutzers denken und lenken. Sie verbessert die Usability im Shop enorm. Am Ende schlagen sich die Auswirkungen in vier wichtigen Erfolgsfaktoren nieder und lassen sich anhand diverser Untersuchungen auch zahlenmäßig im Durchschnitt abschätzen: höhere Konversionsraten um bis zu 10 %, höhere Bestellmenge um bis zu 40 %, höhere Kundenbindung um bis zu 50 % und letztlich mehr Umsatz um bis zu 30 %. Abhängig vom Preis, kann sich eine intelligente Shop-Suche schnell amortisieren und dauerhaft mehr Einnahmen erzielen.

Infobox 2-6: Intelligente Shop-Suche

Die Shop-Suche auf dem Prüfstand – Was meinen Online-Händler dazu?

Studienergebnisse zur Bedeutung einer intelligenten Suchfunktion in Online-Shops

www.ecommerce-leitfaden.de/shop-suche

Code mit dem Handy scannen und sofort zum PDF-Download der Studie gelangen

Nur 16 % der Händler sind mit der Suchfunktion in ihrem Shop sehr zufrieden

Wie zufrieden sind Sie mit der Suchfunktion in Ihrem Shop?

- Sehr zufrieden: 16 %
- Zufrieden: 45 %
- Eher zufrieden: 23 %
- Eher unzufrieden: 13 %
- Unzufrieden: 4 %

Eine hohe Qualität der Suche ist mit Abstand das A und O beim Einsatz einer optimierten Suchfunktion

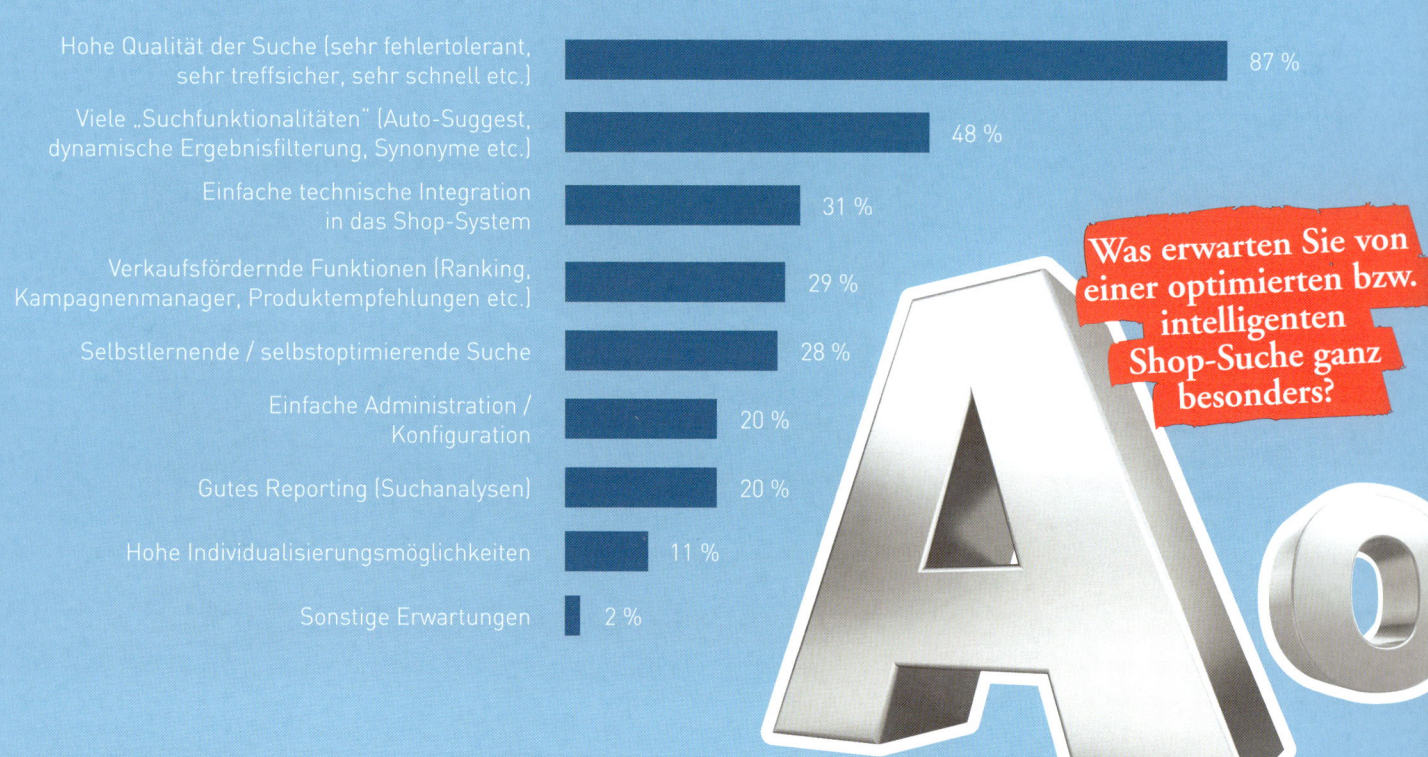

Was erwarten Sie von einer optimierten bzw. intelligenten Shop-Suche ganz besonders?

- Hohe Qualität der Suche (sehr fehlertolerant, sehr treffsicher, sehr schnell etc.): 87 %
- Viele „Suchfunktionalitäten" (Auto-Suggest, dynamische Ergebnisfilterung, Synonyme etc.): 48 %
- Einfache technische Integration in das Shop-System: 31 %
- Verkaufsfördernde Funktionen (Ranking, Kampagnenmanager, Produktempfehlungen etc.): 29 %
- Selbstlernende / selbstoptimierende Suche: 28 %
- Einfache Administration / Konfiguration: 20 %
- Gutes Reporting (Suchanalysen): 20 %
- Hohe Individualisierungsmöglichkeiten: 11 %
- Sonstige Erwartungen: 2 %

Händler ohne optimierte Suchfunktion erwarten sich von einer intelligenten Shop-Suche eine höhere Kundenzufriedenheit

Höhere Kundenzufriedenheit	62 %
Höhere Konversionsrate / mehr Besucher bestellen	53 %
Höhere Kundenbindung / mehr wiederkehrende Kunden	34 %
Höherer Umsatz	32 %
Längere Verweildauer im Shop	32 %
Höhere Bestellmenge pro Bestellung	22 %
Keine bedeutenden Auswirkungen bzw. Verbesserungen	6 %
Sonstige Auswirkungen	2 %
Eher Verschlechterungen	0 %

Was denken Sie, welche Auswirkungen der Einsatz einer optimierten bzw. intelligenten Shop-Suche hat?

Zusätzliche Kosten und eine Abhängigkeit vom Anbieter sind die größten Hindernisse für die Beauftragung eines Drittanbieters

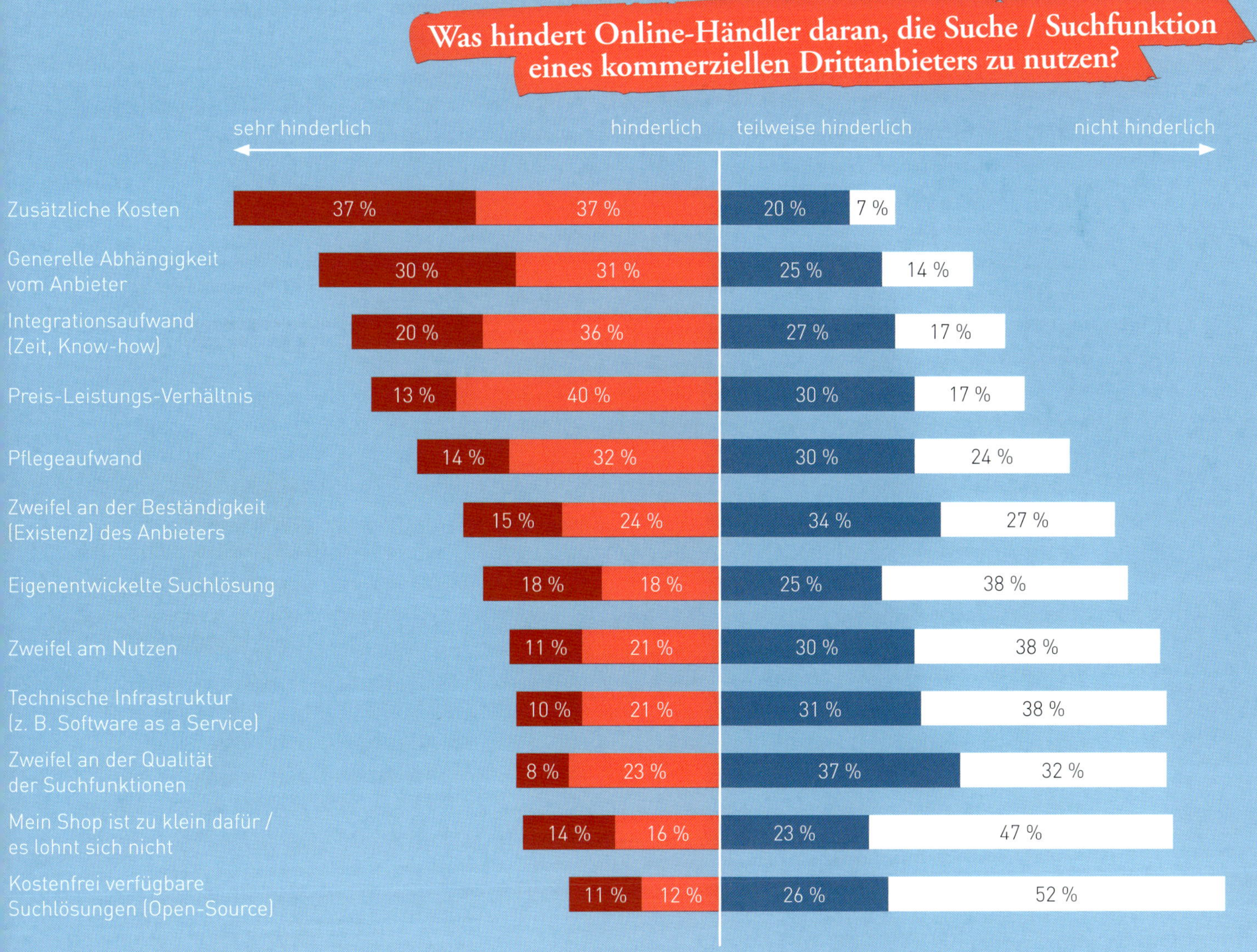

Was hindert Online-Händler daran, die Suche / Suchfunktion eines kommerziellen Drittanbieters zu nutzen?

	sehr hinderlich	hinderlich	teilweise hinderlich	nicht hinderlich
Zusätzliche Kosten	37 %	37 %	20 %	7 %
Generelle Abhängigkeit vom Anbieter	30 %	31 %	25 %	14 %
Integrationsaufwand (Zeit, Know-how)	20 %	36 %	27 %	17 %
Preis-Leistungs-Verhältnis	13 %	40 %	30 %	17 %
Pflegeaufwand	14 %	32 %	30 %	24 %
Zweifel an der Beständigkeit (Existenz) des Anbieters	15 %	24 %	34 %	27 %
Eigenentwickelte Suchlösung	18 %	18 %	25 %	38 %
Zweifel am Nutzen	11 %	21 %	30 %	38 %
Technische Infrastruktur (z. B. Software as a Service)	10 %	21 %	31 %	38 %
Zweifel an der Qualität der Suchfunktionen	8 %	23 %	37 %	32 %
Mein Shop ist zu klein dafür / es lohnt sich nicht	14 %	16 %	23 %	47 %
Kostenfrei verfügbare Suchlösungen (Open-Source)	11 %	12 %	26 %	52 %

Suchmaschinenoptimierung

Da Sie neben Ihren bestehenden Kunden auch neue Kunden auf Ihren Online-Shop aufmerksam machen wollen, sollte Ihr Internet-Angebot von den verschiedenen Suchmaschinen gefunden werden. Um Internet-Surfer über Google, Bing & Co. anzulocken, muss ein Online-Shop für Suchmaschinen optimiert werden (Suchmaschinenoptimierung, auch Search Engine Optimization, SEO). Entscheidend hierfür sind insbesondere eine gute externe Verlinkung und auf Suchbegriffe abgestimmte Inhalte.

Weitere Informationen rund um das Thema Suchmaschinenoptimierung finden Sie im Abschnitt „Gefunden – Bekanntmachung des Internet-Angebots".

Infobox 2-7: Suchmaschinenoptimierung

Hat sich ein Kunde für den Kauf eines Produkts entschieden, dann muss er seine Waren auch bezahlen. Deshalb stellt sich spätestens hier die Frage nach der Zahlungsabwicklung. Überprüfen Sie hierzu die Möglichkeiten (Schnittstellen, Formate etc.) der Shop-Software. In Kapitel 4 erhalten Sie detaillierte Informationen zur Auswahl von Zahlungsverfahren.

Neben der Schnittstelle für die Zahlungsabwicklung sollte ein Web-Shop noch weitere Schnittstellen besitzen, auch wenn einige davon vielleicht nicht schon von Beginn an gebraucht werden. Die Importmöglichkeit von Produktdaten wurde schon angesprochen. Gegebenenfalls muss der Web-Shop über Schnittstellen mit unternehmensinternen Warenwirtschaftssystemen verbunden werden, um Verfügbarkeitsprüfungen durchführen und eingehende Bestellungen automatisiert abarbeiten zu können. Tippfehler und das manuelle Erfassen durch Mitarbeiter gehören damit der Vergangenheit an.

Neben den Schnittstellen zur Warenwirtschaft existieren auch spezielle Schnittstellen für die Logistik bzw. den Versand der Produkte (vgl. Kapitel 6). Viele Shop-Lösungen bieten die Möglichkeit, Daten entweder aus der Shop-Datenbank oder aus einem angegliederten Warenwirtschaftssystem zu exportieren. Spezielle Software ermöglicht es Ihnen, Logistikunternehmen mit der Abholung zu

beauftragen, Kunden über den Status Ihrer Bestellung per E-Mail zu informieren und gleich entsprechende Versandetiketten, Lieferscheine und Rechnungen zu drucken.

Neben den angesprochenen Anforderungen an ein Online-Shop-System sollten Sie gegebenenfalls noch weitere Punkte überdenken, ehe Sie sich für eine Lösung entscheiden. Beispielsweise sollten Sie nachfragen, wie die Shop-Software Sie bei Ihren Marketing-Aktionen unterstützen kann. Integration von Bannern, Gewährung von Rabatten, Nutzung von Gutscheinen oder auch das Anbieten ergänzender Produkte, also das so genannte Cross-Selling, sind nur einige Themen, die berücksichtigt werden sollten.

Die hier vorgestellten Kriterien bilden eine Auswahl der wichtigsten Punkte, die Sie bei der Entscheidung für eine Shop-Lösung mit in Erwägung ziehen sollten. In manchen Fällen kann es aber auch sinnvoll sein, weitere Aspekte zu betrachten. Falls Sie schon Ideen haben, wie Sie vielleicht zukünftig Ihren Shop gestalten wollen, sollten Sie diese bei der Auswahl mitberücksichtigen, um gegebenenfalls später Wechselkosten zu vermeiden.

Auswahl der Shop-Software

Stehen die konkreten Anforderungen fest, muss eine geeignete Lösung ausgewählt werden, die die technische Basis des eigenen Online-Shops bilden soll. Derzeit existieren zahlreiche Online-Shop-Lösungen am Markt, was die Auswahl zu keinem einfachen Unterfangen macht.

Das Preisspektrum der verfügbaren Shops reicht von kostenlosen Open-Source-Lösungen bis zu mehreren tausend Euro für einige Kauf-Shops. Entscheidend ist jedoch nicht allein, wie viel Geld Sie anfangs in die Hand nehmen wollen, sondern vielmehr, welche Lösung Ihnen langfristig, unter Berücksichtigung aller Kosten und Aufwände (z. B. für Installation, Wartung und Betrieb), den größten Nutzen verspricht. Die Vor- und Nachteile unterschiedlicher Arten von Shop-Lösungen werden im Folgenden näher erläutert und sind in Infobox 2-8 zusammenfassend dargestellt.

Für die **Eigenentwicklung** eines Shops sind in der Regel umfassende programmiertechnische Kenntnisse notwendig. Falls das Know-how nicht im eigenen Unternehmen vorhanden ist, muss es bei Dritten zugekauft werden. Vorteil: Die Anwendung ist auf Ihre individuellen Bedürfnisse zugeschnitten. Nachteil: Häufig sind die Lösungen softwaretechnisch nicht so ausgereift wie gekaufte und bewährte Shop-Software. Support, Pflege und Wartung sind zudem in der Regel aufwendiger und auf lange Sicht häufig auch teurer. Ob eine komplette Eigenentwicklung den am Markt angebotenen Miet-, Kauf- und Open-Source-Lösungen überlegen ist, kann nur im Einzelfall entschieden werden. Viele Experten raten jedoch dazu, eher auf Standard-Lösungen zu setzen und diese entsprechend den eigenen Vorstellungen anzupassen.

Vorgefertigte **Kauf-Lösungen** werden auf Basis von Open-Source-Lösungen (z. B. xt:Commerce, Magento) oder von Eigenentwicklungen (z. B. ePages, OXID oder Intershop) angeboten. Kauf-Shops verfügen in der Regel über ein breites Spektrum an Funktionen (z. B. Schnittstellen zu verschiedenen Warenwirtschaftssystemen oder Zahlungsdienstleistern) und bedienen auch Händler mit höheren Anforderungen. Die Installation wird häufig von den Shop-Anbietern gegen Aufpreis übernommen. Auch hier sind in der Regel keine eigenen Programmierkenntnisse erforderlich. Nachteilig kann sich bei einem Kauf-Shop auswirken, dass für zukünftige Updates Zusatzkosten anfallen, genauso wie eine Erweiterung um ausgewählte Funktionen oft mit Extrakosten verbunden ist.

Miet-Shops sind eine Möglichkeit, die insbesondere für den Einstieg in den E-Commerce häufig genutzt wird. Miet-Shops sind in der Regel auf den Servern eines Providers installiert und lassen sich nach einem Baukastensystem einrichten und gegebenenfalls auch erweitern. Die gesamte technische Infrastruktur wird üblicherweise vom Provider bereitgestellt. Dieser kümmert sich um Wartung, Updates und Weiterentwicklung des Systems. Diese Leistungen und die Bereitstellung der eigentlichen Shop-Software sowie das Hosting sind in der Regel im Mietpreis inbegriffen. Tiefer gehende Programmierkenntnisse sind hier nur selten erforderlich. Nachteilig sind in manchen Fällen eine geringere Gestaltungsfreiheit (z. B. nur wenige Templates für das Layout) sowie ein geringerer Funktionsumfang als bei anderen Lösungen. Beispielsweise ist bei manchen Anbietern nur eine begrenzte Anzahl von Produkten möglich oder eine Schnittstelle zur Integration in eigene Systeme ist nur gegen Aufpreis oder gar nicht erhältlich. Zudem ist zu berücksichtigen, dass sich die monatlichen Mietpreise über die Zeit zu einem nicht geringen Betrag aufsummieren. Man sollte sich also gut überlegen, ob bei einer möglichen zukünftigen Erweiterung des Online-Angebots die Wahl einer anderen Lösung nicht vorteilhafter ist. Die größten Vorteile von Miet-Shops sind sicherlich die geringen Einstiegskosten und die einfache Bedienung sowie der Support des Anbieters.

Mit einer **Open-Source-Lösung** (z. B. osCommerce) können Händler oft annähernd kostenlos zu einem eigenen Online-Shop gelangen. Für Händler, die über das notwendige Wissen und Können sowie die erforderliche Zeit verfügen bzw. dies extern zukaufen können, ist dies durchaus eine interessante Lösung. Neben der kostenlosen Beschaffung liegt der große Vorteil von Open-Source-Lösungen darin, dass die Shop-Betreiber größtmögliche Gestaltungsfreiheit besitzen. Da der Quellcode der Lösungen öffentlich verfügbar ist, bieten weltweit aktive Entwickler-Communities zu vielen Problemen bereits entsprechende Lösungen an. Mithilfe von vorgefertigten Software-Bausteinen (z. B. Contributions bei osCommerce) lassen sich zahlreiche Funktionalitäten relativ einfach nachträglich hinzufügen. Nachteilig sind häufig eine fehlende bzw. verbesserungswürdige Dokumentation sowie etwaige fehlende oder unvollständige Funktionen. Diese Nachteile werden jedoch durch eine große Online-Community gelindert, die häufig Lösungen für viele Probleme bereitstellt. Jedoch bleibt festzuhalten, dass der Händler selbst für die Weiterentwicklung und Pflege der Lösung verantwortlich ist.

Die Entscheidung, welches Shop-System das richtige ist, ist nicht immer einfach. Das Hauptaugenmerk sollte darauf gelegt werden, dass der Shop für Ihre Kunden einen entsprechenden Mehrwert liefert. Auch sollten Sie bei Ihrer Entscheidung berücksichtigen, wie die Shop-Lösung zu Ihrer Strategie passt (z. B. zukünftige Erweiterung der angebotenen Produktpalette) und wie Ihre Geschäftsprozesse unterstützt werden. Infobox 2-8 fasst die Vor- und Nachteile der verschiedenen Lösungen zusammen.

Überblick über die Vor- und Nachteile von Miet-, Kauf- und Open-Source-Lösungen sowie Eigenentwicklungen

	Vorteile	Nachteile
Eigenentwicklung	- Auf individuelle Bedürfnisse zugeschnitten	- Hohe Kosten - Umfangreiches technisches Know-how erforderlich
Kauf-Shop	- Breites Funktionsspektrum - Weniger technisches Know-how erforderlich	- Kosten (in unterschiedlicher Höhe, je nach Lösung; unter hundert bis zu mehreren tausend Euro)
Miet-Shop	- Geringere einmalige Kosten - Vorgefertigte Layouts verfügbar - Kaum technisches Know-how erforderlich - Update-Service	- Teils geringere Gestaltungsfreiheit - Teils geringerer Funktionsumfang - Langfristig evtl. oft teurer als Kauf-Shop
Open-Source-Lösung	- Teils kostenlos erhältlich - Höchstmögliche Anpassungsfähigkeit	- Umfangreiches technisches Know-how erforderlich

Infobox 2-8: Vor- und Nachteile unterschiedlicher Shop-Lösungen

2

Warenwirtschaft – die Schaltzentrale für Online-Händler

Als Warenwirtschaftssystem bezeichnet man in der Regel eine Software, welche die Warenströme auf Basis der Geschäftsprozesse innerhalb eines Unternehmens abbildet. Es kann unter anderem häufig Angebote, Lieferscheine sowie Rechnungen verwalten, aber auch für die Disposition (z. B. Warenbestellung) und die Lagerhaltung genutzt werden. Gerade im Multikanalvertrieb kann es dazu eingesetzt werden, den Datenbestand über alle Kanäle aktuell und synchron zu halten.

Ab einer gewissen Anzahl an Verkäufen und angebotenen Artikeln kommt kaum ein Online-Händler mehr ohne ein Warenwirtschaftssystem aus (vgl. das Interview mit Benjamin Bruno, cateno, in Kapitel 6). Damit kann er in kürzester Zeit unter anderem erfahren, was die Kunden bestellt haben, wie viel davon bereits wohin versandt wurde, wer schon bezahlt hat und welche Artikel noch auf Lager sind. Ferner ermöglicht ein Warenwirtschaftssystem auch, die verschiedenen Vertriebskanäle unter einen Hut zu bringen und erleichtert damit die Artikeldatenpflege sowie die Abwicklung der verschiedenen Prozesse an sich. Um mit einer einheitlichen zentralen Datenbasis arbeiten zu können, setzen viele Multikanalhändler ihr Warenwirtschaftssystem, das sie zur Bearbeitung der Bestellungen über das Internet nutzen, auch zur Abwicklung des Verkaufs über das Ladengeschäft ein. Auch bei mehreren unterschiedlichen Online-Kanälen kann ein Warenwirtschaftssystem eine große Hilfe sein. So kann es dazu genutzt werden, um bestimmte Artikel direkt aus dem System in einer Online-Auktionsplattform und dem eigenen Online-Shop zum Verkauf anzubieten. Gleichzeitig wird bei einem Verkauf in einem der beiden Vertriebskanäle die Verfügbarkeit im jeweils anderen Kanal aktualisiert. Durch die Verwendung eines Warenwirtschaftssystems kann das Tagesgeschäft erheblich erleichtert werden. Fast alle Händler mit einem Warenwirtschaftssystem verwenden es für die Erstellung von Dokumenten, die im Zusammenhang mit der Bestellabwicklung stehen (z. B. Angebote, Lieferscheine und Rechnungen). Zwei Drittel der Händler nutzen ihr Warenwirtschaftssystem zur Datenübergabe an die Finanzbuchhaltung. 60 % ermitteln damit wichtige Kennzahlen und erstellen Auswertungen, die die Transparenz im Unternehmen erhöhen. Außerdem können Unternehmen mit Warenwirtschaftssystemen die internen Prozesse, die bei der Bearbeitung einer Bestellung ablaufen, steuern und automatisieren. Dabei werden manuelle Tätigkeiten und Medienbrüche und damit mögliche Fehlerquellen reduziert.

Ein Warenwirtschaftssystem erleichtert das Tagesgeschäft.

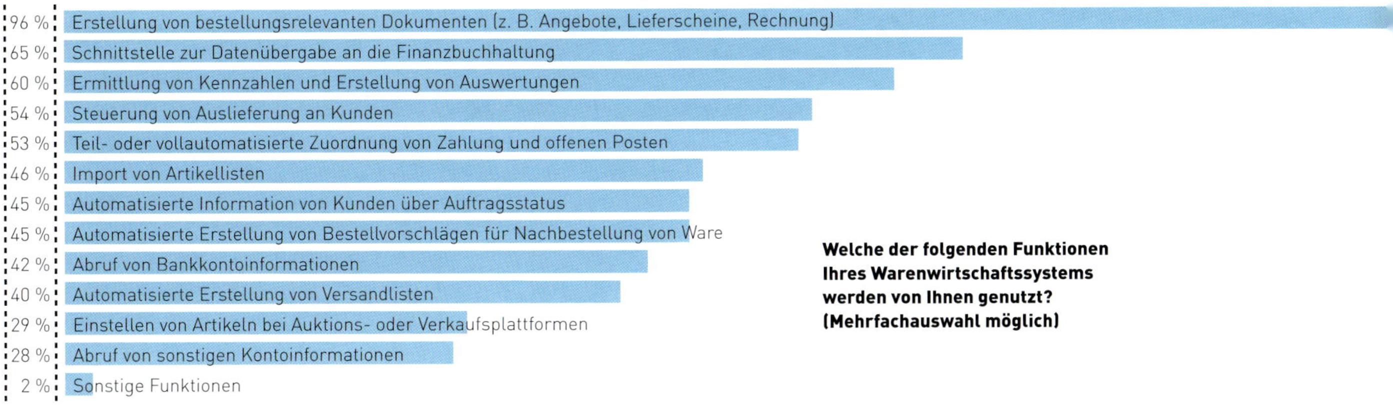

96 %	Erstellung von bestellungsrelevanten Dokumenten (z. B. Angebote, Lieferscheine, Rechnung)
65 %	Schnittstelle zur Datenübergabe an die Finanzbuchhaltung
60 %	Ermittlung von Kennzahlen und Erstellung von Auswertungen
54 %	Steuerung von Auslieferung an Kunden
53 %	Teil- oder vollautomatisierte Zuordnung von Zahlung und offenen Posten
46 %	Import von Artikellisten
45 %	Automatisierte Information von Kunden über Auftragsstatus
45 %	Automatisierte Erstellung von Bestellvorschlägen für Nachbestellung von Ware
42 %	Abruf von Bankkontoinformationen
40 %	Automatisierte Erstellung von Versandlisten
29 %	Einstellen von Artikeln bei Auktions- oder Verkaufsplattformen
28 %	Abruf von sonstigen Kontoinformationen
2 %	Sonstige Funktionen

Welche der folgenden Funktionen Ihres Warenwirtschaftssystems werden von Ihnen genutzt? (Mehrfachauswahl möglich)

Abb. 2-11: Von Online-Händlern genutzte Funktionen ihres Warenwirtschaftssystems
Quelle: ibi research (Shop-Systeme, Warenwirtschaft und Versand 2011)

ibi

2

60 % der Online-Händler haben bereits ein Warenwirtschaftssystem für die Abwicklung ihrer Bestellungen im Einsatz. Die Gründe dafür sind vielfältig. Für zwei Drittel der Händler spielt ein einheitlicher Datenbestand für den Verkauf über verschiedene Vertriebskanäle eine große Rolle. Damit wird eine Übersicht über alle Vertriebskanäle (z. B. Web-Shop, Ladengeschäft, Auktions- und Verkaufsplattformen) einfacher und schneller realisiert und die Aktualisierung der Artikelstammdaten wird an möglichst wenigen Stellen zentral

durchgeführt. Das reduziert den Aufwand der Aktualisierung sowie die Fehlerquote. Für über 60 % der Unternehmen war eine Prozessautomatisierung und die damit verbundene Reduktion von manuellen Bearbeitungsschritten ein wichtiger Grund, ein Warenwirtschaftssystem einzuführen. Aber auch die höhere Transparenz in den Prozessen (z. B. Anzeige des Bearbeitungsstatus) und bessere Auswertungsmöglichkeiten waren wichtige Gründe für den Einsatz eines Warenwirtschaftssystems.

Einheitlicher Datenbestand und Prozessautomatisierung sind die Hauptgründe für die Einführung eines Warenwirtschaftssystems.

Aus welchen Gründen wurde das Warenwirtschaftssystem eingeführt? (Mehrfachauswahl möglich)

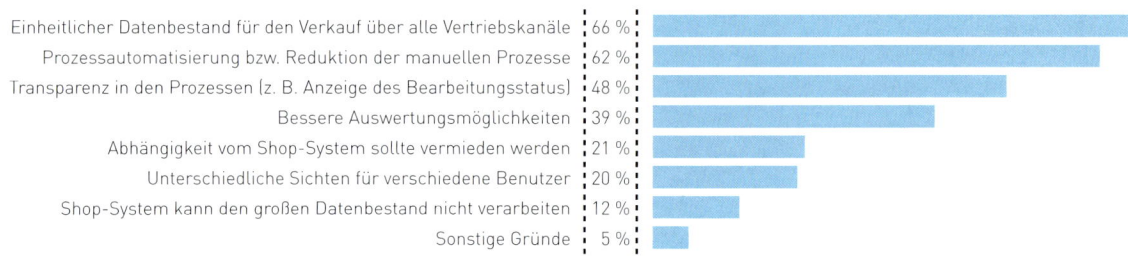

Einheitlicher Datenbestand für den Verkauf über alle Vertriebskanäle	66 %
Prozessautomatisierung bzw. Reduktion der manuellen Prozesse	62 %
Transparenz in den Prozessen (z. B. Anzeige des Bearbeitungsstatus)	48 %
Bessere Auswertungsmöglichkeiten	39 %
Abhängigkeit vom Shop-System sollte vermieden werden	21 %
Unterschiedliche Sichten für verschiedene Benutzer	20 %
Shop-System kann den großen Datenbestand nicht verarbeiten	12 %
Sonstige Gründe	5 %

Abb. 2-12: Gründe für die Einführung eines Warenwirtschaftssystems
Quelle: ibi research (Shop-Systeme, Warenwirtschaft und Versand 2011)

Warenwirtschaftssysteme können dabei ganz unterschiedlich in die IT-Landschaft eines Online-Händlers integriert sein. Meist ist der Einsatz von bestimmten Software-Lösungen in den Unternehmen historisch gewachsen. Die Herausforderung liegt darin, die bestehenden Systeme mit den Daten aus verschiedenen Vertriebskanälen so miteinander zu verbinden, dass alle relevanten Informationen miteinander verknüpft und ausgewertet werden können. Das kann über eine Komplettlösung aus Online-Shop-System und Warenwirtschaftssystem, über verfügbare vorgefertigte Schnittstellen zwischen den Systemen, bei denen eine automatische Echtzeitsynchronisation der Datenbestände z. B. mittels einer geeigneten Software erfolgt, über selbst erstellte Schnittstellen oder aber auch über einen manuellen Datenaus-

tausch (Export- / Import-Funktion) ermöglicht werden. Obwohl ein Datenabgleich zwischen Online-Shop-System und Warenwirtschaftssystem für Online-Händler sehr aufschlussreiche Informationen liefert, sind bei einigen Händlern die Systeme noch inkompatibel. 18 % der Online-Shop-Systeme arbeiten derzeit nicht direkt mit dem Warenwirtschaftssystem zusammen und bei ebenso vielen Händlern werden die Datenbestände noch manuell abgeglichen. Damit lassen sich Online-Händler viele relevante Auskünfte entgehen, die für einen effizienten Ablauf und somit für den Erfolg im E-Commerce wichtig sind. Insbesondere Multikanalhändler sollten deshalb auf ein sorgfältig, „sauber" integriertes Warenwirtschaftssystem setzen, um sämtliche Vertriebskanäle relativ einfach verwalten zu können.

Die Domain – Ihr guter Name im Internet

Die Domain ist die weltweit eindeutige Adresse Ihres Online-Shops bzw. Ihres Internet-Auftritts (z. B. www.ecommerce-leitfaden.de). Jede Domain ist einer so genannten Top-Level-Domain (TLD) untergeordnet. Dies ist der letzte Teil einer Domain, also beispielsweise „.de" bei der Domain www.ecommerce-leitfaden.de. Die TLD bezeichnet entweder das Land, in dem der Domainname registriert wurde (z. B. „.de" für Deutschland), oder einen thematischen oder organisatorischen Bereich (z. B. „.org" für Organisationen, „.com" für Unternehmen (commercial) oder „.biz" für geschäftliche oder gewerbliche Nutzungen). Wer Deutschland als einen Zielmarkt anvisieren will, sollte versuchen, eine .de-Domain zu registrieren. Die TLD „.com" ist die am häufigsten genutzte Domain und bei internationaler Ausrichtung zusätzlich zu empfehlen. Wollen Sie in ausgewählten Ländern aktiv werden, ist es ratsam, sich neben einer .de-Domain auch die entsprechenden Länder-Domains zu sichern. Auch im Ausland gilt das Prinzip „Wer zuerst kommt, mahlt zuerst".

Ende 2011 waren etwa 14,7 Mio. .de-Domains registriert. Da fällt es nicht immer leicht, für das eigene Geschäft einen geeigneten Domainnamen zu finden. Kurz, einfach, einprägsam und zudem noch beschreibend sollten die virtuellen Adressen sein. Sehr lange und komplizierte Worte sollten Sie vermeiden, da dadurch die Anfälligkeit für Tippfehler steigt. Am besten wählen Sie Ihre Domain so, dass Kunden sich die Domain auf Anhieb merken können.

Ob die gewünschte Domain noch verfügbar ist, kann z. B. online unter www.denic.de (für die Domains „.de") oder www.whois.eu (für die Domains „.eu") überprüft werden. Aber auch andere Dienstleister bieten Möglichkeiten, die Verfügbarkeit von Domainnamen zu recherchieren.

Häufig ist es sinnvoll, verschiedene Schreibweisen einer Domain oder auch zu erwartende Tippfehler durch die Registrierung verschiedener Domainvarianten abzufangen. Beispielsweise gelangen Sie sowohl über www.ecommerce-leitfaden.de als auch über www.e-commerce-leitfaden.de zur Website des Leitfadens. Aus Marketing- und Lesbarkeitsgründen kann es zwar sinnvoll sein, auf die Groß- und Kleinschreibung zu achten, jedoch wird aus technischer Sicht hier kein Unterschied gemacht. Dies bedeutet, dass Sie sowohl durch Eingabe von www.eCommerce-Leitfaden.de als auch durch www.ecommerce-leitfaden.de auf die gleiche Website gelangen.

Hilfreich ist es zudem, thematisch wichtige Schlüsselwörter in die Domain zu integrieren. So erleichtern Sie es dem Suchenden zu erkennen, ob das Angebot zu ihm passt. Zudem analysieren einige Suchmaschinen auch die Domain auf Schlüsselbegriffe hin. So können Sie Ihre Domain in den Suchergebnissen besser positionieren. Wenn Sie Müsli über das Internet verkaufen wollen, sollten Sie beispielsweise www.muesli-meier.de registrieren. Hier wäre auch noch zu überlegen, die angesprochene „falsche" Schreibweise des Namens Meier einzuplanen, beispielsweise dadurch, dass Sie sich auch www.muesli-meyer.de oder www.muesli-maier.de sichern.

Mittlerweile sind auch .de-Domains mit Umlauten zulässig (z. B. www.müsli-meier.de). Sie sollten daher die zusätzlichen Domains registrieren, aber aufgrund der noch eher geringen Nutzung nicht ausschließlich auf diese setzen.

Kümmern Sie sich nicht zu sehr um die Technik, konzentrieren Sie sich aufs Verkaufen!

Im Gespräch mit Julien Ardisson, STRATO, www.strato.de

Julien Ardisson ist Vorstand für das Produktmanagement bei STRATO, dem zweitgrößten europäischen Anbieter von Internet-Speicherplatz und Web-Anwendungen. Mir über 25.000 Miet-Shops im Kundenbestand ist STRATO außerdem der größte deutsche Anbieter von gehosteter E-Commerce-Standard-Software. STRATO bietet Online-Festplatten, Homepage-Komplettpakete, dedizierte und virtuelle Server sowie gehostete Unternehmens-Software, wie zum Beispiel Online-Miet-Shops, an. STRATO ist ein Unternehmen der Deutschen Telekom AG und hostet rund 4 Millionen Domains in zwei TÜV-zertifizierten und klimaneutralen Rechenzentren.

INTERVIEW

Herr Ardisson, welche Web-Shop-Lösung empfehlen Sie Einsteigern?

Web-Shop-Betreiber sollten sich zu allererst auf ihr Geschäft konzentrieren und nicht auf die Technik. Das heißt: Einsteiger setzen am besten auf eine fertige Komplettlösung, die ohne Installationen oder Konfigurationen auskommt. Updates und Patches sollten kostenlos und automatisch eingespielt werden. Wer ein E-Commerce-Verkaufstalent ist oder werden will, darf sich nicht zu viel um seine Shop-Software kümmern müssen – sondern muss verkaufen, verkaufen, verkaufen.

Worauf müssen Shop-Betreiber bei der Auswahl ihres Shop-Systems besonders achten?

Schnittstellen sind am wichtigsten, vor allem zu verschiedenen Bezahlmöglichkeiten. Bieten Sie Ihren Kunden möglichst alle Zahlungsmethoden an – Rechnung, Überweisung, Kreditkarte oder Lastschrift. Schnittstellen zu Preisvergleichsseiten und Shopping-Portalen tragen dazu bei, Besucher auf seinen Shop aufmerksam zu machen. Für den Shop-Betreiber muss alles ohne Technikkenntnisse bedienbar sein. Außerdem brauchen Sie einen Hoster, dem Sie vertrauen können, weil er zuverlässig und sicher arbeitet und dies auch nachweisen kann, z. B. anhand von TÜV-Zertifizierungen. Darüber hinaus sollten Shop-Betreiber darauf achten, dass sie ihr Shop-System auch an ihre tatsächlichen Be-

dürfnisse anpassen können – deshalb empfehlen wir skalierbare Shop-Lösungen, die mit dem Business mitwachsen können. Neben Miet-Shops gibt es aber auch individuellere E-Commerce-Lösungen: Mit Open-Source-Anwendungen, die wir als Schnellinstallation in unseren Hosting-Paketen anbieten, lassen sich zum Beispiel maßgeschneiderte Online-Shops erstellen und verwalten.

Wo liegen die Vorteile von Miet-Shops?

Wer einen Miet-Shop nutzt, muss sich um die Technik nicht kümmern – das erledigt alles der Hoster. Außerdem ist das Hosting selbst bereits inklusive. Die monatliche Miete fällt am Ende kaum ins Gewicht – 10 bis 60 Euro im Monat sind für die Wirtschaftlichkeit eines erfolgreichen Online-Shops nicht maßgeblich. Außerdem bieten Komplettlösungen wie die STRATO Web-Shops zahlreiche Schnittstellen zu diversen Dienstleistern, die vom Versand über die Zahlungsabwicklung bis zu rechtssicheren Texten viele Aufgaben übernehmen, damit sich die Shop-Betreiber ganz aufs Verkaufen konzentrieren können. Gute Miet-Shops bieten außerdem verschiedene Marketing-Tools, die zum Beispiel durch die automatische Integration in Produktvergleichsportalen, wie Ciao oder guenstiger.de, sowohl das Cross-Selling-Potenzial steigern als auch zur Suchmaschinenoptimierung beitragen.

ibi

> Um im Online-Geschäft wirklich erfolgreich zu werden, ist es vor allem wichtig, mit Profis zusammenzuarbeiten, die ihr Handwerk verstehen. Deshalb stellen wir unseren Kunden starke Partner zur Seite, die sie bei der Texterstellung, beim Design oder in Rechtsfragen unterstützen.
>
> Julien Ardisson, STRATO

In den letzten Jahren haben sich einige Verkaufsplattformen erfolgreich etablieren können. Was halten Sie von Kelkoo, Amazon.de Marketplace und anderen?

Diese Verkaufsplattformen sind etwas völlig anderes als ein eigener Online-Shop. Auf diesen Plattformen geht es hauptsächlich um den Preis – Sie müssen der Billigste sein, sonst kauft niemand etwas. Bei einem eigenen Shop können Sie zusätzlich mit Service, Sortiment, Gestaltung und einem individuellen Image punkten, z. B. indem Sie sich als Experte für bestimmte Produkte positionieren.

Empfehlen Sie auch über eBay und andere Auktionsplattformen zu verkaufen?

Es ist wichtig, sich die Möglichkeit offenzuhalten, jederzeit über eBay verkaufen zu können. Da dort aber auch der Preis regiert, eignet sich eBay also gut für den Abverkauf bestimmter Waren, z. B. für Lagerräumungen. Man muss eBay im Auge behalten, um die Preise zu kennen und zur richtigen Zeit Artikel schnell und einfach einstellen zu können – deshalb bietet STRATO auch eine eBay-Schnittstelle an. Aber längst nicht alle Artikel sind bei eBay richtig.

Wenn Sie unseren Lesern einen Expertentipp geben würden, wie man einen Online-Shop richtig groß machen kann, welcher würde das sein?

Vieles ergibt sich bereits aus dem angebotenen Warensortiment: Verkaufe ich Dinge des täglichen Bedarfs – dann müssen die Produkte günstig sein und der Shop darf einfach gehalten sein. Will ich aber Produkte mit Lifestyle-Anspruch verkaufen, muss ich viel mehr Wert auf ein Top-Design und einen Mehrwert an Spaß oder Information bieten. Grundsätzlich gilt aber: Je stärker Sie sich spezialisieren, desto besser positionieren Sie sich zu Wettbewerbern. Generieren Sie Traffic über Marketing-Schnittstellen, Preis- und Produktportale sowie weitere Partner, die im Internet präsent sind. Ein Blog oder ein Kundenforum zu integrieren, ist auch eine gute Möglichkeit, über die eigenen Produkte zu berichten und sich mit seinen Kunden auszutauschen. Um im Online-Geschäft wirklich erfolgreich zu werden, ist es vor allem wichtig, mit Profis zusammenzuarbeiten, die ihr Handwerk verstehen. Deshalb stellen wir unseren Kunden starke Partner zur Seite, die sie bei der Texterstellung, beim Design oder in Rechtsfragen unterstützen. ■

ibi

Das richtige Hosting-Angebot für Ihr Shop-Projekt

Einsteiger in den Online-Handel stehen vor vielen Fragen. Eine der ersten lautet: Wie richte ich mir überhaupt so einen Online-Shop ein? Angehende Online-Händler mit ausreichend Startkapital lassen sich gleich zu Beginn einen professionell gestalteten Web-Shop maßschneidern. Dann sind allerdings schnell einige tausend Euro ausgegeben, bevor überhaupt die erste Ware online verkauft wurde. Wer von Anfang an die Dinge in die eigenen Hände nehmen und auch dort behalten möchte, macht sich selbst an die technische Umsetzung seines Online-Shops.

Shop-Widgets und Miet-Shops: für Einsteiger

Auch bei knappen finanziellen und zeitlichen Ressourcen oder nur geringen technischen Kenntnissen führen verschiedene einfache Wege zum eigenen Online-Shop: So genannte Shop-Widgets (Minianwendungen, die in eine Website integriert und ausgeführt werden können), wie Sellaround oder E-junkie, lassen sich sogar kostenlos in Websites einbinden. Erst bei einem erfolgreichen Verkauf fällt eine Provision an. Über den Sellaround-Account beispielsweise wird ein eigener Mini-Shop erstellt und der HTML-Code zum Shop direkt in die eigene Website eingefügt. Die Produkte können dann z. B. mit Vorschaubildern angezeigt werden. Nach dem Anklicken durch den Kunden öffnet sich der eigentliche Mini-Shop, in dem er die Produkte kaufen und bezahlen kann.

Wenn es lieber ein eigener Online-Shop mit mehreren Produkten sein soll, eignet sich für Einsteiger häufig eine Miet-Shop-Lösung, um ohne großen technischen Aufwand online zu verkaufen. Gegen eine geringe monatliche Mietgebühr lässt sich der eigene Shop nach dem Prinzip eines Homepage-Baukastens komplett webbasiert im Browser zusammenstellen. Gute Miet-Shop-Angebote bieten Unterstützung rund um alle relevanten Bereiche des E-Commerce

und stellen zahlreiche Schnittstellen zu Online-Marktplätzen, wie eBay oder Amazon.de, zu Zahlungsverfahrensanbietern, Rechtsberatungen und zu Versanddienstleistern zur Verfügung.

Online-Händler, die sich lieber einen individuellen Shop wünschen und eigene Customer-Relationship-Management-Systeme oder Warenwirtschaftssysteme integrieren möchten, setzen je nach verfügbarem Budget auf maßgeschneiderte Shop-Lösungen oder auf anpassbare Open-Source-Software wie xt:Commerce. Diese Lösungen lassen sich entsprechend den Bedürfnissen der Online-Händler an Design und Funktionen gestalten und über zusätzliche Plug-ins individuell erweitern. In diesem Fall muss sich der Betreiber des Online-Shops allerdings wieder selbst mit einigen technischen Aspekten auseinandersetzen. Dazu zählt im Wesentlichen die Frage nach dem angemessenen Hosting des Shops.

Je nach geplantem Shop-Projekt (Größe, Umfang, Budget, IT-Kenntnisse) eignet sich eine der folgenden Hosting-Lösungen.

Shared Web-Hosting: für Individualisten mit geringem Budget

Für kleinere Online-Shops, die zwar individuell gestaltet sein sollen, aber mit wenigen Produkten auskommen und zunächst recht geringe Besucherzahlen erwarten, eignen sich meist bereits Shared-Web-Hosting-Angebote. Shared Web-Hosting ist sehr kostengünstig, da sich viele Benutzer einen einzigen Server teilen. Dies schränkt natürlich die Ressourcen und die Performanz des Servers für den einzelnen Benutzer an sich ein.

Bei den meisten Shared-Web-Hosting-Anbietern lassen sich Web-Anwendungen, wie auch professionelle Shop-Software, über einen Installationsassistenten auf dem Web-Space einrichten. Da die Ressourcen auf einem Shared Server im Vergleich zu anderen Lösungen sehr begrenzt sind, sollte man bei großen individuellen Shop-Projekten mit vielen Produkten, Videos und Bildern oder hohem Traffic-Aufkommen besser auf eine leistungsstärkere Server-Lösung setzen.

Virtuelle Server: Wenige User teilen sich eine Maschine

Virtuelle Server sind eine Art Mischform aus Managed Server und Shared Web-Hosting: Wenige User teilen sich einen Server. Über professionelle Virtualisierungslösungen wird sichergestellt, dass auch Nutzer mit höherem Traffic-Aufkommen die anderen Server-Kunden auf derselben Maschine nicht beeinträchtigen, so dass immer genügend Kapazität und Leistung für die Shop-Inhalte zur Verfügung stehen. Sollte mehr Performanz benötigt werden, kann man in den meisten Fällen ein Upgrade des Servers veranlassen oder zu einem Managed Server wechseln.

Allerdings bringt der eigene Server, auch wenn er virtuell ist und mit mehreren anderen Nutzern geteilt wird, einen wesentlich höheren Administrationsaufwand mit sich, als es beim Shared Web-Hosting der Fall ist. Denn der Shop-Betreiber selbst ist dafür verantwortlich, dass seine Shop-Anwendung auf dem Server fehlerfrei und performant läuft.

Managed Server: für größere Shop-Projekte

Managed Server sind im Allgemeinen vergleichbar zu einem Shared Web-Hosting, besitzen jedoch eine höhere Performanz, da der Server nicht mit anderen Nutzern geteilt wird. Bei einigen Anbietern gibt es sogar spezielle Managed Server mit leistungsstarker dedizierter Hardware, bei der sich auch die Server-Konfigurationen über eine Bedienoberfläche anpassen lassen.

Damit beim regelmäßigen Pflegen und Aktualisieren keine wichtigen Inhalte (z. B. Texte, Bilder, Zuordnungen) und Strukturen versehentlich geändert oder sogar gelöscht werden, sollte darauf geachtet werden, dass der Hosting-Anbieter von allen Server-Daten täglich eine automatische Sicherung (Backup) erstellt. Der Server-Kunde kann dann, falls es einmal wirklich nötig sein sollte, auf seine gesicherten Daten zurückgreifen. Diese lassen sich in der Regel relativ einfach wiederherstellen. Die Einrichtung, die regelmäßige Wartung (z. B. die Installation von Software-Updates), die Pflege, der Schutz und die Überwachung des Managed Servers erfolgen durch den Anbieter in der Regel im eigenen Rechenzentrum. Dabei gilt es darauf zu achten, dass es sich um einen seriösen Service-Provider mit langer Erfahrung im sicheren Umgang mit Daten handelt. Am besten eignen sich Anbieter, die alle Daten nach deutschem Datenschutzstandard in ISO-zertifizierten Rechenzentren verarbeiten und speichern.

Dedizierte Server: für IT-Profis

Wer ein Profi-Shop-Projekt plant und höchste Ansprüche an die Leistungsfähigkeit stellt, legt sich einen dedizierten Server zu. Das bedeutet allerdings einen hohen Administrationsaufwand, denn der Shop-Betreiber ist selbst für alles verantwortlich. So müssen Online-Händler u. a. bei einem dedizierten Server selbst Sicherheitskopien anlegen, Software-Updates installieren oder den Server gegen Angriffe schützen. Dafür unterliegt die Server-Administration aber keinen Beschränkungen seitens eines Dienstleisters. Anfänger und Online-Händler, die sich nicht um die Technik kümmern möchten, greifen lieber zu einer anderen Hosting-Variante – für professionelle Shops kann ein dedizierter Server jedoch genau die richtige Wahl sein.

Fazit: Web-Hosting für Online-Shops

Das passende Hosting-Angebot für ein Shop-Projekt richtet sich vor allem nach den finanziellen, technischen und zeitlichen Möglichkeiten des Shop-Betreibers. Angehende E-Commerce-Unternehmer, bei denen in der Start-up-Phase alle Ressourcen knapp sind, setzen am besten auf eine Miet-Shop-Lösung. Um die Technik brauchen sie sich dann nicht zu kümmern, das Hosting ist bereits inklusive. Komplettlösungen bieten zudem verschiedene Marketing-Tools und zahlreiche Schnittstellen zu diversen Dienstleistern, die vom Versand über die Zahlungsabwicklung bis hin zu rechtssicheren Texten viele Aufgaben übernehmen, damit sich die Shop-Betreiber ganz auf das Verkaufen konzentrieren können. Wer mit seinem Online-Shop allerdings individueller sein will, als es ein browser-basierter Baukasten-Shop zulässt, und wer auch eigene Systeme anbinden möchte, greift besser zu Open-Source-Shop-Software, wie xt:Commerce. Je nach Größe des Shop-Projekts ist für das Hosting dann ein Angebot aus dem Shared Web-Hosting oder ein virtueller Server das Richtige. Technikprofis wählen für größere Shops hingegen am besten dedizierte Hardware, wobei auch für größere Shop-Projekte durchaus ein Managed Server ausreichend sein kann.

Als Faustformel gilt: Je mehr Besucher Sie in Ihrem Web-Shop haben, desto leistungsfähiger und umfangreicher müssen die Server-Lösungen sein. Die Performanz wirkt sich direkt auf die Zufriedenheit Ihrer Besucher aus – und zufriedene Besucher kaufen in der Regel mehr.

Infobox 2-9: Hosting von Shop-Projekten
Quelle: ibi research / STRATO

ibi

Alles im Griff – mit der richtigen, auf die Prozesse abgestimmten Software

Im Gespräch mit Gudula Otto, STOCK Nr. 1, www.gastro-billig.com

Die STOCK Nr. 1 GmbH ist ein Fachhandelsunternehmen, das seit mehr als 35 Jahren in der Planung und dem Verkauf von Großküchen- und Gastronomiegeräten und -technik sowie Kompletteinrichtungen tätig ist. Als weiteres Standbein startete das Unternehmen im Jahr 2006 mit einem Versandhandel (Online-Shop und Katalogversand) für den Gastronomiebereich. Gudula Otto, Geschäftsführerin des Unternehmens, berichtet über die Hintergründe und die Herausforderungen, die beim Start des Shops zu bewältigen waren.

Frau Otto, welche Vorteile bietet Ihnen als Fachhandelsunternehmen der Online-Vertrieb?

Über das Internet konnten wir neue Kundengruppen erschließen, die wir über den persönlichen Vertrieb sonst kaum erreicht hätten. So stammen bereits 15 % der Bestellungen über den Shop aus dem Ausland, hauptsächlich aus Dänemark, Österreich und der Schweiz. Zudem erhalten wir immer wieder Bestellungen von Unternehmen, die gar nicht aus der Gastronomiebranche stammen. Unsere Arbeitsmöbel beispielsweise werden auch von Laboratorien bestellt. Über den Online-Vertrieb können wir daher Zusatzerlöse zu unserem klassischen Geschäft erzielen, bei dem die kompetente persönliche Beratung unserer langjährigen Kunden im Vordergrund steht.

Allerdings würde ich auch unseren Online-Shop nicht als reinen Online-Vertrieb bezeichnen. Wir fordern die Besucher des Shops sogar dazu auf, sich bei Fragen an unsere Hotline zu wenden. Diese Möglichkeit wird von den Kunden gerne in Anspruch genommen, so dass häufig zunächst eine telefonische Beratung erfolgt, bevor ein Artikel dann anschließend im Shop bestellt wird. So nutzen wir unsere Kernkompetenz – die langjährige Erfahrung in Beratung, Planung, Lieferung, Montage und Kundendienst – auch im neuen Vertriebskanal. Wir können uns dadurch von Konkurrenten abgrenzen und vermeiden zudem, dass falsche bzw. unpassende Artikel bestellt werden.

Welche Herausforderungen waren beim Start des Online-Shops zu bewältigen?

Eine große Herausforderung war die Frage, wie die Pflege der Artikeldaten im Shop erfolgen kann.

Wir verkaufen im Shop derzeit etwa 6.500 Artikel von 30 Herstellern. Von diesen Herstellern erhalten wir zweimal jährlich aktuelle Artikellisten, hinzu kommen unregelmäßige kleinere Aktualisierungen. Diese Änderungen jedes Mal manuell in den Shop einzupflegen, wäre ein enormer Aufwand, den wir nicht tragen konnten und wollten.

Hinzu kommt, dass auch unsere Außendienstmitarbeiter auf Artikeldaten zugreifen können müssen. Wir brauchten daher eine einheitliche Datenbasis sowohl für den Shop als auch für den Außendienst, damit inkonsistente Daten oder mehrfache Pflegeaufwände vermieden werden.

Zudem mussten wir sicherstellen, dass die Bestellungen effizient abgearbeitet werden können. Für ein Unternehmen wie unseres mit rund 20 Mitarbeitern ist es wichtig, dass die Prozesse straff durchorganisiert sind, um die tägliche Arbeitslast bewältigen zu können. Da kann man beim Start des Online-Shops nicht damit anfangen, manuell Listen zu führen oder Daten händisch zu übertragen.

Wie haben Sie diese Herausforderungen bewältigt?

Wir haben uns für die Einführung eines neuen Warenwirtschaftssystems entschieden. Wir hatten zwar bereits ein Warenwirtschaftssystem im Einsatz, das jedoch über keine Schnittstellen verfügte. Mithilfe von cateno konnten wir auf ein neues Warenwirtschaftssystem migrieren, das über die ShopSync-Schnittstelle direkt mit dem Online-Shop verbunden wurde. Alle Artikel- und Kundendaten werden zentral in der Warenwirtschaft verwaltet und stetig mit dem Online-Shop synchronisiert.

2

> Die Software soll sich an die Prozesse anpassen und nicht umgekehrt.
>
> Gudula Otto, STOCK Nr. 1

Über eine Import-Schnittstelle des Warenwirtschaftssystems können aktuelle Artikeldaten der Hersteller auf Knopfdruck übernommen werden und sind innerhalb von Sekunden im Shop verfügbar. Der Kundendienst kann ebenfalls auf die Artikeldaten in der Warenwirtschaft zugreifen und zusätzlich über 10.000 technische Datenblätter zu den Artikeln abrufen, die für die tägliche Arbeit benötigt werden.

Alle Daten und Dokumente zu einer Bestellung (z. B. Lieferscheine, Rechnungen, Mahnungen) werden im Warenwirtschaftssystem verwaltet bzw. erstellt. Dies ermöglicht nicht nur die Abarbeitung von Bestellungen ohne manuelle Listen und Medienbrüche, es können auch Auswertungen automatisiert erstellt werden. So fließen alle Daten aus der Auftragsabwicklung über eine Schnittstelle in die Finanzbuchhaltung ein. Die Bilanz unseres Unternehmens wird dann quasi auf Knopfdruck erstellt und nur noch abschließend von einem Steuerberater geprüft. Auch beim Honorar für den Steuerberater können wir so noch mal Kosten sparen.

Was war Ihnen bei der Wahl des Warenwirtschaftssystems wichtig?

Uns war wichtig, dass sich das System flexibel an unsere Bedürfnisse anpassen lässt. Jedes Unternehmen hat individuelle Anforderungen, die nicht jedes Warenwirtschaftssystem erfüllen kann. Bei der Bezahlung unserer Monteure beispielsweise werden Umsatzzahlen zugrunde gelegt. Diese müssen direkt aus der Auftragsabwicklung erfasst werden und über entsprechende Auswertungen ausgegeben werden. Diese bilden dann die Grundlage für die Lohn- und Gehaltsabrechnung. Auch bezüglich weiterer Auswertungen hatten wir ganz genaue Vorstellungen, die nicht jedes System erfüllen kann.

Unsere Vorstellungen haben wir im Vorfeld konkret definiert und darauf aufbauend dann das passende System ausgewählt. Es ergibt keinen Sinn, zunächst die Software zu kaufen und dann die Abläufe im Unternehmen so anzupassen, dass mit der Software gearbeitet werden kann. Der Grundsatz muss sein: Die Software soll sich an die Prozesse anpassen und nicht umgekehrt. Von diesem Grundsatz sollte nur dann abgewichen werden, wenn die Software tatsächlich bessere Prozesse ermöglicht als die im Unternehmen derzeit vorhandenen.

Welche Tipps können Sie den Lesern des E-Commerce-Leitfadens mit auf den Weg geben?

Werden Sie sich ganz genau bewusst, was Sie von der Shop-Software und dem Warenwirtschaftssystem erwarten. Niemand kennt Ihr Unternehmen und Ihre Anforderungen so gut wie Sie, daher können Ihnen externe Berater oder IT-Spezialisten diese Aufgabe nicht abnehmen.

Dokumentieren Sie Ihre Anforderungen in einem ausführlichen Pflichtenheft für Ihren Anbieter bzw. Dienstleister. Wir haben beispielsweise auch Entwürfe davon, wie die von uns benötigten Auswertungen aussehen sollen, als Anlagen zum Pflichtenheft hinzugefügt. Diese Vorarbeiten kosten zwar Zeit und Geld, allerdings lassen sich durch die systematische und intensive Auseinandersetzung im Vorfeld viele nachträgliche Änderungen vermeiden, die oft auch noch um ein Vielfaches teurer sind. ■

ibi

Domains – was Sie bei der Registrierung beachten müssen

Im Gespräch mit Rechtsanwalt Berko Lemke, janolaw chung Rechtsanwälte, Partnerkanzlei des Leitfadenpartners janolaw, www.janolaw.de

Rechtsanwalt Berko Lemke ist Mitglied der Deutschen Vereinigung für gewerblichen Rechts-
schutz und Urheberrecht e. V. (GRUR) und vertritt mittelständische Unternehmen ebenso
wie national und international tätige Handelsgesellschaften und Dienstleister im Bereich des
Wettbewerbs-, Marken- und Urheberrechts. Mit langjähriger Erfahrung, individueller
Beratung und persönlichem Einsatz für anspruchsvolle Mandanten bietet er auch bei
komplexen Problemen maßgeschneiderte Lösungen.

**Herr Lemke, wie registriert man als Shop-
Betreiber eine .de-Domain?**

Die Deutsche Network Information Center eG
(DENIC) in Frankfurt am Main ist für die
Registrierung der .de-Domain zuständig. Diese bietet
unter www.denic.de eine Abfragemöglichkeit für
Shop-Betreiber, ob die Wunschdomain noch frei ist.
Bei Verfügbarkeit kann die Wunschdomain direkt
bei der DENIC oder über einen Internet Service
Provider registriert werden. Für die Anmeldung
werden eine einmalige Eintragungsgebühr und die
Jahresgebühr fällig. Es empfiehlt sich, die Anmeldung
über einen Internet Service Provider vorzunehmen,
da dieser die technischen Voraussetzungen für die
Konnektierung der Domain schafft, für eine fortgesetzte Erreichbarkeit der Domain im Internet sorgt
und meist noch zusätzliche Internet-Dienstleistungen
(z. B. Mail-Services) anbietet. Dies ist im Regelfall
sogar noch billiger als eine direkte Registrierung über
die DENIC.

**Welche Daten muss man bei der Registrierung
einer .de-Domain angeben?**

Bei Registrierung muss der Domaininhaber mit
seiner vollständigen Adresse angegeben werden.
Weiterhin ist die Benennung eines administrativen
Ansprechpartners (Admin-C) Voraussetzung für die
Registrierung. Sofern es sich beim Domaininhaber
um eine natürliche Person handelt, kann diese Funktion auch von ihm bzw. ihr übernommen werden.
Wenn der Domaininhaber eine juristische Person
(z. B. eine GmbH) ist, muss eine natürliche Person

(z. B. der Geschäftsführer) als Admin-C benannt
werden. Der Admin-C ist berechtigt und gegenüber
DENIC auch verpflichtet, sämtliche die Domain
betreffenden Angelegenheiten verbindlich zu entscheiden. Auch bei Haftungsfällen kann der Admin-C
zur Verantwortung gezogen werden. Schließlich muss
ein technischer Ansprechpartner (Tech-C) angegeben
werden. Bei Registrierung über einen Internet Service
Provider übernimmt dieser die Stellung des Tech-C.

**Wenn man eine freie Domain anmeldet, kann
einem doch nichts mehr passieren, oder?**

Die Registrierung einer Domain gewährleistet
nicht, dass Rechte Dritter nicht verletzt werden.
Denn weder die DENIC noch der Internet Service
Provider überprüft, ob die gewählte Domainbe-
zeichnung in irgendeiner Form geschützt ist. Jede
.de-Domain wird zwar nur einmal nach dem einfachen Grundsatz „First come, first served" vergeben.
Der Umstand, dass eine Domain noch frei für die
Registrierung ist, bedeutet aber nicht, dass sie auch frei
von sonstigen Rechten ist. Die vor der Registrierung
zu erfolgende Überprüfung muss der Shop-Betreiber
selbst oder z. B. mithilfe eines Rechtsanwalts durchführen. Der Shop-Betreiber versichert nämlich gegenüber der DENIC mit dem Domainauftrag, dass
durch Registrierung und Nutzung der Domain keine
Drittrechte verletzt werden und übernimmt das
Haftungsrisiko für die Richtigkeit dieser Versicherung. Geht doch etwas schief, kann der Shop-Betreiber eine Verantwortlichkeit weder an die DENIC
noch an den Internet Service Provider weitergeben.

2

Welche Rechte können durch die Nutzung einer Domain verletzt werden?

Der häufigste Fall ist, dass Marken- oder Namensrechte Dritter verletzt werden. Beispielsweise kann es Ärger geben, wenn der Shop-Betreiber als Domain den Namen eines Künstlers registriert oder in der Domain die Marke eines Unternehmens verwendet, so dass der Eindruck einer in Wirklichkeit nicht bestehenden Kooperation entsteht (z. B. www.bmw-ersatzteilhändler.de). Eine Domainnutzung kann auch gegen Wettbewerbsrecht verstoßen und damit die Rechte der Konkurrenten des Shop-Betreibers verletzen. Die Berechtigten könnten dann ggf. gerichtlich klären lassen, wer die bessere Rechtsposition hat. Der Shop-Betreiber kann sich bspw. dann auf eigene Rechte berufen, wenn die Domain seinen eigenen Namen trägt oder den Namen seines Unternehmens, welches bereits über längere Zeit bekannt ist. Gelingt aber der Nachweis eines besseren Rechts an der als Domain verwendeten Bezeichnung nicht, kann der Domaininhaber zur Löschung der Domain verpflichtet werden. Neben den zum Teil recht hohen Anwaltsgebühren und Gerichtskosten, die der Shop-Betreiber im Fall des Unterliegens zu tragen hätte, kommen noch die Investitionen, die zur Bekanntmachung des Domainnamens aufgewendet worden sind, z. B. für die Suchmaschinenoptimierung. Es ist daher ratsam, bereits vor Registrierung der Domain gründlich zu recherchieren, ob mit dem angestrebten Domainnamen Drittrechte verletzt werden könnten.

Welche Recherchemöglichkeiten stehen zur Verfügung?

Die beste Möglichkeit ist hier das Internet selbst. Dort kann man zunächst über Suchmaschinen in Erfahrung bringen, ob die Bezeichnung, die man als Domainnamen verwenden will, bereits anderweitig existiert. Weiterhin sollte man beim Deutschen Patent- und Markenamt (DPMA), beim Harmonisierungsamt für den Binnenmarkt (Europäisches Markenamt) und der World Intellectual Property Organization (WIPO) recherchieren, ob die Wunsch-Domain bereits als Marke eingetragen ist, da Markenrechte bereits durch Eintragung entstehen, selbst wenn die Marke noch nie benutzt wurde. Dabei sollte man die Recherche aber nicht nur auf den Wunschnamen beschränken, da auch ähnliche Bezeichnungen Markenrechte verletzen können. Zudem gibt das Handelsregister Auskunft in Bezug auf identische oder ähnliche Firmennamen. Weitere Informationsquellen sind Branchenregister, Gelbe Seiten und Telefonbücher, also alle Nachschlagewerke, die Firmenbezeichnungen enthalten. Wer eine Recherche nicht selbst durchführen will, kann auch einen Rechtsanwalt oder ein spezialisiertes Unternehmen beauftragen. Diese können den Shop-Betreiber häufig auch bei der Suche nach einer Alternativbezeichnung unterstützen, sollte der Wunschname bereits anderweitig vergeben sein.

Gibt es Grenzen bei der Auswahl eines Domainnamens?

Grenzen setzt zunächst einmal nur die Fantasie. Grundsätzlich gilt: je fantastischer der zu registrierende Name, desto unwahrscheinlicher ist es, dass damit fremde Rechte verletzt werden. Zu beachten ist, dass sich ein kurzer und griffiger Domainname leichter einprägen lässt. So lässt sich bspw. auch ein einzelner Buchstabe als Domainname registrieren. Leider bestehen aber technische Beschränkungen, die bei der Wahl des Domainnamens beachtet werden müssen. Mittlerweile ist es aber möglich, Umlaute zu verwenden – die vollständige Liste der zulässigen Sonderzeichen findet sich in den Domainrichtlinien der DENIC. Diese schreiben aber auch vor, dass eine Domain nicht mit einem Bindestrich beginnen darf. Ein doppelter Bindestrich an der dritten und vierten Stelle ist zudem nicht erlaubt und die Höchstlänge einer Domain darf 63 Zeichen nicht übersteigen. ▶

ibi

2

> Eine Domainnutzung kann gegen Wettbewerbsrecht verstoßen und damit die Rechte der Konkurrenten des Shop-Betreibers verletzen. Die Berechtigten könnten dann ggf. gerichtlich klären lassen, wer die bessere Rechtsposition hat.
>
> Berko Lemke, janolaw

Empfiehlt es sich, einen Domainnamen auch als Marke einzutragen?

Dies ist ratsam, wenn man später keine bösen Überraschungen erleben möchte. Denn wenn ein Shop-Betreiber den Shop-Namen nur als Domain registriert, aber ein Dritter dieselbe Bezeichnung zeitlich später als Marke eintragen lässt, kann sich dieses Markenrecht in einem anschließenden Rechtsstreit eventuell als das bessere Recht herausstellen. Eine Markeneintragung ist allerdings an bestimmte Voraussetzungen, wie die Unterscheidungskraft der Bezeichnung, geknüpft und kostenpflichtig. Die Kosten richten sich danach, ob man die Markenanmeldung auf Deutschland beschränken oder eine europäische Marke registrieren möchte. Die Grundgebühr geht dabei immer von bis zu drei Waren- und Dienstleistungsklassen aus. Wenn man die Marke darüber hinaus für weitere Waren oder Dienstleistungen anmelden möchte, kommen weitere Gebühren hinzu.

Wie kann man an eine bereits registrierte Domain kommen?

Man kann versuchen, die Domain dem Inhaber abzukaufen. Über den bereits erwähnten Rechercheservice der DENIC kann man Namen und Kontaktdaten des Inhabers der Domain herausfinden. Eine weitere Möglichkeit ist, einen so genannten DISPUTE-Eintrag über die DENIC zu veranlassen. Falls der Shop-Betreiber ein besseres Recht an einer Domain nachweist, kann er vom Domaininhaber die Löschung der Domainregistrierung verlangen und diese ggf. gerichtlich durchsetzen. Der DISPUTE-Eintrag verhindert, dass der Domaininhaber zwischenzeitlich die Domain an einen Dritten überträgt. Bis zur Entscheidung des Streits besteht also nicht die Gefahr, dass sich der Shop-Betreiber zwar durchsetzt, am Ende aber dennoch mit leeren Händen dasteht, weil die Domain weitergegeben wurde. Schließlich gibt es auch Vermittler von Domainnamen. Diese bieten Domains zum Kauf an und können auch beim An- und Verkauf vermitteln. ■

2

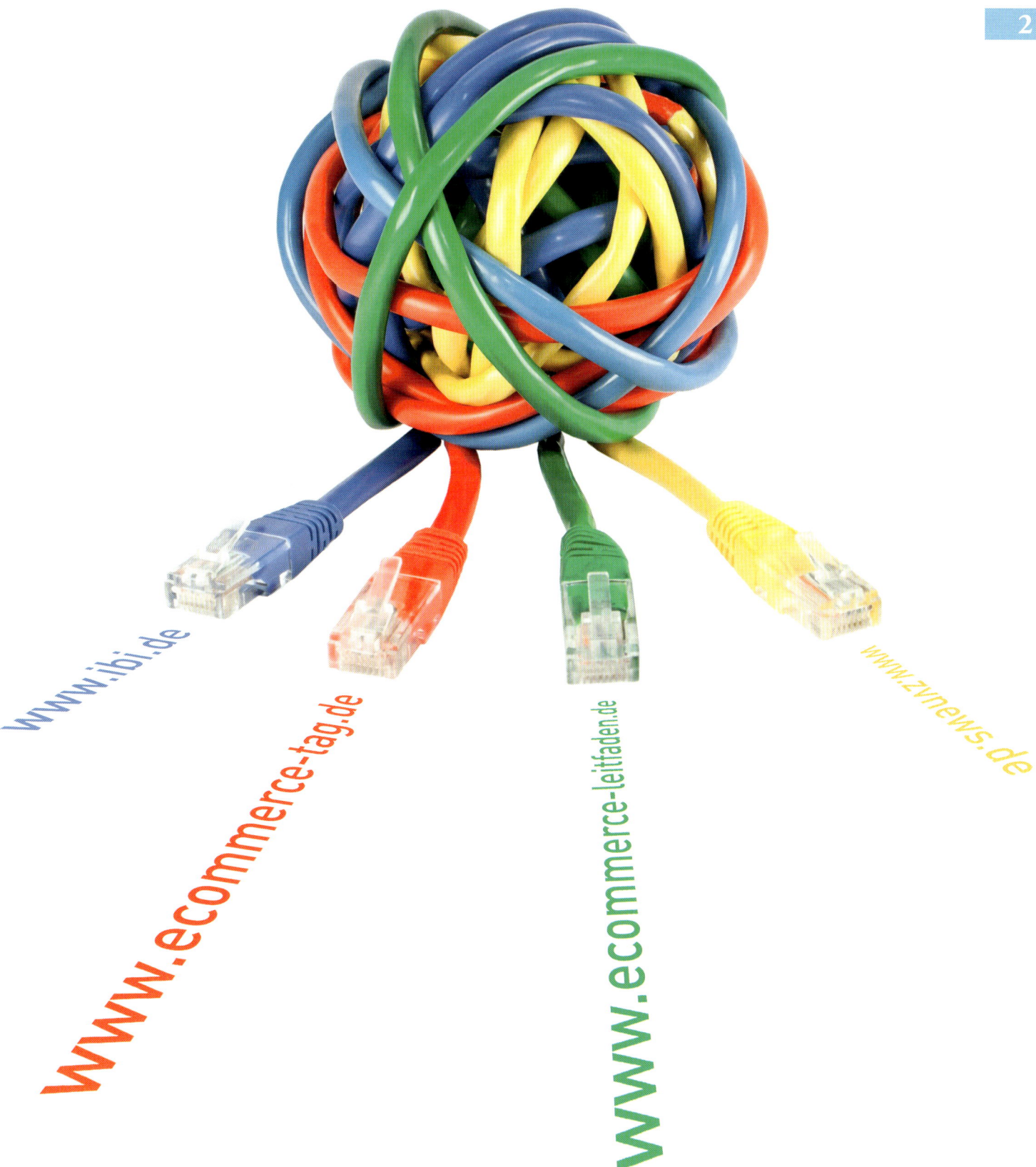

www.ibi.de

www.ecommerce-tag.de

www.ecommerce-leitfaden.de

www.zvnews.de

2

Domains: Fachchinesisch kurz erklärt

Bei der Neueinrichtung einer Domain, spätestens aber beim Wechsel eines Internet-Providers wird man mit „Domain-Fachchinesisch" konfrontiert. So sind bei Registrierungen von .de-Domains ein Domaininhaber (owner-c), ein administrativer Ansprechpartner (admin-c) und ein technischer Kontakt (tech-c) anzugeben. Diese und damit in Zusammenhang stehende Begriffe werden nachfolgend kurz erläutert.

Domaininhaber (owner-c):
Der Domaininhaber ist der an einer Domain materiell Berechtigte (eine natürliche oder juristische Person) und schließt mit der Registrierungsstelle (z. B. DENIC) einen entsprechenden Vertrag.

Administrativer Ansprechpartner (admin-c):
Eine vom Domaininhaber benannte natürliche Person, die als Ansprechpartner für verwaltungstechnische Angelegenheiten zur Verfügung steht. Diese Person fungiert zudem als Bevollmächtigte und ist verpflichtet, Entscheidungen bezüglich der Domain verbindlich zu treffen. Sie stellt auch den Ansprechpartner für die Registrierungsstelle DENIC dar. Achtung: Die admin-c Position birgt zahlreiche haftungsrechtliche Probleme.

Technischer Ansprechpartner (tech-c):
Für jede Domain muss ein technischer Ansprechpartner benannt werden. Er betreut die Domain in technischer Hinsicht.

DENIC:
Die Domain-Verwaltungs- und Betriebsgesellschaft eG (DENIC) mit Sitz in Frankfurt am Main ist die zentrale Vergabestelle für .de-Domains. Sie ist genossenschaftlich organisiert und betreut derzeit fast 15 Millionen registrierte Adressen. Ihr Web-Auftritt ist erreichbar unter www.denic.de.

Domainabfrage:
Auf der Website von www.denic.de kann mittels einer kostenlosen Abfrage geprüft werden, ob eine bestimmte .de-Domain noch verfügbar ist. Dieser Dienst wird auch von zahlreichen Internet-Providern angeboten.

Whois:
Whois bezeichnet ein Protokoll, mit dessen Hilfe Informationen zu Domains und deren Eigentümern abgefragt werden können.

ChProv (Change Provider):
Unter ChProv (Providerwechsel) versteht man den Wechsel der Verwaltung einer Domain von einem Provider zu einem anderen. Dieser Domainumzug ist bei der DENIC nur mit einer so genannten AuthInfo (authentisierende Information) möglich. Die AuthInfo besteht aus einem individuellen Passwort, das der Domaininhaber von seinem bisherigen Provider erhält und das er an den neuen Provider weitergibt.

Infobox 2-10: Domain-Fachbegriffe

2

Anhaltspunkte für Ansprüche Dritter selbst recherchieren

Um erste Anhaltspunkte zu erhalten, ob der Domainname eventuell schon durch ein Patent oder eine Marke besetzt ist, kann u. a. auf folgenden Websites recherchiert werden:

Deutsches Patent- und Markenamt	(www.dpma.de)
Eidgenössisches Institut für Geistiges Eigentum	(www.ige.ch)
Europäisches Patentamt	(www.epo.org)
Harmonisierungsamt für den Binnenmarkt	(www.oami.europa.eu)
Österreichisches Patentamt	(www.patentamt.at)
World Intellectual Property Organization	(www.wipo.int)

Infobox 2-11: Recherchequellen für Patente und Markennamen

ibi

2

Gefunden – Bekanntmachung des Internet-Angebots

Da zunehmend mehr Unternehmen im Internet aktiv sind (vgl. Abschnitt 2.1), wird die Bekanntmachung des eigenen Angebots bei den potenziellen Kunden immer schwieriger. Die Wahl einer attraktiven Domain ist zwar bereits ein erster Schritt, muss für die erfolgreiche Vermarktung des eigenen Angebots aber durch weitere Marketing-Maßnahmen flankiert werden. Auf die wichtigsten Marketing-Maßnahmen im E-Commerce wird im Folgenden näher eingegangen (vgl. das Interview mit Christian Reschke, kuehlhaus, in diesem Abschnitt).

Um die einzelnen Marketing-Maßnahmen zielgerichtet zu koordinieren, bietet sich die Erstellung eines Marketing-Plans an. Ein Marketing-Plan dient dazu, die Umsetzung Ihres Marketings zu beschreiben. Im Wesentlichen sollte darin geklärt werden, was die genaue Zielsetzung Ihrer Marketing-Bemühungen ist. Vorstellbar sind beispielsweise die Gewinnung von Neukunden oder auch die stärkere Bindung von Stammkunden an das Unternehmen. Ebenso gilt es, die genauen Maßnahmen festzulegen und mit einem konkreten Budget und Verantwortlichen zu verbinden.

Bei der Auswahl der Marketing-Maßnahmen ist zu beachten, über welche der unterschiedlichen Möglichkeiten Ihre Zielgruppe am besten zugäng-

lich ist. So kann es sinnvoll sein, eine Anzeige in einer Zeitung oder Zeitschrift zu schalten, wenn ein Großteil Ihrer Zielgruppe diese Publikation liest. Eine relativ kostengünstige Chance, um auf das eigene Internet-Angebot aufmerksam zu machen, bieten auch das Briefpapier, die Visitenkarten oder die Verpackungen Ihres Unternehmens. Dort können Sie Ihre Internet-Adresse aufdrucken oder anderweitig auf Ihren Shop hinweisen.

Abbildung 2-13 zeigt, welche Marketing-Maßnahmen die befragten Unternehmen derzeitig nutzen bzw. zukünftig nutzen wollen. Ein sehr wichtiges Instrument, um die Bekanntheit im Internet zu steigern, ist demnach das Suchmaschinenmarketing.

Google & Co. – Suchmaschinenmarketing

Mithilfe von Suchmaschinenoptimierung (Search Engine Optimization, auch SEO) wird eine Website so angepasst, dass sie von Suchmaschinen als besonders relevant angesehen wird und deswegen in der Suchergebnisliste möglichst auf den ersten Plätzen erscheint (am besten innerhalb der ersten zehn Treffer, da sich viele Internet-Nutzer nur für die höchstplatzierten Ergebnisse interessieren). Neben einer Anmeldung bei verschiedenen Suchmaschinen ist es in diesem Zusammenhang z. B. auch wichtig, dass Ihre Angebote mit unterschiedlichen Suchbegriffen gefunden werden können.

Neben der Gestaltung Ihrer Website (Onsite-Optimierung) ist für Ihre Platzierung in den Such-

Suchmaschinenoptimierung ist die wichtigste Maßnahme,
um auf den eigenen Shop aufmerksam zu machen.

Welche der folgenden Marketing-Maßnahmen nutzen Sie bzw. planen Sie zukünftig zu nutzen?

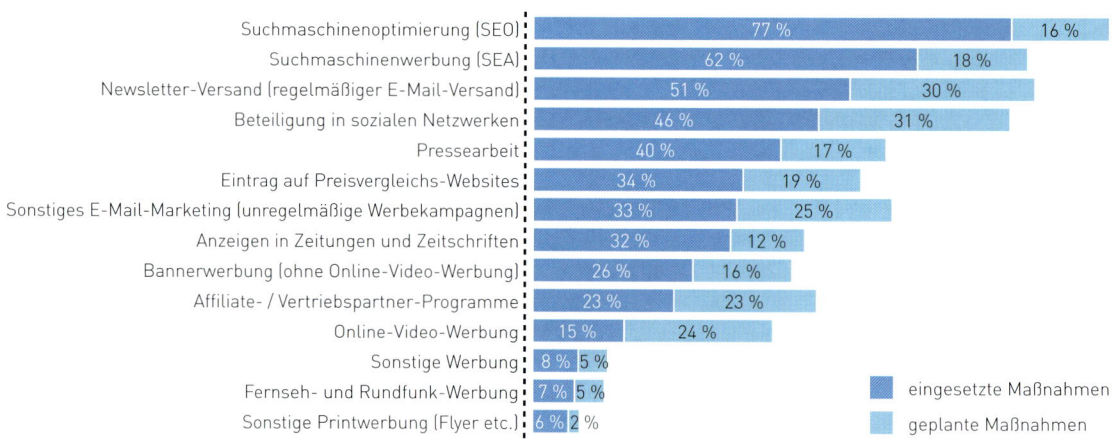

Abb. 2-13: Maßnahmen zur Bekanntmachung des Internet-Angebots
Quelle: ibi research (So steigern Online-Händler ihren Umsatz 2011)

ibi

2

ergebnissen auch die Popularität Ihres Internet-Angebots ein entscheidender Faktor. Dies wird unter anderem durch die Anzahl und die Popularität der Seiten beeinflusst, die auf Ihre Website verlinken. Hierin liegt beispielsweise auch ein Vorteil von Gütesiegel-Anbietern (vgl. Infobox 2-14). Da die Seiten der Gütesiegelanbieter häufig stark frequentiert sind und diese wiederum Links zu den zertifizierten Unternehmen enthalten, verbessert sich in der Regel die Platzierung der Websites zertifizierter Unternehmen im Suchmaschinenranking.

Bei bezahlter Suchmaschinenwerbung werden Anzeigen neben, unterhalb oder oberhalb von Suchergebnissen eingeblendet. Klickt man sie an, wird in der Regel für jeden Klick eine Gebühr fällig. Entscheidend ist also insbesondere die Wahl der richtigen Suchbegriffe sowie der richtigen Suchmaschine. In der Regel sollte beim Suchmaschinenmarketing eine erfahrene Agentur eingeschaltet werden.

„Sie haben Post" – E-Mail-Marketing

Eine weitere mögliche Werbeform ist das E-Mail-Marketing, z. B. über Newsletter. In den letzten Jahren ist diese Werbeform aufgrund der Spam-Problematik (unerwünschte Werbung) sehr kritisch diskutiert worden. Beachten Sie beim E-Mail-Marketing daher stets die datenschutzrechtlichen Anforderungen (vgl. das Interview zum Thema Datenschutz mit Stefan C. Schicker).

Gut aufbereitete und redaktionell gepflegte Newsletter und E-Mail-Werbung können sehr erfolgreich sein. E-Mail-Marketing ist eine relativ einfache und kostengünstige Möglichkeit, seine Kunden anzusprechen. Jedoch sind dabei einige Punkte zu beachten. Checkliste 2-2 gibt einen Überblick über Tipps zum E-Mail-Marketing mittels Newsletter.

Checkliste: Tipps für erfolgreiches E-Mail-Marketing

Bei einem zeitgemäßen Marketing-Mix ist das E-Mail-Marketing kaum noch wegzudenken. Es ergänzt als weitere wichtige Maßnahme die klassischen Marketing-Aktivitäten eines Unternehmens, da es neben dem Suchmaschinenmarketing das beste Kosten-Umsatz-Verhältnis besitzt (vgl. Abbildung 2-14). Somit ist es nicht verwunderlich, dass über die Hälfte der Online-Händler den Newsletter-Versand als Marketing-Maßnahme nutzt.

Beim E-Mail-Marketing gibt es unterschiedliche Varianten. Man kann z. B. Newsletter versenden, bei denen i. d. R. mehrere Meldungen in regelmäßigen Abständen an eine breite Verteilergruppe (z. B. Neu- und Bestandskunden, Interessierte) verteilt werden. Zudem können auch einmalige und in sich abgeschlossene Aktionen unternommen werden, bei denen die E-Mails eine bestimmte Information enthalten, welche dann an eine gewisse Zielgruppe versendet werden (z. B. Bewerbung eines neuen Sportschuhs an Kunden, die in letzter Zeit ähnliche Schuhe gekauft haben).

Wie bei anderen Marketing-Maßnahmen, so gibt es auch beim E-Mail-Marketing einige wichtige Punkte zu beachten, damit die Maßnahme ihr Ziel nicht verfehlt.

Definieren Sie Ziele, Verantwortlichkeiten und Budget!

E-Mail-Marketing ist als Marketing-Maßnahme verhältnismäßig einfach und günstig. Um aber auch langfristig ein professionelles E-Mail-Marketing gewährleisten zu können, sollten Sie sich vorab intensiv darüber Gedanken machen, wozu Sie diese Marketing-Maßnahme einsetzen möchten und welche konkreten Ziele damit erreicht werden sollen (z. B. Restpostenabverkauf, Steigerung der Kundenbindung durch Zusatzinformationen). Im nächsten Schritt sollten hierfür auch klare Verantwortlichkeiten, Termine und ein eigenes Budget festgelegt werden.

ibi

Achten Sie auf einen geeigneten Versandrhythmus!

Überlegen Sie bereits vor dem ersten E-Mail-Versand, welche Versandhäufigkeit und welcher Versandzeitpunkt bei Ihren Lesern am besten ankommt. Sie können bspw. regelmäßig informieren (z. B. monatlich, 14-tägig) oder auch kampagnengesteuert auf eine bestimmte Aktion (z. B. neue Saisonware) hinweisen. Auf regelmäßige E-Mails, wie Monats-Newsletter, können sich Ihre Leser einstellen, vielleicht sogar gespannt darauf warten und sich darauf freuen. Um zusätzlich eine bestimmte Zielgruppe auf besondere Aktionen aufmerksam zu machen, können gesonderte E-Mails versendet werden.

Setzen Sie auf einheitliches Design und gleichbleibende Qualität!

Fine konsistente Gestaltung Ihrer E-Mails steigert bei den Lesern den Wiedererkennungswert und ermöglicht ihnen, sich schnell zurechtzufinden und die für sie relevanten Inhalte in kürzester Zeit zu erfassen. Außerdem minimiert der Einsatz einer Vorlage bzw. eines Musters Ihren Aufwand beim Erstellen der E-Mails. Achten Sie aber darauf, dass Ihre E-Mails auf die Dauer nicht eintönig werden und passen Sie sie regelmäßig an (z. B. bei Saisonware an die Optik der Jahreszeit).

Überlegen Sie sich, einen freien Online-Zugriff auf Ihr Newsletter-Archiv zu bieten!

Ein öffentliches Online-Newsletter-Archiv bietet potenziellen Lesern die Möglichkeit, sich einen ersten Eindruck von Ihrer Arbeit zu machen und bereits im Vorfeld entscheiden zu können, ob die Inhalte Ihrer E-Mails für sie auch interessant sind.

Machen Sie Ihren zukünftigen Lesern die Anmeldung einfach!

Bewerben Sie Ihre Newsletter über alle Kanäle und sehen Sie E-Mail-Marketing nicht nur als „nette" Ergänzung in Ihrem Marketing-Mix. Schulen Sie Ihr Vertriebspersonal und werben Sie für Ihre Newsletter bei Gelegenheit auch in Papierform. Stellen Sie eine bequeme Anmeldemöglichkeit prominent auf Ihrer Website zur Verfügung, so dass interessierte Besucher möglichst einfach Leser Ihres Newsletters werden können. Beachten Sie, dass Sie bereits bei der Registrierung der E-Mail-Adresse den Leser darauf hinweisen müssen, wie er den E-Mail-Empfang wieder abbestellen kann. Diesen Hinweis müssen Sie auch in jeder E-Mail geben.

Newletter-Marketing besitzt mit das beste Kosten-Umsatz-Verhältnis.

Welche dieser Marketing-Maßnahmen hat für Online-Händler das beste Kosten-Umsatz-Verhältnis?

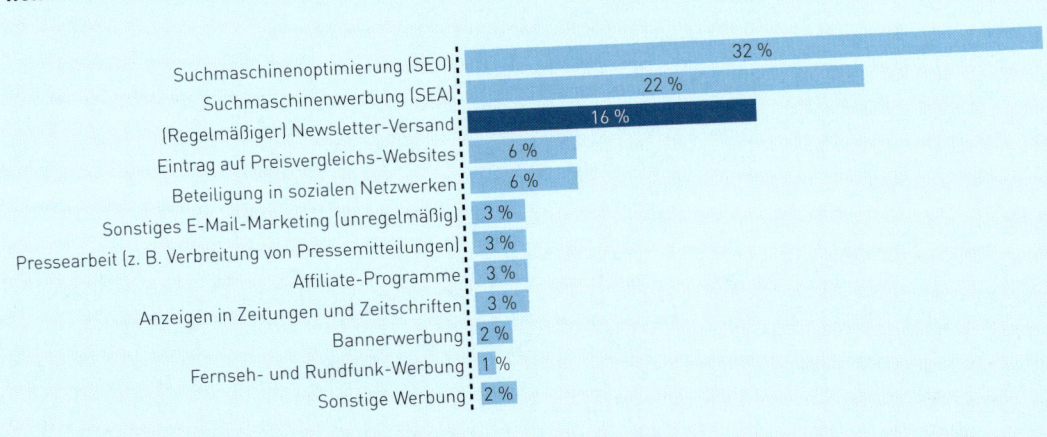

Abb. 2-14: Bewertung des Kosten-Umsatz-Verhältnisses von Marketing-Maßnahmen
Quelle: ibi research (So steigern Online-Händler ihren Umsatz 2011)

Männer lassen sich leichter von einem Newsletter zum Kauf anregen als Frauen.

Haben Sie schon einmal ein Produkt gekauft, das in einem Newsletter von einem Online-Händler beworben wurde?

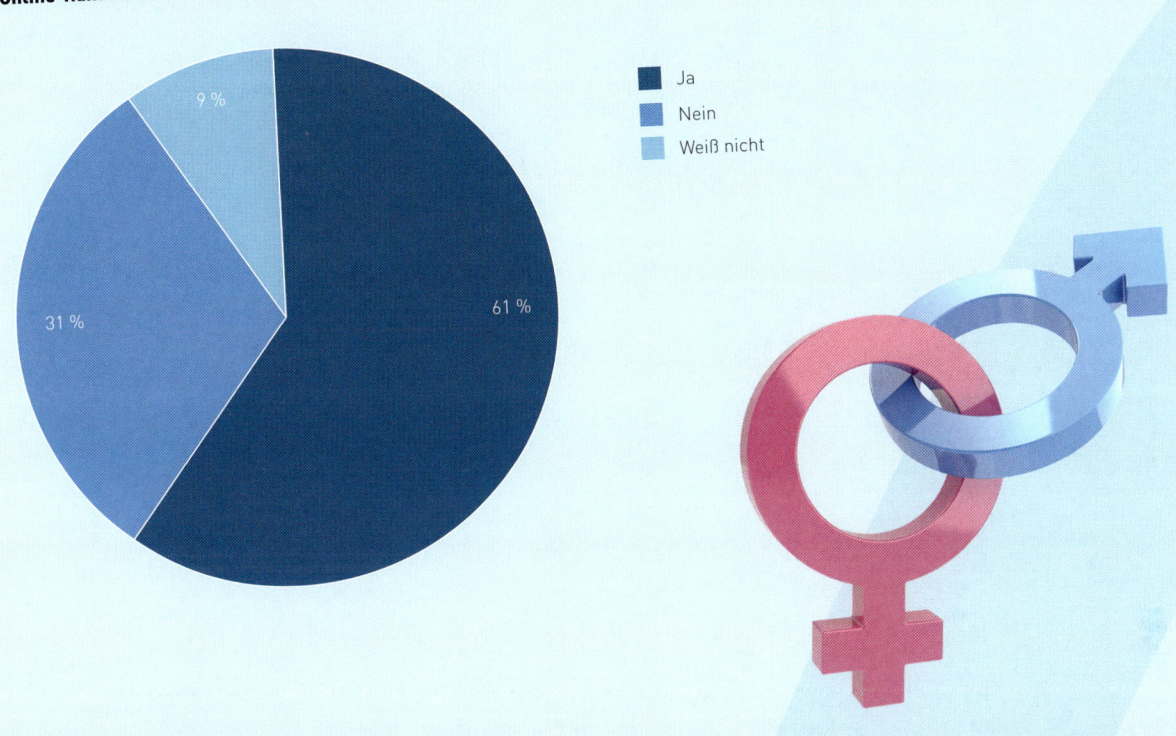

Legende:
- Ja
- Nein
- Weiß nicht

Pie chart:
- 61 % Ja
- 31 % Nein
- 9 % Weiß nicht

Verteilung nach Geschlecht

- 64 % Ja, männlich
- 54 % Ja, weiblich
- 29 % Nein, männlich
- 33 % Nein, weiblich
- 7 % Weiß nicht, männlich
- 12 % Weiß nicht, weiblich

Abb. 2-15: Kaufanreiz durch Newsletter
Quelle: ibi research (Multikanalvertrieb: ganz klar! Aber wie? 2012)

Ermöglichen Sie Ihren Lesern eine unkomplizierte Abmeldung!

Wenn sich ein Leser nicht mehr für den Empfang Ihrer E-Mails interessiert, sollte es ihm auch möglich sein, sich wieder unkompliziert von Ihrem E-Mail-Verteiler auszutragen. Es könnte bspw. neben dem gesetzlich verpflichtenden Hinweis zur Möglichkeit der Abmeldung auch ein direkter Abmelde-Link in jeder E-Mail vorhanden sein, mit dessen Anklicken der Leser möglichst einfach und komfortabel den Newsletter abbestellen kann. Dadurch zeigen Sie Ihrem Leser, dass Ihnen der Kundenservice sehr wichtig ist. Bitte denken Sie daran, dass Sie eine Abmeldung auch als Chance sehen können, zu erfahren, aus welchen Gründen sich Ihr Leser abmelden will. Fragen Sie ihn also einfach direkt auf der Website, ob er Ihnen den Grund für seine Entscheidung mitteilen möchte. Er kann dieses Angebot dann gleich, z. B. über ein Drop-down-Feld inkl. Freitext-Möglichkeit, bequem wahrnehmen. Dadurch zeigen Sie Ihrem ehemaligen Leser, dass es Ihnen wichtig ist, zu erfahren, ob er ggf. mit Ihrem Unternehmen oder Ihrem Newsletter nicht zufrieden ist oder ob es „harmlose" Gründe hat (z. B. doppelter Newsletter-Empfang).

ibi

2

Tipp vom Rechtsanwalt:

Es gibt eine Ausnahme von dem Erfordernis der Einwilligung. Wenn Sie eine E-Mail-Adresse im Zusammenhang mit dem Verkauf von Waren erhalten haben, können Sie diese für die Bewerbung von eigenen ähnlichen Angeboten verwenden. Der Kunde darf dem jedoch nicht widersprochen haben und Sie müssen sowohl bei der Erhebung als auch in jedem Newsletter über eine Widerspruchmöglichkeit informieren. Für viele Versandhändler kann dies eine interessante Möglichkeit sein, ihre Datenbank von E-Mail-Adressen für das Direkt-Marketing enorm zu erweitern. Der Einsatz muss aber von vornherein geplant und sorgfältig integriert sein.

Stefan C. Schicker, Kanzlei SKW Schwarz Rechtsanwälte

Versenden Sie nur E-Mails an Leser, die dies auch ausdrücklich wünschen!

Der Leser muss der Kontaktaufnahme per E-Mail aktiv und ausdrücklich zugestimmt haben, damit eine Zusendung rechtlich einwandfrei ist. Bereits vor der Anmeldung muss der potenzielle Leser darüber informiert werden, wie oft er in etwa mit welchen Inhalten von Ihnen angeschrieben wird, damit er weiß, auf was er sich einlässt und wozu er zustimmt. Um die rechtlichen Anforderungen erfüllen zu können, ist es dringend ratsam, dass Sie hier das so genannte Double-Opt-In-Verfahren anwenden. Hierbei erhält der künftige Leser nach der Eintragung seiner E-Mail-Adresse eine Bestätigungs-E-Mail mit einem Aktivierungs-Link an die angegebene Adresse. Erst nach dem Anklicken des Aktivierungs-Links ist die Registrierung wirksam. Somit ist sichergestellt, dass die E-Mail-Adresse nicht von einem Dritten, sondern nur vom E-Mail-Inhaber eingetragen wurde.

Beachten Sie datenschutzrechtliche Aspekte bei den Leserdaten!

Neben einem Hinweis auf die Datenschutzerklärung bei der Registrierung gilt es nach dem deutschen Bundesdatenschutzgesetz u. a. das Gebot der Datensparsamkeit zu beachten. Es dürfen demnach nur in Pflichtfeldern Daten abgefragt werden, die für den bestimmten Zweck auch notwendig sind – beim E-Mail-Marketing gilt das i. d. R. nur für die E-Mail-Adresse. Darüber hinaus ist es für die potenziellen Leser komfortabler und schneller, sich mit nur wenigen Angaben anzumelden. Die freiwilligen Angaben wie Name, Vorname, Geburtsdatum etc. ermöglichen es Ihnen aber, die E-Mails persönlicher zu gestalten. Erläutern Sie Ihren künftigen Lesern (z. B. in einem Hinweisfeld bei der Anmeldung), warum es für sie Sinn ergibt, weitere Angaben zu machen und ermöglichen Sie ihnen auch eine spätere Pflege der eigenen Daten. Überlegen Sie sich aber genau, welche Aussagen Sie hier formulieren möchten, denn wenn Ihre Leser von Ihnen z. B. erfahren „Bitte geben Sie auch Ihr Geburtsdatum an, so dass wir Ihnen ein Geburtstagsgeschenk zukommen lassen können.", dann erwarten sie natürlich auch ein Geschenk von Ihnen zum Geburtstag – zu Recht!

Versehen Sie Ihre E-Mails mit einem Impressum!

Eine E-Mail eines Unternehmens muss wie andere Geschäftspapiere auch mit einem Impressum bzw. weiteren Geschäftsdaten ausgestattet sein. Setzen Sie die erforderlichen Angaben bspw. ans Ende der E-Mail, wo sie nicht von den eigentlichen Inhalten ablenken, aber dennoch im erforderlichen Maße vorhanden sind.

Versenden sie keine zu großen E-Mails!

Viele E-Mail-Postfächer haben eine Größenbegrenzung, so dass bspw. E-Mails mit mehr als 5 MB nicht angenommen werden und somit vom interessierten Leser nicht gelesen werden können. Aber nicht nur das Postfach ist hier ein Problem. Manche E-Mail-Empfänger fühlen sich gestört, wenn E-Mails sehr groß sind, weil ihnen dabei bspw. das Postfach zu schnell voll wird oder bei einer langsamen Internetverbindung das Herunterladen der Nachricht viel Zeit in Anspruch nimmt. Weisen Sie also auf Details und weitergehende Informationen lieber mit einem Link auf Ihre Website hin, anstatt alle Inhalte vollständig in die E-Mail bzw. den Anhang zu packen.

Vermeiden Sie Begriffe, die den Spam-Filter ansprechen könnten!

Damit Ihre E-Mails auch ihr Ziel erreichen, sollten Sie Begriffe vermeiden, die dazu führen, dass Ihre E-Mails automatisiert im Spam-Ordner landen könnten. Dies kann z. B. dadurch geschehen, dass zu viele reißerische bzw. für Spam-E-Mails übliche Wörter enthalten sind (z. B. Kreditkarte, kostenlos, „Sie wurden auserwählt"). Die Wahrscheinlichkeit, dass ein potenzieller Leser regelmäßig seinen Spamordner sichtet, Ihre Nachricht auch noch zeitnah findet und liest, ist äußerst gering.

Achten Sie auf Lesbarkeit!

Damit Ihre E-Mails auch unabhängig von Hardware (z. B. PC, Smartphone) und E-Mail-Programm gelesen werden können, bietet es sich an, so genannte Multipart-E-Mails zu generieren, die eine Kombination aus Text-E-Mail und HTML-E-Mail darstellen. Hier kann je nach Einstellungen des E-Mail-Clients entweder die HTML-Version oder die einfache Text-Version angezeigt werden. Letztere funktioniert üblicherweise auf jedem Endgerät. Deshalb sollten Sie immer einen Textteil mitschicken, der beispielsweise alle Inhalte der HTML-Version enthält oder zumindest in Kurzform auf die Inhalte eingeht und mit einem Link auf weitere Details verweist.

Optimieren Sie Ihre E-Mails auch für das Lesen auf mobilen Endgeräten!

Immer mehr Menschen nutzen ihr Smartphone zum Zugriff auf das Internet und zum Lesen ihrer E-Mails. Denken Sie bei der Konzeption Ihrer E-Mail-Marketing-Maßnahmen u. a. an die kleinen Displays und deren Auflösung sowie an das Lesen und das Bedienen per Touchscreen.

ibi

Beachten Sie, dass häufig keine Bilder angezeigt werden!

Achten Sie darauf, dass die meisten E-Mail-Programme mittlerweile ein Nachladen von Bildern in HTML-E-Mails aus Sicherheitsgründen standardmäßig zunächst verhindern und somit diese Inhalte für den Leser nicht mehr erkennbar sind. Sinnvoll ist es deshalb aussagekräftige Alternativtexte mitzuschicken, die i. d. R. der Mailclient statt des nachzuladenden Bildes anzeigt. Eine andere Möglichkeit besteht darin, die Bilder fest in die E-Mail einzubetten. Beachten Sie jedoch, dass bei letztgenannter Variante die E-Mail deutlich größer wird.

Schreiben Sie Ihre Leser gezielt an!

Zu breit gestreute und irrelevante E-Mails verfehlen ihr Ziel. Der Leser wird unaufmerksam oder fühlt sich genervt und Ihre E-Mails landen ungelesen im Papierkorb oder werden von ihm als Spam deklariert und landen künftig automatisch im Spam-Ordner. Überhäufen Sie Ihre Leser daher nicht mit für sie unnützen Informationen, sondern segmentieren Sie ggf. Ihre Leser in unterschiedliche Gruppen und schicken Sie ihnen zielgruppenspezifische E-Mails, die ihnen einen Mehrwert versprechen. Passen Sie hierbei auch Aspekte, wie Sprachstil und Design, an Ihre Zielgruppe an.

Wählen Sie einen schlagkräftigen Betreff für Ihre E-Mail!

Die ersten Wörter im Betreff sind häufig ausschlaggebend dafür, ob das Interesse des Lesers geweckt wird, die E-Mail zu öffnen und weiterzulesen. Wählen Sie daher eine kurze, prägnante Aussage für den Betreff der E-Mail, die den Leser inhaltlich davon überzeugt, die E-Mail zu öffnen. Eine Möglichkeit wäre es, eine zentrale Botschaft der E-Mail zu verwenden (z. B. „Die neue Frühjahrskollektion ist erschienen").

Achten Sie auf „Überfliegbarkeit"!

Überfordern Sie den Leser nicht mit zu vielen optischen und textlichen Spielereien. Gestalten Sie Ihre E-Mails strukturiert, übersichtlich und fassen Sie sich kurz. Ein kurzes Inhaltsverzeichnis kann bei mehreren Meldungen empfehlenswert sein. Sie können z. B. die jeweiligen Meldungen mit ein paar Sätzen sowie ggf. einem anklickbaren Bild anreißen und dann auf Details bzw. weiterführende Informationen mit einem Link verweisen. Überlegen Sie hierbei, wie bei Ihren anderen Marketing-Maßnahmen auch, welche Marketing-Regeln bzw. -Modelle Sie zugrunde legen möchten. Es bietet sich bspw. das AIDA-Modell (Attention, Interest, Desire, Action: Aufmerksamkeit erzielen – Interesse erreichen – (Kauf-)Wunsch anregen – Aktion ausführen) an, um den Leser dazu zu bewegen Ihre E-Mail zu lesen, einem Link zu einem Angebot auf Ihrer Website zu folgen und dann das angebotene Produkt zu sichten und zu kaufen.

Gestalten Sie Ihre E-Mails persönlich!

Eine persönliche Anrede und auch Ihr Name oder Firmenname im Absenderfeld sowie Ihre Unterschrift am Ende der E-Mail haben einen persönlichen Charakter und sprechen den Leser direkter an. Zudem kann eine Antwortadresse mit Ihrem Namen den Dialog mit Ihren Lesern fördern. Es kann aber auch sinnvoll sein, z. B. bei einer Bestellbestätigung, eine Antwortadresse, wie „noreply@absender.de", einzusetzen und für Fragen, Reklamationen etc. eine separate E-Mail-Adresse anzugeben, wie „kundenservice@absender.de".

Leiten Sie Ihre Leser auf eigens hierfür generierte Landing-Pages!

Wenn der Leser bereits ein gewisses Interesse zeigt, indem er einem Link in Ihrer E-Mail z. B. zu einem konkreten Angebot o. ä. folgt, dann sollte er idealerweise nicht auf die „normale", allgemeine Startseite gelangen. Leiten Sie ihn deshalb auf eine eigens hierfür eingerichtete Website (Landing-Page), die im direkten Zusammenhang mit der E-Mail steht, die ihn dort hingeführt hat.

Messen Sie den Erfolg Ihrer E-Mail-Kampagnen, um rechtzeitig richtig zu reagieren!

Damit Sie feststellen können, ob sich der Einsatz Ihrer E-Mail-Marketing-Maßnahmen für Sie lohnt (z. B. Kosten-Umsatz-Verhältnis) und zudem noch aufgezeigt werden kann, wo vielleicht noch Verbesserungsbedarf besteht, müssen Sie vorab die Ziele der Maßnahme definieren und relevante Kennzahlen zur Bewertung festlegen (z. B. Öffnungsrate des Newsletters, Klickrate der Links). Diese Kennzahlen sollten dann z. B. nach einer vorher festgelegten Zeitspanne auf ihre Zielerreichung hin gemessen werden, um anschließend Maßnahmen zur Verbesserung z. B. in Form von Handlungsempfehlungen ableiten zu können. An welchen Stellen bei den Verbesserungen konkret anzusetzen ist, zeigt das Web-Controlling auf (vgl. Kapitel 3).

Checkliste 2-2: Tipps für erfolgreiches E-Mail-Marketing

ibi

Online-Marketing: Ohne Strategie ist alles nichts!

Im Gespräch mit Christian Reschke, kuehlhaus, www.kuehlhaus.com

Christian Reschke ist Vorstand und Gründer der kuehlhaus AG. kuehlhaus gehört zu den größten inhabergeführten Internet-Agenturen in Deutschland. Als Full-Service-Internet-Agentur fokussiert sie die Optimierung der Wertschöpfung ihrer Geschäftskunden im E-Business. Hierbei erstreckt sich das Leistungsspektrum von Strategie und Beratung, Design und Usability bis zu Online-Marketing.

Welche aktuellen Entwicklungen sehen Sie für Online-Händler im Internet?

Es lässt sich unschwer ein immer breiteres Angebot an unterschiedlichsten Produkten und Dienstleistungen im Internet beobachten. Es treten auch zunehmend kleine Online-Händler aus z. T. unbekannten Regionen, die bisher ausschließlich den Ladenverkauf favorisierten, in den Markt und in eine gegenseitige Konkurrenz. Durch den andauernd stärker werdenden Wettbewerb im Internet wird es immer wichtiger, sich von der Konkurrenz abzuheben und – so trivial es sich anhören mag – vor allem erst einmal gefunden zu werden. Hier gilt z. B. gezieltes Online-Marketing als maßgeblich für den Erfolg des eigenen Shops.

Was gehört heutzutage zum Pflichtprogramm eines Online-Händlers im Bereich Online-Marketing?

Ziel ist es ja, dass Besucher den Online-Shop finden und dass dann aus diesen Besuchern auch Kunden werden. Der wichtigste Weg dazu führt nach wie vor über die Suchmaschinen und nach wie vor hauptsächlich über Google. Um die eigene Seite auf eine Top-Position zu bekommen, reicht es jedoch nicht aus, ein paar Meta-Tags zu optimieren. Stattdessen kommt es darauf an, seine Website bei geeigneten Suchbegriffen bzw. Suchphrasen unter die ersten Treffer zu bringen, das so genannte Web-Positioning. Dies erreicht man jedoch nicht nur durch die Optimierung der eigenen Seite (On-Site), sondern auch durch die so genannte Off-Site-Optimierung. Dies sind Maßnahmen zur Verbesserung

der Platzierung in den Suchergebnissen, die nicht direkt an der eigenen Website durchgeführt werden, sondern „außerhalb" stattfinden, z. B. Linkbuilding durch virales Marketing. Darüber hinaus ist auch ein geeignetes Keyword-Advertising unabdingbar.

Diese und weitere Maßnahmen des Online-Marketings dürfen jedoch nicht isoliert betrachtet werden. Vielmehr ist es besonders wichtig, die einzelnen Maßnahmen zu verknüpfen und erfolgreich aufeinander abzustimmen. Nur wenn man die Möglichkeiten jedes einzelnen Bausteins optimal ausnutzt, lassen sich höchstmögliche Konversionsraten erreichen. Das Ganze ist wie ein Mosaik: erst die Summe aller Teile ermöglicht ein rundes, möglichst scharfes Bild.

Führt die klassische Bannerwerbung noch ans Ziel?

Neben der Werbeform des klassischen Banners, die in der statischen Form ihre beste Zeit sicherlich schon hinter sich hat, bietet das Internet eine große Vielfalt an Alternativen und Ergänzungen. So führen Banner, die mit interaktiven Elementen wie Videos angereichert sind oder mit einem kleinen Spiel auf sich aufmerksam machen, in der Regel zu einer wesentlich höheren Aufmerksamkeit.

Wichtig ist aber, dass für die Kunden, die von einem Banner angesprochen werden, spezielle Landing-Pages angelegt werden. Diese sollen den Besucher ansprechen, neugierig machen und motivieren, weitere Seiten anzusurfen. Am besten gestaltet man eigenständige Web-Auftritte, die oftmals nur aus wenigen Seiten bestehen, so genannte Microsites,

> Das Social-Media-Marketing muss als eine immer wichtiger werdende Stellschraube im modernen Online-Marketing betrachtet werden. Deshalb kann es sich kein Unternehmen mehr erlauben, sich nicht damit auseinanderzusetzen.
>
> Christian Reschke, kuehlhaus

die ausschließlich für ein spezielles Ereignis, eine spezielle Kampagne oder ein Produkt angelegt sind. Damit wird dann der Besucher auch nicht von anderen Aktionen abgelenkt.

Was zeichnet die „perfekte" Landing-Page aus?

Eine Landing-Page vermittelt die wichtigsten Informationen zu einem bestimmten Ereignis oder über ein bestimmtes Produkt und bietet einen Einstieg in den Online-Shop oder den Online-Abschluss. Hier muss besonderer Wert darauf gelegt werden, den noch in der Regel anonymen Besucher der Website durch Mehrwerte gezielt anzusprechen. Da er über eine Bannerwerbung auf die Landing-Page gelangt, hat er bereits ein gewisses Interesse an den Inhalten gezeigt. Jetzt gilt es, sein Interesse durch zielgruppenspezifische Informationen zu verstärken. Ziel der Landing-Page ist, den Besucher zu motivieren, die Seite nicht zu verlassen. Jeglichen Schnickschnack, der den potenziellen Kunden ablenken kann, gilt es zu vermeiden. Das heißt das A und O ist eine hohe Usability. Aber man darf auch nicht vergessen, dass Websites nicht „nur" gut aussehen müssen, sondern auch transaktions- und prozessorientiert gestaltet sind.

Der Weg über Suchmaschinen führt immer öfter auch in soziale Netzwerke. Ist Social-Media-Marketing aus Ihrer Sicht eher ein Hype oder Trend der Zukunft?

Das Social-Media-Marketing ist ursprünglich aus einem Nischendasein hervorgetreten. Es gewinnt jedoch immer mehr an Bedeutung und ist aus dem Online-Marketing bereits heute nicht mehr wegzudenken. Auch in Bezug auf Suchmaschinenoptimierung ist es mittlerweile unerlässlich, die sozialen Netzwerke mit einzubeziehen.

Für verschiedenste Dinge gibt es im Internet Plattformen, die alle mehr oder weniger unabhängig voneinander sind und jeweils eigene Zielgruppen haben. Videos tauscht man bei YouTube, Probleme werden in Foren beantwortet und jedes Spiele-Genre hat seine eigene Community. Soziale Plattformen wie Facebook, Google+, Pinterest oder XING bringen nun die Menschen dahinter in Verbindung. Damit hat sich auch die Art und Weise der Kommunikation verändert. Mit steigender Akzeptanz der sozialen Netzwerke findet ein ernstzunehmender Teil der Kommunikation im Internet statt. Dabei tauschen die Leute nicht mehr nur private Dinge aus. Sie informieren sich auch gegenseitig über Marken, Produkte und Unternehmen. Dadurch ergeben sich Chancen, aber auch Herausforderungen für Online-Händler. Wesentlich ist es, die eigenen Aktivitäten in den verschiedenen Kommunikationskanälen sinnvoll miteinander zu verzahnen.

ibi

2

Was bringt mir als Online-Händler Social-Media-Marketing?

Mittels Social Media hat man heutzutage die Chance, zuhören zu können. Online-Händler erfahren, was über ihre Marke, Produkte oder ihr Unternehmen „geredet" wird. Gleichzeitig bietet Social-Media-Marketing die Möglichkeit, durch konkrete Kampagnen oder die Gründung von Communities dem eigenen Unternehmen und den Produkten einen positiven Schwung in den sozialen Netzwerken zu geben.

Wohin geht die Reise im Social-Media-Marketing?

Das Social-Media-Marketing muss als eine immer wichtiger werdende Stellschraube im modernen Online-Marketing betrachtet werden. Deshalb kann es sich kein Unternehmen mehr erlauben, sich nicht damit auseinanderzusetzen. Gerade Mensch-zu-Mensch-Empfehlungen haben für viele Online-Käufer deutlich höhere Qualität und Relevanz als z. B. diverse Testberichte. Zudem finden Werbemaßnahmen durch den viralen Charakter der sozialen Netzwerke eine schnellere und kostengünstigere Verbreitung als auf traditionellem Wege. Aber wie auch in anderen Bereichen gilt es, für jedes Unternehmen im ersten Schritt eine individuelle Social-Media-Strategie im Rahmen des Online-Marketings zu entwickeln.

Wie sollte man Social Media angehen, was sind Ihre Tipps?

Generelle Rezepte sind immer schwierig und wir werden häufig gefragt: „Wie zum Teufel geht das?". Aber es gibt schon ein paar Grundregeln, die man sich zu Herzen nehmen sollte:

- Definieren Sie eine Strategie (Define)
- Schauen Sie, was kommuniziert wird (Listen)
- Lernen Sie Ihr Produkt, Ihre Marke und Ihr Unternehmen zu positionieren (Learn)
- Starten Sie dann mit einem sozialen Netzwerk (Start)
- Finden Sie Fans Ihres Unternehmens, lassen Sie diese kommunizieren (Connect)

Und die wichtigste Regel?

Fangen Sie an und erliegen Sie nicht dem fatalen NATO-Prinzip: No Action, Talk Only! ■

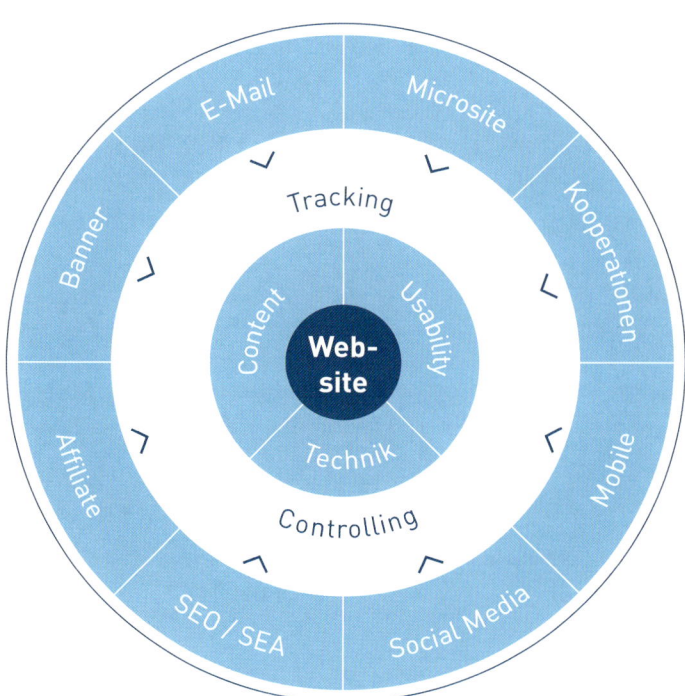

Checkliste: Usability

Grelle Farben, eine unübersichtliche Navigation, ein roter Kauf-Button, endlos lange Formulare, Links, die gar keine sind – es gibt viele Gründe, weshalb Besucher ihren Kauf abbrechen. Gerade beim Verkauf über das Internet, wo der nächste Anbieter nur einen Klick entfernt ist, spielt die so genannte Usability deshalb eine entscheidende Rolle.

Der Begriff Usability bedeutet im Deutschen Benutzerfreundlichkeit und beschreibt die Qualität der Benutzbarkeit von Websites oder Programmen für den Anwender. Verfügt eine Website über eine hohe Usability, so zeichnet sie sich für den Benutzer durch einen hohen Bedienkomfort und eine gute Unterstützung in der Bedienung der Website aus. Eine hohe Usability spiegelt sich somit meistens in der gesteigerten Zufriedenheit des Nutzers wider. Darüber hinaus ist vielen Benutzern häufig auch der Spaß- bzw. Erlebnisfaktor beim Einkaufen besonders wichtig. Daher ist es für den Erfolg eines Online-Shops auch ausschlaggebend, wie einfach und intuitiv die Website zu bedienen ist und wie vertraut und wohl sich die Benutzer dort fühlen. Sie möchten alle relevanten Informationen in kurzer Zeit finden, nicht vor unnötige Herausforderungen beim Kauf gestellt werden und zudem ein besonderes Einkaufserlebnis verspüren.

Wichtig: Die Gestaltung einer Website ist ein stetiger und nicht einmaliger Prozess. Testen Sie deshalb regelmäßig, ob Ihre Website bzw. Ihr Shop noch den aktuellen Konventionen entspricht und nehmen Sie Verbesserungen auch zeitnah vor. Lernen Sie insbesondere von den Rückmeldungen und Erfahrungen Ihrer Kunden.

Im Folgenden finden Sie einige wichtige Punkte dargestellt, die vielen Internet-Nutzern beim Besuch von Websites wichtig sind und mit denen Sie die Usability Ihres Online-Shops verbessern können.

Navigation: einfach selbsterklärend

- Die Navigation sollte leicht erkennbar, schlicht, verständlich, selbsterklärend und wenn möglich an derselben Stelle vorhanden sein.
- Nutzen Sie eindeutige und informative Begriffe als Überschrift.
- Wichtige Funktionen sollten mit maximal zwei bis drei Klicks erreicht werden können.
- Gestalten Sie zentrale Prozesse, wie Registrierungs- und Kaufprozesse, möglichst kurz und verständlich.
- Zeigen Sie Ihrem Kunden wenn möglich, an welcher Stelle er sich z. B. im Kaufprozess befindet (Brotkrümelnavigation, Fortschrittsbalken etc.).
- Stellen Sie eine Suchfunktion im oberen Bereich Ihrer Website zur Verfügung, da sie dort von den meisten Besuchern erwartet wird.

Design: angenehm unsichtbar

- Verwenden Sie ein einheitliches Layout mit konsistenten und für das Auge angenehmen Schriften und Farben.
- Achten Sie auf einen ausreichenden Kontrast zwischen Text und Hintergrund.
- Vermeiden Sie es, Texte zu unterstreichen, da diese sonst von Benutzern fälschlicherweise als Link identifiziert werden könnten.
- Vermeiden Sie eine rote Schriftfarbe, da diese auf Fehlermeldungen hindeutet.
- Verwenden Sie nur Signalfarben, wenn es an dieser Stelle auch sinnvoll ist.

▶

ibi

Technik: problemlos unabhängig

▦ Testen Sie in regelmäßigen Abständen Ihre Website mit unterschiedlichen Browsern und deren gängigsten Versionen.

▦ Halten Sie stets übliche Web-Standards ein (z. B. W3C-Empfehlungen, gängige Bildschirmauflösungen).

▦ Überlegen Sie, ob es für Ihren Online-Shop und Ihre Zielgruppe Sinn ergibt, Ihre Website auch für mobile Endgeräte, wie Smartphones oder Tablet-Computer, zu optimieren.

▦ Testen Sie regelmäßig, ob alle bestehenden Prozesse und Links tatsächlich funktionieren.

▦ Links innerhalb der Website sollten üblicherweise im selben Browserfenster geöffnet werden, externe Links hingegen in einem neuen Tab (Registerkarte).

Inhalt: eindeutig zielgruppenorientiert

▦ Geben Sie Ihren Besuchern bereits auf der Startseite auf einen Blick eindeutig zu erkennen, was sie auf Ihrer Website erwartet.

▦ Gestalten Sie Ihre Website Ihrer Zielgruppe entsprechend (Sprachstil, Farbgebung etc.).

▦ Überlegen Sie, den verschiedenen Besuchertypen Ihres Online-Shops verschiedene Kaufeinstiegs-möglichkeiten anzubieten. Dies kann für den zielgerichteten Einkäufer eine intelligente Suchfunktion und eine detaillierte, ausgefeilte Navigation sein, für den „Stöberer" hingegen eine Bestseller-Liste mit entsprechenden Produktbildern auf der Startseite.

▦ Stellen Sie Ihren Besuchern eine Hilfe-Funktionalität z. B. beim Ausfüllen von Formularfeldern oder auch FAQ-Listen zur Verfügung.

Testen: bestimmt erforderlich

▦ Lassen Sie Dritte Ihren Shop testen, indem Sie ihnen verschiedene Szenarien vorgeben, die verschie-dene Benutzer- bzw. Käufertypen abdecken (z. B. „Kaufe genau das Produkt XY.", „Suche ein Geburts-tagsgeschenk für X Euro." oder „Beschwere dich wegen einer Falschlieferung."). Blicken Sie ihnen dabei ggf. direkt über die Schulter, um eventuelle Problemstellen gleich vor Ort zu identifizieren.

▦ Lassen Sie Feedback auf Ihrer Seite zu bzw. fordern Sie Ihre Besucher dazu auf. Dies können Sie z. B. über ein leicht auffindbares Kontaktformular und eine Bewertungsfunktion ermöglichen. Auch eine Kunden- bzw. Besucherbefragung ist denkbar.

▦ Werten Sie regelmäßig Ihre Suchstatistik aus und beurteilen Sie dann, ob z. B. die Suchfunktion Ihre Kunden auch zum erwarteten Ziel gebracht hat und wo ggf. noch Verbesserungsbedarf besteht.

▦ Nutzen Sie Web-Analyse-Tools, um regelmäßig Ihre Website auf Schwachstellen hin zu überprüfen (vgl. Kapitel 3).

Checkliste 2-3: Usability

2

Die „neue" Macht der Vielen – Social Media

Neben der Suchmaschinenwerbung und dem E-Mail-Marketing kommt auch der Werbung über soziale Medien eine zunehmend wichtiger werdende Bedeutung zu. Soziale Medien (Social Media) umfassen alle digitalen Medien und Technologien, die es Nutzern ermöglichen, sich untereinander auszutauschen und mediale Inhalte einzeln oder in Gemeinschaft zu gestalten. Foren, Blogs oder soziale Netzwerke, wie Facebook, XING oder Google+, stellen Teilbereiche von sozialen Medien dar. Soziale Medien sind rechtlich aber nicht ohne (vgl. das Interview mit Stefan C. Schicker).

Knapp die Hälfte der Händler setzt auf Social Media.

Nutzen Sie Social Media als Marketing-Maßnahme?

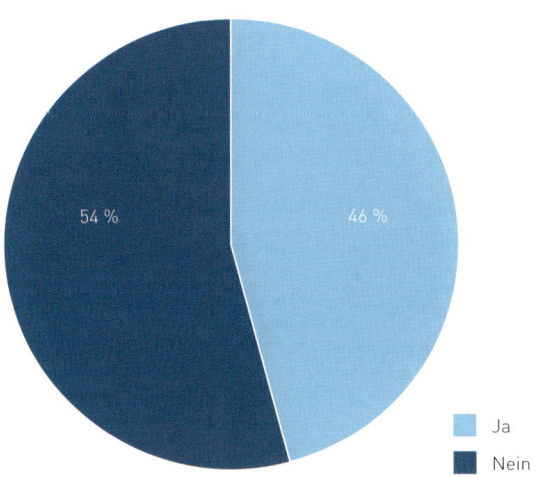

Abb. 2-16: Nutzung von Social Media
Quelle: ibi research (So steigern Online-Händler ihren Umsatz 2011)

Ein Drittel der Online-Händler, die soziale Netzwerke nicht zu Marketing-Zwecken nutzen, sieht keinen Mehrwert darin.

Warum wollen Sie keine sozialen Netzwerke als Marketing-Maßnahme nutzen?

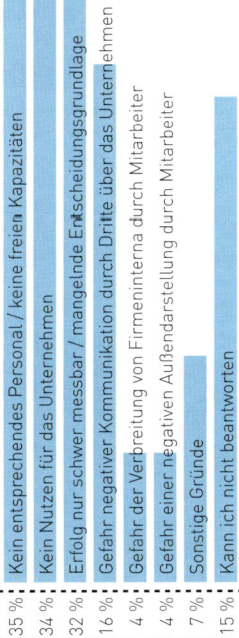

Kein entsprechendes Personal / keine freien Kapazitäten	35 %
Kein Nutzen für das Unternehmen	34 %
Erfolg nur schwer messbar / mangelnde Entscheidungsgrundlage	32 %
Gefahr negativer Kommunikation durch Dritte über das Unternehmen	16 %
Gefahr der Verbreitung von Firmeninterna durch Mitarbeiter	4 %
Gefahr einer negativen Außendarstellung durch Mitarbeiter	4 %
Sonstige Gründe	7 %
Kann ich nicht beantworten	15 %

Abb. 2-17: Gründe gegen die Nutzung von Social Media als Marketing-Maßnahme
Quelle: ibi research (So steigern Online-Händler ihren Umsatz 2011)

Viele Händler nutzen ein Unternehmensprofil auf Facebook zur Bewerbung ihres Online-Angebots.

Wie nutzen Sie soziale Netzwerke zur Bewerbung Ihres Online-Angebots? (Mehrfachnennungen möglich)

83 %	Unternehmensprofil (Fan-Seite) auf Facebook
52 %	Verbreitung von Meldungen über Twitter
36 %	Eigenes Forum / eigener Blog
30 %	Unternehmensprofil auf sonstigen sozialen Netzwerken (z. B. XING)
29 %	Eigene Gruppe auf Facebook
28 %	Verbreitung von Videos über Videoportale (z. B. YouTube)
24 %	Anzeigen (Display-Werbung) auf Facebook
23 %	Verfassen von Beiträgen in sonstigen Foren Dritter
12 %	Eigene Gruppe in sonstigen Netzwerken
12 %	Einträge in Wikis (z. B. Wikipedia)

Abb. 2-18: Nutzung sozialer Netzwerke zur Bewerbung des Online-Angebots
Quelle: ibi research (So steigern Online-Händler ihren Umsatz 2011)

ibi

So steigern Online-Händler IHREN UMSATZ

Studienergebnisse zu Online-Marketing und Social Media

www.ecommerce-leitfaden.de/online-marketing

Newsletter werden häufig vormittags zwischen 9 und 12 Uhr verschickt

Wann versenden Händler üblicherweise ihre(n) Newsletter?

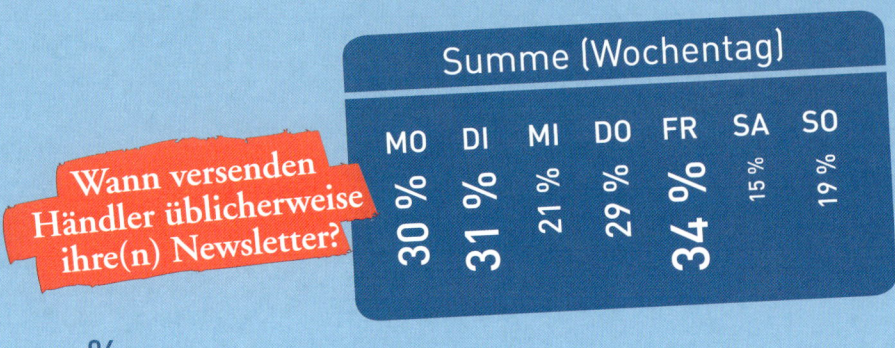

Summe (Wochentag)

MO	DI	MI	DO	FR	SA	SO
30 %	31 %	21 %	29 %	34 %	15 %	19 %

Freitag ist „Newsletter-Tag"!

%

10 %

5 %

1 %

MO DI MI DO FR SA SO

vor 9 h · 9-12 h · 12-15 h · 15-18 h · ab 18 h

Online-Händler setzen auf unterschiedliche Marketing-Maßnahmen

Welche Marketing-Maßnahmen nutzen Online-Händler? (Auswahl)

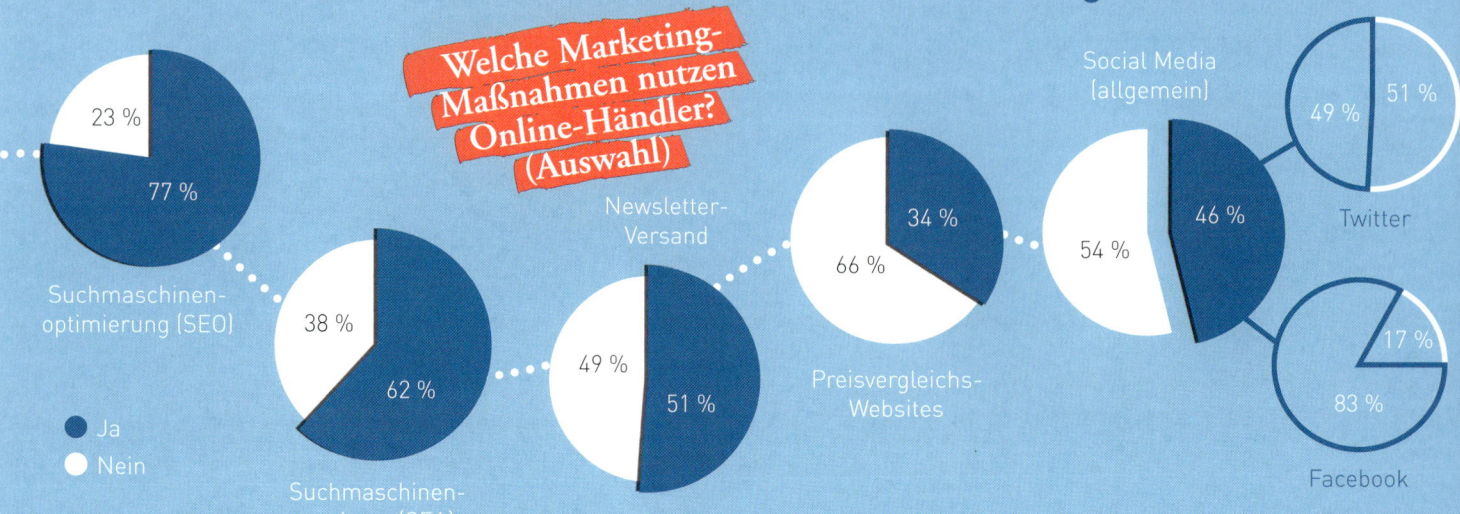

Suchmaschinen-optimierung (SEO): 77 % / 23 %

Suchmaschinen-werbung (SEA): 62 % / 38 %

Newsletter-Versand: 51 % / 49 %

Preisvergleichs-Websites: 34 % / 66 %

Social Media (allgemein): 46 % / 54 %

Twitter: 51 % / 49 %

Facebook: 83 % / 17 %

● Ja
○ Nein

Die Einbindung von Kundenbewertungen gewinnt zunehmend an Bedeutung

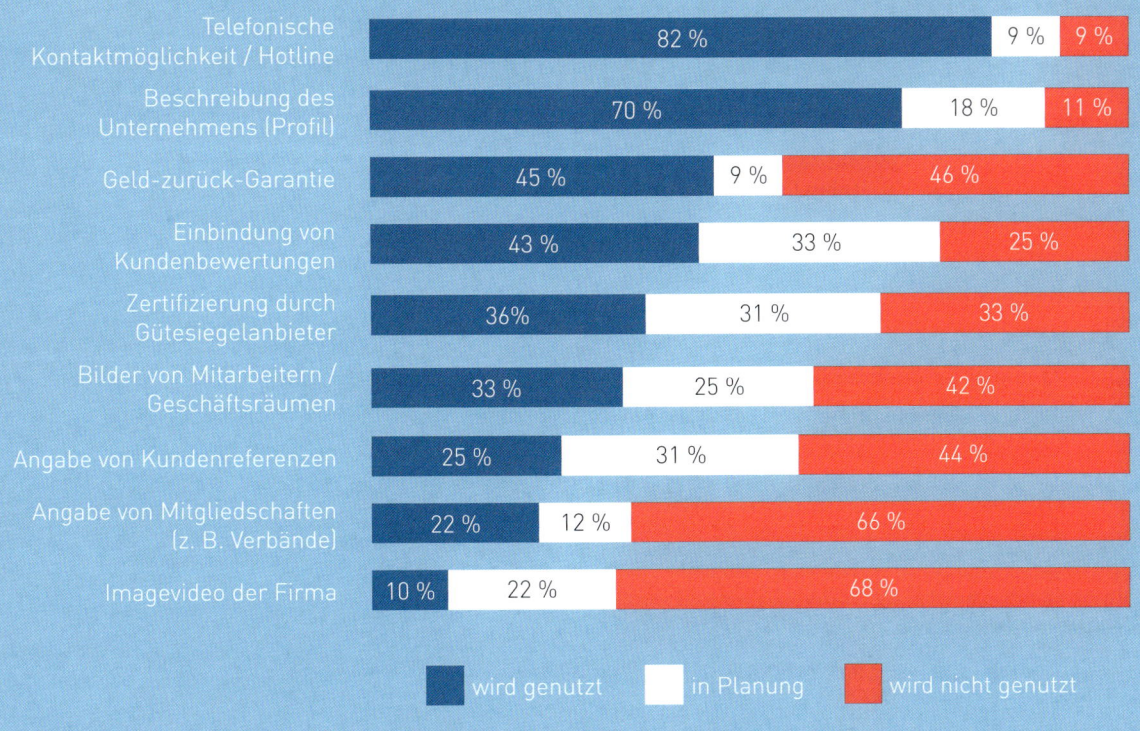

Welche Maßnahmen nutzen / planen Händler, um Vertrauen herzustellen?

Telefonische Kontaktmöglichkeit / Hotline
82 %
9 %
9 %
Beschreibung des Unternehmens (Profil)
70 %
18 %
11 %
Geld-zurück-Garantie
45 %
9 %
46 %
Einbindung von Kundenbewertungen
43 %
33 %
25 %
Zertifizierung durch Gütesiegelanbieter
36%
31 %
33 %
Bilder von Mitarbeitern / Geschäftsräumen
33 %
25 %
42 %
Angabe von Kundenreferenzen
25 %
31 %
44 %
Angabe von Mitgliedschaften (z. B. Verbände)
22 %
12 %
66 %
Imagevideo der Firma
10 %
22 %
68 %
wird genutzt
in Planung
wird nicht genutzt

Soziale Netzwerke werden vor allem für die Produktwerbung genutzt. Die Schaffung eines innovativen Images steht nicht im Vordergrund

Weshalb beteiligen sich Online-Händler hauptsächlich an sozialen Netzwerken?

Informationsverbreitung zu Produkten / Produktwerbung
68 %
Sonstige Kommunikation mit Kunden und Interessenten
47 %
Stärkere Bindung der Kunden an das Unternehmen
47 %
Verbesserung des Suchmaschinenrankings
38 %
Schaffung eines innovativen Images
31 %
Aufspüren von Marktinformationen und Trends
22 %
Erhalt direkter Produktbewertungen
10 %
Sonstige Gründe
2 %

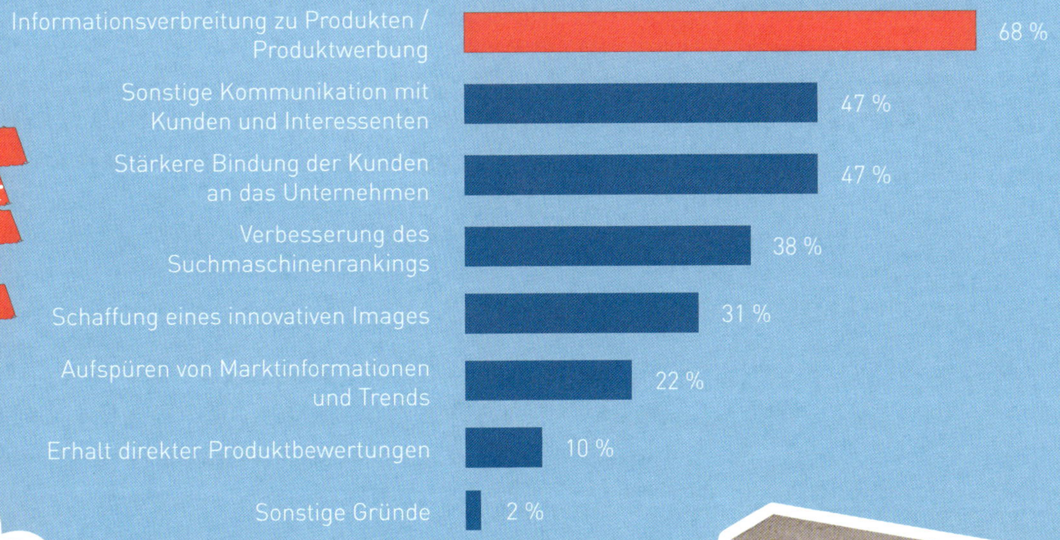

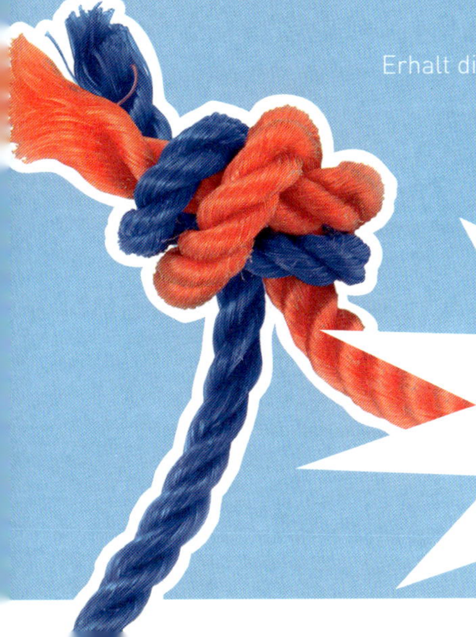

Interessant: Mittlere und große Unternehmen möchten durch Social Media die Kundenbindung steigern.

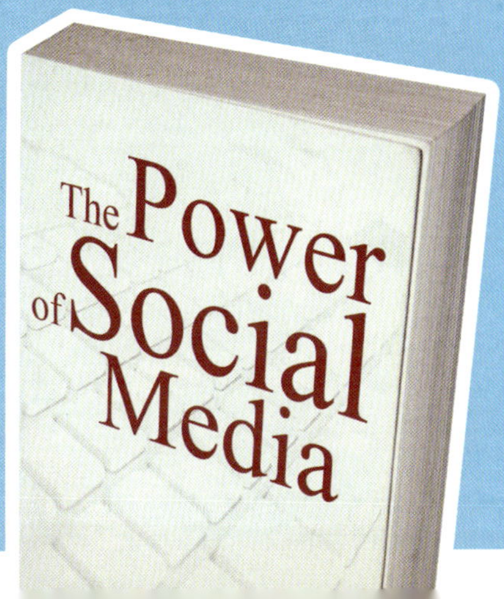

The Power of Social Media

Social Media ist en vogue, aber rechtlich nicht ohne!

Social Media ist zurzeit in aller Munde. Was rechtlich zu beachten ist, erläutert
Stefan C. Schicker, Kanzlei SKW Schwarz Rechtsanwälte.

Er berät Unternehmen bei allen Rechtsfragen um E-Commerce und Social Media. Zudem bildet
er Mitarbeiter zu Social-Media-Managern aus und erklärt rechtliche Themen wie Datenschutz,
Markenrecht, Urheberrecht und Persönlichkeitsrecht so, dass auch Nicht-Juristen sie gut verstehen. Als Leiter des Arbeitskreises Legal Affairs des Bundesverbands der Dienstleister für
Onlineanbieter e. V. (BDOA) hat er engen Kontakt zu den Unternehmen der Branche aufgebaut und entwickelt ständig neue, praxisnahe Lösungen für komplexe juristische Probleme.

Rechtsfragen bei Social Media

Online-Marketing-Aktivitäten haben durch die hohe Popularität von Social Media einen neuen, sehr
interessanten Kanal gefunden. Immer mehr Unternehmen präsentieren sich neben ihrer eigenen Website
auch auf verschiedenen Social-Media-Plattformen (wie Facebook, YouTube, Twitter), um idealerweise neue
Kundengruppen zu erschließen oder das Image der eigenen Marke zu stärken. Die Ansprache der Kunden
soll hierbei direkt und ohne Umschweife erfolgen, um eine möglichst hohe Kundenbindung zu erreichen.
Häufig übersehen wird dabei, dass auch und gerade auf Social-Media-Plattformen zahlreiche Regeln zu
beachten sind.

Achten Sie auf die AGB der Plattformbetreiber

Ergänzend zu den allgemeinen rechtlichen Rahmenbedingungen haben auch die Betreiber von Social-
Media-Plattformen meist Regeln für den Umgang mit bzw. das Verhalten auf den Plattformen aufgestellt.
Ihr Interesse ist es vorrangig, einen geregelten Ablauf auf der Plattform zu erreichen und Störquellen
auszuschalten. Darüber hinaus integrieren die Plattformbetreiber üblicherweise die wichtigsten Bereiche
aus den Rechtsordnungen verschiedenster Länder in ihre AGB. Da die AGB somit einige ungewohnte Regelungen enthalten können, sollten Nutzer die AGB der Plattform, bei der sie sich als „Gast" präsentieren
möchten, zumindest lesen. Besser ist es, die AGB bei der Anmeldung gleich zu archivieren, das heißt im
Originalformat zu speichern oder zumindest auszudrucken. Grundsätzlich werden die AGB nach deutschem Recht bei der ersten Anmeldung bei einer Plattform in den Nutzungsvertrag einbezogen und ent-
falten in dieser Form Wirkung für den Vertrag.

Zwar ist die Frage durchaus berechtigt, ob in jedem Fall die Verwendung der AGB durch die Plattformbetreiber nach deutschem Recht überhaupt voll wirksam ist. Wer aber gegen die AGB des Anbieters verstößt, gibt ihm zunächst einen Anlass dafür, dass Sanktionen gegen seinen Account verhängt werden. Eine
Account-Sperre durch ein gerichtliches Verfahren wieder aufzuheben, kann relativ lange dauern, weshalb
es ratsam ist, die AGB lieber gleich zu beachten.

Beachten Sie die rechtlichen Grundlagen

Neben den Regeln, die die Plattformbetreiber aufstellen, sind selbstverständlich auch die allgemeinen
rechtlichen Grundlagen zu beachten. In der Praxis ist dies gar nicht so leicht, da die Vorschriften in verschiedenen Gesetzen enthalten sind und das Zusammenspiel der Gesetze komplex ist. Wesentliche Regeln
ergeben sich für in Deutschland ansässige Unternehmen aus den folgenden Gesetzen: Das Bürgerliche
Gesetzbuch (BGB) enthält unter anderem allgemeine Regeln zum Vertragsschluss, zum Widerrufsrecht
und zu verschiedenen Informationspflichten. Das Telemediengesetz (TMG) regelt darüber hinaus spezielle

2

Verhaltensweisen für Anbieter von Online-Inhalten. Ebenso wie das Bundesdatenschutzgesetz (BDSG) enthält es Regeln zum Umgang mit personenbezogenen Daten, einem mittlerweile sehr wichtigen Bereich. Weitere Regeln, vor allem zum fairen Verhalten im Wettbewerb, sind im Gesetz gegen unlauteren Wettbewerb (UWG) enthalten, während die Rechte am geistigen Eigentum anderer vorwiegend im Urhebergesetz (UrhG) und im Markengesetz (MarkenG) zu finden sind. Alle diese Regelungen können erhebliche Auswirkungen auf die Nutzung von Social-Media-Plattformen haben. Im Folgenden dazu ein paar Beispiele:

Konto richtig anlegen

Bei der Wahl des richtigen Kontonamens sind zunächst die AGB der Plattformbetreiber zu beachten. So regelt zum Beispiel Facebook, dass werbliche Äußerungen nur auf speziellen Unternehmensseiten erfolgen dürfen und nicht auf den Profilseiten. Zudem dürfen die Namen von Websites nur beschränkt Sonderzeichen enthalten. Der Kontoname darf auch keine Rechte Dritter verletzen. Die Wahl eines Account-Namens, der etwa den Marken- oder Firmennamen eines anderen enthält, verletzt grundsätzlich die Markenrechte des Berechtigten.

Gewinnspiele auf Facebook

Besonders populär ist die Veranstaltung von Gewinnspielen auf Facebook. Die rechtlichen Regelungen zur Transparenz von Gewinnspielen ergeben sich überwiegend aus dem UWG. Daneben sind aber auch die AGB von Facebook zu beachten. So erlaubt Facebook z. B. die Veranstaltung eines Gewinnspiels nur im Rahmen von Anwendungen und nicht auf der normalen Facebook-Seite. Weiterhin muss an verschiedenen Stellen deutlich darauf hingewiesen werden, dass das Gewinnspiel nicht mit Facebook in Verbindung steht. Ein gut funktionierendes und vor allem rechtssicheres Gewinnspiel sollte daher sorgfältig vorbereitet werden.

Nutzung von fremden Inhalten

Texte, Bilder, Musik und Videos Dritter sind in aller Regel rechtlich geschützt und dürfen daher nicht ohne Einverständnis verwendet werden. Neben den Urheberrechten, die dem Schöpfer eines Werkes zustehen, sind insbesondere die Persönlichkeitsrechte der abgebildeten Personen zu beachten. Denn wer auf einem Foto abgebildet ist, kann normalerweise auch entscheiden, ob das Foto verbreitet werden darf oder nicht.

Wer fremde Inhalte ohne Erlaubnis auf Social-Media-Plattformen einstellt, verletzt neben den Rechten der Urheber aber auch den Vertrag mit dem Plattformbetreiber, der sich regelmäßig von seinen Usern die – in diesem Fall nicht vorliegenden – Nutzungsrechte einräumen lässt.

ibi

Datenschutz

In den vergangenen Jahren hat sich die Aufmerksamkeit der Internet-Nutzer vor allem im Hinblick auf die Einhaltung der datenschutzrechtlichen Vorschriften verändert. Eine gut durchdachte, rechtlich einwandfreie Verwendung der personenbezogenen Daten von Nutzern kann das Image einer Marke verbessern. Der vertrauensvolle Umgang mit personenbezogenen Daten ist längst nicht mehr nur ein rechtliches Erfordernis, sondern vielmehr ein Qualitätsmerkmal.

Der Datenschutz erstreckt sich allerdings nur auf personenbezogene Daten. Reine Firmendaten oder anonyme statistische Informationen fallen nicht darunter. Abgrenzungskriterium ist, dass aus den Angaben eine Person bestimmt ist oder zumindest – wenn weitere Informationen vorliegen – bestimmbar ist. Grundsätzlich gilt dann die Regel, dass eine Verwendung der Daten nur mit Einwilligung oder im Rahmen gesetzlicher Ausnahmetatbestände möglich ist. Nachdem die Ausnahmen recht eng sind, ist ein transparenter Umgang mit der Einwilligung wichtig. Ist der Nutzer umfassend darüber informiert, was mit seinen Daten passiert, und gibt er freiwillig die Zustimmung dazu, dürfen die Daten in relativ weitem Umfang verwendet werden.

Besonders wichtig ist in diesem Zusammenhang, dass auch die IP-Adresse, die vom Rechner verwendet wird, von vielen Seiten als personenbezogene Information anzusehen ist. Sofern sich diese Meinung durchsetzt, müssen an vielen Stellen die datenschutzrechtlichen Strategien überdacht werden.

Social Plug-ins

Der Einsatz von so genannten Social Plug-ins unterliegt einer ähnlichen Problematik. Bekannt ist in diesem Zusammenhang vor allem der Facebook „Gefällt mir"-Button sowie auch „+1" von Google, die z. B. in einem Web-Shop integriert werden können. Beide Dienste sind hervorragende Mittel, um den viralen Effekt von Kampagnen zu verstärken und eine große Nutzerzahl zu erreichen. Aber auch hier wird die IP-Adresse verwendet, um den Dienst zu ermöglichen. Selbst wenn ein Nutzer nicht auf den Button klickt, werden in vielen Fällen seine Daten an (US-)Server übermittelt, ohne dass dazu seine Einwilligung vorliegt. Wenn der Nutzer zeitgleich in einer anderen Registerkarte bei einem der Dienste angemeldet ist, wird diese Information zusätzlich abgefragt und somit ist eine eindeutige Identifizierung des Nutzers, sogar mit Namen, möglich.

Schlussendlich bleibt festzuhalten, dass die Verwendung von Social Plug-ins aus datenschutzrechtlicher Sicht kritisch zu bewerten ist. Durch die bloße Anpassung der Datenschutzerklärung, in welcher auf die Verwendung der Dienste hingewiesen wird, kann zwar ein rechtliches Risiko vermindert werden, allerdings ist es für den Website-Besucher weiterhin nicht möglich, vor der Übermittlung seiner Daten zu widersprechen. Eine weitere Möglichkeit stellt in diesem Zusammenhang eine Lösung dar, bei welcher das Social Plug-in zunächst aktiviert werden muss. In diesem Fall stimmt der Nutzer aktiv der Einbettung des Social Plug-ins und damit der Übermittlung seiner Daten an die genannten Dienste zu. Aber auch diese Alternative hat aus datenschutzrechtlicher Sicht Tücken, da für eine ordentliche Einwilligung transparent gemacht werden muss, welche Daten erhoben werden.

> In sozialen Netzwerken überlappen die gesetzlichen Regelungen mit den Vorgaben der Plattformbetreiber. Daher gibt es doppelt so viele rechtliche Fallstricke.
>
> Stefan C. Schicker,
> Kanzlei SKW Schwarz Rechtsanwälte

Konsequenzen

Wer bei seinen Social-Media-Aktivitäten gegen gesetzliche Vorschriften verstößt, dem droht die Abmahnung. Neben der Abgabe einer Unterlassungserklärung werden in der Konsequenz oft auch Auskunft über den Umfang der Verletzung und die Übernahme von Anwaltskosten gefordert. In der Praxis kann eine solche Aktion teuer werden und bindet vor allem Ressourcen, was zu einem Wettbewerbsnachteil führen kann.

Gerade die – zusätzlich möglichen – Sanktionen der Plattformbetreiber werden in diesem Zusammenhang häufig unterschätzt. Die meisten Betreiber behalten sich bei Verstoß gegen die AGB vor, den Account ganz oder teilweise zu löschen. Teure Werbekampagnen und die Erstellung von kostspieligen Applikationen können dann schnell ins Leere laufen. Oft erhalten Betroffene von den Plattformbetreibern nicht einmal eine richtige Begründung, warum die Abschaltung erfolgt ist, was in der Praxis ein schnelles und gezieltes Reagieren erschwert. Hinzu kommt, dass die Plattformbetreiber oft im Ausland sitzen und somit ein gerichtliches Vorgehen viel zu lange dauern würde. Daher helfen am besten Vorbeugung, die Beachtung der AGB und eine richtige rechtliche Strategie von Anfang an.

Nötig: Social-Media-Richtlinien und Schulung der Mitarbeiter

Teil einer wirksamen Social-Media-Strategie ist auch die Information der Mitarbeiter darüber, wie das Unternehmen sich den richtigen Umgang mit den neuen Kommunikationsformen vorstellt. Die Erfahrung der letzten Jahre zeigt, dass Mitarbeiter häufig aus Unwissen Inhalte kommunizieren, die aus Unternehmenssicht nicht in dieser Form gewünscht sind. Es ist daher wichtig, dass genau festgelegt wird, wer welche Inhalte wie kommuniziert. Dabei sollte aber den Mitarbeitern klar kommuniziert werden, dass solche Regelungen nicht deren freie Meinung einschränken, sondern vielmehr Missverständnisse vermeiden sollen.

Die Grundregeln dazu sollten in Social-Media-Leitfäden / -Richtlinien zusammengefasst werden. Die Regelungen sollten den Mitarbeitern aber auch durch Schulungen und interne Maßnahmen näher gebracht werden. Nur so ist sichergestellt, dass die Mitarbeiter die Regelungen präsent haben und damit auch beachten können.

Sofern es in der Praxis immer wieder zu Fragestellungen bei Zweifeln kommt, sollte ein Ansprechpartner, der für die Kommunikation besonders geschult ist, in den Leitfäden / Richtlinien benannt werden.

Infobox 2-12: Rechtsfragen bei Social Media

ibi

2

Facebook Gruppe Teilen Share Community
Empfehlung Blog Kommunikation
Like Social Media Xing Fan
Wiki Gefällt mir
AGB Twitter Freunde Datenschutz
+1 YouTube Flickr

Checkliste: Social Media

1. Kein rechtsfreier Raum

Auch auf den Social-Media-Plattformen gelten meist die deutschen Gesetze, wenn sich Ihr Angebot an eine deutsche Zielgruppe wendet. Als Anbieter mit Sitz in Deutschland müssen Sie sich daher an den nationalen Regeln messen lassen.

2. Gesetzliche Grundlagen beachten

Da Social Media kein rechtsfreier Raum ist, empfiehlt es sich, alle Auftritte auf Social-Media-Plattformen auch auf ihre Rechtskonformität hin prüfen zu lassen. Dies kann durch geeignete Beratung in einer Form erfolgen, die den Ablauf und den Auftritt gegenüber den Besuchern nicht verschlechtert.

3. Nutzungsbedingungen der Plattformbetreiber beachten

Denken Sie immer daran, dass Sie zu Gast auf der Plattform eines Dritten sind. Es gebietet bereits die Höflichkeit, die von den Dritten aufgestellten Regeln zu beachten. Zudem sind die Regeln meist Bestandteil des Nutzungsvertrages mit der Plattform. Archivieren Sie daher die Vertragstexte und AGB!

4. Schützen Sie Ihre Marken

Der Markenschutz hat sich als zentrales Element im Internet entwickelt. Sehr viele Schlichtungsverfahren setzen auf einer bestehenden Markenanmeldung auf. Es ist daher besonders wichtig, Ihre Produktnamen als Marke schützen zu lassen. Dies ist auf europäischer Ebene sehr effizient möglich.

5. Überwachen Sie den Markt

Es ist wichtig, den Online-Markt auf die unerlaubte Nutzung Ihrer Firma sowie der Marken Ihrer Produkte zu überwachen. Nur wenn Sie die nicht gestattete Nutzung durch Dritte schnell unterbinden, bleibt Ihre Marke auf Dauer stark.

6. Seien Sie fair

Das Gesetz gegen unlauteren Wettbewerb eröffnet anderen Marktteilnehmern die Möglichkeit, gegen Missachtungen Ihrerseits vorzugehen. Besonders die Gestaltung von Gewinnspielen im Online-Bereich wird dabei häufig falsch gemacht. Beachten Sie daher die gesetzlichen Regeln und die Vorgaben der Plattform.

Social Commerce Domain MySpace Like
Tweet Qype Gefällt mir Social Media Netzwerk
Google+ Tumblr
Chat AGB **Checkliste** Skype
Datenschutz
LinkedIn Social Media Follower

7. Datenschutz ist Kundenbindung

Der Schutz personenbezogener Daten ist ein besonders wichtiger Bestandteil Ihrer Kundenbeziehungen. Nehmen Sie den Schutz solcher Daten ernst und zeigen Sie dies. Dies ist zwar mit einem kontinuierlichen Aufwand verbunden, unterstützt aber auf Dauer die Kundenbindung.

Besonders wichtig ist dabei die Gestaltung des Datenschutzes auf der Website oder in Social-Media-Apps. Denn bereits die Nutzung der IP-Adresse Ihrer Kunden kann einen datenschutzrechtlichen Hinweis oder sogar eine Einwilligung erfordern.

Im Zweifel gilt: Solange Sie keine Einwilligung haben, sollten Sie mit der Nutzung personenbezogener Daten vorsichtig sein.

8. Fremde Inhalte sind meistens geschützt

Bedenken Sie vor der Übernahme von Texten, Bildern, Videos oder Tönen, dass diese meist durch das Urheberrecht geschützt sind. Holen Sie daher vor der Übernahme die Erlaubnis vom Urheber ein.

9. Schulen Sie Ihre Mitarbeiter

Mit Social Media kommt nicht nur das Unternehmen als solches in Kontakt, sondern auch Ihre Mitarbeiter ganz persönlich. Klären Sie Ihre Mitarbeiter auf, wie sich diese richtig im Social Media verhalten sollen. Dabei sollten nicht Verbote vorrangig sein. Vielmehr sollten Sie gemeinsam mit Ihren Mitarbeitern den Unternehmensauftritt besprechen und gestalten. Hilfsmittel hierzu können Social-Media-Guidelines und Schulungen der Mitarbeiter sein, um deren Medienkompetenz zu optimieren.

10. Reagieren Sie auf Sanktionen

Wenn Sie eine Sanktion von einem Plattformbetreiber erhalten oder Ihnen eine Abmahnung zugeht, sollten Sie dies ernst nehmen. Beachten Sie die gesetzten Fristen und reagieren Sie auf das Anschreiben. Der Aufforderung zur Abgabe einer Unterlassungserklärung sollten Sie jedoch niemals ohne Rücksprache mit einem Juristen nachkommen, sonst kann sich die Situation noch verschlimmern.

Checkliste 2-4: Social Media
Quelle: ibi research / Kanzlei SKW Schwarz Rechtsanwälte

2

Der Preis ist heiß – Preisvergleichs-Websites

Eine weitere Möglichkeit zur Bekanntmachung Ihrer Angebote ist der Eintrag in Online-Kataloge, in Themenportale oder auf Preisvergleichs-Websites. Preisvergleichs-Websites sind Internet-Seiten, auf denen Verbraucher die Preise eines Produkts aus einem oder mehreren Online-Shops finden und vergleichen können. Da viele Konsumenten über solche Seiten nach dem günstigsten Anbieter für ein Produkt suchen, kann es hilfreich sein, sich in solche Verzeichnisse einzutragen bzw. eine Aufnahme in diese zu beantragen. Eine Auswahl bekannter Preisvergleichs-Websites zeigt Infobox 2-13.

Preisvergleichs-Websites

Diese Infobox zeigt bekannte
Preisvergleichs-Websites
(Auswahl in alphabetischer Reihenfolge):

billiger.de
CHECK24
Ciao
dooyoo
eVendi.de
Geizhals
Geizkragen.de
GETPRICE
Google Shopping
guenstiger.de
idealo.de
Kelkoo
medvergleich
Preis.de
Preispiraten
Preisroboter
Preissuchmaschine.de
PreisTrend
PREISVERGLEICH.de
PriceRunner
RockBottom
Schottenland.de
Shopping.com
shopzilla.de
Wir-Lieben-Preise

Infobox 2-13: Preisvergleichs-Websites (Stand Q2 / 2012)

Auf Preisvergleichs-Websites gelistet zu sein kann Vor- und Nachteile haben. Vorteilhaft ist der hohe Bekanntheitsgrad der Websites, was die eigene Bekanntheit sowie den Abverkauf der Produkte steigern kann. Nachteilig ist jedoch, dass die unterschiedlichen Anbieter überwiegend über den Preis miteinander konkurrieren.

Einige Preisvergleichs-Websites haben sich in den letzten Jahren zu „Verbraucher-Online-Communities" weiterentwickelt. Neben dem eigentlichen Preisvergleich mehrerer Online-Shops bieten diese Portale zu den einzelnen Produkten bzw. Anbietern zugeordnete Kundenmeinungen an. So positiv sich gute Empfehlungen auf den Absatz von Produkten auswirken können, so gefährlich ist natürlich eine schlechte Bewertung, da diese Kunden möglicherweise vom Einkauf abhält.

Was sonst noch hilft

Die Schaltung von Werbebannern oder auch das so genannte Affiliate-Marketing bieten eine gute Möglichkeit, um sich über Websites Dritter bekannt zu machen. Beim Affiliate-Marketing vermarkten spezialisierte Dienstleister (z. B. affilinet, zanox) Ihre Produkte und Dienstleistungen auf Partner-Websites. Interessiert sich ein Kunde für eines Ihrer Produkte auf der Partner-Seite, so wird er durch einen Klick direkt in Ihren Online-Shop geleitet. Für den vermittelten Kunden müssen Sie eine Provision bezahlen. Gängig ist die Bezahlung bei einem tatsächlichen Kauf (PPS – Pay per Sale), für jeden einzelnen Klick (PPC – Pay per Click) oder für jeden vermittelten Kontakt (PPL – Pay per Lead).

Um die eigene Seite bekannt zu machen und das Vertrauen der potenziellen Kunden in die eigene Seite zu stärken, bieten sich auch Gütesiegel an. Für 11 % der Internet-Käufer zählen Gütesiegel zu den drei wichtigsten Faktoren bei der Auswahl eines Online-Shops (ibi research: Multikanalvertrieb: ganz klar! Aber wie? 2012). Bereits 36 % der Online-Händler setzen Gütesiegel ein, um Vertrauen herzustellen, weitere 31 % planen den Einsatz (ibi research: So steigern Online-Händler ihren Umsatz 2011). Mehr Informationen zu Gütesiegeln bietet Infobox 2-14.

Gütesiegel schaffen mehr als nur Vertrauen

Ein Gütesiegel schafft für Kunden Transparenz sowie Verlässlichkeit und stärkt die Glaubwürdigkeit des Online-Anbieters. Eine Zertifizierung dokumentiert, dass der Online-Shop nach definierten Kriterien geprüft wurde und der Anbieter seine Versprechungen einhält. Die Studie „Erfolgsfaktor Payment" (vgl. Infobox 4-6) zeigt, dass weniger Kunden den Einkauf im Online-Shop abbrechen, wenn der Anbieter über ein Gütesiegel verfügt. Ein weiteres Ergebnis der Studie ist, dass durch ein Gütesiegel mehr Kunden bereit sind, per Vorkasse zu bezahlen und somit das Zahlungsrisiko deutlich reduziert wird (die Studie „Erfolgsfaktor Payment" ist unter www.ecommerce-leitfaden.de erhältlich). Überdies hinaus helfen Zertifizierungen durch Anbieter von Gütesiegeln auch, rechtliche Schwächen des Internet-Angebots aufzudecken und zu beheben. Die Initiative D21 hat mehrere Gütesiegel überprüft und Qualitätskriterien für Gütesiegelanbieter herausgegeben. Basierend auf dieser Qualitätsüberprüfung empfiehlt die Initiative D21 die folgenden Anbieter von Gütesiegeln:

 EHI-geprüfter Online-Shop
www.shopinfo.net

 s@fer-shopping
www.safer-shopping.de

 internet privacy standards
www.datenschutz-nord.de

 Trusted Shops Guarantee
www.trustedshops.de

Infobox 2-14: Anbieter von Gütesiegeln
Quelle: Initiative D21 2012

2

Datenschutz im E-Commerce: sehr wichtig, aber auch sehr heikel

Im Gespräch mit Stefan C. Schicker, Kanzlei SKW Schwarz Rechtsanwälte, www.skwschwarz.de

Stefan C. Schicker LL.M. ist Rechtsanwalt und Fachanwalt für Informationstechnologierecht. Er berät Unternehmen bei Rechtsfragen im E-Commerce. Der Umgang mit datenschutzrechtlichen Fragestellungen gehört zu seinen täglichen Aufgaben.

INTERVIEW

Herr Schicker, warum wird die Auseinandersetzung mit datenschutzrechtlichen Anforderungen für Online-Händler immer wichtiger?

Verstöße gegen die Datenschutzgesetze werden zunehmend scharf verfolgt. Wem ein Verstoß nachgewiesen wird, dem droht ein empfindliches Bußgeld. Die Datenschutzregeln – z. B. im Bundesdatenschutzgesetz, dem Telemediengesetz und dem Telekommunikationsgesetz – enthalten dazu verschiedene Bußgeldvorschriften, nach denen von 25.000 bis zu mehreren hunderttausend Euro verhängt werden können. Damit sind Rechtsbrüche im Datenschutzbereich endgültig keine Kavaliersdelikte mehr. Händler setzen sich auch der Gefahr aus, dass Wettbewerber sie wegen Verstößen gegen den Datenschutz abmahnen lassen. In diesem Fall drohen ihnen dann zusätzlich hohe Kosten für die Anwälte der Gegenseite.

Andererseits haben viele Kunden inzwischen eine hohe Sensibilität für den verantwortungsvollen Umgang mit Daten entwickelt. Grund dafür sind nicht zuletzt die immer häufiger publik gewordenen Datenmissbrauchsskandale. Werden solche Verfehlungen bekannt, wird auch dem juristischen Laien rasch klar, welch kostbares Gut persönliche Daten in einer online-affinen Welt geworden sind. Es gilt zusehends, dass ein Online-Angebot auf Benutzerseite umso mehr akzeptiert wird, je verantwortungsvoller dort mit den Kundendaten umgegangen wird.

Für Online-Händler ist also der sorgsame Umgang mit personenbezogenen Daten längst keine

freiwillige Option mehr. Darum ist es ratsam, die korrekte Einhaltung und den sensiblen Umgang mit Kundendaten offen und direkt anzusprechen, um das Vertrauen der Kunden zu gewinnen. Dann lässt sich mit Datenschutz letztlich auch ein positiver Imageeffekt erzielen.

Wann greift das Datenschutzrecht?

Das Datenschutzrecht greift nur dort, wo personenbezogene Daten verarbeitet werden. Personenbezogene Daten sind Einzelangaben über persönliche oder sachliche Verhältnisse einer bestimmten oder bestimmbaren natürlichen Person. Sobald also bestimmte Daten mit einer Person in Verbindung gebracht werden können – etwa Name, Adresse, Telefonnummer, E-Mail-Adresse – und diese dadurch bestimmbar ist, müssen die Datenschutzregelungen beachtet werden. Für Unternehmensdaten gibt es keinen vergleichbaren Schutz.

Welche Regelungen enthält das Datenschutzrecht im Einzelnen?

Zunächst gilt, dass jeglicher Umgang mit personenbezogenen Daten verboten ist, soweit er nicht ausdrücklich gesetzlich oder vertraglich erlaubt wurde. Es gibt allerdings eine Reihe von Ausnahmevorschriften, die in der Praxis eine wichtige Rolle spielen, zum Beispiel die Verwendung von Daten, wenn sie zur Erbringung eines Dienstes zwingend erforderlich sind (z. B. die Anschrift beim Versand eines Briefes).

Außerdem dürfen Daten nur zu dem Zweck verarbeitet werden, zu dem sie ursprünglich gesammelt wurden (so genannte Datensparsamkeit). Unternehmen müssen daher den Umgang mit personenbezogenen Daten auf das notwendige Minimum reduzieren.

In der Praxis widersprechen diese Grundsätze jedoch meist den Interessen der Unternehmen, die Kundendaten etwa für zielgerichtete Werbung sammeln. Daher benötigen sie hier eine spezielle Einwilligung seitens der Nutzer. Wichtig ist vor allem, dass der Nutzer vor Erhebung seiner Daten darüber informiert wird. Diese Unterrichtung muss in allgemein verständlicher Form erfolgen und genau darlegen, was mit den gesammelten Daten passieren wird. Der Kunde muss auch darauf hingewiesen werden, dass er jederzeit Auskunft über „seine" Daten erhalten und deren Löschung verlangen kann.

Sofern in einem Unternehmen mehr als neun Personen mit personenbezogenen Daten arbeiten, muss zwingend ein betrieblicher Datenschutzbeauftragter ernannt werden. Dessen Aufgabe ist es vor allem, im Unternehmen dafür zu sorgen, dass die gesetzlichen Vorschriften eingehalten werden. Weiterhin muss ein Verzeichnis vorgehalten werden, aus dem ersichtlich ist, wie Daten im Unternehmen verarbeitet werden. Hieraus soll sich auch ergeben, wie die Daten gegen Zugriffe von Unbefugten geschützt sind. Dieser Punkt gewinnt zunehmend an Bedeutung.

All diese Regelungen sind stark geprägt durch europäische Vorgaben. In den Ländern der Europäischen Union herrscht ein einheitliches Schutzniveau für Daten, was bedeutet, dass Daten auf vergleichbare Weise an Unternehmen in anderen EU-Mitgliedsstaaten weitergegeben werden können wie innerhalb Deutschlands. Für Länder außerhalb der EU, insbesondere die wichtigen Länder USA und Indien, gilt diese Privilegierung hingegen nicht. In solche Länder dürfen Daten nur unter Einhaltung spezieller Voraussetzungen weitergegeben werden.

Was sollten Online-Händlern konkret in puncto Datenschutz beachten?

Wenn es um den Versand von Newslettern geht, sollten sich Online-Händler zunächst für ein so genanntes Double-Opt-In-Verfahren entscheiden. Der Kunde kann sich für einen Newsletter anmelden, indem er seine E-Mail-Adresse eingibt. Der Bestellvorgang wird aber erst abgeschlossen, wenn er auf eine ihm zugesandte E-Mail reagiert. Auf diese Weise ist sichergestellt, dass kein Dritter die Anmeldung vorgenommen hat. Kunden sollten am besten schon vor der Anmeldung auf das Double-Opt-In-Verfahren hingewiesen werden. Damit vermeiden sie Fehlanmeldungen und steigern das Vertrauen in einen seriösen Umgang mit den Daten.

Beim Ausfüllen von Formularen gilt wegen des Prinzips der Datensparsamkeit generell, dass Händler die Nutzer auf ihrer Website darauf hinweisen sollten, welche Felder zwingend ausgefüllt werden müssen und welche Eingaben freiwillig sind. Pflichtfelder sollten entsprechend – z. B. mit einem Sternchen – gekennzeichnet werden und es sollte an einem zentralen Platz der Website darauf hingewiesen werden, dass es sich bei den gekennzeichneten Feldern um Pflichtangaben handelt.

Ein gängiges Vorgehen im Online-Handel ist auch die Speicherung von IP-Adressen der Benutzer. Dies dient insbesondere dem Web-Controlling. Viele Anbieter von Web-Controlling-Lösungen verarbeiten die IP-Adressen. Oft werden diese sogar an Unternehmen außerhalb der EU weitergegeben. Aus juristischer Sicht ist noch nicht abschließend geklärt, ob IP-Adressen personenbezogene Daten darstellen. Eine Vielzahl der Gerichte sowie der so genannte Düsseldorfer Kreis, eine informelle Vereinigung der obersten Aufsichtsbehörden in Deutschland, gehen jedoch derzeit davon aus. Händler sollten daher bei ihrem Web-Controlling-Anbieter nachfragen, ob dieser die Daten innerhalb der EU unter Einhaltung der Datenschutzgesetze verarbeitet und ob ▶

ibi

2

> Der vertrauensvolle Umgang mit personenbezogenen Daten ist längst nicht mehr nur ein rechtliches Erfordernis, sondern vielmehr ein Qualitätsmerkmal.
>
> Stefan C. Schicker, Kanzlei SKW Schwarz Rechtsanwälte

er zur Erstellung seiner Statistiken die IP-Adressen speichert bzw. weiterleitet. Wichtig zu wissen ist vor allem, ob der Beschluss des Düsseldorfer Kreises zur datenschutzkonformen Ausgestaltung von Verfahren zur Reichweitenmessung eingehalten wird.

Generell gilt, dass dem Kunden transparent gemacht werden muss, wie Daten auf der Händler-Website erhoben und gespeichert werden. Dies geschieht am besten durch eine Datenschutzerklärung, die gut sichtbar von jeder Seite der Online-Präsenz abgerufen werden kann. Dort sollten alle datenschutzrelevanten Vorgänge zusammengefasst werden.

Wo gibt es heute noch Lücken im Datenschutz?

Die Datenschutzgesetze wurden in den vergangenen Jahren in Bezug auf Bonitätsprüfungen und den Adresshandel angepasst. Nach wie vor gibt es aber große Unsicherheit und Regelungslücken hinsichtlich des Umgangs mit Daten in sozialen Netzwerken. Dort treten die Teilnehmer vor allem selbst als „Datenschleuder" auf und geben sehr viele – teils intime Informationen – über sich preis. Der Rückruf und die Löschung solcher Daten sind derzeit gesetzlich nur unzureichend geregelt.

Welches Fazit ziehen Sie für den Datenschutz im Online-Handel?

Insgesamt spielt der Datenschutz heute eine wichtige Rolle für die Akzeptanz von Websites. Viele Unternehmen haben dies schon erkannt und nutzen ihn daher vermehrt als Instrument, um die Kundenbindung zu stärken und sich einen Wettbewerbsvorsprung zu verschaffen. Unternehmen, die keinen Wert auf Datenschutz legen, haben somit einen immer größeren Wettbewerbsnachteil – sie sollten also bald handeln. ■

ibi

Abmahnungen vermeiden – Ihre Pflichten im E-Commerce

2

In letzter Zeit häufen sich die Meldungen über Abmahnungen von Online-Händlern und rechtliche Probleme von Websites. Immer wieder werden Shop-Betreiber mit teuren Abmahnungen konfrontiert, z. B. weil Anbieterkennzeichnung oder Widerrufsbelehrung fehlen oder nicht korrekt sind. Worauf Sie beim Verkauf im Internet achten sollten, um Abmahnungen von Wettbewerbern zu vermeiden, wird im Folgenden erläutert.

Dabei kann und will dieser Leitfaden jedoch keine Rechtsberatung ersetzen. Ergänzend ist es daher ratsam, sich an einen Rechtsexperten zu wenden. Die Kosten für eine rechtliche Prüfung des Shops erscheinen zwar häufig hoch, schon durch die Vermeidung einer einzigen Abmahnung machen sich diese Kosten aber in der Regel bezahlt.

Das Gros der Abmahngründe betrifft das Thema „Informationspflichten im Internet", wie die Anbieterkennzeichnung oder die Widerrufsbelehrung. Im Folgenden werden daher die wichtigsten Informationspflichten im Internet beschrieben. Erste Schritte und Hilfestellung, wenn Sie eine Abmahnung erhalten haben, erläutert Rechtsanwalt Jochen Krieger in Infobox 2-18.

Anbieterkennzeichnung / Impressum

Im § 5 Telemediengesetz (TMG) findet man eine Aufzählung der wichtigsten Informationspflichten, die aber nicht für alle Online-Händler relevant sind. Soweit einschlägig, müssen in einer ordentlichen Anbieterkennzeichnung folgende Informationen bereitgehalten werden:

- Vollständiger Name, Anschrift (Postfach ist nicht ausreichend), Telefonnummer und E-Mail-Adresse
- Aufsichtsbehörde, sofern behördliche Zulassung für die Tätigkeit vorgeschrieben ist
- Umsatzsteuer-Identifikationsnummer, sofern vorhanden
- Wirtschafts-Identifikationsnummer, sofern vorhanden
- Handelsregisternummer und zuständiges Amtsgericht, sofern eine Eintragung im Handelsregister vorliegt. Entsprechendes gilt bei Eintragungen im Genossenschafts-, Vereins- oder Partnerschaftsregister
- Juristische Personen müssen zusätzlich die gesetzlichen Vertreter (Geschäftsführer oder Vorstand) angeben
- Angehörige von reglementierten Berufen, wie Apotheker, müssen zusätzliche Angaben zur offiziellen Berufsbezeichnung machen und auf berufsrechtliche Regeln und z. B. die zuständige Apothekerkammer hinweisen

Diese Angaben müssen in der Regel im Impressum einer Website zu finden sein. Beachten Sie dabei, dass eine leichte Erreichbarkeit der Informationen gefordert wird. Deshalb ist anzuraten, die Informationen von jeder Website aus zugänglich zu machen. Detaillierte Informationen zu dieser Thematik finden Sie auch in Infobox 2-15.

Am 15. Mai 2010 ist die Verordnung über Informationspflichten für Dienstleistungserbringer (DL-InfoV) in Kraft getreten. § 2 DL-InfoV enthält aber im Wesentlichen die gleichen Informationspflichten wie § 5 TMG. Die wichtigste Neuerung bzgl. der Anbieterkennzeichnung steht im § 2 Abs. 1 Nr.11 DL-InfoV: Wenn eine Berufshaftpflichtversicherung besteht (ist z. B. bei Rechtsanwälten zwingend vorgeschrieben), dann müssen Name und Anschrift des Versicherers und der räumliche Geltungsbereich genannt werden.

Weitere Informationen zur Impressumspflicht bietet auch der „Leitfaden zur Anbieterkennzeichnung" des Bundesministeriums der Justiz, der unter www.bmj.de/musterimpressum erhältlich ist.

ibi

2

Was in ein Impressum gehört

Welche Angaben in das Impressum aufgenommen werden müssen, ist von der Rechtsform des Unternehmens bzw. der Berufsgruppe abhängig. Die folgende Tabelle gibt einen Überblick über die unterschiedlichen Anforderungen für eine deutsche Website.

	Einzelunternehmer	Personenge-sellschaften	Juristische Personen	Reglementierte Berufe[1]
Vollständiger Name[2]	X	X	X	X
Anschrift[3]	X	X	X	X
Telefonnummer[4]	X	X	X	X
E-Mail-Adresse[5]	X	X	X	X
Name des Vertretungsberechtigten[6]		X	X	X
Name des Registers mit Registernummer[7]	X	X	X	X
Umsatzsteueridentifikationsnummer[8]	X	X	X	X
Zuständige Aufsichtsbehörde[9]	X	X	X	X
Gesetzliche Berufsbezeichnung[10]				X
Angaben zur berufsständischen Kammer				X
Bezeichnung der berufsrechtlichen Regelungen[11]				X

[1] Zu den reglementierten Berufen gehören u. a.: Ärzte, Zahnärzte, Tierärzte, Apotheker, Psychotherapeuten, Ergotherapeuten, Logopäden, Rechtsanwälte, Steuerberater, Wirtschaftsprüfer, Architekten und Ingenieure.

[2] Der Name einer natürlichen Person umfasst den Familiennamen und mindestens einen ausgeschriebenen Vornamen. Auch Pseudonyme können unter bestimmten Voraussetzungen genutzt werden.

[3] Unter einer ladungsfähigen Anschrift i. S. d. §§ 253 Abs. 1, 130 Nr. 1 ZPO versteht man die postalische Adresse, an der der Anbieter mittels einer festen Einrichtung seiner wirtschaftlichen Tätigkeit nachgeht.

[4] Auf die Angabe einer Telefonnummer kann verzichtet werden, wenn der Nutzer anderweitig, z. B. über ein E-Mail-Kontaktformular, unmittelbar mit dem Anbieter in Kontakt treten kann (vgl. die Entscheidung des Europäischen Gerichtshofs vom 16.10.2008). Die Angabe der Telefaxnummer ist dagegen nicht erforderlich.

[5] Die Angabe der Domain ist dagegen nicht erforderlich.

[6] Ist der Anbieter eine juristische Person (z. B. GmbH, AG oder Genossenschaft) oder eine Personengesellschaft, die mit der Fähigkeit ausgestattet ist, Rechte zu erwerben und Verbindlichkeiten einzugehen (z. B. GbR, OHG, KG), so sind zusätzlich auch die Vertretungsberechtigten aufzuführen.

[7] Ist der Diensteanbieter in das Handels-, Vereins-, Partnerschafts- oder Genossenschaftsregister eingetragen, dann müssen der Name des Registers und die Registernummer angegeben werden. Das Versicherungsvermittlerregister gehört nicht hierzu; nach § 11 Abs. 1 VersVermV muss die Angabe aber beim ersten Geschäftskontakt mit dem Kunden in Textform erfolgen.

[8] Sofern vorhanden, ist die Umsatzsteuer-Identifikationsnummer oder Wirtschafts-Identifikationsnummer anzugeben.

[9] Nur notwendig, wenn die Tätigkeit einer behördlichen Zulassung bedarf. Hierunter fallen u. a. erlaubnispflichtige Gewerbe nach der Gewerbeordnung: z. B. Pfandleiher, Bewachungsgewerbe, Makler, Bauträger, Baubetreuer, Versicherungsvertreter, Versicherungsmakler und Versicherungsberater.

[10] Die gesetzliche Berufsbezeichnung und der Staat, in dem sie verliehen wurde.

[11] Die Bezeichnung der berufsrechtlichen Regelungen und Angaben dazu, wie diese zugänglich sind. Dies kann z. B. durch einen Link auf die Textsammlung der berufsständischen Kammer erfolgen.

Infobox 2-15: Notwendige Inhalte eines Impressums
Quelle: ibi research / janolaw / IHK Hannover 2012

ibi

Angaben zum Vertragsabschluss

Grundsätzlich funktioniert der Vertragsabschluss im Internet analog zu dem in der realen Welt. Der Vertragsabschluss erfolgt durch zwei übereinstimmende Willenserklärungen, nämlich Angebot und Annahme. Dabei stellt die Produktpräsentation in einem Online-Shop noch kein Angebot im rechtlichen Sinne dar. Vielmehr fordern Sie Ihre potenziellen Kunden dadurch zur Abgabe eines Angebots auf (rechtlicher Fachausdruck: „Invitatio ad Offerendum"). Die Bestellung des Kunden stellt dann das Angebot im rechtlichen Sinne dar, das Sie durch eine ausdrückliche Annahme (z. B. durch die Bestätigung via E-Mail) oder durch schlüssiges Handeln Ihrerseits (z. B. den Versand der Ware) akzeptieren. Dabei müssen Sie beachten, dass der Verbraucher ausdrücklich im Bestellprozess bestätigt, dass er sich zu einer Zahlung verpflichtet. Erst dadurch kommt ein Vertrag zustande. Aus diesem Grunde müssen Sie bei der Verwendung eines Buttons zur Bestellung in Ihrem Web-Shop diesen eindeutig mit den Worten „zahlungspflichtig bestellen", „Kaufen" oder einer ähnlichen Formulierung beschriften.

Der Verkauf über das Internet stellt im rechtlichen Sinne einen Fernabsatzvertrag dar. Die Bestimmungen zu Fernabsatzverträgen sind in den §§ 312b ff. BGB sowie in der BGB-Informationspflichten-Verordnung zu finden. Diese Gesetzesgrundlage verlangt eine umfassende Information des Kunden. So müssen Sie den Kunden bei der Annahme eines Angebots auch darüber informieren, wann der Vertrag zustande gekommen ist. Die Vertragsbedingungen sowie die allgemeinen Geschäftsbedingungen (AGB) müssen dem Kunden auf einem dauerhaften Datenträger zur Verfügung gestellt werden, damit er sie in wiedergabefähiger Form (z. B. zum Ausdrucken) speichern kann. Zudem ist der Kunde über die für den Vertragsabschluss zur Verfügung stehenden Sprachen und gegebenenfalls Verhaltenskodizes, denen sich der Unternehmer unterworfen hat, zu informieren. Darüber hinaus muss der Shop-Betreiber bzw. Anbieter aufzeigen, wie und in welcher Weise Eingabefehler erkannt und korrigiert werden können (§ 3 BGB – InfoV).

Widerrufs- bzw. Rückgaberecht

Verbrauchern steht im Fernabsatz (BGB § 312d) in der Regel ein zweiwöchiges Widerrufsrecht ohne Angabe von Gründen zu. Anstelle des Widerrufsrechts kann dem Verbraucher bei Verträgen über die Lieferung von Waren auch ein Rückgaberecht eingeräumt werden. Die Widerrufsfrist beginnt mit Eingang der Waren beim Verbraucher, bei Dienstleistungen mit Vertragsabschluss. Die zweiwöchige Widerrufs- bzw. Rückgabefrist gilt jedoch nicht für Gegenstände oder Waren, die aufgrund ihrer Beschaffenheit nicht für die Rücksendung geeignet sind (z. B. verderbliche Lebensmittel). Um zu vermeiden, dass Datenträger (z. B. CDs, DVDs) bestellt, kopiert und dann zurückgeschickt werden, sind auch Audio- und Videoaufzeichnungen sowie Software vom Widerrufsrecht ausgenommen, sofern die gelieferten Datenträger vom Verbraucher entsiegelt worden sind.

Fehlt die Aufklärung des Kunden über dieses Recht oder ist die Belehrung nicht ordnungsgemäß, so beginnt die zweiwöchige Widerrufsfrist nicht. Das bedeutet, dass der Verbraucher noch nach Ablauf von zwei Wochen vom Kauf zurücktreten kann.

Die Belehrung muss deutlich gestaltet sein und den gesetzlichen Anforderungen genügen. Die Informationen müssen ohne langes Suchen für den Nutzer erreichbar sein. Ein Muster für die Belehrung über das Widerrufs- und Rückgaberecht finden sich in Anlage 1 und 2 zu EGBGB 246. Bei Verträgen zwischen Unternehmern besteht kein Widerrufs- oder Rückgaberecht. Weitere Informationen zum Widerrufs- oder Rückgaberecht finden sich auch im folgenden Interview mit Volker Baldus, janolaw, zum Widerrufsrecht im Online-Handel.

Informationspflichten im Fernabsatz

Bei Fernabsatzverträgen (hierzu zählt auch der Verkauf über das Internet) sind Sie verpflichtet, Verbraucher umfassend über Ihr Unternehmen sowie über die angebotenen Waren bzw. Dienstleistungen zu informieren.

Zu den relevanten Informationen über das Unternehmen gehören unter anderem:

- Name und Anschrift des Unternehmens und gegebenenfalls der gesetzlichen Vertretungsberechtigten (z. B. Geschäftsführer)
- Telefon- und Telefaxnummer sowie E-Mail-Adresse
- Die Aufsichtsbehörde (z. B. die zuständigen Gewerbeaufsichtsämter), falls die ausgeübte Tätigkeit einer behördlichen Zulassung bedarf
- Das Handels-, Vereins-, Partnerschafts- oder Genossenschaftsregister, in welches das Unternehmen eingetragen ist und die entsprechende Registernummer
- Gegebenenfalls die Kammer, der der Diensteanbieter angehört und die gesetzliche Berufsbezeichnung sowie der Staat, in dem diese Berufsbezeichnung verliehen worden ist
- Die berufsrechtlichen Regelungen bei entsprechend geregelten Berufen (z. B. Rechtsanwälte, Architekten oder Steuerberater) und Angaben, wie diese zugänglich sind
- Falls vom Bundesamt für Finanzen erteilt: Umsatzsteuer-Identifikationsnummer nach § 27 Umsatzsteuergesetz

Zu den Informationen über die angebotenen Waren bzw. Dienstleistungen gehören unter anderem:

- Wesentliche Merkmale der Ware oder Dienstleistung
- Informationen über die Vertragsmodalitäten (z. B. wann kommt der Vertrag zustande)
- Die Mindestlaufzeit des Vertrags, wenn dieser eine dauernde oder regelmäßig wiederkehrende Leistung zum Inhalt hat
- Die Modalitäten im Falle von Mängeln, z. B. einen Vorbehalt, eine in Qualität und Preis gleichwertige Leistung (Ware oder Dienstleistung) zu erbringen, und einen Vorbehalt, die versprochene Leistung im Falle ihrer Nichtverfügbarkeit nicht zu erbringen
- Der Preis der Ware oder Dienstleistung, einschließlich aller Steuern und sonstiger Preisbestandteile
- Gegebenenfalls zusätzlich anfallende Liefer- und Versandkosten
- Einzelheiten zur Zahlung (z. B. per Nachnahme oder auf Rechnung) und zur Lieferung der Ware oder zur Erfüllung einer Dienstleistung
- Ein Hinweis auf das Widerrufs- bzw. Rückgaberecht
- Die Kosten, die dem Verbraucher durch die Nutzung der Fernkommunikationsmittel (z. B. die Nutzung einer Hotline) entstehen, sofern diese über die üblichen Grundtarife, mit denen der Verbraucher rechnen muss, hinausgehen
- Die Gültigkeitsdauer befristeter Angebote, insbesondere der angegebenen Preise

Darüber hinaus ist zu beachten:

- Gemäß der Preisangabenverordnung (PAngV) müssen gegenüber Endverbrauchern Endpreise inklusive der gesetzlichen Mehrwertsteuer genannt werden. Eine Ankündigung von Nettopreisen ohne Mehrwertsteuer ist nur gegenüber Gewerbetreibenden zulässig. Verbraucher müssen in diesem Fall erkennen können, dass sich die entsprechenden Tarife nur an Gewerbetreibende richten.
- Falls vorhanden, ist der Kunde darüber hinaus auch über die AGB zu informieren.

Infobox 2-16: Informationspflichten im Fernabsatz
Quelle: BMWi 2012

ibi

2

Widerrufsrecht im Wandel

Im Gespräch mit Dr. Volker Baldus, janolaw, www.janolaw.de

Rechtsanwalt Dr. Volker Baldus arbeitet bei dem Rechtsservice-Anbieter und Leitfadenpartner janolaw AG und betreut dort den Bereich Internet. Immer mehr Shop-Betreiber nutzen die anwaltlichen Leistungen von janolaw erfolgreich und kostengünstig für ihr Business. Für dauerhafte Rechtssicherheit im E-Commerce sorgen der komfortable AGB-Hosting-Service und die Update-Services für eBay und Amazon.

INTERVIEW

Herr Baldus, das Widerrufsrecht befindet sich seit Jahren im Wandel, so dass man fast schon den Sinn und Zweck aus den Augen verloren hat. Wozu dient das Widerrufsrecht?

Das deutsche Widerrufsrecht basiert auf europarechtlichen Vorschriften und soll Verbraucher vor typischen Gefahren des Fernabsatzes (z. B. Online-Shopping, Tele-Shopping, Katalogbestellungen) bewahren. Beim Fernabsatz befinden sich die Vertragsparteien (Käufer und Verkäufer) und die Kaufsache nicht an einem Ort. Der Käufer hat also nicht wie in einem Ladengeschäft die Möglichkeit, die Ware anzufassen oder anzuprobieren. Entschließt sich der Käufer in einem Ladengeschäft zum Kauf, dann ist er an den Kaufvertrag auch gebunden. Es gibt in diesen Fällen kein Widerrufsrecht und der Käufer ist bei einem Umtauschwunsch (Stichwort „Kaufreue") auf die Kulanz des Verkäufers angewiesen. Der alte Rechtsgrundsatz „geschlossene Verträge sind einzuhalten" wird aber bei modernen Fernabsatzverträgen zugunsten des Verbrauchers aufgeweicht. Grund: Ein Kunde muss sich zunächst auf die Bilder und die Produktbeschreibung im Online-Shop bzw. Katalog verlassen und kann die Ware erst nach dem abgeschlossenen Kaufvertrag und Versand überprüfen. Ohne ein Widerrufsrecht müsste er z. B. die Jeans, die er vorher nicht anprobieren konnte und nun daheim nicht passt, behalten. Es wäre unwahrscheinlich, dass ein Käufer in solchen Fällen noch einmal einen Einkauf über das Internet tätigen würde. Daher nutzt das Widerrufsrecht mittelbar auch den Shop-Betreibern. Das Gesetz verpflichtet die Händler dazu, ihre Käufer über dieses Recht umfassend zu informieren und stellt dafür eine Musterwiderrufsbelehrung zur Verfügung.

Am 4. August 2011 ist eine überarbeitete Musterwiderrufsbelehrung in Kraft getreten. Welchen Anlass gab es für die Neuregelung?

Der deutsche Gesetzgeber hat als Reaktion auf ein Urteil des Europäischen Gerichtshofs (EuGH) aus dem Jahr 2009 ein Gesetz zur Änderung der Wertersatzvorschriften verabschiedet, das am 4. August 2011 in Kraft getreten ist. Der EuGH hat die alte deutsche Regelung beanstandet und verlangt, dass ein Verbraucher, der sein Widerrufsrecht ausübt, nicht generell zum Wertersatz für die Nutzung der Ware verpflichtet werden darf. Durch die nun gültige Neuregelung muss ein Verbraucher Wertersatz für gezogene Nutzungen (d. h. Gebrauchsvorteile) oder für die Verschlechterung nur leisten, wenn er die Kaufsache „übergebührlich" genutzt hat. Dies muss der Verkäufer dem Kunden jedoch im Streitfall nachweisen. In der Gesetzessprache heißt es, dass die Ersatzpflicht nur eintreten soll, wenn der Verbraucher die Ware in einer Art und Weise genutzt hat, die über die „Prüfung der Eigenschaften und der Funktionsweise der Ware" hinausgeht. So darf man z. B. eine Kamera zuhause einmal testen, aber nicht zwei Wochen mit in den Urlaub nehmen.

Dieser Passus muss künftig in allen Belehrungstexten im Rahmen der Widerrufs- bzw. Rückgabefolgen auftauchen und dient daher als Kontrollinstrument, ob ein aktueller Text benutzt wird. Die Verwendung veralteter Belehrungstexte kann abgemahnt werden.

ibi

Die Frage nach der Wertersatzpflicht beschäftigte bereits den Bundesgerichtshof: Welche Konsequenzen hat das so genannte Wasserbett-Urteil für Online-Händler?

In dem Fall ging es um einen Händler, der Wasserbetten über das Internet zum Verkauf anbietet. Ein Kunde erwarb ein Wasserbett zum Preis von 1.265 Euro und füllte es daheim mit Wasser auf, um es auszuprobieren. Anschließend widerrief er den Kaufvertrag. Da der Händler nach seinen Angaben das Bett nicht mehr als Neuware verkaufen konnte, hielt er vom Kaufpreis 1.007 Euro als Wertersatz zurück. Auf die Wertersatzverpflichtung ist der Kunde auch bei Vertragsschluss im Rahmen der Widerrufsbelehrung hingewiesen worden. Der Bundesgerichtshof (BGH) hat aber im November 2010 entschieden, dass den Käufer keine Wertersatzpflicht trifft und der Händler zur Rückzahlung des vollständigen Kaufpreises verpflichtet ist. Ein Käufer muss die Gelegenheit haben, die im Internet gekaufte Ware auch zu prüfen und auszuprobieren, weil er sie vor Vertragsschluss nicht sehen kann. Der Aufbau des Betts und die Befüllung der Matratze dienten lediglich der Überprüfung. Das wirtschaftliche Risiko, dass durch die erlaubten Überprüfungen möglicherweise ein Wertverlust eintritt, trägt also der Verkäufer.

Welche Vorteile bringt die Nutzung der Musterwiderrufsbelehrung mit sich?

Die Musterwiderrufsbelehrung wurde bereits am 11. Juni 2010 in den Rang eines formellen Gesetzes „befördert", damit sie von deutschen Gerichten künftig nicht mehr in Teilen für unwirksam erklärt werden kann. Hier lag nämlich das Hauptproblem der alten Musterwiderrufsbelehrung, die lediglich

den Rang einer Verordnung innehatte und daher vor Gerichten wegen Verstoßes gegen höherrangiges Recht angegriffen werden konnte. Dies war eine der Ursachen für die Abmahnwellen der letzten Jahre, die aus einem als Hilfsmittel zur Verfügung gestellten Muster einen Alptraum für Online-Händler machte. Das deutsche Widerrufsrecht ist schwer lesbar in den §§ 312 ff., 355 ff. BGB geregelt und verpflichtet den Verkäufer dazu, den einkaufenden Verbraucher (Unternehmer profitieren nicht vom Widerrufsrecht) über Widerrufsfristen, Wertersatz, Tragung der Rücksendekosten etc. genau zu informieren. Da diese Vorschriften für den Laien nur schwer nachvollziehbar, geschweige denn schriftlich darstellbar sind, hat der Gesetzgeber den Händlern einen Mustertext aus verschiedenen Textbausteinen zur Verfügung gestellt. Es steht dem Händler frei, ob er dieses Muster nutzen oder eine eigene Belehrung erstellen möchte. Aus eigenem Interesse sollte er aber auf die Musterwiderrufsbelehrung zurückgreifen, um nicht wegen einer unvollständigen oder falsch formulierten Belehrung abgemahnt zu werden.

Wer muss eigentlich im Fall des Widerrufs die Kosten der Hinsendung tragen?

Das Gesetz verliert zu diesem praktisch relevanten Punkt kein Wort. Der Europäische Gerichtshof (EuGH) hat im April 2010 in einem auch für die deutschen Gerichte verbindlichen Urteil ausgeführt, dass der Verkäufer im Fall des Widerrufs die Kosten der Hinsendung zu tragen hat. Bei den Hinsendekosten handelt es sich um die Versandkosten, die der Kunde zusätzlich zum Kaufpreis zahlen muss. Die Versandkosten muss der Verkäufer zusammen mit dem Kaufpreis dem Kunden nach Ausübung des ▶

2

> Nach europäischem Recht ist vorgesehen, dass der Käufer im Fall des Widerrufs immer die Kosten der Rücksendung und der Verkäufer im Gegenzug die Kosten der Hinsendung zu tragen hat.
>
> Dr. Volker Baldus, janolaw

Widerrufsrechts erstatten. Der Gesetzgeber hat die Neuregelung des Wertersatzes nicht dazu genutzt, einen Hinweis auf die Kostentragungspflicht des Verkäufers bzgl. der Hinsendekosten in den Text der neuen Musterwiderrufsbelehrung aufzunehmen.

Und wer zahlt die anfallenden Versandkosten, die im Fall des Widerrufs durch Rücksendung der Ware entstehen?

Bei den Rücksendekosten ist die Rechtslage etwas differenzierter. Wer die Kosten der Rücksendung bei Waren im Wert bis 40 Euro dem Kunden auferlegen möchte, muss nach der herrschenden Rechtsprechung auch eine diesbezügliche vertragliche Regelung in seine AGB aufnehmen und gleichzeitig in seiner Widerrufsbelehrung über diese Regelung informieren. Achtung: Beim Rückgaberecht, das der Verkäufer anstelle des Widerrufsrechts einsetzen kann, ist eine Auferlegung der Rücksendekosten nicht möglich. Bei der so genannten 40 Euro Klausel handelt es sich um einen deutschen Sonderweg, der Online-Händler nun teuer zu stehen kommt. Nach europäischem Recht ist vorgesehen, dass der Käufer im Fall des Widerrufs immer die Kosten der Rücksendung und der Verkäufer im Gegenzug die Kosten der Hinsendung zu tragen hat. Den nationalen Gesetzgebern stand es aber frei, strengere Verbraucherschutzvorschriften zu verabschieden. Deutschland hat sich für die umständliche 40 Euro Regelung entschieden, so dass Verkäufer von teuren Waren nun im Fall des Widerrufs mit den Hin- und Rücksendekosten belastet sind. Aufgrund einer am 23. Juni 2011 vom Europaparlament verabschiedeten Verbraucherrichtlinie, die der deutsche Gesetzgeber voraussichtlich bis 2013 umsetzen wird, wird diese Regelung aber bald der Vergangenheit angehören. Der Käufer muss dann immer die Kosten der Rücksendung tragen, dem Händler steht es aber frei, diese Kosten z. B. aus Marketing-Gründen freiwillig zu übernehmen. ■

ibi

Allgemeine Geschäftsbedingungen (AGB)

Das so genannte „Kleingedruckte" kann auch im elektronischen Handel eingesetzt werden. Wie im gewöhnlichen Geschäftsleben ist auch beim Internet-Handel die Nutzung allgemeiner Geschäftsbedingungen (AGB) möglich und sinnvoll (§§ 305-310 BGB). Hierin können die Dauer der Bindung des Käufers an seine Bestellung, die Kosten für Versand und Verpackung, die Lieferfristen, der Erfüllungsort, der Zeitpunkt des Gefahrenübergangs, die Gewährleistungsregelungen, ein Eigentumsvorbehalt bis zur vollständigen Bezahlung oder auch die Zahlungsmodalitäten festgelegt werden. Dabei ist jedoch zu beachten, dass die AGB nur dann Teil des Vertrags werden, wenn der Verbraucher durch den Anbieter ausdrücklich auf die Verwendung hingewiesen wird und die Möglichkeit hat, die AGB zur Kenntnis zu nehmen. Die Bedingungen müssen zudem für den Kunden speicher- und ausdruckbar sein. Die Kenntnisnahme kann z. B. durch Anklicken eines Kontrollkästchens erfolgen, bevor die Bestellung abgeschickt werden kann. Dadurch bestätigt der Kunde, die AGB gelesen zu haben.

Preisangaben

In allen Online-Shops und auf allen Websites, auf denen mit Preisen geworben wird, ist auf die Einhaltung der Vorgaben der Preisangabenverordnung (PAngV) und ihrer Ausgestaltung durch die Rechtsprechung zu achten.

Nach der Preisangabenverordnung müssen gegenüber Endverbrauchern immer Endpreise inklusive der gültigen gesetzlichen Umsatzsteuer angegeben werden. Eine Angabe von Nettopreisen ohne Umsatzsteuer ist nur dann möglich, wenn sich das Angebot ausschließlich an gewerbliche Kunden richtet. In diesem Zusammenhang muss aber sichergestellt werden, dass die Angebote nur von Unternehmen gekauft werden können (z. B. durch die Aufforderung eine Gewerbeanmeldung vorzulegen). Gegenüber dem Endverbraucher müssen die Preise für Waren und Dienstleistungen eindeutig zuzuordnen, leicht erkennbar und deutlich lesbar sein. Es ist mit Endpreisen zu werben, d. h. inklusive Mehrwertsteuer und aller sonstiger Preisbestandteile (z. B. Gebühren, Überführungskosten, sonstige Steuern). Kosten für Lieferung und Versand sind in voller Höhe anzugeben (vgl. das nachfolgende Interview mit Volker Baldus, janolaw, zum E-Commerce-Recht). Ein bloßer Hinweis darauf, dass Nebenkosten anfallen, ist nicht ausreichend. Zudem muss ausdrücklich darauf hingewiesen werden, dass die geforderten Preise die Umsatzsteuer und sonstige Preisbestandteile enthalten. Für Waren, die nach Gewicht, Volumen, Länge oder Fläche angeboten werden, ist der Grundpreis in unmittelbarer Nähe des Endpreises anzugeben. Eine Hervorhebung des Grundpreises gegenüber dem Endpreis ist nicht erlaubt.

2

E-Commerce-Recht – darauf müssen Online-Händler achten

Im Gespräch mit Dr. Volker Baldus, janolaw, www.janolaw.de

Rechtsanwalt Dr. Volker Baldus arbeitet bei dem Rechtsservice-Anbieter und Leitfadenpartner janolaw AG und betreut dort den Bereich Internet. Immer mehr Shop-Betreiber nutzen die anwaltlichen Leistungen von janolaw erfolgreich und kostengünstig für ihr Business. Für dauerhafte Rechtssicherheit im E-Commerce sorgen der komfortable AGB-Hosting-Service und die Update-Services für eBay und Amazon.

Herr Baldus, Internet-Händler sind mit vielen gesetzlichen Pflichten konfrontiert. Was versteht man unter E-Commerce-Recht?

Der Begriff E-Commerce-Recht bezeichnet einen Querschnitt durch die aktuellen gesetzlichen Vorschriften. Ganz unterschiedliche Gesetze haben Bezug zum elektronischen Handel und sind daher für Online-Händler relevant. Von Bedeutung ist das Bürgerliche Gesetzbuch (BGB), das Telemediengesetz (TMG), das Gesetz gegen den Unlauteren Wettbewerb (UWG) und zahlreiche Gesetze, die bestimmte Einzelmaterien regeln, wie beispielsweise die Preisangabenverordnung (PAngV) oder das Batteriegesetz (BattG).

Internet-Händler müssen eine Reihe von Pflichtangaben in ihrem Impressum machen. Welche Angaben sind unbedingt erforderlich und wo müssen die Informationen zu finden sein?

Die Impressumspflicht ist in § 5 TMG geregelt. Der BGH hat entschieden, dass das Impressum mit höchstens zwei Klicks von der Startseite aus erreichbar sein muss. Die Informationen sollten unter dem Link „Impressum" zu finden sein. Im Impressum sollten sich Informationen dazu finden, wer die Website betreibt, bei juristischen Personen muss der oder die Vertretungsberechtigte benannt werden. Es müssen der vollständige Vor- und Zuname bzw. die Firma, die Anschrift, eine E-Mail-Adresse sowie meistens auch eine Telefonnummer angegeben werden. Wenn eine Eintragung ins Handelsregister stattgefunden hat, müssen die Registernummer und das Registergericht angegeben werden. Die Steuernummer muss auf der Rechnung angegeben werden, nicht im Impressum.

Die Umsatzsteueridentifikationsnummer muss nur angegeben werden, wenn eine solche bereits vergeben worden ist. Es besteht also keine Pflicht, die Umsatzsteueridentifikationsnummer extra zur Angabe im Impressum zu beantragen.

Die richtige Angabe der Preise ist immer wieder Gegenstand von Abmahnungen. Welche Anforderungen stellt die Preisangabenverordnung?

Die Verordnung verpflichtet Internet-Händler insbesondere zur Angabe von Endpreisen gegenüber Verbrauchern, d. h. die Preise müssen inklusive Mehrwertsteuer und etwaiger sonstiger Preisbestandteile angezeigt werden. Die Liefer- bzw. Versandkosten sind getrennt anzugeben. Beim jeweiligen Preis muss sich ein Hinweis befinden, ob zusätzlich Liefer- und Versandkosten anfallen und dass Mehrwertsteuer und andere Preisbestandteile bereits inklusive sind. Bei bestimmten Waren muss der Unternehmer den Grundpreis der Ware angeben. Je nach Gewicht der Ware ist dann der Grundpreis, hochgerechnet auf eine bestimmte Gewichts- oder Volumenmenge, anzugeben. Es sind aber nicht alle Waren von den Regelungen betroffen, denn das Gesetz sieht viele Ausnahmen vor.

Welche Besonderheiten haben Kleinunternehmer im Sinne von § 19 UStG zu beachten?

Kleinunternehmer sollten bei den Preisen deutlich darauf hinweisen, dass aufgrund des Kleinunternehmerstatus keine Mehrwertsteuer erhoben wird und diese daher auch nicht auf der Rechnung ausgewiesen wird.

> Man sollte die allgemeinen Geschäftsbedingungen so knapp halten wie möglich. Alle Bestimmungen, die zum Nachteil des Verbrauchers von den gesetzlichen Regelungen abweichen, sind im Höchstmaß abmahngefährdet.
>
> Dr. Volker Baldus, janolaw

Wie kann man das Risiko einer Abmahnung wegen Bestimmungen in den AGB minimieren?

Man sollte die allgemeinen Geschäftsbedingungen so knapp halten wie möglich. Alle Bestimmungen, die zum Nachteil des Verbrauchers von den gesetzlichen Regelungen abweichen, sind im Höchstmaß abmahngefährdet.

Was sollte unbedingt in den allgemeinen Geschäftsbedingungen stehen?

Die allgemeinen Geschäftsbedingungen sind der richtige Ort für die Pflichtangaben des Unternehmers gemäß Art. 246 Einführungsgesetz zum Bürgerlichen Gesetzbuche (EGBGB) § 1 bis § 3. In den allgemeinen Geschäftsbedingungen sollte das Zustandekommen des Vertrages erläutert werden und zwar mit Angaben dazu, welche technischen Schritte zum Vertragsschluss führen. Daneben sollte die angebotene Dienstleistung oder Ware beschrieben werden sowie Informationen zur Art und Weise der Zahlung und der Lieferung zur Verfügung gestellt werden. Der Unternehmer hat außerdem darüber zu informieren, ob der Text des Vertrages gespeichert wird und ob der Kunde Zugriff auf den Vertragstext hat. Schließlich muss der Unternehmer die Käufer über die für den Vertragsschluss zur Verfügung stehenden Sprachen unterrichten und auf Korrekturmöglichkeiten während der Bestellung hinweisen.

Wie müssen die allgemeinen Geschäftsbedingungen zur Verfügung gestellt werden?

Der Unternehmer muss seinen Kunden die Möglichkeit geben, in zumutbarer Weise von den AGB Kenntnis zu nehmen. Dazu sollte im Bestellprozess ein deutlicher Link auf die AGB gesetzt sein. Der Kunde muss die AGB aber nicht nur abrufen, sondern auch in wiedergabefähiger Form speichern können, z. B. als PDF.

Die Gewährung einer Garantie ist ein häufiger Grund für Abmahnungen. Wie kann man eine Abmahnung wegen fehlerhafter Informationen zur Garantie vermeiden?

Der Gesetzgeber sieht bei einer Garantie im Warenverkauf an Verbraucher eine Reihe von Mindestvoraussetzungen vor, die erfüllt sein müssen. Der Unternehmer muss die Garantiebedingungen in einer separaten Garantieerklärung nennen und ausdrücklich darauf hinweisen, dass neben der Garantie die gesetzlichen Gewährleistungsrechte bestehen. Die Garantiebedingungen dürfen nicht in den AGB genannt werden. Ob zusätzlich zur gesetzlichen Gewährleistung mit einer eigenständigen Garantie geworben wird, sollte daher gut überlegt sein.

ibi

2

Viele Online-Händler haben in den vergangenen Jahren E-Mail-Adressbestände aufgebaut und wollen diese zur Werbung nutzen. Wie können vorhandene Mail-Adressen rechtssicher für Werbekampagnen genutzt werden?

Vor einiger Zeit wurden die Bestimmungen zur E-Mail-Werbung im § 7 des Gesetzes gegen den unlauteren Wettbewerb (UWG) neu gefasst. Der Unternehmer muss im Streitfall nachweisen, dass der Adressat der Werbung ausdrücklich der Nutzung seiner E-Mail-Adresse zu Werbezwecken zugestimmt hat. Der Empfänger muss der Werbung aktiv, z. B. durch Anklicken eines entsprechenden Opt-In-Kästchens, zugestimmt haben und der Unternehmer muss diese Zustimmung nachweisen können. Sofern alte Adressbestände keinen Nachweis der ausdrücklichen Zustimmung ermöglichen, sind diese Bestände praktisch wertlos, zumindest besteht ein sehr hohes Abmahnrisiko. Beim Aufbau neuer Verteiler sollten diese bei der Anmeldung das Double-Opt-In-Verfahren verwenden. In jeder Werbe-E-Mail muss darauf hingewiesen werden, dass der Kunde der Verwendung seiner E-Mail-Adresse jederzeit widersprechen kann.

Welche Ausnahmen gibt es von dem strengen Erfordernis der ausdrücklichen Zustimmung bei der E-Mail-Werbung?

Ausnahmen sind nur in wenigen Fällen vorgesehen. Eine Ausnahme gilt für den Fall, dass der Händler die E-Mail-Adresse beim Verkauf einer Ware oder Dienstleistung vom Kunden selbst erhalten hat und der Händler jetzt Werbung für eine ähnliche Ware oder Dienstleistung macht. Ähnlich in diesem Sinne ist eine Ware oder Dienstleistung, wenn die beworbene Ware mit der vom Kunden gekauften Ware austauschbar ist oder wenn es sich um Zubehör zu der ursprünglich bestellten Ware handelt. Hat der Kunde beim Händler einen Staubsauger gekauft, kann der Händler dem Kunden Werbung für andere Staubsauger schicken. Auch die Werbung für Staubsaugerbeutel ist zulässig. Unzulässig wäre es aber, diesem Kunden eine Werbung für Kühlschränke zu schicken. Auch hier trägt der Unternehmer im Streitfall die volle Beweislast.

Ein Online-Händler möchte seinen Gewinn gerne behalten und nicht gleich wieder für hohe Abmahnkosten ausgeben. Wie kann er sich bereits im Vorfeld schützen?

Man muss auf jeden Fall dafür Sorge tragen, dass immer aktuelle Dokumente im Shop eingesetzt werden. Gerade bei der Widerrufsbelehrung gab es in den letzten Jahren aufgrund von Urteilen und neuen Gesetzen immer wieder Neuerungen, auf die sofort reagiert werden musste. Eine endgültige Rechtssicherheit wird es im E-Commerce aufgrund der rasanten technischen Entwicklungen so bald nicht geben. Man sollte sich daher über geeignete Quellen, wie diesen Leitfaden, über die aktuellen Entwicklungen regelmäßig informieren und in Zweifelsfällen einen Anwalt um Rat fragen. ■

2

Angaben in E-Mails

Mit dem Gesetz über das elektronische Handelsregister und das Genossenschaftsregister sowie das Unternehmensregister vom 10. November 2006 werden Kaufleute – ausgenommen Freiberufler – verpflichtet, in ihren Geschäftsbriefen alle notwendigen Informationen über ihr Unternehmen bereitzuhalten. Seit 1. Januar 2007 sind Pflichtangaben, die bisher vornehmlich in Geschäftsbriefen zu finden waren, auch in E-Mails anzugeben. Folgendes müssen Sie bedenken:

Pflichtangaben:

- Vollständige Bezeichnung des Unternehmens
- Rechtsform des Unternehmens
- Sitz der Gesellschaft
- Registergericht
- Registernummer
- Vertretungsberechtigte Personen

Bei Kapitalgesellschaften (GmbH und AG) werden zudem weitere Angaben zur Pflicht. Erforderlich sind die Nennung aller Geschäftsführer bzw. Vorstände mit ausgeschriebenem Familiennamen und mindestens einem Vornamen. Zudem sind die Vorsitzenden des Aufsichtsrats mit ausgeschriebenem Familiennamen und mindestens einem Vornamen zu nennen.

Ergänzende, freiwillige Angaben in der E-Mail-Signatur können sinnvoll sein. Dies können z. B. Telefon- und Faxnummern, die Website und die E-Mail-Adresse sein.

Beispiel für die E-Mail-Signatur einer Aktiengesellschaft inklusive Pflichtangaben

Mustermann AG

Max Mustermann
Mustermann AG
Musterstraße 1a
60001 Frankfurt am Main

Tel.: +49 123456-789
Fax: +49 123456-123
E-Mail: max.mustermann@mustermann-ag.com
Internet: www.mustermann-ag.com

Sitz der Gesellschaft: Frankfurt am Main
Registergericht: Amtsgericht Frankfurt am Main, HRB 11111

Vorstandsmitglieder: Max Mustermann, Melanie Mustermann
Vorstandsvorsitzende: Melanie Mustermann
Vorsitzender des Aufsichtsrats: Moritz Mustermann

Infobox 2-17: Beispiel für die Pflichtangaben in der E-Mail-Signatur einer Aktiengesellschaft

ibi

Erste Schritte und Hilfestellungen bei Erhalt einer Abmahnung

Was zu tun ist, wenn doch einmal eine Abmahnung kommt, erläutert Dr. H. Jochen Krieger, Rechtsanwälte Krieger, Froese & Kollegen

1. Unter Abmahnung versteht man die Aufforderung, eine Rechtsverletzung zu unterlassen. Mit einer Abmahnung dokumentiert der Abmahnende, dass er mit einer Handlung des Abgemahnten nicht einverstanden ist und begehrt Unterlassung.

2. Zunächst gilt der Grundsatz: Ruhe bewahren und keine voreiligen Schnellschüsse einleiten. Weder schimpfen, noch den Kopf in den Sand stecken helfen jetzt weiter: Jedoch sei darauf hingewiesen, dass aufgrund der kurzen Fristen Eile geboten ist. Auf keinen Fall sollten Sie untätig bleiben und auf einen guten Ausgang hoffen!
   Besser sollten Sie die Abmahnung sorgfältig durchlesen und sondieren, was genau der Abmahnende Ihnen vorwirft und ob dies möglicherweise einen begründeten Anspruch darstellt. Dabei ist zunächst zu überprüfen, ob der Vorwurf tatsächlich rechtmäßig ist und ob der Abmahnende diesen beweisen kann.
   Hierbei ist aber zu bedenken, dass bei einer einstweiligen Verfügung Glaubhaftmachung ausreicht, das heißt, es genügt, wenn das Gericht von der überwiegenden Wahrscheinlichkeit der glaubhaft gemachten Tatsachen überzeugt ist. Der Abmahnende kann also lügen, würde sich dann aber strafbar machen. Ihrerseits können Sie umgekehrt Ihre Behauptungen eidesstattlich versichern.

3. Nach der Erstanalyse des vorgeworfenen Tatbestandes können Sie möglicherweise vorprüfen, ob der Tatbestand verboten ist. Selbst denken macht klug und verschafft Ihnen einen Überblick. Hierzu kann das Internet eine erste Hilfe sein. Zunächst empfiehlt es sich, die einschlägigen Gesetze zu lesen, wobei Ihnen oftmals auch eine Rechtsprechungsübersicht der neusten Entscheidungen zur Verfügung gestellt wird. Hierbei sei besonders darauf verwiesen, dass Sie immer auf den neusten Stand der betreffenden Gesetze achten müssen. Aktuelle Gesetzestexte finden Sie hier:

   ▪ www.dejure.org
   ▪ www.bundesrecht.juris.de/aktuell.html

   Auch sollten Sie hinterfragen, wie ernst es Ihr Gegner wohl meint und ob Sie möglicherweise andere Betroffene in einschlägigen Foren bzw. Archiven ausfindig machen können, die von selber Stelle und möglicherweise auch aufgrund von ähnlichen oder gleichen Verletzungen abgemahnt wurden. Verwiesen sei in diesem Zusammenhang auch auf:

   ▪ www.abmahnwelle.de
   ▪ www.abmahnung-internet.de
   ▪ www.linksandlaw.info/Abmahnung.html
   ▪ www.shopbetreiber-blog.de/category/abmahnungen

4. Grundsätzlich sollten Sie jedoch Folgendes bedenken:
    Bei einer gerichtlichen Auseinandersetzung ist eine anwaltliche Vertretung erforderlich. Und genau diese sollten Sie, wenn Ihr Entschluss gefallen ist, es auf eine gerichtliche Auseinandersetzung ankommen zu lassen, auch unmittelbar aufsuchen. Je früher, desto besser, da die meist kurzen Fristen einer schnellen Handlung bedürfen.

5. Wenn Sie sich auf die Suche nach einschlägigen Foren und Websites begeben haben und auf ähnliche Fälle gestoßen sind, ist dennoch Vorsicht geboten: Abenteuerliche Gedanken werden oftmals als der Weisheit letzter Schluss verkauft. Wenn Sie jedoch glauben, nach der Selbstrecherche einen guten Überblick gewonnen zu haben, können Sie in Online-Rechts-Mailinglisten und / oder Foren erfragen, ob überhaupt Aussicht auf eine erfolgreiche Verteidigung bestünde. Hierbei kann jedoch schon die Fragestellung Schwierigkeiten bereiten. Der Fragende weiß zunächst meist nicht, worauf es ankommt. Er kann aber auch nicht zu viel preisgeben, da er nicht abschätzen kann, wer die Liste und / oder das Forum mitliest. Bei Markensachen unumgänglich ist die Bekanntgabe der eigenen Seite, die angegriffen wird und das Recht, auf das der Abmahnende sich beruft. Hat dieser eine eigene Website, sollte auch diese bekanntgegeben werden. Bei wettbewerbsrechtlichen Streitigkeiten sollten der mögliche Verstoß sowie die geforderte Unterlassung angegeben werden, so dass hier eine erste Überprüfung der Unterlassungserklärung möglich ist. Besondere Aufmerksamkeit sollten Sie auch auf das Wettbewerbsverhältnis legen, da dies möglicherweise gar nicht zwischen Ihnen und dem Abmahnenden besteht. Geregelt ist die missbräuchliche Abmahnung in § 8 Abs. 4 UWG.
    Für Unterlassungsbegehren aus Gründen des unlauteren Wettbewerbs können auch die Amtsgerichte zuständig sein, wenn der Gegenstandswert entsprechend gering ist. Hier ist zunächst die Klageberechtigung zu prüfen. Klagen dürfen nur Wettbewerber und / oder – nach dem Unterlassungsklagengesetz nach § 3 – zugelassene Stellen.

6. Wenn keine Hoffnung besteht, der Unterlassungsanspruch demnach begründet ist, ist es ratsam, sofort anzuerkennen. Teilweise wird empfohlen, „ohne Anerkennung einer Rechtspflicht" zu unterzeichnen und die Erstattung der Kosten abzulehnen. Dies hat zur Folge, dass Sie als Abgemahnter diese Unterlassungserklärung zwar für bindend ansehen, eine Verpflichtung zur Unterlassung jedoch nicht anerkennen. Auch sollten Sie sich nicht zur Zahlung eines noch nicht bezifferten Schadensersatzes verpflichten lassen, denn dies ist für die Beseitigung der Wiederholungsgefahr nicht erforderlich. Häufig verlangt die Unterlassungserklärung mehr, als Sie zu tun oder zu unterlassen verpflichtet sind. Dann können Sie die Unterlassungserklärung abändern oder aber neu formulieren und diese auf diesem Wege auf den eigentlichen Umfang reduzieren. Manchmal hilft es. Zu beachten ist aber, dass die Unterlassungserklärung 30 Jahre lang gilt und eine Vertragsstrafe für jeden Fall der Zuwiderhandlung auslöst, selbst wenn diese schuldlos geschieht oder der Rechtsverstoß nie vorlag. ▶

ibi

Also: Prüfen Sie genau, was Sie unterschreiben. Bei Zweifeln ist es sicherlich empfehlenswert, auch für einen geordneten Rückzug, einen Anwalt zurate zu ziehen. Gehandelt werden kann schließlich bei den geltend gemachten Anwaltskosten. Unberechtigt können sie nämlich sein, wenn lediglich aus Kostengründen abgemahnt wird. Diese Fälle sind jedoch selten.

7. Ist die Sache nicht von vornherein hoffnungslos, sollte so früh wie möglich anwaltlicher Rat eingeholt werden. Dabei sollten Sie aber eine so genannte Erstberatung vereinbaren. Die Gebühren einer solchen richten sich nach § 34 RVG, wobei sie 249,90 Euro brutto nicht überschreiten sollten. In dieser Erstberatung sollten Risiken und deren Kosten erörtert werden. Weiter sollten auch die Zuständigkeiten geklärt werden. In Markensachen sind jedenfalls immer die Landgerichte und dort auch wiederum nur bestimmte Landgerichte zuständig. Wenn Aussicht auf Rechtsverteidigung besteht und Sie sich nach Abwägung aller Umstände entschlossen haben, gegen die Abmahnung vorzugehen, empfehlen sich folgende Strategien:

    - Teilweise wird die Hinterlegung einer so genannten Schutzschrift empfohlen. Das ist bei Internet-Sachen allerdings aufwendig, da der Abgemahnte nicht weiß, wo der Abmahnende ggf. eine Klage erheben wird. Vorsichtshalber muss demgemäß bei Markensachen bei allen Landgerichten, die in Markensachen zugelassen sind, eine Schutzschrift hinterlegt werden. Bei UWG-Sachen, die auch beim Amtsgericht erhoben werden können, verbietet sich das allerdings.

    - Die empfehlenswerte Gegenmaßnahme ist die negative Feststellungsklage, die darauf gerichtet ist, dass der Unterlassungsanspruch nicht besteht und unberechtigt erhoben wurde. Damit haben Sie erst einmal das Heft in der Hand und bestimmen den Gang der Dinge.

      Das ist ein Riesenvorteil, denn Sie nehmen dem Abmahnenden den Heimvorteil und nutzen den eigenen Heimvorteil. Zu beachten sind nur die Spezialzuständigkeiten, wie bereits oben aufgeführt. Wer die Rechtsprechung verfolgt, wird feststellen, dass die Gerichte unterschiedlich erlassfreudig sind und mitunter unterschiedliche Auffassungen haben. Weiter bestimmen Sie erst einmal den Streitwert. Sie bzw. Ihr Anwalt geben nunmehr den Gang der Dinge vor und setzen die ersten Schwerpunkte. Angriff ist bekanntlich die beste Verteidigung und auch bei Richtern ist der Wert des ersten Eindruckes nicht wegzuleugnen. Darüber hinaus dokumentieren Sie dem Gericht Ihre Entschlossenheit, was den Wert der Darlegung erhöht.

      Aber Vorsicht: Für die negative Feststellungsklage fehlt der entsprechende Grund, wenn bereits Hauptklage erhoben worden ist (nicht die einstweilige Verfügung). Damit kommt es quasi zu einem Hase-und-Igel-Spiel. Wer zuerst eine mündliche Verhandlung erwirken kann, dessen Klage wird behandelt. Der jeweils andere wird abgewiesen. Wenn zuerst über die negative Feststellungsklage verhandelt wird, empfiehlt es sich andererseits für den Abmahnenden, seine Hauptklage umgehend zurückzunehmen, da er anderenfalls zweimal Kosten bezahlen muss.

> Zunächst gilt der Grundsatz: Ruhe bewahren und keine voreiligen Schnellschüsse einleiten.
>
> Dr. H. Jochen Krieger, Rechtsanwälte Krieger, Froese & Kollegen

8. Beim Verdacht von Serienabmahnungen sollten Sie in den einschlägigen Listen bzw. Foren Leidensgenossen suchen, um ein gemeinsames Vorgehen, möglichst an einem gemeinsamen Gericht abzustimmen, wobei mit einem gemeinsamen Anwalt sicherlich Sonderkonditionen auszuhandeln sind. Gegenüber einem missbräuchlich Abmahnenden sind Sie als Abgemahnter berechtigt, die eigenen Rechtverfolgungskosten gemäß § 823 Abs. 1 BGB als Schadensersatz bzw. gemäß § 678 BGB als Aufwendungsersatz geltend zu machen. Dies folgt aus § 3 UWG, denn der missbräuchlich Abmahnende verhält sich selbst wettbewerbswidrig.

9. Die einstweilige Verfügung ist ein sehr scharfes Schwert, da der einstweiligen Verfügung umgehend nach Zustellung nachzukommen ist. Wenn sie berechtigt und nicht zu verhindern war, genügt es nicht, diese zu akzeptieren. Eine zusätzliche Unterlassungserklärung ist erforderlich – sonst besteht die Gefahr eines so genannten Schlussschreibens, da die einstweilige Verfügung den Zustand nur einstweilen regelt. Der Verfügungsempfänger muss vielmehr in etwa folgende Erklärung abgeben: „Ich bestätige die Zustellung Ihrer einstweiligen Verfügung, erkenne diese als endgültige und materiellrechtlich verbindliche Regelung an, verzichte rechtsverbindlich auf das Recht zur Widerspruchseinlegung und zur Fristsetzung der Hauptklage (§ 926 ZPO)". Wird diese Erklärung nicht unaufgefordert abgegeben, kann vom Gegenanwalt diese Erklärung verlangt werden. Dieses so genannte Schlussschreiben ist wiederum gebührenpflichtig, sogar mit einem höheren Streitwert.
Soll gegen eine einstweilige Verfügung vorgegangen werden, gibt es mehrere Möglichkeiten:
- Ist sie ohne mündliche Verhandlung ergangen, kann Widerspruch eingelegt werden.
- Ist sie nach mündlicher Verhandlung ergangen, gibt es gegen die einstweilige Verfügung nur noch das Rechtsmittel der Berufung.

Zu beachten bleibt jedoch, dass die einstweilige Verfügung nur eine einstweilige Regelung bedeutet, mit eingeschränkten Beweismöglichkeiten. Urkunden und Zeugen scheiden demgemäß als Beweis aus. Letztere können nur im so genannten Hauptverfahren geltend gemacht werden. Hierzu gibt es wiederum zwei Möglichkeiten. Zum einen können Sie den Gegner zwingen, Hauptklage zu erheben – tut er das nicht, verliert er die Rechte aus der einstweiligen Verfügung. Zum anderen können Sie aber wiederum in dieser Prozesslage die negative Feststellungsklage erheben. Insoweit gilt wiederum das vorher Gesagte.

Infobox 2-18: Richtiger Umgang mit Abmahnungen

2

Vor dem Start – testen, testen, testen!

Bevor Sie mit Ihrem Shop endgültig „live" gehen, sollten Sie unbedingt eine ausgiebige Testphase einplanen. Wie Abbildung 2-19 zeigt, hat die Durchführung von Tests und die Fehlerbeseitigung bei mehr als 40 % der Händler mit den größten Aufwand bei der Bereitstellung des Online-Shops verursacht. Jedoch reicht ein einmaliger Test leider nicht aus, vielmehr sollten regelmäßige Tests durchgeführt werden. Welche Tests Online-Händler durchführen, zeigt Abbildung 2-20. Denken Sie immer daran: es gibt nichts, das es nicht gibt – leider!

Tests und Fehlerbeseitigung verursachen mit den größten Aufwand bei der Bereitstellung eines Web-Shops.

Welche der folgenden Tätigkeiten haben bei der Bereitstellung Ihres Web-Shops den größten Aufwand verursacht? (Maximal drei Nennungen möglich)

66 %	Technische Installation und Anpassung
60 %	Bestückung des Shops
44 %	Tests und Fehlerbeseitigung
25 %	Anbindung von unternehmensinternen Systemen
21 %	Anbindung von Zahlungsabwicklungs-Dienstleistern
11 %	Anbindung von Logistik-Dienstleistern
8 %	Schulung von Mitarbeitern

Abb. 2-19: Die größten Herausforderungen bei der Bereitstellung des Web-Shops
Quelle: ibi research (Shop-Systeme, Warenwirtschaft und Versand 2011)

Nicht einmal jeder Dritte testet sein eingesetztes System regelmäßig auf Sicherheitslücken.

Welche der folgenden Tests werden an Ihrem Online-Shop-System regelmäßig durchgeführt?

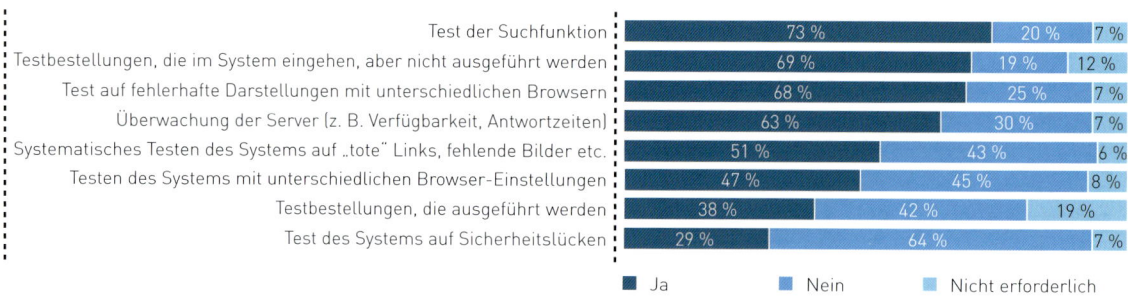

	Ja	Nein	Nicht erforderlich
Test der Suchfunktion	73 %	20 %	7 %
Testbestellungen, die im System eingehen, aber nicht ausgeführt werden	69 %	19 %	12 %
Test auf fehlerhafte Darstellungen mit unterschiedlichen Browsern	68 %	25 %	7 %
Überwachung der Server (z. B. Verfügbarkeit, Antwortzeiten)	63 %	30 %	7 %
Systematisches Testen des Systems auf „tote" Links, fehlende Bilder etc.	51 %	43 %	6 %
Testen des Systems mit unterschiedlichen Browser-Einstellungen	47 %	45 %	8 %
Testbestellungen, die ausgeführt werden	38 %	42 %	19 %
Test des Systems auf Sicherheitslücken	29 %	64 %	7 %

Abb. 2-20: Regelmäßig durchgeführte Tests am Online-Shop-System
Quelle: ibi research (Shop-Systeme, Warenwirtschaft und Versand 2011)

Wichtige Aspekte, auf die bei den Tests Ihres Web-Shops zu achten ist, sind in Checkliste 2-5 zusammengefasst.

Im Rahmen der Testphase sollten Sie den Shop sowohl selbst testen als auch externe Personen einbinden. Eventuell sind auch schon vorhandene Kunden zur Durchführung von Tests bereit. Versuchen Sie, die Tests von verschiedenen Typen von Nutzern durchführen zu lassen. Denn auch Ihre Kunden werden sich bezüglich ihrer Internet-Erfahrung, ihres Alters usw. unterscheiden.

Checkliste: Testen Sie sich selbst – Qualität der Umsetzung des Web-Shops

Im Folgenden finden Sie einen Fragenkatalog, der Sie bei der kritischen Prüfung Ihres Online-Shops unterstützen soll. Je öfter Sie die folgenden Fragen mit „Ja" beantworten können, desto besser haben Sie Ihren Web-Shop umgesetzt.

Bekanntmachung des Angebots

- Bieten Sie Ihren Kunden im Unterschied zum Einkauf in der realen Welt etwas Besonderes an (z. B. ausführliche Produktinformationen, Online-Beratung, Hotline-Pannen-Service)?
- Können auch Neukunden Ihren Online-Shop finden?
- Sind Sie auf den wichtigsten Auktions- und Verkaufsplattformen vertreten?
- Machen Sie Werbung für Ihren Online-Shop (z. B. auf Partner-Seiten oder auf Ihren Geschäftspapieren)?

Gestaltung

- Sind Bilder und Schrift klar, deutlich und groß genug?
- Sind die Farben angenehm?
- Ist auf überflüssigen „Schnickschnack" verzichtet worden?
- Ist das Corporate Design des Unternehmens übertragen worden?
- Kann Ihr Online-Shop auch über mobile Endgeräte, wie Smartphones oder Tablet-Computer, vernünftig genutzt werden?

Angebotspräsentation

- Sind Ihre Produkte oder Dienstleistungen so dargestellt und beschrieben, dass sich Ihre Kunden schnell einen genauen Eindruck davon machen können?

Navigation / Handling

- Ist die Bedienung auch für einen Laien leicht verständlich?
- Weiß der Nutzer zu jeder Zeit, wo im Shop er sich befindet und was er tut bzw. auslöst?
- Sind die Ladezeiten der einzelnen Shop-Seiten zumutbar?
- Ist das Shop-System möglichst 24 Stunden am Tag verfügbar (d. h. keine oder nur ganz wenige „Abstürze")?

Funktionen

- Stehen die erforderlichen Schnittstellen zur Verfügung (z. B. Schnittstelle zu Zahlungsabwicklungs-Software)?
- Lässt sich der Online-Shop an die interne Unternehmens-EDV anbinden (z. B. Warenwirtschaftssystem)?

Umsetzung

- Können Sie eingehende Bestellungen schnell bearbeiten?
- Können Sie die eingehenden Daten ohne Medienbrüche weiterverarbeiten?
- Können Sie einen schnellen und fehlerfreien Versand sicherstellen?

Checkliste 2-5: Test von Web-Shops
Quelle: ibi research / BMWi 2006

ibi

www.ecommerce-leitfaden.de

Vertiefende Informationen zu den Inhalten dieser Abschnitte sowie Links zu Lösungsanbietern erhalten Sie auf der Website www.ecommerce-leitfaden.de. Dort finden Sie auch
weitere kostenlose Angebote, wie den Newsletter, Online-Tools und weitere Studien.

3

3. » LASST ZAHLEN SPRECHEN – KONVERSIONSRATEN STEIGERN DURCH WEB-CONTROLLING

Wenn der Shop im Netz ist und die ersten Bestellungen eingehen, ist die erste Hürde geschafft. Das ist aber noch kein Grund, sich entspannt zurückzulehnen. Gerade im wettbewerbsintensiven Online-Geschäft muss ständig an der Verbesserung des eigenen Angebots gearbeitet werden, um nicht von der Konkurrenz abgehängt zu werden. Ein ganzheitliches Web-Controlling, das Ihnen sowohl quantitative als auch qualitative Daten über Ihre Besucher liefert, zeigt, an welchen Stellen bei den Verbesserungen anzusetzen ist.

3.1 Wissen Sie, wohin Sie wollen? Am Anfang stehen die Ziele

Der englische Begriff „Controlling" bedeutet nicht wie oft vermutet Kontrolle, sondern Steuerung. Und steuern kann man nur, wenn man weiß, wohin man will. Wer seine Online-Aktivitäten mit Web-Controlling verbessern will, muss sich daher zuallererst über die Ziele im Klaren sein, die er mit seiner Website oder seinem Online-Shop erreichen will.

Mithilfe moderner Web-Controlling-Tools ist der Erfolg Ihrer Website und Ihrer Marketing-Aktionen prinzipiell sehr gut messbar. Quasi auf Knopfdruck ist eine Vielzahl von Kennzahlen und Auswertungen verfügbar, die entweder quantitative Daten, wie die Anzahl der Besucher oder die Häufigkeit einzelner Seitenaufrufe, oder qualitative Daten, z. B. in Form von Besucher-Feedback, liefern können.

Diese Unmenge an Informationen ist Fluch und Segen zugleich: Fluch ist sie für den, der sich in der Vielzahl der Informationen verliert und ohne übergreifendes Gesamtkonzept mal diese, mal jene Kennzahl analysiert. Zum Segen wird sie, wenn man sich über seine Ziele im Klaren ist und Web-Controlling als Regelkreis zur Überwachung der Zielerreichung und erfolgsorientierten Steuerung seiner Online-Aktivitäten versteht (vgl. Abbildung 3-1).

Der Web-Controlling-Regelkreis

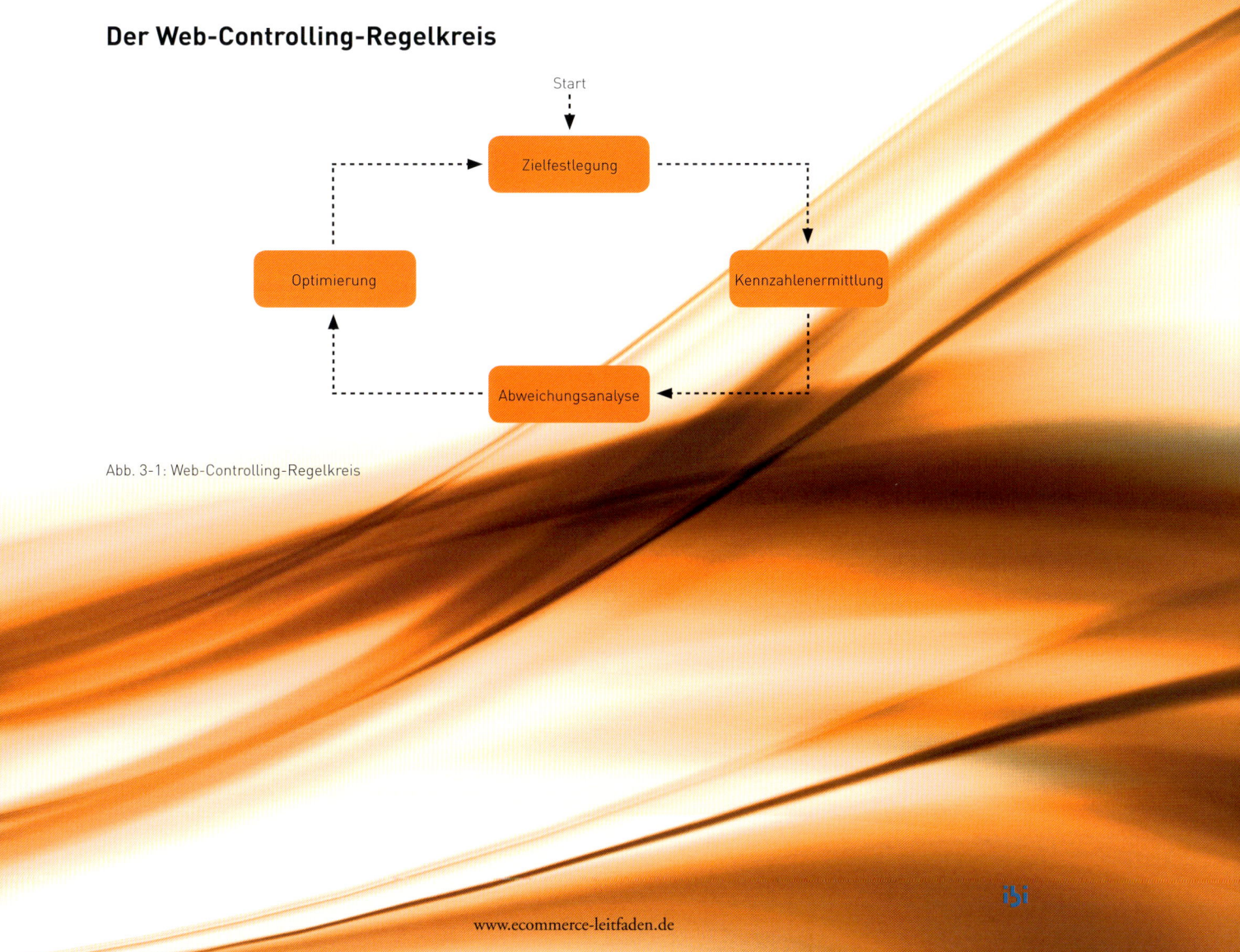

Abb. 3-1: Web-Controlling-Regelkreis

Im elektronischen Handel steht in der Regel das Ziel des Verkaufs von Waren und Dienstleistungen im Vordergrund. Vor Erreichung dieses finalen Ziels stehen allerdings Zwischenziele, die zwingend erreicht werden müssen und sowohl gesondert gemessen als auch analysiert werden können. Wichtige Zwischenziele und Kennzahlen beziehen sich dabei auf

- die Wirksamkeit einzelner Werbemittel (z. B. Banner, Newsletter),
- die Wechselwirkungen zwischen verschiedenen Werbemitteln,
- die Anzahl der Besucher Ihres Web-Shops,
- den Anteil der Besucher, die etwas in den Warenkorb legen,
- den Anteil der Besucher, die den Kaufprozess abschließen,
- den durchschnittlichen Warenkorbwert.

Neben dem Verkauf von Waren und Dienstleistungen können aber auch weitere Ziele mit einer Internet-Präsenz verfolgt werden. Weitere Ziele, die in ein Web-Controlling einbezogen werden können, betreffen beispielsweise

- die Anzahl der Registrierungen für einen Newsletter,
- die Anzahl der Anfragen über ein Kontaktformular,
- die Download-Zahlen von Produkt-Broschüren,
- die Anzahl von Produktrezensionen in Ihrem Shop,
- die Motivation Ihrer Besucher,
- die Zufriedenheit Ihrer Besucher,
- die Zielerreichung Ihrer Besucher.

Um die Erreichung dieser Ziele überwachen und steuern zu können, müssen geeignete Kennzahlen definiert und Soll-Werte für diese Kennzahlen festgelegt werden (vgl. Abschnitt 3.2). Zur Erreichung dieser Soll-Werte werden Maßnahmen geplant, deren Erfolg durch die Erfassung der Ist-Werte der Kennzahlen überwacht und analysiert wird. Die Ergebnisse dieser Analyse liefern die Grundlage für Optimierungsmaßnahmen, um die definierten Ziele zukünftig noch besser zu erreichen.

Jede Kennzahl kann grundsätzlich nach vielfältigen Kriterien aufgegliedert werden, z. B. nach Produktkategorien, Kundensegmenten oder Marketing-Aktionen wie Bannern oder Suchmaschinenanzeigen. Auf diese Weise kann der Erfolg der eigenen Online-Geschäfte systematisch analysiert werden, um Schwachstellen erkennen und beseitigen zu können. Wie dabei vorzugehen ist, wird im Folgenden anhand der Verbesserung der Nutzerführung und der Optimierung der Marketing-Maßnahmen erläutert.

3

3.2 Erfolg braucht Wissen – wichtige Kennzahlen und Instrumente für Online-Händler

Trotz aller Planung am Anfang gilt: Ob der eigene Shop wirklich erfolgreich ist, zeigt sich erst im laufenden Betrieb. Oftmals ist aber gar nicht so einfach festzustellen, wie gut z. B. die Marketing-Maßnahmen oder das Shop-Design bei den Kunden ankommen. Mithilfe von Web-Controlling-Tools ermittelte Kennzahlen liefern hierfür wichtige Anhaltspunkte.

Zauberwort „Konversion" – so werden Besucher zu Käufern

Durch teure Marketing-Maßnahmen zusätzliche Besucher anzuziehen hilft wenig, wenn sich die Besucher im Shop nicht zurechtfinden und daher den Kauf abbrechen. Dadurch gehen nicht nur unmittelbar Umsätze verloren, auch zukünftig werden die enttäuschten Kunden nur schwer dazu zu bewegen sein, wieder in Ihren Shop zurückzukommen.

Wie sich schon geringfügige Veränderungen der Konversionsrate auf Ihren Umsatz auswirken, zeigt das Rechenbeispiel in Infobox 3-1. Unter der Annahme, dass jährlich 50.000 Neukunden Ihren Web-Shop besuchen, bedeutet eine einmalige Steigerung der Konversionsrate um 1 % zusätzliche 500 Neukunden pro Jahr. Bei einem durchschnittlichen Warenkorbwert von 80 Euro sind dies bereits 40.000 Euro zusätzlicher Umsatz, die jedes Jahr entstehen. Nimmt man nun an, dass jeder vierte neu gewonnene Kunde in den darauf folgenden Jahren durchschnittlich wieder zweimal bei Ihnen für 80 Euro kauft, so erhöhen sich Ihre Stammkunden jährlich um 125 Personen, die einen weiteren Umsatz von 20.000 Euro erzielen. Damit ergibt sich im zweiten Jahr unseres Rechenbeispiels insgesamt ein zusätzlicher Umsatz von 60.000 Euro (40.000 Euro durch Neukunden und 20.000 Euro durch neu gewonnene Stammkunden aus dem Vorjahr) und im dritten Jahr sogar von 80.000 Euro.

Achten Sie vor allem bei Neukunden auf Ihre Konversionsrate!

Wie sich eine Veränderung der Konversionsrate bei Neukunden, d. h. der Anteil der Besucher, der erstmals einen Kauf tätigt, auf Ihren Umsatz auswirkt, zeigt die folgende Berechnung*:

■ Besuche von Neukunden pro Jahr	50.000
■ Durchschnittlicher Warenkorbwert	80 EUR
■ Anteil der Neukunden, die zu Stammkunden werden	25 %
■ Wiederholungskäufe pro Kunde pro Jahr	2

Was passiert, wenn die Konversionsrate bei Neukunden einmalig um 1 % steigt?

■ Zusätzlich gewonnene Neukunden pro Jahr	500
■ Zusätzlicher Umsatz im ersten Jahr	40.000 EUR
■ Zusätzlicher Umsatz im zweiten Jahr	60.000 EUR
■ Zusätzlicher Umsatz im dritten Jahr	80.000 EUR

* In der Berechnung ist eine etwaige Kundenabwanderung nicht berücksichtigt.

Infobox 3-1: Auswirkungen der Konversionsrate auf den Umsatz

ibi

Die Vorgehensweise zur Verbesserung der Konversion folgt grundsätzlich dem im vorhergehenden Abschnitt vorgestellten Controlling-Regelkreis (vgl. Abbildung 3-1). Der erste Schritt muss sein, den Shop in Ruhe und im Detail „offline" zu planen. Wichtige Fragen dabei sind: Wer ist meine Zielgruppe, was möchte ich mit meinem Shop erreichen und in welchen Schritten führe ich meine Kunden zu dem gewünschten Ziel? Dieser erste Schritt wird oftmals unterschätzt und vernachlässigt, legt jedoch den Grundstein für erfolgreiches Verkaufen im Internet.

Im zweiten Schritt wird daraufhin das tatsächliche Nutzerverhalten im Web-Shop analysiert. Wichtigste Kennzahl ist dabei die Konversionsrate, d. h. der Anteil der Besucher, der eine bestimmte Aktion tätigt. Die Konversionsrate kann sowohl für

einzelne Schritte in einem Verkaufsprozess, z. B. von der Angabe der Lieferadresse bis zur Auswahl der Zahlungsmittel (Mikro-Konversion), als auch für das Verhältnis zwischen Besuchern und Bestellungen insgesamt (Makro-Konversion) betrachtet werden (vgl. Abbildung 3-2).

Neben einer quantitativen Analyse des Nutzerverhaltens sollte auch eine qualitative Analyse, z. B. durch Besucher-Feedback zur Messung der Zufriedenheit der Besucher, stets im Fokus des Web-Controllings stehen, denn zufriedene Besucher kaufen mehr und häufiger ein und empfehlen Sie weiter.

Beispielhafte Instrumente, die zur Analyse des Nutzerverhaltens und zur Messung der Kundenzufriedenheit herangezogen werden können, sind in Infobox 3-3 dargestellt.

Typischer Konversionstrichter eines Online-Shops

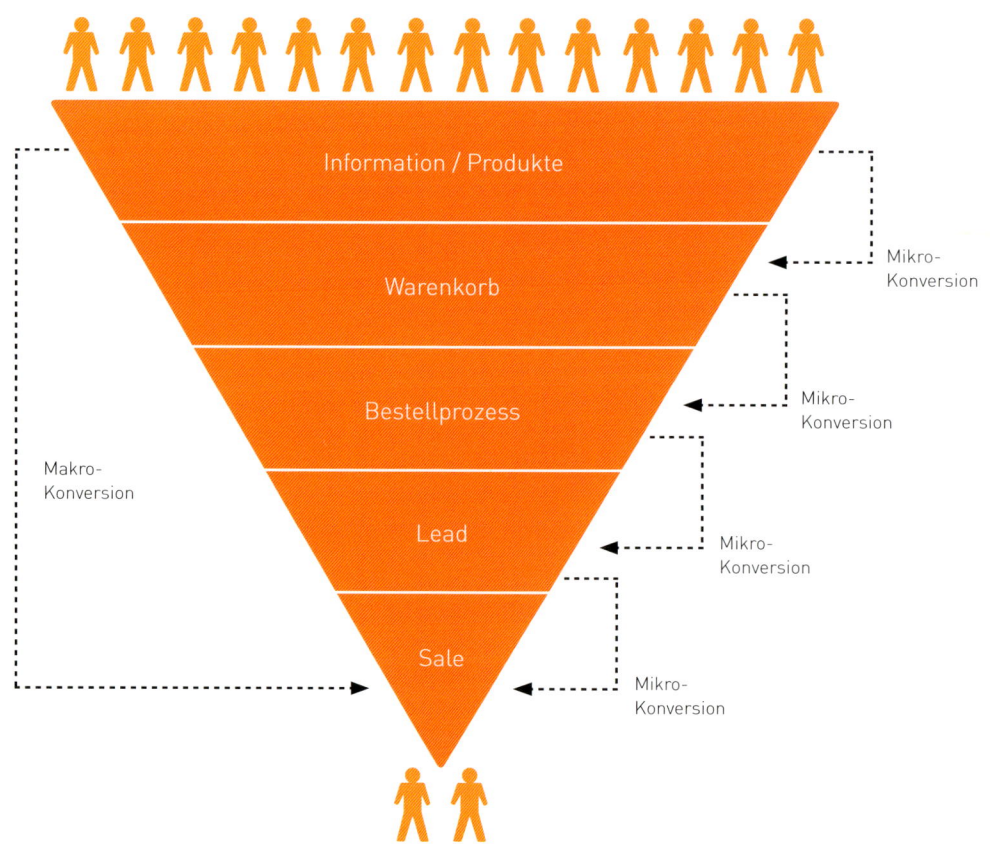

Abb. 3-2: Konversionstrichter

3

So steigern Online-Händler ihren Umsatz – Fakten aus dem deutschen Online-Handel

Einen Online-Auftritt ins Netz zu stellen, reicht für erfolgreichen E-Commerce noch lange nicht aus. Die Kunst besteht darin, Kunden durch unterschiedliche Marketing-Maßnahmen auf das eigene Angebot aufmerksam zu machen und zu binden. Ob sich die Schaltung von Bannerwerbung, der Versand von Newslettern oder die Teilnahme an sozialen Netzwerken für den Online-Händler lohnen, können Web-Controlling-Lösungen zeigen.

Gerade im wettbewerbsintensiven Online-Geschäft muss auch ständig an der Verbesserung des eigenen Angebots gearbeitet werden, um nicht von der Konkurrenz abgehängt zu werden und um weitere Potenziale zu heben. An welchen Stellen dabei anzusetzen ist, zeigt das Web-Controlling auf. Die Studie „So steigern Online-Händler ihren Umsatz – Fakten aus dem deutschen Online-Handel" bietet Ergebnisse zu aktuellen Trends und Entwicklungen in den Bereichen Online-Marketing und Web-Controlling. Es zeigt sich z. B., dass nur jeder dritte Online-Händler seine ermittelten Kennzahlen mit Zielwerten abgleicht (vgl. Abbildung 3-3).

Weitere Informationen zu dieser Studie sowie den Link zum kostenlosen Download finden Sie auf der Website des Leitfadens (www.ecommerce-leitfaden.de/web-controlling).

Christopher Bauer, Georg Wittmann, Ernst Stahl, Silke Weisheit, Sabine Pur, Stefan Weinfurtner:
So steigern Online-Händler ihren Umsatz – Fakten aus dem deutschen Online-Handel
Juli 2011
ISBN 978-3-940416-31-5

Der Vergleich mit Zielwerten erfolgt lediglich bei jedem dritten Händler.

Welchen Werten werden die erhobenen Kennzahlen gegenüber gestellt?

89 % Vergangenheitswerte (Zeit-Vergleich)
32 % Zielwerte (Soll-Ist-Vergleich)
20 % Werte anderer Websites bzw. Vergleichswerte der Branche (Konkurrenz-Vergleich)
9 % Keine der genannten Vergleichsmöglichkeiten

Abb. 3-3: Genutzte Vergleichswerte bei Web-Controlling-Kennzahlen
Quelle: ibi research (So steigern Online-Händler ihren Umsatz 2011)

Infobox 3-2: Studie „So steigern Online-Händler ihren Umsatz"

ibi

3

Wissen, was los ist – beispielhafte Instrumente für Web-Controller*

■ Seitenaufruf-Statistik:

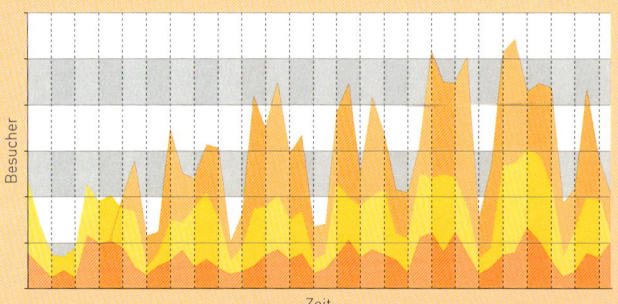

Die Seitenaufruf-Statistik gibt Auskunft darüber, wie häufig einzelne Seiten des Online-Shops (dargestellt durch unterschiedliche Farben) pro Tag aufgerufen wurden.

■ Klickpfad-Statistik:

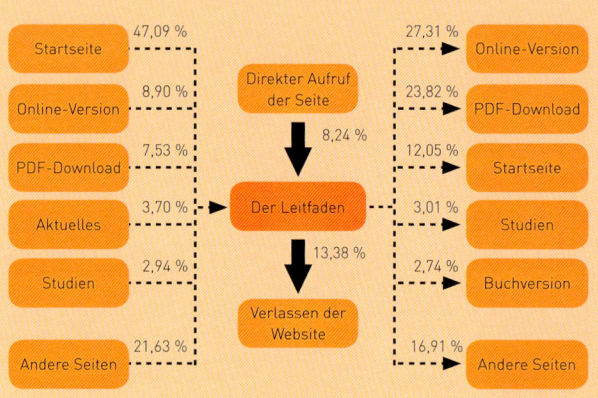

Die Klickpfad-Statistik zeigt an, welche Wege die Besucher auf Ihrer Website nehmen. Zu einer bestimmten Seite werden dabei sowohl die Vorgängerseiten als auch die Nachfolgeseiten dargestellt.

■ Clickmap:

Mithilfe einer Clickmap kann ermittelt werden, wie oft bestimmte Links auf einer Website von Besuchern angeklickt wurden.

■ Heatmap:

Eine Heatmap verdeutlicht grafisch durch unterschiedliche Farbtöne, worauf die Besucher einer Website wie oft geklickt haben. Allerdings werden im Unterschied zur Clickmap auch Klicks auf nicht verlinkte Texte oder Grafiken registriert. So lässt sich z. B. ermitteln, wo die Besucher einen Link erwartet hätten, um diesen nachträglich zu ergänzen.

* Anmerkung: Die hier beispielhaft vorgestellten Instrumente können je nach Unternehmen bzw. Organisation unterschiedlich bezeichnet oder abgegrenzt sein.

3

■ Motion Player:

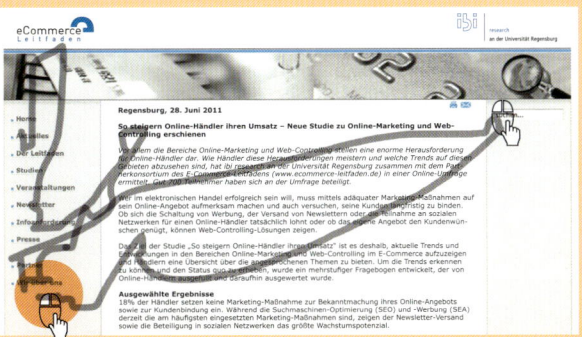

Mithilfe des Motion Players lassen sich die Mausbewegungen und die -klicks eines einzelnen Website-Besuchers visualisieren.

■ Attention Map:

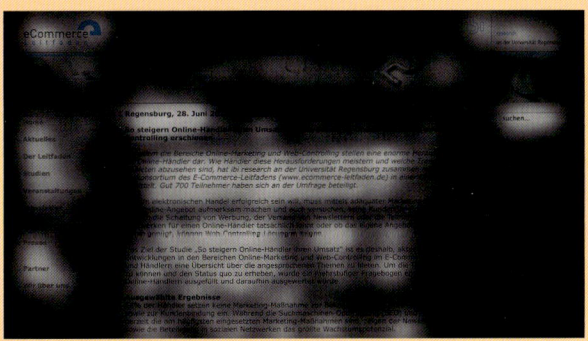

Die Attention Map verdeutlicht grafisch die Stellen einer Website, die die Aufmerksamkeit der Nutzer erregt haben. Hierbei werden die Stellen, die die Besucher besonders interessiert haben, d. h. die Stellen, an denen viele Mausbewegungen stattgefunden haben, sichtbarer dargestellt.

■ Visibility Map:

Eine Visibility Map visualisiert das aggregierte Scroll-Verhalten (Bildlauf) von Besuchern auf einer Website und zeigt weiterhin, wie lange diese auf einem Abschnitt verharrt sind. So kann festgestellt werden, ob alle Bestandteile einer Website wahrgenommen wurden.

■ Besucher-Feedback:

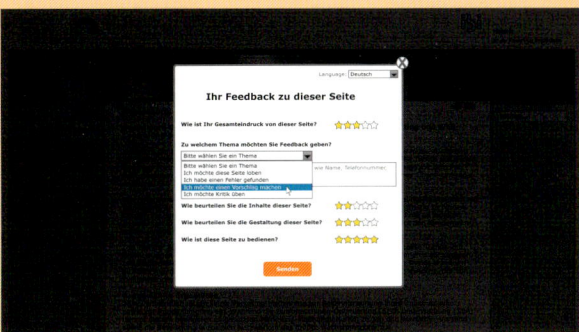

Beim Besucher-Feedback können Besucher dem Website-Betreiber z. B. mit Klick auf einen Feedback-Button Rückmeldung geben, ob sie mit der Website zufrieden sind oder ggf. Hinweise oder Anregungen haben. Die Rückmeldung zu einer konkreten Seite einer Website wird auch als seitenbezogenes Besucher-Feedback bezeichnet.

Infobox 3-3: Beispielhafte Instrumente für Web-Controller
Quelle: ibi research / www.ecommerce-leitfaden.de / etracker

Aktuelle Zahlen zum Web-Controlling

Studienergebnisse zum Einsatz von Web-Controlling-Lösungen

www.ecommerce-leitfaden.de/web-controlling

Code mit dem Handy scannen und sofort zum PDF-Download der Studie gelangen

Was sind die wichtigsten Eigenschaften einer Web-Controlling-Lösung?

Eigenschaft	
Hohe Bedienungsfreundlichkeit	59 %
Schnelle / zeitnahe Analyse	51 %
Einhaltung des Datenschutzes	46 %
Möglichkeit zur Erfolgsmessung von Marketing-Maßnahmen	38 %
Übersichtlichkeit der Darstellung	35 %
Anzahl der verfügbaren Kennzahlen	25 %
Transparenz bei der Datenerhebung	14 %
Zugriff mehrerer Benutzer möglich	8 %
Vielseitige Datenexportmöglichkeiten	7 %
Unterschiedliche Visualisierungsmöglichkeiten	6 %
Sonstige Eigenschaften	2 %

> Wichtigste Eigenschaften: hohe Usability, schnelle Analyse sowie Einhaltung des Datenschutzes !

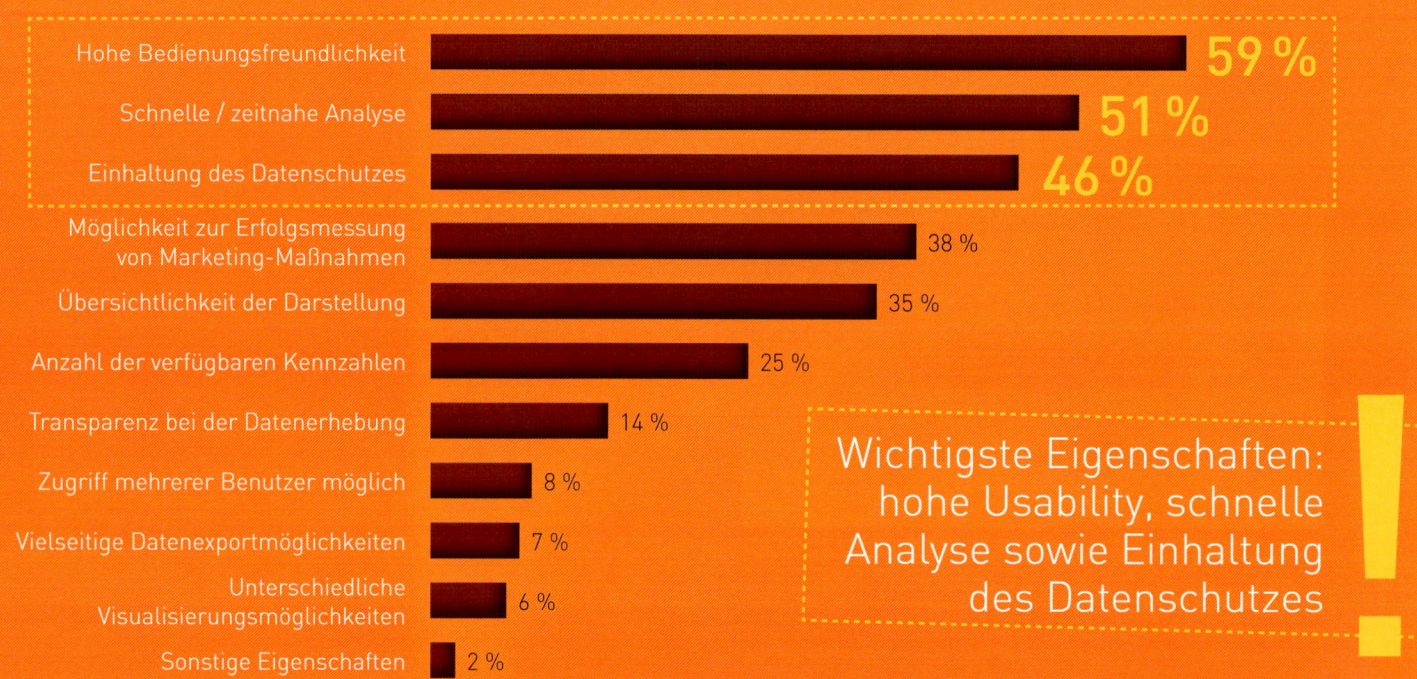

Welche neueren Funktionen aus dem Bereich Web-Controlling nutzen Online-Händler bzw. planen sie zu nutzen?

> Einbeziehung des Besuchers gewinnt an Bedeutung – Formularfeldanalyse hat Potenzial !

Funktion	wird genutzt	in Planung	wird nicht genutzt
Analyse der Zugriffe von mobilen Endgeräten	23 %	22 %	55 %
Unterteilung nach Besuchergruppen (Segmentierung)	14 %	27 %	60 %
Qualitative Besucherbefragung	12 %	25 %	64 %
Seitenbezogenes Besucher-Feedback	10 %	23 %	66 %
Formularfeldanalyse	8 %	23 %	69 %
Vergleichende Tests (z. B. A-B-Tests)	7 %	22 %	71 %
Aufzeichnung von Mausbewegungen (Mouse-Tracking)	9 %	13 %	77 %
Analyse des Nutzungsverhaltens bei Online-Videos	4 %	11 %	85 %

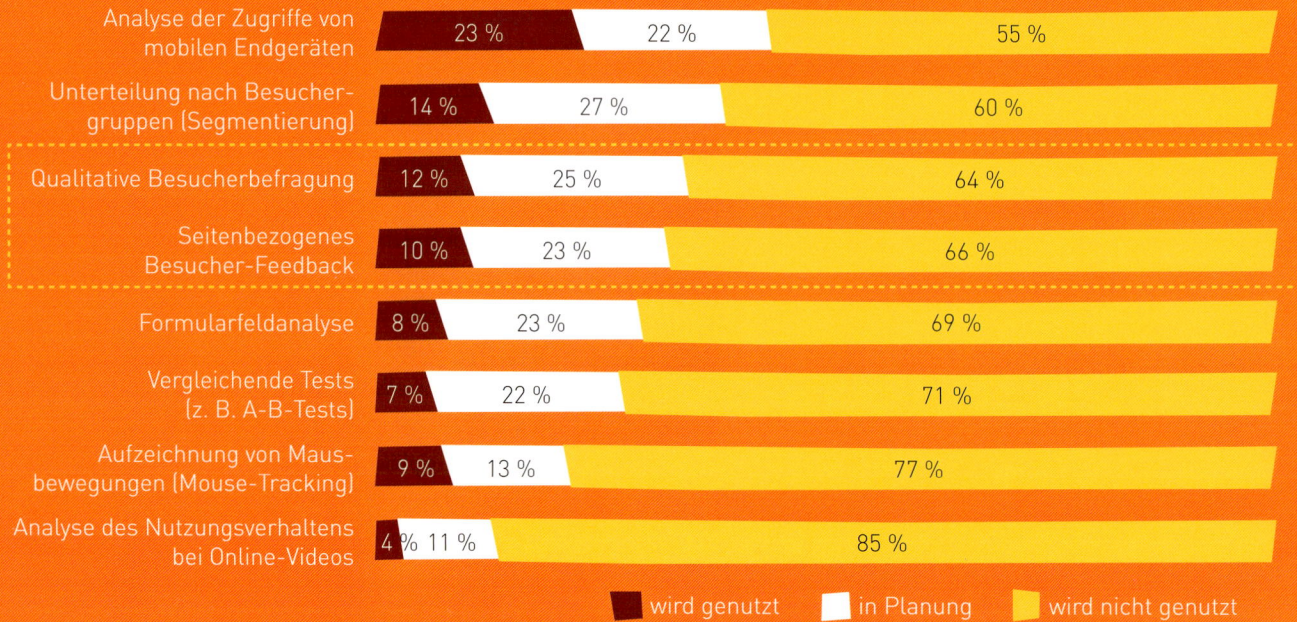

Wie werden sich die Ausgaben in den folgenden Bereichen in Bezug auf das Web-Controlling im nächsten Jahr entwickeln?

Ausgaben für	sinken stark	sinken	bleiben in etwa gleich	steigen	steigen stark
Web-Controlling-Lösungen	1 %	1 %	60 %	35 %	4 %
Schulungen / Workshops / Seminare	2 %	2 %	65 %	31 %	1 %
Beratung und Service (externe Berater / Agenturen)	2 %	3 %	62 %	30 %	2 %
Personal (z. B. Web-Analysten)	2 %	1 %	72 %	24 %	2 %

Knapp 40 % der Händler planen mehr Geld für Web-Controlling-Lösungen ein !

Fehlende Zeit für Web-Controlling ist das derzeit größte Problem aus Händlersicht !

Worin sehen Online-Händler die größten Probleme beim Web-Controlling?

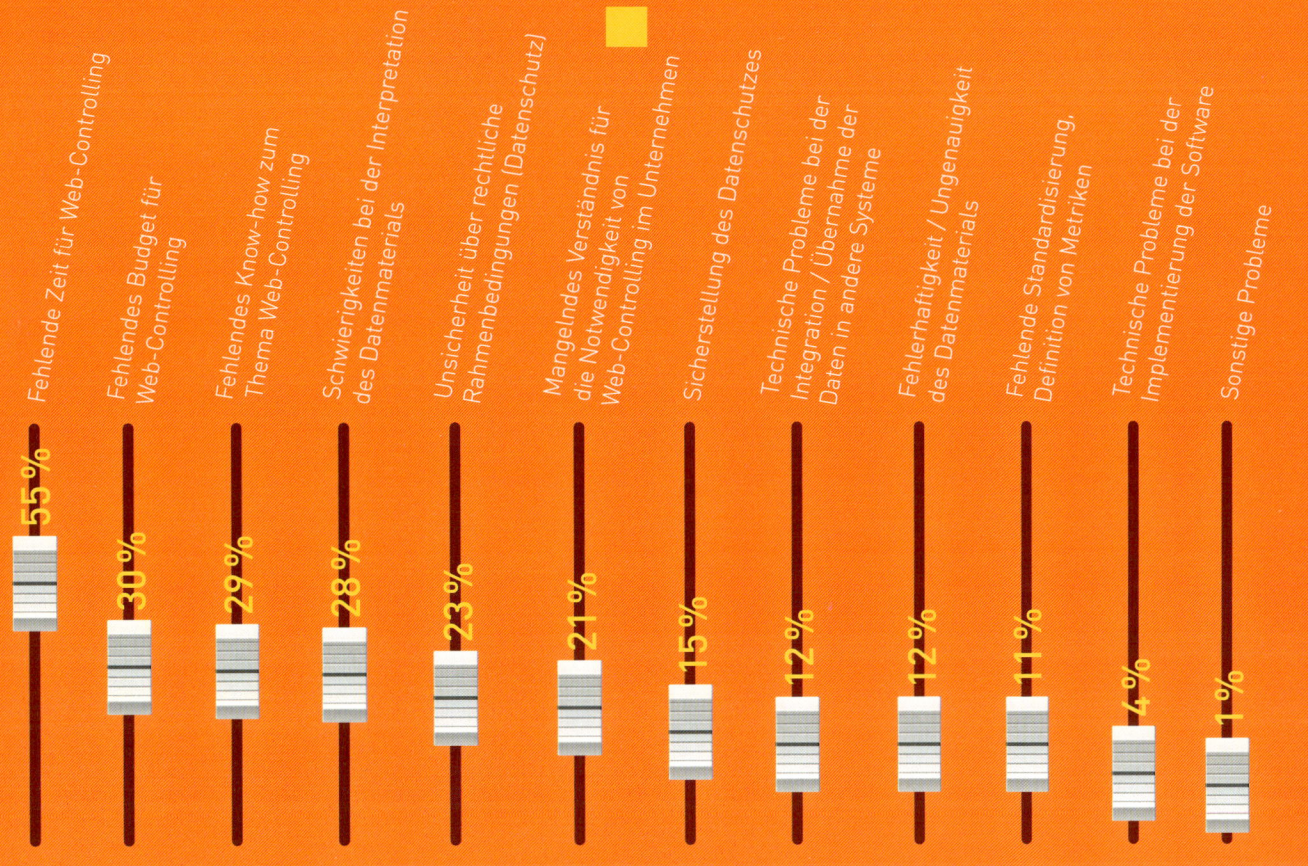

Problem	%
Fehlende Zeit für Web-Controlling	55 %
Fehlendes Budget für Web-Controlling	30 %
Fehlendes Know-how zum Thema Web-Controlling	29 %
Schwierigkeiten bei der Interpretation des Datenmaterials	28 %
Unsicherheit über rechtliche Rahmenbedingungen (Datenschutz)	23 %
Mangelndes Verständnis für die Notwendigkeit von Web-Controlling im Unternehmen	21 %
Sicherstellung des Datenschutzes	15 %
Technische Probleme bei der Integration / Übernahme der Daten in andere Systeme	12 %
Fehlerhaftigkeit / Ungenauigkeit des Datenmaterials	12 %
Fehlende Standardisierung, Definition von Metriken	11 %
Technische Probleme bei der Implementierung der Software	4 %
Sonstige Probleme	1 %

3

Auf Basis dieser Informationen können gezielte Analysen der Abweichungen zwischen Soll- und Ist-Situation durchgeführt werden:

■ An welchen Stellen verhalten sich die Kunden nicht so, wie es bei der Erstellung des Shops eigentlich vorgesehen war?
■ An welchen Stellen brechen besonders viele Kunden ab? Hier lohnt es sich, genauer hinzusehen und die Ursachen für die Abweichungen zu ermitteln.

Mögliche Ursachen für Abweichungen zwischen Soll- und Ist-Situation sind in Infobox 3-4 zusammengestellt.

Warum Kunden „fremdgehen" – dem Nutzerverhalten auf der Spur

Wenn Abweichungen zwischen Soll- und Ist-Situation auftreten, gilt es die Gründe hierfür zu ermitteln. Mögliche Ursachen für Abweichungen von den gewünschten Navigationspfaden und für Kaufabbrüche sind im Folgenden zusammengestellt.

Gründe dafür, dass sich die Navigationspfade der Kunden von den gewünschten Navigationspfaden unterscheiden, können z. B. sein, dass

■ die Kunden nicht deutlich darauf hingewiesen werden, was der nächste Schritt im Bestellprozess ist,
■ der Link zum nächsten Schritt im Bestellprozess nicht dort ist, wo ihn die Kunden vermuten würden,
■ häufig benötigte Informationen, wie beispielsweise die genauen Versandkosten, nicht auf der Produktseite zu finden, sondern z. B. in den AGB versteckt sind,
■ die Kunden durch zu viele Links auf der Seite von ihrem eigentlichen Ziel abgelenkt werden.

Mögliche Ursachen für Abbrüche an einer bestimmten Stelle im Kaufprozess können z. B. sein, dass

■ die Ladezeit der Website zu lang ist,
■ die Website bei bestimmten Browser-Einstellungen oder bei Fehlen bestimmter Browser-Plugins nicht richtig angezeigt wird,
■ wichtige Informationen über ein Produkt fehlen oder unverständlich formuliert sind,
■ die Kunden nicht durch verständliche Fehlermeldungen auf Eingabefehler hingewiesen werden,
■ in Formularen zu viele Informationen abgefragt werden,
■ die Kunden den Link zur nächsten Seite nicht finden oder der Link nicht funktioniert.

Je einfacher sich die Kunden in Ihrem Shop zurechtfinden, desto höher ist die Konversionsrate. Achten Sie daher auf eine möglichst gute Usability (Nutzbarkeit) Ihres Shops! Versetzen Sie sich in die Rolle Ihres Besuchers, indem Sie ihm z. B. mittels Mouse-Tracking über die Schulter schauen, wenn er sich auf Ihrer Website bewegt. Oder befragen Sie Ihre Besucher direkt, wie sie in Ihrem Shop zurechtkommen und geben Sie ihnen die Möglichkeit, Feedback zu jeder einzelnen Seite zu geben. Dies kann beispielsweise über einen Feedback-Button, wie ihn verschiedene Web-Controlling-Lösungen anbieten, realisiert werden. Machen Sie sich möglichst viele Gedanken über die Gestaltung der Nutzerführung, damit die Besucher möglichst wenig nachdenken müssen!

Infobox 3-4: Dem Nutzerverhalten auf der Spur

Als letzter Schritt folgt die Optimierung der Website. Erst wenn alle Schwachstellen beseitigt sind und sich die vorhandenen Besucher optimal im Shop zurechtfinden, sollte die Gewinnung zusätzlicher Besucher und die Optimierung der Marketing-Maßnahmen angegangen werden (vgl. den folgenden Abschnitt).

Marketing-Controlling – mehr Erfolg für weniger Geld

Eine wichtige Kennzahl, die über den Erfolg eines Web-Shops Aufschluss gibt, ist die Zahl der Besucher des Shops. Erfolgreiche Online-Händler arbeiten daher ständig daran, die Besucherzahl ihres Shops zu steigern und investieren zum Teil beträchtliche Summen, z. B. in Bannerwerbung, Suchmaschinenmarketing und Suchmaschinenoptimierung oder E-Mail-Marketing (vgl. Abbildung 3-4). Während sich die Kosten für diese Maßnahmen meist sehr genau beziffern lassen, ist für viele Händler der Erfolg einzelner Maßnahmen jedoch häufig nicht transparent.

Dabei bietet gerade das Internet im Gegensatz zu klassischen Medien hervorragende Möglichkeiten, um den Erfolg von Marketing-Maßnahmen sichtbar zu machen. Bei einer Bannerwerbung beispielsweise lassen sich sowohl die einzelnen Aufrufe des Banners (Ad Impressions) als auch alle nachfolgenden Aktionen der Kunden (Klick auf das Banner, Auswahl des Produkts, Abschluss des Bestellprozesses) protokollieren. Mithilfe geeigneter Tools lässt sich daher je Maßnahme im Detail nachvollziehen,

- wie viele Besucher die Kampagne generiert hat,
- welcher Anteil dieser Besucher den Shop bereits nach dem Aufruf der ersten Seite wieder verlassen hat (Bounce Rate),
- welcher Anteil dieser Besucher tatsächlich eine Bestellung getätigt hat (Konversionsrate),
- welcher Anteil dieser Besucher den Shop zuvor bereits einmal besucht hat (wiederkehrende Besucher),
- wie viel Umsatz mit einer Kampagne generiert wurde und welche Artikel über die Werbemaßnahme abgesetzt wurden,

- wie die unterschiedlichen Kampagnen zusammenspielen,
- wie viel Umsatz pro eingesetztem Euro an Marketing-Kosten je Maßnahme generiert wurden.

Diese Informationen können für beliebige Online-Kampagnen ermittelt werden. Auf Basis dieser Informationen lassen sich Kennzahlen errechnen, die eine erfolgsorientierte Steuerung der Marketing-Maßnahmen möglich machen. Wichtige Kennzahlen sind dabei:

- Tausenderkontaktpreis (TKP): anfallende Kosten, um das Werbemittel (z. B. ein Banner) 1.000 Mal einzublenden.
- Cost per Click (CPC): anfallende Kosten je Klick auf den Werbeträger.
- Cost per Action (CPA) bzw. Cost per Transaction (CPX): anfallende Kosten, um mit einer Marketing-Maßnahme eine Aktion (z. B. eine Bestellung, einen Flyer-Download, einen Rückrufwunsch etc.) zu generieren.
- Kosten-Umsatz-Relation: Verhältnis zwischen den Kosten und den zusätzlichen Umsätzen, die einer Marketing-Maßnahme direkt zugerechnet werden können. Hiermit kann je Maßnahme und sogar je Werbeträger (z. B. Suchwortanzeige, Bannerplatzierung) exakt ermittelt werden, wie viel Marketing-Kosten pro Euro Umsatz entstehen.

Über 40 % der Shops investierten mehr als 10.000 Euro in Marketing pro Jahr!

Wie hoch waren Ihre Marketing-Ausgaben 2011?

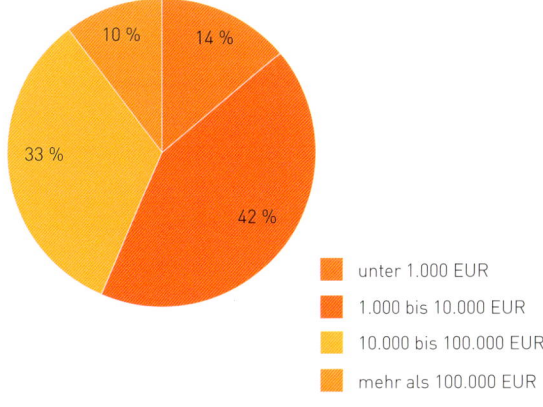

Abb. 3-4: Marketing-Ausgaben der Online-Händler im Jahr 2011

Erfolgsmessung von Online-Marketing-Kampagnen

Bei der Erfolgsmessung im Online-Marketing wird heute oftmals nur dem Werbemittel, mit dem ein Besucher den letzten Kontakt hatte („last-ad"), der Kauf, d. h. der Erfolg (= die tatsächliche Konversion) zugerechnet. Problematisch an dieser Methode ist somit, dass weitere vorhergehende Kontakte des Kunden mit anderen Werbemitteln nicht berücksichtigt werden. Folgendes Szenario ist beispielsweise denkbar: Ein Kunde sucht nach einer Kaffeemaschine in einer Suchmaschine. Er vergleicht die verschiedenen Suchtreffer, indem er die verschiedenen Websites besucht, vertagt aber seine Kaufentscheidung. Kurz darauf sieht er ein Banner eines bereits besuchten Online-Shops, auf dem für eine Kaffeemaschine geworben wird. Am Abend entdeckt er in seinen E-Mails einen Newsletter dieses Shops mit dem gleichen Angebot wie auf dem Banner. Er tippt nun den Namen des Shops in eine Suchmaschine ein, klickt auf die bezahlte Anzeige des Shops und gelangt damit auf dessen Seite, sucht sich die Kaffeemaschine, die er in den Werbungen gesehen hat, und kauft diese. Nun stellt sich die Frage, welchem Werbemittel der Erfolg zugerechnet werden soll und wie das Marketing-Budget künftig optimal verteilt werden sollte.

Hier können moderne Web-Controlling-Lösungen bzw. Kampagnen-Management-Systeme helfen. Diese berücksichtigen die Kontaktabfolgen, die Wechselwirkungen zwischen den einzelnen Werbemitteln, die Funktionen einzelner Kampagnen in der so genannten Customer Journey (im obigen Beispiel Berührungspunkte mit den Werbemitteln des Online-Shops vom ersten Anreiz bis zum Kauf der Kaffeemaschine) und ihren Einfluss auf die Konversion. Solche Auswertungen geben schließlich Aufschluss darüber, welchen Beitrag die verschiedenen Kampagnen am Gesamterfolg haben und wie die Wechselwirkungen zwischen einzelnen Kampagnen optimal genutzt werden können, damit das oftmals begrenzte Marketing-Budget besser verteilt werden kann.

Infobox 3-5: Erfolgsmessung von Online-Marketing-Kampagnen

Auch „teure" Marketing-Maßnahmen können sich lohnen!

Je nach betrachteter Kennzahl kann sich der Erfolg von Marketing-Maßnahmen durchaus unterschiedlich darstellen. Wie im Folgenden anhand von Banneranzeigen auf zwei unterschiedlichen Websites gezeigt wird, kann sich auch eine „teure" Marketing-Maßnahme (hier Banner auf Website 2) letzten Endes lohnen, da hier die Kosten-Umsatz-Relation niedriger ist, obwohl z. B. der Tausenderkontaktpreis wesentlich teurer ist.

	Banner auf Website 1	Banner auf Website 2
Gesamtkosten	150 EUR	150 EUR
Anzahl der Einblendungen (Ad Impressions)	16.750	5.000
Klickrate	3,5 %	6 %
Konversionsrate	4 %	6 %
Umsatz pro Besucher	100 EUR	200 EUR
Gewinnmarge	10 %	10 %
Eindeutig zurechenbarer Gewinn (= Anzahl der Einblendungen x Klickrate x Konversionsrate x Umsatz pro Besucher x Gewinnmarge - Gesamtkosten)	84,50 EUR	210 EUR
Kennzahlen		
Tausenderkontaktpreis	8,96 EUR	30 EUR
Cost per Click	0,26 EUR	0,50 EUR
Cost per Transaction	6,40 EUR	8,33 EUR
Kosten-Umsatz-Relation	0,06	0,04

Infobox 3-6: Erfolgsberechnung von Marketing-Maßnahmen

Wie sich der Erfolg unterschiedlicher Marketing-Maßnahmen anhand dieser Kennzahlen darstellt, zeigt Infobox 3-6. Im Rechenbeispiel wird das gleiche Banner auf zwei unterschiedlichen Websites angezeigt: einer Website mit allgemeinen Informationen (z. B. einem Nachrichtenportal) und einer fachspezifischen Website. Das Banner auf Website 2 ist mit einem Tausenderkontaktpreis von 30 Euro deutlich teurer als das auf Website 1 mit 8,96 Euro. Da jedoch mehr Besucher von Website 2 auf das Banner klicken (Klickrate), ist der Unterschied in den Cost per Click nicht mehr ganz so groß. Zudem tätigen mehr Besucher der fachspezifischen Website einen Kauf (Konversionsrate) und generieren dabei pro Kauf doppelt so viel Umsatz wie die Besucher, die von Website 1 kommen. Insgesamt ist der Gewinn, der dem Banner auf Website 2 zugerechnet werden kann, daher mehr als doppelt so hoch wie bei dem Banner aus Website 1.

Wie dieses Beispiel zeigt, liefern der Tausenderkontaktpreis und die Cost per Click nur wenig Informationen darüber, ob sich eine Marketing-Maßnahme tatsächlich lohnt. Der Erfolg einer Marketing-Maßnahme lässt sich nur mithilfe von Web-Controlling-Tools ermitteln, die für die Verknüpfung von Marketing-Kosten und zusätzlich erzielten Umsätzen sorgen.

Auf Grundlage der mit Web-Controlling-Tools gewonnenen Informationen kann die Optimierung der Marketing-Maßnahmen erfolgen, d. h. erfolgreiche Marketing-Maßnahmen werden wiederholt bzw. intensiviert, während weniger erfolgreiche Maßnahmen gezielt auf Schwachstellen analysiert bzw. nicht mehr durchgeführt werden. Mögliche Schwachstellen von Marketing-Maßnahmen können z. B. sein, dass die Kunden nicht nach den Schlagworten suchen, die für die Suchmaschinenoptimierung oder das Suchmaschinenmarketing ausgewählt wurden (z. B. „Fernsehgerät" statt „Fernseher") oder dass der Kunde die Inhalte einer Anzeige nicht auf der Website findet und daher abbricht.

Je stärker die Ausgaben für Ihren Online-Shop, insbesondere für die Durchführung von Marketing-Maßnahmen, im Zeitablauf ansteigen, desto größer wird auch der Stellenwert des Web-Controllings. In welchem Umfang ein großer Online-Händler moderne Web-Controlling-Tools nutzt, zeigt das folgende Interview mit Holger Hengstler von dress-for-less.

ibi

Alles im Griff – dank Web-Controlling

Im Gespräch mit Holger Hengstler, dress-for-less, www.dress-for-less.de

Holger Hengstler ist Geschäftsführer der dress-for-less GmbH. Das Unternehmen verkauft weltweit Designer- und Markenware über das Online-Designer-Outlet dress-for-less und betreibt Online-Shops namhafter Textilhersteller wie Lee oder Mavi.

Herr Hengstler, seit wann beschäftigen Sie sich mit Web-Controlling?

Das Web-Controlling nimmt bereits seit Gründung unseres Unternehmens im Jahr 1999 einen hohen Stellenwert ein. Unser Ziel war es von Anfang an, den Erfolg unserer Marketing-Ausgaben in Form der daraus resultierenden Bestellungen möglichst exakt messen zu können. Zu diesem Zweck wurde jeder Bestellung ein „Origin", d. h. eine Herkunft zugeordnet. Dies konnte z. B. ein Banner oder eine Mailing-Aktion sein.

Zusätzlich haben wir ständig daran gearbeitet, die Gestaltung und die Navigation in unserem Shop zu verbessern. Die Konversionsraten und die Häufigkeit des Aufrufs der unterschiedlichen Bereiche unseres Shops sind für uns wichtige Gradmesser dafür, wie gut die gesteckten Ziele erreicht werden. Optimierungen des Shops zogen daher immer die Frage nach sich, wie sich die Veränderungen auf diese Kennzahlen ausgewirkt haben.

Zur Ermittlung der Kennzahlen hatten wir anfangs nur die Möglichkeit, die Server-Logfiles auszuwerten, was sehr mühselig und langwierig war. Während wir von der Geschäftsführung immer ungeduldig auf die neuesten Zahlen warteten, haben uns die IT-Mitarbeiter oft wochenlang vertröstet. Seit wir ein professionelles Web-Controlling-Tool einsetzen, ist die Ermittlung der Kennzahlen wesentlich schneller und einfacher.

Eine weitere wichtige Frage war für uns, wie wir im Vergleich zur Konkurrenz stehen. Hierfür haben wir immer die Rankings von Marktforschern verfolgt, um zu sehen, wie sich unsere Besucherzahlen im Vergleich zu anderen Websites oder Shops entwickelt haben.

Welchen Stellenwert hat das Web-Controlling heutzutage in Ihrem Unternehmen?

Im Vergleich zur Anfangszeit wirken sich Optimierungen der Gestaltung und der Navigation des Shops nicht mehr so gravierend aus. Heute müssen Auswertungen immer auch pro Land bzw. pro Sprachversion analysiert werden. Was in Deutschland gute Ergebnisse liefert, muss noch lange nicht in Frankreich funktionieren.

Dafür ist die Erfolgskontrolle unserer Marketing-Aktivitäten immer wichtiger geworden. Wir nutzen für unsere inzwischen zehn Shops die ganze Bandbreite der verfügbaren Online-Marketing-Maßnahmen, von Banneranzeigen über Suchmaschinenwerbung und Suchmaschinenoptimierung bis hin zu Affiliate-Programmen und weiteren Marketing-Kooperationen, z. B. über Gutscheincodes. Das Web-Controlling gibt uns Antworten auf die Frage, welche Marketing-Maßnahme je Land und je Shop am besten funktioniert. Auf dieser Informationsgrundlage können wir beispielsweise die Festlegung der Suchbegriffe für das Suchmaschinenmarketing ständig verbessern.

ibi

> Unser Ziel war es von Anfang an, den Erfolg unserer Marketing-Ausgaben exakt messen zu können.
>
> Holger Hengstler, dress-for-less

Von wem werden welche Informationen aus dem Web-Controlling-Tool verwendet?

Als Geschäftsführer erhalte ich am Ende jedes Monats die Besucherzahlen und die Konversionsraten, aufgegliedert nach Land und nach Shop. So kann ich auf einen Blick feststellen, wie erfolgreich unsere Marketing-Kampagnen insgesamt waren und ob sich beispielsweise die Konversionsrate der irischen Besucher von der der österreichischen unterscheidet.

Die Marketing-Leitung beschäftigt sich vertiefend mit den Fragen, mit welchen Kampagnen, mit welchen Kooperationspartnern und mit welchen Suchbegriffen der größte Erfolg erzielt wurde.

Schließlich greifen auch die einzelnen Country-Manager auf die Informationen aus dem Web-Controlling zu. Diese interessiert vor allem, welche Seiten von den Besuchern am häufigsten aufgerufen wurden. Wir haben beispielsweise festgestellt, dass sich ausländische Besucher stärker dafür interessieren, welches Unternehmen hinter dem Shop steckt und was der Versand kostet als deutsche Besucher. Durch das Angebot umfassender und ansprechender Informationen zu diesen Themen konnten wir die Konversionsrate speziell bei dieser Zielgruppe nochmals deutlich steigern. ■

ibi

3.3 Wer falsch misst, misst Mist – Verfahren zur Nutzeranalyse

Eine wesentliche Voraussetzung für das Funktionieren des Web-Controlling-Regelkreises ist, dass die Kennzahlenermittlung auf Basis verlässlicher Informationen und ohne großen Aufwand erfolgen kann. Die tatsächliche Anzahl der Besucher, ihre Herkunft und ihr Verhalten auf der Website lassen sich jedoch häufig nur schwer feststellen. Warum die Erhebung dieser Informationen nicht einfach ist und welche Möglichkeiten dafür zur Verfügung stehen, wird im Folgenden näher erläutert.

Im Wesentlichen stehen zur Erhebung des Nutzerverhaltens derzeit zwei Verfahren zur Verfügung: die Logfile- und die Zählpixel-Analyse (vgl. Abbildung 3-5). Auf die Vor- und Nachteile dieser Verfahren wird im Folgenden näher eingegangen.

Spuren sichtbar machen – Logfile-Analyse

Eine verbreitete Methode zur Gewinnung von Kennzahlen ist die Analyse von Server-Logfiles. Jeder Zugriff auf einen Web-Server erzeugt für jedes abgerufene Element (HTML-Seite, Bild, PDF etc.) standardmäßig Einträge in dieser logbuchähnlichen Datei. Je nach Einstellungen des Web-Servers werden dabei unterschiedliche Daten gespeichert. Neben dem Zeitpunkt des Zugriffs, der IP-Adresse des Website-Besuchers und dem angefragten Element können z. B. auch zusätzlich der so genannte Referrer, also die zuvor besuchte URL des Besuchers, sowie Angaben über den verwendeten Browser und das Betriebssystem des Besuchers im Logfile enthalten sein (vgl. Infobox 3-7).

Ein Vorteil der Logfile-Analyse besteht darin, dass keine Änderungen an der Website erforderlich sind, da die Logfiles vom Server in der Regel automatisch erzeugt werden. Die Auswertung der angefallenen Logfiles kann Anhaltspunkte dafür liefern, wie häufig eine Website aufgerufen oder ein PDF-Dokument heruntergeladen wurde. Zudem stehen für die Logfile-Analyse kostenlose Tools zur Verfügung.

Jeder vierte Händler setzt die Logfile-Analyse zur Auswertung des Besucherverhaltens ein.

Welche Verfahren nutzen Sie derzeit, um die Herkunft und das Verhalten der Besucher in Ihrem Online-Shop auszuwerten? (Mehrfachauswahl möglich)

26 %	Logfile-Analyse
84 %	Zählpixel-Analyse

Abb. 3-5: Eingesetzte Verfahren zur Nutzeranalyse
Quelle: ibi research (So steigern Online-Händler ihren Umsatz 2011)

Beispiel eines Server-Logfiles

Ein Abruf eines PDF-Dokuments führt im Server-Logfile zu folgendem Eintrag:
2012-06-03 06:11:14 W3SVC1 Server1 123.123.123.123 GET /download/ecl/E-Commerce-Leitfaden.pdf 80
111.222.111.222 HTTP/1.1 Mozilla/5.0+(Windows+NT+6.0;+rv:12.0)+Gecko/20100101+Firefox/12.0
http://www.ecommerce-leitfaden.de/ 200 0 9480422 132 3171

Die Bestandteile dieses Eintrags sind im Folgenden erläutert:

2012-06-03	Datum (JJJJ-MM-TT)
06:11:14	Uhrzeit
W3SVC1	Name des Services (hier: Internet Information Server)
Server1	Server-Name
123.123.123.123	IP-Adresse des Servers
GET	Methode (hier: Anfrage zum Abruf einer Datei)
/download/ecl/E-Commerce-Leitfaden.pdf	Name und Pfad des angeforderten Dokuments, bezogen auf das Hauptverzeichnis des Servers
80	Port des Servers
111.222.111.222	IP-Adresse des Besuchers
HTTP/1.1	Verwendetes Protokoll (hier: Version 1.1 des HTTP-Protokolls)
Mozilla/5.0+(Windows+NT+6.0;+rv:12.0)+Gecko/20100101+Firefox/12.0	Browser- und Betriebssystem-Version des Besuchers
http://www.ecommerce-leitfaden.de/	Zuvor besuchte Website (Referrer)
200	Return-Code des Servers (hier: Die Anforderung des Clients war erfolgreich)
0	Win32-Statuscode (hier: Der Transfer war erfolgreich)
9480422	Abgerufene Datenmenge (in Bytes)
132	Zum Server übertragene Datenmenge (in Bytes)
3171	Benötigte Zeit (in Millisekunden)

Infobox 3-7: Beispiel eines Server-Logfiles

ibi

3

Die wesentlichen Nachteile bestehen im hohen Aufwand und der Ungenauigkeit des Verfahrens bei der Ermittlung von Besucherzahlen. Zudem ist die Logfile-Analyse nicht dazu geeignet, das Nutzerverhalten auf der Website zu rekonstruieren. Worauf diese Nachteile zurückzuführen sind, wird im Folgenden genauer erläutert:

- Eine Website besteht häufig aus mehreren HTML-Seiten und Grafiken, die jeweils einen eigenen Eintrag in das Logfile erzeugen. Daraus ergibt sich ein hoher Aufwand, um diese Einträge korrekt zu einem Seitenaufruf zusammenzufassen.

- Auf eine Website greifen nicht nur „echte" Besucher zu, sondern auch automatisierte Programme, so genannte Robots, Spider oder Crawler. Diese werden beispielsweise von Suchmaschinen verwendet, um Seiteninhalte auszulesen. Anhand der Logfiles können die Seitenaufrufe von Robots jedoch nicht von denen echter Besucher unterschieden werden.

- Wird eine Website von einem Besucher aufgerufen, so wird diese in der Regel im Cache des Browsers des Besuchers sowie gegebenenfalls zusätzlich in einem Zwischenspeicher des Internet-Providers abgelegt. Wird die Website vom gleichen Besucher (z. B. durch Verwendung des „Zurück"-Buttons im Browser) bzw. von anderen Kunden des Internet-Providers erneut aufgerufen, so wird die Website aus dem Zwischenspeicher und nicht vom Server des Anbieters geladen. Die Zahl der Aufrufe einer Seite ist daher tatsächlich höher als die in den Logfiles protokollierte Anzahl.

- Die Verwendung von Zwischenspeichern ist ein Grund, warum das Besucherverhalten auf der Website anhand der Logfiles nicht lückenlos nachvollzogen werden kann. Ein weiterer Grund ist, dass die IP-Adresse oft nicht geeignet ist, um einen Besucher eindeutig zu identifizieren. So verfügen Besucher aus einem Firmennetzwerk häufig über dieselbe IP-Adresse der Firmen-Firewall. Zudem weisen bestimmte Internet-Provider ihren Kunden bei jedem Seitenaufruf eine neue IP-Adresse zu. Dadurch ist es nicht möglich, die Häufigkeit oder die Abfolge der Seitenaufrufe durch einen bestimmten Besucher eindeutig zu ermitteln.

Die Speicherung von Verhaltensdaten zusammen mit IP-Adressen ist auch rechtlich kritisch. Ursache hierfür ist, dass es sich nach dem Beschluss des Düsseldorfer Kreises, dem Zusammenschluss der Landesdatenschutzbeauftragten aller Länder (und damit der Kontrollinstanzen im Land), bei den IP-Adressen um personenbezogene Daten handelt, die den strengen Bestimmungen der Bundesdatenschutz- und Telemediengesetze unterliegen (vgl. Checkliste 3-1). Deshalb sollten Website-Betreiber bei der Auswahl einer Web-Controlling-Lösung darauf achten, dass diese die Möglichkeit bietet, die Speicherung von IP-Adressen zu unterbinden oder datenschutzkonform zu kürzen. Wer sicher gehen möchte, lässt sich von seinem Lösungsanbieter bestätigen, dass der Dienst datenschutzrechtlich unbedenklich ist.

Rechtlich einwandfrei – Checkliste zum Datenschutz

Nicht alles, was technisch möglich ist, ist nach den geltenden deutschen Datenschutzgesetzen auch rechtlich zulässig (vgl. das Interview mit Stefan C. Schicker in Abschnitt 2.3). Zudem werden durch die Rechtssprechung immer wieder Anpassungen notwendig, die Online-Händler berücksichtigen müssen. Bei der Analyse des Nutzerverhaltens in Ihrem Shop sollten Sie daher unter anderem die folgenden Punkte berücksichtigen.

ibi

1. Verzichten Sie auf die unnötige Speicherung personenbezogener Daten.

Zu den personenbezogenen Daten gehören grundsätzlich alle Angaben, die konkrete Rückschlüsse auf eine Person zulassen, wie Name, Adresse, Telefonnummer oder Bankverbindungsdaten. Personenbezogene Daten dürfen nur zur Erfüllung und Verwaltung eines Vertragsverhältnisses sowie nach expliziter Einwilligung durch den Kunden gespeichert werden. In einigen Urteilen wurde auch die IP-Adresse zu den personenbezogenen Daten gezählt. Eine höchstrichterliche Entscheidung hierzu steht noch aus. Dies hat zur Folge, dass der Einsatz von Web-Controlling-Tools, die neben dem Nutzerverhalten auch die vollständigen IP-Adressen der Nutzer protokollieren, derzeit gegen geltendes Datenschutzrecht verstößt.

2. Speichern Sie keine personenbezogenen Daten ohne Einwilligung.

Eine kombinierte Speicherung von personenbezogenen Daten und aufgerufenen Websites (z. B. in Logfiles oder Cookies) ist ohne explizite Einwilligung des Besuchers unzulässig. Das Einholen einer solchen Erklärung ist jedoch äußerst schwierig, denn eine explizite Einwilligung liegt nur dann vor, wenn er sich bereits vor Beginn der Datenerhebung damit einverstanden erklärt, dass er an personalisierten Marketing-Maßnahmen teilnehmen möchte (z. B. durch Anklicken eines Kästchens). Eine entsprechende Klausel in den AGB oder in den Nutzungsbedingungen reicht hierfür allein nicht aus. Website-Betreiber sollten deshalb auf jeden Fall einen expliziten Hinweis in die Datenschutzbestimmungen aufnehmen, wie und zu welchem Zweck sie welche personenbezogenen Daten erheben und verarbeiten. Zudem gilt es, die Rechtsprechung in diesem Kontext weiter zu beobachten. In den meisten Fällen wird das Web-Controlling nicht auf eigenen Servern betrieben, sondern es werden hierfür die Dienste Dritter in Anspruch genommen. Wenn auf diese Weise die Daten weitergeleitet werden, ist es zwingend erforderlich, dass Sie die Kontrolle über die Daten behalten. Schließen Sie daher in jedem Fall mit dem Dienstleister einen schriftlichen (!) Vertrag zur Verarbeitung der Daten in Ihrem Auftrag ab (Auftragsdatenverarbeitung), sonst sind die gesetzlichen Vorschriften nicht beachtet.

3. Klären Sie Ihre Kunden über Ihre Datenschutzpolitik auf.

Machen Sie für Ihre Kunden transparent, welche Daten für welchen Zweck erhoben werden und wie mit den Daten verfahren wird. Dazu gehört z. B. auch die Information, warum und in welchen Fällen Cookies eingesetzt werden. Derzeit existieren auf europäischer Ebene auch Überlegungen, wonach Cookies nur noch unter bestimmten Bedingungen gespeichert werden dürfen (so genannte Cookie-Richtlinie). Eine eindeutige rechtliche Regelung liegt derzeit jedoch noch nicht vor. Darüber hinaus sollte die Datenschutzerklärung einerseits nicht zu stark mit juristischen Klauseln gespickt sein, andererseits sollten den Nutzern jedoch auch keine wichtigen Informationen vorenthalten werden.

4. Seien Sie auf Widersprüche gegen die Datenspeicherung vorbereitet.

Der Kunde kann der Speicherung von Daten jederzeit widersprechen, bei personenbezogenen Daten sogar rückwirkend. Möchte der Kunde nicht mehr zur Erstellung pseudonymer Nutzungsprofile beitragen, müssen Sie als Shop-Betreiber sicherstellen können, dass das Nutzungsverhalten dieses Kunden nicht mehr protokolliert wird. Hierfür kann beispielsweise im Browser des Kunden ein entsprechendes Cookie gesetzt werden.

Für den ordnungsgemäßen Umgang mit Ihren Kundendaten sind Sie auch dann verantwortlich, wenn Sie einen externen Dienstleister mit der Verarbeitung von Kundendaten beauftragt haben. Vorsicht ist daher vor allem geboten, wenn die Datenverarbeitung in ausländischen Staaten vorgenommen wird, in denen nicht die gleichen Datenschutzstandards wie in Deutschland und der Europäischen Union gelten.

Diese Hinweise können eine qualifizierte Rechtsberatung jedoch nicht ersetzen. Um zu prüfen, ob Sie die geltenden Datenschutzgesetze einhalten, wenden Sie sich bitte an einen Anwalt oder an eine andere qualifizierte Beratungsstelle.

Checkliste 3-1: Hinweise zum Datenschutz

ibi

3

Kleine Gehilfen – Zählpixel-Analyse

Eine Alternative zur Logfile-Analyse ist die Verwendung von Zählpixeln. Bei jedem Aufruf einer Website wird dabei gleichzeitig ein kleines, transparentes Bild von einem speziellen Analyse-Server heruntergeladen, der häufig von einem externen Dienstleister betrieben wird. Mit diesem Aufruf werden die für das Web-Controlling benötigten Daten für den Besucher im Hintergrund an den Analyse-Server übertragen, der auf dieser Datenbasis entsprechende Auswertungen erzeugt (vgl. Abbildung 3-6).

Ablauf des Zählpixel-Verfahrens

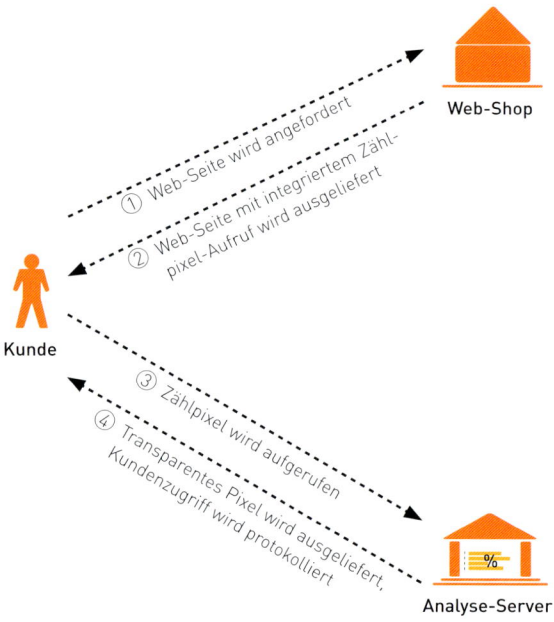

Abb. 3-6: Ablauf des Zählpixel-Verfahrens

Ein wichtiger Vorteil der Zählpixel-Analyse besteht darin, dass der Aufruf des Pixels auch bei der Verwendung von Zwischenspeichern (Caches) erzwungen werden kann, so dass die meisten Seitenaufrufe tatsächlich gezählt werden. Ausnahmen treten nur dann auf, wenn der Besucher das Laden von Bildern im Web-Browser grundsätzlich unterbindet oder das Bild aus anderen technischen Gründen nicht vollständig geladen werden kann.

Mit dem Zählpixel-Verfahren können jedoch noch weitere Informationen über den Besucher gewonnen werden. In Kombination mit einem JavaScript-Code kann unter anderem festgestellt

werden, welche Bildschirmauflösung der Besucher eingestellt hat oder auch welche besonderen Techniken und Plugins der verwendete Browser unterstützt. Dadurch stehen neben der IP-Adresse weitere Merkmale zur Verfügung, um einzelne Besucher möglichst eindeutig zu identifizieren und auf dieser Basis Seitenaufrufe zu Navigationspfaden zusammenzufassen. Zudem ist eine Unterscheidung zwischen automatisierten Robots und „echten" Besuchern möglich.

Ein Nachteil der Zählpixel-Analyse ist jedoch, dass die Pixel zunächst in die zu betrachtenden Websites integriert werden müssen, bevor darauf aufbauende Analysen möglich sind. Bei der Nutzung externer Dienstleister ist zudem darauf zu achten, dass der Dienstleister die Datenschutzanforderungen erfüllt: Zum einen geben Sie dem Dienstleister Einblicke in wertvolle Geschäftsdaten, zum anderen werden Sie selbst haftbar gemacht, wenn der Dienstleister gegen geltende Datenschutzbestimmungen im Umgang mit Kundendaten verstößt (vgl. Checkliste 3-1).

Kennen wir uns? Möglichkeiten und Grenzen der Wiedererkennung von Besuchern

Eine besondere Herausforderung sowohl bei der Logfile- als auch bei der Zählpixel-Analyse stellt die Erkennung wiederkehrender Besucher dar. So kaufen beispielsweise viele Kunden, die über ein Banner auf Ihren Shop aufmerksam werden, nicht gleich beim ersten Besuch in Ihrem Shop ein. Werden diese Besucher nicht wiedererkannt, wenn Sie einige Tage später einen Kauf im Shop tätigen, können Sie dem Erfolg der Bannerkampagne nicht mehr zugeordnet werden.

Eine häufig genutzte Möglichkeit, um Besucher wiederzuerkennen, sind so genannte Cookies. Dabei handelt es sich um Informationen, die lokal auf der Festplatte des Seitenbesuchers abgelegt werden (vgl. Abbildung 3-7). Bei wiederholten Besuchen im Shop können die im Cookie enthaltenen Daten vom Web-Server ausgelesen und die Besucher so eindeutig wiedererkannt werden. Zu beachten ist außerdem, dass die Datenschutzbestimmungen eingehalten werden (vgl. Checkliste 3-1).

ibi

Ablauf der Besuchererkennung mit Cookies

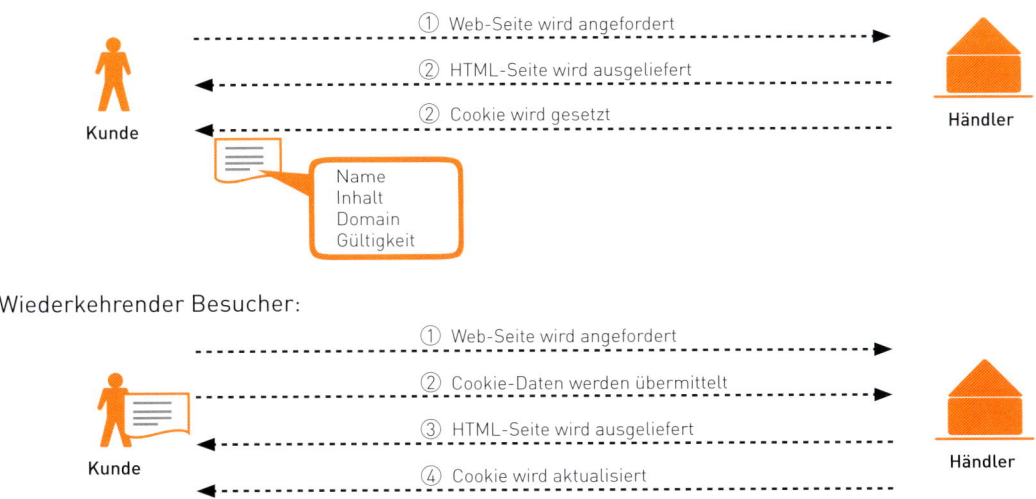

Abb. 3-7: Ablauf der Besuchererkennung mit Cookies

Der Nachteil von Cookies besteht darin, dass einige Internet-Nutzer in den Einstellungen ihres Browsers die Speicherung von Cookies ablehnen oder die gespeicherten Cookies in bestimmten Zeitabständen oder bei Beendigung des Browsers löschen. Dies hat zur Folge, dass die Zahl der wiederkehrenden Besucher tatsächlich höher ist als die mithilfe der Cookies ermittelte Anzahl.

Eine Alternative zu Cookies stellen so genannte Fingerprinting-Verfahren dar. Dabei wird eine Vielzahl von technischen Informationen über den Nutzer (z. B. Provider, Bildschirmauflösung, installierte Plugins) erhoben und zu einem individuellen Profil (daher die Analogie zu einem Fingerabdruck) kombiniert. Sucht der Nutzer mit dem gleichen Profil den Shop später erneut auf, wird er anhand dieser Informationen wiedererkannt. Derzeit nutzen jedoch erst wenige Online-Händler diese Möglichkeit (vgl. Abbildung 3-8).

Allerdings hat auch diese Methode ihre Schwächen. Zum einen verändern die Nutzer von Zeit zu Zeit ihre technische Ausstattung, z. B. durch Installation zusätzlicher Plugins, was die Erkennung erschwert. Zum anderen können durchaus mehrere Besucher mit identischen technischen Ausstattungen auf den Shop zugreifen (z. B. aus Unternehmensnetzwerken), so dass die Zahl der wiederkehrenden Besucher tatsächlich höher ist als die mithilfe des Fingerprinting-Verfahrens ermittelte Anzahl.

Ein grundsätzliches Problem bei der Wiedererkennung von Besuchern liegt darin, dass prinzipiell nur ein Rechner, nicht aber eine Person eindeutig identifiziert werden kann. Greift zum Beispiel ein Besucher von unterschiedlichen Rechnern aus auf Ihren Web-Shop zu oder wird ein Rechner von mehreren Personen genutzt (z. B. Familien-PC), kann der Besucher weder mithilfe von Cookies noch mithilfe des Fingerprinting-Verfahrens zweifelsfrei wiedererkannt werden. Darüberhinaus sind auch die Bestimmungen des Datenschutzes zu beachten (vgl. Checkliste 3-1).

Jeder fünfte Händler nutzt kein Verfahren zur Besuchererkennung.

Welche Verfahren nutzen Sie derzeit, um wiederkehrende Besucher in Ihrem Online-Shop zu erkennen?
(Mehrfachauswahl möglich)

60 %	Cookies
3 %	Fingerprinting-Verfahren
2 %	Sonstige Verfahren
18 %	Wir nutzen kein Verfahren zur Erkennung von wiederkehrenden Besuchern

Abb. 3-8: Verfahren zur Wiedererkennung von Besuchern
Quelle: ibi research (So steigern Online-Händler ihren Umsatz 2011)

3.4 Den Kundenwünschen auf der Spur – aber wie?

Um mit dem eigenen Shop langfristig Erfolg zu haben, sollten Online-Händler ihre Website stetig im Blick behalten und verstehen, wie ihre Besucher die Shop-Website tatsächlich erleben und nutzen. Dabei ist besonders wichtig zu erkennen, an welchen Stellen die Besucher Schwierigkeiten haben und womit sie sehr zufrieden oder weniger zufrieden sind.

Bisher boten sich Website-Betreibern für die kontinuierliche Steuerung und Optimierung ihrer Website herkömmliche Web-Analyse-Tools an. Neue Methoden des Web-Controllings, wie Besucherbefragungen und Mouse-Tracking, bieten Website-Betreibern heute die Möglichkeit, ihre Besucher und deren Handeln besser zu verstehen. Online-Händler erhalten damit einen erweiterten Blick auf ihre Besucher und die Möglichkeit, auf deren Erwartungen und Bedürfnisse noch gezielter einzugehen, um damit letztlich deren Zufriedenheit und den Erfolg der eigenen Website zu steigern. Allein der Kunde sollte im Mittelpunkt der Bemühungen um die Optimierung der Website stehen. Das heißt, es gilt auch online: Der Wurm muss dem Fisch schmecken, nicht dem Angler.

Der Besucher im Zentrum der Optimierung

Im ersten Schritt sollte zunächst herausgefunden werden, was auf einer Website überhaupt passiert. Mithilfe von Web-Analyse-Tools erhalten Online-Händler einen Gesamtüberblick über das Geschehen. Auswertungen zu Seitenaufrufen, Klickpfaden, Ansichtszeiten, verwendeten Suchmaschinen und Suchwörtern sowie zur geografischen Herkunft und zur technischen Umgebung der Besucher liefern erste Erkenntnisse. Zudem können anhand dieser Daten bereits kritische Stellen identifiziert werden.

Es zeigt sich jedoch schnell, dass allein aus einer quantitativen Betrachtung (z. B. nur die Betrachtung der Anzahl der Seitenabrufe) es sehr schwer fällt, sofort die richtigen Schlüsse zu ziehen. Vielmehr müssen Annahmen getroffen werden, beispielsweise, dass eine andere Button-Beschriftung im Bezahlprozess (zum Beispiel statt „Senden" der Begriff „Bezahlen") zu einer geringeren Abbruchrate führen könnte. Diese Annahmen können z. B. aus gängigen Gestaltungsempfehlungen abgeleitet werden (vgl. Checkliste 2-3), die zum Teil aus der Usability-Forschung resultieren, aber auch auf Vermutungen des Website-Betreibers basieren.

Darauf aufbauend müsste die Website dann entsprechend der getroffenen Annahmen verändert und nach gegebener Zeit wieder dahingehend untersucht werden, ob sich tatsächlich eine Besserung, etwa eine Verringerung der Abbruchquote, eingestellt hat oder ob sich die Ergebnisse sogar weiter verschlechtert haben. Es kann also einige Zeit dauern, bis man die richtigen Stellschrauben gefunden und so justiert hat, dass man letztlich mit den Erwartungen zufrieden ist. Diese Trial-and-Error-Prozedur muss ein Shop-Betreiber so lange durchführen, bis er die genauen Ursachen für ein bestimmtes Problem entschlüsselt hat. Sein Ziel erreicht er mit diesem Vorgehen zwar, es kostet allerdings meistens viel Zeit und Geld.

Aus diesem Grund ist es sinnvoll, weitere innovative Methoden des Web-Controllings heranzuziehen, um noch detailliertere Erkenntnisse zu den eigenen Besuchern und ihrem Verhalten zu erhalten. Insbesondere die Einbeziehung des Besuchers wird hierbei zukünftig an Bedeutung gewinnen (vgl. Abbildung 3-9).

3

Einbeziehung des Besuchers gewinnt an Bedeutung – Formularfeldanalyse hat Potenzial.

Welche neueren Funktionen aus dem Bereich Web-Controlling nutzen Online-Händler bzw. planen sie zu nutzen?

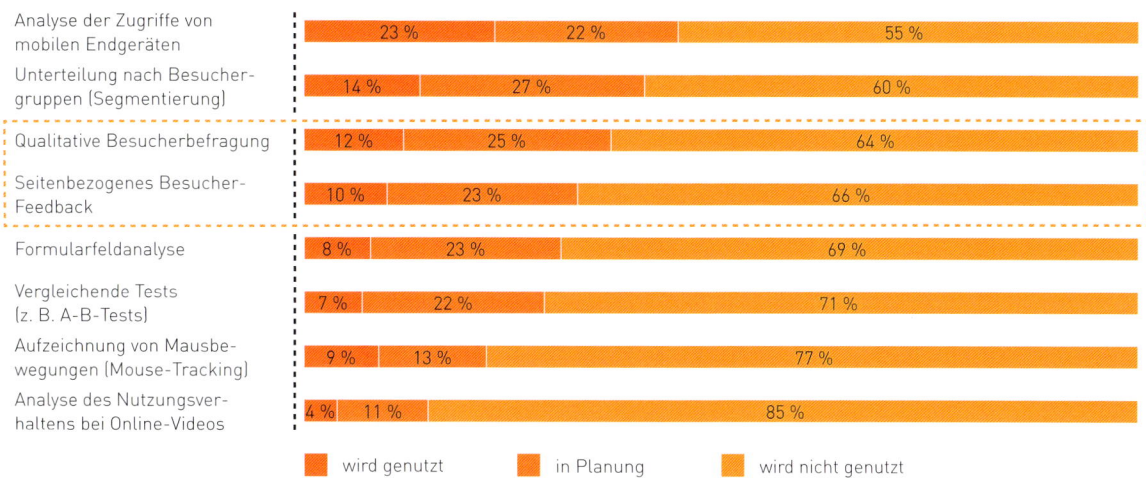

	wird genutzt	in Planung	wird nicht genutzt
Analyse der Zugriffe von mobilen Endgeräten	23 %	22 %	55 %
Unterteilung nach Besuchergruppen (Segmentierung)	14 %	27 %	60 %
Qualitative Besucherbefragung	12 %	25 %	64 %
Seitenbezogenes Besucher-Feedback	10 %	23 %	66 %
Formularfeldanalyse	8 %	23 %	69 %
Vergleichende Tests (z. B. A-B-Tests)	7 %	22 %	71 %
Aufzeichnung von Mausbewegungen (Mouse-Tracking)	9 %	13 %	77 %
Analyse des Nutzungsverhaltens bei Online-Videos	4 %	11 %	85 %

Abb. 3-9: Von Online-Händlern genutzte und geplante neuere Funktionen im Web-Controlling
Quelle: ibi research (So steigern Online-Händler ihren Umsatz 2011)

Sich mal richtig die Meinung sagen lassen – Besucher-Feedback

Konsumenten sind es inzwischen gewohnt, ihre Meinung im Internet öffentlich kundzutun. Möglichkeiten gibt es hierzu viele: zum Beispiel Blogs, Foren, soziale Netzwerke und Kundenbewertungen. Online-Händler sollten diesen Trend nutzen und die Besucher der eigenen Website aktiv in die Optimierung einbeziehen. Sie sollten sie im Anschluss an den Website-Besuch direkt befragen, z. B. weshalb sie den Web-Shop aufgesucht haben, ob sie ihr gesuchtes Produkt gefunden haben und nach ihrer Zufriedenheit mit verschiedenen Aspekten der Website, z. B.:

- Design,
- Navigation,
- Nutzerfreundlichkeit,
- Suchfunktionalität,
- Vollständigkeit,
- Verständlichkeit und
- angebotene Zahlungsverfahren.

Zugleich liefert dieses Marktforschungsinstrument wichtige Erkenntnisse zu Zielen, Zielerreichung, Loyalität und zu soziodemografischen Daten der Besucher.

Mittels Besucherbefragungen erfahren Website-Betreiber somit aus erster Hand, was die Nutzer wirklich über ihre Website denken, warum sie gegebenenfalls den Kauf abbrechen und in welchen Bereichen des Web-Shops Handlungsbedarf besteht. Eine Besucherbefragung kann Stellschrauben ermitteln, mit denen die Besucherzufriedenheit positiv beeinflusst werden kann.

Neben der Möglichkeit, die Besucher direkt aktiv zu befragen, gibt es heute auch die Möglichkeit, einen Feedback-Button in die eigene Web-Präsenz zu integrieren. Über diesen können Besucher direkt Lob, Kritik, Fehlermeldungen und konkrete Verbesserungsvorschläge zu einzelnen Seiten abgeben.

Abb. 3-10: Besucher-Feedback-Dialog

ibi

Kleinigkeiten wie Tippfehler im Text oder falsche Darstellung in bestimmten Browsern können Online-Händler dadurch schnell beheben. Außerdem erfahren sie zum Beispiel, dass sich die Nutzer im Bestell- und Kassenbereich eine größere Schrift wünschen.

Dem Mauszeiger auf der Spur: Mouse-Tracking

Was Händler im Rahmen der Web-Analyse und mit Besucherbefragungen jedoch nicht herausfinden, ist, wie ihre Besucher die Website tatsächlich erleben und wie sie im Detail mit ihr interagieren. Um das Nutzererlebnis auf einer Website besser kennenzulernen, kommt zunehmend ein neues Instrument des Web-Controllings zum Einsatz: das so genannte Mouse-Tracking.

Damit können Internet-Händler das Nutzungsverhalten ihrer Besucher auf sämtlichen Einzelseiten detailliert aufzeichnen – von der Mausbewegung und der Mausgeschwindigkeit über das Scroll-Verhalten und jeden Klick bis hin zu Tastatureingaben und Größenveränderungen des Browserfensters. Die Implementierung eines einfachen Codes auf der eigenen Website genügt in der Regel bereits, um mit der Aufzeichnung zu starten.

Dank Mouse-Tracking sehen Shop-Betreiber ihren Besuchern wie mit einer Videokamera über die Schulter. So können sie nachverfolgen, wie Besucher mit ihrer Website umgehen und sich auf ihr bewegen, beispielsweise wie weit sie in ihrem individuellen Browserfenster nach unten scrollen. Zusammen mit sämtlichen Nutzungsdetails wird auch der jeweilige, gegebenenfalls dynamisch generierte Seiteninhalt gespeichert und kann beliebig wiedergegeben werden.

Außerdem bietet Mouse-Tracking noch einen weiteren Vorteil. Es hat sich gezeigt, dass ein direkter Zusammenhang zwischen Mausbewegungsverhalten und Blickverlauf besteht. So fahren viele Website-Besucher mit dem Mauszeiger entlang der Zeilen, die sie gerade lesen. Vor diesem Hintergrund können die Mausbewegungen auch als ein Indikator für das Interesse eines Besuchers gesehen werden: Die Textstellen auf einer Website, die mit dem Mauszeiger stark frequentiert wurden, hat der Besucher mit großer Wahrscheinlichkeit auch wahrgenommen und gelesen.

Verdichtet man die Bewegungsdaten des Mauszeigers über mehrere Besucher, lässt sich zum einen feststellen, welche Bereiche einer Website tendenziell besonders im Fokus der Besucher liegen. Zum anderen kann ermittelt werden, welche Bereiche möglicherweise kaum wahrgenommen werden. Hier gilt es sich zu überlegen, ob diese Inhalte anders aufbereitet oder angeordnet werden müssen.

Darüber hinaus lassen sich mit Mouse-Tracking-Lösungen auch Registrierungs-, Bestell- oder Kontaktformulare analysieren. Website-Betreiber gewinnen dank detaillierter Analysen – bis auf Formularfeld-Ebene – Klarheit darüber, wie ihre Besucher mit solchen Formularen interagieren, sei es über die Tastatur oder über die Maus. Sie erkennen, wie viele Besucher ein Formular ausfüllen, wie viele es wirklich abschicken und wie lange sich die Besucher mit den einzelnen Formularfeldern beschäftigt haben. Da die Abbruchraten für jedes einzelne Feld ausgewiesen werden, ist sofort ersichtlich, in welchem konkreten Feld der Abbruch am häufigsten erfolgt ist (vgl. Abbildung 3-11).

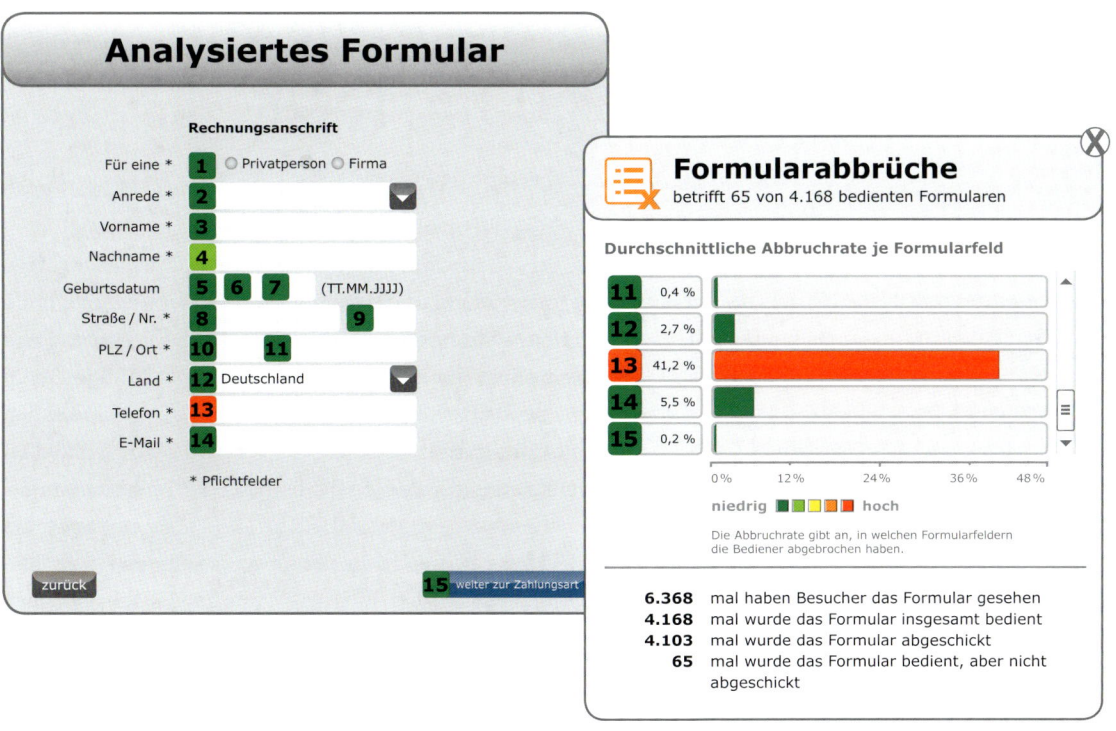

Abb. 3-11: Formularansicht und Analyse der Formularabbrüche

Neben der Abbruchrate können z. B. auch die Besucheranzahl und die Interaktionszeiten für jedes Feld ermittelt werden. Online-Händler erfahren so, welche Formularfelder sie optimieren sollten, um die Konversionsrate zu steigern. Zögern Besucher beispielsweise bei der Eingabe des Geburtsdatums, kann ein zusätzlicher Hinweis auf das gewünschte Datumsformat (z. B. TT.MM.JJ oder TT.MM.JJJJ) oder den Zweck der Angabe Abhilfe schaffen. Tragen Benutzer Daten häufig in andere Felder als vorgesehen ein, so kann es Sinn ergeben, die einzelnen Felder eindeutiger und präziser zu bezeichnen. Ebenso sollten Shop-Betreiber die Texte von Fehler- oder Warnmeldungen hinsichtlich Sprache, Stil und Verständlichkeit überdenken, wenn Besucher trotz Fehlermeldung mehrfach hintereinander denselben Fehler begehen, bevor sie schließlich ein Formular korrekt ausfüllen oder gar abbrechen.

So detaillierte Analysen waren bisher häufig nur mit aufwendigen Untersuchungen in speziellen Usability-Laboren möglich. Im Vergleich dazu sind die Kosten für eine Analyse mittels Mouse-Tracking wesentlich geringer. Außerdem bietet es – im Gegensatz zum Usability-Labor – die Möglichkeit, das Verhalten der eigenen Besucher zu analysieren und nicht das Verhalten von einigen wenigen Probanden, die sich häufig in einer unnatürlichen Testsituation befinden.

Mouse-Tracking und Besucher-Feedback können also dazu beitragen, die Informationen aus der Web-Analyse um tiefergehende Erkenntnisse zu ergänzen. Diese können Online-Händlern einen zentralen Wettbewerbsvorteil liefern: Sie erfahren, wo sie konkret ansetzen müssen, um auch kurzfristig erste Erfolge zu realisieren und um langfristig die Besucherströme noch besser zu steuern und zu optimieren. Gelingt dies einem Händler dauerhaft, kann er seine Wettbewerbsposition stärken und manchen Konkurrenten einen Schritt voraus sein – oftmals den entscheidenden.

3.5 Auf los gehts los – Auswahl und Einführung von Web-Controlling-Tools

Egal welches Verfahren Sie einsetzen: Um Kennzahlen für das Web-Controlling zu erhalten, benötigen Sie ein geeignetes Werkzeug. Bei der Auswahl eines solchen Tools sind zunächst einige grundsätzliche Fragen zu klären:

- Welche Verfahren (Logfile-Analyse, Zählpixel-Analyse, Cookies, Fingerprinting, Mouse-Tracking) soll das Tool unterstützen?
- Wollen Sie die Analysen auf Ihren eigenen Rechnern durchführen oder einen externen Dienstleister damit beauftragen?
- Welche Datenschutz-Anforderungen werden an das Tool gestellt?
- Wie viele Nutzer sollen auf das Tool zugreifen können?
- Welche Zeitverzögerungen sind bei der Erstellung der Auswertungen hinnehmbar?
- Welche Import- und Export-Schnittstellen zu internen Systemen (z. B. ERP-System, Data-Warehouse) sollte das Tool zur Verfügung stellen?
- Wie viel darf das Tool maximal kosten (abhängig vom Marketing-Budget und den vermuteten Einsparungspotenzialen durch Web-Controlling)?
- Welche Support-Leistungen werden benötigt (z. B. Hilfe bei Installation, Beratung bei Analyse)?
- Welche weiteren Detailanalysen (z. B. Mouse-Tracking, Besucher-Feedback) benötigen Sie?

Neben diesen grundsätzlichen Überlegungen beeinflussen natürlich insbesondere die Informationsanforderungen Ihres Unternehmens die Auswahl eines Web-Controlling-Tools. Als Hilfestellung bei der Festlegung der Informationsanforderungen soll Ihnen Checkliste 3-2 dienen. Welche Informationen die Online-Händler als wichtig einstufen, zeigt Abbildung 3-12.

Für die Etablierung eines kontinuierlichen Verbesserungsprozesses ist die Auswahl eines Tools nur der erste Schritt. Daher ist danach festzulegen, wer in welchen Zeitabständen welche Kennzahlen analysiert, welche Abweichungen toleriert werden und welche Schritte bei größeren Abweichungen eingeleitet werden müssen.

Anschließend ist dafür zu sorgen, dass die gewünschten Informationen auch messbar gemacht werden. Beim Zählpixel-Verfahren oder bei speziellen Analysen wie einer Heatmap oder Mauszeiger-Verfolgung müssen die Websites, die mit dem Tool überwacht werden sollen, entsprechend vorbereitet werden. Will man eine Newsletter- oder eine Offline-Kampagne überwachen, empfiehlt sich die Kommunikation eines individuellen Links, um die Besucher eindeutig dieser Kampagne zuordnen zu können. Häufig werden für solche Zwecke auch spezielle Seiten (so genannte „Landing-Pages") eingerichtet, die zudem den Vorteil haben, dass die Besucher nicht auf der Startseite lange nach den beworbenen Inhalten suchen müssen.

Für die Kennzahlenanalyse ist zu empfehlen, nicht von vornherein zu viele Kennzahlen festzulegen und zu analysieren. Stattdessen sollte man sich auf einige wenige konzentrieren und sich mit diesen dafür intensiver auseinandersetzen. Wichtige Kennzahlen, die in der Anfangsphase von Bedeutung sind, sind beispielsweise die Besucheranzahl, die Konversionsrate, die Abbruchquoten bei bestimmten Seiten und die durchschnittliche Verweildauer im Shop. Auf Basis dieser Kennzahlen sollte zunächst das Hauptaugenmerk auf die Verbesserung der Nutzerführung im Shop gelegt werden. Erst wenn der Web-Controlling-Regelkreis mit diesen Kennzahlen einige Male durchlaufen wurde, sollte der Fokus auf weitere Kennzahlen ausgedehnt werden.

3

19 % der Händler planen häufige Suchphrasen auszuwerten.

Welche der folgenden Informationen zur Herkunft der Besucher werten Sie derzeit aus oder planen Sie zukünftig auszuwerten?

Verweisende Web-Seiten (Referrer), über die Besucher in den Online-Shop kommen
Häufige Suchwörter, über die Besucher über Suchmaschinen in Ihren Shop gelangt sind
Häufigste Einstiegsseiten
Häufige Suchphrasen, über die Besucher über Suchmaschinen in Ihren Shop gelangt sind
Geografische Herkunft der Besucher (z. B. Land, Region, Stadt)

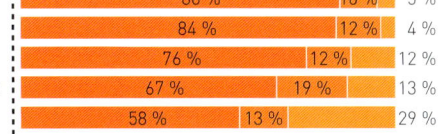

Knapp jeder vierte Händler schenkt der technischen Ausstattung seiner Besucher keine Aufmerksamkeit.

**Welche der folgenden Informationen zu den Eigenschaften der Besucher
werten Sie derzeit aus oder planen Sie zukünftig auszuwerten?**

Gesamtzahl der Besucher pro Woche
Anzahl neuer Besucher
Anzahl wiederkehrender Besucher
Technische Ausstattung der Besucher (z. B. Browser-Version etc.)
Anzahl der Besuche je Besucher (Besuchertreue)

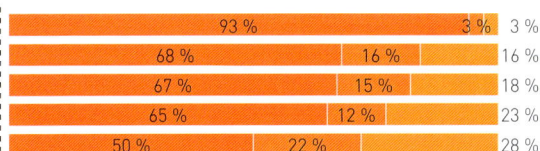

4 von 10 Händlern werten derzeit nicht die Ausstiegsseiten ihrer Besucher aus.

Welche der folgenden Informationen zum Verhalten der Besucher werten Sie derzeit aus oder planen Sie zukünftig auszuwerten?

Am häufigsten aufgerufene Seiten
Seitenaufrufe pro Besuch (Besuchstiefe)
Verweildauer pro Besuch (Besuchsdauer)
Verwendete Suchbegriffe in der internen Shop-Suche
Häufige Ausstiegsseiten
Häufige Seitenabfolgen (Klickpfade)

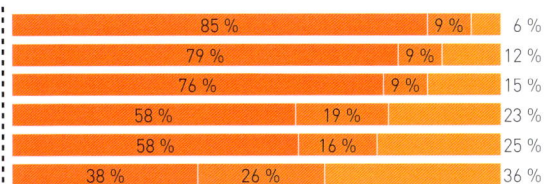

Fast die Hälfte der Händler wertet nicht aus, wie viele Besucher im Check-out-Prozess abbrechen.

Welche der folgenden Informationen zum Kaufprozess werten Sie derzeit aus oder planen Sie zukünftig auszuwerten?

Anzahl der Besucher, die einen Einkauf tätigen
Durchschnittlicher Warenkorbwert
Anzahl der Besucher, die ein Produkt in den Warenkorb legen
Anzahl der Besucher, die im Check-out-Prozess abbrechen
Durchschnittliche Verweildauer bis zum Kauf
Durchschnittliche Klicks bis zum Kauf

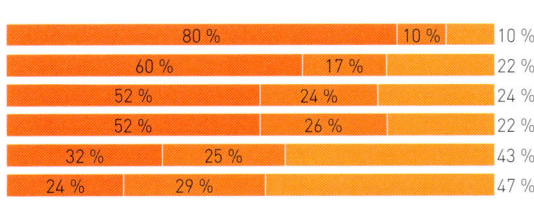

■ wird genutzt   ■ in Planung   ■ wird nicht genutzt

(Nur Unternehmen, die eine oder mehrere Web-Controlling-Lösungen einsetzen)

Abb. 3-12: Tatsächliche und geplante Auswertungen im Rahmen des Web-Controllings
Quelle: ibi research (So steigern Online-Händler ihren Umsatz 2011)

ibi

3

Web-Controlling 3.0 – die Kunden und Wettbewerber im Blick

Im Gespräch mit Christian Bennefeld, etracker, www.etracker.com

Dipl.-Math. Christian Bennefeld ist Geschäftsführer der etracker GmbH in Hamburg. Die Produkte der etracker Conversion Optimisation Suite liefern nicht nur übergreifende Kennzahlen zu Umsatz und Effizienz von Online-Shops, sondern auch konkrete Ergebnisse zum Nutzererlebnis und zur Besucherzufriedenheit und damit Ansatzpunkte für nachhaltige Optimierungsmaßnahmen.

INTERVIEW

Herr Bennefeld, was unterscheidet moderne Web-Controlling-Tools von der klassischen Logfile-Analyse?

Moderne Web-Controlling-Lösungen, die auf dem Zählpixel-Verfahren basieren, können wesentlich genauere und umfangreichere Informationen über die Besucher eines Web-Shops liefern, und das auch noch in Echtzeit! Anstatt nur Besucherzahlen und Seitenaufrufe zu ermitteln, wird das Verhalten jedes einzelnen Besuchers in anonymisierter Form protokolliert. Mithilfe vorkonfigurierter Analysen lassen sich beispielsweise die Konversionsraten von Neu- und Stammkunden oder von unterschiedlichen Kampagnen miteinander vergleichen. Weitere Analysemöglichkeiten wie die Auswertung der verwendeten Suchwörter in Suchmaschinen oder Click-Heatmap und Link-Clickmap können Online-Händler dabei unterstützen, Schwachstellen in ihren Verkaufsprozessen zu identifizieren und zielgerichtete Verbesserungsmaßnahmen einzuleiten.

Welche Entwicklungen sind bei den Web-Controlling-Tools derzeit zu beobachten?

Web-Controlling wird heute häufig immer noch fälschlicherweise mit der Web-Analyse gleichgesetzt. Erfolgreiches Web-Controlling bedeutet jedoch, den Website-Besucher ganzheitlich und aus verschiedenen Blickwinkeln zu betrachten. Web-Analyse ist dabei nur ein Blickwinkel: der Nutzer aus der Hubschrauberperspektive. Möchten Online-Händler ihren Erfolg langfristig steigern, reicht reine Web-Analyse nicht aus, um zielgerichtet Maßnahmen für die Optimierung abzuleiten.

Um zu verstehen, warum Nutzer nicht zufrieden sind und abbrechen, haben sich kontinuierliche OnSite-Zufriedenheitsbefragungen und OnSite-Feedback-Buttons bewährt. Wichtig dabei ist, dass möglichst viele Daten aus der Web-Analyse mit den Befragungsdaten verknüpft werden, beispielsweise der Klickpfad des Befragten, um so besser auf den Grund der Unzufriedenheit schließen zu können. Darüber hinaus wird das Web-Controlling heute durch detailliertes Mouse-Tracking ergänzt. Online-Händler können damit den Blickverlauf und die Wahrnehmung der Besucher ähnlich wie im Usability-Lab nachvollziehen oder Formulare auf typische Abbruchfelder untersuchen.

Zu guter Letzt gehört zum Web-Controlling auch eine umfassende Kampagnen-Analyse, die Wechselwirkungen von Werbemitteln transparent macht und so bei der strategischen Verteilung des Marketing-Budgets unterstützt. Der Trend besteht heute in der Integration der einzelnen Produkte, um umfassendes Wissen zur Website-Optimierung zu sammeln. Wir bei etracker haben diesen Trend erkannt und alle für das Web-Controlling notwendigen Produkte in eine intuitiv zu bedienende Suite integriert. Viele sehen dies als Web-Controlling 3.0 – wir nennen es schlicht die etracker Conversion Optimisation Suite.

Werden auch die Besucher der Online-Shops in diese Entwicklungen mit einbezogen?

Die Shop-Besucher wissen am besten, wo die Schwachstellen der Online-Shops liegen und müssen daher unbedingt mit einbezogen werden! Aus diesem Grund haben wir die beiden Produkte Visitor Voice und Page Feedback entwickelt. Mit Visitor Voice lassen sich kontinuierliche Besucherbe-

> Erfolgreiches Web-Controlling bedeutet, den Website-Besucher ganzheitlich und aus verschiedenen Blickwinkeln zu betrachten.
>
> Christian Bennefeld, etracker

fragungen durchführen, die Aufschluss über Stärken und Schwächen einer Website liefern. Analysiert werden unter anderem die Besucherzufriedenheit in Hinblick auf Usability, Inhalte, Navigation sowie die Loyalität der Besucher und deren soziodemografische Merkmale. Durch die Kombination mit den Funktionen unserer Web-Analyse-Lösung lassen sich nicht nur Gemeinsamkeiten im Nutzungsverhalten unzufriedener Kunden feststellen, sondern es kann auch das Surf-Verhalten bestimmter Zielgruppen, wie beispielsweise das der 30-jährigen Männer, genau untersucht werden. Während Online-Händler mit Visitor Voice eine übergreifende Meinung zu ihrer Webpräsenz erhalten, liefert Page Feedback ein differenziertes Meinungsbild der Besucher zu jeder einzelnen Seite. Durch einen Feedback-Button, der sich auf beliebigen Seiten platzieren lässt, schaffen Website-Betreiber einen Rückkanal, über den alle Besucher, die es möchten, aktiv und direkt im Kontext einer Einzelseite ihr Feedback geben können. So erfährt der Website-Betreiber nicht nur, wie zufrieden die Besucher mit seiner Website insgesamt sind, sondern auch wie sie Inhalt, optische Aufmachung und Usability jeder Einzelseite beurteilen. Das offene Feedback der Besucher in Form von Kritik, Verbesserungsvorschlägen, Fehlermeldungen, Lob oder Fragen ermöglicht eine punktgenaue und tatsächlich kundenorientierte Optimierung jeder einzelnen Seite.

Wie aufwendig ist es für einen Händler, die Kennzahlen fortlaufend zu erheben, zu vergleichen und zu bewerten?

Für die Beobachtung des Besucherverhaltens auf der Website sind bis auf die Integration eines HTML-Codes in die Website in der Regel keine weiteren Installationen oder Anpassungen auf Händlerseite notwendig. Die Auswertungen selbst sind in Echtzeit und buchstäblich „auf Knopfdruck" verfügbar und können online eingesehen oder in unternehmensinternen Datenbanken und CRM-Systemen weiterverarbeitet werden. Im Vergleich zur Aufbereitung und Auswertung von Logfiles, die häufig Tage oder sogar Wochen in Anspruch genommen haben, ist allein dies ein riesiger Fortschritt!

Für das Kampagnen-Controlling ist es ebenfalls ausreichend, die Kampagne einmal anzulegen und ihr ein eindeutiges Identifizierungsmerkmal (Weiterleitungs-URL, URL-Parameter oder Landing-Page) sowie gegebenenfalls einen Kostensatz zuzuweisen. Die Klicks, Leads und der erzielte Umsatz werden anschließend automatisiert ermittelt und man erhält einen exakten Überblick, welcher Marketing-Euro wie viel Umsatz generiert und welche Produktverkäufe nach sich gezogen hat.

Wie steht es bei etracker mit dem Datenschutz?

Als deutscher Anbieter legen wir sehr großen Wert auf die Einhaltung der strengen deutschen, aber auch europäischen Gesetze. So haben wir uns als erster Anbieter von einer offiziellen Behörde, dem zuständigen Landesdatenschutzbeauftragten, prüfen lassen. Zudem gehören die erfassten Daten unseren Kunden und werden von uns nicht für eigene Zwecke verwendet oder gar an Dritte weitergegeben, wie es bei kostenlosen Diensten häufig der Fall ist. Bei etracker sind alle Daten 100 % sicher! ■

ibi

3

Checkliste: Informationsanforderungen an Web-Controlling-Tools

So unterschiedlich die Informationsanforderungen von Online-Anbietern sind, so unterschiedlich ist auch der Leistungsumfang der angebotenen Systeme. Die folgende Checkliste soll Ihnen dabei helfen, Ihre Informationsanforderungen festzulegen, um darauf aufbauend die unterschiedlichen Lösungen einer systematischen Bewertung zu unterziehen.

Berücksichtigen Sie bei der Bewertung, dass Ihre Informationsanforderungen typischerweise im Zeitablauf zunehmen. Achten Sie daher auch darauf, welche zukünftigen Erweiterungen (z. B. Definition individueller Kennzahlen) das Tool zulässt.

Informationen über Seitenaufrufe / Besuche
- Anzahl der Seitenaufrufe
- Anzahl der Besuche (Sessions)
- Anzahl der eindeutigen Besucher (Unique Visitors)
- Anzahl der wiederkehrenden Besucher

Informationen über Aufrufe sonstiger Inhalte
- Downloads
- Flash-Animationen
- Streaming Media
- RSS (Really Simple Syndication)

Informationen über die Besucherherkunft
- Referrer (verweisende URL)
- Quereinsteiger (Einstieg nicht über die Startseite)
- Verwendete Suchwörter in Suchmaschinen / Preisvergleichs-Websites, über die Nutzer in Ihren Shop gelangt sind
- Verwendete Suchphrasen (Wortkombinationen) in Suchmaschinen / Preisvergleichs-Websites, über die Nutzer in Ihren Shop gelangt sind
- Geografische Herkunft: Land / Region / Stadt
- Besucher von mobilen Endgeräten

Informationen über das Besucherverhalten
- Häufige Einstiegs- / Ausstiegsseiten
- Navigationspfade
- Seitenaufrufe pro Besucher
- Verweildauer pro Besucher
- Häufigkeit der Besuche
- Durchschnittlicher Umsatz pro Besucher
- Clickmap / Heatmap
- Segmentierungsmöglichkeiten (z. B. neue Besucher / wiederkehrende Besucher)
- Surf-Verhalten der Besucher (z. B. durch Mouse-Tracking)

3

Informationen über die technische Ausstattung der Besucher

- Betriebssystem
- Browser
- Browser-Sprache
- Farben
- Bildschirmauflösung
- Fenstergröße
- Installierte Plugins
- Art des Endgeräts (PC / Smartphone)

Informationen über den Erfolg von Kampagnen

- Anzahl der Kundenkontakte (z. B. Adviews)
- Anzahl der Leads
- Kosten pro Lead
- Kosten pro Bestellung
- Wechselwirkungen zwischen Kampagnen
- Kontaktabfolgen von Kampagnen

Auswertungsunterstützung

- Festlegung von Zielwerten
- Anpassung des Zeitrahmens von Auswertungen: Stunde / Tag / Woche / Monat / Jahr
- Gegenüberstellungen (A-B-Vergleiche), z. B. von unterschiedlichen Zeiträumen
- Automatisierte Prognose
- Vergleichsansichten
- Vergleichsgruppen

Externe Informationen

- Branchen-Benchmarks
- Marktdaten

Qualitative Analysen

- Besucherzufriedenheit
- Ziele der Besucher
- Zielerreichung
- Kundenloyalität
- Direktes Besucher-Feedback

Checkliste 3-2: Informationsanforderungen an Web-Controlling-Tools

www.ecommerce-leitfaden.de

Vertiefende Informationen zu den Inhalten dieser Abschnitte sowie Links zu Lösungsanbietern erhalten Sie auf der Website www.ecommerce-leitfaden.de. Dort finden Sie auch
weitere kostenlose Angebote, wie den Newsletter, Online-Tools und weitere Studien.

ibi

4

4. » BEZAHLEN BITTE – EINFACH, SCHNELL UND SICHER!

Das fehlende Angebot des bevorzugten Zahlungsverfahrens ist eine der häufigsten Ursachen für den Abbruch von Online-Käufen. Die Studie „Erfolgsfaktor Payment" (vgl. Infobox 4-6) zeigt, dass 79 % der Kunden den Kauf abbrechen, wenn nur die Zahlung per Vorkasse angeboten wird. Durch das Angebot einer Zahlung per Rechnung, Lastschrift, Kreditkarte oder E-Payment-Verfahren lässt sich die Kaufabbruchquote deutlich reduzieren.

4.1 Zahlungsverfahren für den E-Commerce

Zur Abwicklung von Zahlungen im E-Commerce stehen einerseits viele vom stationären Handel her bekannte Zahlungsverfahren zur Verfügung. Andererseits haben sich in den vergangenen Jahren auch zunehmend spezialisierte Anbieter mit eigenen Verfahren für die Zahlungsabwicklung im Internet etabliert. Die Spanne der derzeit verfügbaren Zahlungsverfahren reicht von der Zahlung per Vorkasse über Nachnahme, Lastschrift oder Kreditkarte bis hin zu speziellen Verfahren für den elektronischen Handel (E-Payment-Verfahren).

Insgesamt stehen allein in Deutschland derzeit eine Vielzahl von Zahlungsverfahren zur Verfügung, von denen jedes individuelle Vor- und Nachteile aufweist. Auf die wichtigsten Arten von Zahlungsverfahren wird im Folgenden näher eingegangen. Die gängigsten Zahlungsverfahren sowie deren Eigenarten werden in diesem Kapitel näher betrachtet.

Dies sind:
- Rechnung
- Vorkasse
- Nachnahme
- Lastschrift
- Kreditkarte
- E-Payment-Verfahren

Welche Kriterien bei der Auswahl geeigneter Zahlungsverfahren relevant sind und welche Faktoren ein Händler bei seinen Überlegungen berücksichtigen sollte, wird im zweiten Teil dieses Kapitels dargestellt. Da auch optimierte elektronische Rechnungsprozesse für Unternehmen immer wichtiger werden, wird im dritten Abschnitt auf Vorteile und Herausforderungen bei der Einführung einer elektronischen Rechnungsabwicklung eingegangen.

Mit Sicherheit online kassieren – nationale und internationale Zahlungsmittel

Im Gespräch mit Johannes F. Sutter, SIX Payment Services, www.saferpay.com

Johannes F. Sutter ist als Head of Sales für das Distance Payment der SIX Payment Services in Deutschland zuständig. Die SIX betreibt unter anderem die E-Payment-Plattform www.saferpay.com und ist als internationale agierende Händlerbank auf den E-Commerce, M-Commerce und Phone-Mail-Order-Handel ausgerichtet. Sie sorgt für einfache, sichere und bequeme Zahlungsprozesse mit Kredit-, Debit-, Wert- und Kundenkarten. Seit 2004 ist Herr Sutter zudem als stellvertretender Vorsitzender für den bundesweiten Fachbereich „E-Payment" des Bundesverbandes der Dienstleister für Online-Anbieter (BDOA) e. V. aktiv.

INTERVIEW

Herr Sutter, wo liegen heute die Chancen und Risiken beim Bezahlen im Internet?

Unternehmen verzeichnen weiterhin ein zwei- bis dreistelliges Wachstum in Ihrem E-Commerce-Business. Auch in Zukunft werden die Umsätze im E-Commerce ansteigen. Diese Umsätze gilt es flexibel, einfach und sicher zu kassieren. Das eine Zahlungsmittel, das ein jedes Unternehmen zum Erfolg führt, gibt es aus meiner Sicht nicht. Das Angebot der richtigen Zahlungsmittel ist dann Erfolg versprechend, wenn es ein gesundes Gleichgewicht aus den Zahlungspräferenzen der Kunden und des Händlers darstellt.

Wie beeinflusst das Angebot von Zahlungsverfahren im E-Commerce den Gewinn eines Unternehmens?

Grundsätzlich gilt: Das Angebot von mehreren Zahlungsmitteln bedeutet mehr Umsatz – aber nur mit entsprechender Risikoprävention auch mehr Gewinn! Kunden weichen häufig auf einen anderen Online-Shop aus, wenn das von ihnen favorisierte Zahlungsmittel nicht angeboten wird. Die Konkurrenz im Web sitzt genau einen Mausklick weiter! Meines Erachtens ist der Erfolg eines Unternehmens entscheidend abhängig vom Einsatz eines effizienten Risikomanagements. Das Zusammenspiel von internen Informationen (Limitsteuerung, Retourenverwaltung, Kundenhistorie etc.) und externen Informationen (Adress- und Bonitätsprüfungen, Sperr-

dateien, Kreditkarteninformationen etc.) mit dem Ziel, Zahlungsausfälle auf ein kalkulierbares Maß zu minimieren, spielt hierbei eine wesentliche Rolle.

Welche Zahlungsverfahren haben Ihrer Meinung nach zukünftig das größte Potenzial?

Zu den Erfolg versprechenden Zahlungsmitteln im Internet zählen derzeit neben den klassischen Zahlungsmitteln, wie Kauf auf Rechnung oder per Vorkasse, die Kreditkarte, das elektronische Lastschriftverfahren (ELV) und PayPal.

Die Kreditkarte ist das meistgenutzte Zahlungsmittel weltweit. Mehr als 3 Mrd. Inhaber machen die Kreditkarte zu dem globalen Medium im Bereich des bargeldlosen Zahlungsverkehrs. Gleichwohl die Anzahl der Kreditkarteninhaber stetig wächst, wächst auch das Ausfallrisiko. Aufgrund internationaler Vorgaben der Kreditkartenorganisationen steht dem Kunden bei Zahlung im Internet ein Widerspruchsrecht zu.

Zum Schutz vor Zahlungsausfällen bei Kreditkartenzahlungen haben die beiden großen Kreditkartenorganisationen „MasterCard SecureCode" und „Verified by Visa" ins Leben gerufen. Der Kunde wird im Zuge seiner Bestellung im Online-Shop auf die Seite seiner kartenherausgebenden Bank weitergeleitet und muss sich dort mit seinem Passwort verifizieren. Der Händler kommt so in den Genuss der erweiterten Haftungsumkehr (Liability Shift). Konkret bedeutet das für den Händler: Im Falle eines

ibi

> Kreditkarte und PayPal gelten unter Händlern als am besten für den internationalen E-Commerce geeignete Zahlungsmittel.
>
> Johannes F. Sutter, SIX Payment Services

Zahlungsausfalls haftet die kartenherausgebende Bank und nicht der Händler! Auch anderweitige einfache und effektive Prüfmethoden, wie beispielsweise das Herkunftsland der Karte mit der Lieferanschrift und der Bestelleradresse abzugleichen, können Online-Händler in der Praxis helfen, sich vor Zahlungsausfällen zu schützen. Die Lastschrift gehört neben der Zahlung per Rechnung nach wie vor zu den beliebtesten Online-Zahlungsmitteln der Deutschen. An dieser Stelle sei erwähnt, dass die Lastschrift mit das risikoreichste Zahlungsmittel im Online-Geschäft ist. Die Ausfallrisiken bei der Lastschrift und der Zahlung per Rechnung sind gleich hoch. Nach wie vor verarbeiten mehr als 30 % der Online-Händler Lastschriften immer noch manuell – ohne Abfragen von Sperrdateien oder die Nutzung von Adress- und Bonitätsprüfsystemen. Die Nutzung solcher Systeme reduziert das Zahlungsrisiko nachhaltig. Ein Erfolg versprechendes Zahlungsmittel für das Internet könnte ein internationales und einheitliches Online-Banking-System wie MyBank werden. Bei dem Verfahren würde der Kunde aus dem Bestellvorgang im Online-Shop über eine sichere Verbindung direkt mit seinem Online-Banking-Konto verbunden. Die Vorteile für den Händler liegen auf der Hand: Der Kunde vertraut seiner Bank, das Verfahren garantiert eine hohe Sicherheit durch die PIN / TAN-Abfrage, der Händler kommt schnell an sein Geld und erhält eine Zahlungsgarantie. Meines Erachtens hat ein System wie MyBank das Potenzial, mittelfristig das allseits beliebte und risikoreiche Zahlungsmittel Lastschrift abzulösen.

Welche Trends sehen Sie im E-Payment-Markt für die Zukunft?

Zum einen wird die Verwirklichung der Single Euro Payments Area (SEPA) in den nächsten Jahren neue Trends im grenzüberschreitenden Zahlungsverkehr auf den Märkten Europas setzen. Durch den Abbau gesetzlicher Barrieren und die Vereinheitlichung nationaler Zahlungsmittel werden künftig grenzüberschreitende Zahlungen so einfach und sicher wie nationale Zahlungen von einem einzigen Konto aus möglich sein. Zum anderen reagieren auch die großen Kreditkartengesellschaften auf stetige Veränderungen des globalen Zahlungsverkehrs am Markt.

Neue Produkte und Dienstleistungen sollen den individuellen Bedürfnissen der Internet-Kunden entsprechen. So können heute bereits bestimmte Zielgruppen mit Prepaid- und / oder Wertkarten ausgestattet werden, die aufgrund ihres Alters (14-25 Jahre) keine Kreditkarten erhalten würden. Die 18- bis 29-Jährigen, die häufig aus Bonitätsgründen keine Kreditkarten erhalten, können heute mit Debitkarten global und sicher online bezahlen. Aber auch der Klassiker Kreditkarte erhält im Rahmen der Modernisierungsmaßnahmen frischen Wind in den Segeln. Durch Mehrwerte wie Bonussysteme und Versicherungsleistungen oder die Ausgabe individualisierter Motivkarten werden Kreditkarten auch in Deutschland mehr und mehr zu einem interessanten Zahlungsmedium für Internet-User.

Was würden Sie Händlern bezüglich der Zahlungsabwicklung im Internet raten, die in den Verkauf über das Internet einsteigen oder den Umsatz ausbauen möchten?

Nutzen Sie das Know-how und die fachliche Kompetenz von Experten! Ein Payment Service Provider (PSP) kennt alle Kniffe und Tricks, um ein erfolgreiches und effizientes E-Payment auf die Beine zu stellen. Wir haben oft erlebt, dass Händler aus vermeintlichen Kostengründen die Dienstleistungen eines PSP nicht in Anspruch genommen haben und somit ein nicht kalkulierbares Risiko eingegangen sind. Diesen Händlern sind durch uneinbringliche Forderungen letztlich mehr Kosten entstanden, als der Einsatz eines PSP effektiv gekostet hätte. Daher würde ich jedem Händler raten, nicht an der falschen Stelle zu sparen. Wägen Sie Risiko und Kosten gegeneinander ab – es lohnt sich! Grundsätzlich gilt: Die Potenziale des E-Commerce lassen sich nicht ohne ein geeignetes Zahlungssystem, das sich den individuellen Bedürfnissen des Internets anpasst, ausschöpfen. Fehlinformationen und ungenügende Beratung können schnell zu einem enormen Kostenfaktor werden. Ein qualifizierter Partner ist im wahrsten Sinne des Wortes bares Geld wert! Letztlich geht es nicht nur um die Sicherheit Ihres Kunden, sondern auch um den Erfolg und den Umsatz Ihres Unternehmens. ■

ibi

4

Klassisch: Rechnung, Vorkasse oder Nachnahme

Zu den „Klassikern" unter den Zahlungsverfahren gehören die wohl fast allen Kunden bekannten Verfahren Rechnung, Vorkasse und Nachnahme.

Der Kauf auf (offene) Rechnung, also eine Zahlung nach Lieferung, besitzt im Versandhandel in Deutschland bereits eine lange Historie. Für die Lieferung und Bezahlung per Rechnung spricht die enorme Akzeptanz bei den Kunden, bedingt durch die historisch gewachsene hohe Verbreitung. Allerdings ist gleichzeitig das Risiko hoch, dass Rechnungen verspätet oder überhaupt nicht bezahlt werden. Um dieses Risiko zu vermeiden, gibt es Dienstleister, die gegen Gebühr das Risiko übernehmen und so die Rechnungsabwicklung absichern (vgl. Infobox 4-1 sowie das Interview mit Miriam Wohlfarth, RatePAY). Darüber hinaus werden häufig auch die anfallenden unternehmensinternen Kosten (wie Abgleich des Zahlungseingangs mit den offenen Posten, gegebenenfalls anfallende Personalaufwände oder Telekommunikationskosten für Rückfragen bei Unklarheiten / Unstimmigkeiten) unterschätzt. Hierfür können schnell Kosten in Höhe von mehreren Euro je Bestellung anfallen.

Bei der klassischen Vorkasse, also einer Zahlung vor Lieferung, ist der Händler vor Zahlungsausfällen geschützt. Dagegen trägt der Kunde bei dieser Zahlungsform das Risiko, dass die Ware nicht bzw. unvollständig oder fehlerhaft geliefert wird. Viele Kunden scheuen daher davor zurück, im Internet per Vorkasse zu zahlen. Wird ausschließlich Zahlung per Vorkasse angeboten, wird der Kauf von den Kunden daher häufig abgebrochen. Zudem ist die Zahlung per Vorkasse sowohl für den Kunden als auch für den Händler gegebenenfalls relativ umständlich, da Kunden hierzu erst ihr Homebanking-Programm oder das Online-Banking ihrer Bank aufrufen und die angegebenen Kontodaten des Händlers sowie den Verwendungszweck (z. B. Bestellnummer, Kundennummer) in das Formular übertragen oder einen papierhaften Überweisungsträger ausfüllen müssen. Nachteilig ist zudem, dass sich einerseits bei der Übertragung der Daten Fehler einschleichen können (z. B. durch fehlerhaftes Abtippen / Abschreiben) und andererseits der Händler die Bestellung in der Regel erst dann weiterbearbeiten und versenden kann, wenn die Überweisung des Kunden auf seinem Kontoauszug erscheint. Zu beachten ist außerdem, dass die Vorkasse für den Händler nicht kostenlos ist, sondern ebenso wie bei der Rechnung Kosten für den Abgleich des Zahlungseingangs mit den offenen Posten oder für Rückfragen bei Unklarheiten / Unstimmigkeiten in Höhe von mehreren Euro je Bestellung anfallen können. Bei Vorkassezahlungen auftretende Verzögerungen können durch den Einsatz so genannter Direktüberweisungsverfahren vermieden werden (z. B. giropay, sofortüberweisung).

Zahlungen per Nachnahme

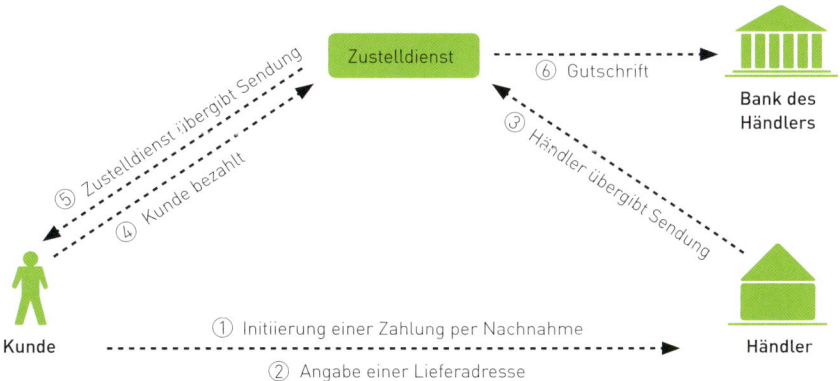

Abb. 4-1: Ablauf einer Zahlung per Nachnahme

Eine Zahlung per Nachnahme mildert zwar insgesamt das Problem auftretender Zahlungsrisiken auf Händler- und auf Kundenseite, ist jedoch relativ umständlich in der Abwicklung und mit relativ hohen Kosten verbunden. Umständlich deshalb, weil der Kunde nicht immer zu Hause ist und damit die Sendung gegebenenfalls nicht in Empfang nehmen kann. Zusätzlich zu den Versandkosten entstehen auch Nachnahmekosten, die insbesondere bei Sendungen mit geringen Beträgen verhältnismäßig hoch sein können. Zudem wird eine Nachnahmesendung nur gegen Bezahlung des Nachnahmebetrags an den Empfänger oder eine bevollmächtigte Person ausgehändigt. Hierdurch entsteht unter Umständen das Problem, dass der Kunde nicht ge-

nügend Bargeld zu Hause hat und die Ware deshalb nicht in Empfang nehmen kann. Neuerdings werden von manchen Zustelldiensten jedoch auch Kartenzahlungen oder gegebenenfalls auch weitere Zahlungsmittel akzeptiert. Kann der Kunde die Sendung nicht entgegennehmen, so wird, je nach Zustelldienst, versucht, diese erneut zuzustellen oder sie wird in einem Lager des Zustelldienstes für eine bestimmte Dauer zur Abholung vorgehalten. Wird die Ware nicht abgeholt, so geht diese an den Händler zurück, womit er auf den Versandkosten und der Nachnahmegebühr „sitzen" bleibt. Für Pakete bis zu 10 kg können beispielsweise Gebühren in Höhe von ca. 7 Euro für den reinen Versand und ca. 5 Euro für die Nachnahme anfallen.

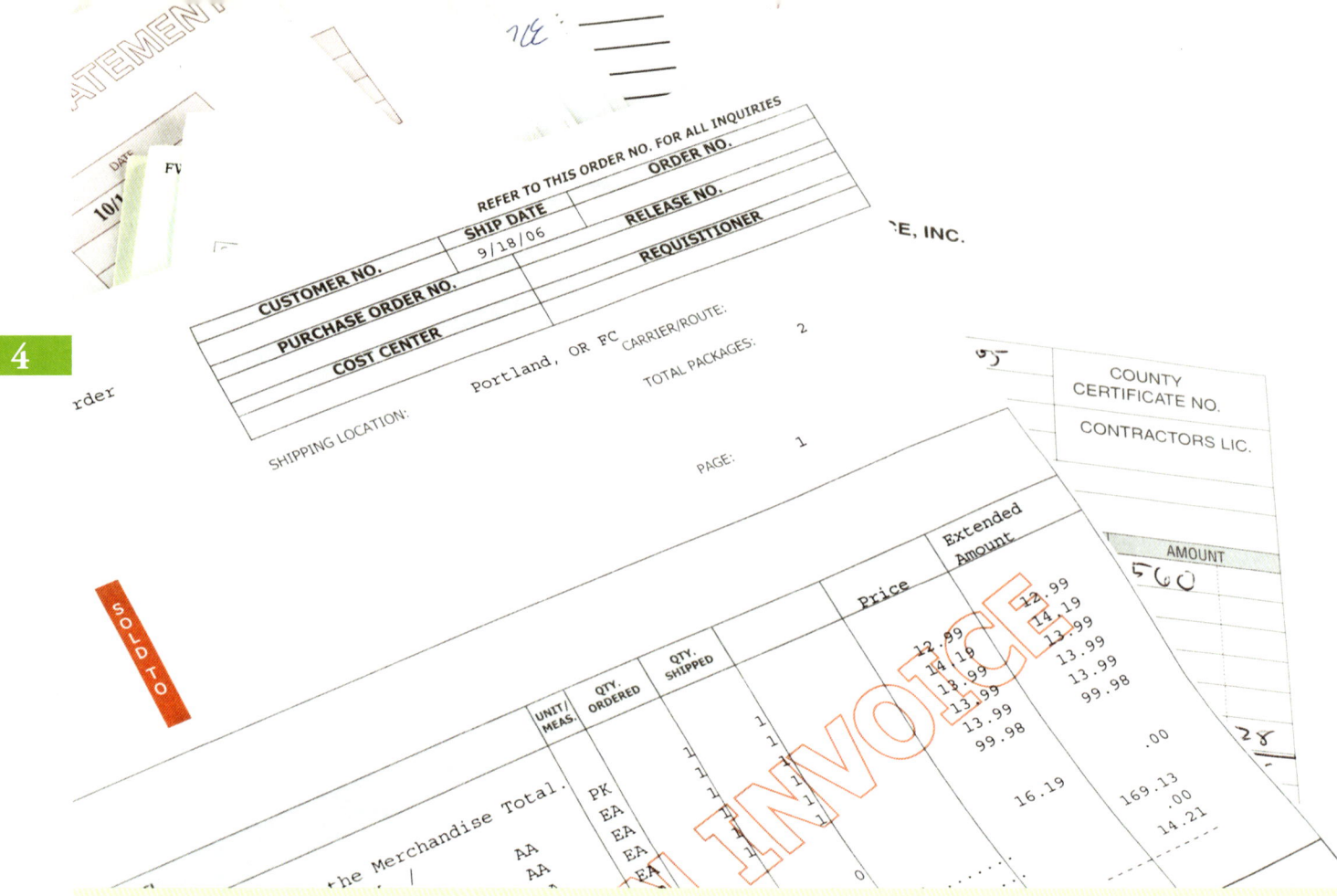

Die Rechnung – des Kunden Liebling!

Die Zahlung per Rechnung ist in Deutschland sehr beliebt. Für die Kunden ist sie nach wie vor das Zahlungsverfahren schlechthin, da sie die Ware zuerst erhalten und erst dann zahlen müssen. So ist es nicht verwunderlich, dass durch das Anbieten der Rechnung als Zahlungsverfahren die Kaufabbruchquote deutlich gesenkt werden kann. Doch warum bieten dann nicht mehr Händler die Zahlung auf Rechnung an?

Bei den Händlern genießt der Kauf auf Rechnung immer noch einen „zweifelhaften Ruf". Sie scheuen das Risiko einer verspäteten Zahlung oder gar eines Zahlungsausfalls. Und dies nicht ohne Grund: Lediglich 5 % aller Händler haben keine Zahlungsstörungen bei der Zahlung auf Rechnung.

Aus diesem Grunde gibt es auch Dienstleister, die einen Rechnungskauf absichern (vgl. das Interview mit Miriam Wohlfarth, RatePAY) und die das Risiko für den Händler übernehmen. Dies geschieht häufig durch den Aufkauf der Forderung (Factoring) oder durch eine spezielle Versicherung. Allerdings nutzen derzeit lediglich 12 % aller Händler, die die Zahlung per Rechnung anbieten, das Angebot eines solchen externen Dienstleisters. Jeder dritte Online-Händler hätte Interesse an der Nutzung einer solchen Dienstleistung. Vorteile aus Händlersicht beim Angebot einer so abgesicherten Rechnungszahlung sind Umsatzsteigerungen durch geringere Abbruchquoten im Bezahlprozess. Manche der Anbieter übernehmen auch Verwaltungsaufgaben wie Rechnungserstellung und Teile der Buchführung. Für die Abwicklung werden gewöhnlich zwischen 3 % und 8 % des Umsatzes veranschlagt.

Das Risiko für den Händler lässt sich auch durch ein geeignetes Risikomanagement reduzieren (vgl. Kapitel 5). Durch adäquate Maßnahmen lässt sich der Einkaufsprozess in Abhängigkeit der Kundenbonität so steuern, dass „schlechten Kunden" nur Zahlungsverfahren mit Zahlungssicherheit für den Händler (z. B. Direktüberweisungsverfahren) angeboten werden. Solche Risikoverfahren lassen sich in der Regel auch relativ unkompliziert in die verschiedenen Shop-Systeme implementieren.

ibi

Fakten zum Rechnungskauf

- 45 % der Händler bieten die Zahlung per Rechnung an.
- Die Rechnung ist das beliebteste Zahlungsverfahren bei Händlern, die nur B2B betreiben.
- Händler sprechen der Zahlung per Rechnung die höchste Akzeptanz bei ihren Kunden zu.
- Aus Händlersicht bietet die Rechnung den geringsten Schutz vor Zahlungsausfällen.
- Ein Drittel aller Online-Händler bekundet sein Interesse an einem Dienstleister, der das Risiko übernimmt – erst 12 % nutzen einen Dienstleister.
- 45 % der Händler sind bereit, bei angemessenen Konditionen einen Dienstleister zu nutzen.
- Bei 7 % der Händler ist mindestens jede vierte Rechnung gestört – nur 5 % der Händler haben überhaupt keine Probleme mit der Zahlung per Rechnung.
- Der durchschnittliche Rückgang der Kaufabbruchquote bei der Einführung der Rechnung liegt bei 81 %.

Quelle: ibi research (Zahlungsabwicklung im E-Commerce 2011, E-Payment-Barometer – Fokus: Zahlungsausfälle 2011, Erfolgsfaktor Payment 2008)

Zahlungsabwicklung beim gesicherten Rechnungskauf

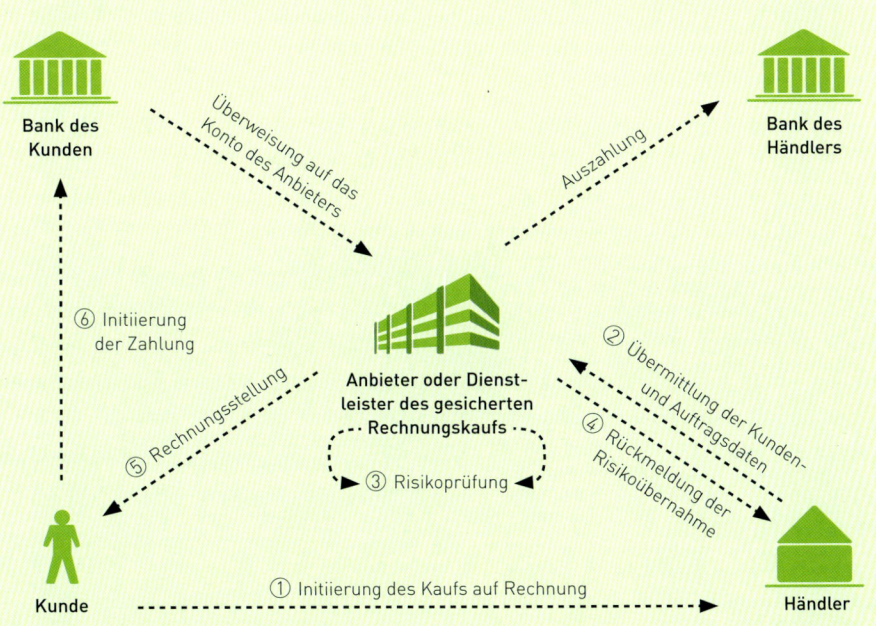

Abb. 4-2: Möglicher Ablauf von Zahlungen beim gesicherten Rechnungskauf

Infobox 4-1: Der Rechnungskauf

Umsatzbringer Ratenzahlung – was muss ich als Händler bei der Einbindung beachten?

Im Gespräch mit Miriam Wohlfarth, RatePAY, www.ratepay.com

Miriam Wohlfarth ist Mitgründerin und Geschäftsführerin bei RatePAY. Der Payment-Anbieter stellt Online-Händlern E-Commerce-Lösungen für Ratenzahlung ohne Postident-Verfahren, Rechnungskauf und Lastschriftverfahren zur Verfügung und übernimmt dabei die komplette Abwicklung und das Ausfallrisiko. RatePAY gehört zur international agierenden EOS Gruppe, einem Unternehmen der Otto Group. Kunden von RatePAY sind z. B. die Online-Shops der Travel Overland Gruppe und des Versandhauses Klingel sowie flug.de und Butlers.

INTERVIEW

Frau Wohlfarth, Ratenzahlung im Internet ist bisher ein Stiefkind, viele Händler scheuen die damit verbundenen Risiken. Was können Sie entgegnen?

Grundsätzlich sollten Händler so viele Bezahlarten wie möglich anbieten, damit jeder Käufer so bezahlen kann, wie es ihm am liebsten ist. Damit erhöhen Shops ihre Konversionsrate, die Kundenbindung und den Umsatz. Aus meiner langjährigen Berufserfahrung kann ich sagen, dass Internet-Käufer immer wieder nach dem Kauf auf Raten verlangen, das belegen auch zahlreiche Studien. Aber natürlich kann ich die Ängste der Händler gut verstehen: Vielleicht ist der Käufer nicht liquide, vielleicht ist er ein Betrüger und am Ende bleibe ich auf meinen offenen Forderungen sitzen. Nur wenige große Händler wollen bzw. können die gesamte Abwicklung, insbesondere das Risiko- und Debitorenmanagement, selbst abbilden. Auch der Einfluss auf die Liquidität ist nicht außer Acht zu lassen. Bisher haben sich Händler häufig für die klassische Absatzfinanzierung in Zusammenarbeit mit einer Bank entschieden. Dies lohnt sich nur für sehr hohe Warenkörbe und leider ist die Abbruchquote durch die umständliche Postident-Identifizierung sehr hoch: Wer hat schon Lust, mit seinem Personalausweis zur nächsten Poststelle zu laufen und sich erst einmal auszuweisen? Die meisten Käufer nicht.

Wie sieht die Lösung aus, die Sie den Shop-Betreibern anbieten?

Wir helfen Händlern in dreierlei Hinsicht: Der Händler erreicht mit der Einführung der Zahlungsart Ratenkauf vor allem Neukunden, die vorher nicht gekauft hätten. Des Weiteren erhöhen sich die durchschnittlichen Warenkörbe bestehender Kunden, da sie mehr Waren bestellen. Außerdem verbessert sich die Konversionsrate im Shop, denn weniger Käufe werden abgebrochen, wenn jedem Käufer die Zahlungsart zur Verfügung steht, die er am liebsten mag. Zudem kümmern wir uns um die komplette Zahlungsabwicklung und arbeiten im Bereich Risikomanagement mit den größten Anbietern wie Schufa, Bürgel oder Infoscore zusammen. Zusätzlich – und das ist für viele Shop-Betreiber der springende Punkt – übernehmen wir komplett das Ausfallrisiko. Der Händler erhält immer – und sehr zeitnah nach Versand der Ware – die komplette Kaufsumme, abzüglich unserer Gebühren. Er muss sich nicht auf die monatliche Ratenzahlung des Kunden verlassen. Ob der Kunde zahlt, ist dann unser Problem.

Abgesehen von der Beseitigung des Ausfallrisikos: Wo können Dienstleister noch helfen, damit Händler keine Arbeit mit der Integration neuer Bezahlarten haben?

Damit sich Shop-Betreiber auf das Verkaufen konzentrieren können, sollten sie die gesamte Abwicklung der Zahlungsvorgänge an Spezialisten

4

> Viele Händler verschenken Umsatz und Kunden, weil sie nicht erkennen, welches Potenzial eine Online-Ratenzahlung bietet.
>
> Miriam Wohlfarth, RatePAY

übergeben. Das heißt: Aufwendige Prozesse wie die Rechnungserstellung, die Überwachung der Zahlungseingänge und gegebenenfalls die komplette Durchführung von Mahnverfahren liegen im Verantwortungsbereich des Dienstleisters. Dann muss beim Rechnungs- und Ratenzahlungskauf besonders auf das Risikomanagement geachtet werden. Welche Parameter dabei zu berücksichtigen sind und wie eng das Raster für den Käufer letztlich ist, sollte der Händler in Abstimmung mit dem Dienstleister selbst bestimmen können. Alles in allem kann ein Händler die Beine hochlegen, wenn er sich einmal entschieden hat, den Ratenkauf einzubinden. Denn ein Dienstleister wird sich um alles kümmern, was mit dem Zahlprozess zu tun hat.

Und wie funktioniert die Ratenzahlung im Internet konkret?

Der Käufer wählt im Check-out-Prozess des Händlers die Zahlart Ratenzahlung. Die Bonitätsprüfung erfolgt in Echtzeit und ohne Medienbruch. Der Käufer erfährt sofort, ob er die gewünschte Zahlart nutzen kann und erhält direkt alle Details wie Ratenplan, monatliche Raten, Zinsen usw. Das umständliche Postident-Verfahren ist nicht notwendig. Der Käufer muss nicht erst mehrere Seiten ausdrucken, ausfüllen und sich bei der Post oder Bank identifizieren. Er muss sich nirgendwo anmelden oder Mitglied werden. Für den Käufer ist die Zahlart Ratenzahlung also genauso bequem wie eine Zahlung per Kreditkarte oder Lastschrift.

Für welche Online-Shops bietet sich Ratenzahlung an?

Aus Erfahrung kann ich sagen, dass sich Ratenzahlung für fast jeden Händler eignet, da er neue Zielgruppen erreicht, mehr Kunden gewinnt und die Warenkörbe erhöht. Viele Händler denken, dass sich Ratenzahlung besonders bei hochpreisigen Waren eignet und erkennen das Potenzial nicht, das auch für ihren Shop besteht. Unsere Erfahrung widerlegt das. Stellen wir uns den typischen Berufsanfänger nach seinem Studium vor, der für seinen ersten Job einen neuen Anzug kaufen möchte. Nicht selten überschreitet der Warenkorb da einen Wert von 400 Euro. Wir bieten einfache Warenkorbfinanzierung schon ab 200 Euro an. Da legt der Käufer doch gerne noch mal ein Paar Schuhe oben drauf.

Dann noch eine „moralische" Frage: Müssen sich Händler nachsagen lassen, durch das Angebot des Ratenkaufs zur Überschuldung ihrer Kunden beizutragen?

Das ist immer eine Frage des qualifizierten Risikomanagements. Wir möchten natürlich nicht, dass sich der Käufer mit der Ratenzahlung verschuldet, weil ihm die Kosten nicht klar sind, die auf ihn zukommen. Deshalb bieten wir dem Kunden auf der Seite des Shop-Betreibers einen Ratenrechner an, der die genaue Zins- und Tilgungsbelastung aufzeigt, die der Kunde monatlich zu leisten hat und es gibt keinerlei versteckte Kosten – wie zum Beispiel Kontoführungsgebühren etc. Zusätzlich verhindert die Echtzeit-Bonitätsprüfung, dass Menschen, die bereits verschuldet sind, sich noch mehr Raten auflasten. ▪

ibi

4

Zahlungen per Lastschrift

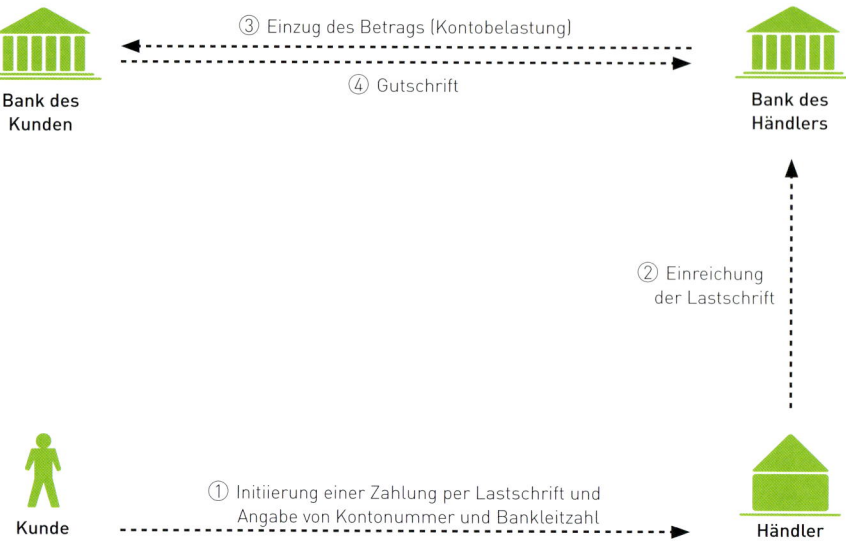

Abb. 4-3: Ablauf einer Zahlung per Lastschrift

Beliebt: Lastschrift

Ein Einzug per Lastschrift ist sowohl für Händler als auch für Kunden einfach und bequem. Kunden geben zur Bezahlung in einem Formularfeld im Web-Shop ihre Bankverbindung an, welche der Händler dann bei seiner Bank zum Einzug des Betrags nutzt. Allerdings haben viele Kunden Bedenken, im Internet ihre Kontodaten anzugeben. Problematisch ist zudem, dass dem Händler bei Internet-Bestellungen in der Regel keine schriftliche Einzugsermächtigung des Kunden vorliegt, ohne die er im Streitfall gegenüber der Bank die Rechtmäßigkeit des Einzugs nicht belegen kann. Bei der Lastschrift fallen vergleichsweise geringe Kosten an, z. B. in Form einer Buchungspostengebühr für die Kontoführung. Im Falle einer Rücklastschrift, z. B. durch einen Widerspruch des Kunden, treten dagegen relativ hohe Kosten auf. Das Rücklastschriftentgelt, das die Bank von der Bank des Lastschrifteinreichers verlangt, beträgt nach dem Abkommen über den Lastschriftverkehr 3 Euro. Zu diesem Betrag

kommt dann noch das Rücklastschriftentgelt hinzu, das zwischen dem Lastschrifteinreicher und seiner Bank individuell vereinbart wurde. Um Rücklastschriften aufgrund nicht eingelöster oder zurückgegebener Lastschriften zu vermeiden, ist darauf zu achten, Bonitäts- und Betrugsrisiken durch geeignete Maßnahmen auszuschließen (vgl. Kapitel 5).

Ziehen Sie in Erwägung, Waren oder Dienstleistungen auch ins Ausland zu liefern, so gestaltet sich der Einzug von Lastschriften derzeit als schwierig bis unmöglich. Beim hier beschriebenen Lastschriftverfahren handelt es sich um ein rein deutsches Verfahren. Im Rahmen der Vereinheitlichung des europäischen Zahlungsverkehrs (SEPA – Single Euro Payments Area) steht seit Ende 2009 ein gesamteuropäisches Lastschriftverfahren zur Verfügung (SEPA Direct Debit, SDD), mit dem auch Beträge von ausländischen Konten eingezogen werden können. Ausführliche Informationen zu SEPA und dem SEPA-Lastschriftverfahren finden Sie in Kapitel 7.

Unternehmen denken insbesondere über die Akzeptanz von Kreditkartenzahlungen nach.
Welche Zahlungsverfahren planen Sie zukünftig anzubieten?

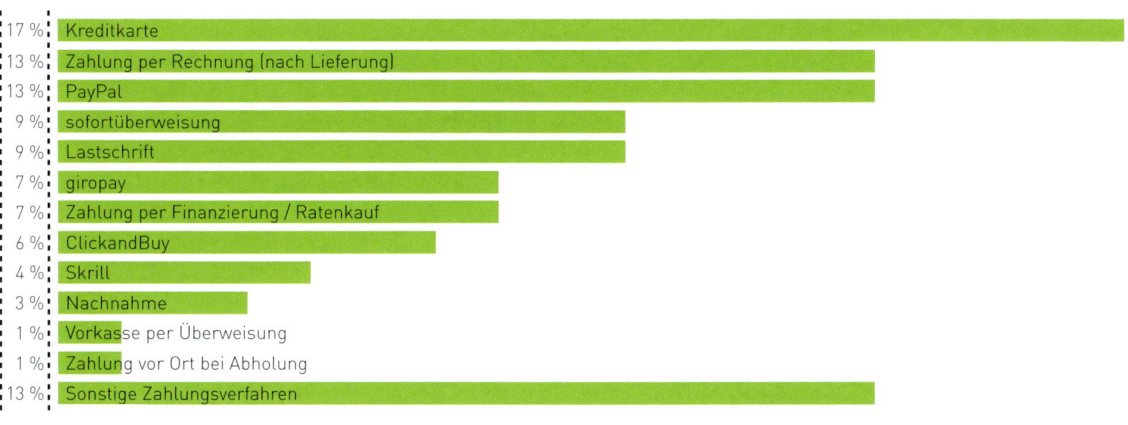

17 %	Kreditkarte
13 %	Zahlung per Rechnung (nach Lieferung)
13 %	PayPal
9 %	sofortüberweisung
9 %	Lastschrift
7 %	giropay
7 %	Zahlung per Finanzierung / Ratenkauf
6 %	ClickandBuy
4 %	Skrill
3 %	Nachnahme
1 %	Vorkasse per Überweisung
1 %	Zahlung vor Ort bei Abholung
13 %	Sonstige Zahlungsverfahren

Abb. 4-4: Geplantes Angebot von Zahlungsverfahren
Quelle: ibi research (Zahlungsabwicklung im E-Commerce 2011)

International: Kreditkarte

Zahlungen per Kreditkarte sind im elektronischen Handel international gebräuchlich und eignen sich daher ganz besonders für Geschäfte mit ausländischen Kunden. Aber auch innerhalb Deutschlands gewinnen Zahlungen per Kreditkarte zunehmend an Bedeutung (vgl. das Interview mit Johannes F. Sutter, SIX Payment Services). Die hohe Sicherheit sowie der hohe Automatisierungsgrad der Abläufe sind neben der nationalen und internationalen Verbreitung weitere Vorteile dieser Zahlungsart – mitunter alles Gründe, weshalb viele Händler Kreditkarten in ihren Online-Shops akzeptieren bzw. zukünftig anbieten wollen (vgl. Abbildungen 4-4 und 4-11). Dabei planen insbesondere überdurchschnittlich viele kleine Unternehmen die Akzeptanz von Kreditkarten.

Bei einer Zahlung per Kreditkarte gibt der Karteninhaber seine Kreditkartendaten (Kreditkartennummer, Gültigkeitsdatum, Kartenprüfnummer) in einem Web-Formular an und bestätigt die Zahlung. Anschließend werden die Daten zur Autorisierung / Genehmigung an einen so genannten Kreditkartenacquirer weitergeleitet, der ggf. noch eine Abfrage des 3-D-Secure-Codes (z. B. Passwort oder TAN) bei der kartenherausgebenden Bank einleitet (vgl. das Interview mit Joachim Beck, ConCardis, in Kapitel 5).

Ein Acquirer ist die kreditkartenbetreuende Stelle des Händlers. Er wickelt für den Händler die Autorisierung (vgl. Abschnitt 5.2) und Abrechnung bei Kreditkartenzahlungen ab. Bei einer erfolgreichen Autorisierung erhalten Sie einen Autorisierungscode, der Ihnen bestätigt, dass das Kreditkartenkonto existiert und mit dem Betrag belastet werden kann. Anschließend wird durch den Acquirer der eingereichte Umsatz von dem Kreditkartenkonto des Kunden mit einem von Ihnen festgelegten Verwendungszweck abgebucht und auf Ihrem Konto abzüglich des vereinbarten Entgelts (Disagio) beim Acquirer gutgeschrieben. Das Disagio ist eine prozentuale Gebühr in Abhängigkeit vom Umsatz, die im Wesentlichen für die Autorisierung / Genehmigung einer Transaktion und die Gutschrift auf dem Händlerkonto bei Ihrem Acquirer bezahlt wird. Die Höhe variiert je nach Branche und weiteren Einflussfaktoren. Gegebenenfalls kommen noch weitere Gebühren für die Übermittlung der Zahlungsdaten (z. B. durch einen Payment Service Provider, PSP) hinzu. Je nachdem, was Sie mit Ihrem Acquirer im Kreditkartenakzeptanzvertrag vereinbart haben, schreibt Ihnen dieser die Kreditkartenumsätze in bestimmten Abständen (z. B. wöchentlich oder monatlich) auf Ihrem Kontokorrentkonto gut (vgl. Abbildung 4-5).

ibi

4

Zahlungen per Kreditkarte

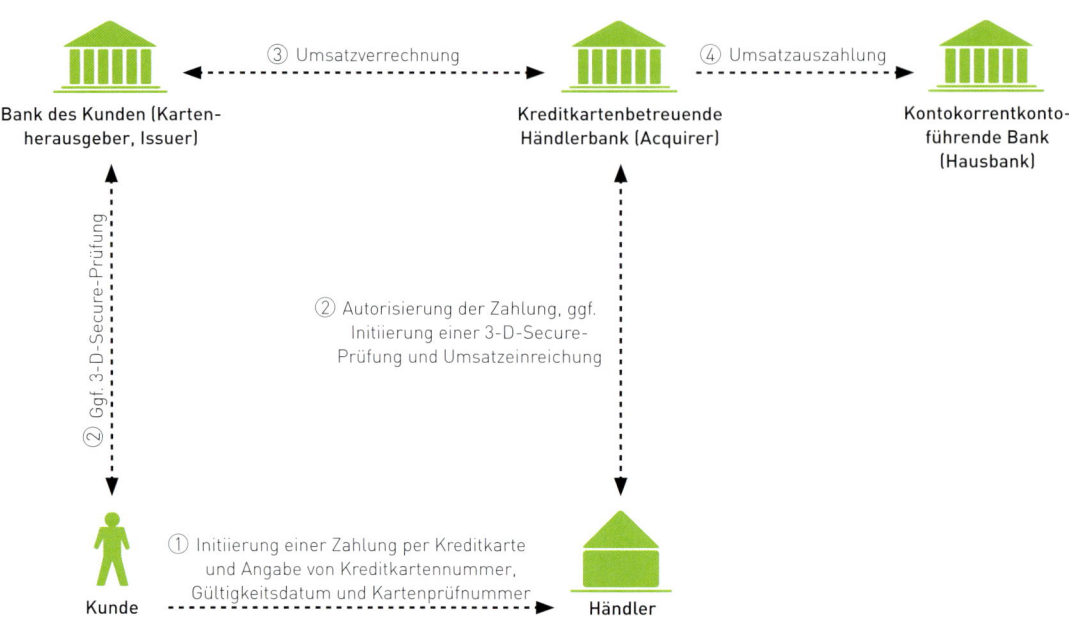

Abb. 4-5: Ablauf einer Zahlung per Kreditkarte

Um neue Zielgruppen zu erschließen und damit die Verbreitung der Kreditkarte bzw. kreditkarten-basierender Produkte auf Kundenseite zu fördern, haben die Kreditkartenorganisationen neue Produkte für den Einsatz im Internet entwickelt oder bestehende Produkte um Funktionen für einen speziellen Einsatz im Internet erweitert. So wird einerseits durch das Angebot von vorausbezahlten Kreditkarten (Prepaid-Kreditkarten), die an Jugendliche ab einem Alter von 14 Jahren ausgegeben werden, auch diesen Zielgruppen eine Zahlung per Kreditkarte im Internet ermöglicht. Gleichzeitig wurden Sicherheitsverfahren eingeführt, die Händler besser vor Rückbuchungen (so genannten Chargebacks) von Kreditkartenzahlungen schützen (vgl. das Interview mit Joachim Beck, ConCardis, in Abschnitt 5.2). Andererseits werden von Kreditkartenorganisationen verstärkt auch Debitkarten-Produkte, wie Maestro, angeboten (vgl. Infobox 4-5), die speziell für den Einsatz im Internet adaptiert wurden und auf Sicherheitsverfahren für Kreditkartenzahlungen im Internet aufbauen. Auf diese Sicherheitsverfahren wird in Kapitel 5 des Leitfadens näher eingegangen.

Zahlungsabwicklung mit nutzerkontounabhängigen E-Payment-Verfahren

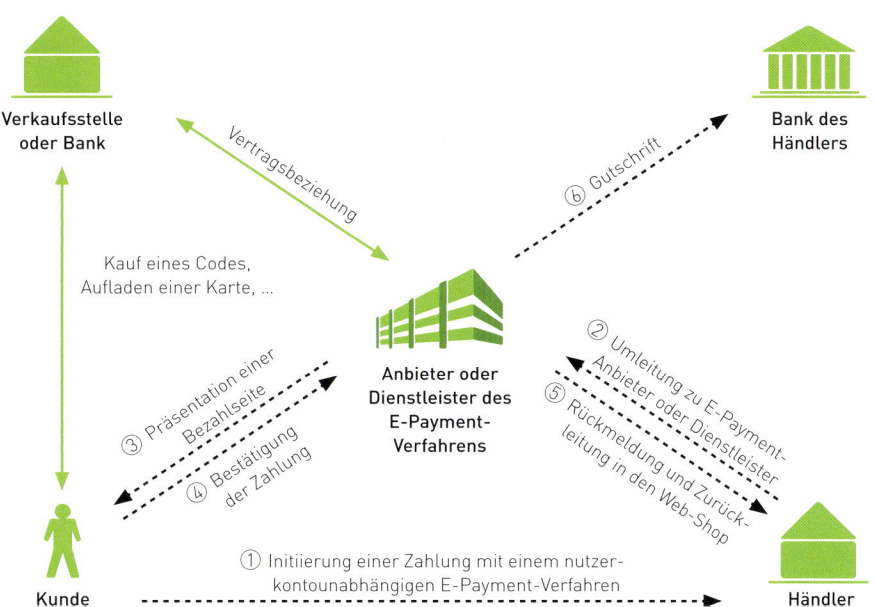

Verkaufsstelle oder Bank

Vertragsbeziehung

Bank des Händlers

⑥ Gutschrift

Kauf eines Codes, Aufladen einer Karte, ...

Anbieter oder Dienstleister des E-Payment-Verfahrens

③ Präsentation einer Bezahlseite

④ Bestätigung der Zahlung

② Umleitung zu E-Payment-Anbieter oder Dienstleister

⑤ Rückmeldung und Zurück-leitung in den Web-Shop

Kunde

① Initiierung einer Zahlung mit einem nutzer-kontounabhängigen E-Payment-Verfahren

Händler

Abb. 4-6: Ablauf von Zahlungen mit nutzerkonto-unabhängigen E-Payment-Verfahren

Speziell entwickelt:
E-Payment-Verfahren

Neben den in den vorhergehenden Abschnitten beschriebenen „klassischen" Zahlungsverfahren Vorkasse, Rechnung, Nachnahme, Lastschrift und Kreditkarte, die zum Teil für den Einsatz im elektronischen Handel angepasst wurden, sind speziell für den E-Commerce neue Zahlungsverfahren entwickelt worden. Diese Verfahren werden im Folgenden als E-Payment-Verfahren bezeichnet. Werden die Bezahlvorgänge über mobile Endgeräte abgewickelt, fallen sie auch unter den Begriff M-Payment-Verfahren.

Vorteilhaft bei E-Payment-Verfahren ist, dass diese auf die Abwicklung von Zahlungen im elektronischen Handel abgestimmt sind und je nach Anbieter gegebenenfalls auch eine Zahlungs-garantie für den Händler aussprechen. Nachteilig ist hingegen bei einigen Verfahren, dass diese bisher keine allgemeine Verbreitung / Akzeptanz bei den Kunden erlangt haben, was zu Kaufabbrüchen führen kann, wenn ausschließlich solche Verfahren angeboten werden.

Die Verfahren lassen sich im Wesentlichen in folgende drei Kategorien unterteilen:

■ Nutzerkontounabhängige Verfahren, wie die Online-Zahlung mit der paysafecard oder der kontoungebundenen GeldKarte, die keine vor-herige Registrierung des Nutzers beim Zah-lungsverfahrensanbieter erfordern. Vorab müs-sen Guthaben erworben werden (z. B. in Form von Seriennummern, Codes oder Karten) oder auf bestehende Karten geladen werden.

■ Nutzerkontoabhängige Verfahren, wie PayPal, mpass oder die kontogebundene GeldKarte, die eine Registrierung des Nutzers beim Zahlungs-verfahrensanbieter erfordern. Der Nutzer muss bei der Kontoeröffnung zahlungsverkehrsrele-vante Daten angeben. Je nach Verfahren z. B. Adresse, Telefonnummer, E-Mail-Adresse und weitere Kontoverbindungen.

Zahlungsabwicklung mit nutzerkontoabhängigen E-Payment-Verfahren

Abb. 4-7: Ablauf von Zahlungen mit nutzerkontoabhängigen E-Payment-Verfahren

◼ Direktüberweisungsverfahren, wie giropay oder sofortüberweisung, die das Online-Banking-fähige Bankkonto des Kunden nutzen, um eine Online-Überweisung an den Händler durchzuführen.

Um mittels eines bestimmten E-Payment-Verfahrens zu zahlen, wählt der Kunde dieses Zahlungsverfahren im Web-Shop aus. Anschließend wird er in der Regel zu einer Bezahlseite des E-Payment-Anbieters umgeleitet. Auf dieser Bezahlseite bestätigt der Kunde die Zahlung und wird wieder zum Web-Shop zurückgeleitet. Parallel dazu wird der Händler durch den E-Payment-Anbieter über das Ergebnis des Zahlungsvorgangs (z. B. Transaktion erfolgreich oder nicht erfolgreich) informiert. Im Erfolgsfall wird in der Regel der Zahlungsbetrag abzüglich eines Disagios (Entgelt für Dienstleistung bzw. prozentualer Abschlag bezüglich des Umsatzes) automatisiert oder durch manuellen Anstoß auf das Bankkonto des Händlers überwiesen. Im Hintergrund kümmert sich der Anbieter des E-Payment-Verfahrens um den Zahlungsausgleich, indem er z. B. den Betrag per Kreditkarte oder Lastschrift vom Kunden einzieht oder das Guthaben entsprechend reduziert (vgl. Abbildungen 4-6 und 4-7). Auch ein Zahlungsausgleich über ein anderes E-Payment-Verfahren ist denkbar.

4

Zahlungsabwicklung beim Direktüberweisungsverfahren giropay

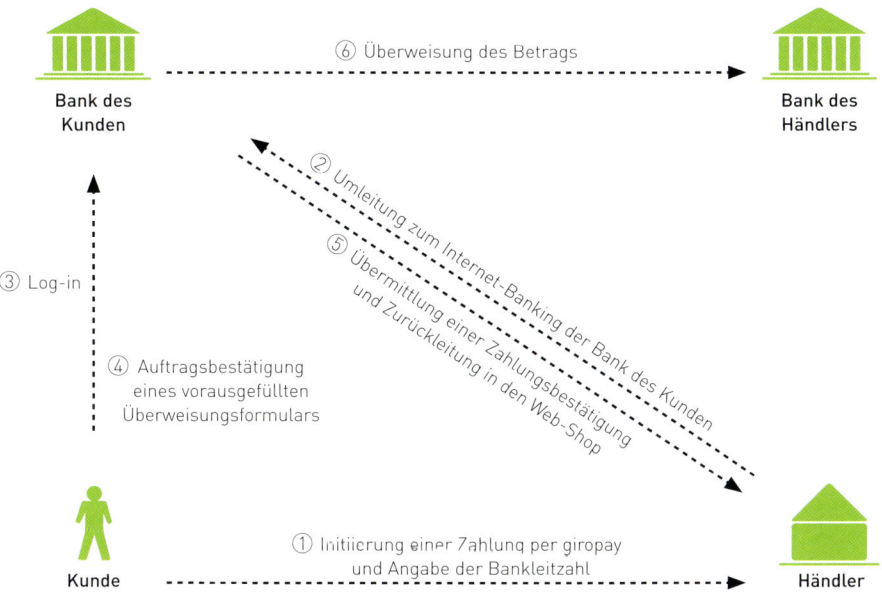

Abb. 4-8: Ablauf einer Zahlung mit dem Direktüberweisungsverfahren giropay

Um die bei klassischen Vorkassezahlungen auftretenden Verzögerungen zu vermeiden, können Direktüberweisungsverfahren wie giropay oder sofortüberweisung genutzt werden.

giropay ist ein Zahlungsverfahren, das von der deutschen Kreditwirtschaft entwickelt wurde und von einer Vielzahl von Online-Banking-Kunden genutzt werden kann. Wenn der Kunde nach Abschluss der Bestellung in einem Online-Shop dieses Zahlungsverfahren wählt, wird er zum Online-Banking seiner Bank umgeleitet. Der Kunde loggt sich dort mithilfe seines Benutzernamens (z. B. Konto- oder Kundennummer) und seiner PIN in den geschützten Bereich ein. Anschließend wird ihm ein bereits mit den Zahlungsdaten und dem Verwendungszweck vorausgefüllter Überweisungsauftrag bereitgestellt, der z. B. noch mit einer TAN zu bestätigen ist. Das Kreditinstitut übermittelt daraufhin eine Auftragsbestätigung an den Händler und leitet den Kunden zurück in den Web-Shop (vgl. Abbildung 4-8). Der Händler kann daraufhin sofort die Ware versenden, da ihm giropay die Zahlung im Standardfall garantiert.

sofortüberweisung als weiteres Direktüberweisungsverfahren arbeitet ähnlich, jedoch verläuft hier die Kommunikation des Kunden ausschließlich mit sofortüberweisung und dem Händler (vgl. Abbildung 4-9). Dem Kunden wird hierbei nicht direkt – im Unterschied zu giropay – die Online-Banking-Website seiner Bank angezeigt.

ibi

Zahlungsabwicklung beim Direktüberweisungsverfahren sofortüberweisung

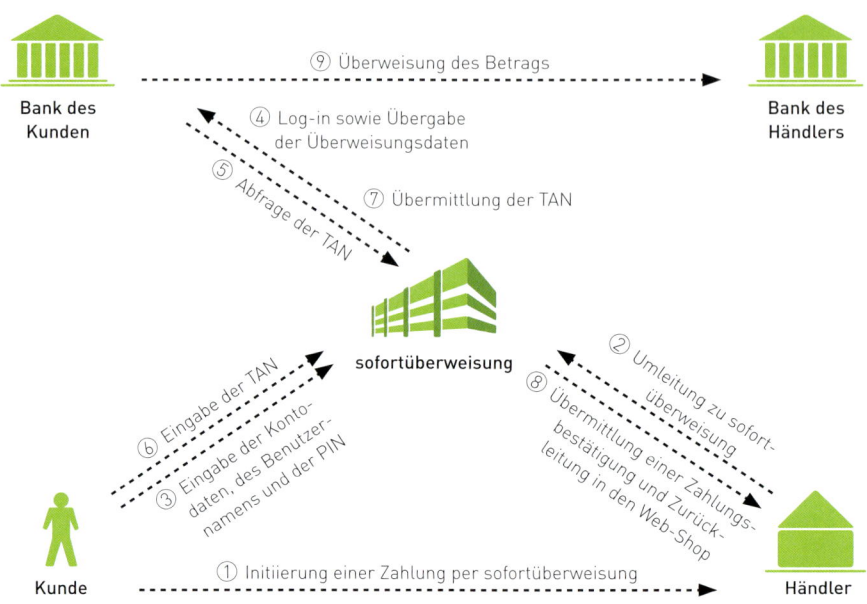

Abb. 4-9: Ablauf einer Zahlung mit dem Direktüberweisungsverfahren sofortüberweisung

Zu bedenken ist, dass auch giropay und sofortüberweisung aus Sicht des Kunden eine Bezahlung vor Lieferung und somit ein Vorkasseverfahren darstellen. Beim Angebot einer Zahlung per Vorkasse ist insbesondere zu beachten, dass das durch Kunden entgegengebrachte Vertrauen ein wesentlicher Einflussfaktor für deren Akzeptanz ist. Dabei ist häufig auch zu erkennen, dass großen, bekannten Unternehmen tendenziell eher vertraut wird als kleinen, unbekannten Anbietern.

Festzuhalten ist, dass jedes E-Payment-Verfahren grundsätzlich mit individuellen Merkmalen (z. B. genauer Zahlungsablauf, Übernahme von Zahlungsrisiken, Kosten) ausgestattet ist, die bei einem Einsatz im eigenen Web-Shop genau abgewogen werden sollten. Eine Auswahl in Deutschland verfügbarer E-Payment-Verfahren können Sie Infobox 4-2 entnehmen.

4

Ausgewählte E-Payment-Verfahren

Nachfolgend finden Sie eine Übersicht über ausgewählte, in Deutschland verfügbare E-Payment-Verfahren. Die von Kreditkartenorganisationen angebotenen Verfahren Verified by Visa und MasterCard SecureCode zählen in diesem Leitfaden nicht zu den E-Payment-Verfahren und wurden bereits in den vorhergehenden Abschnitten besprochen.

Die Verfahren lassen sich in die folgenden drei Kategorien unterteilen (Auswahl in alphabetischer Reihenfolge):

Direktüberweisungsverfahren
- giropay
- sofortüberweisung

Nutzerkontounabhängige Verfahren
- Cash-Ticket
- Online-Zahlung mit einer kontoungebundenen GeldKarte
- paysafecard
- Ukash

Nutzerkontoabhängige Verfahren
- Bezahlen über Amazon
- ClickandBuy
- DHL Checkout
- Google Checkout
- iclear
- mpass
- Online-Zahlung mit einer kontogebundenen GeldKarte
- PayPal
- Rakuten Checkout
- Skrill

Infobox 4-2: Ausgewählte E-Payment-Verfahren

Mobil: M-Payment-Verfahren

Das Bezahlen mit dem Handy, auch Mobile Payment oder M-Payment genannt, wird schon seit einigen Jahren propagiert. Unter M-Payment-Verfahren fasst man die Zahlungsverfahren zusammen, mit denen Bezahlvorgänge über mobile Endgeräte am Point of Sale oder im Internet abgewickelt werden können. Bei letzteren handelt es sich auch um E-Payment-Verfahren. Kein anderes Medium ist länger oder näher bei der Zielgruppe als das Mobiltelefon, kein anderes Medium ist weiter verbreitet (mittlerweile gibt es in Deutschland weitaus mehr Mobilfunkanschlüsse als Einwohner) und ist so vielfältig funktional (von der Kamera bis hin zum Web-Browser). Daher eignet sich das Handy besonders auch für die Abwicklung von Zahlungen.

Mit mpass, dem mobilen Bezahlsystem der drei deutschen Mobilfunkanbieter Telekom, Vodafone und O2, steht in Deutschland ein neues Mobile-Payment-Verfahren zur Verfügung. Mit dem Service können alle Handy-Besitzer bezahlen, die Kunden eines deutschen Mobilfunkanbieters und Inhaber eines deutschen Girokontos sind (vgl. das Interview mit Dr. Stefan Eulgem, Telekom Deutschland, Jochen Bornemann, Vodafone, und Michael Kurz, Telefónica Germany).

M-Payment-Verfahren können häufig nicht nur für den Online-Einkauf genutzt werden. Beispiele für weitere Einsatzmöglichkeiten sind das Aufladen von Prepaid-Handys, der Warenkauf am Automaten oder im Ladengeschäft, das Herunterladen von Software, Klingeltönen oder elektronischen Tickets („M-Ticketing") auf das Handy, die Begleichung von Parkgebühren („Handy-Parken") oder der Geldtransfer an andere Handybesitzer („Person-to-Person-Zahlungen").

Durch die zunehmende Verbreitung von Smartphones sind für die nächsten Jahre hier zahlreiche innovative Anwendungen zu erwarten. Außerdem zeichnet sich ab, dass insbesondere durch die Verbreitung des Übertragungsstandards „Near Field Communication" (NFC) Mobiltelefone verstärkt auch zum Bezahlen am Point of Sale eingesetzt werden, da dieser eine kontaktlose Datenübertragung im Nahbereich ermöglicht.

Eine schnelle Abwicklung im Ladengeschäft ist Grundvoraussetzung für das kontaktlose Bezahlen.

Was sind aus Sicht der Online-Händler die drei wichtigsten Anforderungen an das „Kontaktlose Bezahlen" per NFC-fähigen Karten oder Mobiltelefonen?

- 63 % Schnelle Abwicklung bei der Zahlung im Ladengeschäft
- 52 % Kosten des Verfahrens
- 46 % Schutz vor Zahlungsausfällen
- 44 % Akzeptanz / Verbreitung im deutschsprachigen Raum
- 22 % Einfache Integration
- 18 % Keine PIN-Eingabe durch den Kunden (bei Beträgen kleiner als 25 Euro)
- 15 % Durchgängigkeit des Bezahlprozesses ohne Verzögerungen / ohne Medienbruch
- 12 % Keine umständliche PIN-Eingabe durch den Kunden (bei Beträgen größer als 25 Euro)
- 10 % Internationale Verbreitung des Verfahrens
- 4 % Sonstige Anforderungen

Abb. 4-10: Wichtigste Anforderungen an das „Kontaktlose Bezahlen"
Quelle: ibi research (E-Payment-Barometer – Fokus: Mobile Payment 2011)

Infobox 4-3: M-Payment-Verfahren

Sichere Zahlungsverfahren – Leitfaden zur Auswahl

Da der E-Commerce in den letzten Jahren zunehmend an Bedeutung gewonnen hat, stellt sich für viele Unternehmen die Frage, wie die Umsätze auf effiziente und sichere Weise vereinnahmt werden können. Anbieter von Online-Transaktionen sehen sich dabei einer unüberschaubaren Vielfalt verschiedener Zahlungsverfahren gegenüber, die von der klassischen Überweisung bis zu speziell für den Einsatz im E-Commerce entwickelten Zahlungsverfahren reicht. Die Studie „Sichere Zahlungsverfahren", die von ibi research im Auftrag des Bundesamts für Sicherheit in der Informationstechnik (BSI) erstellt wurde, hilft bei der Wahl der passenden Zahlungsverfahren und gibt damit Antworten auf eine entscheidende Frage: Wie bestimmt man die für eine spezifische Situation eines Händlers passenden Zahlungsverfahren? Ausgehend von einer strukturierten Darstellung unterschiedlicher Arten von Zahlungsverfahren unterstützt die Studie Entscheidungsträger bei der Wahl geeigneter Zahlungsverfahren, um Waren und Dienstleistungen im Internet überhaupt erst verkaufen zu können.

Hierfür wurde ein Vorgehensmodell entwickelt, das neben Eigenschaften wie Verbreitung oder Zahlungsgarantie auch die Eignung für bestimmte Betragsbereiche sowie die Sicherheit und Implementierungsaufwände der Verfahren berücksichtigt. Die Anwendung des Vorgehensmodells wird anhand mehrerer Fallbeispiele exemplarisch vorgeführt.

Weitere Informationen zu dieser Studie sowie den Link zum kostenlosen Download finden Sie auf der Website des Leitfadens (www.ecommerce-leitfaden.de).

Ernst Stahl, Thomas Krabichler, Markus Breitschaft, Georg Wittmann:
Sichere Zahlungsverfahren – Leitfaden zur Auswahl sicherer elektronischer Zahlungsverfahren
Mai 2005

Infobox 4-4: Studie „Sichere Zahlungsverfahren"

Maestro

Maestro ist ein internationaler Debitkarten-Dienst von MasterCard International. Als Debitkarte wird eine Plastikkarte bezeichnet, mit der ein Karteninhaber Waren oder Dienstleistungen bezahlen kann, wobei das Konto des Kunden – im Unterschied zur Kreditkarte – in der Regel bereits nach wenigen Werktagen mit dem Zahlungsbetrag belastet wird. Die in Deutschland gebräuchlichen ec- bzw. girocard-Karten zählen daher ebenfalls zu den Debitkarten.

Konnten die Maestro-Karten bisher nur im stationären Handel eingesetzt werden, so sind die Karten jetzt auch für Zahlungen im Internet verwendbar. Jeder Karte wird eine 19-stellige Kartennummer zugeordnet, die auf den Karten aufgedruckt ist. Mit einer separaten PIN kann der Karteninhaber dann im Internet bezahlen.

Vor allem in Großbritannien, Spanien, Russland, Polen und Dänemark zeigen die Kunden bereits Interesse an dieser Möglichkeit, im Online-Handel zu zahlen. Deshalb sollten vor allem Online-Händler, die Online-Käufer in diesen Ländern bedienen wollen, dieses Verfahren bei der Auswahl berücksichtigen.

Infobox 4-5: Maestro

4

Mobiles Bezahlen – die Vision wird Realität!

Im Gespräch mit Dr. Stefan Eulgem, Telekom Deutschland, Jochen Borne-mann, Vodafone, und Michael Kurz, Telefónica Germany, www.mpass.de

Dr. Stefan Eulgem ist Leiter Enabling Services im Zentrum Mehrwertdienste bei der Telekom Deutschland, Jochen Bornemann ist Leiter Financial und Enabling Services beim Mobilfunk-anbieter Vodafone und Michael Kurz ist Vice President Digital Partnerships bei Telefónica Germany. Gemeinsam bieten die Unternehmen Telekom, Vodafone und Telefónica Germany das mobile Bezahlsystem mpass an. Ein entscheidender Vorteil des innovativen Bezahlsystems: mpass macht das Bezahlen per Handy einfach und sicher.

INTERVIEW

Wie funktioniert das mobile Bezahlen mit mpass?

mpass kombiniert das bewährte Lastschriftverfah-ren mit einer Autorisierung der Zahlung mittels einer mobilen Transaktionsnummer (mTAN). Das heißt in der Praxis: Der Kunde wählt einen Artikel im Online-Shop aus und wählt mpass als Zahlungsart. Dann gibt er seine Mobilfunknummer und PIN ein und erhält darauf eine SMS mit einer mTAN. Durch Eingabe der mTAN auf der Website wird dann die Zahlung per Lastschrift vom Girokonto autorisiert. mpass informiert wiederum unmittelbar den Händ-ler, der daraufhin sofort die Lieferung freigeben kann. Für mobile Einkäufe mit dem Smartphone ist die Bezahlung mit mpass noch einfacher, da die Mobilfunknummer des Kunden von uns erkannt wird und dieser die Zahlung mit seiner persönlichen mpass-PIN bestätigt.

Wer kann mpass nutzen?

mpass kann jeder Mobilfunkkunde eines deutschen Mobilfunkbetreibers nutzen, der über ein deutsches Bankkonto verfügt. Unabhängig davon, bei welchem Anbieter Sie Ihren Handy-Vertrag haben. Gleiches gilt auch für Kunden von Prepaid-Handys. Vertrags-kunden von O_2 und Vodafone können mpass einfach mit ihrer persönlichen Kundenkennzahl freischalten.

Welche Vorteile bietet das mobile Bezahlen für den Endkunden?

Mobile Bezahlverfahren tragen in hohem Maße dem Bedürfnis nach Sicherheit und Bequemlichkeit beim Bezahlen Rechnung. Der Kunde muss dem Händler keine Kreditkarten- oder Kontodaten über-mitteln, diese bleiben sicher bei uns verwahrt. Das Handy ist wie Schlüssel und Geldbörse ein ständiger Begleiter und daher besonders gut als zusätzliches Sicherheitsmedium geeignet. Untersuchungen zeigen daher auch eine hohe Bereitschaft bei den End-kunden, das Handy zum Bezahlen zu nutzen.

Was bedeutet das für Mobile- und Online-Händler?

Aufgrund der sicheren Zahlungsabwicklung mit mobilen Bezahlverfahren können Händler ihre Kundenbasis um Neukunden erweitern, die dem Einkaufen und Bezahlen im mobilen oder statio-nären Internet bisher skeptisch gegenüberstanden.

> Dank NFC-Technologie können Kunden bald nicht nur im Internet, sondern auch im Geschäft oder am Automaten mit mpass bezahlen.
>
> Dr. Stefan Eulgem, Telekom Deutschland

Aber nicht nur aus Kundensicht, auch aus Händlersicht ist das System besonders sicher. Da wir die Identität des Kunden und die Existenz der Bankverbindung in Echtzeit prüfen, können wir Betrugsfälle effektiv verhindern. Auf Wunsch bieten wir auch eine Absicherung gegen Zahlungsausfälle. Wir arbeiten weiterhin daran, das Leistungsangebot für Händler noch weiter auszubauen. Zusätzlich bietet unser Marketing-Netzwerk Händlern vielfältige Möglichkeiten zur Neukundenansprache – über viele Kanäle hinweg. Die Integration von mpass in den Web-Shop funktioniert denkbar einfach. Die Unterstützung sämtlicher Geschäftsprozesse – z. B. zeitversetzter Einzug von Zahlungen oder Abwicklung von (Teil-)Retouren – ist selbstverständlich gewährleistet.

Wie wird sich das mobile Bezahlen zukünftig entwickeln?

Mit der zunehmenden Beliebtheit des Internet-Zugangs über das Smartphone wird auch das mobile Bezahlen weiter an Bedeutung gewinnen. Zum Beispiel das Bezahlen im Laden oder an Automaten wird zukünftig mit dem Mobiltelefon sehr einfach möglich sein. Der Schlüssel hierzu ist der NFC-Standard (Near Field Communication), der eine kontaktlose Datenübertragung im Zentimeterbereich ermöglicht. Der Kunde hält sein Handy zum Bezahlen einfach an ein Lesegerät und der Betrag wird von seinem Konto abgebucht. Besonders interessante Anwendungen des NFC-Standards finden sich im Bereich des öffentlichen Personennahverkehrs. So wird von der Deutschen Bahn derzeit ein innovatives E-Ticketing-Verfahren getestet, bei dem das Handy als Fahrkartenersatz dient. Der Fahrgast hält sein Handy vor Fahrtantritt sowie am Zielort einfach kurz an ein Lesegerät, um die gefahrene Strecke zu erfassen. Diese Lösung zeigt, welches Potenzial in den Themen mobiles Bezahlen und mobiles Ticketing noch steckt. ■

Händler bieten am häufigsten eine Zahlung per Vorkasse an.
Welche Zahlungsverfahren bieten Sie Ihren Kunden im Web-Shop an?

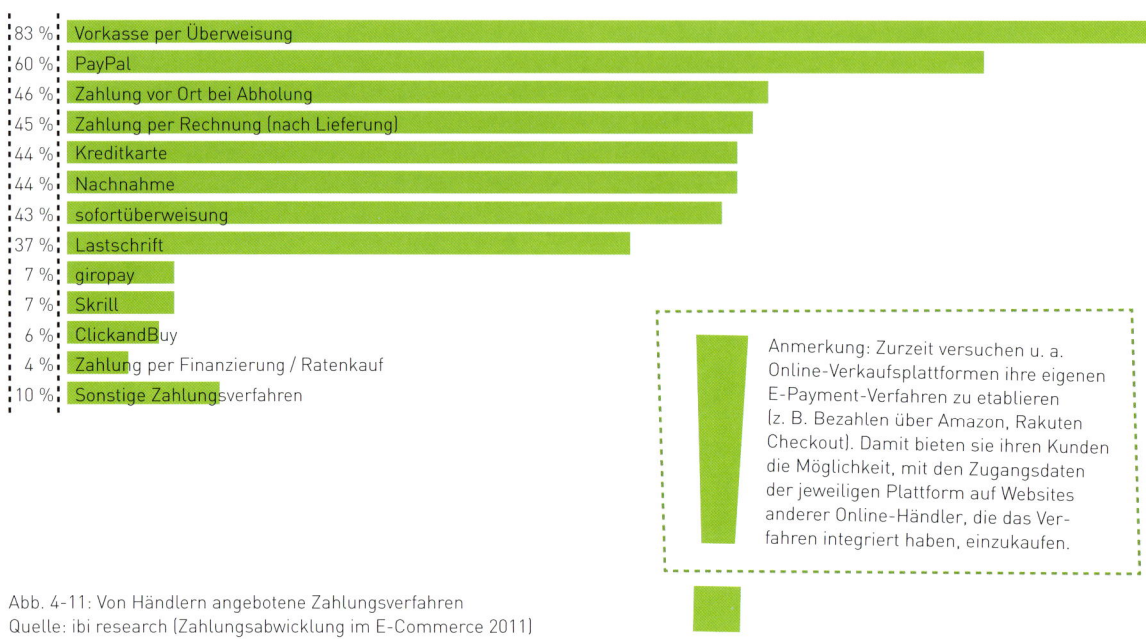

Abb. 4-11: Von Händlern angebotene Zahlungsverfahren
Quelle: ibi research (Zahlungsabwicklung im E-Commerce 2011)

Welche Zahlungsverfahren im Internet zum Einsatz kommen

Nicht jedes der vorher genannten Zahlungs-verfahren besitzt bei Händlern und bei Kunden die gleiche Akzeptanz. Diese variiert je nach Verfahren zum Teil sogar erheblich, was auf mehrere Gründe, wie Risiko, Kundenbasis oder Kosten, zurückzufüh-ren ist.

Wie Abbildung 4-11 zeigt, bevorzugen Händler aus ihrer Sicht relativ risikofreie Zahlungsverfahren. So bieten über acht von zehn Händlern derzeit die Vorkasse und sechs von zehn PayPal an. Auf den weiteren Plätzen folgen die Zahlung vor Ort bei Ab-holung, die Zahlung per Rechnung, die Kreditkarte und die Nachnahme. sofortüberweisung wird noch

von 43 %, das Lastschriftverfahren von 37 % der Händler akzeptiert. Weitere E-Payment-Verfahren, wie giropay, Skrill oder ClickandBuy, werden jeweils von weniger als 10 % der Händler angeboten.

Vergleicht man die von den Händlern bevor-zugten Zahlungsverfahren mit den Präferenzen der Kunden, ergeben sich deutliche Unterschiede. So zeigen Untersuchungen, dass Kunden für sie risi-kofreie und bequeme Zahlungsverfahren wie Rech-nung oder Lastschrift bevorzugen. Da diese häufig von Händlern nicht angeboten werden, sind Kunden jedoch oft gezwungen, auf alternative Verfahren auszuweichen bzw. den Kauf abzubrechen.

4

Der Großteil der Händler (60 %) bietet zwischen drei und fünf Zahlungsverfahren an.
Der Durchschnitt über alle Online-Händler liegt bei etwa 4,5 Verfahren.

Wie viele Zahlungsverfahren haben Sie in Ihren Web-Shop integriert?

5 %	1
9 %	2
19 %	3
22 %	4
19 %	5
15 %	6
7 %	7
4 %	8 und mehr

Ø 4,5 Zahlungsverfahren

Abb. 4-12: Anzahl in Web-Shops integrierter Zahlungsverfahren
Quelle: ibi research (Zahlungsabwicklung im E-Commerce 2011)

Insgesamt kann man sagen, dass die Interessen der Händler und der Kunden häufig gegenläufig sind. Jede Partei versucht primär, ein für sich risikoarmes Verfahren zu nutzen. Damit es bei einer Bezahlung dennoch zu einer Einigung auf ein Zahlungsverfahren kommt, bieten Händler den Kunden häufig zusätzliche Zahlungsverfahren an, die jedoch gegebenenfalls auch Risiken beinhalten können (für Informationen zu zahlungsverfahrensspezifischen Risiken und Möglichkeiten zu deren Reduzierung vgl. Kapitel 5). Abbildung 4-12 zeigt, dass über die Hälfte der Händler (60 %) zwischen drei und fünf Zahlungsverfahren in ihren Web-Shop integriert haben. Der Durchschnitt über alle Online-Händler liegt bei etwa 4,5 Verfahren.

Tendenziell lässt sich beim Angebot von Zahlungsverfahren insgesamt folgende Aussage treffen: Je mehr Zahlungsverfahren einem Kunden zur Auswahl stehen, desto wahrscheinlicher ist es, dass er ein von ihm präferiertes Zahlungsverfahren findet. Die Kunst besteht somit darin, genau das für Ihre Zielgruppe geeignete Portfolio an Zahlungsverfahren zu finden, ohne die eigenen Interessen zu sehr zu vernachlässigen. Welche Aspekte Sie dabei berücksichtigen sollten, zeigen die Studie „Erfolgsfaktor Payment" (vgl. Infobox 4-6) und der folgende Abschnitt.

Erfolgsfaktor Payment – Der Einfluss von Zahlungsverfahren auf Ihren Umsatz

Haben Sie sich auch schon gefragt, wie viele Kunden in Web-Shops den Kaufvorgang abbrechen, weil sie nicht die richtigen Zahlungsverfahren angeboten bekommen? Aber welche Kombination von Bezahlverfahren verspricht insgesamt den größten Erfolg?

Das richtige Zahlungsverfahrens-Portfolio für einen Online-Shop zusammenzustellen ist keine leichte Aufgabe. Wichtig ist, dass die angebotenen Zahlungsverfahren von den Kunden akzeptiert und damit Kaufabbrüche vermieden werden, dass es zu möglichst wenig Zahlungsverzögerungen und Zahlungsausfällen kommt und dass die Kosten für die Zahlungsabwicklung so gering wie möglich gehalten werden können.

Wie es sich in diesem Zusammenhang mit ausgewählten Zahlungsverfahren verhält, zeigt die Studie „Erfolgsfaktor Payment". Die Untersuchung war szenariobasiert angelegt, d. h. den Teilnehmern wurden zufällig verschiedene Situationen geschildert, die beim Einkaufen im Internet denkbar wären. Vom Hörbuch über Fernreisen bis zum Fernseher wurden die Käufer mit diversen Produkten und Dienstleistungen konfrontiert. Dabei hatten die knapp 1.400 Teilnehmer jeweils die Möglichkeit, aus unterschiedlichen angebotenen Zahlungsverfahren das bevorzugte Verfahren zu wählen bzw. den Web-Shop zu verlassen und nach einem anderen Anbieter zu suchen.

Wie die Studienergebnisse zeigen, haben 56 % der Teilnehmer schon einmal schlechte Erfahrungen beim Online-Shopping gemacht. Wenn nur die Zahlung per Vorkasse angeboten wird, verlassen daher 79 % der Kunden den Web-Shop und suchen nach einem anderen Anbieter. Durch das Angebot einer Zahlung per Rechnung, Lastschrift oder Kreditkarte lässt sich die Kaufabbruchquote deutlich reduzieren (vgl. Abbildung 4-13). Allerdings sind mit diesen Zahlungsverfahren auch höhere Risiken für Online-Händler verbunden, denen es zu entgegnen gilt.

Durchschnittlicher Rückgang der Kaufabbruchquote bei Einführung dieser Zahlungsverfahren:

-81 %	Rechnung
-63 %	Lastschrift
-60 %	Kreditkarte
-43 %	E-Payment
-19 %	Nachnahme

Abb. 4-13: Durchschnittlicher Rückgang der Kaufabbruchquote
Quelle: ibi research (Erfolgsfaktor Payment 2008)

Mit der vorliegenden Untersuchung erhalten Online-Händler eine fundierte Entscheidungsgrundlage für die Optimierung ihrer Zahlungsabwicklung. Dabei wurde auch betrachtet, wie sich beispielsweise ein Rabatt von 3 % bei Zahlung per Vorkasse oder die Verfügbarkeit eines Gütesiegels auf die Zahlungsverfahrenswahl und die Kaufabbruchquote auswirken. Beispielsweise steigert ein 3-prozentiger Barzahlungsrabatt den Anteil der Vorkassezahlungen deutlich und der Einsatz eines Gütesiegels senkt die Kaufabbruchquote um 25 % und steigert die Vorkassezahlungen.

Weitere Informationen zu dieser Studie sowie den Link zum kostenlosen Download finden Sie auf der Website des Leitfadens (www.ecommerce-leitfaden.de).

Ernst Stahl, Markus Breitschaft, Thomas Krabichler, Georg Wittmann:
Erfolgsfaktor Payment – Der Einfluss der Zahlungsverfahren auf Ihren Umsatz
Juni 2008
ISBN 978-3-940416-04-9

Infobox 4-6: Studie „Erfolgsfaktor Payment"

Erfolgsfaktor Payment

Studienergebnisse zum Einfluss der Zahlungsverfahren auf den Umsatz

www.ecommerce-leitfaden.de/erfolgsfaktor-payment

Code mit dem Handy scannen und sofort zum PDF-Download der Studie gelangen

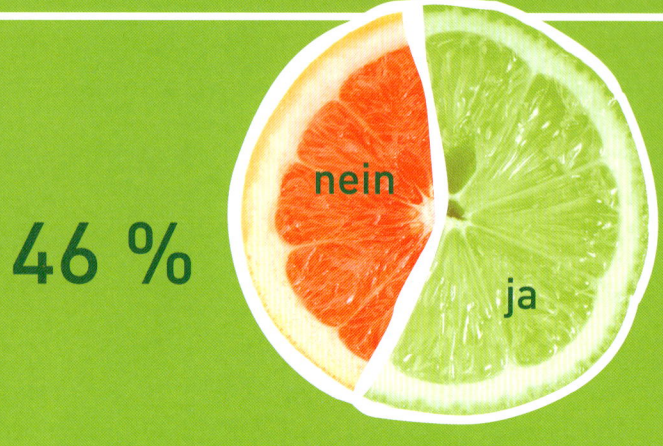

Haben Sie beim Einkaufen im Internet schon einmal negative Erfahrungen gemacht?

46 % nein

ja 56 %

Wie würde sich die Nutzung der folgenden Zahlungs-verfahren ändern, wenn auf Vorkassezahlungen ein Rabatt von 3 % gewährt wird?

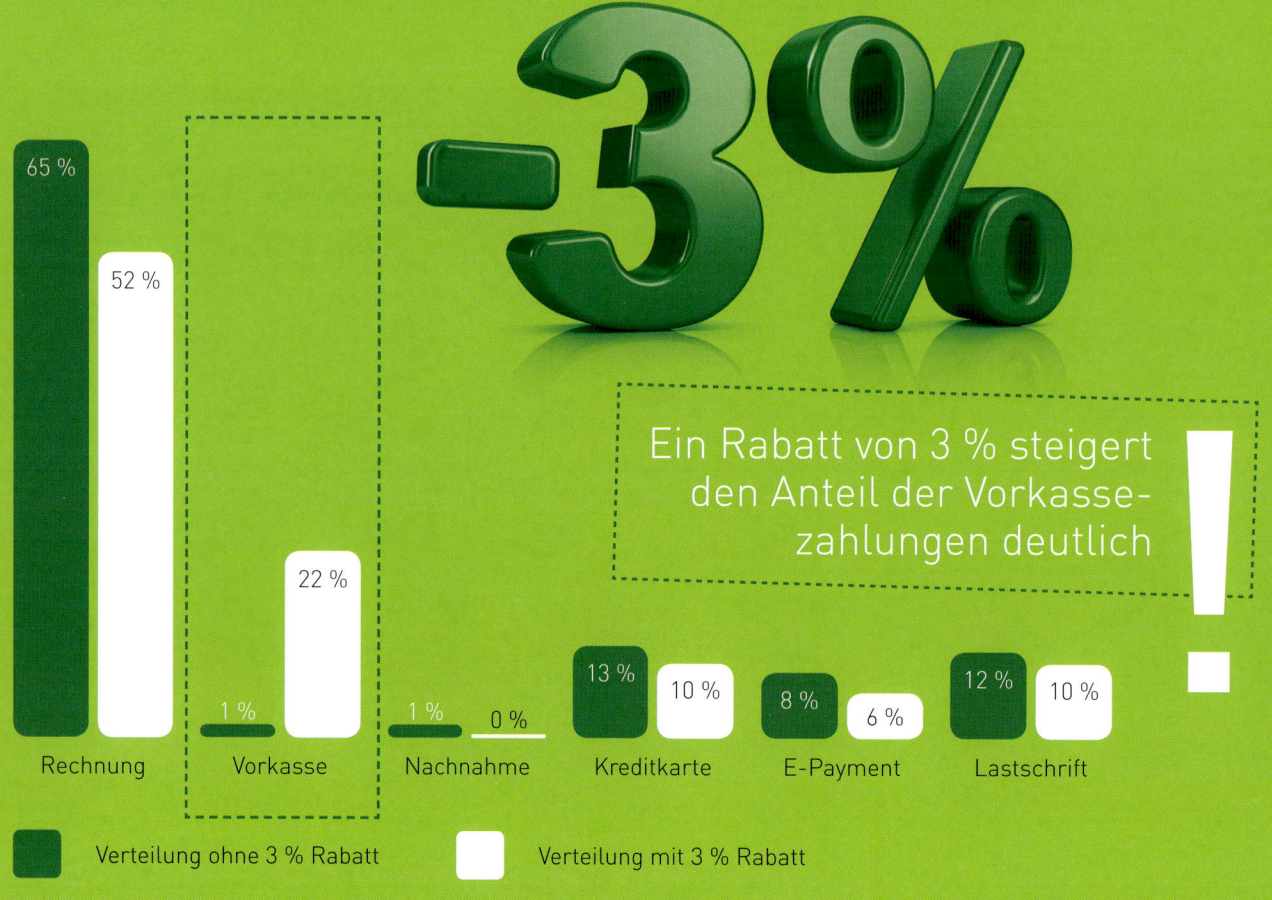

-3%

Ein Rabatt von 3 % steigert den Anteil der Vorkasse-zahlungen deutlich !

	Rechnung	Vorkasse	Nachnahme	Kreditkarte	E-Payment	Lastschrift
Verteilung ohne 3 % Rabatt	65 %	1 %	1 %	13 %	8 %	12 %
Verteilung mit 3 % Rabatt	52 %	22 %	0 %	10 %	6 %	10 %

■ Verteilung ohne 3 % Rabatt   □ Verteilung mit 3 % Rabatt

Wenn nur die Zahlung per Vorkasse angeboten wird, suchen durchschnittlich 4 von 5 Kunden nach alternativen Anbietern

79 %

Auch wenn kein alternativer Anbieter verfügbar ist, würden bis zu 56 % der potenziellen Kunden abbrechen.

Was tun Sie, wenn ein Online-Händler nur die Zahlung per Vorkasse anbietet?

21 %

Bei einem Kaufpreis von 1.200 Euro brechen 9 von 10 potenziellen Kunden den Kauf ab!

Ich verlasse den Web-Shop und suche nach einem anderen Anbieter

Ich zahle per Vorkasse

Wie ändert sich die Kaufabbruchquote, wenn ein Händler ein Gütesiegel hat?

Wenn der Anbieter über ein anerkanntes Gütesiegel verfügt, sinkt die Abbruchquote im Schnitt um ein Drittel

VK + NN + EP

32 %

24 %

■ Abbruchquote ohne Gütesiegel

□ Abbruchquote mit Gütesiegel

VK = Vorkasse
LS = Lastschrift
NN = Nachnahme
EP = E-Payment-Verfahren
KK = Kreditkarte

VK + LS + EP

16 %

11 %

VK + NN + LS + EP

15 %

12 %

VK + NN + KK + EP

14 %

10 %

VK + KK + LS + EP

6 %

4 %

4.2 So kommen Sie an Ihr Geld – Auswahl und Integration von Zahlungsverfahren

In diesem Abschnitt werden Kriterien erläutert, die Sie bei der Auswahl und Integration von Zahlungsverfahren in einen Web-Shop beachten sollten. Darüber hinaus werden organisatorische und technische Rahmenbedingungen beschrieben, die mit einer Einbindung verbunden sind.

Auswahl von Zahlungsverfahren

Die Bedeutung und Komplexität der Auswahl geeigneter Zahlungsverfahren wird häufig unterschätzt. Einerseits sind funktionale Anforderungen (z. B. Abdeckung des erforderlichen Betragsbereichs, wie Klein- und / oder Großbetragszahlungen, Möglichkeit zur Abrechnung wiederkehrender Leistungen, wie etwa Abonnements) zu erfüllen. Andererseits sollte die Zahlung aber auch sowohl aus Ihrer Sicht als auch aus der Sicht Ihrer Kunden kostengünstig und sicher sein. Die Abstimmung der Interessen erweist sich jedoch regelmäßig als problematisch. Checkliste 4-1 gibt einen Überblick über wesentliche Auswahlkriterien, die Sie beachten sollten.

Checkliste: Auswahl von Zahlungsverfahren für Web-Shops

Folgende Kriterien sollten Sie bei der Auswahl von Zahlungsverfahren beachten:

Kriterium	Fragestellung, die bei der Bewertung beantwortet werden sollte
Verbreitung / Akzeptanz durch Kunden	Welcher Anteil der Kunden / Zielgruppe des Unternehmens kann das Verfahren ohne Weiteres nutzen?
Schutz vor Zahlungsausfällen und Zahlungsverzögerungen	Wie hoch ist das Risiko von Zahlungsausfällen und inwiefern kann man sich davor schützen? Wann erfolgt der Zahlungseingang?
Kosten	Welche einmaligen und wiederkehrenden Kosten fallen an?
Unterstützung durchgängiger Prozesse	Inwiefern können mithilfe des Zahlungsverfahrens durchgängige / automatisierte Prozesse gestaltet werden?
Anonymität	Soll im Web-Shop auch die Möglichkeit bestehen, anonym zu bezahlen?
Wiederkehrende Zahlungen	Wird eine Unterstützung wiederkehrender Zahlungen benötigt (z. B. für Abonnements)?
Betragsbereich	Welche Beträge (von x Euro bis y Euro) sollen abgewickelt werden können?

Checkliste 4-1: Beurteilungskriterien für Zahlungsverfahren

Eine hohe Kundenakzeptanz, Schutz vor Zahlungsausfällen und die Kosten des Verfahrens sind die aus Händlersicht wichtigsten Anforderungen an Zahlungsverfahren.

**Was sind aus Ihrer Sicht die drei wichtigsten Anforderungen an ein Zahlungsverfahren?
(Maximal drei Nennungen möglich)**

4

Abb. 4-14: Anforderungen an Zahlungsverfahren aus Händlersicht
Quelle: ibi research (E-Payment-Barometer – Fokus: E-Commerce-Trends 2011)

Aus der Abbildung 4-14 geht hervor, dass über 80 % der Händler einer hohen Akzeptanz und Verbreitung des Zahlungsverfahrens im deutschsprachigen Raum eine sehr hohe Bedeutung beimisst. Dem Schutz vor Zahlungsausfällen wird von 58 % eine hohe Bedeutung zugesprochen, dicht gefolgt von den Kosten des Verfahrens. Diese drei, mit Abstand wichtigsten Aspekte finden sich auch im magischen Dreieck der Zahlungsverfahren wieder (vgl. Abbildung 4-15). Weitere wichtige Anforderungen an ein Zahlungsverfahren sind die Unterstützung durchgängiger Prozesse sowie eine einfache Integration. Die internationale Verbreitung des Verfahrens sowie die mobile Nutzbarkeit sind den Händlern eher weniger wichtig. Eine Übersicht, wie Händler Zahlungsverfahren einschätzen, zeigt Infobox 4-7.

Verbreitung / Akzeptanz durch Kunden

Entscheidend bei der Auswahl geeigneter Zahlungsverfahren ist, dass nicht jeder Kunde jedes Zahlungsverfahren auch tatsächlich spontan und unmittelbar nutzen kann. So sind insbesondere nutzerkontoabhängige E-Payment-Verfahren, wie PayPal, ClickandBuy oder Skrill, registrierungspflichtig, wodurch eine Hürde für die erstmalige Nutzung der Zahlungsverfahren geschaffen wird. Klassische Zahlungsverfahren, wie die Überweisung, das Lastschriftverfahren oder die Kreditkartenverfahren, haben hier den historisch bedingten Vorteil einer bereits bestehenden, relativ hohen Verbreitung.

Insbesondere ist bei der Anwendung des Kriteriums zu beachten, dass es darauf ankommt, dass Ihre Kundenzielgruppe das Verfahren auch tatsächlich nutzen kann. Beispielsweise verwenden wohl jüngere Kunden häufiger ein E-Payment-Verfahren als ältere Kunden oder Unternehmen. Zu beachten ist dabei auch, inwiefern Sie ausländische Kundengruppen erreichen möchten, da im Ausland häufig andere Gegebenheiten vorzufinden sind als in nationalen Märkten (vgl. Abschnitt 7.2).

ibi

Die Akzeptanz von Zahlungsverfahren durch Kunden kann von vielen Kriterien abhängen. Aus Kundensicht sind jedoch insbesondere folgende Aspekte wichtig:

■ Schutz vor Missbrauch: Wie kann sich ein Konsument gegen Missbrauch des Verfahrens schützen? Beispielsweise bieten manche Verfahren die Möglichkeit, das Verfahren gegen eine zukünftige Nutzung zu sperren.

■ Haftung bei Missbrauch: Unter welchen Bedingungen und in welcher Höhe entsteht eine Haftung seitens des Nutzers? Dies kann je nach Zahlungsverfahren variieren, von keiner bis hin zu einer vollen Haftung.

■ Nachvollziehbarkeit durchgeführter Transaktionen: Welche Transaktionen wurden bisher getätigt und in welchem Zustand befinden sich diese aktuell? Hierbei ist es wünschenswert, dass man jederzeit Einblick erhält, in welchem Zustand sich bestimmte Zahlungsaufträge befinden, z. B., ob eine Zahlung angewiesen oder bereits gebucht wurde. Zudem sollte eine Übersicht über bereits getätigte Zahlungen, z. B. in Form eines Kontoauszugs, verfügbar sein.

Schutz vor Zahlungsausfällen

Je nachdem, welches Zahlungsverfahren betrachtet wird, bietet es mehr oder weniger Schutz vor Zahlungsausfällen. Dabei kommt es auch darauf an, ab welchem Zeitpunkt der Händler sich sicher sein kann, dass die Zahlung nicht mehr aus vom Kunden zu vertretenden Gründen ausfällt. Dabei reicht die Bandbreite einzelner Zahlungsverfahren von einem sehr geringen oder gar keinem Schutz, z. B. bei Zahlungen per Lastschrift oder Rechnung, die nicht zusätzlich abgesichert sind (vgl. Kapitel 5), bis hin zu einem nahezu vollständigen Schutz, z. B. bei den Direktüberweisungsverfahren. Zu empfehlen ist, die Bedingungen seitens des Anbieters des Zahlungsverfahrens in jedem Fall genau zu prüfen, um mögliche Irrtümer oder fehlerhafte Meinungen bereits im Vorfeld zu beseitigen. Denn nur das, was im Vertrag mit Ihrem Dienstleister steht, hat Gültigkeit.

Sollten Sie sich aus Gründen der Kundenfreundlichkeit dafür entscheiden, Zahlungsverfahren anzubieten, die für Sie per se risikobehaftet sind, können Sie das Risiko gegebenenfalls durch zusätzliche Maßnahmen reduzieren. Detaillierte Informationen hierzu finden Sie in Kapitel 5 dieses Leitfadens.

Kosten

Die Kosten, die durch die Einbindung und Nutzung von Zahlungsverfahren auf Händlerseite entstehen, sind vielfältig. Sie lassen sich grundsätzlich in folgende Arten unterscheiden:

■ Kosten, die durch die Beschaffung von Software- oder Hardware-Komponenten und deren Integration in die Web-Shop-Umgebung einmalig entstehen, z. B. physische oder virtuelle Terminals oder Software, damit Sie Kreditkarten überhaupt erst akzeptieren und abrechnen können bzw. dürfen.

■ Kosten, die durch die regelmäßige, von einem Kaufvorgang unabhängige Abgabe von Gebühren entstehen, z. B. monatliche Lizenzkosten oder Grundgebühren für die grundsätzliche Bereitstellung von Dienstleistungen durch den Zahlungsverfahrensanbieter oder Zahlungsdienstleister (z. B. Payment Service Provider). Manche Dienstleister berechnen beispielsweise eine feste monatliche Grundgebühr, damit Kreditkartentransaktionen für Sie zur Autorisierung angenommen werden.

■ Kosten, die aufgrund der Abwicklung einer Zahlung entstehen. Bei Kreditkartenzahlungen fallen beispielsweise häufig umsatzunabhängige Autorisierungskosten zuzüglich eines vom Umsatz abhängigen Entgelts als Dienstleistungsgebühr an.

Zu beachten ist, dass die Entscheidung, ob und in welcher Höhe welche Kosten anfallen, einzelfallabhängig ist und mit Ihren Dienstleistern vereinbart wird. Zur Prüfung, welche Kosten anfallen könnten, hilft Ihnen auch Checkliste 4-2.

Checkliste: Kosten von Zahlungsverfahren

Beim Angebot von Zahlungsverfahren sollten Sie prüfen, inwiefern folgende Kosten anfallen. Die Kosten von Zahlungsverfahren sind häufig auch von unternehmensindividuellen Merkmalen (z. B. jährlicher Gesamtumsatz, Branche des Unternehmens) abhängig.

Einmalige Kosten	Beispiel
Beschaffungskosten	Kosten für die Beschaffung von Hard- und Software
Einrichtungs- und Anpassungs-kosten auf Händlerseite	Kosten für Installation und Anpassung von Software und Schnittstellen (z. B. Personalkosten, Materialkosten)
Einrichtungs- bzw. Anbindungs-kosten Dritter	Gebühren für die Einrichtung und Frei-schaltung, um z. B. bestimmte Zah-lungsverfahren nutzen zu können

Wiederkehrende Kosten	Beispiel
Transaktionsunabhängige Kosten:	
Grundgebühren für die Bereitstellung von Dienstleistungen und Software	Monatliche oder jährliche Bereitstellungsgebühren eines bestimmten Leistungspakets oder Mietge-bühren zur Nutzung einer Abrechnungssoftware
Kosten für das Mieten bzw. Leihen von Hardware	Miete eines physischen Terminals zur Ab-rechnung von Kartenzahlungen
Transaktionsabhängige Kosten:	
Fixe Gebühr je Transaktion, unabhängig von der Höhe des Umsatzes	0,50 Euro für die Übermittlung von Zahlungsdaten (z. B. Autorisierungsdaten) durch einen Dienstleister
Variable Gebühr je Transaktion, in Abhängigkeit von der Höhe des Umsatzes	2 % des Umsatzes für die Durchführung und Verbuchung einer Zahlungtransaktion

Checkliste 4-2: Kosten von Zahlungsverfahren

Als weitere (indirekte) Kostenposition können so genannte Opportunitätskosten anfallen, z. B. durch einen zeitverzögerten Zahlungseingang auf dem Bankkonto des Unternehmens. Als Folge könnten bei verzögerter wertmäßiger Gutschrift von Um-sätzen Überziehungszinsen anfallen oder mögliche Habenzinsen nicht erzielt werden. Zu beachten ist dabei auch, dass im Falle von Überziehungen gegebenenfalls Ihre Kreditlinie unplanmäßig be-ansprucht wird oder es zu Liquiditätsengpässen kommen kann. Solche verzögerten Gutschriften von Umsätzen können bei Verfahren auftreten, bei denen Umsätze von einem Dienstleister eingezo-gen und erst mit zeitlicher Verzögerung auf Ihrem Konto gutgeschrieben werden.

ibi

Unterstützung automatisierter Prozesse

Um Kosten in Form manueller Zuordnungen von Zahlungseingängen zu offenen Posten zu vermeiden, sollte darauf geachtet werden, inwiefern das Zahlungsverfahren bzw. Ihr Dienstleister eine Automatisierung auch bei Retouren oder Teilretouren ermöglicht. Bei Vorkassezahlungen oder Zahlungen per Rechnung führt beispielsweise die manuelle Zuordnung der Zahlungseingänge zu offenen Posten häufig zu hohen Kosten. Insbesondere bei vielen Buchungen kleiner Beträge kann dies zu erheblichen personellen Aufwänden führen.

Anonymität

Weiterhin ist zu beachten, dass Kunden gegebenenfalls eine anonyme Zahlungsweise gegenüber einem Verfahren, bei dem personenbezogene Daten an den Händler übermittelt werden, vorziehen. Dies ist häufig von der Art der Produkte abhängig.

Wiederkehrende Zahlungen

Möchten Sie über Ihren Web-Shop Abonnement-Leistungen vertreiben, so sollte bedacht werden, dass nicht jedes Zahlungsverfahren die Möglichkeit einer periodisch wiederkehrenden Zahlungsabwicklung bietet bzw. in einer geeigneten Form unterstützt. Beispielsweise könnte der Kunde Abonnement-Leistungen zwar grundsätzlich auch z. B. durch einen Dauer-Überweisungsauftrag begleichen, jedoch sollten Sie davon Abstand nehmen, da diese Art der Zahlungsauslösung nicht in Ihren direkten Wirkungsbereich fällt. Bevorzugen Sie deshalb so genannte Einzugsverfahren, wie Lastschrift- oder Kreditkartenzahlungen, welche auch einen periodisch wiederkehrenden Einzug von Zahlungen erlauben.

Betragsbereich

Bei dem Kriterium „Betragsbereich" ist darauf zu achten, dass der zum Warenkorb gehörende Umsatz auch tatsächlich mit dem Zahlungsverfahren abgerechnet werden kann. Manche Zahlungsverfahren unterliegen hier technischen, organisatorischen oder rechtlichen Einschränkungen. So beträgt der technisch maximal mögliche Zahlungsbetrag bei der GeldKarte 200 Euro. Bei PayPal, Skrill oder auch bei den Kreditkarten beispielsweise existieren kundenindividuelle Höchstbeträge, die von den Anbietern der E-Payment-Verfahren bzw. den kreditkartenausgebenden Banken festgelegt werden.

Auch wenn ein Zahlungsverfahren keinen Höchstbetrag aufweist, kann es sich dennoch als sinnvoll erweisen, bestimmte Verfahren auszuschließen. So können umsatzabhängige Gebühren der Zahlungsabwicklung bei höheren Umsätzen sehr hoch werden. Zum Beispiel kann bei einem Verfahren mit einer 5 %-Provision die Gewinnmarge bezüglich des Warenkorbs bzw. Umsatzes sehr schnell aufgezehrt sein. Hier sollte überlegt werden, ob es sich nicht lohnt, für Bestellungen ab einer bestimmten Höhe ein anderes Zahlungsverfahren einzusetzen, gegebenenfalls ergänzt um risikomindernde Maßnahmen.

Aus Händlersicht stellt sich somit häufig die Frage, welche Zahlungsverfahren er sich denn überhaupt leisten kann: Liegt der Kostensatz des Zahlungsverfahrens über der Gewinnmarge bzw. Handelsspanne, die in einigen Branchen durchaus nur 3 % oder weniger betragen kann, so scheidet eine Integration des Zahlungsverfahrens von vornherein aus.

Daneben kann es auch bei geringen Umsätzen, z. B. bei Umsätzen bis 10 Euro, zu relativ hohen Abwicklungskosten kommen. Sollen beispielsweise Klein- und Kleinstbeträge (z. B. 0,99 Euro für einen Download) abgerechnet werden, ist die Transaktion bei einer fixen Abwicklungsgebühr von etwa 0,50 Euro eventuell nicht mehr rentabel.

Wenn Sie die derzeit verfügbaren Zahlungsverfahren bezüglich Ihrer Anforderungen bewerten, werden Sie häufig zu dem Ergebnis kommen, dass keines dieser Verfahren allen Anforderungen gleichermaßen gerecht wird (vgl. Infobox 4-7). Insbesondere bei den drei wichtigsten Anforderungen an ein Zahlungsverfahren (vgl. Abbildung 4-15) „Akzeptanz durch Kunden", „Kosten" und „Schutz vor Zahlungsausfällen" werden Sie Kompromisse eingehen müssen. Die Schwierigkeit liegt darin, dass die Anforderungen voneinander abhängig sind, so dass bei Veränderung einer Anforderung gleichzeitig eine andere verändert wird. Beispielsweise führt ein erhöhter Schutz vor Zahlungsausfällen in der Regel auch zu höheren Kosten oder geht zulasten der Akzeptanz bei den Kunden. Im Ergebnis existiert derzeit kein Zahlungsverfahren, das alle drei Anforderungen gleichermaßen zur vollsten Zufriedenheit von Händlern und Kunden erfüllt.

Eine Möglichkeit, die Zielkonflikte zwischen den einzelnen Anforderungen zu beheben, bietet die Ergänzung durch Maßnahmen zur Reduktion von Risiken (vgl. Kapitel 5).

Magisches Dreieck der Anforderungen an Zahlungsverfahren

Akzeptanz durch in- und ausländische Kunden

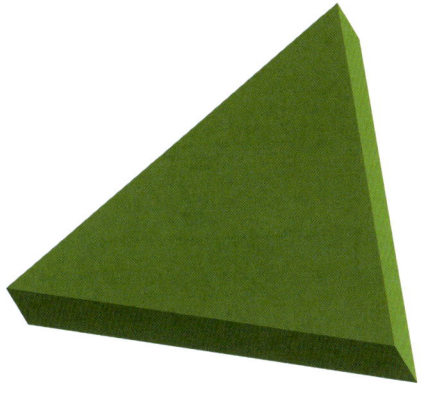

Kosten des Verfahrens

Schutz vor Zahlungsausfällen

Abb. 4-15: Magisches Dreieck

Beurteilung von Zahlungsverfahren

Wie Online-Händler ausgewählte Zahlungsverfahren hinsichtlich der Kriterien des magischen Dreiecks nach Schulnoten bewerten (1 = sehr gut bis 6 = ungenügend), zeigt die folgende Darstellung.

	Schutz vor Zahlungs-ausfällen	Kunden-akzeptanz	Akzeptanz bei Kunden aus dem Ausland	Abwick-lungsge-bühren	Abwick-lungsauf-wand	Gesamtzu-friedenheit
Vorkasse per Über-weisung	1,2	2,5	3,0	1,2	1,9	1,7
Zahlung per Rech-nung	3,9	1,4	2,0	1,6	2,5	2,4
Lastschrift	3,3	2,2	3,9	1,9	2,3	2,3
Nachnahme	1,9	3,1	4,1	3,2	2,8	2,6
Kreditkarte	2,2	2,3	1,6	3,4	2,3	2,1
PayPal	1,9	2,1	1,7	3,5	2,0	2,3
sofortüberweisung	1,4	2,9	3,1	2,4	1,5	1,9

■ bester Wert ■ schlechtester Wert

Abb. 4-16: Beurteilung von Zahlungsverfahren aus Händlersicht
Quelle: ibi research (Zahlungsabwicklung im E-Commerce 2011)

Infobox 4-7: Beurteilung unterschiedlicher Zahlungsverfahren aus Händlersicht

```
  •20    +
  •60    +
         +
  •59    +

  •54    +
  •70    +
  •54    +
         +
```

```
        55•732•20  +
   8•432•20    +
     435•00    +
  84,642•00    +
   5,497•00    +
   5,734•00    +
     445•50    +
  52,565•00    +
  64,644•00    +
   6,465•35    +
     447•64    +
  94,543•54    +
  68,276•40    +
     564•00    +
   4,543•40    +
```

```
        206•45
  8  756•00
2  982•45
   3,480•88
```

Voraussetzungen für das Angebot von Zahlungsverfahren

Um als Händler Zahlungen entgegennehmen zu können, sind je nach Zahlungsverfahren unterschiedliche Voraussetzungen zu erfüllen.

Beim Angebot der **Vorkassezahlung** und dem **Rechnungskauf** im Online-Handel sind bis auf die Existenz eines entsprechenden Bankkontos an sich keine besonderen Voraussetzungen erforderlich. Bei einer Überweisung des Geldbetrags vor oder nach der Lieferung (Vorkasseverfahren bzw. Zahlung per Rechnung) sind neben der Existenz entsprechender Bankkonten keine besonderen Voraussetzungen erforderlich.

Möchten Sie **Lastschriften** über das deutsche Einzugsermächtigungsverfahren einreichen, so müssen Sie mit Ihrer Bank zuvor eine Vereinbarung über den Einzug von Forderungen durch Lastschriften abschließen. Diese wird auch als Inkasso-Vereinbarung bezeichnet. Danach können Sie fällige Beträge per Lastschrift bei Ihrer Bank zum Einzug bei Ihren Kunden einreichen. Darüber hinaus muss Ihnen gemäß des Abkommens über den Lastschriftverkehr normalerweise eine schriftliche Einzugsermächtigung des Kunden vorliegen (Ausnahmen hiervon sind in Anlage 3 des Abkommens aufgeführt). Im Rahmen der Vereinheitlichung des europäischen Zahlungsverkehrsraums SEPA gibt es seit 2009 das SEPA-Lastschriftverfahren. Dieses wird ab dem 1. Februar 2014 das deutsche sowie alle anderen im SEPA-Raum verwendeten nationalen Lastschriftverfahren vollständig ablösen. Nähere Informationen hierzu finden Sie in Kapitel 7.

Voraussetzungen für Lastschriftzahlungen und beteiligte Akteure

Abb. 4-17: Rahmenbedingungen für Lastschriftzahlungen (Einzugsermächtigungsverfahren)

Voraussetzungen für Nachnahmezahlungen und beteiligte Akteure

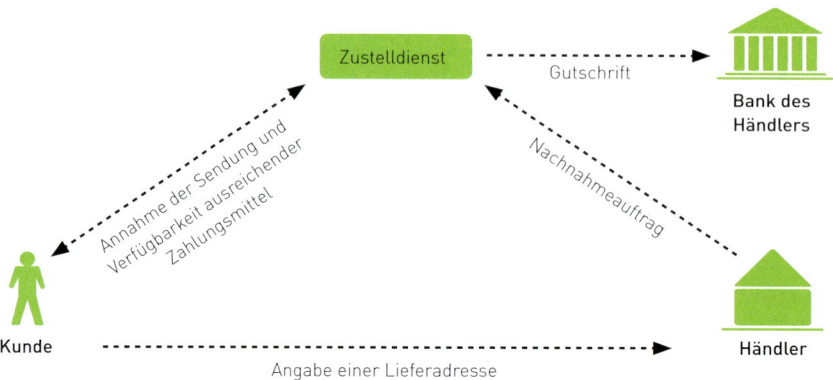

Abb. 4-18: Rahmenbedingungen für Zahlungen per Nachnahme

Nachnahmesendungen werden durch Zustelldienste, wie DHL, DPD, GLS, Hermes oder UPS, je nach Anbieter auch ohne gesonderte vertragliche Rahmenvereinbarungen angenommen und befördert. Soll eine höhere Anzahl an Sendungen durch die Zustelldienste überbracht werden, so können Sie auch den Status eines Vertragskunden einnehmen und gegebenenfalls günstigere Konditionen aushandeln.

Kreditkartenzahlungen können und dürfen nur dann akzeptiert werden, wenn mit einem Acquirer (die Bank, die den Händler bezüglich der Abwicklung von Kreditkartenzahlungen betreut) ein Vertrag über die Akzeptanz von Kreditkarten geschlossen wurde. Sobald Sie mit einem Acquirer einen Akzeptanzvertrag geschlossen haben, werden Sie zum Vertragsunternehmen für die Akzeptanz von Kreditkarten und es wird Ihnen eine Vertragsunternehmens- bzw. Vertragspartnernummer (eine so genannte VU- bzw. VP-Nummer) zugeteilt. Mithilfe dieser Nummer können Sie Umsätze zur Abrechnung über einen Payment Service Provider an die Händlerbank übermitteln.

Im Kreditkartengeschäft beteiligte Akteure

Acquirer

Ein Acquirer ist ein Unternehmen, das Akzeptanzstellen (z. B. Läden, Web-Shops, Call Center) für Kreditkartenzahlungen akquiriert und Kreditkartenakzeptanzverträge abschließt. Acquirer benötigen für ihre Tätigkeit von der entsprechenden Kartenorganisation (z. B. MasterCard, Visa, American Express) eine Lizenz.

Issuer

Ein Issuer ist ein Unternehmen, das die Kreditkarte an den Kunden herausgibt. In der Regel handelt es sich dabei um die Bank des Kunden, bei der er die Kreditkarte beantragt hat.

Payment Service Provider

Ein Payment Service Provider (PSP) ist ein Unternehmen, das umfangreiche Zahlungsdienstleistungen anbietet, wie etwa die Übermittlung von Kreditkarten- und sonstigen Zahlungsdaten und damit die Anbindung von Online-Shops zur elektronischen Abwicklung von Zahlungstransaktionen ermöglicht.

Vertragsunternehmen

Ein Vertragsunternehmen ist ein Unternehmen (Händler), das sich zur Akzeptanz der Kreditkarte als Zahlungsmittel verpflichtet und hierzu mit dem Acquirer einen Kreditkartenakzeptanzvertrag schließt. Der Kreditkartenakzeptanzvertrag ist die rechtliche Grundlage für Kreditkartenzahlungen und enthält Bestimmungen, wie Prüfpflichten des Händlers bei der Entgegennahme von Kreditkartendaten, Umgang mit Kreditkartendaten und Höhe von Entgelten.

Infobox 4-8: Akteure im Kreditkartengeschäft

Sollten Sie bereits eine VU- bzw. VP-Nummer zur Abrechnung von Umsätzen aus einem Ladengeschäft oder aus Telefon- bzw. Mail-Order-Geschäften (so genannten MOTO-Geschäften) besitzen, so benötigen Sie zur Abrechnung von E-Commerce-Umsätzen eine weitere VU- bzw. VP-Nummer. Pro Vertriebskanal ist eine eigene Nummer notwendig.

Inhalt des Kreditkartenakzeptanzvertrags ist unter anderem das Entgelt (Disagio), das bei Umsatzauszahlungen auf ein Kontokorrentkonto Ihrer Hausbank vom Acquirer einbehalten wird. Die Höhe der Gebühr wird in der Regel prozentual am Umsatz bemessen und ist im Wesentlichen von Ihrer Unternehmenssituation (z. B. Branche) abhängig. Dazu wird Ihnen ein so genannter Merchant Category Code (MCC) zugeordnet, eine von den Kreditkartenunternehmen entwickelte Branchen- bzw. Unternehmensklassifikation. Ebenso wird im Akzeptanzvertrag geregelt, in welchen Abständen (z. B. täglich, wöchentlich, monatlich) die Kreditkartenumsätze vom Acquirer ausbezahlt werden und Ihnen damit liquiditätswirksam für den Zahlungsverkehr (z. B. zur Bezahlung Ihrer Lieferanten) zur Verfügung stehen.

Abbildung 4-19 zeigt die an Kreditkartenzahlungen beteiligten Parteien und gibt einen Überblick über deren Beziehungen zueinander.

4

Voraussetzungen für Kreditkartenzahlungen und beteiligte Akteure

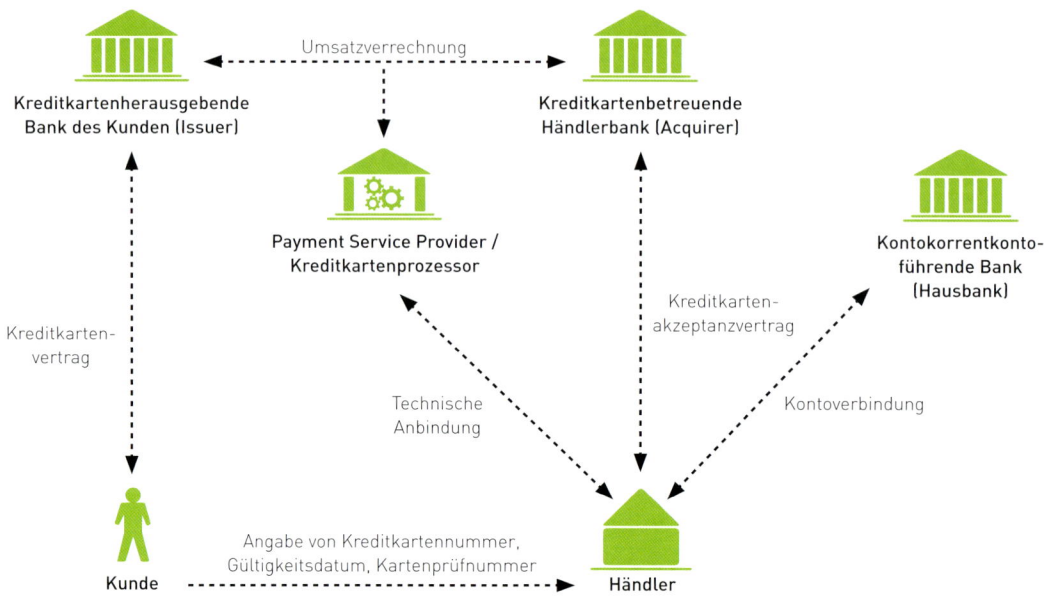

Abb. 4-19: Rahmenbedingungen für Zahlungen per Kreditkarte

Beachten Sie bei der Abwicklung von Kreditkartenzahlungen, dass Sie für Dritte (z. B. Geschäftspartner) keine Kartenumsätze abrechnen dürfen. Diese auch als „Sub-Acquiring" bekannt gewordene Methode ist von den Kreditkartenorganisationen nicht gestattet und geschieht auf Ihr Risiko. Gegebenenfalls auftretende Rückbelastungen (Chargebacks) müssen Sie selbst tragen.

Durch die Medien gehen immer wieder Nachrichten, dass Kreditkartendaten gestohlen und im Internet missbraucht wurden. Um das Vertrauen der Verbraucher in die Bezahlform „Kreditkarte" zu stärken, haben Visa und MasterCard gemeinsame Sicherheitsstandards beim Umgang mit Kreditkarten- und Transaktionsdaten geschaffen. Diese werden als „Payment Card Industry Data Security Standards (PCI DSS)" bezeichnet und gelten verbindlich für alle an der Verarbeitung von Kreditkartendaten beteiligten Parteien. Dies bedeutet, dass jedes an der Abwicklung von

Kreditkartenzahlungen beteiligte Unternehmen (z. B. Händler, Acquirer, Payment Service Provider), das Kreditkartendaten auf den eigenen Systemen speichert, verarbeitet und / oder weiterleitet, eine Zertifizierung durch einen von Visa oder MasterCard autorisierten Dienstleister durchlaufen muss. Dabei bestimmen unter anderem die monatliche Anzahl der Transaktionen und die Transaktionsart (E-Commerce oder Telefon- / Versandhandel) die Art und den Umfang des Zertifizierungsablaufs. Ein Verstoß gegen den PCI-Standard führt für den Händler zu Strafgeldern und gegebenenfalls zum Verlust des Kreditkartenakzeptanzvertrags. Wenn Sie eine Zahlungs-Software eines PCI-zertifizierten Payment Service Providers nutzen und die Kreditkartendaten direkt auf dessen Systemen verarbeiten, ist für Sie nur eine vereinfachte PCI-Zertifizierung erforderlich.

Infobox 4-9 fasst das PCI-Regelwerk in einer Übersicht kurz zusammen.

4

Verpflichtungen beim Angebot von Kreditkartenzahlungen (PCI-Standard)

Um Kreditkartendaten vor Missbrauch zu schützen, haben die Kreditkartenorganisationen MasterCard und Visa einen gemeinsamen Standard, den Payment Card Industry Data Security Standard (PCI DSS oder PCI-Standard) geschaffen. Inwiefern dieser Standard für Sie relevant ist und was er konkret bedeutet, kann mithilfe der nachfolgenden Fragen beantwortet werden.

Für wen gilt der Payment Card Industry Standard (PCI-Standard)?

Er gilt für alle Unternehmen, die Kreditkarten akzeptieren und / oder Kreditkartendaten verarbeiten, speichern oder weiterleiten, z. B. für Händler, Acquirer oder sonstige Dienstleister. Um Kreditkartendaten verarbeiten, speichern oder weiterleiten zu dürfen, müssen Sie sich zertifizieren lassen.

Wann werden Kreditkartendaten verarbeitet, gespeichert oder weitergeleitet?

Sobald Sie Kreditkartendaten auf eigenen Systemen speichern, be- oder verarbeiten oder auch nur über diese weiterleiten, sind Sie zur Einhaltung des PCI-Standards verpflichtet.

Kreditkartendaten werden nur dann nicht verarbeitet, wenn Sie zu keinem Zeitpunkt Kreditkartendaten auf Ihren eigenen Systemen speichern, be- oder verarbeiten bzw. entgegennehmen und / oder weiterleiten. Dies ist beispielsweise dann der Fall, wenn ein Shop-System eines Dritten eingesetzt wird und für Sie keine Zugriffsmöglichkeit auf die Kreditkartendaten Ihrer Kunden besteht oder das Web-Formular, in das die Kreditkartendaten eingegeben werden, von einem Dienstleister (z. B. Acquirer oder Payment Service Provider) bereitgestellt wird und die Kreditkartendaten damit auf dessen System eingegeben werden.

Welche Verpflichtungen müssen im Rahmen des PCI Data Security Standards eingehalten werden?

Das PCI-Datenschutz-Regelwerk besteht aus folgenden verbindlichen Bestimmungen, die von allen Kreditkartendaten verarbeitenden Unternehmen einzuhalten sind:

1. Installation und regelmäßige Aktualisierung einer Firewall zum Schutz der Daten
2. Keine Verwendung vorgegebener Werte für System-Passwörter oder andere Sicherheitsparameter
3. Schutz gespeicherter Kreditkartendaten, d. h., es dürfen Karten- und Transaktionsdaten (wie etwa die vollständige Kartennummer oder Kartenprüfnummer) nicht unnötig gespeichert werden
4. Verschlüsselte Übertragung von Karteninhaberdaten und anderer sensibler Daten in offenen Netzwerken
5. Einsatz und regelmäßige Aktualisierung einer Anti-Viren-Software
6. Entwicklung und Einsatz sicherer Systeme und Anwendungen
7. Beschränkung des Zugriffs auf Karteninhaberdaten ausschließlich für geschäftliche Zwecke
8. Vergabe einer eindeutigen Kennung für jede Person mit Zugang zum Computersystem
9. Beschränkung des physischen Zugriffs auf Karteninhaberdaten
10. Nachvollziehbare Überwachung aller Zugriffe auf Netzwerk-Ressourcen und Karteninhaberdaten
11. Durchführung regelmäßiger Tests der Sicherheitssysteme und Prozessabläufe
12. Bereitstellung und Einhaltung einer Unternehmensrichtlinie zum Thema „Informationssicherheit" für und durch Mitarbeiter und Vertragspartner

▶

ibi

4

Wie läuft eine PCI-Zertifizierung ab?

Zur Zertifizierung müssen, je nach Unternehmen (Anzahl der Transaktionen, Branche etc.), bis zu vier Schritte durchlaufen werden, wobei eine Registrierung für jeden Internet-Händler verpflichtend ist:

a) Registrierung als Händler (nähere Informationen hierzu erhalten Sie von Ihrem Acquirer)

b) Ausfüllen eines Fragebogens (Self-Assessment Questionnaire – SAQ) mit Fragen zur Einhaltung des PCI-Regelwerks

c) Durchführung einer externen Sicherheitsprüfung (Security Scan), bei der aus dem Internet netzseitig Ihre Systeme auf mögliche Schwachstellen geprüft werden, durch einen Approved Scanning Vendor (ASV)

d) Durchführung einer Begehung des Unternehmensgeländes (Security Audit), bei der die Einhaltung der Sicherheitsstandards vor Ort geprüft wird, durch einen Qualified Security Assessor (QSA)

Wer darf mein Unternehmen zertifizieren?

Zertifizierungen dürfen ausschließlich von akkreditierten Dienstleistern (ASV und QSA) durchgeführt werden. Eine Liste zugelassener Unternehmen finden Sie auf www.pcisecuritystandards.org.

Was kostet eine PCI-Zertifizierung?

Die Registrierung selbst ist in der Regel kostenlos. Alle weiteren Kosten im Rahmen der Zertifizierung trägt das zu zertifizierende Unternehmen. Je nach Dienstleister können die Gebühren durchaus auch mehrere tausend Euro betragen.

Wo finde ich weitere Informationen zu PCI?

Weitere Informationen zu PCI, z. B. für die Zertifizierung akkreditierter Dienstleister, finden Sie unter www.pcisecuritystandards.org oder unter www.ecommerce-leitfaden.de/pci-special

Infobox 4-9: PCI-Standard und Zertifizierung

4

E-Payment-Verfahren (nutzerkontounabhängige / nutzerkontoabhängige Verfahren, Direktüberweisungsverfahren) bilden neben den vorher genannten klassischen Zahlungsverfahren eine weitere Gruppe möglicher Methoden der Zahlungsabwicklung im Internet (vgl. Infobox 4-2). Um Zahlungen mittels eines E-Payment-Verfahrens entgegennehmen zu können, benötigen Sie mit dem jeweiligen Anbieter des Zahlungsverfahrens eine entsprechende Vereinbarung, in der z. B. die Höhe des Entgelts oder auch eventuell anfallende Bereitstellungsgebühren geregelt sind. Abbildung 4-20 gibt einen Überblick über die allgemeinen Rahmenbedingungen.

Allgemeine Voraussetzungen für E-Payment-Verfahren und beteiligte Akteure

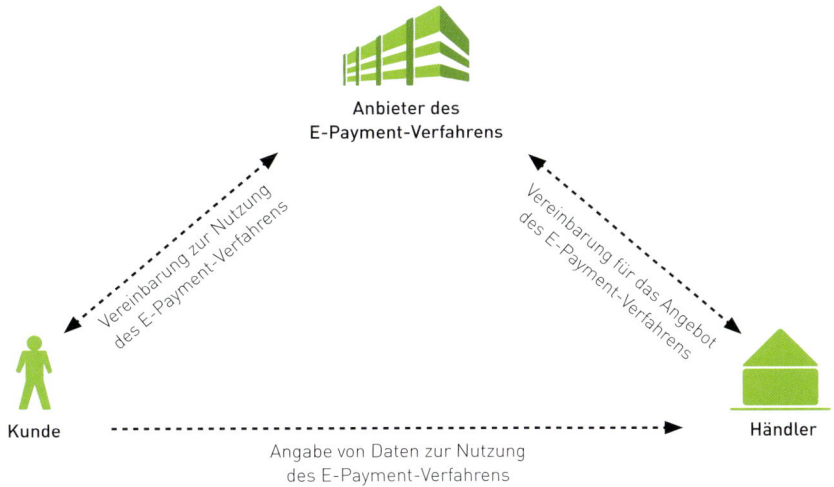

Abb. 4-20: Rahmenbedingungen für Zahlungen mittels eines E-Payment-Verfahrens

Damit auch Ihr Kunde ein bestimmtes Verfahren tatsächlich nutzen kann, muss sich dieser bei nutzerkontoabhängigen Verfahren vorher bei dem Anbieter registrieren. Bei nutzerkontounabhängigen Verfahren müssen vorab Guthaben erworben werden (z. B. in Form von Seriennummern, Codes oder Karten) oder auf bestehende Karten geladen werden. Bei Direktüberweisungsverfahren muss der Kunde über ein online-banking-fähiges Bankkonto verfügen und die Bank das Verfahren direkt oder indirekt unterstützen.

Auf Seiten des Händlers sind beim Direktüberweisungsverfahren giropay weitere Voraussetzungen zur Nutzung notwendig: Um giropay-Zahlungen akzeptieren zu können, müssen Sie mit einem giropay-Acquirer einen Akzeptanzvertrag schließen. Darüber hinaus benötigen Sie noch einen Anschluss zu einem technischen Dienstleister (z. B. Payment Service Provider), der die Zahlungsdaten aus Ihrem Web-Shop entgegennimmt, in das giropay-Netz einspeist und Ihnen eine Rückmeldung zum Ergebnis der Transaktion liefert (vgl. Abbildung 4-21). Beide Rollen können auch durch einen einzigen Anbieter wahrgenommen werden.

Voraussetzungen für das Direktüberweisungsverfahren giropay und beteiligte Akteure

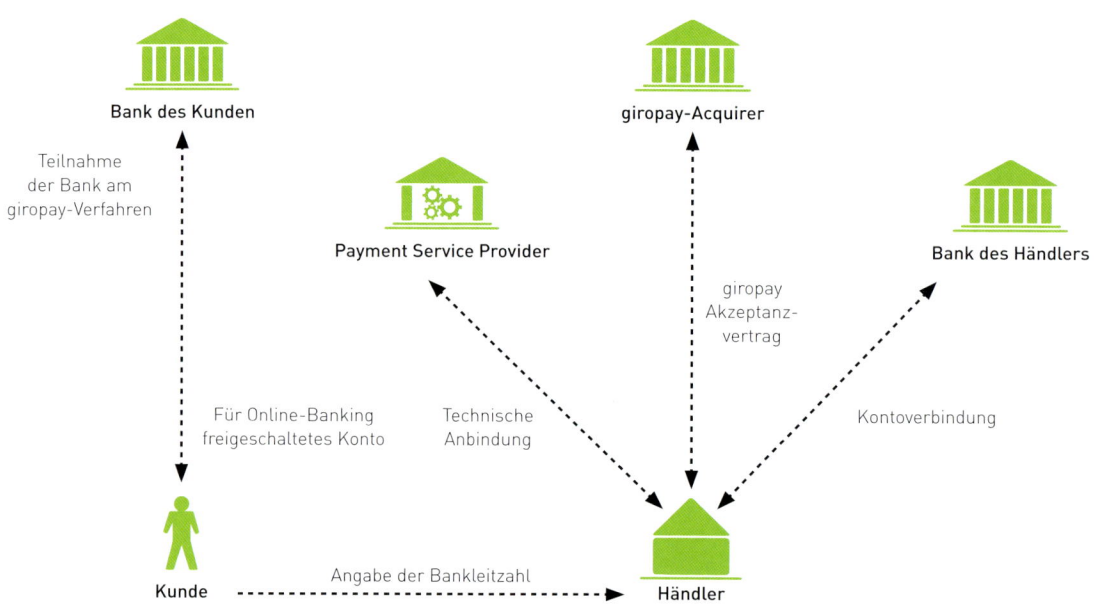

Abb. 4-21: Rahmenbedingungen für das Direktüberweisungsverfahren giropay

Zum Abschluss dieses Abschnitts werden die Voraussetzungen für das Angebot einzelner Zahlungsverfahren zusammenfassend dargestellt (vgl. Checkliste 4-3).

Checkliste: Voraussetzungen für das Angebot einzelner Zahlungsverfahren

Die nachfolgende Übersicht gibt Ihnen einen Überblick über die Voraussetzungen, die notwendig sind, um das jeweilige Zahlungsverfahren anbieten und abwickeln zu können:

Nachnahme:
- Bereitstellung einer Lieferadresse für den Zustelldienst
- Abschluss einer (einmaligen oder dauerhaften) Vereinbarung für Nachnahme-Sendungen mit Angabe von Daten (z. B. Bankverbindung) zur Übermittlung des Geldbetrags auf Ihr Bankkonto

Lastschrift:
- Abschluss einer Inkasso-Vereinbarung mit einer Bank zum Einzug von Forderungen durch Lastschriften
- Einzugsermächtigung des Kunden bzw. SEPA-Mandat (vgl. Kapitel 7)

Kreditkarte:
- Vereinbarung der Akzeptanz von Kreditkartenzahlungen (Kreditkartenakzeptanzvertrag) mit einem Acquirer
- Anbindung an einen Payment Service Provider zur technischen Abwicklung von Kreditkartenzahlungen

E-Payment-Verfahren:
- Vereinbarung mit dem Anbieter des E-Payment-Verfahrens
- Technische Direktanbindung an den E-Payment-Anbieter oder Anbindung an einen Payment Service Provider
- Ggf. Vereinbarung mit einem Acquirer zur Akzeptanz des E-Payment-Verfahrens

Checkliste 4-3: Voraussetzungen für das Angebot von Zahlungsverfahren

ibi

Organisatorische und technische Abwicklung von Zahlungen

Wurden die Voraussetzungen für das Angebot von Zahlungsverfahren geschaffen, so sind in einem weiteren Schritt organisatorische und technische Abwicklungsmaßnahmen (z. B. Prüfung von Adressen, Prüfung eines Zahlungseingangs) zu bestimmen und in die Unternehmensabläufe zu integrieren. Da die verschiedenen Verfahren unterschiedlichste Ansprüche (z. B. in Bezug auf vorhandene Schnittstellen zu unternehmensinternen Systemen) stellen, sind die Aufwände sowie die notwendigen organisatorischen und technischen Schritte sehr unterschiedlich. Die nachfolgende Abbildung zeigt einen groben Ablauf einzelner Schritte in Abhängigkeit von den eingesetzten Zahlungsverfahren.

Prozessabläufe bei der Nutzung ausgewählter Zahlungsverfahren

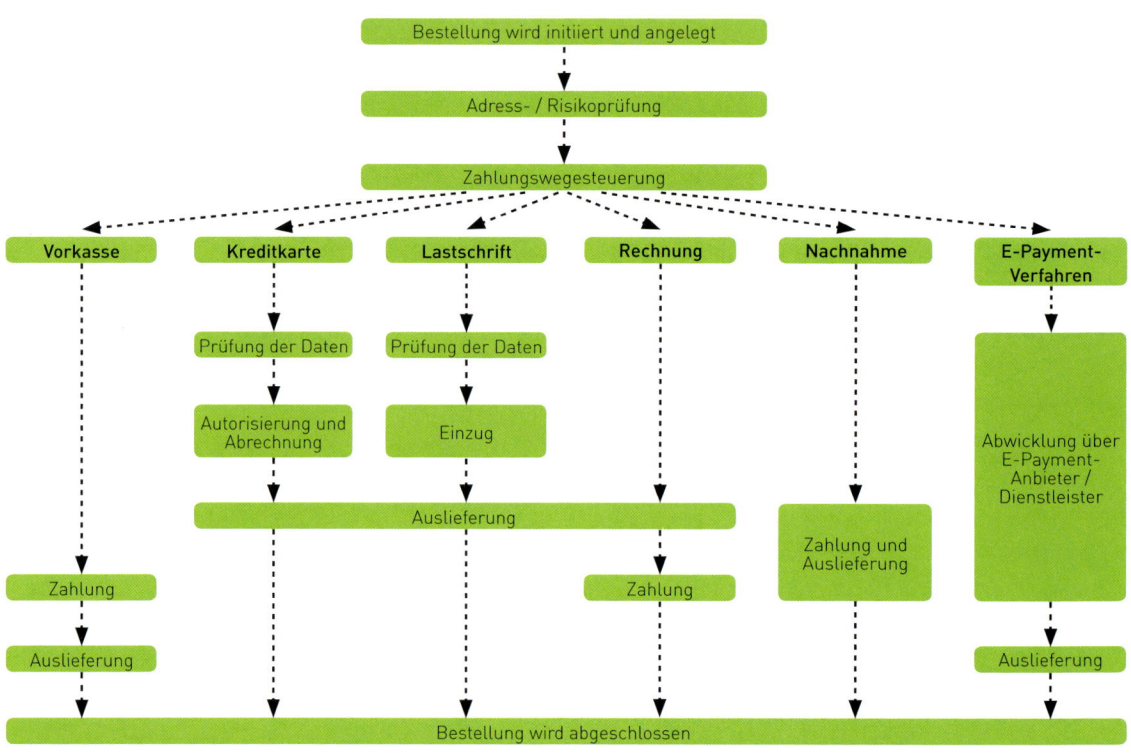

Abb. 4-22: Beispielhafte Zahlungsabläufe bei unterschiedlichen Zahlungsverfahren

In einem ersten Schritt ist zu empfehlen, bei Bestellungseingang die zur Verfügung stehenden Daten zu prüfen. Beispielsweise kann die vom Kunden angegebene Adresse (z. B. Liefer- / Rechnungsadresse) auf ihre Existenz und Stimmigkeit hin verifiziert werden. Darüber hinaus können auch Zahlungsrisiken, z. B. durch Plausibilitätsprüfungen der Warenkorbzusammensetzung, ermittelt oder eine erwartete Ausfallwahrscheinlichkeit der Zahlung individuell prognostiziert werden. Je nach Zahlungsverfahren stehen zudem zahlungsverfahrensspezifische Prüfmöglichkeiten (z. B. Prüfziffernkontrolle von Kreditkarten- oder Bankkontodaten) zur Verfügung. Welche Möglichkeiten im Detail genutzt werden können und welchen Risiken damit begegnet wird, ist in Kapitel 5 näher erläutert.

In einem zweiten Schritt erfolgt die Abwicklung der Zahlung und damit die Entgegennahme des Zahlungsbetrags in Abhängigkeit von den vorhergehenden Prüfergebnissen im Rahmen einer Zahlungswegesteuerung. Bei einer **Vorkasse** (Zahlung per Überweisung vor Lieferung) benötigen Sie lediglich ein

4

Konto, auf dem der Betrag gutgeschrieben werden soll. Dabei ist darauf zu achten, dass bei Überweisungen aus dem Ausland auch die internationale Kontonummer (IBAN, International Bank Account Number) und die Bankleitzahl (BIC, Business Identifier Code) zur Verfügung gestellt werden.

Eine Zahlung per **Rechnung** unterscheidet sich von der Vorkasse nur durch den Zeitpunkt der Zahlungsdurchführung und ist somit organisatorisch und technisch mit der Vorkasse vergleichbar. Bei beiden Verfahren müssen Sie die Verantwortlichkeiten sowie die Aufwände berücksichtigen, die für die Zuordnung der eingehenden Zahlungen zu den entsprechenden Posten anfallen. Problematisch kann die Zuordnung beispielsweise sein, wenn die Rechnungsnummer nicht im Verwendungszweck angegeben wird und der Kunde nicht selbst der Auftraggeber der Überweisung ist.

Um **Kreditkartenzahlungen** abrechnen zu können, müssen Sie die Kreditkartendaten zusammen mit den Umsatzdaten zur Autorisierung an Ihren Acquirer weiterleiten. Die Zahlungsdaten werden dabei mithilfe eines (virtuellen) Terminals erfasst und über einen Payment Service Provider an den Acquirer weitergeleitet, der die Umsätze mit der kontoführenden Bank des Karteninhabers verrechnet. Bei erfolgreicher Autorisierung und Umsatzeinreichung wird Ihnen der Zahlungsbetrag abzüglich des vereinbarten Disagios auf Ihrem Händlerkonto beim Acquirer gutgeschrieben. Um die Sicherheit weiter zu erhöhen, haben einige Acquirer eigene zusätzliche Präventionssysteme in den Einlieferungsprozess eingebaut.

Bei der Abwicklung von **Lastschriftzahlungen** müssen die Kontodaten des Kunden erhoben und die Zahlungsdaten zur Gutschrift auf einem Konto des Händlers bei der Bank eingereicht werden. Die Einreichung erfolgt dabei online oder per Datenträger, entweder durch den Händler selbst oder mithilfe eines Dienstleisters, der diese Aufgabe übernehmen kann.

Bei Zahlungen per **Nachnahme** wird ein Zustelldienst angewiesen, das Paket nur gegen Bezahlung auszuhändigen und den Nachnahmebetrag abzüglich eines Übermittlungsentgelts auf ein anzugebendes Konto gutzuschreiben. Das Konto, auf das die Gutschrift erfolgen soll, muss dem Zustelldienst spätestens bei Übergabe der Ware (z. B. per Formular) bekannt gemacht werden.

Erfolgt die Abwicklung über ein **E-Payment-Verfahren**, so benötigen Sie in der Regel eine technische Schnittstelle zum E-Payment-Anbieter, um an ihn die Zahlungsdaten übermitteln zu können. Im einfachsten Fall binden Sie dafür einen Quellcode-Baustein (z. B. HTML-Quellcode) in Ihren Web-Shop ein, der häufig vorgefertigt vom E-Payment-Anbieter bereitgestellt wird. Dieser Baustein stellt in der Regel auch eine Schaltfläche zur Bezahlung (Bezahl-Button) bereit. Klickt der Kunde beim Abschluss der Bestellung auf diesen Button, so wird er auf eine Website des E-Payment-Anbieters (so genannte Bezahlseite, auch Payment Page) umgeleitet, auf der er den Kaufbetrag bestätigt und

die Bezahlung freigibt. Der E-Payment-Anbieter wiederum übermittelt Ihnen die Freigabe bzw. Bestätigung der Bezahlung, wodurch der Bezahlvorgang abgeschlossen ist.

Abbildung 4-23 zeigt den Fluss von Zahlungsdaten bei der Nutzung unterschiedlicher Zahlungsverfahren und eines Payment Service Providers in einer Übersicht.

ibi

Abwicklung von Zahlungen

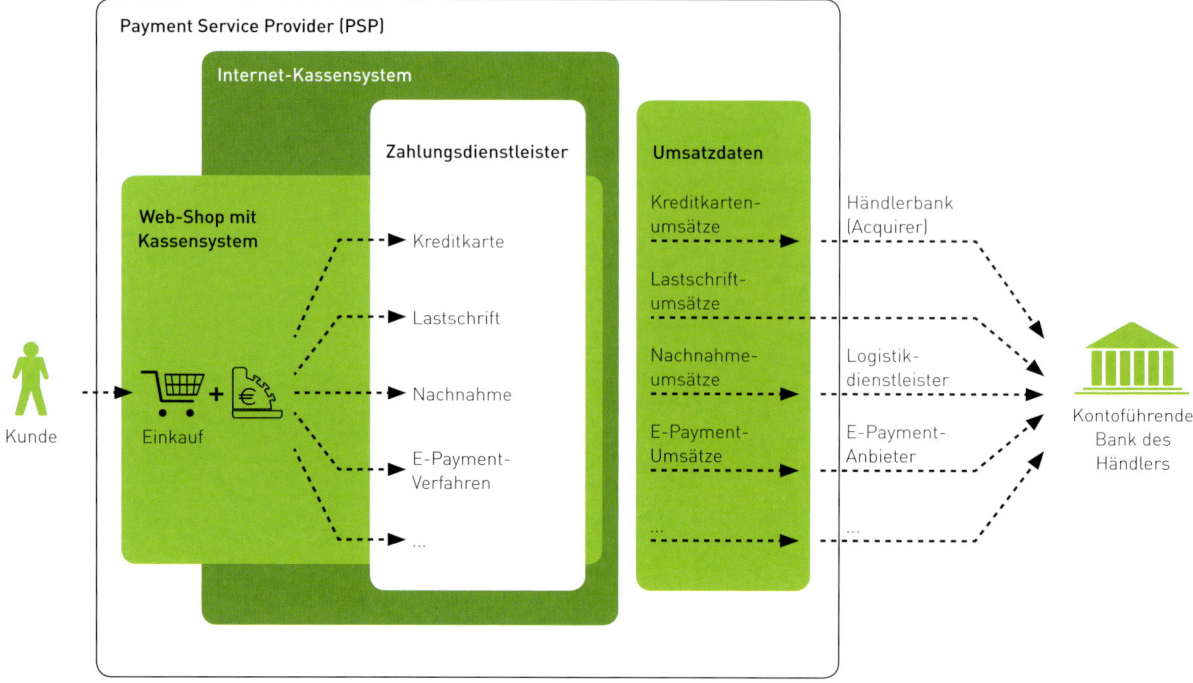

Legende: - - ► Fluss von Zahlungsdaten

Abb. 4-23: Fluss von Zahlungsdaten bei der Nutzung unterschiedlicher Zahlungsverfahren über einen PSP

Damit häufig benötigte Prozessschritte (z. B. die Entgegennahme, Formatierung und Weiterleitung von Zahlungsdaten) nicht von jedem Unternehmen selbst entwickelt werden müssen, werden von Online-Shop-Herstellern häufig Zusatzmodule angeboten, die diese Aufgaben übernehmen. Es existieren umfangreiche vorgefertigte Internet-Kassensysteme, die speziell auf die Bedürfnisse der Zahlungsabwicklung im Internet abgestimmt sind (vgl. Abbildung 4-23). So bieten Banken, Sparkassen oder sonstige Zahlungsdienstleister (z. B. Payment Service Provider) auch virtuelle Internet-Terminals an, die Händler bei der Abwicklung von Internet-Zahlungen unterstützen.

Um die Verarbeitung von Zahlungsdaten möglichst optimal zu gestalten, sollten Sie darauf achten, dass die Übergabe von Daten an andere Systeme, die z. B. bei einem Abwicklungsdienstleister stehen können, soweit wie möglich automatisiert abläuft. Inwieweit von Online-Händlern diese Möglichkeit bereits genutzt wird, zeigt Abbildung 4-24 am Beispiel von Kreditkarten- und Lastschriftzahlungen. So werden bereits bei 85 % der Unternehmen, die Kreditkarten akzeptieren, die Kartendaten automatisiert in die Abwicklungssysteme der Dienstleister übertragen. Bei Lastschriftzahlungen hingegen hat diesen Schritt gut jedes zweite Unternehmen automatisiert.

Kreditkartenzahlungen sind deutlich stärker automatisiert als Lastschriftzahlungen.

In welcher Form werden ...

... Kreditkartendaten aus dem Shop in das System des Abwicklungsdienstleisters übertragen? (nur Unternehmen, die Kreditkarten akzeptieren)

Automatisiert über ein in den Shop integriertes Zahlungsmodul	64 %
Automatisiert über eine selbst entwickelte API-Schnittstelle	21 %
Manuell	7 %
Export der Daten aus dem Shop und Import in das System des Dienstleisters	7 %
Sonstige Form	0 %

Kreditkartendaten

... Lastschriftdaten aus dem Shop in das System des Abwicklungsdienstleisters übertragen? (nur Unternehmen, die Lastschriften akzeptieren)

Automatisiert über ein in den Shop integriertes Zahlungsmodul	39 %
Manuell	24 %
Export der Daten aus dem Shop und Import in das System des Dienstleisters	18 %
Automatisiert über eine selbst entwickelte API-Schnittstelle	15 %
Sonstige Form	4 %

Lastschriftdaten

Abb. 4-24: Art der Übertragung von Daten bei Kreditkarten- und Lastschriftzahlungen
Quelle: ibi research (Übertragung von Zahlungsdaten 2012)

Damit Sie nicht jedes infrage kommende Zahlungsverfahren technisch und organisatorisch in Ihr Unternehmen integrieren müssen, haben sich so genannte Payment Service Provider etabliert. Diese übernehmen unter anderem die Aufgabe, mehrere Zahlungsverfahren zu bündeln und diese dem Händler im Idealfall über eine technische Schnittstelle zur Verfügung zu stellen. Darüber hinaus bieten sie häufig auch Zusatzdienstleistungen an, wie die Einholung von Bonitätsaussagen über Kunden zur Risikoein-schätzung. Solche Payment Service Provider tragen damit wesentlich dazu bei, die organisatorische und technische Komplexität bei der Integration mehrerer Zahlungsverfahren in einen Web-Shop zu reduzieren. Abbildung 4-25 zeigt die Rolle von Payment Service Providern in grafischer Form.

Mögliche Funktionen und Leistungsangebote von Payment Service Providern

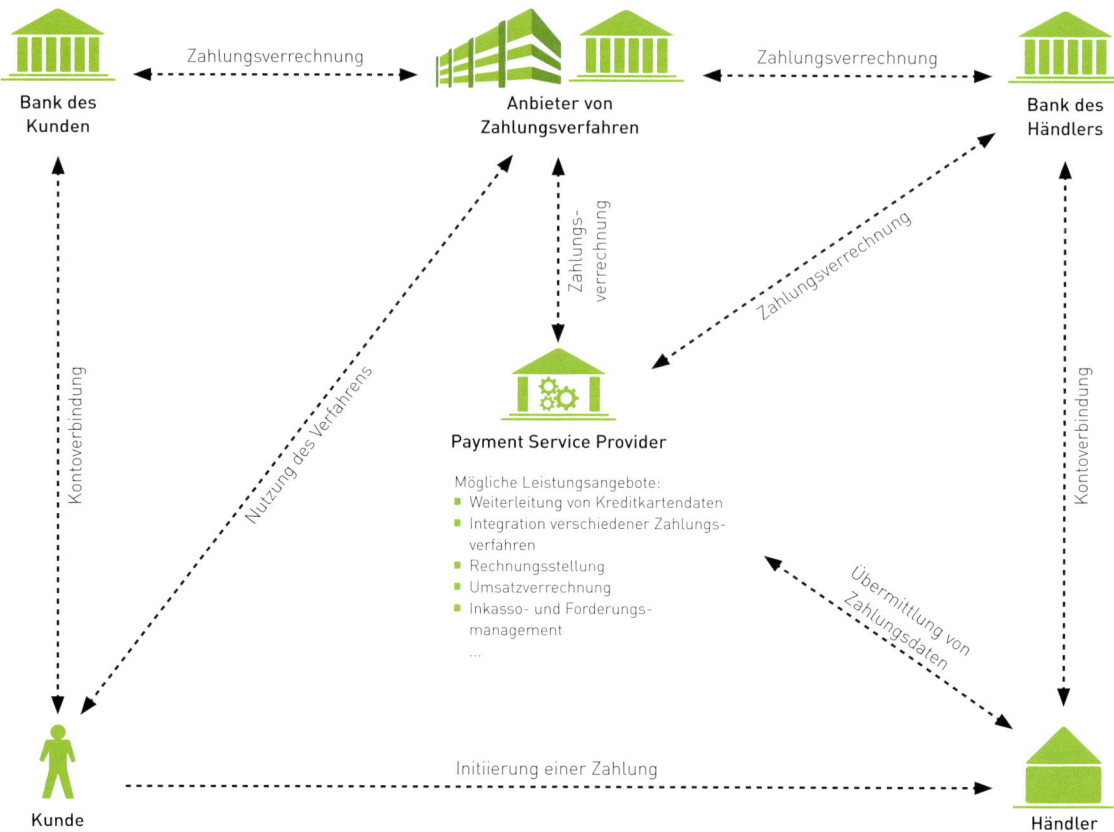

Abb. 4-25: Mögliche Funktionen und Leistungsangebote von Payment Service Providern

Fasst man die Ergebnisse dieses Kapitels zusammen, so ist die Auswahl geeigneter Zahlungsverfahren eine wichtige Aufgabe, die nur auf den ersten Blick einfach erscheint. Einerseits müssen Sie darauf achten, dass die infrage kommenden Zahlungsverfahren Ihren Anforderungen gerecht werden. Andererseits müssen auch die von den Kunden bevorzugten Verfahren angeboten werden, da es sonst zu sehr vielen Kaufabbrüchen kommen kann.

Zahlreiche Händler setzen ausschließlich für sie sichere Zahlungsverfahren wie Vorkasse und Direktüberweisungsverfahren ein. Andere wiederum bieten ihren Kunden ein breites Spektrum alternativer Zahlungsverfahren an und kommen damit den Kundenwünschen entgegen. Damit gehen häufig deutliche Umsatzzuwächse und eine höhere Kundenzufriedenheit einher. Allerdings sind die von den Kunden bevorzugten Verfahren Rechnung und Lastschrift für Händler in der Regel mit Risiken verbunden.

Dies kann dazu führen, dass es letztendlich zu Zahlungsausfällen kommt. Ursache für eine relativ hohe Anzahl an Zahlungsausfällen ist häufig, dass Händler kaum oder überhaupt keine präventiven Maßnahmen zur Vermeidung von Zahlungsrisiken einsetzen (vgl. Abschnitt 5.2) oder offene Forderungen nicht wirksam beigetrieben werden (vgl. Abschnitt 5.3).

Um zu verdeutlichen, wie sich das Angebot unterschiedlicher Zahlungsverfahren und die Durchführung unterschiedlicher Maßnahmen zur Vermeidung von Zahlungsstörungen und Zahlungsausfällen auf den Gewinn eines Händlers auswirken können, wurde ein Fallbeispiel entwickelt. Ein fiktiver Händler – nennen wir ihn Händler „Risikooptimal" – wird zunächst in zwei möglichen Situationen dargestellt (vgl. Fallbeispiel, Teil 1). Das Fallbeispiel wird an zwei weiteren Stellen im Leitfaden wieder aufgegriffen und um zwei weitere mögliche Situationen erweitert.

4

Fallbeispiel Händler „Risikooptimal":
Sicher ist sicher und deshalb nur die Vorkasse anbieten – oder doch lieber (etwas) Risiko akzeptieren?

Teil 1 von 3

Der fiktive Händler „Risikooptimal" bietet in seinem Web-Shop Sport- und Freizeitartikel an. Nachfolgend wird am Beispiel dieses Händlers in drei Teilen beschrieben, in welchen typischen Situationen sich ein Händler beim Verkauf über das Internet befinden kann. So versucht der Händler zunächst, Risiken möglichst ganz zu vermeiden und setzt daher ausschließlich auf die Vorkasse als Zahlungsverfahren (Situation 1). Diese wird jedoch nicht von allen Kunden akzeptiert, weshalb es häufig zu Kaufabbrüchen kommt. Um den Kunden entgegenzukommen, erweitert er daher das Angebot an Zahlungsverfahren um die Zahlung per Rechnung, Nachnahme, Kreditkarte und Lastschrift, wodurch er sich jedoch Zahlungsstörungen (z. B. Rücklastschriften oder nicht termingerecht gezahlte Rechnungen) einhandelt (Situation 2). Einen Teil der offenen Forderungen kann der Händler nachträglich beitreiben, der Rest muss jedoch abgeschrieben werden. Um mögliche Ursachen für Zahlungsstörungen bereits vorab erkennen und vermeiden zu können, führt er deshalb vor Abschluss der Bestellung Prüfungen der Bestell- und Kundendaten (Warenkorbzusammensetzung, Adressdaten, Kundenbonität) durch und steuert das Angebot an Zahlungsverfahren in Abhängigkeit vom Prüfergebnis (Situation 3; vgl. Abschnitt 5.2). Hierdurch entstehen zusätzliche Kosten, es treten jedoch auch weniger Zahlungsstörungen auf. Anschließend entschließt er sich zudem, die Beitreibung der offenen Forderungen an einen spezialisierten Dienstleister auszulagern (Situation 4; vgl. Abschnitt 5.3), um hier verbesserte Erfolge zu erzielen und sich auf sein Tagesgeschäft konzentrieren zu können.

Diese vier typischen Situationen werden im Leitfaden an zwei weiteren Stellen aufgegriffen und fortgesetzt. Als Einstieg werden nachfolgend die beiden ersten Situationen dargestellt und miteinander verglichen.

▶

ibi

Situation 1: Sicher ist sicher, lieber nur Vorkasse anbieten!

Steckbrief: Händler „Risikooptimal"

- Angebotene Waren: Sport- und Freizeitartikel
- Angebotene Zahlungsverfahren: Vorkasse
- Durchführung von Risikoprüfungen: nein
- Durchführung Mahnverfahren / Inkasso: nicht notwendig
- Anzahl Bestellungen je Kalendertag: 40
- Durchschnittlicher Warenkorbwert je Bestellung: 120 EUR
- Jahresumsatz (Summe aller Zahlungsansprüche): 1.752.000 EUR
- Selbstkosten je Bestellung, ohne Kosten der Zahlungsabwicklung: 100 EUR
- Durchschnittliche Kosten der Zahlungsabwicklung je Bestellung: 4,30 EUR
- Durchschnittliche Selbstkosten je Bestellung, inkl. aller Kosten: 104,30 EUR
- Gewinnmarge bzgl. Warenkorbwert: 13,1 %

Geht man davon aus, dass der Händler ausschließlich die Vorkasse anbietet und damit etwa 40 Bestellungen je Kalendertag abwickelt, so kann er bei einem angenommenen durchschnittlichen Warenkorbbetrag von 120 Euro einen Jahresumsatz von 1,752 Mio. Euro vollkommen risikofrei und somit sicher erzielen. Bei einer angenommenen Gewinnmarge von etwa 13 %, bezogen auf den abgewickelten Umsatz, erzielt der Händler einen Gewinn von 229.220 Euro.

Diesem Umsatz stehen insgesamt Kosten in Höhe von rund 1,522 Mio. Euro gegenüber, die sich auf Selbstkosten ohne Kosten der Zahlungsabwicklung in Höhe von 1,46 Mio. Euro und auf Kosten der Zahlungsabwicklung in Höhe von 62.780 Euro verteilen.

Bei den Kosten der Zahlungsabwicklung ist zu berücksichtigen, dass bei der Vorkasse nicht nur direkte Kosten, wie Buchungspostengebühren der kontoführenden Bank, anfallen. Darüber hinaus müssen auch Prozesskosten, Opportunitätskosten und sonstige Kosten, die in Zusammenhang mit der Zahlungsabwicklung stehen, berücksichtigt werden. Zu den Prozesskosten gehören beispielsweise die Kosten des Abgleichs von Zahlungseingängen mit den offenen Bestellungen. Opportunitätskosten treten auf, wenn z. B. eine per Vorkasse bestellte Ware nicht bezahlt wird, da die Ware reserviert werden muss und nicht an andere Kunden verkauft werden kann. Zu den sonstigen Kosten zählen Kosten für telefonische Nachfragen beim Kunden, z. B., wenn kein Zahlungseingang zu einer Bestellung verzeichnet werden kann. Berücksichtigt man somit direkte Kosten, Prozesskosten, Opportunitätskosten und sonstige Kosten, so können für eine Zahlung per Vorkasse durchaus (Gesamt-)Kosten in Höhe von mehreren Euro je Bestellung anfallen. Im vorliegenden Beispiel werden durchschnittlich 4,30 Euro je Bestellung veranschlagt.

4

Fasst man diese Ergebnisse zusammen, so ergibt sich für den Händler „Risikooptimal" folgendes Resultat:

Jahresumsatz (Summe aller Zahlungsansprüche):	1.752.000 EUR
Selbstkosten, ohne Kosten der Zahlungsabwicklung, pro Jahr:	1.460.000 EUR
Kosten der Zahlungsabwicklung pro Jahr:	62.780 EUR
Erwarteter Gewinn pro Jahr:	**229.220 EUR**

Der Händler „Risikooptimal" erzielt bei einem reinen Vorkasseangebot unter dem Strich 229.220 Euro an Gewinn. Dies entspricht einer Gewinnmarge von etwa 13,1 %, bezogen auf den Jahresumsatz.

Alternativ zu Situation 1 könnte der Händler auch kundenfreundlichere, für ihn aber mit einem gewissen Risiko behaftete Zahlungsverfahren anbieten. Dadurch lässt sich häufig ein deutliches Umsatzwachstum erzielen, da diese weiteren Zahlungsverfahren auf eine deutlich erhöhte Akzeptanz beim Kunden stoßen und dadurch weniger Kaufabbrüche zu verzeichnen sind. Ob und unter welchen Annahmen dies für den Händler vorteilhaft ist, darauf wird in der folgenden Situation 2 exemplarisch für die zusätzlichen Zahlungsverfahren Rechnung, Lastschrift, Kreditkarte und Nachnahme näher eingegangen.

Situation 2: Umsatz ohne Grenzen – aber wie siehts mit dem Gewinn aus?

Steckbrief: Händler „Risikooptimal"

Angebotene Waren:	Sport- und Freizeitartikel
Angebotene Zahlungsverfahren:	Vorkasse, Rechnung, Kreditkarte, Lastschrift, Nachnahme
Durchführung von Risikoprüfungen:	nein
Durchführung Mahnverfahren / Inkasso:	ja, durch Unternehmen selbst
Anzahl Bestellungen je Kalendertag:	50
Durchschnittlicher Warenkorbwert je Bestellung:	120 EUR
Jahresumsatz (Summe aller Zahlungsansprüche):	2.190.000 EUR
Selbstkosten je Bestellung, ohne Kosten der Zahlungsabwicklung:	100 EUR
Durchschnittliche Kosten der Zahlungsabwicklung je Bestellung, ohne Kosten für Zahlungsstörungen / Beitreibung und Zahlungsausfälle:	4 EUR
Durchschnittliche Kosten für Zahlungsstörungen / Beitreibung und Zahlungsausfälle:	5,21 EUR
Durchschnittliche Selbstkosten je Bestellung, inkl. aller Kosten:	109,21 EUR
Gewinnmarge bzgl. Warenkorbwert:	9 %
Durchschnittliche Kosten der Beitreibung je Zahlungsstörung (Vorleistung des Unternehmens):	75 EUR

Veränderungen gegenüber Situation 1 sind hervorgehoben.

ibi

Im Gegensatz zum ausschließlichen Angebot einer Vorkasse könnte der Händler sein Angebot um eine Zahlung per Rechnung, Kreditkarte, Lastschrift und Nachnahme erweitern. Da diese Zahlungsverfahren in der Regel bei den Käufern in einer höheren Gunst stehen als die Vorkasse, kann davon ausgegangen werden, dass hierdurch deutlich mehr Bestellungen eingehen. Ließen sich somit 25 % mehr Bestellungen generieren (also 50 Stück pro Kalendertag), die über das jeweils vom Käufer bevorzugte Zahlungsverfahren abgewickelt werden, so könnte der Händler 2,19 Mio. Euro Umsatz erzielen. Gleichzeitig steigen auch seine Selbstkosten, ohne Berücksichtigung von Kosten der Zahlungsabwicklung, auf 1,825 Mio. Euro, da 25 % mehr Bestellungen abgewickelt werden.

Jedoch kann er diesen Umsatz gegenüber Situation 1 oft nicht risikofrei vereinnahmen, da nun die Bestellungen nicht mehr ausschließlich per Vorkasse, sondern auch über Rechnung, Kreditkarte, Lastschrift und Nachnahme abgewickelt werden. Insbesondere das bei den Kunden beliebte Lastschriftverfahren ist für den Händler (ohne Berücksichtigung von Zahlungsstörungen) in der Regel deutlich kostengünstiger als die Zahlung per Vorkasse, weshalb die durchschnittlichen Kosten der Zahlungsabwicklung insgesamt leicht sinken. Je Bestellung werden in dem Beispiel hierfür 4 Euro an durchschnittlichen Zahlungsabwicklungskosten veranschlagt.

Allerdings handelt sich der Händler gegenüber dem reinen Vorkasseangebot auch zusätzliche Risiken ein, die sich in Form von Zahlungsstörungen und Zahlungsausfällen bemerkbar machen. Dies bedeutet, dass Zahlungen nicht fristgerecht oder nicht vollständig geleistet werden (Zahlungsstörungen) oder auch nach Beitreibungsversuchen (z. B. mittels Mahnverfahren) nicht mehr vereinnehmbar sind (Zahlungsausfälle) und damit in letzter Folge abgeschrieben werden müssen.

Ist davon auszugehen, dass im Schnitt bei etwa 3,8 % aller Bestellungen (dies entspricht in etwa der Höhe, die für einen durchschnittlichen Händler im Fall ohne Risikoprüfungen als realistisch angesehen werden kann) Zahlungsstörungen auftreten und davon circa 60 % nicht beigetrieben werden können, so führt dies zu einem Zahlungsausfall in Höhe von etwa 2,28 %, bezogen auf den gesamten Umsatz. Zudem entstehen dem Händler Kosten für die Beitreibung der offenen Forderungen (z. B. Personalkosten, Mahngebühren), die er in voller Höhe als Vorleistung erbringen muss. Dabei kann durchaus davon ausgegangen werden, dass sich die Kosten auf 75 Euro belaufen können. Führen die Bemühungen zum Erfolg, so kann ein Teil der Kosten, z. B. Mahngebühren (im vorliegenden Beispiel werden 25 Euro angenommen), auf den Kunden abgewälzt werden. Im Misserfolgsfall sind sowohl die gesamte Vorleistung als auch der Verlust der Ware und die bisher angefallenen Kosten (z. B. Kosten der Zahlungsabwicklung) vom Unternehmen zu tragen.

Im Ergebnis sind vom Händler „Risikooptimal" 45.078 Euro für Zahlungsstörungen bzw. Beitreibungsbemühungen und 49.932 Euro für Zahlungsausfälle zu tragen. Insgesamt fallen damit so genannte Risikokosten in Höhe von 95.010 Euro an, die bei einer Durchschnittskalkulation wiederum zu mittleren Kosten für Zahlungsstörungen / Beitreibung und Zahlungsausfälle in Höhe von 5,21 Euro pro Bestellung führen. Schlägt man die Kosten der Zahlungsabwicklung (4 Euro) und für Zahlungsstörungen / Beitreibung bzw. Zahlungsausfälle (5,21 Euro) den Selbstkosten von 100 Euro zu, so entstehen durchschnittliche Gesamtkosten in Höhe von 109,21 Euro je Bestellung. Dies wiederum führt zu einer Gewinnmarge von circa 9,0 %, bezogen auf den gesamten Jahresumsatz als Summe aller Zahlungsansprüche.

Unter den genannten Bedingungen sieht die Situation für den Händler nun so aus:

Jahresumsatz (Summe aller Zahlungsansprüche):	2.190.000 EUR
Selbstkosten, ohne Kosten der Zahlungsabwicklung, pro Jahr:	1.825.000 EUR
Kosten der Zahlungsabwicklung pro Jahr:	73.000 EUR
Kosten für Zahlungsstörungen / Beitreibung und Zahlungsausfälle pro Jahr:	95.010 EUR
Erwarteter Gewinn pro Jahr:	**196.990 EUR**

Im Ergebnis erzielt der Händler zwar ein deutliches Umsatzwachstum (25 % mehr Bestellungen), jedoch mit zusätzlichen Kosten durch Zahlungsstörungen / Beitreibung und Zahlungsausfälle. Als Gewinn verbleiben 196.990 Euro in der Tasche unseres Händlers „Risikooptimal".

Am Ende zählt, was in der Kasse ist!

Vergleicht man nun die beiden Situationen direkt, so zeigt sich folgendes Ergebnis:

	Situation 1 (Sicher ist sicher, lieber nur Vorkasse anbieten!)	Situation 2 (Umsatz ohne Grenzen – aber wie siehts mit dem Gewinn aus?)
Jahresumsatz (Summe aller Zahlungsansprüche):	1.752.000 EUR	2.190.000 EUR
Selbstkosten, ohne Kosten der Zahlungsabwicklung, pro Jahr:	1.460.000 EUR	1.825.000 EUR
Kosten der Zahlungsabwicklung pro Jahr:	62.780 EUR	73.000 EUR
Kosten für Zahlungsstörungen / Beitreibung und Zahlungsausfälle pro Jahr:	keine	95.010 EUR
Erwarteter Gewinn pro Jahr:	**229.220 EUR**	**196.990 EUR**

Gewinnrückgang: 32.230 EUR

Zusätzliche Zahlungsverfahren
ohne Risikomanagement

Insgesamt erzielt der Händler trotz eines deutlich gestiegenen Umsatzes einen um 32.230 Euro geringeren Gewinn als bei einem ausschließlichen Vorkasse-Angebot. Dies entspricht einem Gewinnrückgang von etwa 14,1 %. Im Wesentlichen ist dies darauf zurückzuführen, dass der Händler in diesem Beispiel alle Zahlungen ohne Wenn und Aber (keine Risikoprüfung) über das vom Kunden gewählte Zahlungsverfahren abwickelt und sich dadurch Zahlungsverzögerungen und Zahlungsausfälle sowie Beitreibungskosten einhandelt. Die erhofften Zusatzgewinne aus dem Umsatzwachstum werden dadurch im Beispiel aufgezehrt. Schlimmer noch, es werden sogar die vermeintlich sicheren Gewinne aus Situation 1 angegriffen.

Fazit: Was tun? Vorkasse oder Risiko – oder geht es nicht auch anders?

Um Risiken bereits im Vorfeld festzustellen und zu vermeiden, werden von speziellen Dienstleistern unterschiedliche Arten von Risikoprüfungen angeboten, die helfen sollen, mögliche Ursachen für Zahlungsstörungen bereits im Vorfeld zu erkennen und zu vermeiden. Beispielsweise kann festgestellt werden, ob bei der Bestellung ein Betrugsverdacht vorliegt und wie die Bonität des Kunden einzuschätzen ist. Auf Basis der Prüfergebnisse können auffälligen Kunden nur bestimmte Zahlungsverfahren angeboten werden (Zahlungswegesteuerung). Beispielsweise könnten bei einem negativen Prüfergebnis ausschließlich die Vorkasse, bei nicht negativen Prüfergebnissen hingegen zusätzliche Zahlungsverfahren, wie die Lastschrift oder Rechnung, zugelassen werden.

Wie sich die Integration eines solchen Risikomanagement-Systems in den Zahlungsabwicklungsprozess auf den Gewinn unseres Händlers „Risikooptimal" auswirkt, wird in Kapitel 5 in der Fortsetzung des Fallbeispiels aufgezeigt.

4.3 Schluss mit Papier und Zettel-wirtschaft – Rechnungen elektronisch abwickeln

Viele Online-Händler befassen sich intensiv damit, ihre Geschäftsprozesse zu optimieren, um beispielsweise Bearbeitungszeiten und Kosten einzusparen sowie Fehler zu reduzieren. Besonders die häufig noch manuellen und papierhaften Prozesse in den Bereichen der Rechnungsstellung und des Rechnungsempfangs lassen hier hohe Einsparpotenziale erwarten. Aus diesem Grunde versuchen immer mehr Unternehmen ihre Rechnungsprozesse verstärkt elektronisch abzuwickeln (so genannte elektronische Rechnungsabwicklung), auch wenn Papierrechnungen weiterhin dominieren. Wichtiges Grundlagenwissen zu elektronischen Rechnungen und deren Abwicklung, mögliche Vorteile, aber auch die mit ihr verbundenen Herausforderungen und Stolpersteine, werden im Folgenden und im Interview mit Steuer-berater Peter tom Suden aufgezeigt.

Was sind denn eigentlich (elektronische) Rechnungen – und überhaupt: muss man eine Rechnung ausstellen?

Als „Rechnung" werden nach dem deutschen Steuerrecht Dokumente bezeichnet, mit denen Lieferungen oder sonstige Leistungen physischer oder nicht-physischer Art monetär abgerechnet werden. Dabei ist es übrigens egal, ob das Dokument auch den Namen „Rechnung" trägt. Zu beachten ist außerdem, dass Dokumente wie Lieferscheine keine Rechnungen im Sinne des Steuerrechts darstellen.

Gemäß dem Umsatzsteuergesetz (UStG) und der Umsatzsteuer-Durchführungsverordnung (UStDV) sind Unternehmen in der Regel verpflichtet, nach Ausführung einer Leistung innerhalb von sechs Monaten, eine gesetzeskonforme Rechnung aus-zustellen. Spezielle Ausnahmen von der Verpflichtung, wenn z. B. bestimmte Umsätze steuerbefreit sind, sind im UStG geregelt (§ 4 Nr. 8 bis 28).

Konkret bedeutet dies nach § 14 UStG, dass ein Unternehmer, welcher einen Umsatz an einen anderen Unternehmer für dessen Unternehmen oder an eine juristische Person, die selbst nicht Unternehmer ist, ausführt, verpflichtet ist, eine Rechnung auszustellen. Führt ein Unternehmer eine steuer-pflichtige Werklieferung oder sonstige Leistung im Zusammenhang mit einem Grundstück aus, ist er auch verpflichtet, eine Rechnung an Nichtunternehmen auszustellen. In beiden Fällen muss er in-nerhalb von sechs Monaten nach Ausführung der Leistung die Rechnung ausgestellt haben. Handelt

es sich jedoch um andere als die schon genannten Leistungsarten, ist er dazu nicht verpflichtet – jedoch berechtigt – eine Rechnung an Nichtunternehmen (z. B. Privatpersonen) auszustellen.

Eine ausgestellte Rechnung, egal ob elektronisch oder papierhaft, muss bestimmte Angaben (vgl. Checkliste 5-1) enthalten, wenn sie umsatzsteuerkon-form sein soll. Nur dann kann ein vorsteuerabzugsbe-rechtigter Rechnungsempfänger einen Vorsteuerab-zug geltend machen.

Für Unternehmen bedeutet dies, dass sie bei Verkäufen an Privatkunden mit Ausnahme der obigen Regelungen aus umsatzsteuerrechtlichen Gründen nicht verpflichtet sind, überhaupt eine Rechnung bzw. eine den gesetzlichen Ansprüchen genügende Rechnung auszustellen. Daher entfallen auch die zwingend notwendigen Angaben gemäß Umsatz-steuergesetz. Für Händler bedeutet dies, dass es bei einem Verkauf an Privatkunden keine Ausstellungs-pflicht und keine Formvorschrift gibt. Allerdings gilt es hierbei zu beachten, dass nach § 286 des Bürger-lichen Gesetzbuches (BGB) kein Verzug eintritt, wenn keine förmliche Abrechnung (Rechnung) über die Leistung erfolgt ist. Somit kann der Leistende den Kunden, wenn dieser nicht zahlt, auch nicht mahnen oder auf Zahlung verklagen, da die Abrechnungs-grundlage und damit die Basis für die Forderung fehlt. Abgesehen von den rechtlichen Aspekten ist es emp-

4

fehlenswert, dem Verbraucher transparent darzustellen, welche Leistungen erbracht und wie diese abgerechnet wurden. Sei es in Form eines Papier-, PDF- oder HTML-Dokuments. Liefert der Händler hingegen an andere Unternehmer oder juristische Personen, die selbst nicht Unternehmer sind (z. B. bestimmte Vereine), so muss er eine korrekte Rechnung ausstellen. Unternehmen, die den Aufwand scheuen, zwischen Pflicht und Freiwilligkeit zu differenzieren, sollten deshalb grundsätzlich rechtlich einwandfreie Rechnungen ausstellen. In den folgenden Ausführungen wird deshalb davon ausgegangen, dass ein Unternehmen Rechnungen derart ausstellt, dass sie den Anforderungen für Unternehmen entsprechen.

Der Unterschied zwischen einer elektronischen und einer papierhaften Rechnung ist lediglich, dass die elektronische Rechnung in einem elektronischen Format ausgestellt und empfangen wird. Dabei sind jedoch einige wichtige Punkte unbedingt zu beachten. Viele Online-Händler senden elektronische Rechnungen z. B. häufig an ihre Kunden als PDF-Dokument im Anhang einer E-Mail oder bieten sie in einem Web-Portal zum Download an. Größere Unternehmen hingegen, die regelmäßig Daten untereinander austauschen, verwenden auch spezielle, miteinander vereinbarte elektronische Verfahren für den Datenaustausch (EDI = Electronic Data Interchange) zur Übertragung von Bestell-, Liefer- und auch Rechnungsdaten. Gängige Übermittlungsarten von Rechnungen sind beispielsweise

bei Papierrechnungen
- Versand / Empfang per Post,
- Beilage zur Lieferung,
- Versand und Empfang per Standardfaxgerät

sowie

bei elektronischen Rechnungen
- Versand / Empfang per E-Mail,
- Upload / Download über eine Website,
- Versand und Empfang per Computer-Fax,
- über einen (speziellen) elektronischen Datenaustausch (EDI).

Elektronische Rechnungsabwicklung: wieso, weshalb, warum?

Die immer stärkere elektronische Abwicklung von Geschäftsprozessen hat in den vergangenen Jahren zunehmend an Bedeutung gewonnen. Immer mehr Unternehmen tauschen Dokumente bzw. Daten, wie Kundenaufträge oder Produktinformationen, elektronisch mit ihren Geschäftspartnern aus, um so ihre Prozesse schneller, effizienter und mit weniger Fehlern ausführen zu können. Angesichts eines zunehmenden Kosten- und Wettbewerbsdrucks versuchen Unternehmen auch, ihre finanziellen Abwicklungsprozesse zu optimieren. Dazu trägt auch eine elektronische Rechnungsabwicklung bei. Mit ihr können neben einer in der Regel verbundenen Kostenreduktion sowie einer höheren Prozesstransparenz weitere Verbesserungen im Unternehmen erzielt werden. Von den Unternehmen werden hierbei insbesondere die folgenden Aspekte gesehen:

- Reduzierung der Druck-, Porto- und Versandkosten,
- Reduzierung von Medienbrüchen mit einhergehender Fehlerreduktion (z. B. Vermeidung von Übertragungsfehlern),
- Reduzierungen manueller Prozesse und Beschleunigung insgesamt (z. B. kürzere Forderungslaufzeiten, niedrigere Bearbeitungskosten, vereinheitlichte Prozesse, bessere Skontonutzungsmöglichkeiten),
- Höhere Transparenz und Nachverfolgbarkeit des Rechnungsprozesses,
- Steigerung der Kundenzufriedenheit sowie des Images,
- Höherer Umweltschutz durch papierlosere Prozesse.

Dabei zeigt sich, dass je nach Unternehmensgröße in zum Teil anderen Aspekten die wichtigsten Vorteile und Verbesserungen einer elektronischen Rechnungsabwicklung gesehen werden (vgl. Infobox 4-10). So berichten gerade kleine und mittlere Unternehmen beim elektronischen Rechnungsempfang vor allem von Vorteilen durch die Erzielung einer besseren Umweltbilanz und zufriedenere Geschäftspartner. Die großen Unternehmen hingegen sehen insbesondere neben der gesteigerten

Zufriedenheit ihrer Geschäftspartner auch eine größere Transparenz bei den Rechnungsprozessen an sich als wesentliche Vorteile. Im Rechnungsversand zeigen sich ebenfalls deutliche Unterschiede. Während z. B. kleine Unternehmen vor allem Porto- und Materialeinsparungen sowie eine kürzere Bearbeitungszeit als ausschlaggebend für den Versand von elektronischen Rechnungen betrachten, sind dies bei großen Unternehmen ein verbessertes Image sowie eine bessere Umweltbilanz.

Die drei größten Verbesserungen durch die Einführung einer elektronischen Rechnungsabwicklung aus Unternehmenssicht

	Rechnungsempfang	Rechnungsversand
Kleine Unternehmen (Jahresumsatz bis 1 Mio. Euro)	1. Bessere Umweltbilanz 2. Höhere Zufriedenheit der Geschäftspartner 3. Bessere Skontonutzung	1. Weniger Porto- und Materialausgaben 2. Kürzere Bearbeitungszeiten 3. Bessere Umweltbilanz
Mittlere Unternehmen (Jahresumsatz 1 bis 50 Mio. Euro)	1. Höhere Zufriedenheit der Geschäftspartner 2. Bessere Umweltbilanz 3. Gesteigertes Unternehmensimage	1. Weniger Porto- und Materialausgaben 2. Bessere Umweltbilanz 3. Kürzere Bearbeitungszeiten
Großunternehmen (Jahresumsatz 50 Mio. Euro und mehr)	1. Höhere Zufriedenheit der Geschäftspartner 2. Höhere Prozesstransparenz 3. Bessere Skontonutzung	1. Besseres Unternehmensimage 2. Bessere Umweltbilanz 3. Höhere Prozesstransparenz

Infobox 4-10: Die drei größten Verbesserungen durch die Einführung einer elektronischen Rechnungsabwicklung aus Unternehmenssicht
Quelle: ibi research (Elektronische Rechnungsabwicklung – einfach, effizient, sicher: Teil III 2011)

Die Höhe der Einsparungen hängt dabei aber signifikant von der Umsetzungsart ab. Gerade Unternehmen, die die Einführung einer elektronischen Rechnungsabwicklung nutzen, um auch möglichst papierlose und strukturierte Rechnungsprozesse einzuführen, können den größten Nutzen daraus ziehen. Die reine elektronische Übertragung (Versand und Empfang) von Rechnungsdaten ist hierbei ein erster Schritt. Allerdings resultieren die größten Einsparungen durch eine möglichst automatische Verarbeitung der Rechnungsdaten im gesamten Rechnungsprozess.

Dieser umfasst auf der Seite des Rechnungsstellers bspw. die Erstellung, den Versand (bzw. das zur Verfügung stellen) sowie das Debitorenmanagement mit Archivierung der Ausgangsrechnung. Auf der Seite des Rechnungsempfängers folgen i. d. R. auf den Eingang der Rechnung (bzw. den Abruf) die Datenerfassung, die Prüfung (Verifikation) und das Kreditorenmanagement mit Archivierung der Eingangsrechnung. Aus diesem Grunde besteht z. B. in der Rechnungseingangsverarbeitung die Kür in einer möglichst vollautomatisierten Rechnungserfassung mit automatisierter Zuordnung von Rechnungen zu Bestellungen sowie automatisierten Rechnungsprüfungen und -freigaben. Gelingt dies, können Unternehmen ihre Effizienz und somit Wettbewerbsfähigkeit nachhaltig ausbauen.

Deutlich wird dies sofort, wenn man exemplarisch den Empfang einer Papierrechnung mit dem Empfang einer elektronischen Rechnung vergleicht. So können bei einer durchgängigen elektronischen Rechnungsabwicklung die Rechnungsdaten direkt in interne IT-Systeme übernommen bzw. elektronisch an zuständige Ansprechpartner weitergeleitet werden. Dies hat nicht nur Vorteile für den Rechnungsempfänger, auch der Rechnungssteller profitiert in der Regel von einer zügigeren Rechnungsprüfung, da der Rechnungsbetrag schneller beglichen werden kann. Zudem kann der Rechnungsempfänger wegen der kürzeren Bearbeitungszeit häufiger Skontovorteile nutzen. Im Gegensatz dazu entstehen bei einer papierhaften Rechnungsabwicklung neben den Ausgaben für Porto und Papier häufig unnötige Medienbrüche. Die Folge können zeit- und kostenaufwendige sowie fehleranfällige manuelle Prozesse sein. Auch dies kann man anhand eines Beispiels verdeutlichen. Viele Unternehmen kopieren beim Empfang von Papierrechnungen diese zunächst und leiten sie dann papierhaft an die zuständigen Ansprechpartner für die Prüfung und Freigabe weiter. Anschließend werden die Angaben auf der Rechnung in Buchhaltungssystemen oder unter Umständen zusätzlich in weiteren Systemen (z. B. Zahlungsverkehrssystemen) erfasst. Diese manuellen Prozessschritte verursachen nicht nur zeitliche Verzögerungen und Kosten, es können auch Fehler beim Abtippen von Rechnungsdaten passieren. Die Folge sind erneute Verzögerungen, bis die Fehler geklärt und korrigiert worden sind. Gegebenenfalls können auch aufgrund der langen Bearbeitungsdauer keine Skontovorteile für das Unternehmen genutzt werden.

Je mehr Rechnungen ein Unternehmen erhält oder verschickt, umso größer ist grundsätzlich der resultierende Nutzen einer elektronischen Rechnungsabwicklung. Insbesondere zahlt es sich für Unternehmen aus, wenn möglichst viele Lieferanten in die elektronische Rechnungsabwicklung mit einbezogen werden und ihre Rechnungen elektronisch an das Unternehmen übermitteln. Deshalb erwarten immer mehr Unternehmen, dass ihre Lieferanten elektronische Rechnungen zur Verfügung stellen und berücksichtigen dies explizit bei ihrer Lieferantenauswahl. Viele kleine und mittlere Unternehmen sind daher gefordert, auch elektronische Rechnungsprozesse einzusetzen, da sie sonst Gefahr laufen, von großen Abnehmern nicht mehr als Lieferanten gelistet zu werden. Um auch die Vorteile eines elektronischen Rechnungsversandes bei möglichst vielen Geschäftspartnern und Kunden zu erzielen, verlangen deshalb einige Unternehmen von ihren Kunden, die keine elektronischen Rechnungen erhalten wollen oder können, für die Zusendung von Papierrechnungen ein zusätzliches Entgelt.

Elektronische Rechnungen: leichter gesagt als getan?

Will man elektronische Rechnungen versenden oder auch empfangen, so gilt es einiges zu beachten, um den rechtlichen Anforderungen zu genügen.

Der Empfänger muss mit dem Empfang von elektronischen Rechnungen einverstanden sein!

Die elektronische Übermittlung von Rechnungen setzt die Zustimmung des Empfängers voraus, z. B. durch eine entsprechende Zustimmungserklärung oder durch die Anerkennung einer entsprechenden Klausel in den AGB. Es reicht aber auch aus, wenn die Zustimmung stillschweigend (z. B. durch Bezahlung der Rechnung) erfolgt.

Die Echtheit der Herkunft, die Unversehrtheit des Inhalts und die Lesbarkeit der Rechnung müssen über den gesamten Aufbewahrungszeitraum gewährleistet sein!

Damit vorsteuerabzugsberechtigte Unternehmen die gezahlte Umsatzsteuer als Vorsteuer beim Finanzamt geltend machen können, müssen die Echtheit der Herkunft der Rechnung, die Unversehrtheit ihres Inhalts sowie die Lesbarkeit über den gesamten Aufbewahrungszeitraum gewährleistet sein. Dies gilt sowohl für Papierrechnungen als auch für elektronische Rechnungen.

Dabei bedeutet „Echtheit der Herkunft", dass die Rechnung auch wirklich vom Rechnungssteller selbst stammt, d. h., dass die Identität des Rechnungsausstellers sichergestellt ist (Authentizität). „Unversehrtheit des Inhalts" besagt, dass die vom Gesetz notwendigen Angaben nicht geändert wurden (Integrität).

ibi

Nach dem deutschen Umsatzsteuergesetz (§ 14) legt jeder Unternehmer selbst fest, in welcher Weise die Echtheit der Herkunft, die Unversehrtheit des Inhalts und die Lesbarkeit der Rechnung gewährleistet werden. Das kann durch jegliche innerbetriebliche Kontrollverfahren erfolgen, die einen verlässlichen Prüfpfad zwischen Rechnung und Leistung schaffen können. Neben diesen Verfahren gelten bei einer elektronischen Rechnung die Echtheit der Herkunft und die Unversehrtheit des Inhalts auch als gewährleistet durch den Einsatz einer qualifizierten elektronischen Signatur oder durch die Übermittlung der Rechnung per elektronischem Datenaustausch (EDI). Beim EDI-Verfahren ist dies nur möglich, wenn in der Vereinbarung über diesen Datenaustausch der Einsatz von Verfahren vorgesehen ist, die die Echtheit der Herkunft und die Unversehrtheit der Daten gewährleisten.

Die elektronischen Ein- und Ausgangsrechnungen müssen elektronisch und revisionssicher archiviert und die zugehörigen Prozesse dokumentiert werden!

Bei Rechnungen in elektronischer Form sind neben dem Umsatzsteuergesetz (UStG) zudem die Ordnungsvorschriften für die Aufbewahrung von Unterlagen (Abgabenordnung § 147), die Grundsätze ordnungsmäßiger DV-gestützter Buchführungssysteme (GoBS) sowie die Grundsätze zum Datenzugriff und zur Prüfbarkeit digitaler Unterlagen (GDPdU) zu beachten.

So müssen elektronische Ausgangsrechnungen mindestens 10 Jahre elektronisch und revisionssicher aufbewahrt werden und dem Finanzamt zugänglich gemacht werden können. Zu beachten ist hier, dass die Aufbewahrungsfrist erst mit Beginn des Jahres anfängt, das auf das Jahr folgt, in dem in den Büchern die letzte Eintragung vorgenommen wurde. Bei qualifiziert elektronisch signierten Ausgangsrechnungen muss zusätzlich das zur Signatur zugehörige Zertifikat zusammen mit der Rechnung aufbewahrt werden.

Elektronische Eingangsrechnungen müssen analog dazu ebenfalls elektronisch und revisionssicher archiviert werden. Handelt es sich hierbei um Rechnungen, bei denen die Echtheit der Herkunft und die Unversehrtheit des Inhalts durch qualifizierte elektronische Signaturen gewährleistet werden, dann müssen diese zusammen mit den Nachweisen für die Prüfung (so genanntes Prüfprotokoll) sowie dem verwendeten Zertifikat des Senders (enthält u. a. den öffentlichen Schlüssel bzw. die Signatur) archiviert werden. Bei weiteren Verarbeitungsschritten, z. B. Formatumwandlungen oder Entschlüsselungen, sind auch diese zu dokumentieren und mit den Originaldateien und den verwendeten Schlüsseln aufzubewahren.

Ferner muss grundsätzlich die Art und Weise, mit der elektronische Rechnungen versendet bzw. empfangen werden, in einer so genannten Verfahrensbeschreibung dokumentiert werden, so dass das Finanzamt die Erfüllung der gesetzlichen Anforderungen prüfen kann.

Ist es eigentlich „schlimm", sich nicht an die gesetzlichen Vorgaben zu halten?

Rechnungen unterliegen steuerlichen und handelsrechtlichen Anforderungen. Damit vorsteuerabzugsberechtigte Unternehmen, die Rechnungen in elektronischer Form empfangen, ihre bezahlte Umsatzsteuer als Vorsteuer beim Finanzamt schlussendlich geltend machen können, müssen sie prüfen, ob die erhaltene Rechnung den gesetzlichen Anforderungen entspricht. Ist das nicht der Fall, ist die Eingangsrechnung keine für den Vorsteuerabzug gültige Rechnung. Die Unternehmen müssen dann damit rechnen, dass sie gegebenenfalls die von ihnen abgezogene Vorsteuer bei einer Betriebsprüfung an das Finanzamt zurückzahlen müssen.

Erhalten also Unternehmen eine Rechnung, die den gesetzlichen Anforderungen nicht entspricht, sollten sie immer eine neue (steuerrechtlich korrekte) Rechnung anfordern, denn der Rechnungssteller ist dazu ja gesetzlich verpflichtet.

4

Packen wirs an – aber wie?

Überlegt ein Unternehmen, elektronische Rechnungsprozesse einzuführen bzw. erhält es von anderen Unternehmen elektronische Rechnungen, so muss es sich damit intensiv auseinandersetzen, wie die Echtheit der Herkunft der Rechnung, die Unversehrtheit ihres Inhalts und ihre Lesbarkeit gesetzeskonform gewährleistet werden können. Außerdem gilt es zu berücksichtigen, welches Verfahren für das eigene Unternehmen und seine Lieferanten bzw. Kunden am geeignetsten erscheint. Es sollte deshalb sowohl für alle Beteiligten die rechtlichen Anforderungen erfüllen und sich zudem im Geschäftsalltag als effizient, praktikabel und zukunftsfähig auszeichnen. Abbildung 4-26 zeigt die wichtigsten Herausforderungen, vor denen Unternehmen stehen, die darüber nachdenken, Rechnungen elektronisch zu übermitteln oder zu empfangen.

Die Suche nach einer geeigneten Lösung und rechtliche Unsicherheiten zählen zu den größten Herausforderungen.

Was sind große Herausforderungen bei der Einführung elektronischer Rechnungsprozesse?
(Mehrfachauswahl möglich, maximal 5 Antworten)

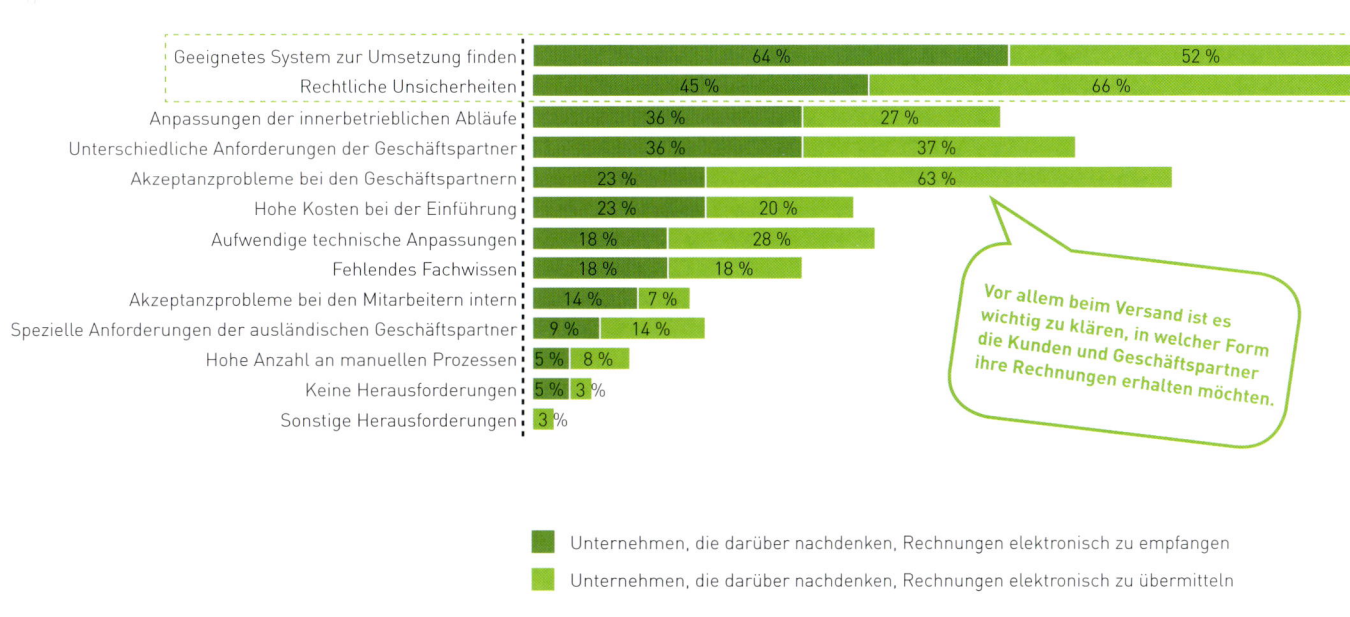

Abb. 4-26: Die größten Herausforderungen bei der Einführung elektronischer Rechnungsprozesse
Quelle: ibi research (Elektronische Rechnungsabwicklung – einfach, effizient, sicher: Teil III 2011)

4

Zulässige Verfahren zur Gewährleistung der rechtlichen Anforderungen

Die im Umsatzsteuerrecht (§ 14) aufgeführten Verfahren, die ein Unternehmen nutzen kann, um die Einhaltung der rechtlichen Anforderungen zu gewährleisten, werden im Folgenden überblicksartig dargestellt.

■ Einsatz innerbetrieblicher Kontrollverfahren

Um die gesetzlichen Anforderungen bei elektronischen Rechnungen sicherstellen bzw. deren Einhaltung nachweisen zu können, gibt es die Möglichkeit, so genannte innerbetriebliche Kontrollverfahren einzusetzen, die einen verlässlichen Prüfpfad zwischen Rechnung und Leistung schaffen können. Auf diese Weise kann die Echtheit der Herkunft, die Unversehrtheit des Inhalts und die Lesbarkeit der Rechnung gewährleistet werden.

■ Einsatz von qualifizierten elektronischen Signaturen

Der Einsatz einer qualifizierten elektronischen Signatur stellt eine weitere, vom Gesetzgeber klar benannte technische Möglichkeit dar, die Echtheit der Herkunft und die Unversehrtheit des Inhalts zu gewährleisten. Zur Erstellung qualifizierter elektronischer Signaturen wird ein Kartenlesegerät, eine Chipkarte, ein elektronisches Zertifikat eines Trust Centers und eine Signatur-Software benötigt. Mit dem Kartenlesegerät wird nach Freigabe durch eine PIN-Nummer ein geheimer (privater) Schlüssel von der Chipkarte ausgelesen. Mit diesem Schlüssel wird die elektronische Rechnung unterschrieben. Der zum privaten Schlüssel zugehörige öffentliche Schlüssel, mit dem die Echtheit der Signatur (Authentizität) und die Unversehrtheit des Inhaltes (Integrität) der Rechnung geprüft werden kann, ist in einem so genannten Zertifikat enthalten. Der Rechnungsempfänger muss nach Erhalt der elektronischen Rechnung die Korrektheit der Rechnung überprüfen und den erfolgreichen Nachweis sowie das verwendete Zertifikat des Senders archivieren.

Wie der gesamte Prozess des Rechnungsaustauschs auf elektronischem Wege für Rechnungssteller und -empfänger demnach aussehen könnte, zeigt Abbildung 4-27.

Abb. 4-27: Beispielhafter Ablauf einer elektronischen Rechnungsabwicklung mit qualifizierter elektronischer Signatur
Quelle: ibi research (Elektronische Rechnungsabwicklung – einfach, effizient, sicher: Teil II 2011)

4

Einsatz spezieller EDI-Verfahren

Neben beiden genannten Verfahren kann auch ein entsprechend spezifizierter elektronischer Datenaustausch (EDI) eingesetzt werden, um die Echtheit der Herkunft und die Unversehrtheit des Inhaltes der Rechnung sicherzustellen. In diesem Sinne ist unter EDI der Austausch von elektronischen Geschäftsdokumenten, wie Rechnungen oder Bestellungen, in einem strukturierten, standardisierten Format bzw. über ein standardisiertes Übertragungsprotokoll zwischen Unternehmen zu verstehen. Dazu treffen die jeweils beteiligten Unternehmen eine gemeinsame Vereinbarung, in der das exakte Datenformat sowie weitere Rahmenbedingungen festgelegt werden.

EDI wird in fast allen Branchen eingesetzt, jedoch aufgrund seiner Komplexität hauptsächlich von mittleren bzw. Großunternehmen betrieben. Es gibt zahlreiche Standards, in denen geregelt ist, wie Unternehmen EDI-Dokumente austauschen. Diese Standards wurden meist für spezielle Branchen entwickelt, darunter z. B. die Automobilindustrie, der Einzelhandel oder die Konsumgüterindustrie. Erfolgen die EDI-Transaktionen über das Internet, spricht man auch von WebEDI.

Software-Lösungen und Dienstleister erleichtern den Prozess

Für Unternehmen, die vor der Herausforderung stehen, elektronische Rechnungsabwicklungsprozesse einzuführen, stellt sich die Frage, ob sie eine entsprechende Lösung für den Rechnungsversand und / oder -empfang selbst entwickeln wollen. Je nach den Kernkompetenzen des eigenen Unternehmens, der eingesetzten IT-Systeme etc. kann es sinnvoll sein, die zur elektronischen Rechnungsabwicklung benötigte Software selbst zu entwickeln.

Alternativ gibt es dazu auch die Möglichkeit elektronische Rechnungsabwicklungsprozesse mittels Software-Lösungen Dritter oder über externe Dienstleister relativ einfach und rechtskonform zu realisieren. Durch diese Lösungen werden Rechnungssteller und -empfänger von oft komplexen Aufgaben entlastet, die viele Unternehmen derzeit von der Einführung elektronischer Rechnungen abschrecken (vgl. Abbildungen 4-26 und 4-28).

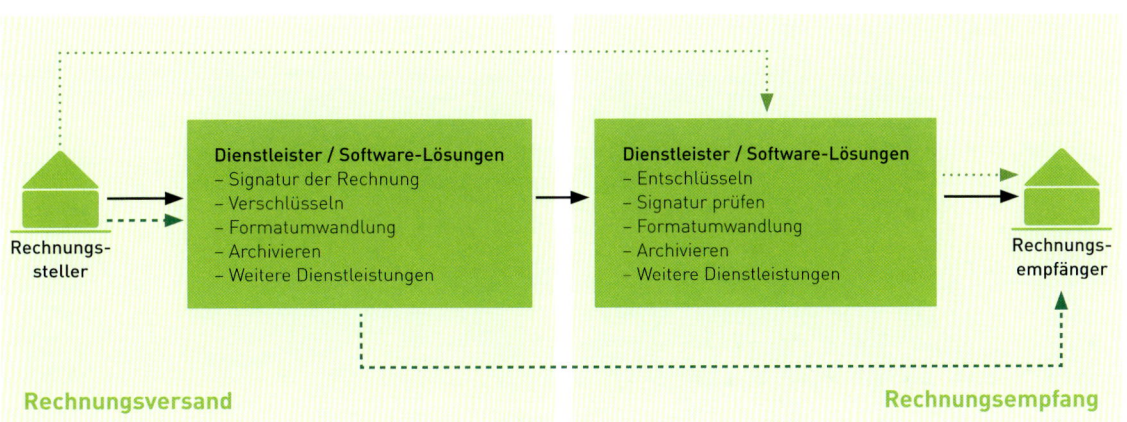

Abb. 4-28: Elektronische Rechnungsabwicklung: Einbindung von Dienstleistern und Software-Lösungen
Quelle: ibi research (Elektronische Rechnungsabwicklung – einfach, effizient, sicher: Teil I 2010)

ibi

4

Dabei existieren am Markt nicht nur Lösungen für mittlere und große Unternehmen. Auch Lösungen, die an das Rechnungsvolumen kleiner Unternehmen in Bezug auf Transaktions- und Umstellungskosten abgestimmt sind, können sinnvoll eingesetzt werden und stellen sicher, dass die Rechnungen im Rahmen von Betriebsprüfungen durch die Finanzbehörden für den Vorsteuerabzug anerkannt werden. Hier können beispielsweise spezielle Druckertreiber genutzt werden, die die Rechnungsdaten aus gängigen Büroanwendungen in strukturierte Daten unterschiedlichster Formate umwandeln. Für weitere Informationen zu Software-Lösungen und Dienstleistern sei auf Infobox 4-11 bzw. auf Abbildung 4-29 verwiesen.

Rechtskonformität, Vertrauen und niedrige Transaktionskosten sind die wichtigsten Auswahlkriterien für einen Lösungsanbieter.

Was sind die wichtigsten Kriterien bei der Auswahl eines Lösungsanbieters?
(Mehrfachauswahl möglich; Unternehmen, die einen Dienstleister nutzen)

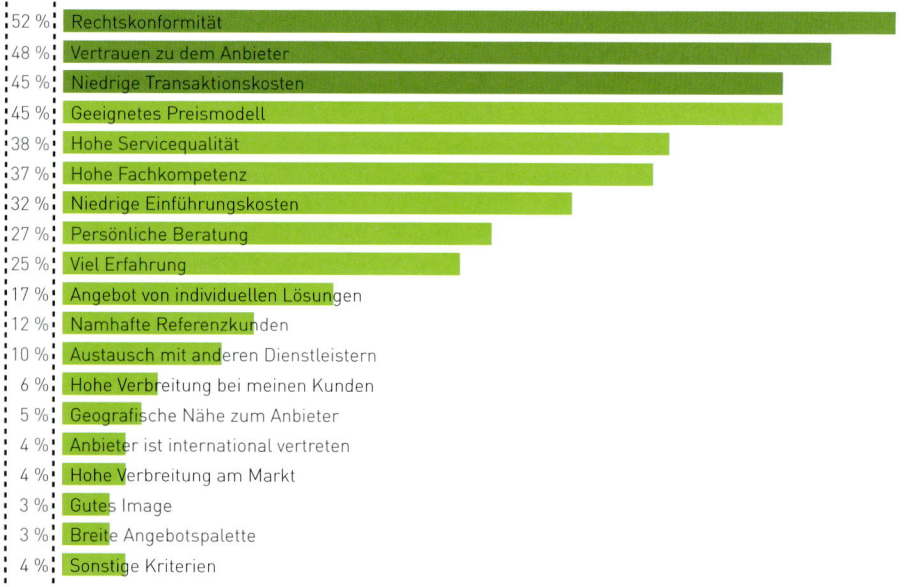

52 %	Rechtskonformität
48 %	Vertrauen zu dem Anbieter
45 %	Niedrige Transaktionskosten
45 %	Geeignetes Preismodell
38 %	Hohe Servicequalität
37 %	Hohe Fachkompetenz
32 %	Niedrige Einführungskosten
27 %	Persönliche Beratung
25 %	Viel Erfahrung
17 %	Angebot von individuellen Lösungen
12 %	Namhafte Referenzkunden
10 %	Austausch mit anderen Dienstleistern
6 %	Hohe Verbreitung bei meinen Kunden
5 %	Geografische Nähe zum Anbieter
4 %	Anbieter ist international vertreten
4 %	Hohe Verbreitung am Markt
3 %	Gutes Image
3 %	Breite Angebotspalette
4 %	Sonstige Kriterien

Abb. 4-29: Elektronische Rechnungsabwicklung: die wichtigsten Kriterien bei der Auswahl eines Lösungsanbieters
Quelle: ibi research (Elektronische Rechnungsabwicklung – einfach, effizient, sicher: Teil III 2011)

ibi

4

Elektronische Rechnungsabwicklung – nötig und lohnend!

Immer mehr Unternehmen versuchen, verstärkt elektronische Rechnungsprozesse einzuführen, um beispielsweise Kosten zu sparen und Rechnungen schneller und fehlerfreier verarbeiten zu können. Dabei existieren je nach Unternehmen sehr unterschiedliche Einsparpotenziale. Die Höhe der Einsparungen hängt dabei aber signifikant von der Umsetzungsart ab. Je automatisierter die Rechnungserfassung, die Rechnungsbearbeitung und auch der Rechnungsversand durchgängig umgesetzt werden, umso stärker können Unternehmen ihre Effizienz steigern und somit ihre Wettbewerbsfähigkeit nachhaltig ausbauen.

Auch vor dem Hintergrund einer zunehmenden Globalisierung / Europäisierung im (elektronischen) Handel und den Entwicklungen im einheitlichen Euro-Zahlungsverkehrsraum (vgl. Kapitel 7) ist es für Unternehmen unerlässlich, sich mit der Thematik einer effizienten elektronischen Rechnungsabwicklung im europäischen Binnenmarkt zu beschäftigen. Dazu ist es allerdings erforderlich, dass Rechnungen grenzüberschreitend ohne Probleme ausgetauscht werden können. Erschwerend kommt hinzu, dass ein Großteil der umsatzsteuerrelevanten Rechnungen durch KMU versandt wird. Durch diese Vielzahl an Rechnungsstellern und -empfängern ist eine koordinierte Umstellung zu einer elektronischen Rechnungsabwicklung nicht ohne Weiteres möglich. In den letzten Jahren wurden deshalb entsprechende Richtlinien zur Vereinfachung der elektronischen Rechnungsabwicklung in Europa erlassen, um vorhandene Barrieren abzubauen und den grenzüberschreitenden Handel weiter zu vereinfachen. So bietet das „Steuervereinfachungsgesetz 2011" vom 1. November 2011, welches u. a. die elektronische Rechnungsabwicklung auf nationaler Ebene vereinfachen und vorantreiben soll, Unternehmen nun mehr Möglichkeiten für einen rechtskonformen Austausch von elektronischen Rechnungen durch den Einsatz innerbetrieblicher Kontrollverfahren, um die gesetzlichen Anforderungen bei elektronischen Rechnungen sicherstellen bzw. deren Einhaltung nachweisen zu können. Dies mag dazu beitragen, dass sich künftig mehr Unternehmen intensiv mit elektronischen Rechnungen sowie elektronischen Rechnungsprozessen befassen und eine mögliche Einführung im Unternehmen diskutieren.

Deshalb ist es auch für Online-Händler wichtig, sich intensiv und systematisch mit dem Thema „Elektronische Rechnungsabwicklung" zu befassen. Es gilt für sie hierbei genau auszuloten, welche Art der Umsetzung für die eigenen Anforderungen und die der Geschäftspartner am besten geeignet ist.

Damit Unternehmen auch systematisch und strukturiert die Einführung einer elektronischen Rechnungsabwicklung bei sich realisieren können, sollte bereits frühzeitig ein passendes Vorgehensmodell gewählt werden. Auch ein Blick auf Best Practice-Beispiele und Gespräche mit erfahrenen Praktikern können sinnvoll sein, um aus den Erfahrungen anderer zu lernen.

Ferner hat es sich für den Projekterfolg als entscheidend erwiesen, noch vor Projektbeginn einen Projektverantwortlichen zu bestimmen, der die Leitung des Vorhabens übernimmt. Sind in den Prozess der Rechnungsabwicklung im Unternehmen mehrere Stellen involviert, so ist es ratsam, außerdem ein Projektteam zusammenzustellen, welches z. B. aus einem Kern-Team besteht und dann in den verschiedenen Projektphasen mit weiteren Mitgliedern flexibel ergänzt wird. Die Projektmitglieder sollten sich in regelmäßigen Treffen gegenseitig auf den aktuellen Stand bringen, weitere Maßnahmen besprechen und für die Zielerreichung Sorge tragen.

ibi

Nachfolgendes Vorgehensmodell soll eine Möglichkeit darstellen, mit der eine systematische und strukturierte Einführung einer elektronischen Rechnungsabwicklung realisiert werden kann. Abbildung 4-30 visualisiert die hierbei wichtigsten Schritte im Überblick. Dieses Vorgehensmodell soll dabei nicht als starre Vorlage gelten. Vielmehr soll es eine Hilfe zur Selbsthilfe für die Einführung der elektronischen Rechnungsabwicklung bieten. Diese Schritte können sich im konkreten Fall durchaus überschneiden und je nach Unternehmenssituation individuell ausgestaltet sein.

Wichtig: Auch nach der Einführung einer elektronischen Rechnungsabwicklung im Unternehmen ist das Projekt noch nicht vollkommen abgeschlossen. Es sollte kontinuierlich überprüft werden, ob die gesetzten Ziele nachhaltig realisiert werden können. Wie die Erfahrung zeigt, ist es notwendig, immer wieder das System in regelmäßigen Abständen zu testen und ggf. Anpassungen oder Erweiterungen am System vorzunehmen. Auch hierfür sollte ein Verantwortlicher benannt sein, der diese Aufgaben kontinuierlich wahrnimmt.

Weitere Informationsmaterialien zur elektronischen Rechnungsabwicklung werden in Infobox 4-11 dargestellt.

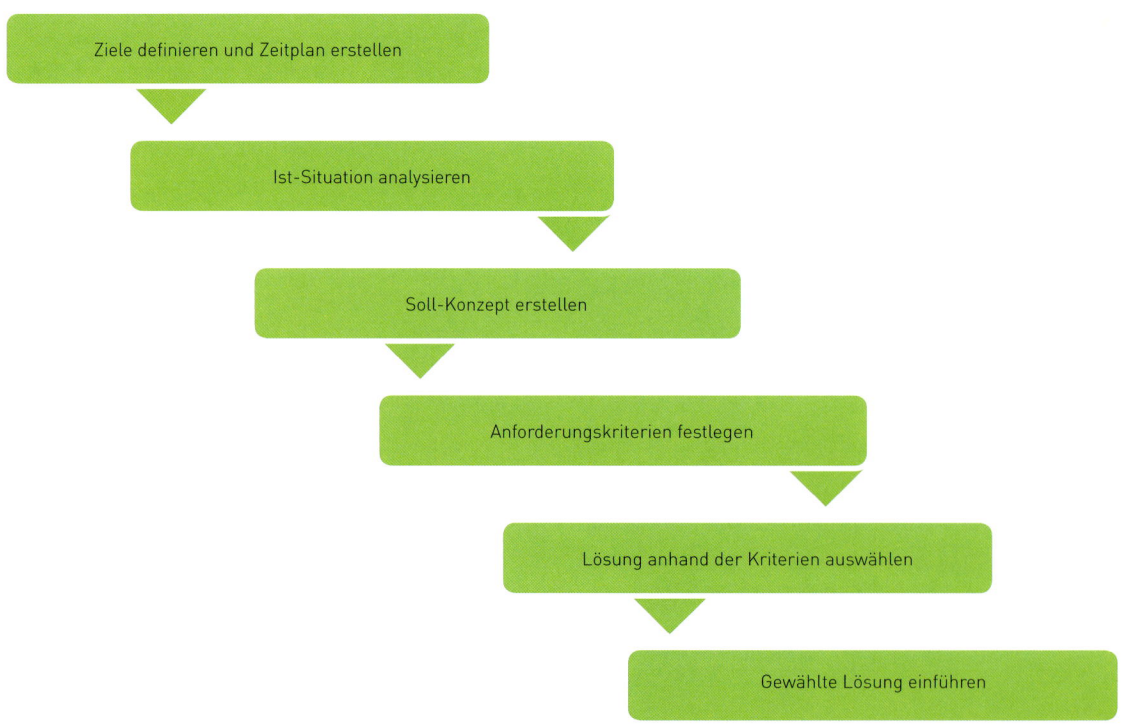

Abb. 4-30: Vorgehensmodell zur Einführung einer elektronischen Rechnungsabwicklung
Quelle: ibi research (Elektronische Rechnungsabwicklung – einfach, effizient, sicher: Teil IV 2012)

Die Informationsreihe „Elektronische Rechnungsabwicklung"

Die Informationsreihe „Elektronische Rechnungsabwicklung" ist im Rahmen des vom Bundesministerium für Wirtschaft und Technologie (BMWi) geförderten Netzwerks Elektronischer Geschäftsverkehr (NEG) und ibi research entstanden. Die vierteilige Informationsreihe informiert praxisnah über wichtige Themen im Bereich der elektronischen Rechnungsabwicklung.

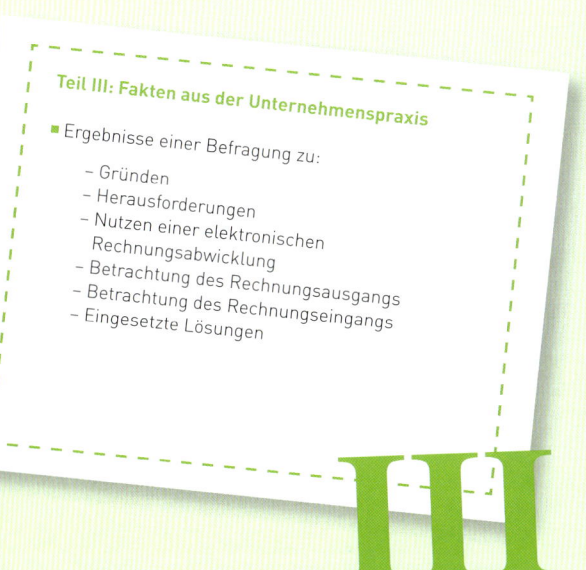

Teil I: Rahmenbedingungen und Marktüberblick

- Wichtige Antworten auf einen Blick
- Rechtliche Rahmenbedingungen
- Elektronische Rechnungsabwicklung in Europa
- Profile und Vergleich von über 40 Lösungen zur elektronischen Rechnungsabwicklung, z. B.:
  - Zielgruppe
  - Serviceangebot
  - Formen des Datenaustauschs
  - Systemintegration
  - Referenzen
  - Kosten

I

Teil II: Fallbeispiele erfahrener Unternehmen

- Grundlagen und Möglichkeiten zur Umsetzung
- Fallbeispiele aus unterschiedlichen Branchen und mit verschiedenen Unternehmensgrößen:
  - Gründe für die Einführung elektronischer Rechnungsprozesse
  - Herausforderungen bei der Umsetzung
  - Erfahrungen mit der Art der Umsetzung
  - Nutzen
  - Empfehlungen der Unternehmen

II

Teil III: Fakten aus der Unternehmenspraxis

- Ergebnisse einer Befragung zu:
  - Gründen
  - Herausforderungen
  - Nutzen einer elektronischen Rechnungsabwicklung
  - Betrachtung des Rechnungsausgangs
  - Betrachtung des Rechnungseingangs
  - Eingesetzte Lösungen

III

Teil IV: Leitfaden zur Einführung

- Grundlagen
- Vorgehensmodell bei der Einführung:
  - Zieldefinition
  - Analyse der Ist-Situation
  - Erstellung des Soll-Konzepts
  - Festlegung der Anforderungskriterien
  - Lösungsauswahl
  - Lösungseinführung
- Experteninterviews

IV

Alle vier Teile der Informationsreihe sowie weitere Neuigkeiten, wie Veranstaltungshinweise, stehen unter www.elektronische-rechnungsabwicklung.de zur Verfügung.

Infobox 4-11: Die Informationsreihe „Elektronische Rechnungsabwicklung"

Elektronische Rechnungsabwicklung – einfach, effizient, sicher

Studienergebnisse zur Elektronischen Rechnungsabwicklung

www.ecommerce-leitfaden.de/e-rechnung

Code mit dem Handy scannen und sofort zum PDF-Download der Studie gelangen

Ungefähr 40 % der Unternehmen versenden Ausgangsrechnungen auch per E-Mail

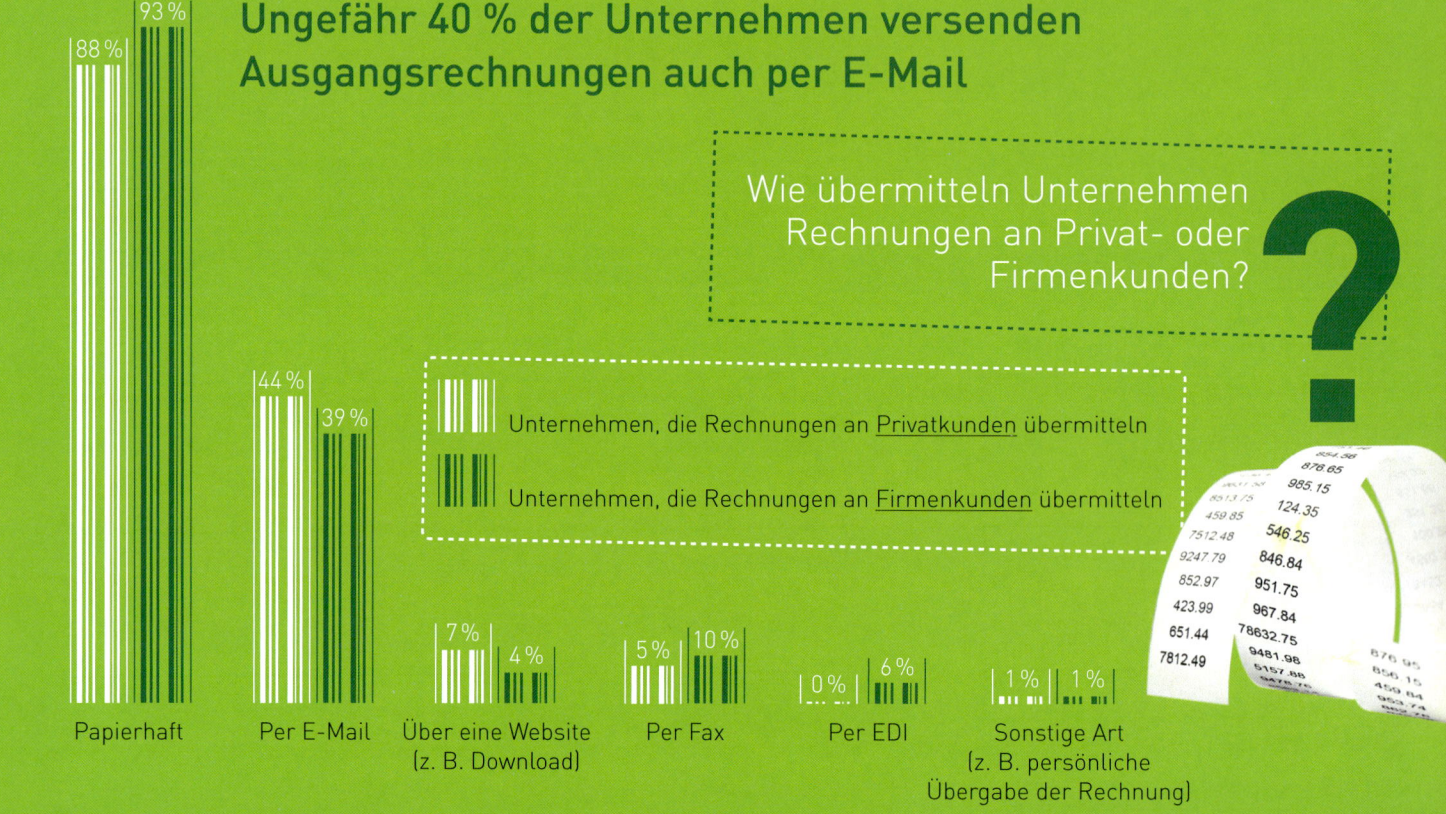

Wie übermitteln Unternehmen Rechnungen an Privat- oder Firmenkunden?

Unternehmen, die Rechnungen an <u>Privatkunden</u> übermitteln

Unternehmen, die Rechnungen an <u>Firmenkunden</u> übermitteln

Papierhaft	Per E-Mail	Über eine Website (z. B. Download)	Per Fax	Per EDI	Sonstige Art (z. B. persönliche Übergabe der Rechnung)
88 %	44 %	7 %	5 %	0 %	1 %
93 %	39 %	4 %	10 %	6 %	1 %

Vor allem größere Unternehmen erfassen papierhafte Rechnungen automatisiert zur weiteren Bearbeitung

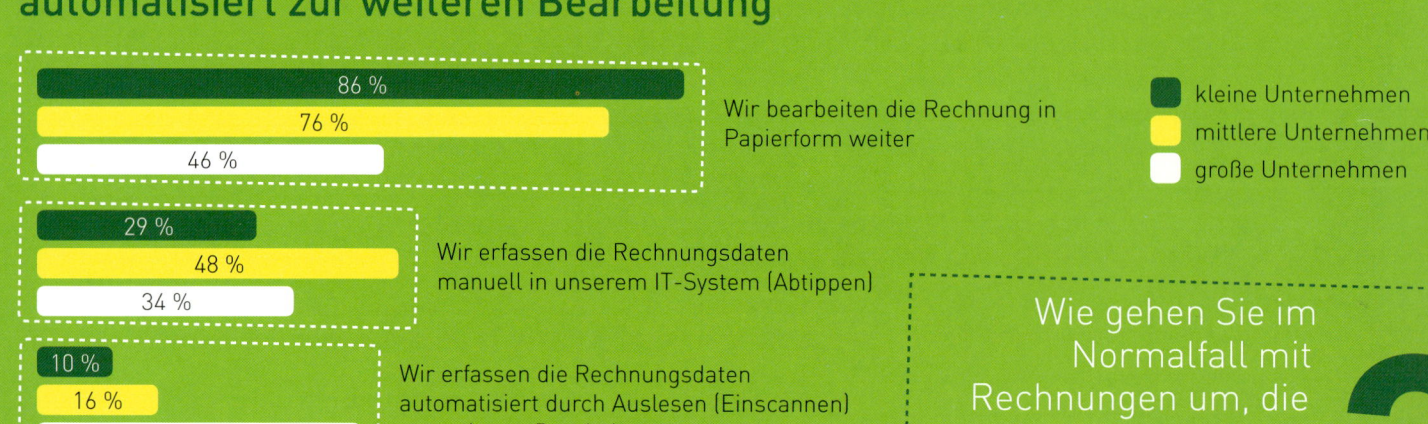

Wir bearbeiten die Rechnung in Papierform weiter
- 86 %
- 76 %
- 46 %

Wir erfassen die Rechnungsdaten manuell in unserem IT-System (Abtippen)
- 29 %
- 48 %
- 34 %

Wir erfassen die Rechnungsdaten automatisiert durch Auslesen (Einscannen) zur weiteren Bearbeitung
- 10 %
- 16 %
- 43 %

Sonstige Weiterverarbeitung
- 1 %
- 4 %
- 0 %

Legende:
- kleine Unternehmen
- mittlere Unternehmen
- große Unternehmen

Wie gehen Sie im Normalfall mit Rechnungen um, die papierhaft eingehen?

Der Großteil der Unternehmen erhält Rechnungen auch in elektronischer Form

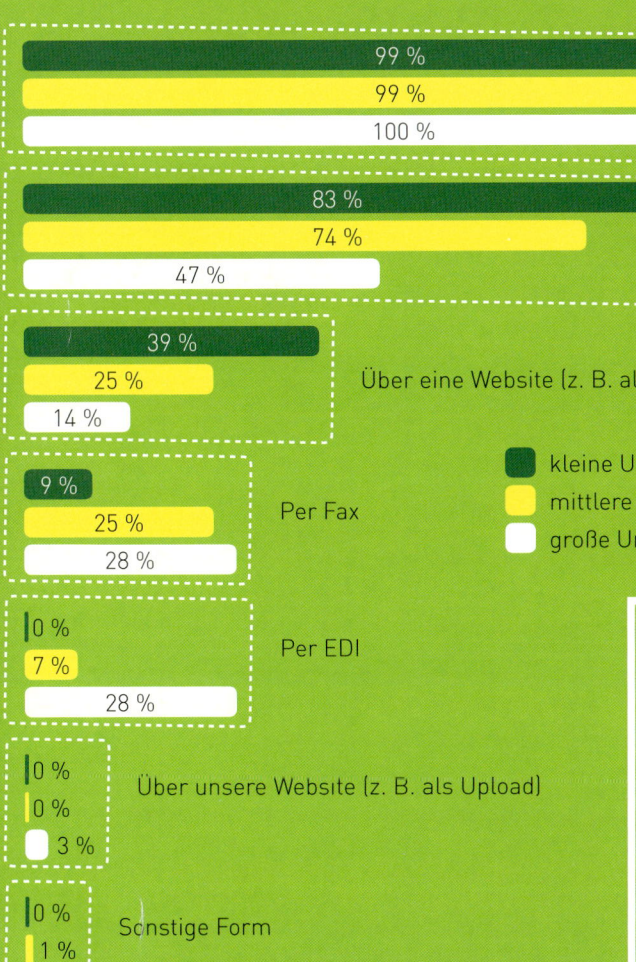

Papierhaft
- 99 %
- 99 %
- 100 %

Per E-Mail
- 83 %
- 74 %
- 47 %

Über eine Website (z. B. als Download)
- 39 %
- 25 %
- 14 %

Per Fax
- 9 %
- 25 %
- 28 %

Per EDI
- 0 %
- 7 %
- 28 %

Über unsere Website (z. B. als Upload)
- 0 %
- 0 %
- 3 %

Sonstige Form
- 0 %
- 1 %
- 6 %

- kleine Unternehmen
- mittlere Unternehmen
- große Unternehmen

Wie erhalten Unternehmen ihre Rechnungen?

Der Anteil der eingehenden elektronischen Rechnungen ist jedoch immer noch gering

Wie teilen sich die Rechnungen, die Ihr Unternehmen erhält, prozentual auf?

- 80 % Papierhaft
- 15 % Per E-Mail
- 3 % Über eine Website
- 1 % Per Fax
- 1 % Per EDI

Die Utopie vom papierlosen Büro: Die meisten elektronischen Rechnungen werden ausgedruckt!

- kleine Unternehmen
- mittlere Unternehmen
- große Unternehmen

Wie gehen Sie im Normalfall mit Rechnungen um, die **elektronisch** in Ihrem Unternehmen eingehen?

Wir drucken Rechnungen für die weitere Bearbeitung aus
- 87 %
- 78 %
- 64 %

Wir erfassen die Rechnung manuell in unserem IT-System (Abtippen)
- 30 %
- 41 %
- 27 %

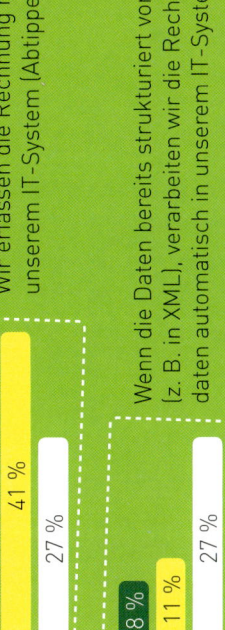

Wenn die Daten bereits strukturiert vorliegen (z. B. in XML), verarbeiten wir die Rechnungsdaten automatisch in unserem IT-System
- 8 %
- 11 %
- 27 %

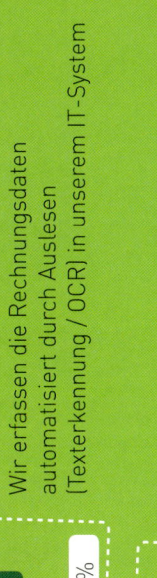

Wir erfassen die Rechnungsdaten automatisiert durch Auslesen (Texterkennung / OCR) in unserem IT-System
- 9 %
- 8 %
- 14 %

Sonstige Weiterverarbeitung
- 2 %
- 4 %
- 0 %

Elektronische Rechnungen – ohne Wenn und Aber

Im Gespräch mit Peter tom Suden, Steuerberater, www.unterelbeconsulting.blogspot.com

Peter tom Suden ist seit über 30 Jahren selbstständiger Steuerberater und vereidigter Buchprüfer. Er ist Mitglied der Steuerberaterkammer Niedersachsen und des Steuerberaterverbandes Niedersachsen Sachsen-Anhalt e.V. sowie international geschätzter Referent und Autor einschlägiger Fachliteratur.

Warum sollten Unternehmen auf elektronische Rechnungsprozesse umsteigen?

Eine elektronische Verarbeitung sowohl eingehender als auch ausgehender Rechnungen beschleunigt Unternehmensprozesse ungemein und bietet eine Reihe von Vorteilen, von denen ich Ihnen die aus meiner Sicht wichtigsten gleich näherbringen möchte. Diese sollten eigentlich jedem Unternehmen plausibel machen, warum eine elektronische Rechnungsabwicklung so wichtig ist.

Betrachten wir zunächst den elektronischen Rechnungseingang:

- Der Rechnungseingang und der Status der Rechnungsbearbeitung sind jederzeit nachvollziehbar.

- Es lässt sich täglich automatisch eine Übersicht über die z. B. in den nächsten 10 Tagen fällig werdenden Beträge erzeugen. Diese kann dann ebenfalls automatisch an die zuständigen Stellen bzw. Mitarbeiter verteilt werden.

- Die Durchlaufzeit einer Eingangsrechnung in mittelgroßen Unternehmen beträgt gemäß einer Studie mehr als 15 Tage. Skontofristen sind in aller Regel kürzer und jeder Kaufmann weiß, dass es keinen größeren Zinshebel als die Skontierung der Eingangsrechnung gibt. Die Effektivverzinsung von 2 % für eine Zahlung innerhalb von acht Tagen (bei einer gewährten Zahlungsfrist von 30 Tagen) ist 2 % auf 22 Tage. Bei welcher Bank bekommt man einen solchen Guthabenzins? Eine Opportunitätskostenbetrachtung ergibt sofort, dass man im Interesse einer ausreichenden Liquiditäts-

versorgung lieber den Kontokorrentkreditrahmen erhöht, als auf das Skonto zu verzichten.

- Wenn mit einem Warenwirtschaftssystem oder einem anderen Bestellsystem gearbeitet wird, dann kann der Abgleich zwischen Bestellung und Abrechnung automatisiert werden. Auch das spart wertvolle Arbeitszeit und verbilligt v. a. den Rechnungsdisput. Dieser verursacht erfahrungsgemäß je Vorfall Bearbeitungskosten von mindestens 130 Euro. Es lässt sich leicht ausrechnen, dass dies bei 100 Vorgängen, also gut acht Rechnungen im Monat, im Jahr erhebliche Kosten verursacht. Mindestens 70 % hiervon lassen sich durch eine beschleunigte Bearbeitung einsparen. Der Sachbearbeiter im Rechnungsempfang wird vom Bestellsystem darüber informiert, dass Bestellung und Rechnung nicht zusammenpassen. Er klickt den Beleg an, telefoniert mit dem Lieferanten und bespricht mit ihm sofort die Beanstandungspunkte. Idealerweise wird noch im Gespräch eine Einigung erzielt. Dabei lässt sich eine Ersparnis von mehr als 70 % durch den Einsatz so genannter Kollaborationssoftware bzw. Groupware erreichen, die die Zusammenarbeit von mehreren, auch räumlich getrennten Personen ermöglicht und wesentlich vereinfacht.

- Die Rechnungsdatensätze sind so gestaltet, dass sie ihre Buchungsmerkmale für die Buchhaltung in sich tragen und für automatische Buchungen genutzt werden können. Auch das spart wiederum Zeit und Kosten, denn bei einem Bestellabgleich kann so lange „dunkel" gebucht werden, wie das Warenwirtschaftssystem keine Abweichung zwischen Bestellung und Rechnung meldet. Ohne Bestellabgleich hingegen kann sich der Buchhalter die Rechnung ansehen, den Freigabevermerk auf der Rechnung erkennen und die Rechnung zur Buchung freigeben. In beiden Fällen dürfte der Anteil automatischer Buchungen in kurzer Zeit von null auf 70 % steigen. Die Buchungssysteme selbst sind heute alle lernfähig und ordnen aufgrund von Kopfdaten, Fußdaten und automatisch generierten und aktualisierten Lerndateien die Rechnungen sowohl einem Kosten- oder Ertragskonto als auch einem Kreditoren- / Debitorenkonto zu. Hierbei gehen die Kosten für die Datenerfassung und die Datenpflege dramatisch zurück. Auch die Kosten des Zeitaufwandes für die Korrektur von Erfassungsfehlern gehen beim Einsatz elektronischer Abrechnungsverfahren gegen Null.

Bei elektronischen Ausgangsrechnungen sieht die Sache ähnlich aus:

- Die Ausgangsrechnungen sind wenige Sekunden nach dem Absenden beim Empfänger angekommen.

- Erfolgt eine schriftliche Vereinbarung über den elektronischen Rechnungsdatenaustausch, so sind der Rechnungsversand und der Rechnungsempfang nachvollziehbar und der Rechnungssteller weiß z. B., ab wann er sicher davon ausgehen kann, dass seine Rechnung auch angekommen ist.

- Große Unternehmen gehen dazu über, ihren Lieferanten einen Zugang zu ihren Rechnungsverarbeitungssystemen zu gewähren und ihnen damit einen Einblick auf den aktuellen Bearbeitungsstatus ihrer an das Unternehmen gesendeten Rechnungen zu ermöglichen.

Nach der von mir differenzierten Betrachtung des Rechnungseinganges und des Rechnungsausganges sollte aber auch jedem Unternehmen klar sein, dass der größte Vorteil einer elektronischen Rechnungsabwicklung erst in der Kombination von elektronischen Eingangs- und Ausgangsrechnungen resultiert. Denn dadurch können Debitoren- und Kreditorenlaufzeiten verkürzt und gleichzeitig synchronisiert werden. Somit schafft sich das Unternehmen aus eigener Kraft finanzielle Spielräume,

die sich aus Dispositionszeiträumen und -freiheiten ergeben.

Haben Sie ein Beispiel parat, wie ein Unternehmen z. B. seine Lieferanten vom Nutzen einer elektronischen Rechnungsabwicklung überzeugt hat?

Ich erinnere mich an ein Einführungsprojekt elektronischer Rechnungen für einen mittelgroßen Maschinenbauer, der einige Kleinstunternehmer für spanabhebende Fertigungen beschäftigte. Er hat errechnet, dass die Bearbeitung jeder seiner bisher papiergebundenen Eingangsrechnungen Verwaltungskosten in Höhe von deutlich mehr als 50 Euro pro Vorgang verursachte. Für diesen Unternehmer war es überhaupt keine Frage, auf seine Lieferanten zuzugehen und ihnen mitzuteilen, dass er künftig ausschließlich elektronische Rechnungen von ihnen zu erhalten wünsche. Er erklärte ihnen, dass sie einen Signaturdienstleister engagieren sollen, an den sie künftig ihre Rechnungsentwürfe schicken. Dieser erzeugt dann daraus eine Rechnung und signiert diese qualifiziert elektronisch. Daraufhin prüft der Dienstleister im Auftrag des Maschinenbauers die Signaturen und stellt ihm dann die Rechnungen elektronisch zu. Weiterhin erläuterte der Maschinenbauer seinen Geschäftspartnern die Vorteile, die auch in ihren eigenen Unternehmen durch elektronische Rechnungen entstünden. Um die Hemmschwelle weiter zu senken, versicherte er ihnen außerdem, dass er die anfallenden Kosten für den Einsatz des Signaturanbieters tragen würde. Darüber hinaus machte er aber auch deutlich, dass er ihnen letztendlich keine Wahl lassen kann. Denn er wollte unbedingt elektronische Rechnungen! Wer nicht mitgemacht hat, konnte mit ihm keine Geschäfte mehr machen.

Kommt jetzt endlich das „papierlose Büro"?

So schnell geht das nun doch nicht. Natürlich ist auch mir klar, dass das papierlose Büro frühestens zehn Jahre nach der Einführung des „papierlosen Badezimmers" kommen wird. Aber ernsthaft: Wir werden also auf lange Sicht – und damit meine ich mindestens 30 Jahre – noch mit Papier im Büro leben müssen. Die Herausforderung besteht dann aber nicht darin, elektronisch abzurechnen, sondern vielmehr darin, verkörperte Daten zu digitalisieren und in die eigenen Prozesse so einzuspeisen, dass sie die Administrationskanäle reibungslos durchlaufen.

Warum werden eigentlich die meisten Rechnungen noch immer papierhaft versendet?

Vielleicht, weil es sich um eingespielte Verfahren handelt, Änderungen einen Initialaufwand verursachen und sich die Vorteile aus Änderungen in den Prozessen nicht leicht abschätzen lassen. Außerdem gibt es auch Unsicherheiten bei den Mitarbeitern. Ich erinnere mich an ein Projekt, das schon einige Jahre zurückliegt und bei dem von der Personalvertretung der Einwand kam, dass man wegen elektronischen Rechnungen wohl eine Menge Mitarbeiter entlassen würde. Auf dieses Argument gibt es natürlich eine qualifizierte Antwort: In Unternehmen sind Mitarbeiter mit wertvollen Fähigkeiten beschäftigt. Eine Automatisierung der Rechnungsprozesse ermöglicht es den Unternehmen, ihre Mitarbeiter nicht länger mit eintönigen und automatisierbaren Tätigkeiten, sondern mit höherwertigen, abwechslungsreicheren und gewinnbringenderen Aufgaben zu beschäftigen.

Ein weiterer Grund dafür, dass in vielen Unternehmen noch immer papierhafte Rechnungen deutlich überwiegen, mag darin liegen, dass es auch rechtliche Unsicherheiten beim Umgang mit elektronischen Rechnungen gegeben hat. Jeder von uns weiß, dass ein Papier ein Gegenstand ist, den man als Beweis zum Richter tragen kann. Der Richter sieht sich im Streitfall das Dokument an und entscheidet nach Augenscheinnahme. Wir sind es gewohnt, ein Dokument als gegenständlich – im wahrsten Sinne des Wortes – zu begreifen. Deshalb ist auch die Archivierung von Papierdokumenten ganz einfach: lochen und abheften! Das können wir mit einer elektronischen Rechnung natürlich nicht. Denn die ist gerade kein physischer Gegenstand, sondern ein physikalischer Zustand in einer EDV-Anlage und dieser Zustand ist nur gegeben, wenn diese EDV-Anlage betriebsbereit ist und nicht ausfällt. Bei elektronischen Dokumenten hingegen ist die Archivierung zwar ein wenig komplizierter, aber in der heutigen Zeit auch kein Problem mehr.

Wie können Unternehmen elektronische Rechnungen umsatzsteuerkonform austauschen?

In der letzten Zeit gab es eine umfassende Diskussion über die Veränderung im Umsatzsteuergesetz und die damit einhergehenden grundsätzlichen Möglichkeiten des gesetzeskonformen elektronischen Rechnungsdatenaustausches. Derzeit sind drei Verfahren erlaubt, die ein Unternehmer einsetzen kann, um die Echtheit der Herkunft und die Unversehrtheit des Inhaltes seiner elektronischen Rechnungen zu gewährleisten:

1. Dokumentensicherheit mittels qualifizierter elektronischer Signaturen

2. Prozesssicherheit durch den Einsatz spezieller EDI-Verfahren

3. Prozesssicherheit durch die Gestaltung und die Anwendung von innerbetrieblichen Steuerungs- und Kontrollmaßnahmen

Zunächst einmal müssen sich jedoch Rechnungssteller und -empfänger darauf einigen, dass künftig elektronisch abgerechnet wird. Diese Vereinbarung kann auch mündlich erfolgen oder durch konkludentes Handeln. Von beidem rate ich ab und empfehle dringend eine schriftliche Vereinbarung. Diese enthält vielleicht drei Seiten und regelt z. B. die Zugangswege, die Zugangsvermutung und das Verhalten bei Zustellungsstörungen. Und natürlich ist hierin auch zu regeln, welche der drei gerade genannten Maßnahmen zur Herbeiführung von Belegsicherheit ausgewählt werden sollen.

Welche der drei Varianten ist die einfachste Möglichkeit?

Nach dem Schreiben des Bundesministeriums der Finanzen vom 2. Juli 2012 scheinen sich die Gewichte zugunsten innerbetrieblicher Steuerungs- und Kontrollmaßnahmen zu verschieben. Demnach ist es für den Vorsteuerabzug lediglich notwendig, dass eine Rechnung im Augenblick des Vorsteuerabzugs vorliegt und ein „gelebtes Vorhandensein" eines irgendwie gearteten innerbetrieblichen Kontrollverfahrens besteht, welches nicht einmal eigens dokumentiert werden muss. Somit wird für Unternehmen die Versuchung groß sein, elektronische Rechnungen einfach per „normaler", nicht signierter E-Mail zu schicken.

Warum sollten Unternehmen dennoch darüber nachdenken, die qualifizierte elektronische Signatur zu verwenden?

Meines Erachtens ist trotzdem die einfachste Möglichkeit, elektronische Rechnungen auszustellen und vor allem beim Empfänger rechtssicher weiterzuverarbeiten, weiterhin, die Rechnung als PDF zu erzeugen, eine qualifizierte Signatur anzubringen und beides per E-Mail zu verschicken. So einfach, wie sich das hier liest, ist es auch. Natürlich gibt es Vorschriften, die regeln, wie Signaturen angebracht werden, aber auch das ist kein Wunderwerk und die

> Eine elektronische Verarbeitung von Rechnungen beschleunigt die Prozesse im Unternehmen ungemein.
>
> Peter tom Suden, Steuerberater

Kosten für eine Signatur liegen normalerweise weit unter zehn Cent. Zudem können am Markt befindliche Software-Lösungen und Dienstleister beim Einsatz unterstützen.

Der Hintergrund ist darin zu sehen, dass der Vorsteuerabzug noch nie ein wirkliches Problem bei elektronischen Rechnungen war. Durch das BMF-Schreiben wurden die Anforderungen an die Übermittlung deutlich reduziert. Ob dieses vergleichsweise niedere Niveau auch für die Beleganerkennung im Betriebsausgabenabzug – und dann sowohl handelsrechtlich als auch steuerlich – ausreichen wird, muss sich zeigen. Da gilt es, die Rechtsprechung abzuwarten.

Im Übrigen bin ich der Meinung, dass der Einsatz von qualifizierten Signaturen auch bei anderen Anwendungen als dem Rechnungsdatenaustausch nur von Vorteil ist: gerade auch dort, wo neben der Leistungsabrechnung – insbesondere im Vertragsverfahren – Prozessstände sicher festgehalten und archiviert werden müssen.

Ich schätze, dass sich jetzt viele Unternehmen, die bisher aus Gründen vermuteter hoher Kosten oder Rechtsrisiken elektronische Rechnungen nicht akzeptierten, ihre Prozesse überarbeiten und elektronische Rechnungen annehmen werden. Das wäre sehr zu begrüßen!

Die auf den ersten Blick günstigste Lösung scheint, Prozesssicherheit durch die Gestaltung und die Anwendung von innerbetrieblichen Steuerungs- und Kontrollmaßnahmen sicherzustellen: bezahlt wird nur, was auch geleistet wurde. Dann werden aber die handels- und ertragsteuerlichen Fragen dringender. Wie weise ich als Unternehmer den korrekten Zusammenhang zwischen der Bezahlung einer elektronischen Rechnung und einem Betriebsausgabenabzug gegenüber den Anteilseignern, Kapitalgebern und auch der Finanzbehörde plausibel nach? Dieser Nachweis muss in der „Papierwelt" natürlich auch geführt werden. Lediglich die Organisation dieses Nachweises in einer digitalen Welt muss gut überlegt sein. Einfach digitale Dokumente in irgendwelchen Verzeichnissen auf irgendeinem PC abzuspeichern, wird wohl nicht ausreichen. In der sicheren Aufbewahrung über einen in der IT sehr langen Zeitraum von derzeit in der Regel noch mehr

als 10 Jahren liegt eine große Herausforderung. Je nach technischer Kompetenz im Unternehmen ist das machbar oder nicht. Und wenn nicht, dann eignet sich wiederum die Signatur als Methode der Dokumentensicherheit!

Wie wird sich der Bereich um elektronische Rechnungen künftig entwickeln?

Es wird Sie nicht wundern, wenn ich davon ausgehe, dass sich der Nutzungsgrad des elektronischen Rechnungsdatenaustausches positiv und progressiv entwickeln wird. Es gibt unterschiedliche Schätzungen von verschiedenen Institutionen und alle gehen davon aus, dass der Versand und Empfang elektronischer Rechnungen in Deutschland in den nächsten vier Jahren über 30 % des Rechnungsvolumens ausmachen wird. Derzeit liegen wir, wie auch andere europäische Länder, bei etwa 7 %. Aber in den skandinavischen und baltischen Ländern sowie in Polen sind annähernd 50 % des Rechnungsdatenaustausches bereits elektronisch. Auch das hat Folgen, denn Deutschland ist eine Exportnation und wenn die Leistungsempfänger eine elektronische Abrechnung erwarten, weil sie das in ihrem Umfeld gewohnt sind, dann gilt der Satz: der Kunde ist König.

Kurz und knapp: Was würden Sie jetzt den Unternehmen raten?

1. Sofort anfangen! Jeder Tag, der ins Land geht, verhindert, dass die ganz zu Anfang genannten Dividenden gehoben werden können. Und das kostet einem Unternehmen richtig Geld! Bei Kapitalgesellschaften muss die Geschäftsleitung ihren Anteilseignern dann schon mal erklären, warum sie auf dieses verzichten wollen.

2. Systematisch vorgehen! Projekt aufsetzen, Projektziele definieren, Projektteam zusammenstellen, Zeit, Ressourcen und Geldbudget bereitstellen.

3. Konsequent bleiben! Lassen Sie sich nicht von „Bedenkenträgern" beeinflussen, denn eine elektronische Rechnungsabwicklung hat nur Vorteile für Ihr Unternehmen. ■

ibi

www.ecommerce-leitfaden.de

Vertiefende Informationen zu den Inhalten dieser Abschnitte sowie Links zu Lösungsanbietern erhalten Sie auf der Website www.ecommerce-leitfaden.de. Dort finden Sie auch
weitere kostenlose Angebote, wie den Newsletter, Online-Tools und weitere Studien.

5.

≫ KEINE CHANCE OHNE RISIKOMANAGEMENT – SCHÜTZEN SIE SICH VOR ZAHLUNGS-STÖRUNGEN

Der Erfolg im elektronischen Handel hängt wesentlich davon ab, in welchem Umfang Zahlungsstörungen (z. B. nicht rechtzeitig bezahlte Rechnungen, nicht eingelöste Lastschriften, Rückbelastungen von Kreditkartenzahlungen) zu verzeichnen sind. Wie Sie Zahlungsstörungen, so gut es geht, vermeiden können und wie mit Zahlungsstörungen umzugehen ist, wird in den folgenden Abschnitten dargestellt.

5.1 Lug und Trug im Online-Handel – was da alles schiefgehen kann

Welchen Zahlungsrisiken Sie im Online-Handel ausgesetzt sind, hängt wesentlich von den angebotenen Zahlungsverfahren ab. Wird ausschließlich Zahlung per Vorkasse oder mit speziellen E-Payment-Verfahren akzeptiert, die eine Zahlungsgarantie bieten, so sind Sie als Händler besser vor Zahlungsstörungen geschützt. Welchen Risiken Sie bei einer Zahlung per Nachnahme, Rechnung, Lastschrift oder Kreditkarte ausgesetzt sind, wird im Folgenden erläutert.

In der Praxis ist häufig zu beobachten, dass Kunden auf andere Internet-Anbieter oder stationäre Geschäfte ausweichen, wenn sie nicht mit ihren bevorzugten Zahlungsverfahren per Rechnung, Kreditkarte oder Lastschrift bezahlen können (vgl. Kapitel 4). Werden diese Zahlungsverfahren angeboten, können daher unter Umständen mehr Bestellungen erzielt werden. Zu höheren Gewinnen führt die Ausweitung der Bestellungen aber nur, wenn diese auch tatsächlich bezahlt werden.

Wird eine Bestellung nicht, wie vereinbart, bezahlt, so spricht man von einer Zahlungsstörung. Nicht jede Zahlungsstörung führt zwangsläufig zu einem Zahlungsausfall, d. h. zur Notwendigkeit einer vollständigen oder teilweisen Abschreibung der Forderung. In jedem Fall treten jedoch zusätzliche Kosten für die Beitreibung der Forderung auf, z. B. für den Versand von Mahnschreiben oder die Vorfinanzierung der Forderung.

Um sich wirksam vor Zahlungsstörungen zu schützen, gilt es zunächst, die möglichen Ursachen für Zahlungsstörungen zu identifizieren. In folgenden Abschnitten wird daher auf die unterschiedlichen Arten von Zahlungsstörungen bei Zahlungen per Nachnahme, Rechnung, Lastschrift und Kreditkarte und deren Ursachen näher eingegangen.

Nachnahme – ein unverhofftes Wiedersehen

Anbietern physischer Waren bietet die Nachnahme einen scheinbar sehr sicheren Zahlungsweg: Der Kunde erhält die Ware erst, nachdem er den Gegenwert an den Zusteller gezahlt hat.

Probleme ergeben sich nur dann, wenn die Ware aufgrund einer falschen Lieferanschrift oder einer Nicht-Annahme durch den Empfänger nicht ausgeliefert werden kann und an den Absender zurückgeht. Wie Abbildung 5-1 zeigt, liegt die Retourenquote immerhin bei zwei von fünf Unternehmen über 3 %. Allerdings gelingt es offensichtlich auch 40 % der Unternehmen, Rücksendungen bei Nachnahmesendungen nahezu vollständig zu vermeiden.

5

Bei 60 % der Unternehmen liegt die Retourenquote bei Nachnahmelieferungen über 1 %.

Welcher Anteil der Nachnahmelieferungen kann nicht zugestellt werden und wird zurückgeliefert?

- 19 % | 0 %
- 5 % | 0 % bis 0,5 %
- 16 % | 0,5 % bis 1 %
- 18 % | 1 % bis 3 %
- 21 % | 3 % bis 5 %
- 11 % | 5 % bis 10 %
- 10 % | mehr als 10 %

Abb. 5-1: Retourenquoten bei Nachnahmelieferungen
Quelle: ibi research (Zahlungsabwicklung im E-Commerce 2011)

Retouren bei Nachnahmelieferung können auf unterschiedliche Ursachen zurückzuführen sein:

Eingabefehler

Der Kunde vertippt sich beispielsweise bei der Angabe der Postleitzahl, das Paket kann daher nicht zugestellt werden und wird zurückgesandt. Angesichts der zusätzlich angefallenen Kosten ist es zwar ärgerlich, dass der Fehler nicht früher erkannt wurde, das Problem kann aber in der Regel behoben und das Paket erneut versendet werden.

Scherzbestellung

Durch Dritte werden bewusst Scherzbestellungen an tatsächlich existierende oder an Fantasieadressen generiert. Mithilfe entsprechender Software lassen sich die Bestellungen sogar in großer Zahl automatisiert durchführen, so dass hohe unnötige Kosten für die Porto- und Nachnahmegebühren sowie für die Kommissionierung, den Versand und die Wiedereinlagerung der Waren anfallen können.

Um diese Probleme so weit wie möglich zu vermeiden, sollten bei der Eingabe von Adressdaten über Formulare Plausibilitätsprüfungen durchgeführt werden. Auf die unterschiedlichen Möglichkeiten von Plausibilitätsprüfungen wird in Abschnitt 5.2 näher eingegangen.

Rechnungskauf – Hoffen und Bangen

Im Gegensatz zur Zahlung per Nachnahme geht der Anbieter beim Rechnungskauf in Vorleistung (vgl. Infobox 4-1). Zuerst wird die Leistung erbracht und dann durch den Kunden bezahlt. Zusätzlich zum Risiko einer Retoure kann beim Rechnungskauf daher der Fall eintreten, dass die Leistung zwar ordnungsgemäß erbracht, die Rechnung aber verspätet oder überhaupt nicht bezahlt wird. Wie Abbildung 5-2 zeigt, wird bei einem Viertel der Unternehmen mindestens jede zweite Rechnung nicht rechtzeitig beglichen. Auch für nicht rechtzeitig bezahlte Rechnungen kann es unterschiedliche Ursachen geben:

Falsche Rechnungsanschrift

Analog zur Verwendung einer fehlerhaften Lieferanschrift (vgl. den vorhergehenden Abschnitt zu möglichen Problemen bei Zahlungen per Nachnahme) könnte auch die Rechnungsanschrift versehentlich oder vorsätzlich falsch eingegeben worden sein, so dass die Rechnung nicht zustellbar ist. Sie müssen in diesem Fall die richtige Rechnungsanschrift nachträglich ermitteln, sofern Sie dies überhaupt können (z. B., wenn kostenpflichtige Downloads per Rechnung bezahlt werden und keine weiteren Daten über den Kunden vorliegen).

ibi

Bei einem Viertel der Unternehmen wird mindestens jede zweite
Rechnung nicht rechtzeitig beglichen.

**Welcher Anteil der Zahlungen per Rechnung
wird nicht innerhalb des Zahlungsziels beglichen?**

Abb. 5-2: Anteil der Zahlungsstörungen bei Zahlungen per Rechnung
Quelle: ibi research (Zahlungsabwicklung im E-Commerce 2011)

Rechnungsempfänger ist nicht eindeutig ermittelbar

Bei der Erhebung der Rechnungsadresse ist zudem darauf zu achten, dass der Leistungsempfänger eindeutig identifiziert werden kann. So ist bei der Angabe „Mode Meier, Regerstr. 14, 80539 München" nicht klar, ob es sich hierbei um die „Herbert Meier Textilgroßhandel GmbH" oder das unter der gleichen Anschrift ansässige Damenmodengeschäft seiner Frau handelt, die als eingetragene Kauffrau firmiert. Das Gleiche gilt für natürliche Personen, da durchaus mehrere H. Meier unter der gleichen Anschrift wohnen können. Mithilfe einer Adressverifizierung lassen sich solche Probleme frühzeitig erkennen (vgl. Abschnitt 5.2). Nur, wenn Sie eindeutig bestimmen können, gegen wen sich Ihre Forderung richtet, können Sie diese auch durchsetzen.

Berechtigte Reklamation der Rechnung

Die Zahlung wird vom Kunden verweigert, da z. B. falsche oder fehlerhafte Waren geliefert wurden oder die Rechnung selbst Fehler aufweist. Je später solche Reklamationen geklärt werden, desto mehr verzögert sich auch der Zahlungseingang auf dem Konto des Händlers.

Vergesslichkeit

Der Kunde hat schlicht vergessen, die Rechnung zu bezahlen. Durch eine freundliche Zahlungserinnerung lässt sich dieses Problem in der Regel leicht aus der Welt schaffen, ohne dass die Kundenbeziehung darunter leidet.

Bewusstes Hinauszögern der Zahlung

Beim Rechnungskauf werden Sie mehr oder weniger freiwillig zum Kreditgeber Ihres Kunden. Da dieser Kredit üblicherweise kostenlos vergeben wird, zögern viele Kunden die Zahlung bewusst hinaus, um Kosten für teure Bankkredite zu sparen. Für Sie als Händler ist die Kreditvergabe jedoch keinesfalls kostenlos! Häufig müssen die finanziellen Mittel zur Vorfinanzierung der Forderung teuer per Kredit finanziert werden, bestenfalls entgehen Ihnen die Zinsen, die Sie für eine Anlage der Mittel erhalten würden.

Liquiditätsprobleme

Noch kritischer für den Händler ist es, wenn der Kunde aufgrund von Liquiditätsproblemen nicht sofort bzw. nicht vollständig zahlen kann. Nicht jeder Liquiditätsengpass führt gleich zur Insolvenz, allerdings muss diesen Kunden erhöhte Aufmerksamkeit gewidmet werden, um einen endgültigen Ausfall der Forderung zu verhindern (vgl. Abschnitt 5.3).

Betrug

Im schlimmsten Fall ist der Händler einem Betrüger aufgesessen. Dies kann beispielsweise heißen, dass der Kunde bei der Bestellung bereits insolvent

5

Die Verschaffung von Liquiditätsvorteilen ist ein häufiger Grund,
warum Rechnungen nicht rechtzeitig beglichen werden.

**Welches sind Ihrer Erfahrung nach die drei häufigsten Gründe,
warum Rechnungen nicht rechtzeitig beglichen werden?**

74 %	Vergesslichkeit
72 %	Kunde zögert Zahlung absichtlich hinaus
53 %	Kunde ist zahlungsunfähig
33 %	Kunde reklamiert die erhaltene Ware, sendet die Ware zurück bzw. tritt vom Kauf zurück
6 %	Kunde gibt an, Ware nicht erhalten zu haben
1 %	Kunde gibt an, dass seine Daten von Betrügern missbraucht wurden
2 %	Sonstige Gründe

Abb. 5-3: Gründe für Zahlungsstörungen bei Zahlungen per Rechnung
Quelle: ibi research (Zahlungsabwicklung im E-Commerce 2011)

war. Dabei handelt es sich zwar um eine strafbare Handlung, die zur Anzeige gebracht werden kann, die Forderung gegen diesen Kunden muss jedoch in der Regel abgeschrieben werden. Daneben kommt es auch vor, dass Bestellungen durch Scheinfirmen getätigt werden, die nach Erbringung der Leistung nicht mehr ermittelt werden können, dass der Kunde trotz ordnungsgemäßer Lieferung abstreitet, die Ware erhalten zu haben oder dass die Ware abgefangen wurde (vgl. Abschnitt 5.2).

Durch Prüfungen vor Erbringung der Leistung, durch beweiskräftige Dokumentation der Leistungserbringung und ein differenziertes Forderungsmanagement lässt sich der Anteil der Zahlungsstörungen und Zahlungsausfälle reduzieren. Auf die entsprechenden Maßnahmen wird in den Abschnitten 5.2 und 5.3 näher eingegangen.

Lastschrift – wenn der Schein trügt

Die Zahlung per Lastschrift hat gegenüber dem Rechnungskauf den Vorteil, dass der Händler den Zahlungseinzug selbst anstoßen kann und nicht abwarten muss, bis der Kunde die offene Forderung begleicht. Auch bei der Lastschrift können jedoch unterschiedliche Probleme auftreten, die einen erfolgreichen Einzug der Zahlung verhindern. Wie Abbildung 5-4 zeigt, treten nur bei 45 % der befragten Unternehmen kaum Zahlungsstörungen bei Lastschriftzahlungen auf.

Mögliche Gründe für Zahlungsstörungen bei Lastschriftzahlungen sind:

Kontodaten sind ungültig

Um Lastschriften einziehen zu können, müssen die richtigen Kontodaten des Kunden bekannt sein. Vertippt sich der Kunde oder werden bewusst frei erfundene Kontodaten angegeben, schlägt der Einzug der Lastschrift fehl.

Konto des Kunden ist nicht gedeckt

Eine weitere Voraussetzung für den Einzug von Lastschriften ist, dass das Konto des Kunden nicht für Lastschriften gesperrt ist und die erforderliche Deckung (durch Guthaben oder einen entsprechenden Überziehungsrahmen) aufweist. Ist dies nicht der Fall, bucht die Bank des Kunden (Zahlstelle) die Zahlung zuzüglich eines von ihr in der Regel erhobenen Rückgabeentgelts (höchstens

Bei knapp einem Drittel liegt die Rücklastschriftquote höher als 3 %.

**Welcher Anteil der Lastschriftzahlungen kann dem Kundenkonto
nicht belastet werden oder wird nachträglich zurückgebucht?**

45 %	0 % bis 1 %
17 %	1 % bis 2 %
9 %	2 % bis 3 %
17 %	3 % bis 5 %
9 %	5 % bis 10 %
3 %	mehr als 10 %

Abb. 5-4: Anteil der Zahlungsstörungen bei Zahlungen per Lastschrift
Quelle: ibi research (Zahlungsabwicklung im E-Commerce 2011)

3 Euro) wieder zurück. Zu diesem Entgelt kommen für Sie gegebenenfalls noch seitens der Zahlstelle die Kosten für einen etwaigen Zinsausgleich sowie die Kosten hinzu, die Ihre eigene Bank für die Lastschriftrückgabe berechnet.

Berechtigte Reklamation der Abbuchung

Auch wenn das Konto des Kunden die erforderliche Deckung aufweist, können Lastschriften in der Regel innerhalb von acht Wochen nach valutarischer Kontobelastung vom Kunden zurückgegeben werden. In einigen Fällen kann der Widerspruch durchaus berechtigt sein, z. B., wenn Umsätze versehentlich doppelt abgebucht oder wenn keine bzw. falsche Waren geliefert wurden. Aufgrund der nicht unerheblichen Rückgabegebühren bei Lastschriften sollte in diesen Fällen versucht werden, Gutschriften in Form von Überweisungen an den Kunden zu erteilen.

Kunde kann Abbuchung nicht zuordnen

Ein Widerspruch des Kunden kann auch darauf zurückzuführen sein, dass die Abbuchung auf seinem Kontoauszug keinem Einkauf zugeordnet werden kann. Bei der Nutzung von Payment Service Providern (vgl. Abschnitt 4.2) wird beispielsweise häufig dieser als Zahlungsempfänger auf dem Kontoauszug aufgeführt und nicht der Name des Shops, den der Kunde besucht hat.

Unberechtigte Rückgabe

Auch ohne berechtigte Gründe können Lastschriften in der Regel innerhalb von acht Wochen nach valutarischer Kontobelastung ohne weitere Begründung des Kunden zurückgegeben werden. Die Bank des Kunden ist nicht verpflichtet, den Grund für die Lastschriftrückgabe zu prüfen. Der Händler kann sich gegen eine Rückbuchung daher auch dann nicht zur Wehr setzen, wenn er gegenüber dem Kunden im Recht ist, sondern muss die Forderung anschließend auf anderem Wege geltend machen.

Betrug

Schließlich haben Betrüger auch die Möglichkeit, mit den Kontodaten von Dritten im Internet einzukaufen. Die unberechtigte Abbuchung wird von den Kontoinhabern unter Umständen erst nach mehreren Wochen bemerkt und zurückgegeben.

5

Rücklastschriften mangels Deckung sind die häufigste Form
von Zahlungsstörungen bei Lastschriftzahlungen.

**Welches sind die drei häufigsten Gründe, warum Lastschriftzahlungen nicht
belastet werden können oder nachträglich zurückgebucht werden?**

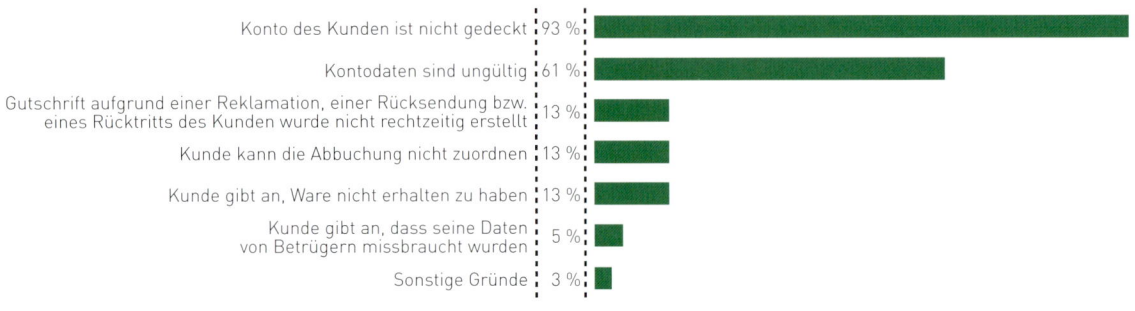

Konto des Kunden ist nicht gedeckt — 93 %
Kontodaten sind ungültig — 61 %
Gutschrift aufgrund einer Reklamation, einer Rücksendung bzw. eines Rücktritts des Kunden wurde nicht rechtzeitig erstellt — 13 %
Kunde kann die Abbuchung nicht zuordnen — 13 %
Kunde gibt an, Ware nicht erhalten zu haben — 13 %
Kunde gibt an, dass seine Daten von Betrügern missbraucht wurden — 5 %
Sonstige Gründe — 3 %

Abb. 5-5: Gründe für Zahlungsstörungen bei Zahlungen per Lastschrift
Quelle: ibi research (Zahlungsabwicklung im E-Commerce 2011)

Kann eine Lastschrift nicht eingelöst werden,
muss die Forderung gegebenenfalls auf anderem
Wege geltend gemacht werden. Damit dies gelingen kann, müssen die gleichen Voraussetzungen
wie bei der Zahlung per Rechnung (z. B. richtige
Anschrift, Eindeutigkeit des Leistungsempfängers,
beweiskräftige Dokumentation der Leistungserbringung) erfüllt sein.

Kreditkarte – was heißt hier „Chargeback"?

Kreditkartenzahlungen sind für den Händler in
der Regel mit höheren Gebühren verbunden als
Zahlungen per Lastschrift (vgl. Kapitel 4). Dem-
gegenüber hat der Händler jedoch erweiterte
Möglichkeiten der Vorabprüfung (Autorisierung)
von Zahlungen, so dass Zahlungsstörungen früher
erkannt werden können (vgl. Infobox 5-1). Zudem
kann der Kunde Abbuchungen nicht ohne Angabe
von Gründen zurückgeben. Der Händler hat dadurch im Vergleich zur Lastschrift bessere Möglichkeiten, sich gegen unberechtigte Rückgaben
zur Wehr zu setzen.

Autorisierung von Kreditkartenzahlungen

Als Autorisierung bezeichnet man den Vorgang der Genehmigung einer bestimmten Kreditkartenzahlung durch die Bank des Karteninhabers. Im Rahmen der Autorisierung wird
unter anderem geprüft, ob es sich um eine
gültige Karte handelt und ob das Kreditkar-
tenlimit für die beabsichtigte Transaktion noch
ausreicht.

Bei erfolgreicher Autorisierung hat der
Händler die Gewissheit, dass das Kreditkartenkonto des Kunden mit dem autorisierten Betrag innerhalb einer bestimmten Frist
belastet werden kann. Die Autorisierung erfolgt in der Regel online über die Systeme des
Acquirers (vgl. Abschnitt 4.2).

Infobox 5-1: Autorisierung von Kreditkartenzahlungen

5

68 % der Unternehmen haben bei Kreditkartenzahlungen nahezu keine Probleme mit Zahlungsstörungen.

Welcher Anteil der Zahlungen mit Kreditkarte wird nachträglich zurückgebucht (Chargeback)?

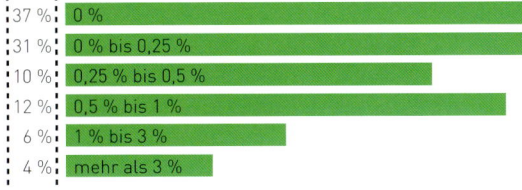

37 %	0 %
31 %	0 % bis 0,25 %
10 %	0,25 % bis 0,5 %
12 %	0,5 % bis 1 %
6 %	1 % bis 3 %
4 %	mehr als 3 %

Abb. 5-6: Anteil der Zahlungsstörungen bei Zahlungen per Kreditkarte
Quelle: ibi research (Zahlungsabwicklung im E-Commerce 2011)

Wie Abbildung 5-6 zeigt, haben über zwei Drittel der Unternehmen, die Kreditkarten akzeptieren, daher auch nahezu keine Probleme mit Zahlungsstörungen. Bei den Unternehmen, die Zahlungen per Lastschrift akzeptieren, ist dagegen mehr als die Hälfte von häufigeren Zahlungsstörungen betroffen (vgl. Abbildung 5-4).

Auf die möglichen Probleme, die dennoch bei Kreditkartenzahlungen auftreten können, wird im Folgenden näher eingegangen:

Falsche Kreditkartendaten

Ebenso wie bei der Lastschrift birgt die Erhebung der Kreditkartennummer über ein Online-Formular das Risiko, dass sich der Kunde vertippt oder dass bewusst frei erfundene Kreditkartennummern angegeben werden. Im Gegensatz zur Lastschriftzahlung wird dies jedoch spätestens bei der Autorisierung der Kreditkartenzahlung erkannt, da die Transaktion vom Kreditkartenherausgeber abgelehnt wird.

Betrag kann nicht abgebucht werden

Bei der Autorisierung der Zahlung wird ebenfalls geprüft, ob die Karte noch gültig ist, ob Kartensperren vorliegen und ob der Verfügungsrahmen der Karte für die Zahlung noch ausreicht. Ist dies nicht der Fall, wird die Transaktion ebenfalls abgelehnt.

Berechtigte Reklamation der Abbuchung

Ähnlich wie beim Lastschriftverfahren kann der Kunde die Abbuchung zurückgeben. Man spricht in diesem Fall bei Kreditkartenzahlungen von einem Chargeback. Der Karteninhaber muss bei Chargebacks einen der in Infobox 5-9 aufgeführten Chargeback-Gründe angeben. Für den Händler bedeuten Chargebacks nicht nur zusätzliche Kosten, die von der Händlerbank für den Bearbeitungsaufwand verrechnet werden. Überschreitet der Anteil der Chargebacks an allen Transaktionen eine Obergrenze von ca. 2 %, droht zusätzlich der Verlust des Kreditkartenakzeptanzvertrags. Auf berechtigte Reklamationen sollte daher möglichst schnell mit einer Gutschrift auf das Kreditkartenkonto des Kunden (so genannter Refund) reagiert werden, solange noch kein Chargeback oder eine Beleganforderung (vgl. Abschnitt 5.2) durch den Kunden vorliegt.

Kunde kann Abbuchung nicht zuordnen

Analog zur Lastschrift kann das Problem auftreten, dass der Name des Shops nicht auf der Kreditkartenabrechnung genannt wird. Kann der Kunde die Zahlung keinem Einkauf zuordnen, hat er die Möglichkeit, die Zahlung zurückzugeben oder ergänzende Informationen anzufordern (vgl. Abschnitt 5.2).

ibi

5

Betrug

Grundsätzlich haben Betrüger auch bei der Zahlung per Kreditkarte die Möglichkeit, die Kreditkarten-daten von Dritten für den Einkauf im Internet zu verwenden. In der Regel ist der Einkauf mit gestohlenen Kreditkartendaten sogar einfacher als im stationären Handel, da im Internet keine Prüfung der Unter-schrift möglich ist. Die erfolgreiche Autorisierung einer Kreditkartenzahlung bedeutet daher nicht, dass der Besteller auch der berechtigte Karteninhaber ist. Stellt der richtige Karteninhaber anhand der Kre-ditkartenabrechnung fest, dass seine Kreditkartendaten von Betrügern missbraucht wurden, kann er die Abbuchung in der Regel zurückgeben und Sie als Händler müssen versuchen, die Forderungen anderwei-tig geltend zu machen. Mit 3-D Secure (der Überbegriff für MasterCard SecureCode und Verified by Visa) wurde jedoch ein Verfahren entwickelt, mit dem sich Händler gegen Chargebacks aufgrund missbräuch-lich verwendeter Kreditkartendaten schützen können (vgl. das Interview mit Joachim Beck, ConCardis, in Abschnitt 5.2).

Ein verbesserter Kundendialog könnte bei vielen Händlern die Chargeback-Quote stark senken.

Welches sind die drei häufigsten Gründe, warum Kreditkartenzahlungen nachträglich zurückgebucht werden?

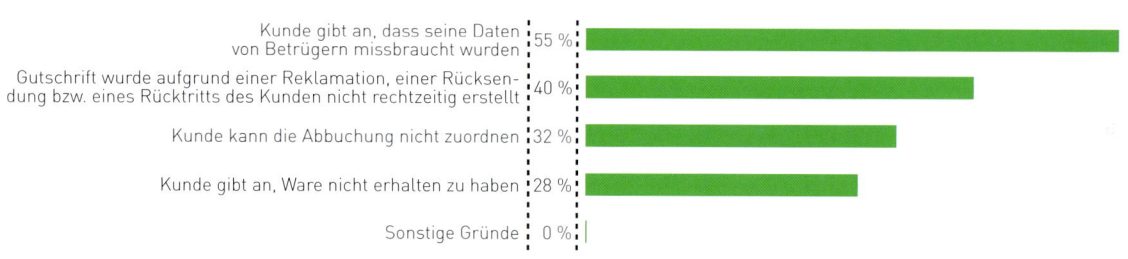

Abb. 5-7: Gründe für Zahlungsstörungen bei Zahlungen per Kreditkarte
Quelle: ibi research (Zahlungsabwicklung im E-Commerce 2011)

Die Autorisierung der Zahlung und der Einsatz von MasterCard SecureCode bzw. Verified by Visa bie-ten die Möglichkeit, Ursachen für Zahlungsstörungen bei Kreditkartenzahlungen bereits unmittelbar nach Eingabe zu erkennen und dem Kunden die Möglichkeit zur Korrektur seiner Angaben bzw. zur Auswahl anderer Zahlungsverfahren zu geben. Auf diese erweiterten Möglichkeiten bei Kreditkartenzahlungen wird in Abschnitt 5.2 näher eingegangen.

5.2 Vorbeugen ist besser als Heilen – Risikomanagement im E-Commerce

Wie im vorhergehenden Abschnitt deutlich wurde, lassen sich unterschiedliche Ursachen für Zahlungsstörungen feststellen. Einerseits können Zahlungsstörungen auf unbeabsichtigte Fehler oder berechtigte Reklamationen des Kunden zurückgeführt werden, andererseits kann es sich aber auch um zahlungsunwillige oder zahlungsunfähige Kunden bzw. sogar um Betrüger handeln. In diesen Fällen ist ein Ausfall der Forderung häufig nicht mehr zu vermeiden, d. h. die Forderung gegen den Kunden muss abgeschrieben werden. Wie hoch die Anteile der Zahlungsstörungen in Höhe von mindestens 3 % bei den Zahlungsverfahren Rechnung, Lastschrift und Kreditkarte bei den befragten Unternehmen in etwa sind, zeigt Abbildung 5-8.

5

Aufgrund der hohen Kosten, die Zahlungsstörungen und Zahlungsausfälle nach sich ziehen, sollten diese im Idealfall von vornherein ausgeschlossen werden. Welche Möglichkeiten im elektronischen Handel dafür zur Verfügung stehen, wird in den folgenden Abschnitten behandelt. Zunächst wird darauf eingegangen, wie das Auftreten von Fehlern und Reklamationen des Kunden auf das geringstmögliche Maß reduziert werden kann. Daraufhin werden sowohl allgemeine Vorsichtsmaßnahmen, um sich gegen zahlungsunwillige bzw. zahlungsunfähige Kunden und gegen Betrüger zu schützen, als auch Möglichkeiten zur Prüfung der Identität und Bonität der Kunden vorgestellt. Diese Maßnahmen werden zusammenfassend als „Risikomanagement" bezeichnet.

Abschließend werden Dienstleistungen von externen Anbietern beschrieben, die Sie bei der Reduzierung von Zahlungsstörungen im elektronischen Handel unterstützen können.

Auf Anhieb zur Zahlung – vermeiden Sie Fehler und Reklamationen

Auch bei eigentlich zahlungswilligen Kunden kann es aufgrund von unbeabsichtigten Fehlern oder von Missverständnissen zu Zahlungsstörungen kommen. Um dies zu vermeiden, sollten Händler die auf den folgenden Seiten aufgeführten Maßnahmen ergreifen.

Bei Zahlungen per Rechnung und per Lastschrift kommt es besonders häufig zu Zahlungsstörungen.

Anteil der Unternehmen, bei denen Zahlungsstörungen in Höhe von mindestens 3 % des Umsatzes auftreten (nur Unternehmen, die das jeweilige Zahlungsverfahren anbieten).

57 %	Rechnung
34 %	Lastschrift
12 %	Kreditkarte

Abb. 5-8: Anteil der Zahlungsstörungen bei unterschiedlichen Zahlungsverfahren
Quelle: ibi research (E-Payment-Barometer – Fokus: Zahlungsausfälle 2011)

ibi

Risiken der Zahlungsabwicklung im Internet

Die Vermeidung von Zahlungsausfällen zählt zu den größten Herausforderungen für Online-Händler. Um sich im Internet vor Zahlungsstörungen und Zahlungsausfällen zu schützen, steht Händlern eine Vielzahl von Möglichkeiten (z. B. die Prüfung von Kundendaten, die Prüfung kundenbezogener Negativmerkmale oder die Durchführung von Risiko-Scorings) zur Verfügung. In welchem Umfang solche Möglichkeiten von den Unternehmen derzeit genutzt werden und welche Erfahrungen die Unternehmen mit Risikoprüfungen gemacht haben, wurde in der Studie „Risiken der Zahlungsabwicklung im Internet" genauer betrachtet.

Weitere Informationen zur Studie sowie eine Zusammenfassung der wichtigsten Ergebnisse finden Sie auf der Website des Leitfadens (www.ecommerce-leitfaden.de).

Ernst Stahl, Markus Breitschaft, Thomas Krabichler, Georg Wittmann:
Risiken der Zahlungsabwicklung im Internet –
Bedeutung, Gegenmaßnahmen und zukünftige Herausforderungen
Oktober 2007
ISBN 978-3-937195-15-5

Infobox 5-2: Studie „Risiken der Zahlungsabwicklung im Internet"

Achten Sie auf vollständige und eindeutige Beschreibungen im Web-Shop

Im elektronischen Handel fällt der Kunde seine Kaufentscheidung in der Regel ausschließlich anhand der Informationen, die im Web-Shop dargestellt sind. Achten Sie daher darauf, dass Ihre Produkte und Dienstleistungen möglichst eindeutig und unmissverständlich beschrieben sind, um Reklamationen und Retouren zu vermeiden. Hierzu gehören auch die Anzeige der Währung bei Preisangaben sowie die Beschreibung der Lieferpolitik (in welche geografischen Regionen zu welchen Kosten bzw. überhaupt nicht geliefert wird) und die Rücknahmebedingungen von Waren.

Protokollieren Sie Zeitpunkt und Herkunft der Bestellung

Sowohl für die Vermeidung von Fehlern als auch für die Klärung von Missverständnissen und Reklamationen empfiehlt es sich, Datum, Zeitpunkt und IP-Adresse des Bestellers zu protokollieren. Gehen beispielsweise von einer IP-Adresse innerhalb weniger Sekunden zwei identische Bestellungen ein, liegt möglicherweise ein Versehen des Kunden vor,

was sich durch eine kurze Rückfrage leicht klären lässt. Anhand der IP-Adresse kann eventuell herausgefunden werden, von welchem PC die Bestellung initiiert wurde. Allerdings ist die eindeutige Identifizierung von Rechnern bzw. der Nutzer des Rechners nicht immer möglich. Achten Sie bei der Protokollierung von Daten auch darauf, nicht gegen datenschutzrechtliche Bestimmungen zu verstoßen (vgl. das Interview mit Stefan C. Schicker in Abschnitt 2.3).

Prüfen Sie die angegebene Kreditkarten- oder Kontonummer auf Plausibilität

Um unnötige kostenpflichtige Autorisierungen von Kreditkartenzahlungen zu vermeiden, sollte zunächst anhand des Ablaufdatums der Karte geprüft werden, ob die Karte noch gültig ist. Bei Kreditkarten kann zudem geprüft werden, ob die erste Ziffer der Kreditkartennummer zur angegebenen Kreditkartenorganisation (z. B. MasterCard oder Visa) passt. Schließlich enthalten Kreditkartennummern und Kontonummern auch eine Kontrollziffer, die sich aus den übrigen Ziffern errechnet. Mithilfe automatisierter Prüfroutinen, die direkt in

Plausibilitätsprüfung von Kreditkartendaten

Bevor Sie eine kostenpflichtige Autorisierung durchführen, können Sie die Plausibilität der angegebenen Kreditkartendaten anhand der folgenden drei Fragen selbst prüfen:

- ▪ Liegt das „Gültig bis"– Datum bereits in der Vergangenheit?
- ▪ Passt die erste Ziffer der Kreditkartennummer zum angegebenen Kreditkartenunternehmen? Beispiele:

Erste Ziffer	Kreditkartenunternehmen
5	MasterCard
4	Visa
3	z. B. American Express oder Diners Club

- ▪ Kann die Kontrollziffer richtig errechnet werden?

Infobox 5-3: Plausibilitätsprüfung von Kreditkartendaten

den Web-Shop eingebunden oder durch externe Dienstleister ausgeführt werden, lässt sich feststellen, ob die Kontrollziffer zu den übrigen Ziffern der Kreditkarten- oder Kontonummer passt. Eine richtige Kontrollziffer bedeutet allerdings nicht, dass die Kreditkarte tatsächlich herausgegeben wurde oder das Konto tatsächlich existiert.

Prüfen Sie die Vollständigkeit und Plausibilität von Adressdaten

Auch bei der Eingabe von Adressdaten können Fehler auftreten. Wurde beispielsweise vergessen, die Postleitzahl anzugeben? Oder hat der Kunde im Straße-Feld seine Telefonnummer eingetragen? Diese Fälle sollten soweit wie möglich durch automatisierte Prüfungen und aussagekräftige Fehlermeldungen ausgeschlossen werden. Der Kunde kann dann seine Angaben korrigieren, solange er sich noch im Web-Shop befindet. Mithilfe von Zusatzsoftware oder externen Dienstleistern lässt sich sogar automatisiert feststellen, ob der Straßenname richtig geschrieben ist oder die angegebene Postleitzahl zu Wohnort und Straße und die gewählte Anrede (Herr / Frau) zum angegebenen Vornamen passt. Auch eine Prüfung, ob der

Name an der angegebenen Adresse postalisch bekannt ist, ist mithilfe externer Dienstleister möglich (vgl. Checkliste 5-2).

Versenden Sie Statusinformationen an den Kunden

Nicht nur Sie als Händler, auch die Kunden verspüren beim Einkauf im Internet oft ein Gefühl der Unsicherheit und geben daher aus Ihrer Sicht möglicherweise unberechtigte Abbuchungen eventuell vorschnell zurück. Durch den Versand von Statusinformationen, beispielsweise Auftrags- und Versandbestätigungen oder Hinweise auf bevorstehende Abbuchungen bei Mitgliedschaften oder Abonnements, erleichtern Sie Ihren Kunden die Zuordnung der Abbuchung. Die Zusendung von Auftragsbestätigungen ermöglicht es zudem, fehlerhaft erfasste Daten bereits vor Zusendung einer Rechnung oder Abbuchung vom Kundenkonto zu erkennen. Achten Sie jedoch darauf, dass Sie durch Statusinformationen keine neuen Angriffsmöglichkeiten für Betrüger schaffen (vgl. den Abschnitt „Glaube(n) allein genügt nicht"). So dürfen nie alle Stellen von Konto- und Kreditkartennummern übermittelt werden, um das Abfangen der vollständigen Daten durch Dritte zu verhindern.

5

Reichen Sie Kreditkartenumsätze und Lastschriften nach Leistungserbringung zeitnah ein

Bei Kreditkartenzahlungen riskiert der Händler ein Chargeback, wenn der Umsatz später als nach 30 Tagen beim kartenherausgebenden Institut vorgelegt wird (vgl. Reason Codes Nr. 42 bzw. 74 in Infobox 5-9). Um Chargebacks zu vermeiden, sollte der Umsatz daher immer sofort oder taggleich online autorisiert und verbucht werden, sofern die bestellte Ware verfügbar ist. Aber auch bei Lastschriften steigt bei einer zu späten Einreichung das Risiko einer Rücklastschrift, da sich der Kunde eventuell nicht mehr an den Kauf erinnern kann. Wird der Umsatz andererseits bereits beim Kunden abgebucht, ohne dass die Ware geliefert oder eine anderweitige Leistung erbracht wurde, kann dies ebenfalls zu einer Irritation des Kunden und in Folge zu einer Rückbelastung führen.

Übermitteln Sie aussagekräftige Angaben für die Kreditkartenabrechnung / den Kontoauszug

Prüfen Sie, welche Daten auf der Kreditkartenabrechnung bzw. dem Kontoauszug der Kunden stehen, wenn diese per Kreditkarte oder Lastschrift in Ihrem Shop eingekauft haben. Können die Kunden die Abbuchung Ihrem Shop zuordnen, z. B., indem die Domain Ihres Shops auf der Kreditkartenabrechnung oder dem Kontoauszug aufgeführt wird? Ist dies bei Kreditkartenzahlungen nicht der Fall, sprechen Sie Ihre Händlerbank bzw. Ihren Payment Service Provider darauf an. Lassen Sie dem Kunden zusätzlich eine Bestätigung der Zahlung per E-Mail zukommen, da die Kreditkartenabrechnung dem Karteninhaber oft zeitverzögert zur Verfügung gestellt wird.

Seien Sie auf Rückfragen vorbereitet

Stellen Sie sicher, dass Sie bei Rückfragen des Kunden oder bei einer Beleganforderung (Retrieval Request bzw. Copy Request) zu jeder Abbuchung genau angeben können, wofür diese erfolgt ist. Mit einer Beleganforderung können Kreditkarteninhaber ergänzende Informationen oder Belege (z. B. Leistungsbelege, Bestellunterlagen) zu einer Belastung ihrer Kreditkarte anfordern. Um Rückbelastungen (Chargebacks) zu vermeiden, müssen auf einen solchen Retrieval Request hin die folgenden Daten innerhalb kurzer Zeit zur Verfügung gestellt

werden können: Datum des Einkaufs und gegebenenfalls des Versands der Ware, Versandnachweis, Beschreibung der gelieferten Waren oder erbrachten Dienstleistungen, Betrag, Autorisierungscode, sonstige Antwortcodes (z. B. auf die Abfrage der Kartenprüfnummer, die Adressprüfung oder des 3-D-Secure-Kennworts; vgl. das Interview mit Joachim Beck, ConCardis), Kreditkartennummer des Kunden, Ablaufdatum der Karte, Name des Karteninhabers, Rechnungs- und Lieferadresse sowie gegebenenfalls zusätzlich vorhandener Schriftverkehr. In Einzelfällen kann auch das so genannte MPI.log (Merchant PlugIn.log) angefordert werden, das Ihnen von Ihrem Payment Service Provider zur Verfügung gestellt wird.

Achten Sie auf richtige Rechnungsstellung

Will Ihr Kunde die an Sie gezahlte Umsatzsteuer als Vorsteuer abziehen, so muss die Rechnung zwingend bestimmte Angaben enthalten (vgl. Checkliste 5-1 und zum Thema „Elektronische Rechnungsabwicklung" Abschnitt 4.3). Fehlen diese Angaben, kann die Rechnung zurückgewiesen werden.

Wickeln Sie Rücksendungen, Reklamationen oder Kündigungen schnell und transparent ab

Achten Sie darauf, dass Abbuchungen im Fall von Rücksendungen, Reklamationen oder Kündigungen des Kunden rechtzeitig gestoppt werden. Ist dies nicht möglich, weisen Sie Ihre Kunden ausdrücklich darauf hin, dass kurzfristig eine Gutschrift erfolgen wird. Halten Sie dieses Versprechen auch ein, um Rücklastschriften oder Chargebacks durch verärgerte Kunden möglichst zu vermeiden.

Bieten Sie eine Hotline für Rückfragen an

Durch ein persönliches Gespräch mit dem Kunden können Missverständnisse häufig leicht geklärt und teure Rücksendungen von Waren oder Rückbelastungen von Lastschrift- und Kreditkartenzahlungen vermieden werden. Besonders wirkungsvoll ist diese Maßnahme, wenn die Hotline-Nummer auch mit den Umsatzdaten auf dem Kontoauszug bzw. der Kreditkartenabrechnung aufgedruckt wird, so dass sich der Kunde bei Unklarheiten in Bezug auf eine Abbuchung an Sie wenden kann.

Glaube(n) allein genügt nicht – führen Sie Risikoprüfungen durch

Die im vorhergehenden Abschnitt erläuterten Maßnahmen können dazu beitragen, dass der Anteil der Zahlungsstörungen bei gutwilligen Kunden deutlich zurückgeht. Sie bieten allein jedoch noch keinen ausreichenden Schutz vor zahlungsunwilligen oder zahlungsunfähigen bzw. betrügerischen Kunden.

Zahlungsunwillige Kunden wollen sich durch das Hinauszögern von Zahlungen auf Ihre Kosten Liquiditätsspielräume verschaffen oder hoffen sogar darauf, dass die Forderung nicht konsequent genug eingefordert wird und eines Tages verjährt (vgl. Abschnitt 5.3).

Häufig ist die Zahlungsunwilligkeit auf bereits stark eingeschränkte Liquiditätsspielräume zurückzuführen, so dass nicht selten auf absehbare Zeit die Zahlungsunfähigkeit (Insolvenz) eintritt. Die Insolvenz führt häufig dazu, dass Ihre Forderung fast vollständig abgeschrieben werden muss. Geht der Kunde trotz Zahlungsunfähigkeit finanzielle Verpflichtungen ein (z. B. durch eine Bestellung), so handelt es sich um Betrug (vgl. Abschnitt 5.3). Der Kunde kann dann zwar strafrechtlich verurteilt werden, dies bedeutet aber noch nicht, dass Ihre Forderung anschließend beglichen wird.

Eine andere Form des Betrugs liegt vor, wenn durch Vorspiegelung einer falschen Identität versucht wird, Geld oder Waren zu unterschlagen. Zwei Beispiele dafür, mit welchen Methoden professionelle Betrüger bei Internet-Bestellungen arbeiten, sind in Infobox 5-4 dargestellt.

Checkliste: Erforderliche Angaben in Rechnungen

Eine Rechnung über einen Gesamtbetrag größer 150 Euro (inklusive Umsatzsteuer) muss nach dem Umsatzsteuergesetz (UStG) mindestens die folgenden Angaben enthalten:

- Den vollständigen Namen und die vollständige Anschrift Ihres Unternehmens
- Den vollständigen Namen und die vollständige Anschrift des Rechnungsempfängers (= Leistungsempfänger)
- Die von Ihrem Finanzamt erteilte Steuernummer oder die vom Bundeszentralamt für Steuern erteilte Umsatzsteuer-Identifikationsnummer Ihres Unternehmens
- Das Ausstellungsdatum der Rechnung
- Eine fortlaufende und einmalig vergebene Rechnungsnummer mit einer oder mehreren Zahlenreihen
- Die Menge und die handelsübliche Bezeichnung der gelieferten Gegenstände oder den Umfang und die Art der sonstigen Leistung
- Den Zeitpunkt der Lieferung oder der sonstigen Leistung
- Den Zeitpunkt der Vereinnahmung des Entgelts oder eines Teils des Entgelts, sofern der Zeitpunkt der Vereinnahmung feststeht und nicht mit dem Ausstellungsdatum der Rechnung übereinstimmt
- Das nach Steuersätzen und einzelnen Steuerbefreiungen aufgeschlüsselte Entgelt für die Lieferung oder die sonstige Leistung sowie jede im Voraus vereinbarte Minderung des Entgelts, sofern sie nicht bereits im Entgelt berücksichtigt ist
- Den anzuwendenden Steuersatz sowie den auf das Entgelt entfallenden Steuerbetrag oder im Fall einer Steuerbefreiung einen Hinweis darauf, dass für die Lieferung oder sonstige Leistung eine Steuerbefreiung gilt
- Einen Hinweis auf die Aufbewahrungspflicht des Leistungsempfängers, soweit es sich dabei um eine Privatperson oder einen Unternehmer handelt, der aber die Leistung für seinen nichtunternehmerischen Bereich verwendet und eine steuerpflichtige Werklieferung oder sonstige Leistung im Zusammenhang mit einem Grundstück erbringt

▶

ibi

5

Bei einer Rechnung bis zu einem Gesamtbetrag von 150 Euro (inklusive Umsatzsteuer) gelten gemäß der Umsatzsteuer-Durchführungsverordnung (UStDV) geringere Mindestanforderungen. Die Rechnung muss dann mindestens die folgenden Angaben enthalten:

- Den vollständigen Namen und die vollständige Anschrift Ihres Unternehmens
- Das Ausstellungsdatum der Rechnung
- Die Menge und die handelsübliche Bezeichnung der gelieferten Gegenstände oder den Umfang und die Art der sonstigen Leistung
- Das Entgelt und den darauf entfallenden Steuerbetrag für die Lieferung oder sonstige Leistung in einer Summe sowie den anzuwendenden Steuersatz oder im Fall einer Steuerbefreiung einen Hinweis darauf, dass für die Lieferung oder sonstige Leistung eine Steuerbefreiung gilt

Bei Geschäften mit Verbrauchern ist ein Hinweis auf der Rechnung sinnvoll, dass 30 Tage nach Rechnungszugang automatisch der Verzug eintritt. Fehlt dieser Hinweis, dann befindet sich der Verbraucher erst nach einer schriftlichen Mahnung in Verzug (vgl. Abschnitt 5.3).

Checkliste 5-1: Erforderliche Angaben in Rechnungen
Quelle: § 14 Absatz 4 des Umsatzsteuergesetzes, § 33 Umsatzsteuer-Durchführungsverordnung

Insbesondere, wenn es zu Zahlungsausfällen kommt, entstehen für Sie als Händler hohe Kosten. Es lohnt sich daher, Bestellungen genau zu prüfen und im Zweifelsfall lieber auf eine Zahlung per Vorkasse zu bestehen. Eine Rückbelastung sowie der gegebenenfalls zusätzliche Verlust der Ware können Sie härter treffen als der möglicherweise entgehende Gewinn. Welche Möglichkeiten Ihnen zur Verfügung stehen, um sich gegen bonitätsschwache Kunden oder Betrüger zu schützen, wird im Folgenden vorgestellt.

Erheben Sie vollständige Kundendaten

Die Qualität der Kundendaten wird häufig erst dann zum Thema, wenn bereits Zahlungsstörungen aufgetreten sind. So etwa, wenn Mahnungen mit dem Vermerk „Unbekannt verzogen" zurückkommen oder im Streitfall nicht mehr feststellbar ist, um welchen der beiden Herbert Meier, die unter der gleichen Anschrift wohnen, es sich bei dem Kunden gehandelt hat. In diesen Fällen zahlt es sich aus, wenn der Kunde über sein Geburtsdatum oder zusätzliche Kontaktdaten (z. B. Festnetz- / Mobiltelefonnummer, E-Mail-Adresse) identifiziert bzw. sogar kontaktiert werden kann. Auch frühere Wohn- bzw. Firmensitze können helfen, einen unbekannt verzogenen Kunden zu ermitteln und sollten daher bei Adressänderungen nicht gelöscht werden. Erklären Sie Ihren Kunden, welche Daten für welchen Zweck erfasst und gespeichert werden und bieten Sie gegebenenfalls zusätzliche Anreize zur Angabe der Daten (z. B. einen Newsletter mit Informationen über Sonderangebote oder die Zusendung eines Gutscheincodes als Geburtstagsgeschenk).

Verifizieren Sie die angegebenen Kundendaten

Auch die umfangreichsten Angaben der Kunden nützen nichts, wenn sie falsch sind. Gerade zahlungsunwillige Kunden oder Betrüger werden jedoch versuchen, falsche Daten anzugeben, um ihre wahre Identität zu verschleiern. Die vorgestellten Plausibilitätsprüfungen sind in diesem Fall wenig hilfreich, da es sich nicht um offensichtlich falsche Angaben handelt und die angegebene Adresse bzw. die angegebene Kreditkarten- oder Kontonummer unter Umständen sogar tatsächlich existiert. Um festzustellen, ob die angegebenen Daten tatsächlich zum Auftraggeber der Bestellung gehören, können Sie entweder selbst versuchen, die Daten zu verifizieren oder auf Angebote externer Dienstleister zurückgreifen (vgl. Checkliste 5-2).

ibi

Beispiele für Betrügermethoden im Internet

Methode 1: Abfangen von Waren

Die Betrüger bestellen per Lastschrift (oder alternativ per Kreditkarte oder Rechnung) Waren im Shop des Händlers. Nach Abschluss der Bestellung übermitteln viele Händler ihren Kunden die Tracking-ID des Paketdienstes, damit diese jederzeit den Zustellstatus verfolgen können. Ist dies nicht der Fall, melden sich die Betrüger per E-Mail oder telefonisch und bitten unter unterschiedlichen Vorwänden um die Tracking-ID (z. B., weil der Paketdienst häufig die Hausnummer nicht findet oder um sicherzustellen, dass jemand zu Hause ist).

Als Lieferanschrift wählen die Betrüger eine Wohnung, die vorübergehend leer steht oder deren Bewohner in Urlaub sind. Mithilfe der Tracking-ID können die Betrüger feststellen, zu welcher Zeit die Lieferung der Ware erfolgen wird. Sie warten dann vor dem Haus auf den Paketdienst. Bei dessen Ankunft tun sie so, als würden sie zufällig gerade nach Hause kommen, und nehmen das Paket entgegen.

Einige Tage nach dem Einzug der Lastschrift wird diese zurückgegeben. Es stellt sich heraus, dass die Betrüger z. B. die Kontodaten eines Vereins verwendet haben, die dieser auf seiner Website im Internet veröffentlicht hatte.

Methode 2: Die Gutschriftenfalle

Die Betrüger buchen Hotelzimmer oder kaufen z. B. Konzertkarten oder andere Leistungen, die im Voraus mit einer Kreditkarte bezahlt werden können.

Einige Zeit später wird die Buchung bzw. der Kauf wieder storniert. Mit der Begründung, die Karte sei verloren gegangen oder man habe die Bank gewechselt, bitten die Betrüger darum, die bereits geleistete Vorauszahlung abzüglich der Stornogebühren einer anderen (zweiten) Kreditkarte gutzuschreiben.

Nach Erteilung der Gutschrift erhält der Händler eine Rückbelastung (Chargeback) des von der ersten Kreditkarte abgebuchten Betrags. Die Betrüger hatten die Kreditkartendaten von Dritten missbraucht, die sie in einem Internet-Forum käuflich erwerben konnten.

In einer Variante dieses Betrugsfalls bitten die Betrüger Hoteliers zusätzlich darum, Gastgeschenke von Versandhäusern per Nachnahme entgegenzunehmen und die dafür anfallenden Kosten ebenfalls der Kreditkarte zu belasten. Nach der Stornierung der Buchung werden diese Waren von Taxifahrern oder Kurierdiensten abgeholt.

Infobox 5-4: Betrügermethoden im Internet (Beispiele)

5

Checkliste: Möglichkeiten zur Verifizierung von Kundendaten

Die folgende Übersicht zeigt Ihnen, welche Daten Sie wie überprüfen können. Beispielsweise kann eine Anschrift einerseits durch Sie selbst oder durch den Versand einer Auftragsbestätigung mit einem Verifizierungscode geprüft werden, andererseits kann die Anschrift jedoch auch mit bestehenden Daten von Zustelldiensten abgeglichen werden.

		Möglichkeiten zur Verifizierung durch Sie selbst	Möglichkeiten zur Verifizierung mithilfe externer Dienstleister
Kontaktdaten	**Anschrift**	- Versand einer Auftragsbestätigung per Brief - Versand eines Verifizierungscodes per Brief - Anforderung einer Ausweiskopie	- Abgleich mit Daten von Zustelldiensten - Abgleich mit Daten von Auskunfteien - Abgleich mit Daten von Anbietern von Wirtschaftsinformationen - Address Verification Service (bei Kreditkartenzahlungen) - Postident-Verfahren - Nutzung der eID-Funktion zur Online-Identifizierung des neuen Personalausweises (nPA)
	Festnetznummer	- Anruf - Abgleich mit Telefonbuchdaten	- Abgleich mit Telefonbuchdaten - Abgleich mit Daten von Auskunfteien - Abgleich mit Daten von Anbietern von Wirtschaftsinformationen
	Handy-Nummer	- Versand einer Auftragsbestätigung per SMS - Versand eines Verifizierungscodes per SMS - Anruf	–
	E-Mail-Adresse	- Versand einer Auftragsbestätigung per E-Mail - Versand eines Verifizierungscodes per E-Mail	–
Zahlungsdaten	**Kontonummer**	- Mikro-Belastung - Mikro-Gutschrift	- Abgleich mit Daten von Auskunfteien - Abgleich mit Daten von Anbietern von Wirtschaftsinformationen
	Kreditkartennummer	- Mikro-Belastung - Mikro-Gutschrift	- 3-D Secure

ibi

5

Erläuterungen:

Versand einer Auftragsbestätigung:

Durch den Versand einer Auftragsbestätigung per Brief, E-Mail oder SMS können Sie prüfen, ob der Kunde tatsächlich unter den angegebenen Kontaktdaten erreichbar ist. Existieren die angegebenen Kontaktdaten nicht oder wurden die Kontaktdaten Dritter von Betrügern missbraucht, so ist zu erwarten, dass die Auftragsbestätigung entweder nicht zugestellt werden kann oder der Empfänger der Auftragsbestätigung sich mit Ihnen in Verbindung setzt.

Versand eines Verifizierungscodes:

Um ganz sicher zu gehen, können Sie in die Auftragsbestätigung einen Verifizierungscode aufnehmen. Diesen muss der Empfänger auf Ihrer Website eingeben, um zu bestätigen, dass er den Brief, die E-Mail oder die SMS erhalten hat.

Anforderung einer Ausweiskopie:

Die Anforderung einer Ausweiskopie ist beispielsweise zu empfehlen, wenn bei Bestellungseingang bereits Hinweise auf einen Betrugsfall vorliegen (sofern nicht ganz auf eine Leistung verzichtet wird; vgl. Checkliste 5-3).

Abgleich mit Daten von Zustelldiensten, Telefonbuchdaten,
Daten von Auskunfteien / Anbietern von Wirtschaftsinformationen:

Durch einen Abgleich der angegebenen Anschrift, Telefonnummer und / oder Kontonummer mit Daten externer Dienstleister können Sie prüfen, ob diese Daten bereits bekannt sind.

Address Verification Service:

Der Address Verification Service ermöglicht den Abgleich der Adresse des Bestellers mit der beim Kreditkarteninstitut hinterlegten Adresse (vgl. das Interview mit Joachim Beck, ConCardis).

Postident-Verfahren / Online-Ausweisfunktion (eID-Funktion):

Beim Postident-Verfahren werden Ihre Kunden durch Mitarbeiter der Deutschen Post AG durch Vorlage des Personalausweises oder Reisepasses persönlich identifiziert. Dieses relativ aufwendige Verfahren wird vor allem von Banken genutzt, um die Auflagen des Geldwäschegesetzes zu erfüllen. Seit 2010 kann auch die Online-Ausweisfunktion des neuen Personalausweises (nPA) zur eindeutigen Identifizierung genutzt werden, sofern der Inhaber die Funktion nicht deaktiviert hat.

Mikro-Belastung / Mikro-Gutschrift:

Durch eine Belastung oder eine Gutschrift eines kleinen Cent-Betrags können Sie feststellen, ob das Konto oder die Karte tatsächlich existiert und gegebenenfalls der angegebene Name zu dem Konto bzw. der Karte gehört. Wenn Sie gleichzeitig einen Verifizierungscode übermitteln (siehe oben), können Sie zudem feststellen, ob Ihr Kunde tatsächlich Zugriff auf das angegebene Bank- oder Kreditkartenkonto hat.

3-D Secure (z. B. MasterCard SecureCode / Verified by Visa):

3-D Secure ist ein Verfahren zur Transaktionsabsicherung für Kreditkartenzahlungen im Internet. Der Händler erhält für so abgesicherte Transaktionen in der Regel einen gesicherten Zahlungsanspruch. Durch eine regelmäßige oder bei Betrugsverdacht eingeleitete Abfrage z. B. eines Kennworts oder einer TAN bei der Kreditkartenzahlung im Internet soll sichergestellt werden, dass es sich um den rechtmäßigen Inhaber der Kreditkarte handelt und kein Kartenmissbrauch vorliegt.

Checkliste 5-2: Möglichkeiten zur Verifizierung von Kundendaten

ibi

5

Kreditkartenbetrüger im Internet – so können Sie sich schützen!

Im Gespräch mit Joachim Beck, ConCardis, www.concardis.com

Joachim Beck ist Produktmanager Distanzgeschäft bei der ConCardis GmbH, die als Gemeinschaftsunternehmen der deutschen Kreditwirtschaft Serviceleistungen rund um den kartengestützten Zahlungsverkehr erbringt. Zu den Kunden von ConCardis zählen rund 400.000 Handels- und Dienstleistungsunternehmen, in deren Geschäftsstellen bargeldlos gezahlt werden kann bzw. deren Leistungen bargeldlos in Anspruch genommen werden können.

INTERVIEW

Wie kommen Betrüger an Kreditkartendaten?

Betrüger bedienen sich verschiedener Methoden, um an Kreditkartendaten zu gelangen. Im einfachsten Fall wird die Karte gestohlen, was vom Karteninhaber aber in der Regel schnell bemerkt wird und zur Sperrung der Kreditkarte führt. Da viele Händler bei Kreditkartenzahlungen im Internet nur die Angabe der Kreditkartennummer und des Gültigkeitsdatums der Karte fordern, reicht es jedoch auch aus, wenn die Betrüger in den Besitz von Kreditkartenabrechnungen oder Zahlungsbelegen kommen, auf denen diese Daten aufgedruckt sind. Um diese Art der Beschaffung von Kreditkartendaten für Betrüger zu erschweren oder gar unmöglich zu machen, haben die Kartenorganisationen beschlossen, nur noch eine verschlüsselte Darstellung der 16-stelligen Kartennummer zuzulassen und dadurch Missbrauch durch unberechtigte Dritte zu verhindern.

Um im großen Stil an Kreditkartendaten zu gelangen, werden manche Betrüger selbst als Händler aktiv und bieten Waren im stationären Handel oder im Internet an. Die dabei gesammelten Kreditkartendaten der Kunden werden anschließend verwendet, um selbst im Internet einzukaufen, oder in Internet-Foren an andere Betrüger verkauft. Auch Hacker-Angriffe auf Kundendateien von großen Handelsunternehmen, in denen Kreditkartendaten von Kunden gespeichert sind, gewinnen an Bedeutung. So wurden bei einer anglo-amerikanischen Kaufhauskette im Laufe von 2 Jahren über 45 Millionen Kredit-kartendatensätze gestohlen. Durch die Einführung des Payment Card Industry Data Security Standards (PCI-DSS-Standard, vgl. Abschnitt 4.2) sollen solche Fälle zukünftig vermieden werden.

Wie kann ich mich als Händler vor Betrügern schützen?

Prüfen Sie Bestellungen aufmerksam auf Auffälligkeiten (vgl. Checkliste 5-3). Kontaktieren Sie bei Verdachtsfällen Ihre Händlerbank bzw. die Hotline Ihres Genehmigungs-Services und teilen Sie den Betrugsverdacht mit. Kontaktieren Sie den Kunden und fordern Sie ihn auf, Ihnen eine Ausweiskopie oder eine Kopie der letzten Kreditkartenabrechnung zuzusenden.

Um Sie als Händler besser vor Betrügern zu schützen, wurden zudem von den Kreditkartenunternehmen mit der Kartenprüfnummer, dem Address Verification Service und MasterCard SecureCode bzw. Verified by Visa zusätzliche Sicherheitsmechanismen für den Online-Handel entwickelt. Sollten Sie diese Verfahren bisher noch nicht einsetzen, sprechen Sie Ihren Payment Service Provider oder Ihren Acquirer darauf an.

Die drei- bis vierstellige Kartenprüfnummer – auch als Card Verification Code 2 (CVC2), Card Verification Value 2 (CVV2), Card Identification Number (CID) oder Four Digit Batch Code (4DBC) bezeichnet – ist bei MasterCard und Visa auf der Rückseite (dreistellig) und bei American Express auf der Vor-

ibi

5

> Um Sie als Händler besser vor Betrügern zu schützen, wurden von den Kreditkartenunternehmen zusätzliche Sicherheitsmechanismen für den Online-Handel entwickelt.
>
> Joachim Beck, ConCardis

derseite der Karte (vierstellig) aufgedruckt. Für Betrüger ist es weitaus schwieriger, in den Besitz der Kartenprüfnummer einer Kreditkarte zu gelangen. Im Gegensatz zur Kreditkartennummer und dem Gültigkeitsdatum ist diese nicht im Magnetstreifen der Karte gespeichert oder auf Kreditkartenabrechnungen oder Zahlungsbelegen enthalten. Die vom Kunden angegebene Kartenprüfnummer wird mit den übrigen Kreditkartendaten an den Kartenherausgeber übermittelt, der die Richtigkeit der Nummer prüft und das Ergebnis mit der Autorisierungsantwort an den Händler zurückmeldet.

Mithilfe des Address Verification Service lässt sich prüfen, ob die angegebene Lieferanschrift mit der Anschrift des Kreditkarteninhabers übereinstimmt. Der Kartenherausgeber vergleicht dazu die ihm vom Händler übermittelte Lieferanschrift mit der Anschrift, an die die Kreditkartenabrechnung versandt wird. Bei MasterCard und Visa ist dieser Service nur für Kreditkarten verfügbar, die z. B. in den USA herausgegeben wurden, American Express bietet den Address Verification Service für alle Karten an.

MasterCard SecureCode und Verified by Visa nutzen beide das so genannte 3-D-Secure-Protokoll. Setzt ein Händler diese Verfahren ein, so wird nach Angabe der Kreditkartendaten durch den Kunden zunächst geprüft, ob der Kunde von seiner Bank ein geheimes Kennwort zu seiner Kreditkarte erhalten hat. Ist dies der Fall, wird der Kunde zur Eingabe seines Kennworts aufgefordert, das anschließend durch den Kartenherausgeber verifiziert wird. Bei positivem Ergebnis ist der Händler vor Chargebacks mit der Begründung geschützt, die Kreditkartendaten seien von Betrügern missbraucht worden (vgl. die Chargeback Reason Codes 37 und 63 bei MasterCard sowie 83 und 75 bei Visa in Infobox 5-9). Hat der Kunde kein Kennwort von seiner Bank erhalten, wird er nicht zur Kennworteingabe aufgefordert. Der Händler kann Chargebacks mit den Reason Codes 37 und 63 bzw. 83 und 75 aber in der Regel dennoch zurückweisen, wenn er die Verfahren einsetzt (Haftungsumkehr). Von dieser Regel existieren nur einige wenige Ausnahmen, die bestimmte vorausbezahlte Kreditkarten (Prepaid-Kreditkarten) und bestimmte Transaktionen mit Firmenkreditkarten betreffen. Aufgrund des verbesserten Schutzes vor Chargebacks empfehlen wir grundsätzlich allen Händlern, die Verfahren im Internet einzusetzen. ■

5

Autorisieren Sie Kreditkartenzahlungen vor Lieferung

Bei Kreditkartenzahlungen im Internet muss gemäß Vorgaben der Kreditkartenorganisationen immer eine Autorisierung durchgeführt werden. Bei Teillieferungen kann, je nach PSP, für jede Lieferung eine eigene Autorisierung in Höhe des jeweiligen Warenwerts erforderlich werden.

Vereinbaren Sie einen verlängerten Eigentumsvorbehalt in den AGB

Bei physischen Waren geht das Eigentum in aller Regel bereits mit der Übergabe der Ware auf den Kunden über. Dies bedeutet für Sie als Händler, dass im Falle einer Zahlungsstörung (z. B. bei Insolvenz des Kunden) kein Anspruch auf Herausgabe der Ware besteht. Um dies zu vermeiden, wird in die AGB häufig ein verlängerter Eigentumsvorbehalt aufgenommen, wodurch die Ware bis zur vollständigen Zahlung des Kaufpreises Eigentum des Händlers bleibt. Kommt der Kunde seiner Zahlungsverpflichtung nicht nach, kann der Händler vom Kaufvertrag zurücktreten und die Herausgabe der Ware sowie gegebenenfalls Ersatz für den entstandenen Schaden verlangen.

Sichern Sie sich gegen Versandrisiken ab

Bei Verkäufen an Privatkunden tragen Sie das Risiko, dass Waren auf dem Weg zum Kunden beschädigt werden oder gar verloren gehen. Behauptet der Kunde daher, dass er die Ware nicht erhalten hat, kann er die Zahlung verweigern. In diesem Fall sollten Sie einen Nachforschungsantrag bei Ihrem Zustelldienst stellen. Entweder kann dieser nachweisen, dass die Ware zugestellt wurde, oder Sie erhalten bei versichertem Versand eine Ersatzleistung. Achten Sie daher bei der Auswahl der Versandart darauf, bis zu welcher Höhe die Sendung gegen Beschädigungen und Verlust versichert ist und bewahren Sie Versandnachweise sorgfältig auf.

Prüfen Sie regelmäßig Ihre AGB

Prüfen Sie regelmäßig, ob Ihre AGB noch den aktuellen gesetzlichen Bestimmungen entsprechen bzw. lassen Sie dies durch einen Juristen prüfen. So können nicht nur Abmahnungen vermieden werden (vgl. Abschnitt 2.3), auch Ihre Forderungen lassen sich auf diese Weise rechtlich absichern.

Legen Sie eigene interne Negativlisten an

Auf internen Negativlisten werden Namen und Anschriften bzw. Kreditkarten- oder Kontonummern von Kunden verzeichnet, mit denen Sie selbst bereits negative Zahlungserfahrungen gesammelt haben. Durch einen Abgleich eingehender Bestellungen mit den Daten der Negativlisten können Sie feststellen, bei welchen Bestellungen mit hoher Wahrscheinlichkeit wieder Zahlungsstörungen zu erwarten sind. Voraussetzung ist jedoch, dass Sie über vollständige und verifizierte Daten verfügen, um den Kunden eindeutig identifizieren zu können. Schon kleinere Variationen in der Schreibweise des Namens können nämlich dazu führen, dass ein bereits negativ aufgefallener Kunde nicht mehr erkannt und dennoch beliefert wird.

Nutzen Sie Bonitätsinformationen externer Dienstleister

Liegen keine ausreichenden eigenen Zahlungserfahrungen mit dem Kunden vor (z. B. bei Neukunden), können Bonitätsinformationen externer Dienstleister zu einer wesentlich besseren Einschätzung des Zahlungsausfallrisikos beitragen. Als Anbieter von Bonitätsinformationen sind in erster Linie die Auskunfteien zu nennen, die auf Anfrage mitteilen, ob beispielsweise gegen einen bestimmten Kunden derzeit ein

5

außergerichtliches Inkasso-Verfahren läuft ("weiches" Negativmerkmal) oder z. B. ein Insolvenz-Verfahren eröffnet worden ist ("hartes" Negativmerkmal). Liegt kein Negativmerkmal vor, was beim Großteil der Kunden der Fall sein wird, kann die Zahlungsausfallwahrscheinlichkeit mithilfe eines mathematisch-statistischen Verfahrens ermittelt werden (so genanntes "Scoring", vgl. den Abschnitt "Geschickt gestrickt – die Abfrage- und Entscheidungslogik").

Fragen Sie Kontensperrlisten ab

Für Lastschriftzahlungen stellen Zahlungsdienstleister und Inkasso-Unternehmen relativ preisgünstige Informationen über aktuell anhängige Rücklastschriften zur Verfügung. Die zentrale deutsche Sperrdatei KUNO, die auf eine Initiative der Polizei und des Einzelhandels zurückgeht (www.kuno-sperrdienst.de), enthält zudem die Konto- bzw. Kartennummern von Bankkundenkarten, die bei der Polizei als verloren oder gestohlen gemeldet sind.

Ermitteln Sie die Herkunft Ihrer Besucher

Mithilfe von GeoIP-Analysen können Sie anhand der IP-Adresse des Besuchers feststellen, aus welchem Land bzw. über welchen Kanal Ihre Besucher zugreifen. Oftmals werden betrügerische Bestellungen über so genannte anonyme Proxies oder Satelliten durchgeführt. Stimmt das Herkunftsland der IP-Adresse nicht mit dem Lieferland überein oder stammt die IP-Adresse aus einem Risikoland (vgl. Checkliste 5-3) bzw. von einem anonymen Proxy-Server oder Satellit, so könnte es sich um einen Betrugsversuch handeln.

Negativlisten und Sperrlisten

Die folgende Tabelle zeigt beispielhaft, welche Negativmerkmale mithilfe welcher Negativlisten und Sperrlisten ermittelt werden können:

Art der Negativmerkmale \ Art der Kundendaten	Name und Anschrift von natürlichen und juristischen Personen	Kreditkartennummern	Kontonummern
Negative Zahlungserfahrungen des eigenen Unternehmens	Interne Personen-negativliste	Interne Kreditkarten-negativliste (PCI-konform)	Interne Konten-negativliste
Negative Zahlungserfahrungen von anderen Unternehmen	Daten von Inkasso-Unternehmen und Auskunfteien	–	Sperrlisten von Handelskonzernen und Zahlungsdienstleistern
Konten- oder Kartensperren	–	Sperrliste des Kreditkartenherausgebers (wird bei der Autorisierung geprüft)	KUNO-Sperrdatei von bei der Polizei als verloren oder gestohlen gemeldeten Karten
Eidesstattliche Versicherung, Insolvenz	Schuldnerverzeichnisse, Insolvenzbekanntmachungen	–	–

Infobox 5-5: Negativlisten und Sperrlisten

ibi

5

Achten Sie auf Auffälligkeiten, die auf Betrug hinweisen (Betrugsmuster)

Die Maschen professioneller Betrüger zu durchschauen ist nicht immer einfach. In vielen Fällen hätten Betrugsfälle jedoch vielleicht verhindert werden können, wenn Auffälligkeiten der Bestellung rechtzeitig erkannt worden wären. Die Voraussetzung dafür ist eine entsprechende Sensibilität bei der Bearbeitung von Bestellungen bzw. die Durchführung automatisierter Prüfungen. Eine beispielhafte, jedoch keinesfalls vollständige Auflistung möglicher Hinweise auf Betrugsfälle finden Sie in Checkliste 5-3.

Checkliste: Mögliche Hinweise auf Betrug

Bestellungen von Betrügern weisen häufig eines oder mehrere der folgenden Merkmale auf:

- Der Wert des Warenkorbs ist deutlich höher als bei einer durchschnittlichen Bestellung.
- Die Produkte werden scheinbar wahllos ausgewählt und / oder es werden mehrere Produkte einer Kategorie gekauft.
- Von einer IP-Adresse aus einem Risikoland (siehe unten) werden PCs mit deutschem Tastatur-Layout bestellt. Bezahlt wird mit einer Kreditkarte, die von einer amerikanischen oder britischen Bank herausgegeben wurde.
- Die Bestellung wird über die IP-Adresse eines anonymen Proxies oder eines Satelliten durchgeführt.
- Es handelt sich um einen Neukunden bzw. es werden nach mehreren kleineren Bestellungen Waren einer deutlich höheren Risikokategorie (z. B. hochpreisige Elektronikartikel) geordert.
- Kreditkartenzahlungen können erst nach mehreren Versuchen mit ähnlichen Kreditkartennummern autorisiert werden („Durchprobieren" unterschiedlicher Nummern).
- Es werden mehrere unterschiedliche Kreditkartennummern angegeben (damit der Händler bei Problemen mit der Autorisierung einfach die nächste Nummer nehmen kann). Gegebenenfalls wird der Händler von Anfang an aufgefordert, die Beträge zu splitten.
- Der Kunde bittet zwingend um die Tracking-ID.
- Schnelle Zustellung ist wichtig, Versandkosten spielen keine Rolle.
- Die Waren sollen in ein Risikoland (siehe unten) geliefert werden.
- Der Kunde ist nur per Handy erreichbar.
- Als E-Mail-Adresse wird eine Adresse angegeben, die kostenlos ohne Prüfung der Identität registriert werden kann.
- Innerhalb eines kurzen Zeitraums werden mehrere Bestellungen getätigt, die mit den gleichen Konto- bzw. Kreditkartendaten bezahlt und / oder an die gleiche Adresse geliefert werden sollen.
- Das Herkunftsland der IP- oder E-Mail-Adresse des Bestellers weicht vom Herkunftsland der Karte und / oder vom Lieferland der Waren ab.

Zu beachten ist jedoch, dass jeder Händler selbst am besten beurteilen kann, wie sich seine Kunden üblicherweise verhalten und in welchen Fällen Auffälligkeiten vorliegen. Die vorliegende Checkliste kann daher nur beispielhafte Hinweise liefern und sollte von jedem Händler individuell angepasst und erweitert werden.

Risikoländer:

Eine laufend aktualisierte Aufstellung von Ländern, die für den Warenversand als risikoreich eingestuft werden, finden Sie z. B. auf der Website von ConCardis (www.concardis.com).

Checkliste 5-3: Mögliche Hinweise auf Betrug

ibi

5

Geschickt gestrickt – die Abfrage- und Entscheidungslogik

Eine der größten Herausforderungen im Risikomanagement ist die Entwicklung einer effizienten Abfrage- und Entscheidungslogik für die Risikosteuerung. Die Abfragelogik legt fest, welche internen und externen Daten in welcher Reihenfolge in die Risikoprüfung einbezogen werden sollen. Mithilfe der Entscheidungslogik werden die Ergebnisse der einzelnen Abfragen zu einer Entscheidung darüber verknüpft, welche Form der Zahlungsabwicklung bei dieser Bestellung akzeptiert wird (vgl. Abbildung 5-9). Welche Möglichkeiten der Zahlungsabwicklung dem Kunden angeboten werden, entscheidet wiederum wesentlich über die Kaufabbruchquote in einem Web-Shop (vgl. die Studie „Erfolgsfaktor Payment" in Infobox 4-6). Was bei der Gestaltung der Abfrage- und Entscheidungslogik zu beachten ist und wie die Abfrage- und Entscheidungslogik in den Bestellprozess eingebunden werden kann, wird im Folgenden erläutert.

Bestandteile des Risikomanagements

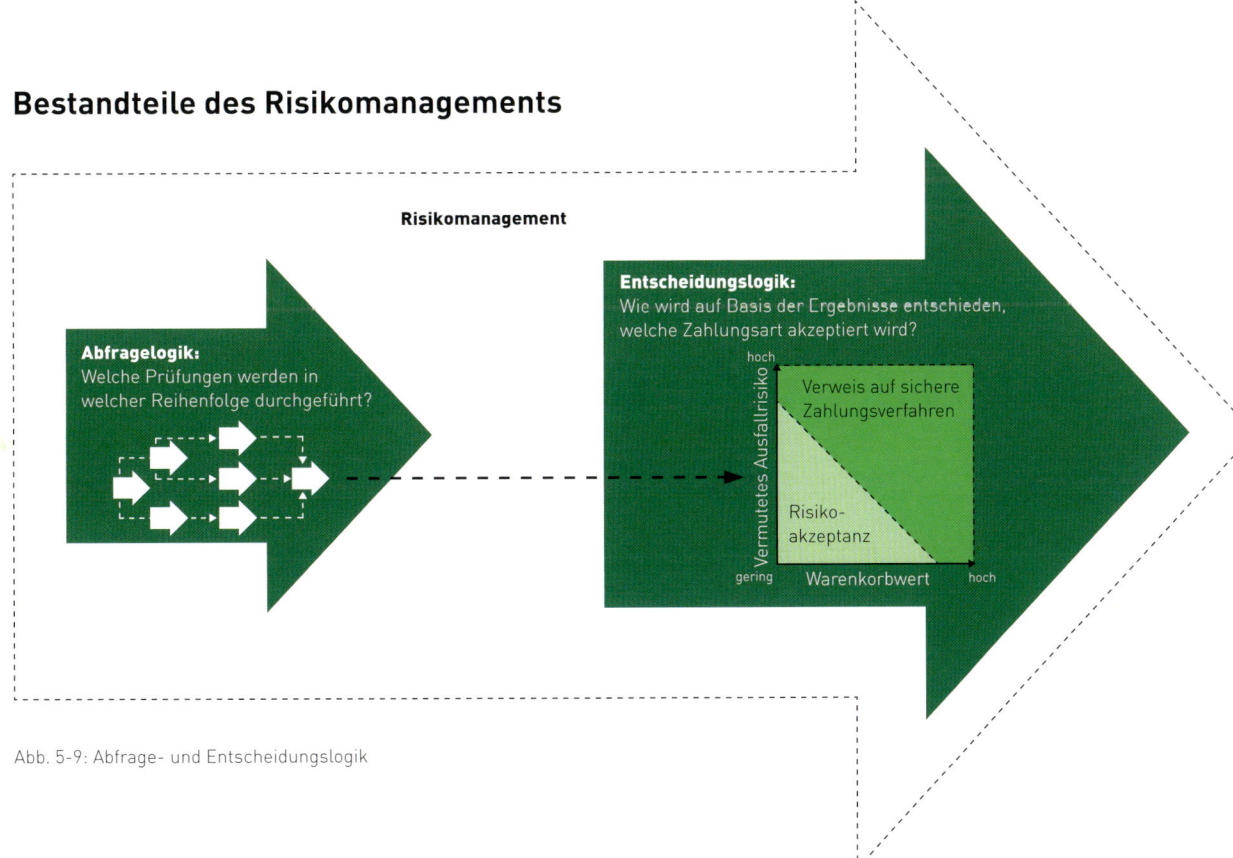

Abb. 5-9: Abfrage- und Entscheidungslogik

Herausforderungen bei der Gestaltung der Abfragelogik

Bei der Gestaltung der Abfragelogik ist zunächst abzuwägen, wie viele externe Bonitätsinformationen im Rahmen der Risikoprüfung abgefragt werden sollen. Grundsätzlich werden umso mehr zahlungsunfähige bzw. –unwillige Kunden erkannt, je mehr externe Datenquellen abgefragt werden. Der Grund hierfür ist, dass nicht alle Auskunfteien über alle Negativmerkmale bzw. vergangenen Zahlungsstörungen eines Kunden Bescheid wissen (vgl. das Interview mit Bernhard Zirngibl, creditPass).

Die Herausforderung bei der Gestaltung der Abfragelogik liegt daher darin, weder zu viele noch zu wenige Daten abzufragen (vgl. Abbildung 5-10). Die Nutzung zu vieler Daten bedeutet, dass hohe Kosten anfallen, die die Marge stark reduzieren oder sogar aufzehren können. Werden zu wenige externe Daten zugekauft, werden Informationen über Zahlungsstörungen, die nicht allen Auskunfteien bekannt sind, dagegen eventuell übersehen.

ibi

Optimierung der Abfragelogik

Die Abbildung zeigt an einem konkreten Beispiel, wie sich die Gesamtkosten für Risikoprüfungen und Zahlungsausfälle in Abhängigkeit von der Anzahl der Risikoprüfungen entwickeln. Hierfür wird angenommen, dass 7 von 100 Bestellungen mit einem Wert von jeweils 100 Euro nicht bezahlt würden. Durch Zukäufe externer Daten können zunehmend mehr zahlungsunwillige und -unfähige Kunden erkannt werden, allerdings steigen dadurch auch die Kosten für externe Prüfungen an. Das Kostenminimum liegt dort, wo die Summe aus den Kosten für Zahlungsausfälle und den Kosten für Risikoprüfungen am niedrigsten ist. In diesem Beispiel ist das nach zwei Risikoprüfungen der Fall.

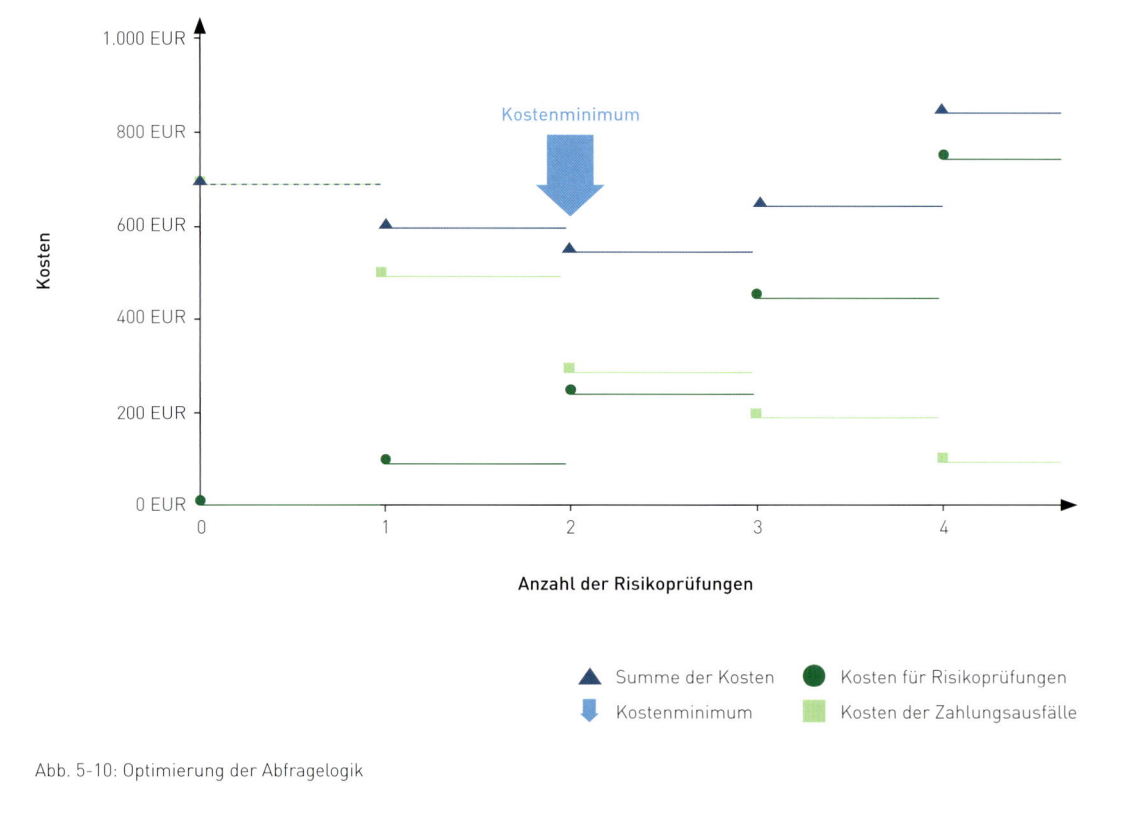

Abb. 5-10: Optimierung der Abfragelogik

Grundsätzlich ist die Abfrage weiterer Bonitätsinformationen nur dann erforderlich, wenn sich aus den zuerst abgefragten Datenquellen keine Anhaltspunkte für eine schlechte Bonität des Kunden ergeben. Ist der Kunde bereits auf einer internen Negativliste vermerkt, ist eine zusätzliche Abfrage externer Datenquellen nicht sinnvoll. Die Abfragelogik lässt sich daher durch eine Orientierung an den goldenen Regeln der Abfragelogik weiter optimieren (vgl. Infobox 5-6).

Die vier goldenen Regeln der Abfragelogik:

Um die Abfragelogik möglichst effizient zu gestalten, empfiehlt sich die Orientierung an den folgenden Regeln:

1. Nutzen Sie interne Daten immer zuerst (Negativlisten, Bestellhistorien der Wiederholungskäufer).
2. Kaufen Sie externe Daten nur in dem Maße, wie es angesichts des Risikos der Transaktion (je nach Forderungsbetrag, gewünschter Zahlungsart, Kundengruppe oder Produktart) notwendig ist.
3. Fragen Sie kostengünstige Datenquellen immer zuerst ab.
4. Passen Sie die Abfragelogik bei Änderungen des eigenen Angebots, der Marktgegebenheiten oder der Qualität externer Datenbestände an.

Infobox 5-6: Goldene Regeln der Abfragelogik

Auch im Risikomanagement gilt: Die Kette ist nur so stark wie ihr schwächstes Glied. Die Entscheidungslogik kann daher maximal so gut sein, wie es die Abfragelogik zulässt. Denn mit einer schlechten Datenbasis als Grundlage kann selbst die ausgeklügeltste Entscheidungslogik zu keinem zufriedenstellenden Ergebnis kommen.

Herausforderungen bei der Gestaltung der Entscheidungslogik

Die Entscheidungslogik legt auf Basis der Abfrageergebnisse fest, wie das Zahlungsausfallrisiko bei einer bestimmten Bestellung eingeschätzt und welches Zahlungsverfahren aufgrund dieser Risikoeinschätzung akzeptiert wird. Liegen harte Negativmerkmale (z. B. Insolvenz oder Zwangsvollstreckung) vor, sollte in jedem Fall nur Zahlung per Vorkasse akzeptiert werden. Wird von einer Auskunftei dagegen nur ein weiches Negativmerkmal oder ein schlechtes Ergebnis aus einem mathematisch-statistischen Scoring zurückgemeldet, ist die Entscheidung nicht ganz so einfach.

Scorings basieren nicht ausschließlich auf tatsächlichen Zahlungserfahrungen, sondern im Wesentlichen auf vermuteten Zusammenhängen zwischen bestimmten Merkmalen der Kunden (z. B. Alter, Geschlecht, Wohnort bei Privatkunden bzw. Rechtsform, Branche, Umsatzhöhe bei Firmenkunden) und der Wahrscheinlichkeit eines Zahlungsausfalls. Dem Kunden wird auf Basis seiner Merkmale ein Zahlungsausfallrisiko zugeordnet, das den durchschnittlichen Zahlungsausfällen bei Personen bzw. Unternehmen mit ähnlichen Merkmalen entspricht. Ein schlechtes Ergebnis eines Scorings bedeutet jedoch nicht zwingend, dass der Kunde tatsächlich nicht bezahlen kann oder will.

5

Die Stolperfalle bei der Gestaltung der Entscheidungslogik liegt in diesem Zusammenhang in den so genannten False-Positive- bzw. False-Negative-Effekten (vgl. Abbildung 5-11). Der False-Positive-Effekt beschreibt das Problem, dass eigentlich zahlungsfähige und -willige Kunden aufgrund des Resultats der Risikoprüfungen nicht mit „unsicheren" Zahlungsverfahren (vor allem Lastschrift, Rechnung) bezahlen dürfen, obwohl die Zahlung ordnungsgemäß erfolgt wäre. Ein Teil dieser Kunden bricht in der Folge den Kauf ab und sucht nach einem anderen Anbieter, was zu Umsatzeinbußen führt (vgl. die Studie „Erfolgsfaktor Payment" in Infobox 4-6 und das Fallbeispiel am Ende dieses Kapitels). Der False-Negative-Effekt tritt umgekehrt dann auf, wenn ein zahlungsunfähiger Kunde aufgrund einer falschen Risikoeinschätzung akzeptiert wird.

False-Positive- und False-Negative-Effekt

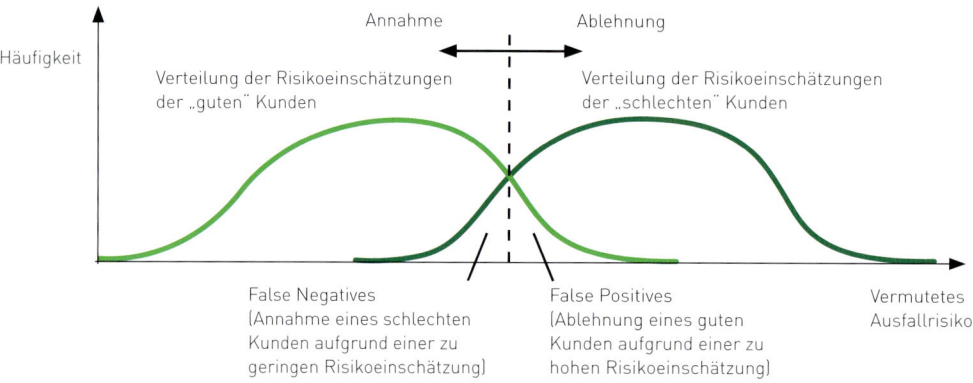

Abb. 5-11: False-Positive- und False-Negative-Effekt

Stellschrauben für die Optimierung des Risikomanagements

Um die optimale Abfrage- und Entscheidungslogik zu finden, müssen daher sowohl die Zahlungsverzögerungen und Zahlungsausfälle als auch die Kaufabbruchquoten und die Kosten für die Nutzung externer Daten im Auge behalten werden. Ansatzpunkte zur Optimierung finden sich sowohl in der Abfrage- als auch in der Entscheidungslogik. Steigen beispielsweise die Zahlungsstörungen bei gleichem Umsatz plötzlich an, gibt es zwei Möglichkeiten:

■ Zum einen kann versucht werden, eine verbesserte Trennschärfe in der Unterscheidung zwischen guten und schlechten Kunden zu erzielen (vgl. Alternative 1 in Abbildung 5-12). Dies kann z. B. dadurch erreicht werden, dass zusätzliche bzw. andere Datenquellen für die Risikoprüfungen herangezogen werden (Änderung der Abfragelogik). Hierdurch werden jedoch gegebenenfalls höhere Kosten für die Nutzung dieser Daten verursacht.

■ Zum anderen können Kunden mit einer höheren Risikoeinstufung, die bisher noch per Rechnung oder Lastschrift bezahlen konnten, zukünftig nur noch per Vorkasse oder Nachnahme beliefert werden (Verschiebung der Annahmegrenze nach links, vgl. Alternative 2 in Abbildung 5-12). Der Nachteil dieser Maßnahme liegt jedoch darin, dass bei einer solchen „härteren" Einstellung der Entscheidungslogik die Anzahl der False Positives und in der Folge die Kaufabbruchquote ansteigt.

Durch laufende Überprüfung und Justierung der Abfrage- und Entscheidungslogik nähert man sich dem Optimum an, das je nach Produktart, Zielgruppe etc. jeweils woanders liegen kann. Wird beispielsweise bei einer bestimmten Zielgruppe eine überdurchschnittlich hohe Kaufabbruchquote festgestellt, kann die Entscheidungsregel bei dieser Zielgruppe versuchsweise etwas „weicher" eingestellt werden.

Möglichkeiten zur Verringerung von Zahlungsstörungen

Alternative 1: Änderung der Abfragelogik (Verbesserung der Trennschärfe durch den Zukauf zusätzlicher externer Daten)

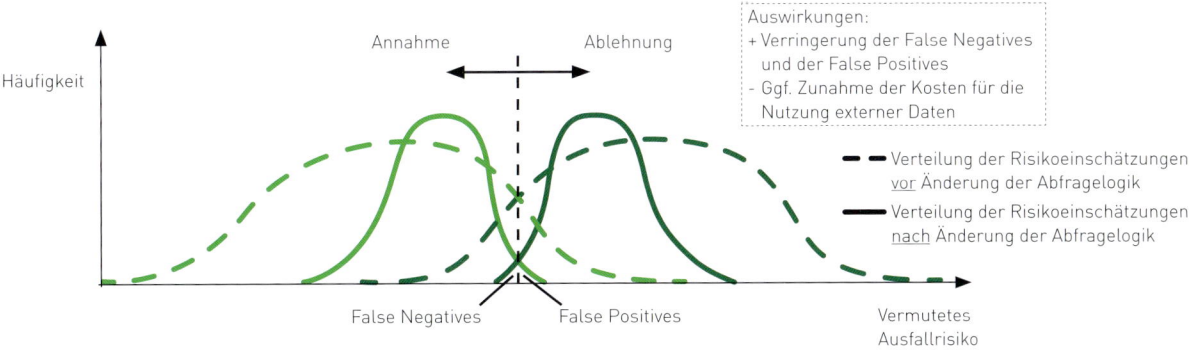

Alternative 2: Änderung der Entscheidungslogik (geringere Risikoakzeptanz)

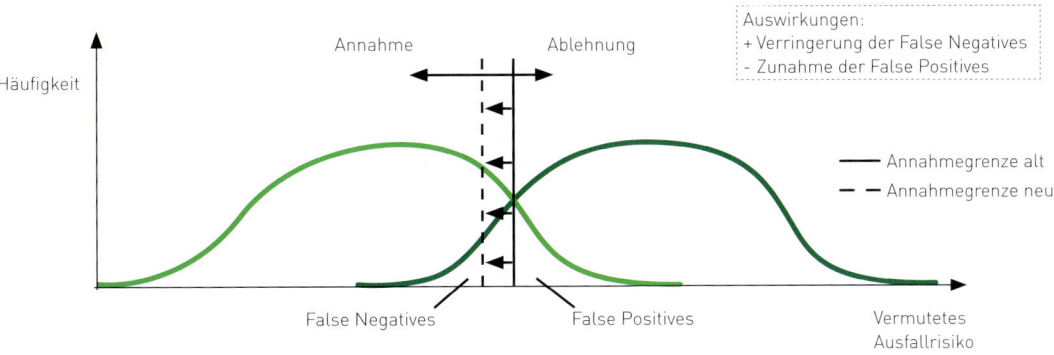

Abb. 5-12: Möglichkeiten zur Verringerung von Zahlungsstörungen

5

Einbindung der Abfrage- und Entscheidungslogik in den Bestellprozess

Die Abfrage- und Entscheidungslogik kann grundsätzlich auf zwei Arten in den Bestellprozess einge-bunden werden.

1. Durchführung von Risikoprüfungen in Abhängigkeit vom Zahlungsverfahren

Bestimmte Risikoprüfungen werden nur dann durchgeführt, wenn die vom Kunden gewählte Zahlungs-art mit Risiken für Sie als Händler verbunden ist (vgl. Abbildung 5-13). Dies hat den Vorteil, dass keine Kosten für Risikoprüfungen anfallen, wenn der Kunde ein „sicheres" Zahlungsverfahren wie die Vorkasse wählt. Nachteilig ist jedoch, dass die nachträgliche Verweigerung der gewählten Zahlungsart aufgrund zu hohen Risikos zur Verärgerung des Kunden und damit zu einem Kaufabbruch führen kann. Verbunden mit Anreizen für die Wahl „sicherer" Zahlungsarten (z. B. einem Preisnachlass) kann diese Form der Risiko-prüfung jedoch insgesamt sehr sinnvoll sein (vgl. Abbildung 5-14).

Alternative 1: Durchführung von Risikoprüfungen in Abhängigkeit des vom Kunden gewählten Zahlungsverfahrens

Beispiel: Kauf einer Digitalkamera, weiches Negativmerkmal liegt vor.

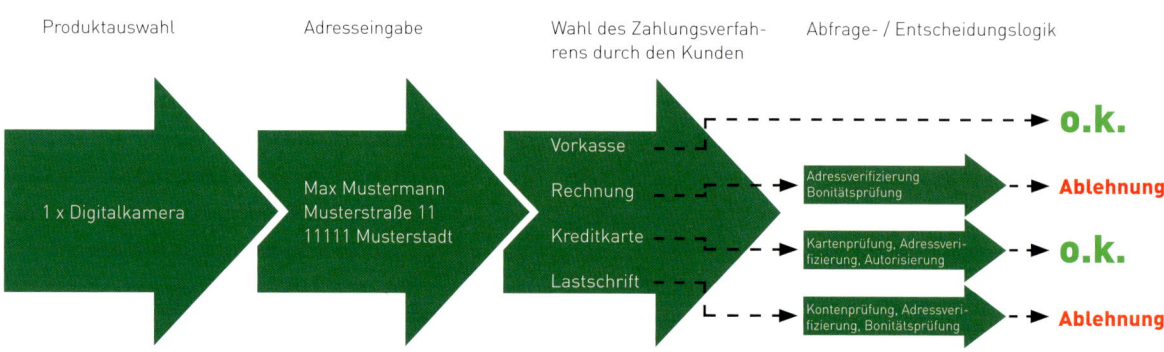

Abb. 5-13: Durchführung von Risikoprüfungen in Abhängigkeit des vom Kunden gewählten Zahlungsverfahrens

Bereits ein Rabatt von 3 % steigert den Anteil der Vorkassezahlungen deutlich.

Häufigkeit, mit der folgende Zahlungsverfahren genutzt werden, wenn auf Vorkassezahlungen ein Rabatt von 3 % gewährt wird.

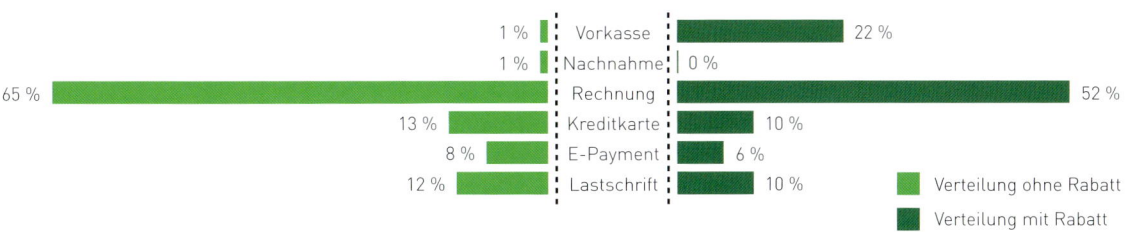

Abb. 5-14: Wirkung eines Rabatts von 3 % auf die Zahlungsverfahrenswahl
Quelle: ibi research (Erfolgsfaktor Payment 2008)

2. Angebot an Zahlungsverfahren in Abhängigkeit vom ermittelten Ausfallrisiko

Jeder Kunde wird nach Angabe seiner Anschrift zunächst einer Adressverifizierung und Bonitätsprüfung unterzogen (vgl. Abbildung 5-15). Nach Ermittlung des Ausfallrisikos wird festgelegt, zwischen welchen Zahlungsverfahren der Kunde wählen kann. Wird beispielsweise im Rahmen der Bonitätsprüfung ein weiches Negativmerkmal zurückgemeldet, wird diesem Kunden die Zahlung mit „unsicheren" Zahlungsverfahren wie der Lastschrift oder der Rechnung überhaupt nicht angeboten. Hierfür ist es noch wichtiger als bei Alternative 1, dass die Abfragen und Entscheidungen faktisch „in Echtzeit" ablaufen, wenn der Kunde auf den „Weiter"-Button im Bestellprozess klickt und auf den Aufruf der nächsten Maske wartet.

Alternative 2: Angebot an Zahlungsverfahren in Abhängigkeit vom ermittelten Ausfallrisiko

Beispiel: Kauf einer Digitalkamera, weiches Negativmerkmal liegt vor.

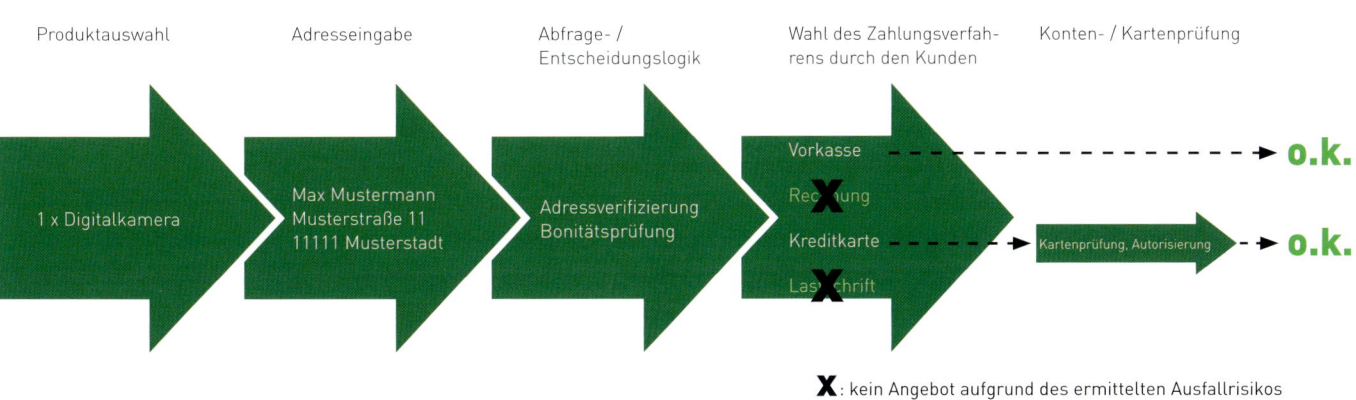

Abb. 5-15: Angebot an Zahlungsverfahren in Abhängigkeit vom ermittelten Ausfallrisiko

Viel hilft viel – soll aber nicht viel kosten!

Im Gespräch mit Bernhard Zirngibl, creditPass, www.creditpass.de

Bernhard Zirngibl ist als Bereichsleiter für die Online-Risikomanagement-Plattform creditPass verantwortlich. Über creditPass können Online-Händler alle relevanten Risikomanagement-Tools, wie Kontosperrlisten, ComplianceChecks, Altersprüfung, GeoIP, Adress- und Bonitätsauskünfte aller renommierten Auskunfteien und Anbieter, aus einer Hand beziehen. Als Konzentrator stellt creditPass des Weiteren über Schnittstellen zu verschiedenen Inkasso-Unternehmen ergänzende Leistungen, wie Rücklastschriftbearbeitung, die komplette Übernahme des Zahlungsausfallrisikos und Inkasso-Verfahren, zur Verfügung.

INTERVIEW

Herr Zirngibl, welche Entwicklungen sind im Risikomanagement derzeit feststellbar?

Viele Online-Händler haben den Vorteil von Bonitätsprüfungen inzwischen verstanden und setzen diese auch erfolgreich ein. Dennoch gibt es oftmals noch Optimierungsbedarf, da auch die Betrüger aufgerüstet haben. So zeigt sich immer wieder das gleiche Muster – es werden bei der Bestellung falsche oder leicht geänderte Namen angegeben. Die Folge ist, dass eine klassische Bonitätsprüfung häufig ins Leere läuft. Denn die Auskunfteien können dann, aufgrund der falschen Anfragedaten, keine Übereinstimmung mit der Person im eigenen Datenbestand finden. Folglich können auch keine Negativinformationen zurückgemeldet werden (selbst wenn zu der Person solche vorhanden sind) und der Besteller erscheint somit auf den ersten Blick als „sauber" und besteht so fälschlicherweise die Bonitätsprüfung.

Ist eine Bonitätsprüfung im E-Commerce somit wertlos?

Nein, sicherlich nicht! Nur muss diese besser auf die speziellen Bedürfnisse im E-Commerce angepasst werden. So ist beispielsweise beim Abschluss eines Kredit- oder Handyvertrags der direkte Kontakt zur „echten" Person gegeben oder es liegt zumindest eine Ausweiskopie bzw. ein Postident vor, so dass die Identität sowie die korrekte Schreibweise des Namens sichergestellt werden kann. Im Online-Handel ist dies jedoch in aller Regel nicht der Fall.

Die Entscheidung, ob einem Besteller risikobehaftete Zahlarten wie Lastschrift oder Rechnungskauf zur Verfügung gestellt werden, sollte daher nicht nur davon abhängig gemacht werden, ob Negativmerkmale vorliegen oder nicht. Es muss zusätzlich noch sichergestellt werden, dass die Angaben des Käufers korrekt sind.

Aber wie soll das funktionieren? Es gibt doch, zumindest in Deutschland, kein öffentlich zugängliches Zentralregister, das alle Personen erfasst hat.

Hier sprechen Sie das entscheidende Problem an – viele klassische Bonitätsprüfungslösungen können dies nicht oder nur unzureichend leisten. So gibt es zwar auch Anbieter, die eine Identifizierungskomponente liefern können, aber auch deren Datenbanken beinhalten immer nur einen Bruchteil der Bevölkerung. Und wie die Studien des E-Commerce-Leitfadens zeigen, ist eine nicht angebotene bzw. verweigerte Zahlart ein Kaufabbruchsgrund. Wenn Händler also nur wenige Personen identifizieren können und den „Unbekannten" aus Sicherheitsgründen die gewünschte Zahlart verweigern, bedeutet das wiederum, dass sie viele Kunden mit möglicherweise guter Bonität nur deshalb verlieren werden, weil sie auf nicht genügend Informationen zugreifen können (vgl. False-Positive-Effekt in Abbildung 5-11).

Es gilt somit das Gleiche wie für die klassische Prüfung auf negative Zahlungserfahrungen, die eben-

5

> Es gilt somit das Gleiche wie für die klassische Prüfung auf negative Zahlungserfahrungen, die ebenfalls nicht zentral, sondern bei den unterschiedlichen Auskunfteien verstreut vorliegen: Je mehr Informationsquellen Händler anzapfen können, desto besser wird ihre Entscheidung ausfallen!
>
> Bernhard Zirngibl, creditPass

falls nicht zentral, sondern bei den unterschiedlichen Auskunfteien verstreut vorliegen: Je mehr Informationsquellen Händler anzapfen können, desto besser wird ihre Entscheidung ausfallen!

Aber ist die Abfrage von mehreren Anbietern nicht zu teuer?

Selbstverständlich dürfen Sie die Kosten nicht aus den Augen verlieren. Insbesondere bei kleineren Beträgen wird eine zu umfassende Bonitätsprüfung sonst schnell unwirtschaftlich. Daher sollte für jede Einzelbestellung in Abhängigkeit des Kaufbetrags eine jeweils individuell abgestimmte Abfragekombination durchgeführt werden. Dabei gilt der Grundsatz – je höher der Warenkorb und somit das Risiko, desto mehr Informationen sollten eingeholt werden.

Welche Rolle kommt Ihrer Plattform in diesem Umfeld zu?

Über creditPass sind alle renommierten Anbieter und relevanten Abfragearten aus einer Hand verfügbar, die sich im Baukastenprinzip individuell, je nach Bestellwert und gewünschter Zahlungsart, kombinieren lassen.

Darüber hinaus bieten wir selbst kleinen Händlern komplett individuell einstellbare Abfrage- und Entscheidungslogiken, die, speziell für den E-Commerce, neben der klassischen Bonitätsprüfung auch eine Adressprüfungs- und Identitätsprüfungskomponente beinhalten. Diese Logiken können jederzeit optimiert werden, ohne dass sich Händler um die Entwicklung und Pflege von Schnittstellen kümmern müssen. Das bedeutet, der Händler kann sich auf das konzentrieren, was er am besten kann – verkaufen! ■

ibi

Wie diese Ausführungen zeigen, können mithilfe von Risikoprüfungen mögliche Ursachen für Zahlungsstörungen rechtzeitig erkannt und aufwendige Beitreibungen offener Forderungen sowie Zahlungsausfälle vermieden werden. Allerdings verursacht die Durchführung von Risikoprüfungen auch Kosten. Zum einen fallen interne Aufwände sowie zusätzliche Gebühren an, die an externe Dienstleister zu zahlen sind. Zum anderen werden eventuell auch einige „gute" Kunden, die eigentlich bezahlt hätten, zu Unrecht von einer Zahlung per Rechnung oder Lastschrift ausgeschlossen und brechen den Kauf daraufhin ab. Wie sich diese Effekte auf den Gewinn des Händlers „Risikooptimal" auswirken, wird in der Fortsetzung des Fallbeispiels aus Kapitel 4 erläutert.

Fallbeispiel Händler „Risikooptimal": Sicher ist sicher, und deshalb nur die Vorkasse anbieten – oder doch lieber (etwas) Risiko akzeptieren?

Teil 2 von 3

Wie in Teil 1 des Fallbeispiels geschildert, verkauft der fiktive Händler „Risikooptimal" Sport- und Freizeitartikel zunächst ausschließlich per Vorkasse über das Internet (Situation 1). Die Zahlung per Vorkasse wird jedoch nicht von allen Kunden akzeptiert, weshalb es häufig zu Kaufabbrüchen kommt. Um den Kunden entgegenzukommen, erweitert er das Angebot an Zahlungsverfahren daher um die Zahlung per Rechnung, Nachnahme, Kreditkarte und Lastschrift, wodurch er sich jedoch Zahlungsstörungen (z. B. Rücklastschriften oder nicht termingerecht gezahlte Rechnungen) einhandelt (Situation 2). Einen Teil der offenen Forderungen kann der Händler nachträglich beitreiben, der Rest muss jedoch abgeschrieben werden. Unter dem Strich erzielt der Händler trotz eines deutlich gestiegenen Umsatzes einen geringeren Gewinn als bei einem ausschließlichen Vorkasseangebot.

Der Händler steht nun vor der Entscheidung, die neu eingeführten Zahlungsverfahren wieder abzuschaffen oder aber zusätzliche Risikoprüfungen durchzuführen, um so die Anzahl der Zahlungsstörungen und Zahlungsausfälle zu reduzieren. Ob sich die Durchführung von Risikoprüfungen für den Händler lohnen kann, wird in der folgenden Situation 3 näher untersucht.

Situation 3: Keine Panik – Vorsicht walten lassen!

Steckbrief: Händler „Risikooptimal"

5

Angebotene Waren:	Sport- und Freizeitartikel
Angebotene Zahlungsverfahren:	Vorkasse, Rechnung, Kreditkarte, Lastschrift, Nachnahme
Anzahl angefragter Bestellungen je Kalendertag:	50
Durchführung von Risikoprüfungen:	ja
Anzahl angenommener Bestellungen je Kalendertag (nach Kaufabbrüchen aufgrund des Ausschlusses von der Zahlung per Rechnung oder Lastschrift):	45
Anteil der abgelehnten Bestellungen, bei denen tatsächlich Zahlungsstörungen aufgetreten wären (Effektivitätsquote):	75 %
Durchführung Mahnverfahren / Inkasso:	ja, durch Unternehmen selbst
Durchschnittlicher Warenkorbwert je Bestellung:	120 EUR
Jahresumsatz (Summe aller Zahlungsansprüche):	1.971.000 EUR
Selbstkosten je Bestellung, ohne Kosten der Zahlungsabwicklung:	100 EUR
Durchschnittliche Kosten der Zahlungsabwicklung je Bestellung, ohne Kosten für Risikoprüfungen, Zahlungsstörungen / Beitreibung und Zahlungsausfälle:	4 EUR
Durchschnittliche Kosten für Risikoprüfungen je Bestellung:	0,60 EUR
Durchschnittliche Kosten für Zahlungsstörungen / Beitreibung und Zahlungsausfälle:	0,58 EUR
Durchschnittliche Selbstkosten je Bestellung, inkl. aller Kosten:	105,18 EUR
Gewinnmarge bzgl. Warenkorbwert:	12,4 %
Durchschnittliche Kosten der Beitreibung je Zahlungsstörung (Vorleistung des Unternehmens):	75 EUR

Veränderungen gegenüber Situation 2 (vgl. Fallbeispiel, Teil 1) sind hervorgehoben.

ibi

5

Situation 3: Keine Panik – Vorsicht walten lassen!

Der Händler „Risikooptimal" führt nun gegenüber der vorhergehenden Situation ein Risikomanagement-System ein. Mit diesem System prüft der Händler eingehende Bestellungen in Echtzeit, bevor dem Kunden Zahlungsverfahren angeboten werden. Dabei wird beispielsweise geprüft, ob die Zusammensetzung des Warenkorbs und die Adressdaten plausibel erscheinen, ob der Kunde auf einer Sperrliste steht oder welchen Score-Wert der Kunde erzielt. Je nach Prüfungsergebnis werden dem Kunden entweder alle Zahlungsverfahren oder nur die Vorkasse, Nachnahme und Kreditkarte zur Auswahl angeboten. Je nachdem, welches Zahlungsverfahren der Kunde wählt, schließen sich weitere zahlungsverfahrensspezifische Prüfungen an (z. B. Prüfziffernkontrollen von Lastschrift- oder Kreditkartendaten). Gegebenenfalls muss in Einzelfällen auch noch ein Mitarbeiter bestimmte Bestellungen persönlich in Augenschein nehmen und über den weiteren Verlauf entscheiden (z. B. bei einer negativen Adressprüfung bei Nachnahmezahlungen). Im Beispiel wird davon ausgegangen, dass für die Prüfung einer Bestellung durchschnittliche Kosten in Höhe von 0,60 Euro anfallen.

Da nun nicht mehr alle Kunden ihr bevorzugtes Zahlungsverfahren angeboten bekommen, bricht der eine oder andere den Kaufvorgang ab. In der Folge wickelt unser Händler nicht mehr 50, sondern nur noch 45 Bestellungen je Kalendertag ab.

Auch mithilfe des Risikomanagement-Systems kann der Händler Zahlungsstörungen jedoch nicht vollständig vermeiden, da er eine bestimmte Unschärfe in seinem System in Kauf nehmen muss. Dies drückt sich in Form einer Effektivitätsquote aus, die hier annahmegemäß bei 75 % liegt. Drei von vier Bestellungen, die als risikoreich eingestuft werden, wären also auch tatsächlich ausgefallen. Im Beispiel führt dies zu einer Reduktion der Zahlungsstörungen um etwa 90 %. Eine von vier als risikoreich eingestuften Bestellungen wäre hingegen nicht riskant, wird aber gegebenenfalls vom Kunden abgebrochen, da er nicht per Rechnung oder Lastschrift bezahlen kann (entgangener Gewinn des Händlers).

Die Kunst besteht bei einem solchen System darin, die optimalen händlerspezifischen Einstellungen zu finden. Einerseits soll es zu möglichst wenig Kaufabbrüchen kommen, andererseits sollen jedoch auch nicht zu viele riskante Bestellungen unerkannt bleiben, die zu hohen Kosten für die Beitreibung und zu Zahlungsausfällen führen.

Durch die Reduktion der Zahlungsstörungen um 90 % sinkt nun der Anteil der Bestellungen, die beigetrieben werden müssen, auf 0,38 %. Setzen wir für unseren Händler im Beitreibungsprozess vergleichbare Rahmenbedingungen wie in der vorhergehenden Situation 2 voraus, so kann er 60 % der Zahlungsstörungen nicht beitreiben. Für alle Beitreibungsversuche muss er, wie in Situation 2, mit 75 Euro in Vorleistung (Personalkosten, Kosten für Mahngebühren etc.) gehen, im Erfolgsfall könnte er jedoch einen Anteil von 25 Euro auf den Kunden abwälzen. Im Misserfolgsfall hingegen muss er die gesamte Vorleistung in Höhe von 75 Euro und zusätzlich die Selbstkosten inklusive der Kosten für die Zahlungsabwicklung und Risikoprüfung in Höhe von 105,18 Euro für die gelieferte und nicht bezahlte Ware tragen. Unterm Strich kommt er aufgrund der nicht erfolgreichen Beitreibungsversuche auf eine Zahlungsausfallquote von etwa 0,23 %.

Damit fallen bei unserem Händler insgesamt Kosten für Zahlungsstörungen (Beitreibung) und Zahlungsausfälle in Höhe von 9.501 Euro an. Diese verteilen sich auf Kosten für Beitreibungen in Höhe von 4.508 Euro und auf Kosten für Zahlungsausfälle in Höhe von 4.993 Euro. Errechnet man nun zusätzlich einen durchschnittlichen Kostensatz für alle Zahlungsstörungen und Zahlungsausfälle, bezogen auf die Anzahl der nach Risikoprüfungen angenommenen Bestellungen, so liegt dieser bei 0,58 Euro und ist damit um 4,63 Euro geringer als in Situation 2, in der keine Risikoprüfungen durchgeführt werden. Dies wiederum bedeutet, dass der Händler seine Gewinnmarge, bezogen auf den Warenkorbwert, um 3,9 % steigern kann.

Der wesentliche Grund für diese Verbesserung liegt darin, dass im Vergleich zu Situation 2 deutlich weniger Kosten für Zahlungsstörungen und Zahlungsausfälle anfallen. Die Kosten für die Risikoprüfungen und der entgangene Gewinn werden im Ergebnis durch die Reduktion der Kosten für Zahlungsstörungen und Zahlungsausfälle mehr als kompensiert. Betrachtet man die durchschnittlichen vollen Selbstkosten je Bestellung, so zeigt sich, dass diese trotz der Einführung von Risikoprüfungen auf 105,18 Euro gesenkt werden konnten und die Gewinnmarge damit auf 12,4 % gesteigert werden konnte. Der Händler „Risikooptimal" erzielt also durch den Einsatz eines Risikomanagement-Systems unter dem Strich folgendes Ergebnis:

- Jahresumsatz (Summe aller Zahlungsansprüche): 1.971.000 EUR
- Selbstkosten, ohne Kosten der Zahlungsabwicklung, pro Jahr: 1.642.500 EUR
- Kosten der Zahlungsabwicklung pro Jahr: 65.700 EUR
- Kosten für Risikoprüfungen pro Jahr: 9.855 EUR
- Kosten für Zahlungsstörungen (Beitreibung) und Zahlungsausfälle pro Jahr: 9.501 EUR
- **Erwarteter Gewinn pro Jahr: 243.444 EUR**

Er erreicht zwar nicht mehr den Umsatz aus Situation 2, da riskante Bestellungen bereits im Vorfeld ausgefiltert werden. Es fallen dadurch aber auch geringere Selbstkosten in Höhe von etwa 1,642 Mio. Euro an, ebenso sinken die Kosten der Zahlungsabwicklung auf 65.700 Euro. Risikoprüfungen verursachen zwar 9.855 Euro an Kosten, jedoch lassen sich dadurch die Kosten für Zahlungsstörungen / Beitreibung (es müssen deutlich weniger offene Forderungen beigetrieben werden) und für Zahlungsausfälle deutlich reduzieren. Insgesamt gesehen ist diese Situation gegenüber einer Situation ohne Risikoprüfungen merklich besser, da am Ende 243.444 Euro übrig bleiben.

Am Ende zählt, was in der Kasse ist!

Vergleicht man nun die drei Situationen direkt, so ergibt sich Folgendes:

	Situation 1 (Sicher ist sicher, lieber nur Vorkasse anbieten!)	Situation 2 (Umsatz ohne Grenzen – aber wie siehts mit dem Gewinn aus?)	Situation 3 (Keine Panik – Vorsicht walten lassen!)
Jahresumsatz (Summe aller Zahlungsansprüche):	1.752.000 EUR	2.190.000 EUR	1.971.000 EUR
Selbstkosten, ohne Kosten der Zahlungsabwicklung, pro Jahr:	1.460.000 EUR	1.825.000 EUR	1.642.500 EUR
Kosten der Zahlungsabwicklung pro Jahr:	62.780 EUR	73.000 EUR	65.700 EUR
Kosten für Risikoprüfungen pro Jahr:	keine	keine	9.855 EUR
Kosten für Zahlungsstörungen / Beitreibung und Zahlungsausfälle pro Jahr:	keine	95.010 EUR	9.501 EUR
Erwarteter Gewinn pro Jahr:	**229.220 EUR**	**196.990 EUR**	**243.444 EUR**

Gewinnrückgang: 32.230 EUR

Gewinnsteigerung: 46.454 EUR

Zusätzliche Zahlungsverfahren ohne Risikomanagement

Zusätzliche Zahlungsverfahren mit Risikomanagement

ibi

In Situation 3 erzielt der Händler „Risikooptimal" einen Gewinn von 243.444 Euro. Dies entspricht gegenüber dem reinen Vorkasseangebot (Situation 1) einer Gewinnsteigerung um etwa 6 % und gegenüber Situation 2, in der keine Bestellungen geprüft werden, einer Steigerung um 24 %.

Trotz der Kosten für die Risikoprüfungen und den entgangenen Bestellungen hat sich die Einführung eines Risikomanagement-Systems für den Händler „Risikooptimal" damit gelohnt.

Gehts nicht noch besser?

Der Händler „Risikooptimal" unternimmt nun schon sehr viel, um das optimale Ergebnis zu erzielen. Jedoch ist das immer noch nicht das Ende des Machbaren. Denn wie das fortgesetzte Fallbeispiel, Teil 3, in Abschnitt 5.3 zeigen wird, kann er seinen Gewinn bei der gleichen Anzahl an Bestellungen und vergleichbarem Risikomanagement immer noch steigern.

Rundum sorglos – Dienstleistungen externer Anbieter

Die vorhergehend vorgestellten Maßnahmen können dazu beitragen, das Risiko bei Lieferungen per Nachnahme, Rechnung, Kreditkarte oder Lastschrift deutlich zu reduzieren. Allerdings sind der Aufbau und die Pflege der erforderlichen Prüfungen zur Identifizierung von Betrügern oder bonitätsschwachen Kunden mit teils erheblichem Aufwand verbunden, der sich für kleinere Händler nicht rechnet. In diesem Fall bietet es sich an, Dienstleistungen externer Anbieter in Anspruch zu nehmen, die diese Aufgaben übernehmen.

Für die Durchführung von Risikoprüfungen erscheint es sinnvoll, Spezialanbieter zu nutzen, die eine möglichst große Anzahl an Abfragen inklusive individueller Risikomanagement-Logiken aus einer Hand anbieten. Hierzu zählen unter anderem die Plausibilitätsprüfung von Adress-, Konto- oder Kreditkartendaten, die Abfrage von Negativlisten, die Einholung von Bonitätsauskünften oder die Durchführung von Betrugsprüfungen. Ein guter Dienstleister sollte zudem auch kleineren Händlern die Möglichkeit geben, Abfrage- und Entscheidungslogiken bei Bedarf schnell und einfach zu ändern (vgl. das Interview mit Bernhard Zirngibl, creditPass). Einige Shop-Systeme und Payment Service Provider haben solche Angebote auch bereits als Modul integriert. Fragen Sie Ihren Anbieter einfach nach einer derartigen Lösung. Eine andere Möglichkeit stellt die Nutzung einer Verkaufsplattform dar (vgl. Abschnitt 2.2). In der Regel übernimmt der Plattformbetreiber auch die Abwicklung der Zahlung und die Durchführung von Risikoprüfungen. Alle angeschlossenen Händler profitieren so von geringeren Ausfallquoten, während jeder Händler nur einen Teil der Kosten für den Aufbau und die Pflege der Risikoprüfungen zu tragen hat.

Häufig bieten Anbieter von Risikoprüfungen auch weitere Dienstleistungen, wie das Inkasso offener Forderungen (vgl. Abschnitt 5.3), an. Der Vorteil dabei ist, dass die angeschlossenen Inkasso-Unternehmen über dieselbe Schnittstelle erreicht werden können.

5

Eine Alternative zur Auslagerung des Inkassos offener Forderungen stellt der Forderungsverkauf (so genanntes Factoring) dar. Der Verkauf von Forderungen bietet für Sie als Händler die Vorteile, dass das Risiko von Zahlungsstörungen und Zahlungsausfällen im Falle eines echten Factorings vollständig auf den Käufer der Forderung übergeht und der Gegenwert der Forderung abzüglich eines Abschlags unmittelbar an Sie ausgezahlt wird. Die Höhe des Abschlags wird individuell nach der Risikostruktur Ihrer Forderung bestimmt. Auch wenn Sie Ihre Forderungen an externe Dienstleister verkaufen, sollten Sie daher darauf achten, dass Sie ausreichende Maßnahmen zum Schutz vor zahlungsunwilligen, zahlungsunfähigen und betrügerischen Kunden ergriffen haben.

Wenn Sie Ihren Kunden die Möglichkeit der Ratenzahlung bieten wollen, empfiehlt sich die Zusammenarbeit mit einer Bank oder einem spezialisierten Dienstleister. Wünscht Ihr Kunde eine Finanzierung, übermittelt er z. B. aus Ihrem Web-Shop die erforderlichen Daten für die Bonitätsbeurteilung und erhält auf dieser Basis eine erste grundsätzliche Aussage, ob eine Finanzierung möglich ist. Anschließend druckt er z. B. den Kreditantrag aus und sendet diesen unterschrieben und gegebenenfalls ergänzt um weitere Anlagen (z. B. Verdienstnachweis) an die Bank. Nach positiver Prüfung der Unterlagen wird eine Kreditbestätigung sowohl an Sie als auch an den Kunden verschickt und Sie können die Ware versenden. Spezialisierte Dienstleister bieten hierfür mittlerweile einen vereinfachten Ablauf an (vgl. das Interview mit Miriam Wohlfarth in Kapitel 4).

Zahlungsabwicklung im E-Commerce – Fakten aus dem deutschen Online-Handel

Das Bezahlen im Internet bleibt aufgrund des Spannungsfelds zwischen Kundenwünschen, anfallenden Kosten und Vermeidung von Zahlungsausfällen eine wichtige Herausforderung für Online-Händler. Die Optimierung dieser drei Faktoren durch die richtige Zusammenstellung des Zahlungsverfahrensportfolios stellt keine leichte Aufgabe dar. Wie die Händler mit dieser Herausforderung umgehen, wurde mit einer Händlerbefragung ermittelt und in Form der Studie „Zahlungsabwicklung im E-Commerce – Fakten aus dem deutschen Online-Handel" aufbereitet. Dort finden sich umfassende Ergebnisse zu Trends und Entwicklungen in den Bereichen Zahlungsabwicklung, Risiko- und Forderungsmanagement sowie Internationalisierung.

Weitere Informationen zu dieser Studie sowie den Link zum kostenlosen Download finden Sie auf der Website des Leitfadens (www.ecommerce-leitfaden.de/zahlungsabwicklung).

Stefan Weinfurtner, Silke Weisheit, Georg Wittmann, Ernst Stahl, Sabine Pur:
Zahlungsabwicklung im E-Commerce – Fakten aus dem deutschen Online-Handel
April 2011
ISBN 978-3-940416-33-9

Infobox 5-7: Studie „Zahlungsabwicklung im E-Commerce"

ibi

Zahlungsabwicklung im E-Commerce

Studienergebnisse zu Zahlungsverfahren, Risiko- und Forderungsmanagement
www.ecommerce-leitfaden.de/zahlungsabwicklung

Code mit dem Handy scannen und sofort zum PDF-Download der Studie gelangen

E-Payment-Verfahren schließen zu klassischen Zahlungsverfahren auf

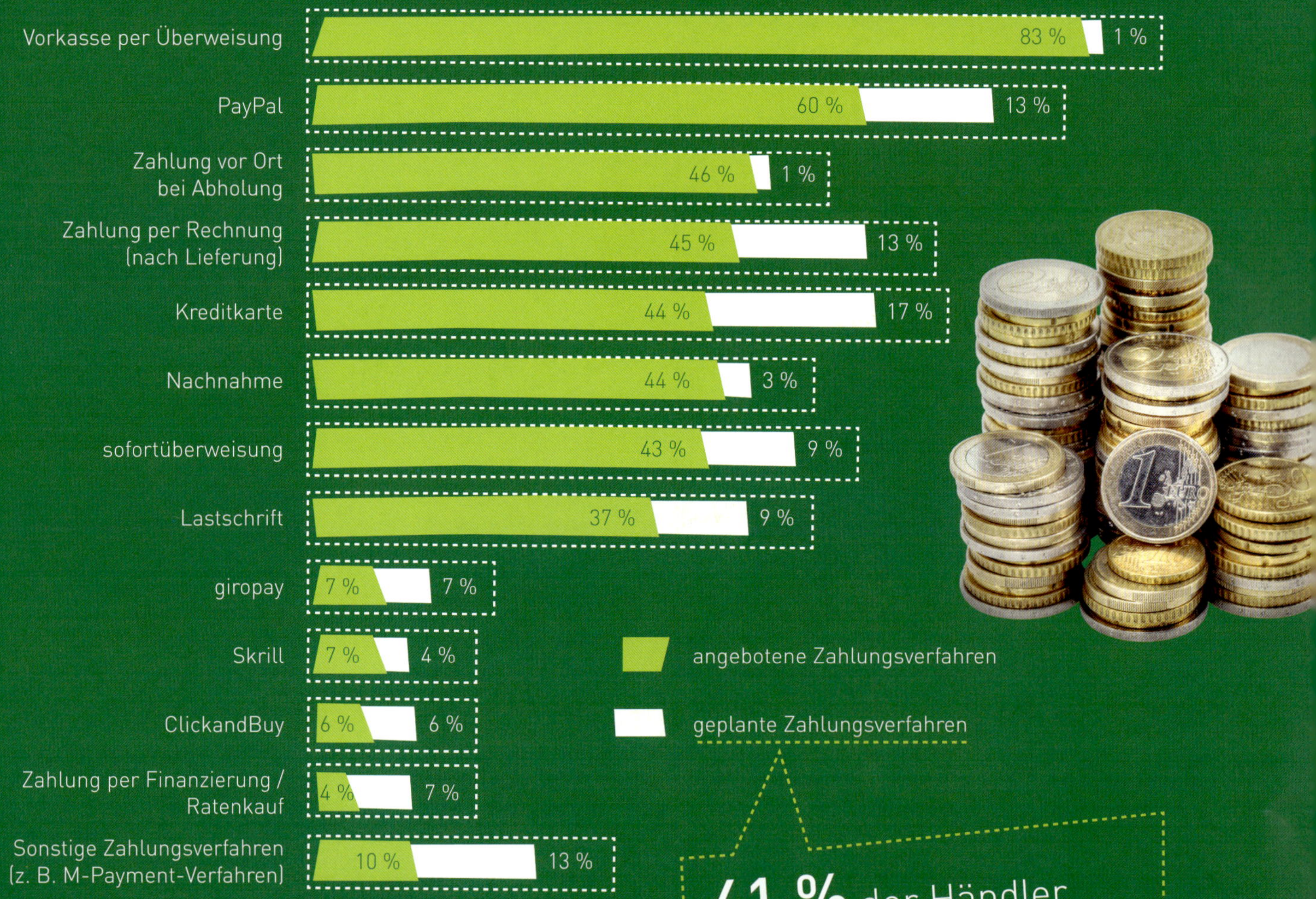

Zahlungsverfahren	angebotene Zahlungsverfahren	geplante Zahlungsverfahren
Vorkasse per Überweisung	83 %	1 %
PayPal	60 %	13 %
Zahlung vor Ort bei Abholung	46 %	1 %
Zahlung per Rechnung (nach Lieferung)	45 %	13 %
Kreditkarte	44 %	17 %
Nachnahme	44 %	3 %
sofortüberweisung	43 %	9 %
Lastschrift	37 %	9 %
giropay	7 %	7 %
Skrill	7 %	4 %
ClickandBuy	6 %	6 %
Zahlung per Finanzierung / Ratenkauf	4 %	7 %
Sonstige Zahlungsverfahren (z. B. M-Payment-Verfahren)	10 %	13 %

■ angebotene Zahlungsverfahren
□ geplante Zahlungsverfahren

Welche Zahlungsverfahren werden in Online-Shops von Händlern angeboten oder sind geplant?

41 % der Händler planen derzeit nicht, ein weiteres Zahlungsverfahren einzusetzen

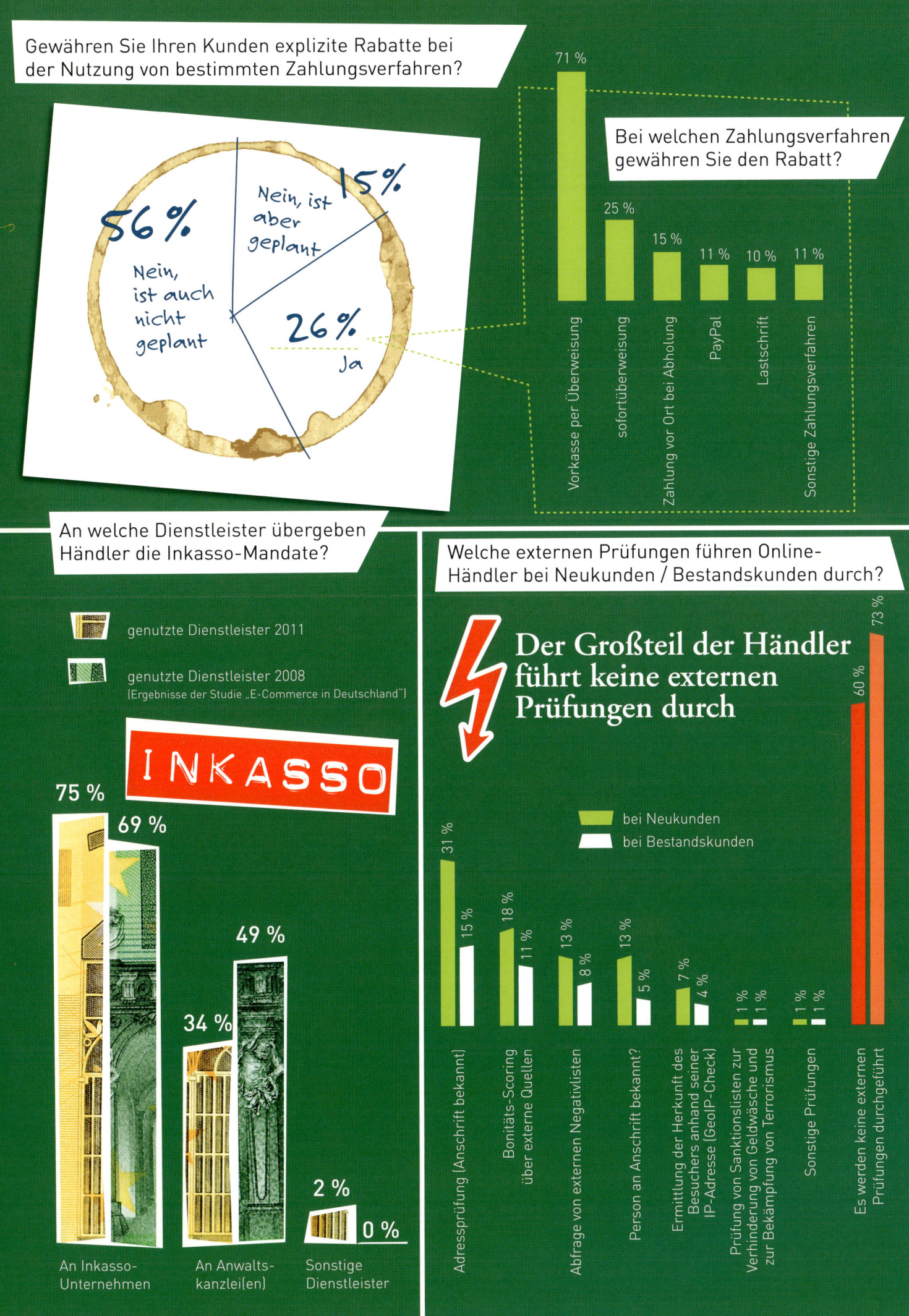

Gewähren Sie Ihren Kunden explizite Rabatte bei der Nutzung von bestimmten Zahlungsverfahren?

56 % Nein, ist auch nicht geplant
15 % Nein, ist aber geplant
26 % Ja

Bei welchen Zahlungsverfahren gewähren Sie den Rabatt?

- 71 % Vorkasse per Überweisung
- 25 % sofortüberweisung
- 15 % Zahlung vor Ort bei Abholung
- 11 % PayPal
- 10 % Lastschrift
- 11 % Sonstige Zahlungsverfahren

An welche Dienstleister übergeben Händler die Inkasso-Mandate?

genutzte Dienstleister 2011

genutzte Dienstleister 2008
(Ergebnisse der Studie „E-Commerce in Deutschland")

INKASSO

- 75 % / 69 % An Inkasso-Unternehmen
- 34 % / 49 % An Anwalts-kanzlei(en)
- 2 % / 0 % Sonstige Dienstleister

Welche externen Prüfungen führen Online-Händler bei Neukunden / Bestandskunden durch?

Der Großteil der Händler führt keine externen Prüfungen durch

bei Neukunden
bei Bestandskunden

- Adressprüfung (Anschrift bekannt): 31 % / 15 %
- Bonitäts-Scoring über externe Quellen: 18 % / 11 %
- Abfrage von externen Negativlisten: 13 % / 8 %
- Person an Anschrift bekannt?: 13 % / 5 %
- Ermittlung der Herkunft des Besuchers anhand seiner IP-Adresse (GeoIP-Check): 7 % / 4 %
- Prüfung von Sanktionslisten zur Verhinderung von Geldwäsche und zur Bekämpfung von Terrorismus: 1 % / 1 %
- Sonstige Prüfungen: 1 % / 1 %
- Es werden keine externen Prüfungen durchgeführt: 60 % / 73 %

Das Internet als Fenster zur Welt – wie man ohne Risiko neue Kunden gewinnt

Im Gespräch mit Martin Schindler, Fenster-Handel.de, www.fenster-handel.de

5

Bereits seit über 30 Jahren betreibt Familie Schindler einen Fenster-Fachhandel im Bayerischen Wald. Im April 2007 verwirklichte Martin Schindler seine Idee, die von vielen mit Skepsis betrachtet worden war: Er verkauft Fenster über das Internet. Bezahlt werden kann per Vorkasse oder per Rechnung. Der Erfolg des Angebots zeigt, dass sich mit sorgfältiger Planung auch scheinbar ungewöhnliche Ideen im Internet verwirklichen lassen.

Herr Schindler, was war Ihrer Meinung nach die wichtigste Voraussetzung dafür, dass Ihre Idee funktionieren konnte?

Diese Frage ist nicht leicht zu beantworten, da letztendlich das gesamte Konzept stimmig sein muss. Es nützt daher nichts, auf eine Komponente (z. B. die AGB oder den Bestellablauf) besonders viel Wert zu legen und andere darüber zu vernachlässigen. Insofern ist alles gleich wichtig. Wenn ich mich aber auf eine Voraussetzung festlegen müsste, dann darauf, dass man sich über alle Abläufe und möglichen Probleme im Voraus gründlich Gedanken macht.

Dies gilt z. B. für den Prozess der Zusammenstellung des Auftrags durch den Kunden. Im Internet ist die Situation völlig anders als in einem persönlichen Verkaufsgespräch, da nicht spontan auf Einwände und Fragen des Kunden reagiert werden kann. Findet sich der Kunde im Shop nicht zurecht oder macht der Shop einen schlechten Eindruck, wird der Kauf mit hoher Wahrscheinlichkeit abgebrochen. Zusammen mit unserer Internet-Agentur haben wir daher über ein Jahr am Design und der Benutzerfreundlichkeit des Shops gefeilt. Unter anderem haben wir einen Fensterkonfigurator entwickelt, mit dem sich der Kunde sein Wunschfenster zusammenstellen kann.

Ein weiteres Beispiel sind die Abläufe bei der Auftragsbearbeitung und Zahlung. Lange, bevor der Shop an den Start ging, wurde genau festgelegt, welche Arbeitsschritte ein Auftrag durchläuft und wie in bestimmten Fällen reagiert wird. Auf diese Weise können mögliche Probleme frühzeitig erkannt und deren Ursachen so weit wie möglich bereits im Voraus beseitigt werden.

Bei jeder noch so sorgfältigen Planung darf aber auch nicht vergessen werden, dass man es letzten Endes mit Menschen zu tun hat, die ganz unterschiedliche Bedürfnisse und Anforderungen haben. Wir bieten unseren Kunden im Shop daher auch eine Telefonnummer an, unter der sie bei uns anrufen können. Das schafft Vertrauen bei den Kunden, reduziert die Zahl der Kaufabbrüche und gibt uns zudem die Möglichkeit, aus den Fragen der Kunden zu lernen und unseren Shop weiter zu verbessern.

Welche Zahlungsverfahren bieten Sie Ihren Kunden an?

Wir bieten unseren Kunden zwei Möglichkeiten, um ihre Bestellung zu bezahlen: entweder per Rechnung nach Erhalt der Ware oder per Vorkasse. Die bisherige Erfahrung zeigt, dass weit mehr Kunden

> In unserer Branche ist der Kauf auf Rechnung üblich, daher wollten wir dieses Verfahren auch im Internet anbieten.
>
> Martin Schindler, Fenster-Handel.de

per Vorkasse als per Rechnung bezahlen. Damit hätten wir selbst anfangs nicht gerechnet.

Worauf führen Sie die gute Akzeptanz der Zahlung per Vorkasse zurück?

Zum einen gewähren wir Kunden, die per Vorkasse bezahlen, 3 % Skonto. Auf diese Weise geben wir den Vorteil, der uns aus einer unmittelbaren und sicheren Zahlung entsteht, an unsere Kunden weiter. Zum anderen haben wir uns zertifizieren lassen und dürfen daher ein Gütesiegel führen. Hierfür wurde unser Shop umfangreichen Tests unterzogen, bei denen mehr als 100 Einzelkriterien in den Bereichen Bonität, Sicherheit, Preistransparenz, Informationspflichten, Kundenservice und Datenschutz geprüft wurden. Das gibt unseren Kunden nicht nur ein besseres Gefühl, mit einer Geld-zurück-Garantie sind sie zusätzlich bis zu einer Höhe von 2.500 Euro gegen eine Nichtlieferung abgesichert.

Ist der Verkauf auf Rechnung nicht zu risikoreich?

In unserer Branche ist der Kauf auf Rechnung üblich, daher wollten wir dieses Verfahren auch im Internet anbieten. Uns war aber klar, dass das Risiko eines Zahlungsausfalls im anonymen Internet-Handel sehr viel höher ist als in unserem klassischen Geschäft, in dem wir mit jedem Kunden persönlich sprechen. Um dies abzusichern, prüfen wir jede Bestellung nochmals und suchen den direkten Kontakt. Wir telefonieren meist nochmals mit dem Kunden, um so sicherzustellen, dass keine falsche Telefonnummer angegeben wurde. Die Erfahrung hat auch gezeigt, dass es sich bei unseren Kunden meist um den braven Häuslebauer handelt. Es gäbe hier sicherlich Möglichkeiten, Zahlungsmodule von Dienstleistern einzusetzen, die Schutz vor Ausfällen bieten. Der Shop-Betreiber verkauft quasi seine Forderung und erhält dann sein Geld innerhalb einiger Tage.

Wir sparen uns allerdings diese Kosten, da wir bis dato wenige Zahlungsausfälle hatten. Ich rate allerdings jedem, der mit einem Online-Shop startet und die Zahlungsart Rechnung anbietet, wenigstens ein Modul für die Bonitätsprüfung zu integrieren. Diese Module sind Programme, die direkt in die Bestellabwicklung mit integriert werden können und prüfen direkt live im Rahmen des Risikomanagements die Bonität eines Kunden. ■

ibi

5

5.3 Was passiert, wenns kracht – so kommen Sie zu Ihrem Recht

Nach wie vor wird jedes Jahr eine erhebliche Anzahl von Unternehmen und Verbrauchern in Deutschland insolvent. Meldet Ihr Kunde Insolvenz an, muss Ihre Forderung gegen den Kunden inklusive aller zusätzlich angefallenen Kosten für die Bearbeitung der Zahlungsstörung und den Versand von Mahnungen in der Regel fast vollständig abgeschrieben werden. Umso wichtiger ist es, dass im Falle einer Zahlungsstörung schnell und konsequent vorgegangen wird: Je länger Ihr Kunde die Zahlung hinauszögert, umso größer ist das Risiko, dass der Kunde vor Begleichung der Forderung insolvent wird.

Hinzu kommt, dass auch die Banken ihr Augenmerk bei der Kreditvergabe verstärkt auf die durchschnittliche Forderungslaufzeit eines Unternehmens richten. Dies führt dazu, dass mit zunehmender Höhe der ausstehenden Forderungen nicht nur der Finanzierungsbedarf Ihres Unternehmens zunimmt, sondern gleichzeitig neue Kredite nicht mehr bzw. nur gegen höhere Zinssätze gewährt werden.

Schließlich ist zu beachten, dass Forderungen in der Regel drei Jahre nach Ablauf des Jahres, in dem sie entstanden sind, verjähren. Liegt bis zu diesem Zeitpunkt kein Vollstreckungstitel oder Schuldanerkenntnis des Kunden vor, kann dieser die Zahlung mit Recht verweigern. Die Klageerhebung oder Beantragung eines Mahnbescheids führt seit dem Jahr 2002 nicht mehr zu einem Neubeginn, sondern nur noch zu einer Unterbrechung (Hemmung) der Verjährungsfrist.

Aufgrund dieser Entwicklungen wird ein effektives Forderungsmanagement immer wichtiger. Durch welches Vorgehen dabei der größte Erfolg erzielt werden kann, lässt sich nicht pauschal beurteilen. Vielmehr hängt das Vorgehen und die Eskalationsstruktur beispielsweise von der Forderungshöhe, der Art der verkauften Waren oder Dienstleistungen, der Dauer der Kundenbeziehung und der Bonität des Kunden ab. So empfiehlt es sich, bei langjährigen Kunden mit einwandfreier Bonität mindestens eine freundliche Zahlungserinnerung zu versenden. Bei Neukunden mit zweifelhafter Bonität steht dagegen tendenziell eher die schnelle Erwirkung eines vollstreckbaren Titels (z. B. eines vollstreckbaren Urteils oder eines Vollstreckungsbescheids) im Vordergrund, um die Ansprüche gegen den Kunden auf dem Weg der Zwangsvollstreckung durchsetzen zu können.

Die grundsätzlich möglichen Maßnahmen im Forderungsmanagement sind in Abbildung 5-17 dargestellt und werden in den folgenden Abschnitten näher erläutert. So befasst sich der folgende Abschnitt mit der Frage, wie mit Chargebacks und Rücklastschriften umzugehen ist. Anschließend wird zunächst auf die Voraussetzungen und Möglichkeiten des außergerichtlichen Mahnverfahrens eingegangen, bevor abschließend die Möglichkeiten der Einbeziehung von Rechtsanwälten oder Inkasso-Unternehmen sowie das gerichtliche Mahn- bzw. Klageverfahren erläutert werden.

Die Zahl der Insolvenzen ist weiter auf hohem Niveau.

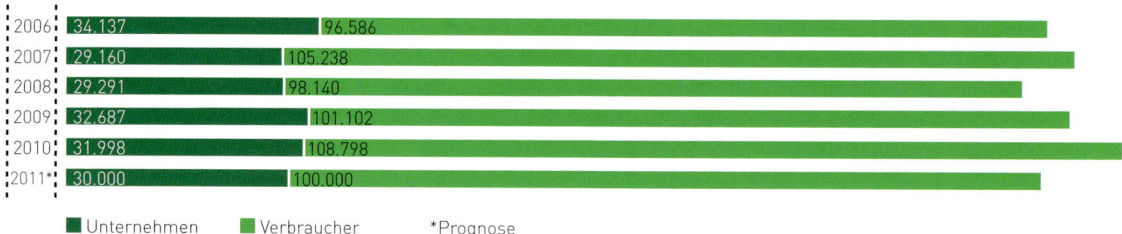

Abb. 5-16: Insolvenzen pro Jahr in Deutschland
Quelle: Bundesverband Deutscher Inkasso-Unternehmen 2011

Der Forderungsmanagement-Prozess umfasst mehrere Stufen.

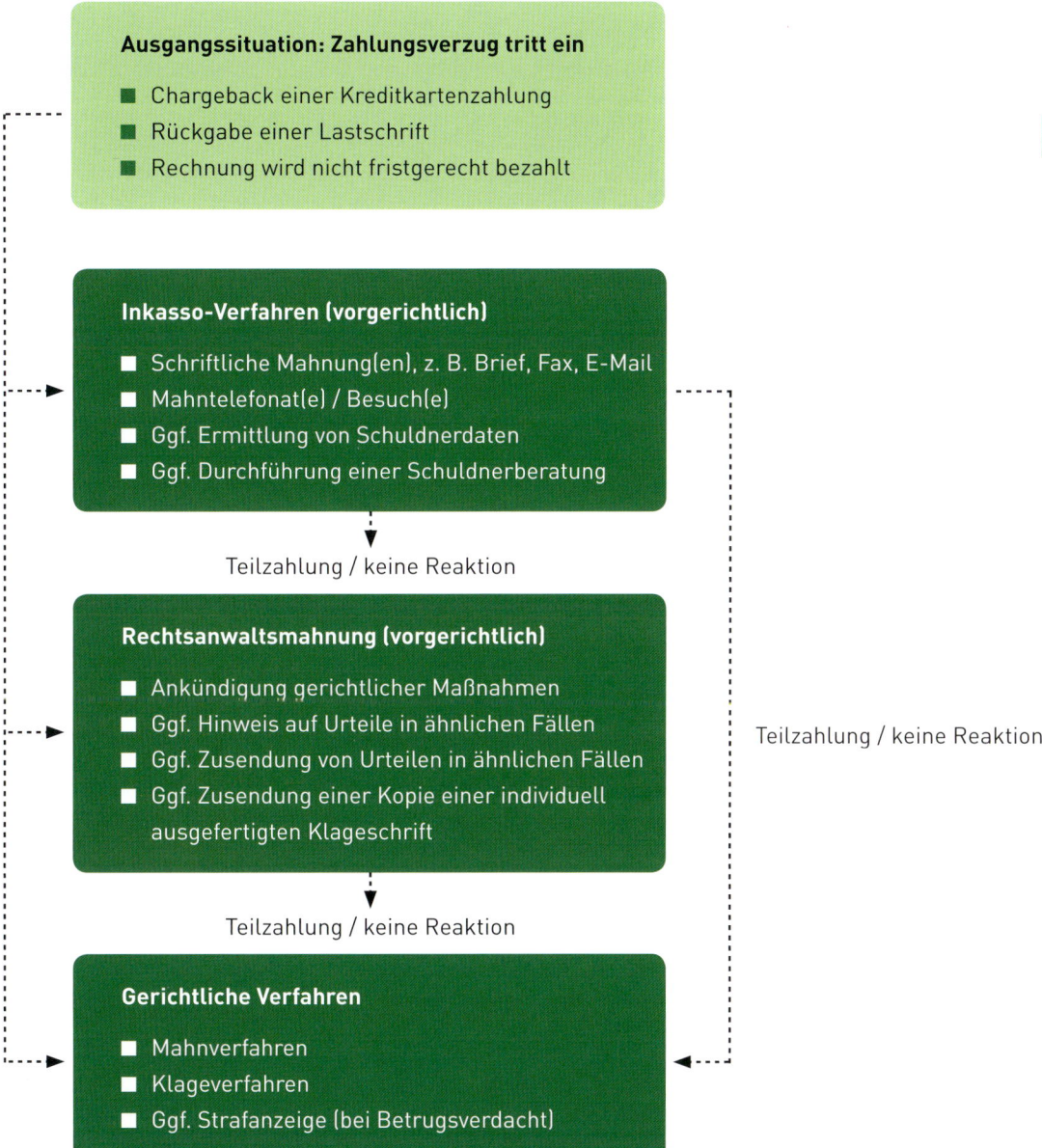

Ausgangssituation: Zahlungsverzug tritt ein

- Chargeback einer Kreditkartenzahlung
- Rückgabe einer Lastschrift
- Rechnung wird nicht fristgerecht bezahlt

Inkasso-Verfahren (vorgerichtlich)

- Schriftliche Mahnung(en), z. B. Brief, Fax, E-Mail
- Mahntelefonat(e) / Besuch(e)
- Ggf. Ermittlung von Schuldnerdaten
- Ggf. Durchführung einer Schuldnerberatung

Teilzahlung / keine Reaktion

Rechtsanwaltsmahnung (vorgerichtlich)

- Ankündigung gerichtlicher Maßnahmen
- Ggf. Hinweis auf Urteile in ähnlichen Fällen
- Ggf. Zusendung von Urteilen in ähnlichen Fällen
- Ggf. Zusendung einer Kopie einer individuell ausgefertigten Klageschrift

Teilzahlung / keine Reaktion

Teilzahlung / keine Reaktion

Gerichtliche Verfahren

- Mahnverfahren
- Klageverfahren
- Ggf. Strafanzeige (bei Betrugsverdacht)

Abbruch oder Ende des Mahnverfahrens, wenn:

- die Gesamtforderung durch den Schuldner vollständig bezahlt wurde,
- keine Möglichkeit mehr besteht, die Forderung geltend zu machen (z. B. Insolvenz oder Verjährung) oder
- der Gläubiger, aus welchen Gründen auch immer, das Verfahren beenden möchte.

Optionale, situationsbezogene Maßnahmen während des Einzugs offener Forderungen:

- Berücksichtigung von Bonitätsprüfungen, ob ein weiteres und wenn ja, welches Vorgehen sinnvoll ist,
- Angebot an den Schuldner einer Ratenzahlungsvereinbarung, eines Zahlungsaufschubs oder eines Vergleichs (d. h. teilweiser Forderungsverzicht),
- kontinuierliche Überwachung des Schuldners, wenn die Gesamtforderung nicht (vollständig) realisiert werden konnte, ob sich die wirtschaftlichen Verhältnisse des Schuldners gebessert haben, um im positiven Falle wieder weitere Schritte zu ergreifen.

Abb. 5-17: Der Forderungsmanagement-Prozess

Chargeback oder Rücklastschrift – was nun?

Rückgaben von Kreditkartenzahlungen (Chargebacks) oder Lastschriften können auf eine Vielzahl von Gründen zurückzuführen sein, z. B. auf fehlerhafte Lieferung, Betrug, Beschädigung, falsche oder fehlende Zahlungsdaten. Welcher dieser Gründe vorliegt, ist leider bei der Lastschrift meistens nicht unmittelbar erkennbar, da die Händler häufig keine konkreten Rückgabegründe oder Rückgabecodes von ihren Dienstleistern (z. B. Banken, Zahlungsdienstleistern oder Payment Service Provider) erhalten – weder im Online-Banking noch z. B. im elektronischen Kontoauszug MT940. Ruft der Online-Händler allerdings elektronische Kontoauszüge im DTAUS-Format ab (so genannter DTI-Auftrag), ein zwischen den deutschen Banken vereinbartes Verfahren im bargeldlosen Zahlungsverkehr, so erhält er üblicher-weise entsprechende Rückgabegründe (vgl. Infobox 5-8) zurückgemeldet. Bei Chargebacks können mehr Rückgabegründe (Reason Codes) angegeben werden, wobei diese jedoch nicht immer eindeutig sind oder mitunter auch falsch sein können (vgl. Infobox 5-9). Es kann deshalb sinnvoll sein, wenn Sie zunächst versuchen zu ermitteln, aus welchem Grund die Lastschrift oder Kreditkartenzahlung tatsächlich zurück-gebucht wurde, gegebenenfalls, indem Sie sich mit Ihrem Kunden in Verbindung setzen oder anderweitige Nachforschungen anstellen.

Rückgabegründe für Lastschriften im deutschen Abbuchungs-auftrags- bzw. Einzugsermächtigungsverfahren

Im Lastschriftabkommen zwischen den Banken wurden die im Folgenden aufgeführten Rückgabegrün-de für Lastschriften im deutschen Abbuchungsauftrags- bzw. Einzugsermächtigungsverfahren festgelegt. Ruft ein Online-Händler seine elektronischen Kontoauszüge im DTAUS-Format ab (DTI-Auftrag), so wer-den ihm üblicherweise, im Falle einer Rückgabe, die zwischen den Banken vereinbarten Rückgabegrün-de zurückgemeldet. Der eigentliche Rückgabegrund ist dabei in der letzten Ziffer des entsprechenden Textschlüssels im Datensatz (Feld C7b) codiert.

Bei einer Rücklastschrift mit dem Textschlüssel 09051 wurde beispielsweise die Lastschrift zurück-gegeben, da das Konto erloschen ist. Die Zahl „09" des Textschlüssels steht für eine Rücklastschrift und die Zahl „05" bedeutet, dass es sich um eine Lastschrift im Einzugsermächtigungsverfahren handelt („04" würde für das Abbuchungsauftragsverfahren stehen).

Textschlüsselendung	Rückgabegrund (im Klartext)
0	keine Angabe eines Rückgabegrundes (ein Grund könnte z. B. sein, dass das Konto mangels Deckung oder aufgrund einer Sperrung nicht be-lastet werden konnte)
1	für „KONTO ERLOSCHEN"
2	für „KTO-NR. FALSCH" oder „SPARKONTO" oder „KTO-NR./NAME NICHT IDENTISCH"
3	für „KEIN ABBUCHUNGSAUFTRAG" oder „KEINE EINZUGSERMÄCHTIGUNG"
4	für „RÜCKRUF"
5	für „WEGEN WIDERSPRUCHS" (nur möglich bei Rücklast-schriften aus dem Einzugsermächtigungsverfahren)
6	für „CHARGEBACK ANDERE SYSTEME"

Hinweis: Bei der SEPA-Lastschrift (vgl. Abschnitt 7.3) werden andere Rückgabegründe und -codes definiert. Näheres hierzu finden Sie in der Anlage 3 des DFÜ-Abkommens, Spezifikation der Datenformate (vgl. www.ebics.de/index.php?id=77).

Infobox 5-8: Rücklastschriftgründe im deutschen Abbuchungsauftrags- bzw. Einzugsermächtigungsverfahren
Quelle: Anlage 1 des Abkommens über den Lastschriftverkehr

Kommen Sie zu dem Schluss, dass das Chargeback einer Kreditkartenzahlung unberechtigt erfolgt ist, können Sie dieses innerhalb einer angegebenen Frist zurückweisen. Sie müssen jedoch gegebenenfalls über ausreichende Nachweise verfügen. Beim Chargeback Reason Code „Ware nicht erhalten" kann dies beispielsweise eine vom Kunden unterschriebene Zustellbestätigung sein, beim Reason Code „Gutschrift nicht erteilt" ein entsprechender Nachweis, dass die Gutschrift erteilt wurde (z. B. Kontoauszug). Die endgültige Entscheidung darüber, ob ein Chargeback zurückgewiesen werden kann, trifft jedoch die kartenherausgebende Bank. Wird die Zurückweisung des Chargebacks nicht anerkannt, müssen Sie sich direkt mit dem Kunden auseinandersetzen.

Häufige Chargeback-Gründe bei Kreditkartenzahlungen im Internet

Kreditkartenzahlungen können ebenso wie Lastschriftzahlungen zurückgegeben werden. Bei Kreditkartenabbuchungen spricht man hier von einem Chargeback. Bei jedem Chargeback muss vom Kreditkarteninhaber ein Grund für die Rückbelastung angegeben werden, der Chargeback Reason genannt und in Form einer Zahl codiert wird. Die nachfolgende Übersicht zeigt häufige Gründe für Rückbelastungen samt ihrer Codes und deren Beschreibung.

Reason Code Nr.			
MasterCard	Visa	Bezeichnung	Beschreibung
37	83	No cardholder authorization or Fraudulent transaction – card absent environment	Der Karteninhaber streitet ab, die Zahlung getätigt zu haben.
41	41	Cancelled recurring transaction	Die Abbuchung erfolgte trotz vorhergehender Kündigung einer Mitgliedschaft oder eines Abonnements.
42	74	Late presentment	Der Kreditkartenumsatz wurde vom Händler nicht innerhalb der vertraglich vereinbarten Zeit eingereicht.
53	53	Cardholder dispute-defective / not as described or Not as described or defective	Ware ist defekt oder entspricht nicht der Beschreibung im Web-Shop des Händlers.
55	30	Non-receipt of merchandise or Services / merchandise not received	Der Karteninhaber hat die Ware nicht erhalten.
59	30	Services not rendered or Services / merchandise not received	Der Karteninhaber hat eine ihm zustehende Leistung nicht erhalten.
60	85	Credit not processed	Der Karteninhaber hat eine ihm zustehende Gutschrift nicht erhalten.
63	75	Cardholder does not recognize – potential fraud or Transaction not recognized	Der Kunde kann eine Abbuchung auf seiner Kreditkartenabrechnung nicht zuordnen.

Infobox 5-9: Chargeback Reason Codes
Quellen: MasterCard 2011, Visa 2011

5

Wurden die Daten von MasterCard- oder Visa-Kreditkarten von Betrügern missbraucht, so kann das Chargeback in den meisten Fällen zurückgewiesen werden, wenn der Händler die Authentifizierungsverfahren MasterCard SecureCode bzw. Verified by Visa nutzt. Dies gilt auch dann, wenn der Kunde über kein entsprechendes Passwort verfügt, da in diesem Fall die kartenherausgebende Bank für den entstandenen Schaden aufzukommen hat. In allen anderen Fällen trägt der Händler das Risiko des Kreditkartenmissbrauchs durch Betrüger. Da es sich hierbei um eine Straftat handelt, empfiehlt es sich, durch eine Strafanzeige ein polizeiliches Ermittlungsverfahren einzuleiten (vgl. den Abschnitt „Wenn alles nichts hilft – knallhart ins Gericht").

Bei unberechtigten Rücklastschriften haben Sie nur die Möglichkeit, sich direkt mit dem Kunden auseinanderzusetzen und gegebenenfalls das Mahnverfahren (vgl. die folgenden Abschnitte) bzw. ein polizeiliches Ermittlungsverfahren einzuleiten.

Richtig mahnen – (k)ein Buch mit sieben Siegeln

Wurde eine Lastschrift oder Kreditkartenzahlung nicht eingelöst bzw. unberechtigt zurückgegeben, befindet sich der Kunde in Verzug und ist daher zum Ersatz des Verzugsschadens verpflichtet. Hierzu zählen neben den Chargeback-Entgelten bzw. Rücklastschriftgebühren, den Kosten für die Erstellung und den Versand von Mahnungen oder die Beauftragung eines Inkasso-Büros auch die Verzugszinsen. Diese betragen bei Verbrauchern 5 % und bei Unternehmen 8 % pro Jahr, zuzüglich des aktuellen Basiszinssatzes (vgl. das Rechenbeispiel in Infobox 5-10).

Berechnung von Verzugszinsen

Beispiel: Forderung gegen einen Verbraucher

Forderungshöhe	1.000 EUR
Rechnungszugang am	12.03.2012
Ablauf der 30-Tage-Frist (alternativ: Tag des Zugangs der Mahnung)	12.04.2012
Begleichung der Forderung am (Wertstellung)	03.05.2012
Anzahl der Verzugstage	21
Verzugszinsen pro Jahr (5 % + 0,12 %*)	5,12 %
Anteiliger Zinssatz ((21 x 5,12 %) / 366**)	0,29 %
Verzugszinsen	2,94 EUR

* Für den relevanten Zeitraum beträgt der Basiszinssatz 0,12 % (Stand Januar 2012). Der Basiszinssatz wird jeweils zum 1. Januar und 1. Juli eines Jahres neu festgelegt und ist unter www.bundesbank.de abrufbar.
** 2012 ist ein Schaltjahr, deshalb wird der anteilige Zinssatz mit 366 Tagen berechnet.

Infobox 5-10: Berechnung von Verzugszinsen

ibi

Bei unbezahlten Rechnungen kommt der Kunde spätestens 30 Tage nach Zugang der Rechnung in Verzug. Gegenüber Verbrauchern gilt diese Regelung jedoch nur, wenn in der Rechnung auf den Eintritt des Verzugs nach Ablauf der 30-Tage-Frist hingewiesen wurde. Wird bereits vor Ablauf der 30-Tage-Frist eine Mahnung an den Kunden versandt, befindet sich der Kunde ab dem Zeitpunkt des Zugangs der Mahnung in Verzug (§ 286 BGB).

Eine schriftliche Mahnung ist daher nicht unbedingt erforderlich, um den Kunden in Verzug zu setzen. Auch ohne eine schriftliche Mahnung kann ein gerichtliches Mahn- oder Klageverfahren eingeleitet werden. Aufgrund der relativ hohen Kosten ist dies bei unbezahlten Rechnungen in der Regel jedoch nicht sinnvoll. Schließlich ist ein großer Anteil der unbezahlten Rechnungen schlicht auf Vergesslichkeit der Kunden zurückzuführen (vgl. Abbildung 5-3).

Als ersten Schritt empfiehlt es sich daher, selbst oder über ein beauftragtes Inkasso-Unternehmen (vgl. den Abschnitt „Professionelle Partner") eine höfliche Zahlungserinnerung an den Kunden zu senden. Eine beispielhafte Formulierung können Sie Infobox 5-11 entnehmen. Bitten Sie Ihren Kunden, die ausstehende Forderung innerhalb von 7 bis 14 Tagen zu begleichen bzw. sich bei Problemen oder Einwänden mit Ihnen in Verbindung zu setzen.

Reagiert der Kunde nicht innerhalb der angegebenen Frist, sollte zeitnah eine weitere Zahlungsaufforderung versendet werden, die deutlich als Mahnung gekennzeichnet ist. Der Kunde wird in diesem Schreiben, je nach Eskalationsstufe (z. B. Stammkunde, Neukunde, Warenwert und Art des Gutes), nachdrücklicher aufgefordert, die Zahlung innerhalb von weiteren 7 bis 14 Tagen zu leisten (vgl. Infobox 5-12).

Als Alternative zur Zahlungserinnerung oder zur Mahnung bietet sich auch ein Anruf beim Kunden an. Im persönlichen Gespräch kann zunächst auf die Zufriedenheit des Kunden mit der Leistung eingegangen werden, um mögliche Reklamationen auszuschließen. Anschließend wird der Kunde auf die noch offene Rechnung angesprochen.

Gibt der Kunde zu, dass er momentan aufgrund von Liquiditätsproblemen nicht zahlen kann, können Sie gegebenenfalls eine Ratenzahlung, einen Zahlungsaufschub oder einen Vergleich (d. h. einen Verzicht auf einen Teil der Forderung) anbieten. Treffen Sie im Falle einer Ratenzahlung oder eines Zahlungsaufschubs eine schriftliche Vereinbarung mit dem Kunden, aus der ein Schuldanerkenntnis des Kunden hervorgeht, so können Sie einen Neubeginn der Verjährungsfrist erreichen.

Erfolgt keine Reaktion des Kunden auf die erste Mahnung, können Sie je nach Einschätzung der Situation entweder noch weitere Mahnungen versenden oder einen Rechtsanwalt mit der gegebenenfalls gerichtlichen Beitreibung der Forderung beauftragen. Nehmen Sie den Kunden in eine interne Negativliste auf (vgl. Abschnitt 5.2), damit sich die ausstehenden Forderungen durch die Annahme zusätzlicher Bestellungen nicht noch weiter erhöhen.

5

Datum: 21.09.2011

Zahlungserinnerung
Rechnung Nr. 08/15 vom 10.08.2011

Sehr geehrter Herr Kunde,

unsere Buchhaltung hat uns darauf aufmerksam gemacht, dass die oben genannte Rechnung mit einem Gesamtbetrag von 1.000 Euro noch nicht ausgeglichen ist. Wir erlauben uns daher höflich, an die Bezahlung der Rechnung zu erinnern. Sollten Sie an unserer Lieferung irgendetwas zu beanstanden haben, so lassen Sie es uns bitte wissen. Wir werden uns in diesem Fall schnellstmöglich darum kümmern.

Mit freundlichen Grüßen

Infobox 5-11: Zahlungserinnerung (beispielhafte Formulierung)

Datum: 04.10.2011

Erste Mahnung
Rechnung Nr. 08/15 vom 10.08.2011

Sehr geehrter Herr Kunde,

wir haben wegen der im Betreff genannten Rechnung, die – soweit wir aus unseren Unterlagen erkennen können – nicht bezahlt ist, kürzlich bereits eine Zahlungserinnerung an Sie versandt. Leider haben wir keine Reaktion von Ihnen darauf erhalten. Wir bitten Sie höflich, den Sachverhalt zu überprüfen.

Bitte überweisen Sie den Rechnungsbetrag in Höhe von 1.000 Euro zuzüglich 9,50 Euro Mahnkosten bis spätestens 18.10.2011.

Mit freundlichen Grüßen

Infobox 5-12: Erste Mahnung (beispielhafte Formulierung)

Datum: 21.10.2011

Zweite Mahnung
Rechnung Nr. 08/15 vom 10.08.2011

Sehr geehrter Herr Kunde,

wir müssen die Bezahlung der im Betreff genannten Rechnung nun schon zum zweiten Mal anmahnen. Dennoch konnten wir leider keinerlei Reaktion feststellen. Sie werden Verständnis dafür haben, dass wir bei dieser Sachlage unsere Forderung gerichtlich geltend machen müssen, wenn wir nicht bis spätestens 01.11.2011 eine Nachricht von Ihnen erhalten. Für unsere bisherigen Bemühungen stellen wir Ihnen Mahnkosten in Höhe von 19 Euro in Rechnung.

Mit freundlichen Grüßen

Infobox 5-13: Zweite Mahnung (beispielhafte Formulierung)

Professionelle Partner – Rechtsanwälte und Inkasso-Unternehmen

Für viele Händler kann es sinnvoll sein, einen Rechtsanwalt oder ein Inkasso-Unternehmen mit dem Einzug der offenen Forderung zu beauftragen. Der Einzug offener Forderungen nimmt viel Zeit in Anspruch und erfordert spezifisches Know-how, das nichts mit dem Kerngeschäft eines Händlers zu tun hat. Weitere mögliche Gründe für die Einschaltung externer Dienstleister können sein, dass Streitigkeiten bei Einschaltung eines neutralen Dritten häufig weniger emotional geführt werden und dass die vom Kunden zu begleichenden Kosten des Forderungseinzugs (auch als Beitreibung bezeichnet) im Erfolgsfall leichter ermittelt werden können als bei einer internen Bearbeitung.

Jeder fünfte Online-Händler, der Inkasso-Maßnahmen einleitet, führt diese selbst durch.

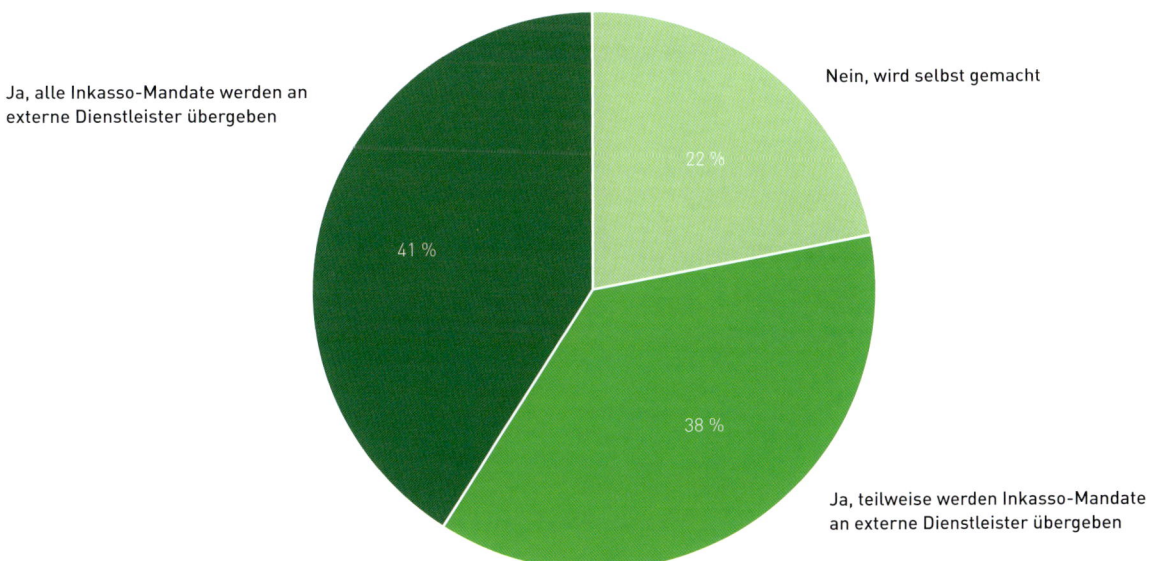

Übergeben Sie im Falle einer Zahlungsstörung bei Internet-Verkäufen (Rechnung wird nicht rechtzeitig bezahlt, Lastschriftrückgabe, Chargeback) Inkasso-Mandate an externe Dienstleister?

Abb. 5-18: Inanspruchnahme externer Dienstleister beim Inkasso
Quelle: ibi research (Zahlungsabwicklung im E-Commerce 2011)

Wie Abbildung 5-18 zeigt, beauftragen etwa 80 % der Unternehmen einen externen Dienstleister mit dem Einzug offener Forderungen. Welche Vorteile die Zusammenarbeit mit einem externen Dienstleister dem Händler „Risikooptimal" aus dem Fallbeispiel in Abschnitt 5.2 bietet, wird nachfolgend in dessen Fortsetzung beschrieben.

5

Fallbeispiel Händler „Risikooptimal": Sicher ist sicher und deshalb nur die Vorkasse anbieten – oder doch lieber (etwas) Risiko akzeptieren!?

Teil 3 von 3

Wie in den Teilen 1 und 2 des Fallbeispiels geschildert, verkauft der fiktive Händler „Risikooptimal" Sport- und Freizeitartikel zunächst ausschließlich per Vorkasse über das Internet (Situation 1). Die Zahlung per Vorkasse wird jedoch nicht von allen Kunden akzeptiert, weshalb es häufig zu Kaufabbrüchen kommt. Um den Kunden entgegenzukommen, erweitert er das Angebot an Zahlungsverfahren daher um die Zahlung per Rechnung, Nachnahme, Kreditkarte und Lastschrift, wodurch er sich jedoch Zahlungsstörungen (z. B. Rücklastschriften oder nicht termingerecht gezahlte Rechnungen) einhandelt (Situation 2). Unter dem Strich erzielt der Händler trotz eines deutlich gestiegenen Umsatzes aufgrund von Zahlungsstörungen und Zahlungsausfällen einen geringeren Gewinn als bei einem ausschließlichen Vorkasseangebot. Um Zahlungsstörungen bereits vor der Annahme von Bestellungen erkennen und vermeiden zu können, führt er vor der Annahme von Bestellungen Prüfungen der Bestell- und Kundendaten (Warenkorbzusammensetzung, Adressdaten, Kundenbonität) durch und steuert das Angebot an Zahlungsverfahren in Abhängigkeit vom Prüfungsergebnis (Situation 3, vgl. Abschnitt 5.2).

Nun denkt er darüber nach, die Beitreibung der offenen Forderungen zusätzlich an einen spezialisierten Dienstleister auszulagern (Situation 4), um hier verbesserte Erfolge erzielen und sich auf sein Tagesgeschäft konzentrieren zu können. Ob Situation 4 für den Händler „Risikooptimal" zusätzliche Gewinne verspricht, wird in der folgenden Fortsetzung des Fallbeispiels näher betrachtet werden. Gegenstand des Fallbeispiels ist ein Vergleich der Situationen 3 und 4 sowie ein Resümee über alle vier Situationen.

Situation 4: Profis könnens besser, oder?

Steckbrief: Händler „Risikooptimal"

■ Angebotene Waren:	Sport- und Freizeitartikel
■ Angebotene Zahlungsverfahren:	Vorkasse, Rechnung, Kreditkarte, Lastschrift, Nachnahme
■ Anzahl angenommener Bestellungen je Kalendertag (nach Kaufabbrüchen aufgrund des Ausschlusses von der Zahlung per Rechnung oder Lastschrift):	50
■ Durchführung von Risikoprüfungen:	ja
■ Anzahl der nach Risikoprüfung angenommenen Bestellungen je Kalendertag:	45
■ Anteil der abgelehnten Bestellungen, bei denen tatsächlich Zahlungsstörungen aufgetreten wären (Effektivitätsquote):	75 %
■ Durchführung Mahnverfahren / Inkasso:	ja, extern
■ Durchschnittlicher Warenkorbwert je Bestellung:	120 EUR
■ Jahresumsatz (Summe aller Zahlungsansprüche):	1.971.000 EUR
■ Selbstkosten je Bestellung, ohne Kosten der Zahlungsabwicklung:	100 EUR
■ Durchschnittliche Kosten der Zahlungsabwicklung je Bestellung, ohne Kosten für Risikoprüfungen, Zahlungsstörungen / Beitreibung und Zahlungsausfälle:	4 EUR
■ Durchschnittliche Kosten für Risikoprüfungen je Bestellung:	0,60 EUR
■ Durchschnittliche Kosten für Zahlungsstörungen / Beitreibung und Zahlungsausfälle:	0,16 EUR
■ Durchschnittliche Selbstkosten je Bestellung, inkl. aller Kosten:	104,76 EUR
■ Gewinnmarge bzgl. Warenkorbwert:	12,7 %
■ Durchschnittliche Kosten der Beitreibung je Zahlungsstörung (Vorleistung des Unternehmens):	30 EUR

Veränderungen gegenüber Situation 3 (vgl. Fallbeispiel, Teil 2) sind hervorgehoben.

ibi

Situation 4: Profis könnens besser, oder?

Gegenüber der vorhergehenden Situation 3 übergibt der Händler nun alle Bestellungen zur Bearbeitung an einen externen Inkasso-Dienstleister. Der Händler befindet sich ansonsten in der gleichen Ausgangssituation wie in Situation 3, mit einem Anteil an Zahlungsstörungen von 0,38 %.

Im vorliegenden Beispiel wird davon ausgegangen, dass der externe Dienstleister einerseits aufgrund seines höheren rechtlichen und psychologischen Know-hows eine höhere Beitreibungsquote erzielt (75 % im Vergleich zu 40 % beim internen Mahnwesen) und andererseits für die Beitreibung aufgrund einer besseren IT-Unterstützung des Mahnwesens geringere Kosten für die Beitreibung anfallen (30 Euro im Vergleich zu 75 Euro beim internen Mahnwesen). Zusätzlich kann auch ein höherer Anteil (im vorliegenden Beispiel alle Kosten in Höhe von 30 Euro) an Beitreibungskosten auf den säumigen Kunden abgewälzt werden. Im Misserfolgsfall hingegen müssen, wie bisher, sowohl die Kosten für das Inkasso in Höhe von 30 Euro als auch die Selbstkosten inklusive der Kosten für die Zahlungsabwicklung und Risikoprüfung in Höhe von 104,76 Euro abgeschrieben werden.

Für Zahlungsstörungen / Beitreibung und Zahlungsausfälle entstehen dadurch insgesamt Kosten in Höhe von 2.601 Euro, die sich auf Kosten für Zahlungsstörungen (Beitreibung) in Höhe von 520 Euro und Kosten für Zahlungsausfälle in Höhe von 2.081 Euro verteilen. Insgesamt kann der Händler „Risikooptimal" seine Kosten durch die Auslagerung des Mahn- / Inkasso-Verfahrens um 6.900 Euro senken. Dieser Betrag kann unmittelbar als zusätzlicher Gewinn verbucht werden. Im Ergebnis lassen sich somit auch die durchschnittlichen vollen Selbstkosten über alle angenommenen Bestellungen auf 104,76 Euro senken, wodurch sich die Gewinnmarge auf 12,7 % erhöht.

Insgesamt erreicht der Händler durch die Beauftragung eines Inkasso-Dienstleisters folgendes Ergebnis:

- Jahresumsatz (Summe aller Zahlungsansprüche): 1.971.000 EUR
- Selbstkosten, ohne Kosten der Zahlungsabwicklung, pro Jahr: 1.642.500 EUR
- Kosten der Zahlungsabwicklung pro Jahr: 65.700 EUR
- Kosten für Risikoprüfungen pro Jahr: 9.855 EUR
- Kosten für Zahlungsstörungen / Beitreibung und Zahlungsausfälle pro Jahr: 2.601 EUR
- **Erwarteter Gewinn pro Jahr: 250.344 EUR**

Eine Auslagerung des Mahn- / Inkasso-Verfahrens lohnt sich also in dem geschilderten Beispiel, da der Händler „Risikooptimal" gegenüber Situation 3 („Keine Panik – Vorsicht walten lassen!") einen zusätzlichen Gewinn erzielt. Nach Abzug aller Kosten verbleibt ein Gewinn von 250.344 Euro in der Tasche des Händlers.

Am Ende zählt, was in der Kasse ist!

Vergleicht man nun alle Situationen miteinander, so zeigt sich letztendlich folgendes Ergebnis:

	Situation 1 (Sicher ist sicher, lieber nur Vorkasse anbieten!)	Situation 2 (Umsatz ohne Grenzen – aber wie siehts mit dem Gewinn aus?)	Situation 3 (Keine Panik – Vorsicht walten lassen!)	Situation 4 (Profis könnens besser, oder?)
Jahresumsatz (Summe aller Zahlungsansprüche):	1.752.000 EUR	2.190.000 EUR	1.971.000 EUR	1.971.000 EUR
Selbstkosten ohne Kosten der Zahlungsabwicklung pro Jahr:	1.460.000 EUR	1.825.000 EUR	1.642.500 EUR	1.642.500 EUR
Kosten der Zahlungsabwicklung pro Jahr:	62.780 EUR	73.000 EUR	65.700 EUR	65.700 EUR
Kosten für Risikoprüfungen pro Jahr:	keine	keine	9.855 EUR	9.855 EUR
Kosten für Zahlungsstörungen / Beitreibung und Zahlungsausfälle pro Jahr:	keine	95.010 EUR	9.501 EUR	2.601 EUR
Erwarteter Gewinn pro Jahr:	**229.220 EUR**	**196.990 EUR**	**243.444 EUR**	**250.344 EUR**

A Gewinnrückgang: 32.230 EUR
Zusätzliche Zahlungsverfahren ohne Risikomanagement

B Gewinnsteigerung: 46.454 EUR
Zusätzliche Zahlungsverfahren mit Risikomanagement

C Gewinnsteigerung: 6.900 EUR
Zusätzliche Zahlungsverfahren mit Risikomanagement und externe Durchführung von Mahnverfahren / Inkasso

In Situation 4 wird insgesamt der höchste Gewinn erzielt. Gegenüber Situation 3 steigt dieser um knapp 3 %, gegenüber Situation 2 ist er um 27 % und gegenüber der reinen Vorkasse um etwa 9 % höher.

Vergleicht man weitere Kennzahlen miteinander, so ergibt sich folgendes Bild:

	Situation 1 (Sicher ist sicher, lieber nur Vorkasse anbieten!)	Situation 2 (Umsatz ohne Grenzen – aber wie siehts mit dem Gewinn aus?)	Situation 3 (Keine Panik – Vorsicht walten lassen!)	Situation 4 (Profis könnens besser, oder?)
Erwarteter Gewinn pro Jahr:	229.220 EUR	196.990 EUR	243.444 EUR	250.344 EUR
Gewinnveränderung bzgl. vorhergehender Situation:	-	-14,1 %	24 %	3 %
Umsatzrendite:	13,1 %	9,0 %	12,4 %	12,7 %
Durchschnittliche Selbstkosten je Bestellung inkl. aller Kosten:	104,30 EUR	109,21 EUR	105,18 EUR	104,76 EUR
Zahlungsausfallquote bezogen auf gesamten Jahresumsatz:	0,00 %	2,28 %	0,23 %	0,09 %

Obwohl der Gewinn in Situation 4 am höchsten ist, wird nicht mehr die ursprüngliche Umsatzrendite von 13,1 % erreicht. Dies ist darauf zurückzuführen, dass in Situation 4 ein geringer Anteil des Gewinns durch Zahlungsstörungen und Zahlungsausfälle aufgezehrt wird, was in Situation 1 nicht der Fall ist. Allerdings wird aufgrund des Angebots mehrerer Zahlungsverfahren ein höherer Umsatz erzielt, so dass der Gewinn absolut gesehen dennoch steigt.

Fazit: Am Ende zählt, was in der Tasche ist – und das kann nur im Einzelfall entschieden werden

Als Fazit aus dem Fallbeispiel kann festgehalten werden, dass bei einer Abwägung zwischen mehreren Alternativen stets eine genaue Analyse erforderlich ist, wie sich unterschiedliche Maßnahmen auf Ihren Gewinn auswirken. Die vorgestellten Situationen stellen dabei nur eine Auswahl des Möglichen dar. In der Kalkulation sollten möglichst alle auftretenden Effekte berücksichtigt werden.

Häufig ist die auf den ersten Blick einfachste Lösung nicht immer die beste und es lohnt sich gegebenenfalls durchaus auch etwas Risiko einzugehen. Achten Sie jedoch stets darauf, wie viel Risiko Sie sich in Ihrer spezifischen Situation leisten können und lassen Sie sich von Spezialisten unterstützen.

5

Wenn Sie sich für die Beauftragung eines externen Dienstleisters mit dem Inkasso offener Forderungen entschieden haben, bleibt die Frage, an wen Sie das Inkasso-Mandat übergeben wollen. Grundsätzlich können Sie zwischen der Beauftragung eines Rechtsanwalts und eines Inkasso-Unternehmens wählen. Welche Vorteile die Beauftragung eines Rechtsanwalts bzw. Inkasso-Unternehmens jeweils haben, wird im Folgenden erläutert.

Die Beauftragung eines Rechtsanwalts empfiehlt sich insbesondere dann, wenn Sie Ihre Forderung gerichtlich geltend machen wollen (vgl. den Abschnitt „Wenn alles nichts hilft – knallhart ins Gericht") oder Einwände des Kunden die Hinzuziehung eines Rechtsexperten erforderlich machen. Oft reicht aber auch schon ein Schreiben des Anwalts an den Kunden aus, in dem diesem die Übernahme des Mandats angezeigt wird, um dem Kunden den Ernst der Lage bewusst zu machen und ihn zur Zahlung zu veranlassen. Gegebenenfalls kann dem Schreiben auch ein Gerichtsurteil in einem ähnlich gelagerten Fall oder eine Kopie einer bereits vorbereiteten Klageschrift beigefügt werden.

Viele Gläubiger vertrauen spezialisierten Inkasso-Unternehmen.

An welche Dienstleister übergeben Sie die Inkasso-Mandate?

75 %	An Inkasso-Unternehmen
34 %	An Anwaltskanzlei(en)
2 %	Sonstige Dienstleister

Abb. 5-19: Inanspruchnahme von Inkasso-Unternehmen
Quelle: ibi research (Zahlungsabwicklung im E-Commerce 2011)

Wie Abbildung 5-19 entnommen werden kann, entscheidet sich der Großteil der befragten Unternehmen derzeit für die Beauftragung eines Inkasso-Unternehmens. Inkasso-Unternehmen zielen in erster Linie auf die außergerichtliche Beitreibung der Forderung ab. Je nach Anbieter kommen hierfür unterschiedliche Möglichkeiten der Schuldneransprache zum Einsatz, z. B. per Brief, Telefon, SMS und E-Mail, bis hin zu persönlichen Schuldnerbesuchen. Welche Maßnahmen genau durchgeführt werden, lässt sich im Idealfall individuell festlegen. Darüber hinaus übernehmen viele Inkasso-Unternehmen auch die Anschriftenermittlung bei unbekannt verzogenen Kunden oder die Ermittlung aktueller Telefonnummern.

Für die gerichtliche Geltendmachung arbeiten die meisten Inkasso-Unternehmen mit Vertragsanwälten zusammen. Nach Erhalt des vollstreckbaren Titels bieten viele Inkasso-Unternehmen auch an, sich um den Einzug der Forderungen zu kümmern.

5

Ein Schuldner ist ein Kunde mit Zahlungsstörung!

Im Gespräch mit Oliver Burgis, atriga, www.atriga.de

Dipl.-Kfm. Oliver Burgis M.B.A. ist Geschäftsführer und Leiter der unternehmenseigenen IT-Entwicklung der atriga GmbH in Langen. Die atriga GmbH unterstützt das Forderungsmanagement ihrer Kunden durch Bankverbindungsprüfungen, Bonitätsauskünfte, Anschriftenermittlungen und Inkasso-Dienstleistungen. Als Partner zahlreicher Payment-Anbieter verfügt die atriga GmbH über besondere Erfahrungen im Bereich des elektronischen Handels.

INTERVIEW

Herr Burgis, aus welchen Gründen beauftragen Ihre Kunden einen externen Dienstleister mit dem Einzug offener Forderungen?

Viele unserer Kunden sehen sich einem stark steigenden Aufwand für den Einzug offener Forderungen gegenüber, der angesichts der oft recht niedrigen Beitreibungsquoten bei eigenen Mahnaktivitäten oder der teilweise sehr niedrigen Forderungsbeträge von häufig unter einem Euro oft nicht mehr gerechtfertigt erscheint. Vor allem bei Geschäften mit Verbrauchern ist zu beobachten, dass der Aufwand für die Bearbeitung von Zahlungsstörungen stark ansteigt. Aufgrund der vielfältigen Möglichkeiten, „auf Pump" zu kaufen, haben sich viele Verbraucher stark verschuldet, so dass der Forderungseinzug oft nur durch aufwendige Ratenzahlungen möglich ist.

Hinzu kommt, dass sich Schuldner zunehmend auch über das Internet darüber informieren, mit welchen Taktiken man die Begleichung einer offenen Forderung umgehen kann. Um auf die Tricks einiger Schuldner richtig reagieren zu können, braucht es fundiertes juristisches und psychologisches Knowhow, das insbesondere von kleineren Unternehmen häufig nicht vorgehalten werden kann. Wenn ein spezialisierter Dienstleister mit dem Einzug offener Forderungen beauftragt wird, steigt die Beitreibungsquote daher oft deutlich an. Ein weiterer, mit steigender Anzahl von Inkasso-Aufträgen immer wichtiger werdender Grund ist die flexible und vollautomatisierte Abwicklung. Bei mehreren hundert, tausend oder mehr Fällen macht es betriebswirtschaftlich aus vielen Gründen Sinn, einen externen Dienstleister mit entsprechender Spezialisierung zu beauftragen.

Worauf ist bei der Auswahl eines Inkasso-Unternehmens zu achten?

Vordergründig geht es beim Inkasso zwar um die Beitreibung offener Forderungen, allerdings dürfen auch die Auswirkungen auf die Kundenbeziehung nicht außer Acht gelassen werden. Die Gründe, warum Forderungen nicht beglichen werden, sind vielfältig und reichen von vorübergehenden Liquiditätsengpässen bis hin zum vorsätzlichen Betrug. Das Inkasso-Unternehmen sollte daher Möglichkeiten bieten, individuelle Verfahrensprofile festzulegen, die auf die Kundenstruktur des Unternehmens und die persönliche Situation des einzelnen Schuldners zugeschnitten sind. Wir sprechen hier von einem „ereignisbasierten Inkasso-Prozess", der es ermöglicht, völlig individuell auf die Situation des Schuldners und seine vielfältigen Reaktionsmöglichkeiten einzugehen. Nur so lässt sich ein maximaler Inkasso-Erfolg hinsichtlich Beitreibungsquote und Wiederkaufrate von Kunden mit Zahlungsstörungen realisieren. Letztlich soll die Zahlungsstörung, nicht aber die Kundenbeziehung durch das beauftragte Inkasso-Unternehmen beseitigt werden.

In diesem Zusammenhang ist auch ausdrücklich vor unseriösen Anbietern zu warnen, die sich bei der Beitreibung von Forderungen in den Bereich der Nötigung begeben. Werden die Dienste eines solchen Unternehmens in Anspruch genommen, kann der Auftraggeber wegen Anstiftung zu einer Straftat sogar strafrechtlich belangt werden.

Eine weitere wichtige Frage ist aus meiner Sicht, wie gut die ausgelagerten Inkasso-Prozesse in die Verfahrensabläufe des Unternehmens integriert werden

> Letztlich soll die Zahlungsstörung, nicht aber die Kundenbeziehung durch das beauftragte Inkasso-Unternehmen beseitigt werden.
>
> Oliver Burgis, atriga

können. So müssen alle im Inkasso-Prozess hinzugewonnenen Informationen (z. B. Verschlechterungen der Bonitätssituation, Zahlungseingänge) unmittelbar an den Auftraggeber weitergegeben werden, damit dieser z. B. durch die Verhängung oder Aufhebung von Lieferstopps optimal auf die veränderte Situation des Kunden reagieren kann.

Welche Voraussetzungen müssen bei Ihren Kunden erfüllt sein, damit die Zusammenarbeit möglichst reibungslos funktioniert?

Jedes Unternehmen verfügt innerhalb seines Schuldnerportfolios über unterschiedliche Schuldnergruppen. Zur Optimierung des Inkasso-Erfolges müssen diese Gruppen zunächst erkannt werden, um sie anschließend innerhalb der einzelnen Inkasso-Verfahren personalisiert ansprechen zu können. Wir unterstützen unsere Kunden daher dabei, die wesentlichen Parameter (z. B. Höhe der Hauptforderung, Art der unbezahlten Waren oder Dienstleistungen) für die Festlegung der Verfahrensprofile zu identifizieren und fortlaufend zu optimieren.

Des Weiteren müssen die erforderlichen Voraussetzungen für den Informationsaustausch mit unseren Kunden geschaffen werden. Die Kommunikation per Fax oder E-Mail ist in der Regel zu aufwendig und zudem fehleranfällig. Wir bieten unseren Kunden daher unterschiedliche Möglichkeiten zum Datenaustausch – von manuell bis vollautomatisch –, die je nach Kundensituation bedarfsorientiert und flexibel genutzt werden können. Im Ergebnis könnte man sagen: Wir holen den Kunden dort ab, wo er sich zurzeit technisch befindet. Bei unserem Kunden selbst entsteht somit erst einmal kein Änderungsbedarf. Wir bieten ihm aber zu jeder Zeit die Möglichkeit, je nach Entwicklung seines Geschäfts flexibel alle Prozesse den Erfordernissen entsprechend anzupassen.

Je mehr Daten unsere Kunden über ihre Schuldner besitzen, desto einfacher ist es für uns, den Schuldner ausfindig zu machen und über unterschiedliche Kanäle (z. B. Brief, Anruf, SMS, E-Mail) zu kontaktieren. Zudem empfehlen wir allen unseren Kunden, bereits beim Eingang der Bestellung Prüfungen der Kundendaten, z. B. Plausibilitätsprüfungen oder Prüfungen von Negativlisten, durchzuführen. Stellt sich nach Übernahme eines Inkasso-Mandats heraus, dass die angegebenen Kundendaten falsch sind oder der Kunde bereits seit Längerem insolvent ist, schlägt sich dies entsprechend auf die Erfolgsquote der Inkasso-Verfahren nieder. Aus diesem Grund unterstützen wir unsere Kunden auch durch die Vermittlung von Adressprüfungen, Bonitätsauskünften oder Bankverbindungsprüfungen und haben den acdc-Pool (acdc = account check direct control) entwickelt, den derzeit einzigen Pool, der bundesweit mit den Datenschutzbehörden der Länder abgestimmt ist und der unseren Kunden hilft, sich kostenfrei vor Rücklastschriften zu schützen.

Zusätzlich prüfen wir die Bonität jedes Schuldners zu Beginn eines Inkasso-Verfahrens über mehrere Quellen. Konsumenten z. B. über die SCHUFA, deren Vertragspartner wir sind, sowie über unseren eigenen umfangreichen Datenpool. Dadurch können wir sicherstellen, dass der Verlauf jedes einzelnen Inkasso-Verfahrens optimal an die aktuelle Vermögenssituation des Schuldners angepasst ist.

Natürlich verursacht die Erhebung und Prüfung der Kundendaten beträchtlichen Aufwand. Da dieser Aufwand für unsere Kunden in keinem Fall mit Kosten verbunden ist und wenn man sich überlegt, dass unseren Kunden viel Geld mit jedem Forderungsausfall verloren geht, dann macht sich dieser zusätzliche Aufwand schnell bezahlt. ∎

Wenn alles nichts hilft – knallhart ins Gericht

Kann die Forderung nicht außergerichtlich beigetrieben werden, bleibt als letzte Möglichkeit der Gang zum Gericht. Je nach der individuellen Forderung ist zu entscheiden, welche rechtlichen Möglichkeiten (Strafanzeige, gerichtliches Mahnverfahren oder Klageverfahren) ausgeschöpft werden können bzw. sollten.

Werden Inkasso-Verfahren aufgrund der Gläubigerentscheidung (z. B. zweifelhafte Erfolgswahrscheinlichkeit) nicht in ein gerichtliches Verfahren überführt, können diese in definierten Zyklen einer erneuten Überprüfung bzw. Bearbeitung zugeführt werden, da sich evtl. die Vermögenssituation des Kunden verbessert haben könnte. Zu beachten ist allerdings, dass solche Forderungen, bei denen kein Vollstreckungstitel oder ein Schuldanerkenntnis vorliegt, bereits drei Jahre nach Ablauf des Jahres, in dem sie entstanden sind, verjähren.

Eine Strafanzeige ist immer dann möglich, wenn Betrug vorliegt. Hierzu zählen die bereits in diesem Abschnitt genannten Fälle, in denen Konto- oder Kreditkartendaten von Dritten missbraucht wurden. Aber auch bei einer Rücklastschrift mangels Deckung oder einer nicht bezahlten Rechnung kann es sich um Betrug handeln, wenn der Kunde bereits zum Zeitpunkt der Bestellung wissen musste, dass er nicht zahlen kann. Dies ist beispielsweise dann der Fall, wenn der Kunde bereits eine eidesstattliche Versicherung abgegeben hat. Eine strafrechtliche Verurteilung des Kunden führt zwar nicht zu einem vollstreckbaren Titel, in manchen Fällen wird dem Kunden jedoch angeboten, das Verfahren bei Begleichung der offenen Forderung einzustellen.

Ziel des gerichtlichen Mahnverfahrens ist es, ohne aufwendiges gerichtliches Klageverfahren einen Vollstreckungsbescheid gegen den Kunden zu erwirken. Hierzu ist lediglich ein Mahnantrag zu stellen, der unter www.online-mahnantrag.de auch elektronisch erstellt und eingereicht werden kann. Der Mahnbescheid wird dem Kunden vom Gericht zugestellt. Legt der Kunde nicht innerhalb von zwei Wochen schriftlich Widerspruch gegen den Mahnbescheid ein, so erlässt das zuständige Amtsgericht auf Antrag einen Vollstreckungsbescheid.

Die gerichtliche Geltendmachung von Forderungen hängt bei der Hälfte der Online-Händler von der Forderungshöhe ab.

In welchen Fällen machen Sie oder die von Ihnen beauftragten Dienstleister Forderungen gegen den Kunden gerichtlich geltend?

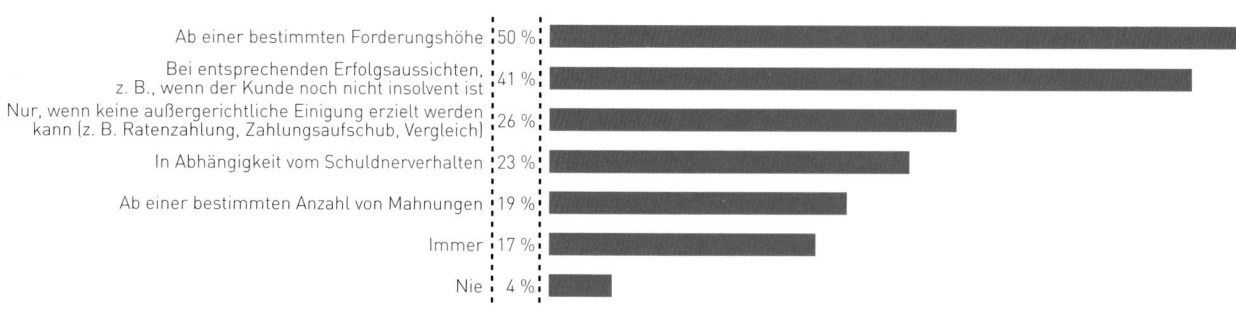

Abb. 5-20: Gerichtliche Geltendmachung von Forderungen
Quelle: ibi research (Zahlungsabwicklung im E-Commerce 2011)

Nach Vorliegen des Vollstreckungsbescheides können Vollstreckungsmaßnahmen, ggf. bis zur Abgabe der eidesstattlichen Versicherung durch den Schuldner bzw. bis zum Antrag auf Eröffnung des Insolvenzverfahrens, durchgeführt werden.

Bei einem Widerspruch des Kunden gegen den Mahnbescheid geht das Mahnverfahren in ein gerichtliches Klageverfahren über. Wenn Widersprüche des Kunden zu erwarten sind, kann es daher sinnvoll sein, ohne vorhergehendes Mahnverfahren sofort Klage einzureichen, um zusätzliche Aufwände durch das vorhergehende Mahnverfahren zu vermeiden.

Für das Klageverfahren werden Sie bzw. der von Ihnen beauftragte Anwalt zunächst aufgefordert, den Anspruch gegen Ihren Kunden näher zu begründen. Diese Klagebegründung wird dem Kunden zugestellt mit der Aufforderung, dem Gericht anzuzeigen, ob er sich gegen die Klage verteidigen will. Ist dies der Fall, kommt es zu einem Gerichtsverfahren, aus dessen Urteil bei positivem Ausgang letztendlich vollstreckt werden kann.

Kann die Gesamtforderung trotz des Vorliegens eines vollstreckbaren Titels nicht beigetrieben werden (der Schuldner ist z. B. vermögenslos), kann es Sinn ergeben, die wirtschaftlichen Verhältnisse des Schuldners während der Gültigkeitsdauer des Titels (bis zu 30 Jahren, in Einzelfällen durchaus länger) kontinuierlich zu überwachen. Wird in diesem Zeitraum eine Verbesserung der Vermögenssituation festgestellt, kann sofort begonnen werden die Forderung einzuziehen.

Insbesondere das Klageverfahren, aber auch das gerichtliche Mahnverfahren sind mit erheblichen Laufzeiten und Kosten verbunden, die von Ihnen im Voraus zu zahlen sind. Ob ein solches Verfahren sinnvoll ist, hängt im Wesentlichen von der Forderungshöhe und den Erfolgsaussichten des Verfahrens (z. B. aufgrund der Bonität des Kunden) ab. Allerdings sollte auch bei geringen Forderungshöhen zumindest gelegentlich ein gerichtliches Verfahren eingeleitet werden. Sonst könnte es sich in einschlägigen Internet-Foren schnell herumsprechen, dass man in Ihrem Shop ungeschoren davonkommt.

5

Unbekannt verzogen – was nun?

Die außergerichtliche oder gerichtliche Beitreibung einer offenen Forderung kann natürlich nur dann zum Erfolg führen, wenn Ihnen die aktuelle Adresse des Kunden bekannt ist. Was aber, wenn eine Zahlungserinnerung oder ein Mahnschreiben mit dem Vermerk zurückkommt: „Unbekannt verzogen"?

Dass ein Mahnschreiben an die beim Kauf angegebene Anschrift nicht mehr zustellbar ist, kommt leider recht häufig vor: Etwa 10 % der Deutschen ziehen Schätzungen zufolge durchschnittlich jedes Jahr um, Kunden mit geringer Bonität sogar dreimal so oft wie zahlungskräftige Kunden. Und gerade diese Kunden „vergessen" häufig, Ihnen ihre aktuelle Anschrift mitzuteilen bzw. einen Nachsendeantrag bei den Postdienstleistern zu stellen. Erfahrungen von Inkasso-Unternehmen zeigen, dass etwa 15 % der privaten Schuldner versuchen, den Forderungen ihrer Gläubiger durch einen Umzug zu entgehen.

Was können Sie also tun, wenn eine Mahnung nicht zustellbar ist? Zunächst sollten Sie versuchen, telefonisch oder per E-Mail mit dem Kunden Kontakt aufzunehmen (vgl. die Empfehlung „Erheben Sie vollständige Kundendaten" in Abschnitt 5.2), um den benötigten Zeitaufwand hierfür möglichst gering zu halten. Vielleicht haben Sie Glück, und die bisherige Festnetznummer wurde an die neue Anschrift mitgenommen. Die Handy-Nummer und die E-Mail-Adresse bleiben bei einem Umzug teilweise unverändert. So können Sie schnell klären, ob es sich tatsächlich um ein Versehen des Kunden gehandelt hat.

Führen aber diese Möglichkeiten nicht zum Erfolg, lohnt sich häufig eine kostenpflichtige Anfrage an eine Auskunftei unter der Ihnen bekannten Anschrift Ihres Kunden. Liegt der Auskunftei die neue Anschrift bereits vor, bekommen Sie diese bei berechtigtem Interesse mitgeteilt.

Nur gut ein Drittel der Händler versucht, unbekannt verzogene Schuldner über das Einwohnermeldeamt zu ermitteln.

Wie gehen Sie vor, wenn ein Schuldner unter der Ihnen bekannten Anschrift nicht mehr ermittelbar ist?

59 %	Es wird eine Recherche per Internet / Telefon durchgeführt
48 %	Es wird ein externer Dienstleister mit dem Einzug der Forderung beauftragt
34 %	Es wird eine Anfrage an das Einwohnermeldeamt gestellt
26 %	Es wird bei einer Auskunftei oder sonstigen Adressdatenbank angefragt
8 %	Es werden Ermittlungen am Wohnort des Kunden durchgeführt
5 %	Die Anschrift wird auf eine externe Überwachungsliste eines Dienstleisters gesetzt
2 %	Sonstiges Vorgehen

Abb. 5-21: In Anspruch genommene Möglichkeiten der Anschriftenermittlung
Quelle: ibi research (Zahlungsabwicklung im E-Commerce 2011)

ibi

5

Bei einigen Auskunfteien kann man auch versuchen, die aktuelle Anschrift des Kunden anhand der Kontonummer zu ermitteln. Dies ist aber in der Regel deutlich teurer als die Abfrage der Anschrift. Eine Anfrage bei der kontoführenden Bank selbst bleibt dagegen in der Regel ergebnislos, da im E-Commerce (anders als beim Lastschriftverfahren im stationären Einzelhandel) in der Regel keine explizite schriftliche Zustimmung des Kunden zur Herausgabe seiner Anschrift vorliegt und die Bank somit die Kundendaten nicht herausgeben darf.

Erhalten Sie auch auf diese Weise keine Informationen über die aktuelle Anschrift des Kunden, bleibt noch die Anfrage beim Einwohnermeldeamt (bzw. bei Unternehmenskunden beim Gewerberegister oder bei der zuständigen Kammer) an der letzten bekannten Anschrift oder die Ermittlung vor Ort. Wie dabei vorzugehen ist, erläutert Ralf Niederhäuser, EURO-PRO, im nachfolgenden Interview.

Damit die nachträgliche Anschriftenermittlung zum Erfolg führt, sollten Sie bereits bei der Bestellannahme einige Vorsichtsmaßnahmen beachten, dann haben Sie es später einfacher. Selbstverständlich sollte bei „unsicheren" Zahlarten immer die angegebene Anschrift des Kunden geprüft werden (vgl. Abschnitt 5.2). Denn wenn der Kunde Sie bereits bei der Bestellung täuscht, haben Sie keine Anschrift, auf die Sie Ihre Ermittlungen stützen können. Auch wenn Ihnen außer einer Postfachadresse des Kunden keine weiteren Adressdaten vorliegen, ist z. B. bei Auflösung des Postfachs keine Ermittlung des Kunden möglich, da über die Inhaber von Postfächern keine Auskünfte erteilt werden. Schließlich ist es von Vorteil, wenn Sie nicht nur über eine Anschrift, sondern auch über die E-Mail-Adresse und die Festnetz- und / oder Handy-Nummer verfügen, um den Kunden bei Postrückläufern kontaktieren zu können.

ibi

Dem Schuldner auf der Spur – so arbeiten die Profis

Im Gespräch mit Ralf Niederhäuser, EURO-PRO Gesellschaft für
Data Processing mbH, www.europro.de

Ralf Niederhäuser ist geschäftsführender Gesellschafter der
EURO-PRO Gesellschaft für Data Processing mbH. EURO-PRO ermittelt
jährlich über 6 Millionen Adressen für Versandhändler, Anwälte, Banken,
Versicherungen, Inkasso-Unternehmen, Energieversorger oder die
Leasingbranche und durchforstet dafür verschiedene Datenbanken sowie
Melde- und Gewerberegister.

INTERVIEW

Herr Niederhäuser, unter welchen Voraussetzungen kommt man als Online-Händler an Daten von Meldeämtern?

Da es in Deutschland rund 5.500 Einwohnermeldeämter gibt, die teilweise unterschiedliche Anforderungen stellen, ist diese Frage nicht ganz eindeutig zu beantworten. Grundsätzlich ist hierfür eine so genannte einfache Melderegisterauskunft an das Meldeamt zu stellen. Bei fast allen Einwohnermeldeämtern müssen dafür der Vor- und Nachname, das Geburtsdatum (sofern verfügbar) und / oder die letztbekannte Anschrift der gesuchten Person angegeben werden.

Auch die Kosten für eine solche Anfrage unterscheiden sich je nach Einwohnermeldeamt. Sie belaufen sich auf etwa 2 bis 10 Euro und müssen bei fast allen Ämtern im Voraus, z. B. durch Überweisung, Beilegung eines Verrechnungsschecks oder per Lastschrifteinzug bezahlt werden.

Die Anfrage kann schriftlich oder bei ca. 70 % der Meldeämter auch bereits elektronisch über Online-Portale bzw. kommunale Rechenzentren gestellt werden. Bei der Mehrzahl der elektronisch erschlossenen Melderegister erhält man das Ergebnis bereits am gleichen Tag. Der Nachweis eines berechtigten Interesses ist hierfür in der Regel noch nicht erforderlich.

Bei Ämtern, die noch nicht elektronisch erschlossen sind und in Papierform angefragt werden, kann es zu längeren Wartezeiten kommen. Gerade in Ferienzeiten oder bei Wahlen sind die Ämter oft überlastet und es muss mit Wartezeiten von 3-4 Wochen gerechnet werden. Hier muss man die Beantwortung der Anfragen überwachen und ggf. die Meldeämter erinnern, was einen erheblichen zeitlichen und auch kostenintensiven Aufwand verursacht. Diese Aufgabe erledigt EURO-PRO für seine Kunden.

Um frühere Wohnanschriften, Familienstand, Geburtstag und Geburtsort oder die Staatsangehörigkeit der gesuchten Person zu ermitteln, ist eine erweiterte Melderegisterauskunft notwendig. Hierfür muss allerdings ein berechtigtes Interesse nachgewiesen werden, z. B. durch einen Ausdruck der Bestellung des Kunden oder eine Kopie der Rechnung. Dies gilt auch bei Vorliegen einer amtlichen Auskunftssperre.

Lohnt sich der hohe Aufwand für eine Einwohnermeldeamtsanfrage überhaupt?

Nach unseren Erfahrungen führen 20 bis 50 % der Anfragen nicht zum gewünschten Ergebnis. Ein Grund hierfür kann sein, dass die gesuchte Person ihrer gesetzlichen Meldepflicht nicht nachgekommen ist. Schätzungen zufolge sind zwischen 5 und 8 % aller Deutschen derzeit überhaupt nicht gemeldet. Hier gibt es auch noch gravierende Unterschiede in den einzelnen Bundesländern. Bei Anfragen in Berlin z. B. kann man davon ausgehen, dass mindestens 50 % der Anfragen negativ verlaufen. In besonderen Fällen wird der gesuchten Person auch eine Auskunftssperre vom Meldeamt gewährt, z. B. wenn Gefahr für Leib und Leben dieser Person besteht. Vor Durchführung einer relativ teuren Einwohnermelde-

> Auch einfache Recherchen im Internet oder in Telefonverzeichnissen bringen die neue Anschrift teilweise ans Licht.
>
> Ralf Niederhäuser, EURO-PRO

amtsanfrage empfiehlt es sich daher, die Umzugsbestände bei einer zugelassenen Wirtschaftsauskunftei bzw. bei Adressdienstleistern abzufragen.

Sofern der erfolgsorientierte Abgleich über Umzugsbestände und / oder eine Einwohnermeldeamtsanfrage nicht zum Erfolg führen, kann sich in diesen Fällen eine erfolgsorientierte Langzeitüberwachung lohnen. Wir fragen dafür wöchentlich bei verschiedenen Auskunfteien und Adressdienstleistern an, ob sich schon neue Informationen über die aktuelle Anschrift der gesuchten Person ergeben haben. Kosten entstehen nur im Erfolgsfall.

Bei elektronischen Einwohnermeldeamtsanfragen machen viele Händler den Fehler, nur eine mögliche Schreibweise des Namens anzufragen. Wenn z. B. ein „Hans-Juergen" angefragt wird, obwohl ein „Hans Jürgen" gemeldet ist, führt die Anfrage unter Umständen zu keinem Treffer. Wir bereiten die Datensätze für Anfragen daher spezifisch nach den Normierungs- und Abgleichmethoden der jeweiligen kommunalen Rechenzentren auf, damit maximale Trefferquoten (neue Anschriften) erreicht werden können.

Bis zu 15 % der mitgeteilten Anschriften von Einwohnermeldeämtern sind zudem bereits zum Zeitpunkt der Auftragserteilung nicht mehr aktuell. Wir prüfen daher immer zunächst selbst die Zustellbarkeit der ermittelten Anschriften, bevor wir sie an unsere Kunden weitergeben, um nicht weitere Kosten zu verursachen.

Die Meldeämter selbst übernehmen keine Gewähr für ihre Auskünfte. Im Klartext: Auch wenn die gesuchte Person beim angefragten Meldeamt nicht gemeldet ist, wenn keine Informationen über die neue Anschrift vorliegen oder wenn die neue Anschrift nicht mehr aktuell ist, werden die Kosten für die Anfrage erhoben.

Welche weiteren Möglichkeiten zur Adressrecherche gibt es?

Vor einer Meldeamtsanfrage empfiehlt es sich in jedem Fall, zunächst bei einer Auskunftei bzw. einem zugelassenen Adressdienstleister anzufragen, ob der neue Wohnort des Kunden dort bekannt ist. Aber auch einfache Recherchen im Internet oder in Telefonverzeichnissen bringen die neue Anschrift teilweise ans Licht.

In diesem Zusammenhang möchte ich aber vor den diversen Adress-CD-ROMs warnen, die von den unterschiedlichsten Seiten angeboten werden. Woher diese Daten stammen, ist häufig nicht nachvollziehbar. Hat der Anbieter der Daten gegen geltendes Datenschutzrecht verstoßen, macht sich auch der Händler als Erwerber dieser Daten strafbar. Sie sollten daher immer bei einer Zusammenarbeit mit einem entsprechenden Dienstleister jeweils geeignete Nachweise über die Zulässigkeit der Dienstleistungen anfordern. Alternativ empfiehlt sich eine Abfrage über die Zulässigkeit bei der jeweils zuständigen Datenschutzbehörde.

Sollten die aufgeführten Möglichkeiten nicht zum Erfolg führen, hilft bei höheren Forderungsbeträgen häufig nur eine Ermittlung vor Ort. Bei kleineren Forderungsbeträgen bleibt dagegen häufig nur, die Forderung abzuschreiben.

Gibt es auch für die Anschriftenermittlungen im europäischen Ausland staatliche Stellen, an die man sich wenden kann?

In Österreich, Schweden, Finnland, Estland, Litauen, der Schweiz und Italien ist die Anschriftenermittlung sogar einfacher als in Deutschland. Dort existieren bereits zentrale Register, in denen die Einwohnerdaten verwaltet und aktualisiert werden, so dass nicht jedes regionale Einwohnermeldeamt einzeln angefragt werden muss. Wir haben diese Register über Schnittstellen angebunden und können somit jederzeit auf die aktuelle Anschrift unbekannt verzogener Kunden und Schuldner zugreifen. In weiteren europäischen Ländern, wie z. B. Frankreich und Spanien, ist der Aufbau zentraler Melderegister in Vorbereitung. Teilweise sind hier auch bereits örtliche Ermittlungen enthalten, wie z. B. in Spanien. Auch wenn keine elektronische Anfrage möglich ist, können wir bei Vorliegen von berechtigten Interessen Schuldner im gesamten europäischen Ausland ermitteln. Ergebnisse liegen im Regelfall innerhalb von 14 Tagen vor. ∎

ibi

www.ecommerce-leitfaden.de

Vertiefende Informationen zu den Inhalten dieser Abschnitte sowie Links zu Lösungsanbietern erhalten Sie auf der Website www.ecommerce-leitfaden.de. Dort finden Sie auch
weitere kostenlose Angebote, wie den Newsletter, Online-Tools und weitere Studien.

ibi

6

6. ›› VERSAND – VOM SHOP ZUM KUNDEN

Das richtige Sortiment auszuwählen, die Produkte in einen Shop einzustellen, für diesen Werbung zu betreiben und die Bezahlung effizient und sicher abzuwickeln, reicht nicht aus, um im E-Commerce erfolgreich zu sein. Auch die im Hintergrund ablaufenden Prozesse müssen funktionieren und auf die Anforderungen der Kunden abgestimmt werden. Der Versandabwicklung bzw. der eigentlichen Übergabe der Lieferung an den Kunden kommt hierbei, als letzter Schritt des Online-Einkaufs, eine besondere Bedeutung zu.

6.1 Verkauft ist noch nicht geliefert

Der Versand stellt einen der Erfolgsfaktoren im Online-Handel dar. Aus Händlersicht sind die Kosten, die durch das Zusammenstellen der Bestellung (Kommissionierung), das Verpacken, das Frankieren und die eigentliche Versendung sowie die Kosten, die durch Retouren entstehen können, möglichst gering zu halten. Aus der Sicht des Kunden sollte der Versand kostengünstig sein, die bestellte Ware schnell und sicher geliefert werden und bei Nichtgefallen auch problemlos und mit wenig Aufwand zurückgeschickt werden können.

Die Forderung nach einer möglichst schnellen, kostengünstigen und zugleich zuverlässigen sowie kundenfreundlichen Abwicklung zeigt bereits, dass unter den Begriff Versand nicht nur die Übergabe von Briefen, Päckchen oder Paketen an einen Versanddienstleister fällt, sondern eine Vielzahl an Prozessschritten bedacht und wichtige Entscheidungen getroffen werden müssen. Viele Produkte werden im E-Commerce als Brief und Päckchen versandt, obwohl diese in der Regel nicht versichert sind und deren Status oftmals nicht verfolgt werden kann.

Das Gros des Sendungsaufkommens besteht jedoch aus Paketen. Deshalb fokussieren sich die folgenden Ausführungen auf diese Versandart.

Rund um den eigentlichen Versand gibt es zahlreiche Möglichkeiten, die eigenen Prozesse zu optimieren und vor allem die Kundenzufriedenheit zu verbessern. Welche dies sind, soll im Rahmen dieses Kapitels näher beleuchtet werden. Auch das Praxisinterview mit Markus Jasker von Ticketonline gibt hierzu wertvolle Hinweise.

6

Damit Tickets gut ankommen

Im Gespräch mit Markus Jasker, Ticketonline Sales & Service Center, www.ticketonline.com

Ticketonline vertreibt jährlich über 25 Millionen Eintrittskarten für Veranstaltungen in den Bereichen Kultur, Entertainment, Sport, Konzert, Freizeit etc. und gehört zu den führenden Ticketvermarktern in Deutschland.

Herr Jasker, wie erreicht man als Händler eine effiziente Versandabwicklung?

Ich kann nur jedem Händler, der ein gewisses Sendungsvolumen hat, dazu raten, die Logistikleistung extern zu vergeben. Der Versand ist der Schritt, bei dem ein Händler dauerhaft viel Geld und Zeit sparen kann – die ihm dann für sein originäres Geschäft zur Verfügung stehen. Wer das Aufgabenfeld „Logistik" jedoch nicht richtig durchdenkt, dem drohen erheblicher Mehraufwand und höhere Kosten. Deshalb sollte jeder Händler ein klares Anforderungsprofil darüber erstellen, welche Dienstleistungen er für einen reibungslosen Versand benötigt und welche zusätzlichen Services er seinem Endkunden zur Verfügung stellen möchte. Sind diese Fragen beantwortet, kann man auf die Suche nach einem geeigneten Logistikpartner gehen.

Und wie genau verläuft bei Ticketonline der Versandprozess – von der Bestellung bis zur Zustellung der Tickets?

Kunden ordern auf www.ticketonline.com oder über unsere Ticket-Hotline Eintrittskarten. Wir bearbeiten die Bestellungen am Folgetag, das heißt, wir drucken die Tickets aus, verpacken sie und übergeben sie versandfertig an unseren Zustellpartner – die Hermes Logistik Gruppe Deutschland. Den Versand beauftragen wir im Kundenportal unter www.profipaketservice.de. Hierzu importieren wir die jeweiligen Adressdaten in das System und er-

teilen den Abholauftrag. Mit Hermes haben wir einen festen Abholrhythmus vereinbart, wobei eine Umstellung auf einen anderen Abholrhythmus jederzeit flexibel möglich ist. Sobald die Sendungen unser Haus verlassen, können wir den Versandweg online verfolgen. Aus dem ProfiPaketService-Portal heraus lässt sich zudem eine E-Mail generieren, mit der wir unsere Kunden über den Sendungsstatus informieren. Sind die Tickets zugestellt worden, haben wir die Möglichkeit, den Abliefernachweis mit der Unterschrift des Empfängers abzurufen.

Welche besonderen Vorteile bietet Ihnen das Online-System Ihres Paketdienstleisters?

Im webbasierten Portal nehmen wir die komplette Versandabwicklung vor. Dabei ermöglicht uns der ProfiPaketService das Erstellen und Ausdrucken der Paketscheine. Genauso weist das System uns auch auf falsche Adressen hin, die wir dann überprüfen können. Alle Daten werden dabei automatisch übergeben. So kann die Versandarbeit, also Adressierung und Frankierung, komfortabel und zeitsparend gestaltet werden. Damit ist gewährleistet, dass unsere Kunden ihre bestellten Tickets rasch in den Händen halten. Auch das Thema Sicherheit hat für uns einen hohen Stellenwert: Gerade bei hochpreisigen Tickets für exklusive Events wollen unsere Kunden beim Versand eine sichere Lösung – und die bekommen sie: Hermes bietet eine Haftung von bis zu 500 Euro pro Sendung.

6

Suchen Sie sich einen Dienstleister mit hohem fachlichem Know-how. Und: Prüfen Sie vorab genau die Kompatibilität der IT-Systeme. Nur wenn Ihre Daten sich problemlos in das System des Logistikers integrieren lassen, ist eine schnelle und gute Zusammenarbeit möglich.

Markus Jasker, Ticketonline Sales & Service Center

Was sind für Sie die wichtigsten Kriterien bei der Wahl eines Versandpartners?

Uns war vor allem wichtig, dass eine versicherte Zustellung gewährleistet ist. Zudem hat uns das intuitiv zu nutzende Versandsystem überzeugt. Dass Versandkosten und Zustelldauer stimmen müssen, ist selbstverständlich, denn aus Sicht unserer Kunden sind das die beiden entscheidenden Argumente. Darüber hinaus sollte der Logistikpartner Mehrwerte, wie eine hohe Zustellquote, ein gut erreichbares und flächendeckendes Netz von Annahmestellen, und weitere kundenorientierte Services, wie mehrfache Zustellversuche, offerieren. Außerdem erwarte ich Flexibilität und Verlässlichkeit – in guten wie in schlechten Zeiten. Temporäre Mengenschwankungen gibt es in fast jeder Branche und sollten vom Logistikpartner flexibel gehandhabt werden.

Was würden Sie jemanden, der im E-Commerce aktiv werden möchte, in puncto Logistik raten?

Zwei ganz praktische Tipps: Suchen Sie sich einen Dienstleister mit hohem fachlichem Know-how. Und: Prüfen Sie vorab genau die Kompatibilität der IT-Systeme. Nur wenn Ihre Daten sich problemlos in das System des Logistikers integrieren lassen, ist eine schnelle und gute Zusammenarbeit möglich. ■

ibi

6

6.2 Der Versandprozess – das ganze Paket im Überblick

Idealerweise sollte die Versandabwicklung möglichst durchgängig und ohne große manuelle Eingriffe und Verzögerungen ablaufen. Medienbrüche sind immer potenzielle Fehlerquellen. Die Auftragsannahme, die Versandabwicklung, die eigentliche Auslieferung sowie das Retourenmanagement sind dabei die wesentlichen Schritte.

In der Praxis laufen diese Schritte häufig nicht klar getrennt ab und werden ganz unterschiedlich umgesetzt. Kleine Händler oder Neueinsteiger beispielsweise wickeln viele Prozesse manuell ab. Bei großen Firmen sind die Prozessschritte dagegen häufig hoch automatisiert. Was Händler in den einzelnen Versandschritten tun können, damit die Logistik nicht zur Stolperfalle wird, zeigen die nächsten vier Abschnitte.

Der Versandprozess

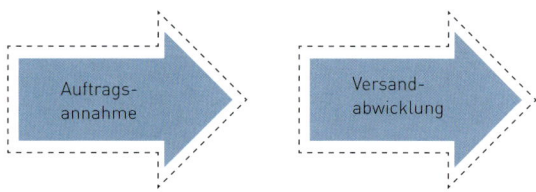

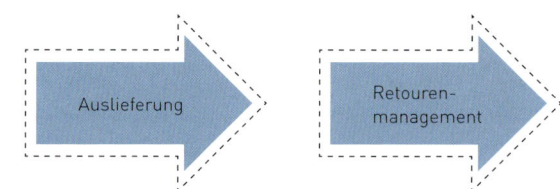

Abb. 6-1: Schritte der Versandabwicklung

Auftragsannahme – vielen Dank für die Bestellung

Hat sich ein Kunde für eines Ihrer Produkte entschieden und bestellt, sind Sie an der Reihe. Neben der Erfassung der Bestelldaten (z. B. Anzahl, Farbe und Größe der Produkte oder sonstige Informationen, wie optionales Geschenkpapier usw.), sollte vorab die Verfügbarkeit der Artikel überprüft werden, damit Kunden von Beginn an wissen, wie lange sie auf ihre Bestellung warten müssen. Gängige Shop-Lösungen besitzen dafür meist eine Schnittstelle zum Warenwirtschaftssystem bzw. verwalten den Warenbestand selbst und zeigen die Verfügbarkeit der Artikel oder die Lieferzeit bereits bei der Produktbeschreibung an. Auch bieten einige Shop-Lösungen die Möglichkeit, durch Anbindung an einen entsprechenden Dienstleister, in dieser Phase bereits eine erste Adressprüfung durchzuführen, um spätere Fehler bzw. Rücksendungen zu vermeiden.

Bevor es an die eigentliche Zusammenstellung und Verpackung der Lieferung geht, sollte dem Kunden eine Bestätigungsmail über seine Bestellung zugesandt werden. Aus Gesichtspunkten der Kundenzufriedenheit sowie zu Ihrer Absicherung (z. B. versehentliche Doppelbestellung) ist es sinnvoll, dem Kunden sowohl die Bestellangaben (z. B. Produktmenge, -größe, -farbe) als auch die Liefer- bzw. Rechnungsadresse in der E-Mail nochmals vorzulegen. Mit der Bestätigungsmail kann der Kunde seine Bestellung überprüfen und gegebenenfalls auf falsche Eingaben reagieren. Häufig werden solche E-Mails von den Shop-Systemen automatisch erzeugt und den Käufern zugesandt. Sie sollten aus Sicherheitsgründen darauf achten, dass Sie in der Bestätigungsmail sensible Daten, wie Kreditkartendaten oder den Shop-Log-in bzw. das Zugangspasswort des Kunden, nicht im Klartext übertragen.

6

Versandabwicklung – so „verzetteln" Sie sich nicht

Nach der Bestellerfassung und der Benachrichtigung des Kunden beginnt die eigentliche Versandabwicklung. Der erste Schritt ist in der Regel die Erstellung der Packliste (Kommissionierliste), die von den gängigen Shop-Systemen automatisch erzeugt wird. Auf der Packliste wird alles vermerkt, was in die Lieferung gehört. Falls vorab keine Verfügbarkeitsprüfung durchgeführt wurde und ein Produkt vergriffen ist, sollten entsprechende Merker im System gesetzt werden und in den Lieferdokumenten für den Kunden ein entsprechender Vermerk aufgenommen werden, wann dieser mit einer Nachlieferung rechnen kann. Daneben müssen in der Regel noch der Lieferschein sowie die Rechnung, der Adress- und Retourenaufkleber und gegebenenfalls sonstige Rücksendeunterlagen (vgl. Abschnitt zum Retourenmanagement) gedruckt werden.

Die angesprochenen Dokumente werden heute von den meisten Warenwirtschaftssystemen und / oder den Shop-Systemen automatisch erzeugt. Fast alle Systeme bieten mittlerweile auch Schnittstellen zu gängigen Paketdienstleistern. Dadurch wird eine medienbruchfreie Weitergabe der Daten möglich. Somit werden Fehler bei der manuellen Eingabe vermieden und Zeiteinsparungen realisiert.

Kommissionierung – packen wir es ein

Bei der Kommissionierung kommt wieder die oben angesprochene Packliste ins Spiel. Diese enthält in der Regel den Lagerplatz, die Artikelnummer und die Bestellmenge. Der Online-Händler entnimmt anschließend die bestellten Produkte aus dem Lager. Hier ist es oftmals hilfreich, das eigene Lager so aufzubauen bzw. die Waren so anzuordnen, dass häufig bestellte Artikel schnell zugänglich sind. So lässt sich viel Zeit bei der Zusammenstellung der einzelnen Bestellungen sparen und die Waren können zügig auf den Weg zum Kunden gebracht werden.

Der Lagerbestand sollte möglichst in Echtzeit mit dem Shop-Angebot abgeglichen werden. Sind Stücke im Lager nicht mehr vorhanden oder wird ein kritischer Schwellenwert unterschritten, sollte die Lieferzeit bzw. die Verfügbarkeit in der Produktanzeige im Web-Shop entsprechend angepasst werden. Dadurch ersparen Sie sich enttäuschte Kunden.

Verpackung – manchmal kommt es eben doch auf das Äußere an!

Hat der Online-Händler die bestellten Artikel zusammengetragen, geht es ans Verpacken. Hier kommt es darauf an, die richtige Verpackung zum Schutz der Ware zu wählen, dabei aber auch die Kosten im Auge zu behalten. Immerhin sind Beschädigungen oder Defekte an den Produkten der zweithäufigste Grund für Rücksendungen (vgl. Abbildung 6-4), weshalb der Schutz der Ware entsprechende Aufmerksamkeit verlangt. Geeignete Kartonagen können Sie sowohl von spezialisierten Anbietern als auch von einigen Logistikdienstleistern direkt beziehen. Besteht das Sortiment aus zerbrechlichen Produkten (z. B. Weinflaschen, Porzellan), Flüssigkeiten, Gefahrstoffen oder ähnlichem, muss überprüft werden, ob Ihr Versanddienstleister bestimmte Verpackungen oder Kennzeichnungen für den Versand benötigt.

Zusätzlich sollten Sie die Wirkung der Verpackung auf den Kunden nicht außer Acht lassen. Im Grunde ist der Erhalt des Pakets mit dem Auspacken von Geschenken vergleichbar. Das Erste, was der Kunde zu sehen bekommt, ist die Verpackung. Deshalb sollte diese einen professionellen Eindruck machen.

Jede Lieferung kann zudem auch zur Pflege der Kundenbeziehung bzw. für Zusatzverkäufe genutzt werden. Beispielsweise kann man den Paketen Werbung für weitere Produkte beilegen, um so den Kunden auch auf Ihre anderen Angebote hinzuweisen. Daneben eignen sich kleine Zugaben, wie Süßigkeiten oder Produktproben, um den Kunden nochmals für den Einkauf zu danken und so seine Verbundenheit zum Online-Händler zu steigern. Eventuell bestellt der Kunde bei einer seiner nächsten Bestellungen das Produkt, das er durch die Produktprobe kennengelernt hat.

ibi

Online-Shop-Prozesse – mit der richtigen Warenwirtschaft gehts leichter

Im Gespräch mit Benjamin Bruno, cateno, www.cateno.de

6

Benjamin Bruno ist Geschäftsführer der cateno GmbH & Co. KG, die für innovative Ideen und Lösungen in den Bereichen Warenwirtschaft und E-Commerce steht. Die Software-Produkte des Unternehmens unterstützen Online-Händler beim Verkauf auf unterschiedlichen Absatzkanälen und schaffen Effizienz und Zeitersparnis durch optimierte Abläufe.

INTERVIEW

Herr Bruno, warum sollten Online-Händler über die Einführung eines Warenwirtschaftssystems zusätzlich zum Shop-System nachdenken?

Das Shop-System unterstützt primär den Verkauf, also sämtliche Prozesse bis zum Abschluss einer Online-Bestellung durch den Kunden. Die Aufgaben eines Händlers reichen jedoch viel weiter. Dazu gehören beispielsweise auch das Einpflegen von Artikellisten der Lieferanten, die Ermittlung von Lagerbeständen und die Durchführung von Nachbestellungen, die Erstellung von Lieferscheinen und Rechnungen, die Überwachung und Verbuchung von Zahlungseingängen oder die Beantwortung von Rückfragen der Kunden. Durch die Integration des Online-Shops mit einem Warenwirtschaftssystem lassen sich auch diese Aufgaben IT-gestützt durchführen.

Hinzu kommt, dass viele Händler nicht nur über einen Shop, sondern zusätzlich auch über eBay, Amazon.de & Co. oder ein Ladengeschäft verkaufen. Dabei ist es wichtig, dass Informationen über Bestände über alle Kanäle hinweg zeitnah aktualisiert werden. Ein Artikel, der im Web-Shop als verfügbar angezeigt und bestellt wurde, kann sonst vielleicht nicht geliefert werden, weil das letzte Exemplar bereits über Amazon.de verkauft wurde. Dies lässt sich vermeiden, wenn alle Vertriebskanäle auf dieselben Bestandsinformationen zugreifen.

Kurz zusammengefasst: Das Warenwirtschaftssystem ist die Schaltzentrale des Händlers, in der möglichst alle Informationen aus den unterschiedlichen Vertriebskanälen sowie von Lieferanten, Kunden und angeschlossenen Dienstleistern zusammenlaufen.

Welche Verbesserungen lassen sich durch die Einführung eines Warenwirtschaftssystems konkret erreichen?

Ein wesentlicher Fortschritt ist die Ablösung zeit- und kostenintensiver sowie fehleranfälliger manueller Abläufe durch automatisierte Prozesse. Zur Überwachung von Lagerbeständen müssen beispielsweise keine Listen mehr per Hand geführt werden, sondern die Bestände werden auf Basis der Zu- und Abgänge im System automatisch aktualisiert. Per Knopfdruck lässt sich dann sogar ermitteln, welche Artikel nachbestellt werden müssen. Das spart nicht nur dem Händler Zeit und Arbeit, auch der Kunde profitiert von einer höheren Verfügbarkeit bzw. kürzeren Lieferzeit, wenn frühzeitig nachbestellt werden kann.

> Das Warenwirtschaftssystem ist die Schaltzentrale des Händlers, in der möglichst alle Informationen aus den unterschiedlichen Vertriebskanälen sowie von Lieferanten, Kunden und angeschlossenen Dienstleistern zusammenlaufen.
>
> Benjamin Bruno, cateno

Ein zweiter großer Pluspunkt ist die verbesserte Transparenz. Der Händler kann sich zum Beispiel jederzeit auf Knopfdruck anzeigen lassen, mit welchen Kunden oder Produkten er den meisten Umsatz macht, wie hoch seine offenen Forderungen sind oder wie viele Pakete zum Versand anstehen. Auch Rückfragen des Kunden, wann dieser mit der Lieferung rechnen kann, können dadurch schneller beantwortet werden. Noch besser ist es allerdings, man informiert den Kunden mithilfe des Warenwirtschaftssystems proaktiv, sobald beispielsweise seine Zahlung per Vorkasse eingegangen ist oder sein Paket das Lager verlässt.

Was ist bei der Einführung eines Warenwirtschaftssystems zu beachten?

Man sollte zunächst genau festlegen, was man von dem System heute und in Zukunft erwartet, und alle relevanten Anforderungen in einem Lastenheft zusammenstellen. Auf Basis dieses Lastenhefts kann der IT-Dienstleister dann eine Lösung erstellen, die bestmöglich auf die Anforderungen des Händlers abgestimmt ist.

Bei der Erstellung des Lastenhefts gilt das Prinzip: lieber zu viel als zu wenig Information! Je mehr Informationen der Dienstleister erhält, desto besser kann er die Anforderungen verstehen und sich darauf einstellen. Für ihn nicht notwendige Informationen wird er selbst filtern.

Außerdem sollten die Mitarbeiter, die später mit dem System arbeiten werden, möglichst frühzeitig in die Einführung des Systems einbezogen werden. Nur wenn diese das System mittragen, wird die Einführung des Warenwirtschaftssystems ein Erfolg, der das Unternehmen wirklich voranbringt! ■

ibi

6

Verpackungsmaterial

Egal was Sie verschicken wollen, für fast alles gibt es passendes Verpackungs- und Füllmaterial, z. B. Kuverts für kleine Produkte, Luftpolstertaschen für Zerbrechliches, Kartons für Flaschen und Bücher oder antistatische Verpackungen für Elektronikartikel. Die meisten Versanddienstleister bieten selbst entsprechende Materialien an. Diese sind optimal auf die Transportanforderungen abgestimmt und bieten bei richtigem Einsatz den größtmöglichen Schutz vor Beschädigungen.

Ebenso wie es verschiedene Verpackungsmaterialien gibt, existieren auch zahlreiche Varianten von Füll- und Polstermaterialien. Beispielsweise gibt es spezielles Verpackungspapier, Wellpappe, Verpackungschips, Kunststoffschutznetze oder auch Luftkissen.

Verpackungs- und Füllmaterial kann man von spezialisierten Dienstleistern oder teilweise auch von den Paketdienstleistern beziehen.

Infobox 6-1: Verpackungsmaterial

Verpackungsverordnung

Verpackungen, die bei privaten Endverbrauchern anfallen, müssen grundsätzlich durch haushaltsnahe Entsorgungssysteme gesammelt und entsorgt werden. Die Verpackungsverordnung (VerpackV) verpflichtet Internet-Händler, sich an ein flächendeckendes, haushaltsnahes Rücknahmesystem anzuschließen (§ 6 Abs. 1 Verpackungsverordnung), soweit sie nicht ausschließlich Verpackungen verwenden, deren Hersteller an ein Entsorgungssystem angeschlossen sind.

Infobox 6-2: Verpackungsverordnung

Versandvorbereitung – einfacher gehts online

Viele kleinere Händler bringen ihre Sendungen zur Annahmestelle ihres Dienstleisters und füllen dort den Paketschein per Hand aus. Auch schon bei geringen Stückzahlen können durch die Nutzung eines Online-Versandsystems jedoch Kosten und Zeit gespart werden. Mithilfe solcher Systeme der Versanddienstleister können die Sendungen professionell etikettiert und frankiert werden. In den Online-Systemen werden die Versanddaten eines jeden Auftrags erfasst und können direkt vom Versanddienstleister weiterverarbeitet werden. Bei den meisten Systemen lassen sich die Adressdaten der Kunden aus den gängigen Shop-Systemen, Office-Anwendungen oder auch von Marktplätzen, wie eBay oder Amazon.de, sowie aus Verkäufer-Tools, wie Afterbuy oder plentyMarkets, automatisch einlesen bzw. importieren. Mehr zu Verkäufer-Tools finden Sie in Infobox 6-3. Die Online-Systeme ermöglichen Ihnen, Versandetiketten für die einzelnen Aufträge direkt aus dem System heraus zu drucken bzw. erlauben auch die Erteilung eines Abholungsauftrags an den Dienstleister. Zudem können Sie durch verschiedene Tracking-Tools bzw. -Ansichten einen aktuellen Überblick über den Sendungsstatus erhalten.

Verkäufer-Tools

Viele Händler greifen beim Verkauf im Internet auch auf Marktplätze, wie eBay oder Amazon.de, zurück. Für regelmäßige Verkäufer, so genannte Powerseller bzw. Power-Anbieter, gibt es Anwendungen und Programme, die die Verwaltung und die Abwicklung von Bestellungen erleichtern. Fast alle dieser Verkäufer-Tools bieten auch Schnittstellen zu gängigen Online-Shops.

Beispiele für solche Anwendungen sind die Systeme Afterbuy oder plentyMarkets. Diese Online-Tools unterstützen die Händler beim Verwalten und Abwickeln von Bestellungen und Auktionen auf diversen Plattformen. Dabei können durch diese Online-Tools sowohl Produkte auf den Auktionsplattformen und den Marktplätzen verwaltet werden als auch die beim Verkauf anfallenden Tätigkeiten durchgeführt werden. Die Funktionen reichen dabei von der E-Mail-Benachrichtigung der Kunden beim Kauf, über die Zahlungsabwicklung und den Rechnungsdruck bis zur Übergabe der Daten an einen Versanddienstleister.

Infobox 6-3: Verkäufer-Tools

Das einfache Drucken der notwendigen Etiketten und Dokumente über ein Versand-Tool ermöglicht es Ihnen, die Pakete vollständig versandfertig zu machen. Zudem bieten manche Dienstleister bei der Nutzung der Online-Systeme günstigere Konditionen und verschiedenste Zusatzdienstleistungen. Beispielsweise können Sie bei diversen Online-Lösungen direkt im Portal den Abholrhythmus individuell festlegen. Die meisten Dienstleister ermöglichen eine Abholung von Montag bis Samstag und bieten ausgewählte Abholzeitfenster an. Für spezielle Sendungen können Sonderleistungen, wie Versand per Nachnahme oder Versand ins Ausland, auch über das Portal beauftragt werden.

Fast alle Paketdienstleister haben für jeden Online-Händler, egal wie viele Pakete er im Jahr verschickt, eine passende Lösung. Sei es die Nutzung von Filialen bzw. PaketShops, ein entsprechendes Online-Versandportal oder eine komplette Verheiratung der IT-Systeme des Händlers mit den Systemen des Versanddienstleisters, für alle Versandmengen gibt es die entsprechende Lösung. Auf jeden Fall ist es lohnenswert, sich über solche Angebote detailliert zu informieren.

Versand ins Ausland – Bon Voyage

Der einheitliche europäische Wirtschaftsraum hat in den letzten Jahren zu einem verstärkten Verkauf ins europäische Ausland geführt. Durch den Wegfall von Zoll- und Ausfuhrbeschränkungen erschließen sich Händlern neue Märkte in der Regel ohne große bürokratische Hürden. Bis auf wenige Ausnahmen, wie Alkohol oder Zigaretten, ist es durch die international agierenden Paketdienste möglich, Waren kostengünstig europaweit zu versenden. Wenn die Sendungen an Kunden außerhalb Europas gehen sollen oder es sich um Waren handelt, die bestimmten Vorschriften unterliegen, müssen jedoch entsprechende Dokumente (Begleitpapiere) für die Sendungen erstellt werden.

Welche Waren ohne große Beschränkungen europa- bzw. weltweit versendet werden dürfen und mit welchen zusätzlichen Kosten und Auflagen möglicherweise zu rechnen ist, sollte daher vorab geklärt werden, um keine unliebsamen Überraschungen zu erleben. Auch ist es ratsam, bei regelmäßigen Bestellungen aus dem außereuropäischen Ausland die notwendigen Angaben für die Begleitpapiere in Ihrer Produktverwaltung (Produktstammdaten) zu hinterlegen, so dass Sie diese nicht immer wieder aufs Neue beim Ausfüllen der Zollpapiere recherchieren müssen. Unter www.zoll.de finden Sie die relevanten Informationen bzw. in der Regel auch auf Anfrage bei Ihrem Logistikdienstleister.

Beim Versand ins Ausland sollten Sie sich zudem über das Qualitätsniveau der ausländischen Paketdienstleister informieren, denn im Ausland ist der Standard häufig nicht so hoch wie in Deutschland. Längere Laufzeiten und ein höherer Anteil beschädigter oder verlorener Sendungen sind nicht unüblich. Viele Experten raten deshalb dazu, Auslandssendungen generell zu versichern.

Zudem sind Sie als Händler beim Versand ins Ausland verpflichtet, genauso wie beim innerdeutschen Versand, die Versandkosten explizit auszuweisen. Deshalb sollte eine Versandkostentabelle vorhanden sein, in der Besteller aus dem Ausland die anfallenden Versandkosten ersehen bzw. abschätzen können.

Auslieferung – vom Hochregal ins Wohnzimmer

Wenn Sie Ihre Sendungen fertig verpackt haben, gilt es im nächsten Schritt, diese dem Versanddienstleister zu übergeben. Doch Versanddienstleister ist nicht gleich Versanddienstleister. So existieren neben den Paketdiensten z. B. Kurier- und Expressdienste. Zwar werden die meisten Bestellungen im E-Commerce wohl über Paketdienstleister abgewickelt, aber für manche Lieferungen eignet sich womöglich auch der Einsatz von Kurieren oder Boten. Im Vergleich zu einem Paketdienst, der mit hoch standardisierten Prozessen arbeitet, befördern Kuriere in der Regel die Sendungen persönlich und direkt vom Absender zum Empfänger. Häufig ist diese Dienstleistung jedoch deutlich teurer als der Versand durch einen Paketdienstleister.

Für welchen Dienstleister Sie sich letztendlich entscheiden, ist gut zu überlegen. Dies zeigt sich auch darin, dass mehr als die Hälfte aller Online-Händler mehrere Paketdienstleister nutzen, um ihre Lieferungen zum Kunden zu bringen. Mit der wichtigste Grund hierfür ist aus Sicht der meisten Händler die Optimierung der Versandkosten. Dies hängt im Wesentlichen mit den unterschiedlichen Preisen der Dienstleister für die verschiedenen Paketgrößen, Gewichtsklassen und Bestimmungsländer zusammen sowie damit, dass nicht alle Paketdienstleister in alle Länder liefern (vgl. Abbildung 6-2). Daneben können z. B. angebotene Zusatzdienstleistungen, wie beispielsweise der Haftungsbetrag pro Paket oder die notwendige personalisierte Zustellung beim Kunden, eine wichtige Rolle spielen (vgl. Infobox 6-6). Die am häufigsten angebotenen Zusatzdienstleistungen der Händler sind die Sendungsverfolgung und die Zustellung an PaketShops oder Packstationen (vgl. Abbildung 6-3). Zudem bieten immer mehr Händler ihren Kunden die Expresszustellung an.

Kostenoptimierung ist der häufigste Grund für die Nutzung mehrerer Versanddienstleister.

Warum setzen Sie mehrere Versanddienstleister ein?
(nur Unternehmen, die physische Waren über einen eigenen Online-Shop verkaufen und mehr als einen Paketdienstleister einsetzen)

73 %	Kostenoptimierung
43 %	Unterschiedliche Zusatzdienstleistungen
39 %	Unterschiedliche Gewichts- und Volumenbegrenzungen
38 %	Kunde erwartet Auswahlmöglichkeit
26 %	Ein Dienstleister deckt nicht alle Lieferorte / -länder ab
9 %	Unterschiedliche Versicherungshöhen
3 %	Sonstige Gründe

Abb. 6-2: Gründe für den Einsatz mehrerer Versanddienstleister
Quelle: ibi research (Shop-Systeme, Warenwirtschaft und Versand 2011)

ibi

6

Viele Händler bieten bereits Paketverfolgung und Lieferung zu Wunschterminen an.

Welche optionalen Leistungen bieten Sie Ihren Kunden beim Versand an bzw. wollen Sie künftig anbieten?
(nur Unternehmen, die physische Waren über einen eigenen Online-Shop an Privatkunden verkaufen)

Leistung	biete ich an	plane ich anzubieten	nicht geplant
Sendungsverfolgung	64 %	16 %	20 %
Zustellung an PaketShops / Packstationen	57 %	7 %	36 %
Selbstabholung	56 %	6 %	37 %
Auswahl des gewünschten Lieferzeitpunkts	37 %	9 %	55 %
Expresszustellung	35 %	13 %	52 %
Aufteilung auf mehrere Lieferadressen	27 %	3 %	71 %
Geschenkverpackung	21 %	10 %	69 %
Sendungsavise	20 %	4 %	75 %
Lieferung am selben Tag	5 %	4 %	91 %
Altgeräteentsorgung	3 %		97 %
Feierabend-Zustellung	3 %	5 %	92 %
Aufbauservice	2 %	1 %	96 %

■ biete ich an   ■ plane ich anzubieten   ■ nicht geplant

Abb. 6-3: Von Online-Händlern angebotene Zusatzdienstleistungen beim Versand
Quelle: ibi research (Shop-Systeme, Warenwirtschaft und Versand 2011)

Entscheidend für die Wahl eines Paketdienstleisters kann neben dem Preis-Leistungs-Verhältnis die Lieferzeit sein. Zudem ist zu klären, welche Größen und welches Gewicht ein Paket maximal haben darf, damit ein Dienstleister dieses noch transportiert (vgl. Infobox 6-4). Auch bei den Abrechnungsmodalitäten unterscheiden sich die Dienstleister. Hier gilt es, neben der generellen Preisgestaltung für verschiedene Paketgrößen und Gewichtsklassen auch die Abrechnungsrhythmen (z. B. wöchentlich oder 14-tägig) zu berücksichtigen.

So kommt das Sofa ins Wohnzimmer – der richtige Logistikdienstleister machts möglich

Der kostengünstige Versand von schweren bzw. sperrigen Waren war bisher ein großes Problem für Online-Händler. Die Paketdienstleister transportierten die sperrigen und über den zulässigen Maßen liegenden Produkte nicht und oftmals musste auf eine teure Spedition zurückgegriffen werden. Die hohen Transportkosten führten häufig dazu, dass Kunden auf einen Online-Kauf verzichteten.

Seit geraumer Zeit existieren hierfür jedoch komfortable Lösungen und zahlreiche Logistikdienstleister bieten genau diesen Service nun mit an. Die Ware wird üblicherweise vom jeweiligen Dienstleister abgeholt. Je nach Beauftragung endet die Zustellung nicht an der Wohnungstür des Kunden, sondern umfasst beispielsweise auch das Aufstellen und Anschließen des gelieferten LCD-Bildschirms. Auf Wunsch wird die Ware ausgepackt und Verpackung sowie Altgeräte werden wieder mitgenommen und fachgerecht entsorgt.

Transportiert werden können in der Regel Waren, die eine vorgegebene Gewichts- und Abmaßgrenze nicht überschreiten und von zwei Personen befördert werden können. Oftmals bietet der Logistikdienstleister den Transport von rollbaren Gegenständen, z. B. Motorroller oder Mopeds, an. Müssen diese bei der Abholung bzw. der Zustellung nicht angehoben werden, gelten die normalen Gewichtsbegrenzungen nicht.

Die Buchung solcher Dienstleistungen erfolgt in der Regel auch online über die Versandsysteme der Logistikdienstleister.

Infobox 6-4: So kommt das Sofa ins Wohnzimmer – der richtige Logistikdienstleister machts möglich

Um ihre Kunden immer auf dem aktuellen Stand zu halten, versenden zahlreiche Händler bei der Übergabe der Sendung an den Logistikdienstleister eine Versandbestätigung an den Besteller. In der Regel wird hier auch die so genannte Tracking-ID an den Kunden übergeben. Diese Nummer wird von dem Versandsystem des Logistikdienstleisters automatisch erstellt und ermöglicht dem Kunden, den aktuellen Standort und Status seiner Sendungen zu überprüfen. Die Sendungen werden in der Regel an jedem der Umschlagspunkte erfasst. So ersparen Sie sich Rückfragen und ermöglichen Ihren Kunden ein Maximum an Transparenz. Einen Überblick über die verschiedenen Zusatzdienstleistungen bieten die Infoboxen 6-5 und 6-6. Infobox 6-5 betrachtet die Leistungen einiger ausgewählter Versanddienstleister und Infobox 6-6 zeigt, welche Zusatzleistungen es im Allgemeinen gibt.

Übersicht über gängige Versanddienstleister

Die folgende Übersicht zeigt gängige Versanddienstleister (alphabetische Reihenfolge). Neben den hier aufgeführten Services für nationale Sendungen gibt es eine Vielzahl an Zusatzleistungen, z. B. einen Express-Service oder einen Ident-Service, die Sie den Websites der einzelnen Anbieter im Detail entnehmen können. Änderungen bei Maßen, Gewicht und sonstigen Eigenschaften finden Sie ebenfalls bei den anbieterspezifischen Internet-Angeboten.

Neben den hier betrachteten Paketsendungen existieren auch noch spezielle Angebote für den Versand von Bücher- und Warensendungen oder Großstücken.

	Deutsche Post DHL	DPD	GLS	Hermes	UPS
Website des Anbieters	www.dhl.de	www.dpd.de	www.gls-group.eu	www.hermes-world.com	www.ups.de
Anzahl an Annahmestellen	ca. 16.500	ca. 4.000	ca. 5.000	über 14.000	ca. 200
Beauftragung der Abholung per Internet	ja	ja	ja	ja	ja
Ausdrucken des Paketscheins über ein Online-System möglich	ja	ja	ja	ja	ja
Abholung der Pakete möglich	ja	ja	ja	ja	ja
Maximales Paketgewicht bei Abholung*	31,5	31,5	40	31,5	70
Bezahlarten des Endkunden bei Nachnahme	Barzahlung, girocard, POSTCARD	Barzahlung und Scheck	Barzahlung	Barzahlung	Barzahlung und Scheck
Standardhaftung (Paket)	500 EUR	520 EUR	750 EUR	500 EUR	510 EUR
Zustellversuche	2	3	2	4	3
Lieferung an Filialen, PaketShops oder Packstationen	ja	ja	ja	ja	ja
Lagerung nicht zugestellter Sendungen in Filiale, PaketShop oder Packstation	7 Werktage	7 Werktage	10 Werktage	10 Werktage	5 Werktage

* Die Angaben können bei Aufgabe in PaketShops, Packstationen oder Filialen sowie bei Sendungen ins Ausland von den angegebenen Werten abweichen.

Infobox 6-5: Übersicht über gängige Versanddienstleister
Quellen: Auskünfte der Anbieter (Stand: 2. Quartal 2012)

6

Zusatzdienstleistungen von Paketdienstleistern

Neben der eigentlichen Zustellung der Lieferung bieten Paketdienstleister sowohl den Händlern als auch den Kunden zahlreiche Zusatzdienstleistungen an. Viele der Leistungen für den Händler sind über das Online-System des Dienstleisters separat buchbar bzw. sind in den Rahmenverträgen enthalten.

Serviceleistungen für Online-Händler

■ Online-Portal zur Versandabwicklung
Fast alle Paketdienstleister bieten die Möglichkeit mittels eines Online-Portals die komplette Versandabwicklung effizient und einfach zu erledigen, angefangen vom Import Ihrer Kundenadressdaten mit einem Klick, über den Massendruck von Paketscheinen, die Verwaltung der Sendungen nach verschiedenen Abwicklungsstufen bis hin zur aktuellen Übersicht über den Sendungsstatus.

■ Flexible Abhol- und Zustellrhythmen
Über das Online-Portal Ihres Dienstleisters können Sie festlegen, wann Ihre Pakete abgeholt werden sollen. Sie können regelmäßige Termine genauso definieren, wie auch kurzfristige Termine für eilige Lieferungen. Die Abholung findet in der Regel in einem vorgegebenen Zeitfenster statt, meist auch am Samstag. Bei Paketdienstleistern ist üblicherweise ein Werktag Vorlaufzeit einzukalkulieren, bei Express- und Kurierdiensten erfolgt die Abholung möglichst tagtäglich. Natürlich können Sie Ihre Sendungen auch in den Filialen und in den PaketShops der verschiedenen Dienstleister abgeben.

■ Internationaler Versand
Neben dem nationalen Versand bieten Ihnen die meisten Paketdienstleister auch den Versand ins Ausland an.

■ Nachnahmeservice
Auch die Bezahlung per Nachnahme bieten die meisten Dienstleister an (vgl. Abschnitt 4.1). Dabei erheben die Versanddienstleister unterschiedliche Nachnahmegebühren.

■ Identifizierung des Kunden / Altersverifikation
Haben Sie Waren, die z. B. einer Altersbeschränkung unterliegen (z. B. Arzneimittel, DVDs oder Software), bieten Ihnen einige Dienstleister den Service, bei Zustellung die Identität sowie das Alter des Kunden zu überprüfen.

■ Paketversicherung
Der Versanddienstleister haftet standardmäßig bis zu einem bestimmten Betrag pro Paket. Teilweise können Sie Ihre Pakete jedoch gegen eine Zusatzgebühr höher versichern.

■ Mehrere Zustellversuche
Ist Ihr Kunde einmal nicht zu Hause, versuchen viele Dienstleister, das Paket erneut zuzustellen. Bei einigen Dienstleistern kann der Kunde sich das Paket auch an eine Filiale, Packstation oder einen PaketShop liefern lassen und es dann dort abholen. Auch die Abgabe beim Nachbarn ist möglich. Ihr Kunde wird in allen Fällen über den Verbleib seines Pakets informiert.

■ **Retourenservice**
Gefällt die gelieferte Ware dem Kunden einmal nicht, bieten in der Regel die Zustelldienste auch die Abwicklung der Retouren an. Der Kunde kann das Paket entweder bei einem der Servicepunkte (z. B. Filiale, PaketShops oder Packstationen) des Zustellers abgeben oder bei einer weiteren Lieferung das Paket dem Zusteller mitgeben.

■ **Bereitstellung der Versandetiketten**
Über die Online-Systeme können teilweise auch Versandetiketten bestellt werden, zum Teil sogar kostenlos.

■ **Fulfillment**
Neben dem reinen Versand bieten einige Dienstleister Händlern eine Vielzahl von weiteren Dienstleistungen an, die im Rahmen der Vertragserfüllung (= Fulfillment) nötig sind. Denkbar sind Lagerhaltung, Kommissionierung, Verpackung, Debitorenmanagement sowie weitere Aufgaben.

Serviceleistungen für Ihre Kunden

■ Ersatzadresse
Kunden können bei den meisten Dienstleistern auch eine alternative Zustelladresse, z. B. die Arbeitsstelle, Nachbarn oder Servicepunkte des Dienstleisters (z. B. Filiale, PaketShops oder Packstationen), angeben.

■ Sendungsverfolgung und Sendungshistorie
Durch die Tracking-ID ermöglichen es Dienstleister dem Kunden, den aktuellen Standort und Status seiner Sendungen jederzeit einzusehen. Diese Kennungen werden aus dem Versandsystem des Versanddienstleisters automatisch erstellt und können dem Kunden in einer Versandbestätigung mitgeteilt werden.

■ Urlaubslagerung
Bei einigen Versanddienstleistern kann auch eine Aufbewahrung bis nach dem Urlaub beauftragt werden.

■ Express-Zustellung
Einige Dienstleister bieten gegen Aufpreis eine Express-Lieferung an.

■ Sonderversand von Möbeln und Großgeräten
Einige Dienstleister übernehmen den Transport sperriger und schwerer Güter, wie Sofas oder Fernseher. Häufig kann zusätzlich auch ein Aufstell- oder Installationsservice gebucht werden (vgl. Infobox 6-4).

Infobox 6-6: Zusatzdienstleistungen von Paketdienstleistern

6

SHOP-SYSTEME, WARENWIRTSCHAFT UND VERSAND

Studienergebnisse zu Shop-Systemen, Warenwirtschaft und Versand

www.ecommerce-leitfaden.de/bestellabwicklung

Wie übermitteln Online-Händler ihre Versanddaten (z. B. Kundenadresse) an ihre/ihren Versanddienstleister?

Bei gut drei Viertel erfolgt die Übertragung der Versanddaten zum Teil noch manuell.

Interessant: Mehr als zwei von fünf Händlern nutzen mehrere Versanddienstleister.

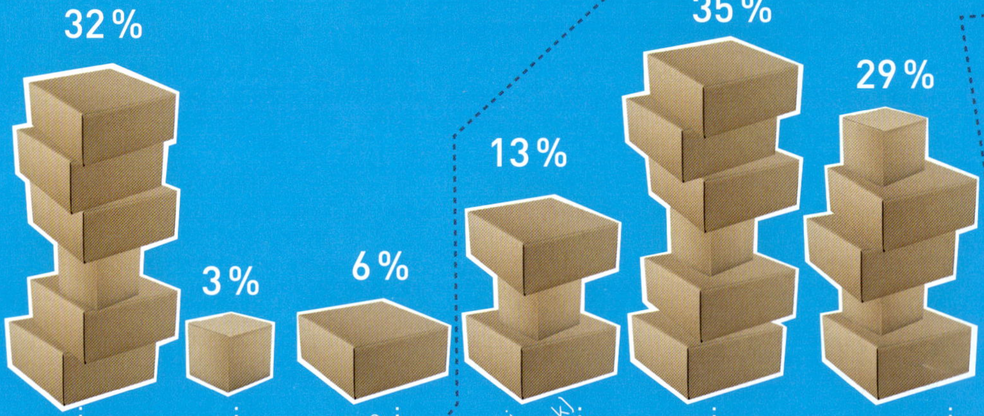

- 32 % – Automatisch über eine Schnittstelle aus dem Shop-System bzw. aus der Warenwirtschaft
- 3 % – Automatisch über die Schnittstelle einer Verkaufsplattform
- 6 % – Automatisch über eine Schnittstelle aus einem sonstigen System
- 13 % – Durch Importieren einer Datei (z. B. Datei aus lokaler Datenbank) in das Online-Portal bzw. eine Software des Dienstleisters
- 35 % – Gar nicht. Es wird ein Adressaufkleber bzw. eine Paketliste erstellt
- 29 % – Durch manuelle Eingabe der Daten in das Online-Portal bzw. eine Software des Dienstleisters

Welche Faktoren haben nach Meinung der Online-Händler den größten Einfluss auf die Retourenquote?

Detaillierte Produktbeschreibungen und -darstellungen	85 %
Professionelle Verpackungen zum Schutz vor Beschädigungen	47 %
Kurze Lieferzeiten	45 %
Angebot von Hilfestellungen (z. B. Telefon-Hotline)	39 %
Produktbewertungen durch Käufer	19 %
Kleine Zugaben in der Lieferung (z. B. Produktproben)	8 %
Belohnung von Kunden, die wenig retournieren	4 %
Sonstige Faktoren	2 %

Detaillierte Produktbeschreibungen und -darstellungen sowie eine gute Verpackung könnten die Retourenquote senken.

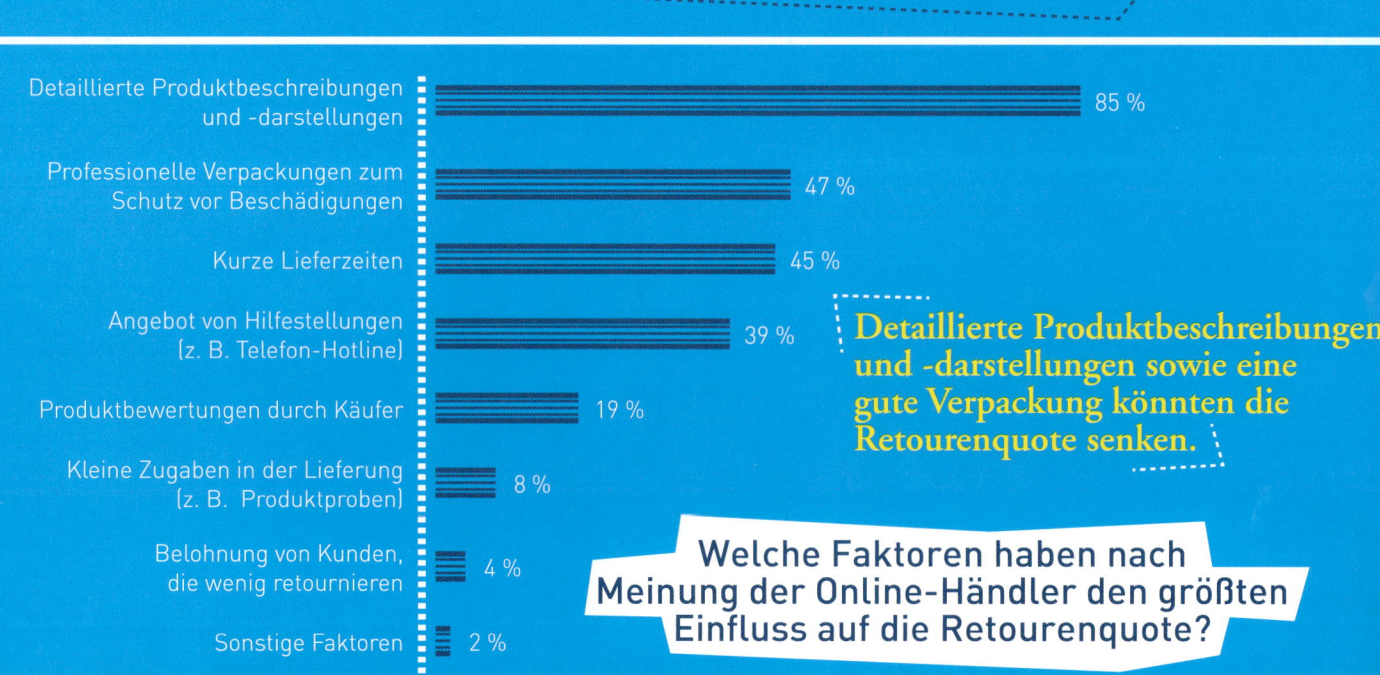

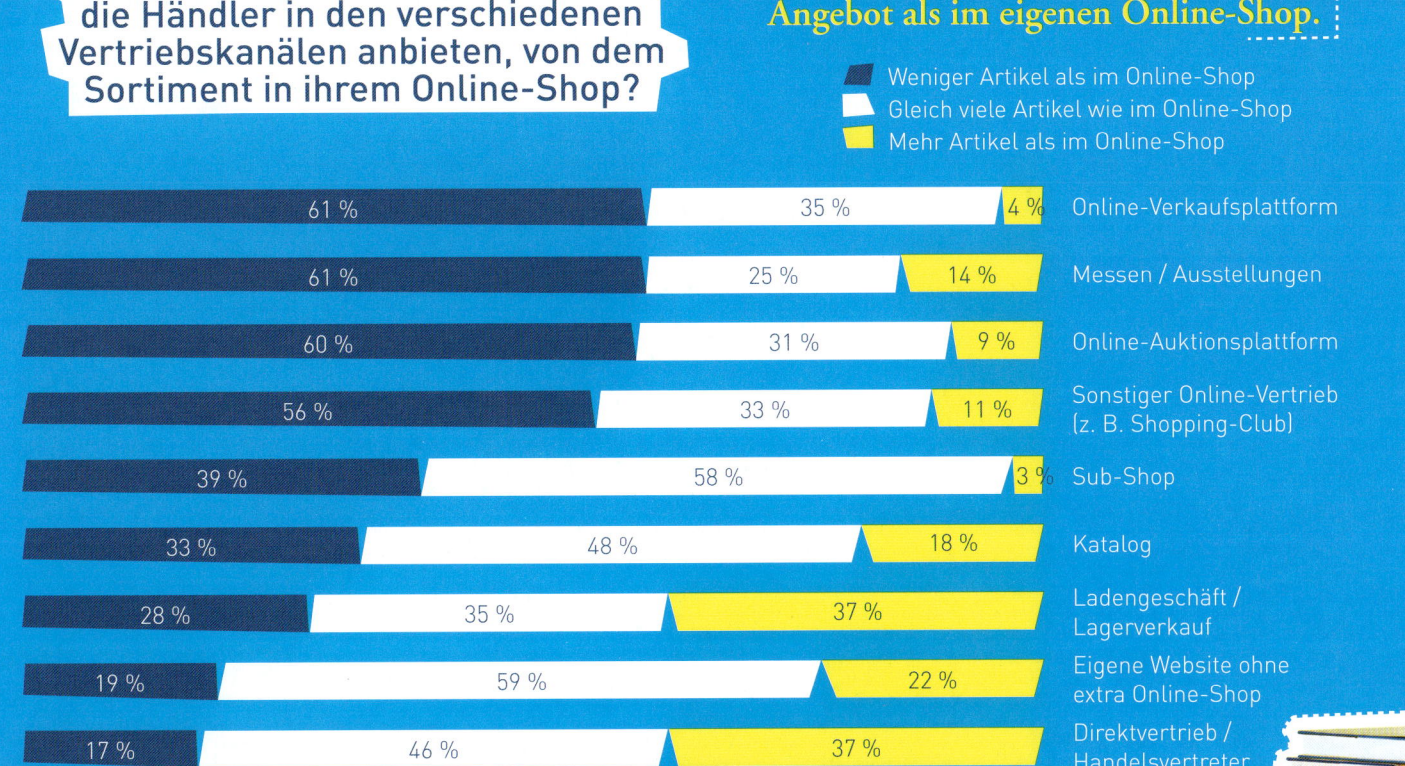

Welche Möglichkeiten zur Darstellung und Beschreibung der Artikel bieten oder planen Händler?

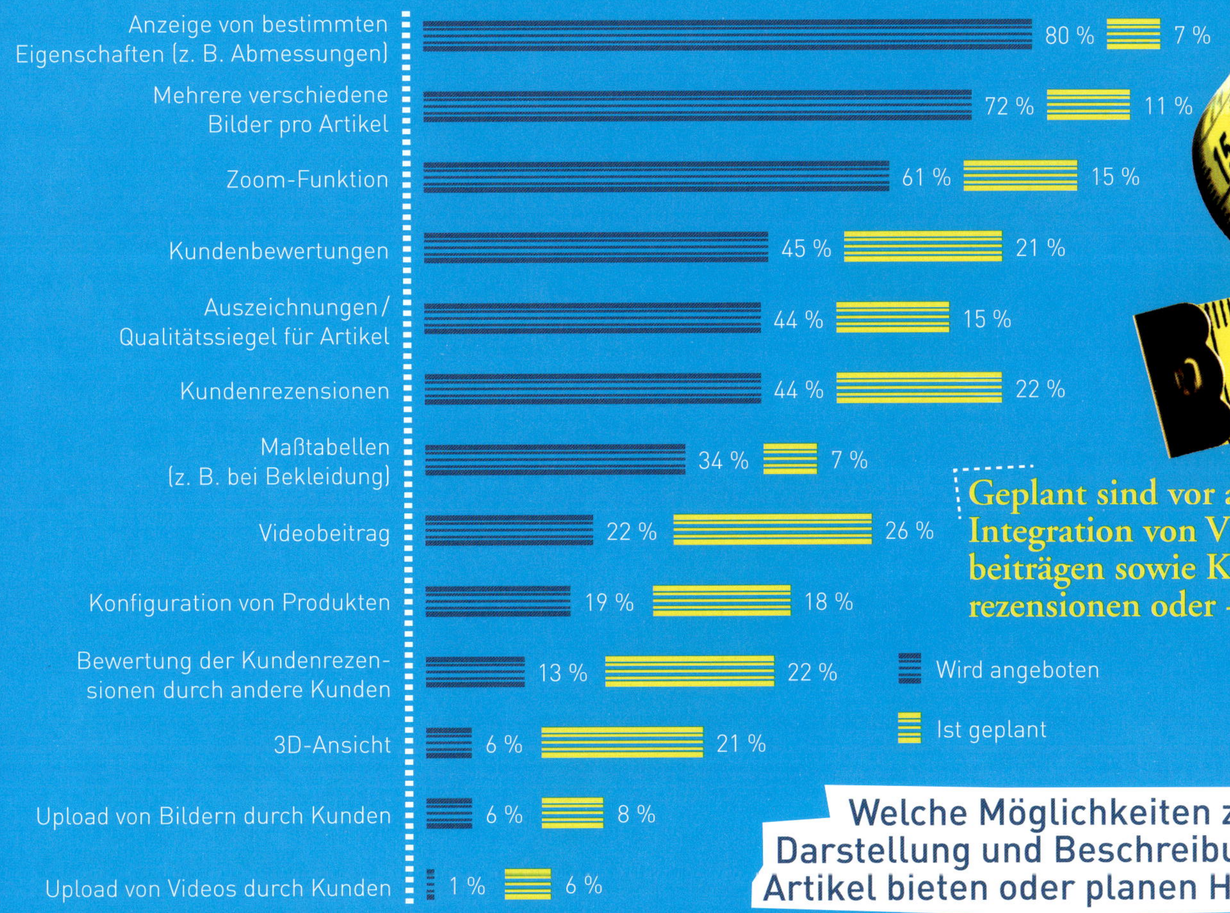

	Wird angeboten	Ist geplant
Anzeige von bestimmten Eigenschaften (z. B. Abmessungen)	80 %	7 %
Mehrere verschiedene Bilder pro Artikel	72 %	11 %
Zoom-Funktion	61 %	15 %
Kundenbewertungen	45 %	21 %
Auszeichnungen/ Qualitätssiegel für Artikel	44 %	15 %
Kundenrezensionen	44 %	22 %
Maßtabellen (z. B. bei Bekleidung)	34 %	7 %
Videobeitrag	22 %	26 %
Konfiguration von Produkten	19 %	18 %
Bewertung der Kundenrezensionen durch andere Kunden	13 %	22 %
3D-Ansicht	6 %	21 %
Upload von Bildern durch Kunden	6 %	8 %
Upload von Videos durch Kunden	1 %	6 %

Geplant sind vor allem die Integration von Videobeiträgen sowie Kundenrezensionen oder -bewertungen.

Unterscheiden sich die Sortimente, die Händler in den verschiedenen Vertriebskanälen anbieten, von dem Sortiment in ihrem Online-Shop?

Drei von fünf Händler haben auf Online-Plattformen weniger Artikel im Angebot als im eigenen Online-Shop.

	Weniger Artikel als im Online-Shop	Gleich viele Artikel wie im Online-Shop	Mehr Artikel als im Online-Shop
Online-Verkaufsplattform	61 %	35 %	4 %
Messen / Ausstellungen	61 %	25 %	14 %
Online-Auktionsplattform	60 %	31 %	9 %
Sonstiger Online-Vertrieb (z. B. Shopping-Club)	56 %	33 %	11 %
Sub-Shop	39 %	58 %	3 %
Katalog	33 %	48 %	18 %
Ladengeschäft / Lagerverkauf	28 %	35 %	37 %
Eigene Website ohne extra Online-Shop	19 %	59 %	22 %
Direktvertrieb / Handelsvertreter	17 %	46 %	37 %

Ein Drittel der Kunden geht bereits „online informiert" zum Kauf in das Ladengeschäft.

6

Retourenmanagement – das Beste daraus machen

Retouren sind sowohl für den Händler als auch für den Kunden eine mühsame Angelegenheit. Jedoch gehören sie genauso zum Alltag eines Online-Händlers wie zum Online-Shopping-Verhalten der Kunden. Häufig wird erst aufgrund der Möglichkeit, Waren zu bestellen und sie bei Nichtgefallen wieder zurückzusenden, ein Kaufabschluss ermöglicht. Zudem gestehen die Bestimmungen zu Fernabsatzverträgen, die in den §§ 312b ff. BGB zu finden sind, dem Privatkunden eine entsprechende Retourenmöglichkeit explizit zu. Diese Regelungen wiederum geben vielen Kunden erst die nötige Ermunterung zur Nutzung des Internets als Einkaufsmöglichkeit. Insgesamt kosten jedoch Retouren sowohl den Händler als auch den Kunden Zeit, Geld und oftmals auch Nerven. Ein Beispiel soll die Relevanz von Retouren verdeutlichen.

Angenommen ein Kunde bestellt in Ihrem Web-Shop die gleiche Jacke für je 60 Euro in zwei unterschiedlichen Größen. Pro Jacke würden Sie 20 Euro verdienen. Der Kunde sendet nun eine Jacke wieder zurück und gemäß § 357 Abs. 2 BGB müssen Sie derzeit noch die Kosten dafür tragen (vgl. das Interview mit Volker Baldus in Kapitel 2). Allein das Porto hierfür kann schnell einige Euro betragen. Hinzu kommen weitere Aufwände wie die Bearbeitung der Retoure (z. B. Warenkontrolle) oder die Rückbuchung. So kann schnell der Gewinn von 20 Euro, der bei der gekauften Jacke verdient wurde, aufgezehrt werden und das Geschäft wird unprofitabel.

Es ergibt also Sinn, Retouren möglichst zu vermeiden. Dafür müssen jedoch zuerst die Gründe für die Retouren analysiert werden. Sieht man sich die Rücksendungsgründe genauer an, fällt auf, dass diese sehr vielseitig sind.

Shop-Systeme, Warenwirtschaft und Versand – Fakten aus dem deutschen Online-Handel

Im E-Commerce ist der eigene Online-Shop der wichtigste Vertriebskanal. Um den Umsatz zu steigern, verkaufen viele Online-Händler über weitere Vertriebskanäle wie Auktions- und Verkaufsplattformen. Damit diese Abläufe optimal koordiniert werden, empfiehlt sich der Einsatz eines zentralen Warenwirtschaftssystems.

Um ein Gleichgewicht aus den Faktoren Kosten, Einrichtungs- und Wartungsaufwand, Funktionsumfang und Usability zu finden, muss eine Auswahl aus einer Vielzahl von angebotenen Systemen getroffen werden. Es gilt also festzustellen, worauf die Online-Händler Wert legen, wo die Probleme liegen und wo Optimierungspotenzial steckt.

Die Studie „Shop-Systeme, Warenwirtschaft und Versand – Fakten aus dem deutschen Online-Handel" bietet Ergebnisse zu aktuellen Trends und Entwicklungen in den Bereichen Shop-Systeme, Warenwirtschaft und Versand im E-Commerce.

Weitere Informationen zu dieser Studie sowie den Link zum kostenlosen Download finden Sie auf der Website des Leitfadens (www.ecommerce-leitfaden.de/bestellabwicklung).

Georg Wittmann, Ernst Stahl, Stefan Weinfurtner, Silke Weisheit, Sabine Pur:
Shop-Systeme, Warenwirtschaft und Versand – Fakten aus dem deutschen Online-Handel
November 2011
ISBN 978-3-940416-32-2

Infobox 6-7: Studie „Shop-Systeme, Warenwirtschaft und Versand"

6

Der Hauptgrund für Retouren ist, dass der Kunde die Ware erst nach Lieferung ausprobieren kann.

Welche sind die drei häufigsten Gründe für Retouren?
(nur Unternehmen, die physische Waren über einen eigenen Online-Shop verkaufen; maximal drei Antwortmöglichkeiten)

65 %	Der Artikel passt nicht, gefällt nicht oder entspricht nicht der Produktbeschreibung
41 %	Der Artikel ist defekt oder beschädigt
25 %	Mehrere Varianten wurden zur Auswahl bestellt
22 %	Falscher Artikel wurde geliefert
18 %	Keine Kaufabsicht
17 %	Falsch oder doppelt bestellt
8 %	Zu lange Lieferzeit
6 %	Doppelkauf oder Doppellieferung
6 %	Sonstige Gründe

Abb. 6-4: Die häufigsten Retourengründe
Quelle: ibi research (Shop-Systeme, Warenwirtschaft und Versand 2011)

Der häufigste Grund für eine Rücksendung ist, dass der gelieferte Artikel nicht passt, nicht gefällt oder nicht der Produktbeschreibung entspricht (vgl. Abbildung 6-4). In vielen Fällen ist jedoch das Produkt auch defekt, beschädigt oder manchmal wurde einfach der falsche Artikel geliefert. In seltenen Fällen ist die Lieferzeit zu lang bzw. handelt es sich um einen Doppelkauf oder um eine Doppellieferung.

So wie es verschiedenste Gründe für Retouren gibt, so gibt es auch unterschiedlichste Arten, mit ihnen umzugehen. Zuerst muss überprüft werden, weshalb der Kunde die Ware zurückgesandt hat und ob die Rücksendung gerechtfertigt ist. Ist beispielsweise die Sendung bei der Lieferung beschädigt worden, so sollte der Händler oder bei einem sichtbaren Schaden des Pakets bereits der Kunde, den Versanddienstleister darüber informieren. Ist die Ware defekt, liegt vielleicht ein Garantiefall vor, so dass gegebenenfalls der Hersteller angesprochen werden muss. Zudem gilt es, die zurückgesendete Ware auf Wiederverwendbarkeit hin zu überprüfen. Ist die Ware beschädigt oder verschmutzt, muss sie aussortiert werden. Ist die Originalverpackung beschädigt, sollte diese ersetzt werden.

Falls der Rücksendegrund eine falsche Adresse ist (Empfänger unbekannt oder unbekannt verzogen), sollte geklärt werden, wie die korrekte Adresse ermittelt werden kann bzw. wie solche Vorfälle zukünftig verhindert werden können (vgl. Abschnitt 5.3).

Rücksendungen und die damit verbundenen Aufwände beim Online-Händler waren schon häufig ein Grund, der ein E-Commerce-Geschäft zum Scheitern brachte. Wie Analysen zeigen, liegt die durchschnittliche Retourenquote im Online-Handel bei fast 10 Prozent (ibi research: Shop-Systeme, Warenwirtschaft und Versand 2011). In einigen Branchen, z. B. in der Bekleidungsbranche, liegt die Retourenquote jedoch um ein Vielfaches darüber. Wie die Erfahrungen von Versanddienstleistern zeigen, ist eine Retourenquote von 40-50 Prozent in der Textilbranche nichts Ungewöhnliches. Bei Elektronikartikeln bzw. Computerzubehör sind es durchschnittlich 10-15 Prozent.

Oftmals kann die Retourenquote schon durch einfache Maßnahmen deutlich reduziert werden. Die Checkliste 6-1 gibt einen Überblick über Hausmittel gegen Retouren.

Checkliste: Hausmittel gegen Retouren

■ Gute Produktpräsentation

Damit die Kunden keine bösen Überraschungen erleben, sollten die Bilder und Beschreibungen im Web-Shop so genau wie möglich sein. Größe, Farbe und auch notwendiges Zubehör (z. B. Batterien bei Elektrogeräten) sowie gegebenenfalls Systemvoraussetzungen und Kompatibilität sollten auf jeden Fall angegeben werden. Gibt es verschiedene Produktausführungen, sollte immer ein Hinweis auf die verschiedenen Varianten und Voraussetzungen vorhanden sein. Unterstützend zu einer detaillierten Produktbeschreibung können auch Kundenmeinungen und -erfahrungen zu dem Produkt veröffentlicht werden.

■ Gut verpackt ist halb behalten

Eine geeignete Verpackung ist wichtig, damit die Ware unversehrt beim Kunden ankommt. Zudem ist zu empfehlen, dass die Verpackung möglichst professionell wirken sollte, denn eine professionelle Verpackung (z. B. feste, fabrikneue Kartonagen, ordentlich angebrachtes Klebeband) gehört zum positiven Einkaufserlebnis. Dabei sollte die Verpackung auch in ihrer Wertigkeit und Optik zum Produkt passen: Das Auge packt schließlich mit aus.

■ Schneller Versand

Kurze Lieferzeiten sind häufig ein entscheidender Grund für einen Produktkauf. Oftmals werden auch Produkte im Internet aus einem Impuls heraus bzw. spontan gekauft. Die Lieferung des Produktes sollte deshalb schnell erfolgen, bevor die „Kaufeuphorie" möglicherweise abnimmt. Kommt das Produkt erst viele Tage später, ist die Vorfreude meist verflogen und der Zweck des Produktkaufs wird immer mehr hinterfragt und gegebenenfalls die Ware retourniert.

■ Hilfe anbieten

Weisen Sie Ihren Kunden auf die Möglichkeit hin, bei Problemen mit dem Produkt Kontakt zu Ihnen aufzunehmen. Beispielsweise kann bei leicht beschädigten Artikeln ein Nachlass ausgehandelt oder bei Elektronikartikeln die Inbetriebnahme erklärt werden. Auch wenn Sie nicht alle Rücksendungen vermeiden können, trägt ein guter Kundenservice dazu bei, dass der Kunde zufriedener ist und er gerne wieder bei Ihnen einkauft.

■ Schwachstellen eliminieren

Um die Retourenquote verbessern zu können, müssen Sie den Grund für die Rücksendung kennen. Deswegen empfiehlt es sich, den Sendungen einen Fragebogen beizulegen, auf dem Ihre Kunden angeben können, weshalb Sie die Lieferung zurücksenden. Eine systematische Auswertung sollte verwendet werden, um das Angebot und die Abläufe kontinuierlich zu verbessern. Bei einer erhöhten Retourenquote bei einem bestimmten Produkt ist beispielsweise zu prüfen, ob die Produktbeschreibung präzisiert oder das Produkt aus Ihrem Angebot genommen werden sollte.

Checkliste 6-1: Hausmittel gegen Retouren

Um Irritationen beim Kunden möglichst zu vermeiden und für beide Seiten den Aufwand und den Ärger so gering wie möglich zu halten, sollte dem Kunden der Retourenprozess verständlich erklärt werden. Dafür eignet sich beispielsweise die Beilage einer kleinen „Retourenanleitung" zur Lieferung. Auch eine Beschreibung auf der Website des Online-Shops ist sinnvoll. Hierbei sollten Sie nicht vergessen, auf die Anforderungen bzw. Services Ihres Paketdienstleisters hinzuweisen. So fungiert etwa der Paketschein bei einigen Dienstleistern gleichzeitig als Retourenschein. Er sollte daher nicht beschädigt oder zerstört werden. Weiß der Kunde das, lässt sich viel Aufwand und Zeit spa-

ren. Mit dem Original-Paketschein kann der Kunde die Rücksendung beispielsweise im PaketShop, an einer Packstation bzw. in einer Filiale des Versanddienstleisters aufgeben oder sie in der Regel bei der nächsten Lieferung auch dem Paketboten direkt mitgeben. Ist der Retourenschein zerstört, muss unter Umständen erst ein neuer erstellt werden, ehe das Paket zurückgesandt werden kann.

Ein kundenfreundliches Retourenmanagement kann mittelfristig zu Umsatzsteigerungen führen. Machen Sie es Ihren Kunden nicht unnötig schwer, Ware zurückzusenden. Helfen Sie lieber, den Prozess für beide Seiten möglichst angenehm und mit minimalem Aufwand zu erledigen.

Kundenorientierung muss gelebt werden!

Im Gespräch mit Frank Iden, Hermes Logistik Gruppe Deutschland, www.hermesworld.com

6

Frank Iden ist Vorsitzender der Geschäftsführung der Hermes Logistik Gruppe Deutschland GmbH, dem größten privaten Logistikdienstleister Deutschlands bei der Zustellung an Privatpersonen im B2C- und C2C-Segment.

Herr Iden, wirkt sich der anhaltende Trend zum E-Commerce auch auf einen Versanddienstleister wie Hermes aus?

Selbstverständlich, sogar in mehrfacher Hinsicht! Schon heute werden rund 75 Prozent der von Hermes zugestellten Pakete online in Auftrag gegeben. Das Internet hat sich zum Wachstumsmotor im Distanzhandel entwickelt. Folglich resultiert unsere seit Jahren steigende Paketmenge – die Hermes Gruppe hat im Geschäftsjahr 2011 / 2012 rund 389 Millionen Sendungen bewegt – insbesondere aus dem wachsenden und immer professioneller organisierten Internet-Geschäft unserer Auftraggeber. Allein sieben der zehn größten Distanzhändler Deutschlands lassen ihre Waren von uns an die Endkunden ausliefern. Das ist natürlich auch eine sehr schöne Bestätigung unserer traditionellen Handelsnähe.

Diese Entwicklung belegt aber ebenfalls, dass eine wachsende Zahl von Händlern mit Online-Ambitionen in die Lage versetzt werden muss, ihren Warenversand professionell zu organisieren. Und damit werden wir, als auf die Zustellung an den Endkunden spezialisierter Logistiker, zu einem regelrechten „Enabler" für den geschäftlichen Erfolg im E-Commerce. Schließlich muss jede Ware, die online bestellt wurde, verlässlich an die private Haustür zugestellt werden. Und genau diese täglich bewiesene und in unserem Auslieferversprechen dokumentierte Qualität können wir auch für einen weiteren, sich zunehmend besser entwickelnden Vertriebskanal bieten – nämlich den Mobile Commerce via Smartphones, iPads oder ähnlichen Endgeräten.

Wie kann Hermes denn Online-Händler bei der Abwicklung ihrer Versandprozesse unterstützen?

Mit passenden Dienstleistungen und Services, wie dem Hermes ProfiPaketService. Mit dieser webbasierten Lösung können Online-Händler den Versand ab einem jährlichen Volumen von 300 bis hin zu fünfstelligen Paketzahlen sicher und komfortabel im Tagesgeschäft beauftragen. Und weil kleine und mittelständische Versandhändler immer weniger eigene Schnittstellen in Sachen Kundenkontakt und Pflege unterhalten, gewinnt der kunden- und serviceorientierte Logistikpartner auch bei der Beziehungspflege zunehmend an Bedeutung. Die klassische Rollenverteilung, die den Händler als Auftraggeber und den Logistiker als Dienstleister vorsieht, wird zukünftig zugunsten einer gemeinsamen Perspektive aufgegeben. Dabei kann die Zustellung sogar zu einem Alleinstellungsmerkmal des Händlers werden. Und das insbesondere dann, wenn er so genannte „Commodity"-Services und -Produkte, die sich nur geringfügig von Wettbewerbsangeboten unterscheiden, offeriert. Hier wird die kundenorientierte Leistung des Zustellers schnell zu einem echten Unterscheidungsmerkmal und Mehrwert, der bei der Kaufentscheidung Berücksichtigung erfährt. Das gilt umso mehr, wenn sich ein Händler weiter entwickelt, er größer wird, neue Produkte offerieren will und dafür weitere logistische Dienstleistungen benötigt. Egal ob Warenbeschaffung, Transportlogistik, Fulfilment oder eben die Sendungsübergabe an der privaten Haustür – alle diese Leistungen und noch mehr kann Hermes aus einer Hand mit hoher Qualität liefern. Die Hermes Fulfilment GmbH bietet z. B. neben dem klassischen Warehousing auch das Web-Enabling, sprich die Entwicklung ganzer Web-Shops inklusive der Payment-Systeme, an. So

> Die kundenorientierte Leistung des Zustellers wird schnell zu einem echten Unterscheidungsmerkmal und Mehrwert, der bei der Kaufentscheidung Berücksichtigung erfährt.
>
> Frank Iden, Hermes Logistik Gruppe Deutschland

abgesichert können sich Händler auf ihr ureigenes Kerngeschäft fokussieren. Und das besteht insbesondere bei noch jungen Unternehmen in der Pflege und Erweiterung des Sortiments sowie der konzentrierten Kundenansprache, nicht aber in der Entwicklung logistischer Lösungen.

Was sollten Händler aus Ihrer Sicht bei der Wahl eines Versanddienstleisters beachten?

Das Preis-Leistungs-Verhältnis muss stimmen. Das beinhaltet z. B. eine unkomplizierte, die Arbeit erleichternde Anbindung an Versandschnittstellen gängiger Shop-Lösungen sowie Verkaufsplattformen. Darüber hinaus ist es unerlässlich, dass die Systeme des Versandabwicklers mit denen des Händlers verbunden werden, um beispielsweise Retouren einfach zu bearbeiten. Sinnvoll ist es auch, Kunden über ein Track- und Trace-System Auskunft über den Versandstatus ihrer Bestellung geben zu können.

Generell wichtig ist ferner, dass ein Händler die Anforderungen an seinen Versanddienstleister auf Basis aktueller wie auch perspektivischer Anforderungen definiert. Wenn es möglich scheint, das Geschäft zu internationalisieren und Kunden in europäischen Nachbarländern zu gewinnen, sollte man diese auch beliefern können. Das kann aber nicht jeder Versanddienstleister. Entsprechend sollte bei der Auswahl eines Versanddienstleisters nicht nur der Preis ausschlaggebend sein, sondern immer die verfügbaren Services samt der gebotenen Qualität. Andernfalls wird die Zustellung schnell zu einem Kostentreiber und zu einer Belastung in der Kundenbeziehung. Wenn das Gesamtpaket aber stimmt, können auch kleinere Händler ihren Kunden Leistungen wie die Großen bieten.

Welche Trends sehen Sie im Bereich Versandabwicklung und Logistik für die Zukunft?

Es gibt drei große Trends: Zum einen ist das die weitere Internationalisierung zur Erschließung neuer Märkte. Wie Untersuchungen zeigen, sind die Nachbarstaaten für deutsche Händler die wichtigsten Auslandsmärkte. Kunden des Hermes ProfiPaketServices können deshalb ihre Waren via Hermes in 25 europäische Länder, darunter auch die Schweiz und Liechtenstein, liefern.

Der zweite Trend ist das veränderte Kommunikationsverhalten: Wer täglich multimedial agiert, möchte auch – je nach Situation – per E-Mail oder per Telefon, genauso aber via Twitter, Skype oder Facebook mit seinem Versanddienstleister Kontakt aufnehmen. Unsere Aufgabe ist es, diese Möglichkeiten zu schaffen und mit den Kunden in den Dialog zu treten. Vor allem Social-Media-Kanäle werden sich zum integralen Bestandteil der künftigen Kundenkommunikation entwickeln.

Drittes Trendthema ist die „Grüne Logistik": Verbraucher erwarten zu Recht, dass Sendungen umweltschonend bis CO_2-neutral transportiert werden. Hermes setzt unternehmensweit auf nachhaltige Prozesse, Produkte sowie Services und konnte die CO_2-Emissionen pro bewegter Sendung seit 1994 bis heute bereits um 40 Prozent reduzieren. Mit dem Klima- und Umweltschutzprogramm „WE DO!" unterstützt Hermes seine Auftraggeber auch bei ihren eigenen Umweltschutzaktivitäten. Sie können damit ihren Kunden gegenüber deutlich machen, dass sie für den Transport einen Dienstleister gewählt haben, der seiner ökologischen Verantwortung nachkommt. ■

www.ecommerce-leitfaden.de

Vertiefende Informationen zu den Inhalten dieser Abschnitte sowie Links zu Lösungsanbietern erhalten Sie auf der Website www.ecommerce-leitfaden.de. Dort finden Sie auch
weitere kostenlose Angebote, wie den Newsletter, Online-Tools und weitere Studien.

NAVIGATOR

7

7. » GESCHÄFTE OHNE GRENZEN – IM AUSLAND VERKAUFEN

Der Verkauf Ihrer Waren und Dienstleistungen über die Grenzen Deutschlands hinaus erhöht die Anzahl Ihrer potenziellen Kunden deutlich. Allein durch die Ausdehnung auf die Länder der Europäischen Union (EU 27) erreichen Sie rund 260 Millionen Personen, die regelmäßig das Internet nutzen und somit mögliche Kunden darstellen (Eurostat 2011). Welche Gründe sonst noch für den Eintritt in ausländische Märkte sprechen und worauf dabei zu achten ist, wird in den folgenden Abschnitten erläutert.

7.1 Neue Umsätze durch Internationalisierung – über das Internet!

Gut die Hälfte der Unternehmen verkauft ihre Waren und Dienstleistungen bereits aktiv an ausländische Kunden. Knapp ein Viertel verkauft nicht aktiv ins Ausland, nimmt aber Aufträge ausländischer Kunden an. Im Durchschnitt machen Aufträge von ausländischen Kunden bereits 18 % der gesamten Bestellungen aus (vgl. Abbildungen 7-1 und 7-2).

Solche Umsatzanteile sind nicht zu vernachlässigen: Könnte der Händler „Risikooptimal" aus Kapitel 5 des Leitfadens beispielsweise einen zusätzlichen Umsatzanteil von 10 % seiner gesamten Umsätze mit ausländischen Kunden erzielen, würden die Gewinne um weitere 11 % auf 278.000 Euro steigen.

Die deutschsprachigen Länder Österreich und Schweiz stellen für die befragten Unternehmen die wichtigsten ausländischen Zielmärkte dar. Aber auch in den Benelux-Ländern sowie in Frankreich und in Italien bemühen sich viele Unternehmen aktiv darum, Kunden für den eigenen Shop zu gewinnen (vgl. Abbildung 7-3). Allein die Länder der Europäischen Union (EU 27) bergen ein Potenzial von mehr als 260 Millionen regelmäßigen Internet-Nutzern. Davon haben gut 60 % in den letzten zwölf Monaten bereits Waren oder Dienstleistungen für den privaten Gebrauch über das Internet bestellt (Eurostat 2011).

Diese Zahlen weisen darauf hin, wie wichtig es ist, sich mit dem Thema Internationalisierung über das Internet intensiv zu beschäftigen. Denn mit einer zunehmenden Anzahl potenzieller Kunden, die auch im Internet Geschäfte abschließen wollen, wird sich der Wettbewerb dort noch stärker auf die internationale Ebene verlagern. Viele ausländische Anbieter sind gerade dabei, ihre Internet-Auftritte weiter zu internationalisieren und werden zukünftig auch in Deutschland und in anderen europäischen Märkten aktiv werden.

Gut die Hälfte der Unternehmen versucht, Waren bzw. Dienstleistungen explizit auch ins Ausland zu verkaufen.

Versuchen Sie auch, Ihre Waren bzw. Dienstleistungen im Ausland zu verkaufen?

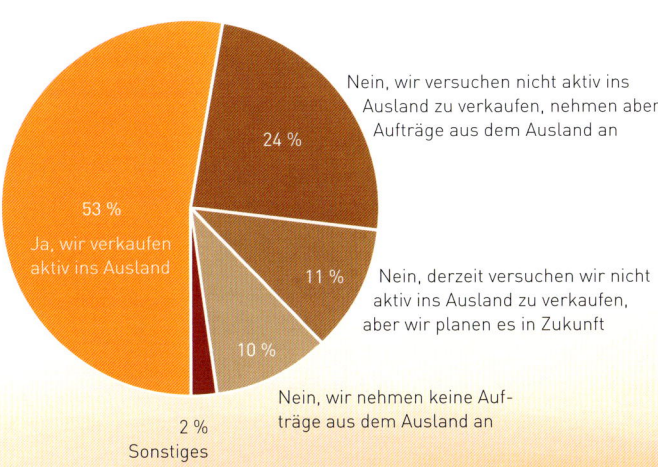

53 %
Ja, wir verkaufen aktiv ins Ausland

24 %
Nein, wir versuchen nicht aktiv ins Ausland zu verkaufen, nehmen aber Aufträge aus dem Ausland an

11 %
Nein, derzeit versuchen wir nicht aktiv ins Ausland zu verkaufen, aber wir planen es in Zukunft

10 %
Nein, wir nehmen keine Aufträge aus dem Ausland an

2 %
Sonstiges

Abb. 7-1: Verkäufe ins Ausland
Quelle: ibi research (Geschäfte ohne Grenzen – E-Commerce international 2012)

Bestellungen aus dem Ausland machen durchschnittlich 18 % der Gesamtbestellungen aus.

Wie verteilen sich bei Ihnen ungefähr die Bestellungen aus dem In- und Ausland?

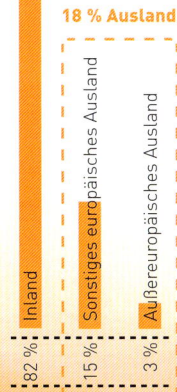

18 % Ausland

Inland 82 %
Sonstiges europäisches Ausland 15 %
Außereuropäisches Ausland 3 %

Abb. 7-2: Bestellungen aus dem In- und Ausland
Quelle: ibi research (E-Payment-Barometer – Fokus: Internationalisierung 2011)

Die Chancen der Globalisierung nutzen – über das Internet!

Im Gespräch mit Werner Dandl, aplido / dw2000.de, www.aplido.de

7

Werner Dandl ist Inhaber und Geschäftsführer der Internet-Marketing-Agentur aplido / dw2000.de, die sich auf die Entwicklung von professionellen Online-Shops mit grenzüberschreitendem Internet-Marketing spezialisiert hat. Zusammen mit seinem Team unterstützt er deutsche Unternehmen, die z. B. in Tschechien, Polen, der Slowakei oder in Ungarn sowie weiteren osteuropäischen Ländern aktiv werden wollen, indem er sich um die Registrierung der ausländischen Internet-Adressen, die Website-Gestaltung und das Online-Marketing für diese Länder kümmert. Umgekehrt hilft das Team auch Unternehmen aus osteuropäischen Ländern beim Internet-Marketing in Deutschland.

INTERVIEW

Herr Dandl, was hat Sie veranlasst, sich mit Ihrer Agentur auch an ausländische Kunden zu wenden?

Als ich mich 1998 mit meiner Firma selbstständig gemacht habe, schossen die Internet-Agenturen wie Pilze aus dem Boden. In diesem hart umkämpften Markt waren wir auf der Suche nach neuen Dienstleistungen und Märkten. Die EU-Osterweiterung haben wir dabei frühzeitig als Chance begriffen: Uns war von Anfang an klar, dass das Internet bei der EU-Osterweiterung eine wichtige Rolle spielen wird. Also haben wir damit begonnen, mehrsprachige Internet-Auftritte für grenznahe Unternehmen zu konzipieren.

Durch Geschäfte mit Kunden in Osteuropa konnten wir wichtige Erfahrungen sammeln, die mittlerweile von vielen deutschlandweit namhaften Kunden und Kooperationspartnern wiederum sehr geschätzt werden. Durch unsere klare strategische Positionierung als Dienstleister für grenzüberschreitendes Internet-Marketing konnten wir damals der „Internet-Krise" trotzen und die Erfolgsposition unserer Firma stetig ausbauen. Über 80 % unserer Umsätze stammen mittlerweile aus unseren Dienstleistungen im grenzüberschreitenden Kompetenzbereich.

Warum wird der Verkauf ins Ausland für Internet-Händler zunehmend interessant?

Viele Artikel sind im Ausland nicht oder nur zu deutlich höheren Preisen als in Deutschland erhältlich. Daher werden diese Artikel gerne über das Internet in deutschen Shops bestellt, auch wenn für die Lieferung ins Ausland höhere Versandkosten zu bezahlen sind.

Dadurch wächst mit der zunehmenden Anzahl der Internet-Anschlüsse im Ausland natürlich auch die Anzahl der potenziellen Kunden. In Tschechien war in den letzten Jahren insbesondere eine starke Zunahme der Breitbandanschlüsse zu verzeichnen, aber auch Länder wie Indien oder China legen in dieser Hinsicht stark zu.

Gerade für kleine und mittlere Unternehmen ist es auch von Vorteil, dass sich diese neuen Märkte über das Internet ohne hohe Investitionen und damit ohne große finanzielle Risiken erschließen lassen. Man benötigt weder eine Niederlassung noch eine Vertriebsmannschaft vor Ort. Auch die Logistik stellt in der Regel kein großes Problem dar, da die großen Paketdienstleister mittlerweile in fast alle Länder liefern.

ibi

7

> Egal, ob man im Inland oder im Ausland verkaufen will, am Anfang muss ein solides und professionell durchdachtes Geschäftskonzept stehen.
>
> Werner Dandl, aplido / dw2000.de

Was müssen Händler tun, die mit ihrem Shop ins Ausland verkaufen wollen?

Egal, ob man im Inland oder im Ausland verkaufen will, am Anfang muss ein solides und professionell durchdachtes Geschäftskonzept stehen. Hierzu gehört zum Beispiel, dass man sich über die Angebote der wichtigsten Wettbewerber informiert und sich Klarheit darüber verschafft, welche Margen sich in den einzelnen Märkten erzielen lassen. Ein daraufhin gemeinsam mit einer Internet-Agentur erarbeitetes Pflichtenheft erleichtert die Umsetzung – sowohl in technischer als auch in finanzieller Hinsicht.

Als Nächstes folgt die Internationalisierung des Shops. Da weniger als 3 % der Weltbevölkerung die deutsche Sprache verstehen, sollte der Shop zumindest auch auf Englisch zur Verfügung gestellt werden. Insbesondere für Osteuropa empfehlen wir, den Shop zusätzlich auch in der Landessprache der jeweiligen Zielländer anzubieten, da die Kunden Informationen in ihrer Muttersprache bevorzugen und der Shop so einen besseren Eindruck macht. Um den Übersetzungsaufwand zu reduzieren, kann man für einige Shop-Systeme bereits vorgefertigte Sprachmodule hinzukaufen.

Ein Shop allein hilft jedoch nichts, wenn er von den Kunden nicht gefunden wird. Da die Suchmaschine „Google" gerade in Osteuropa nicht die Marktstellung wie bei uns in Deutschland besitzt, sorgen wir im Auftrag unserer Kunden auch dafür, dass deren Shops in osteuropäischen Suchdiensten gelistet und möglichst weit oben in der Trefferliste angezeigt werden. Voraussetzung ist häufig eine Domain, die auf das jeweilige Landeskürzel (z. B. .cz für Tschechien oder .pl für Polen) endet.

Schließlich ist auch dafür zu sorgen, dass die Abwicklung der eingehenden Bestellungen reibungslos klappt. Hierfür sind beispielsweise die Fragen zu klären, wie die Lieferung ins Ausland erfolgen soll und welche zollrechtlichen Bestimmungen zu beachten sind. Bisweilen gibt es bei unseren Kunden auch Probleme, wenn der Kunde eine E-Mail in einer Sprache an den Händler schickt, die dieser nicht versteht. In diesen Fällen unterstützen wir unsere Kunden durch Übersetzer bzw. stellen Kontakte zu geeigneten Übersetzungsbüros bzw. Partnern her.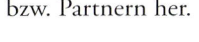

ibi

7.2 Alles anders, oder wie? Was bei der Expansion ins Ausland zu beachten ist

Das Internet bietet gerade kleinen und mittleren Unternehmen gute Möglichkeiten zum Einstieg in den internationalen Handel. Über das Internet finden auch sehr spezialisierte Produkte im Ausland ihre Abnehmer, ohne immense Kosten für das Unternehmen zu verursachen. Auch Dienstleistungen, z. B. E-Learning, Touristikangebote sowie Informations-, Beratungs- und Finanzdienstleistungen, lassen sich über das Internet länderübergreifend vermarkten. Worauf beim E-Commerce mit ausländischen Kunden zu achten ist, wird in den nachfolgenden Abschnitten erläutert.

Da der Verkauf über das Internet für kleine und mittlere Unternehmen häufig die erste Form des Eintritts in ausländische Märkte darstellt, gilt es, ein Engagement auf diesen Märkten sorgfältig vorzubereiten. Den ersten Schritt dazu bildet die Formulierung einer Internationalisierungsstrategie, d. h. die Festlegung, in welchen ausländischen Märkten man mit welchen Leistungsangeboten auftreten will.

Darauf folgt die Internationalisierung des Shops, d. h. die Anpassung des Shops an die Anforderungen der ausländischen Kunden. Ein wichtiger Aspekt, der sowohl den Shop als auch die nachgelagerten Prozesse betrifft, ist die Abstimmung der angebotenen Zahlungsverfahren auf die Zahlungsgewohnheiten in den einzelnen Ländern. Hierdurch soll vermieden werden, dass ausländische Kunden, die in Ihrem Shop einkaufen wollen, den Kauf aufgrund unpassender Zahlungsverfahren abbrechen.

Wie Sie ausländische Kunden auf Ihren Shop aufmerksam machen und längerfristig binden können und worauf Sie bei der Lieferung physischer Waren ins Ausland achten sollten, wird am Ende des Abschnitts erläutert.

Internationalisierungsstrategie – (k)ein Unwort

Im Zuge der Entwicklung einer Internationalisierungsstrategie gilt es, die Chancen und Risiken, die ein Markteintritt in ausländische Länder beinhaltet, abzuwägen und den individuellen Ressourcen und Fähigkeiten des eigenen Unternehmens gegenüberzustellen. Die Abwägung der Chancen und Risiken muss für jedes Land einzeln erfolgen, da sich die Rahmenbedingungen für Geschäfte mit Kunden in diesen Ländern von Land zu Land unterscheiden. Im Ergebnis kann die Abwägung der Chancen und Risiken dazu führen, dass drei Klassen von Ländern definiert werden:

- Länder, in denen explizit versucht wird, Kunden für den eigenen Shop zu gewinnen.
- Länder, in denen keine gezielte Kundenakquise erfolgt, in die aber auf Anfrage geliefert wird.
- Länder, die von der Belieferung ausgeschlossen werden, da die Risiken aus Sicht des eigenen Unternehmens zu hoch sind oder Exportverbote bestehen.

Auf die Kriterien zur Abgrenzung dieser drei Länderklassen wird im Folgenden näher eingegangen. Wie Abbildung 7-3 zeigt, zählen Österreich und die Schweiz für die meisten deutschen Shop-Betreiber zu den beliebtesten europäischen Zielmärkten. Unternehmen, die auch Kunden außerhalb Europas adressieren, richten sich hauptsächlich an Käufer aus den USA.

Die Beurteilung der Marktchancen erfolgt im Wesentlichen anhand der Gesamtgröße des ausländischen Marktes, des Preisniveaus für die von Ihnen angebotenen Waren oder Dienstleistungen sowie der Kosten, die für den Export in ausländische Länder anfallen und den entsprechenden Länder- und Währungsrisiken.

7

Ein wesentlicher Indikator für die Marktgröße ist beim Internet-Vertrieb generell die Anzahl der Internet-Nutzer in einem Land (zu der Anzahl der Internet-Nutzer in den europäischen Ländern vgl. die Länderprofile am Ende dieses Abschnitts). Je nach Art der verkauften Waren oder Dienstleistungen können jedoch auch weitere Indikatoren eine Rolle spielen, beispielsweise die Gesamthöhe der Ausgaben für die von Ihnen angebotenen Waren oder Dienstleistungen in diesem Land.

Das gegenwärtige Preisniveau ist ausschlaggebend dafür, welchen Marktanteil Sie in einem Land erreichen können und welche Gewinne nach Abzug der Kosten bei Geschäften mit ausländischen Kunden verbleiben. Anhand des Preisniveaus lässt sich bereits eine erste Einschätzung treffen, in welchen Ländern sich ein stärkeres Engagement lohnen könnte.

Die Kosten der Erschließung ausländischer Märkte setzen sich aus einmaligen und transaktionsabhängigen Kosten zusammen. Zu den einmaligen Kosten zählen beispielsweise Kosten für Anpassungen der Produkte (vgl. Infobox 7-1), für Änderungen am Shop, für die Einbindung zusätzlicher Zahlungsverfahren oder für die Neukundengewinnung. Transaktionsabhängige Kosten fallen beispielsweise für die Verpackung und Lieferung, für Steuern und Zölle, für die Risikoabsicherung und Zahlungsabwicklung oder für die Bearbeitung von Rückfragen und Reklamationen an. Auf diese Aspekte wird in den folgenden Abschnitten näher eingegangen.

Die Beurteilung der Marktchancen kann für verschiedene Waren oder Dienstleistungen Ihres Sortiments durchaus unterschiedlich ausfallen. Gegebenenfalls ist es daher sinnvoll, nur Teile des eigenen Produktsortiments im Ausland anzubieten.

Bei der Beurteilung der Risiken müssen neben den auch im Inland auftretenden Ausfall-, Transport- und rechtlichen Risiken bei Auslandsgeschäften auch Länder- und Währungsrisiken berücksichtigt werden.

Als Länderrisiken werden die Risiken bezeichnet, die sich aus dem wirtschaftlichen, sozialen und politischen Umfeld eines bestimmten Landes ergeben. Viele Banken und Finanzdienstleister geben Länderindizes heraus, in denen das Risiko für unterschiedliche Länder in Form eines Indexwerts dargestellt wird. In den Länderprofilen am Ende dieses Abschnitts sind beispielhaft die Indexwerte des Kreditversicherers Coface für die europäischen Länder dargestellt. Welche möglichen Länder-Ratings der Kreditversicherer verwendet, zeigt Infobox 7-2. Speziell für die Kreditkartenakzeptanz im elektronischen Handel gibt das Kreditkarten-Serviceunternehmen ConCardis Empfehlungen heraus, in welche Länder aufgrund zu hohen Betrugsrisikos nicht geliefert werden sollte (www.concardis.com).

Die deutschsprachigen Länder stellen die beliebtesten europäischen Zielmärkte dar.

In welche ausländischen Märkte verkaufen Sie? (Auswahl)

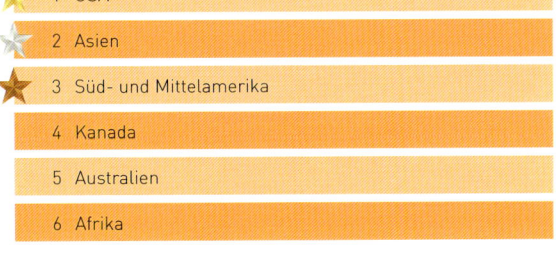

Die 10 häufigsten europäischen Zielmärkte

1 Österreich
2 Schweiz
3 Frankreich
4 Niederlande
5 Belgien
6 Luxemburg
7 Italien
8 Dänemark
9 Vereinigtes Königreich (UK)
10 Spanien

Die Bedeutung außereuropäischer Zielmärkte

1 USA
2 Asien
3 Süd- und Mittelamerika
4 Kanada
5 Australien
6 Afrika

Abb. 7-3: Ausländische Zielmärkte
Quelle: ibi research (E-Payment-Barometer – Fokus: Internationalisierung 2011)

ibi

7

Beispiele für Produktanforderungen, die beim Export zu berücksichtigen sind

Wenn Sie bestimmte Produkte ins Ausland liefern wollen, so sollten Sie berücksichtigen, dass hierdurch gegebenenfalls Produktanpassungen (z. B. technischer Art) notwendig werden, wodurch zusätzliche Kosten anfallen können. Die nachfolgende Übersicht soll Ihnen einen Eindruck davon vermitteln, was bei einer Ausfuhr bestimmter Produktarten zu berücksichtigen ist.

Bei der Ausfuhr von ...	sind zu berücksichtigen ...
Elektrogeräten	Stecker Spannung Sicherheitsvorschriften
Kleidung	Klima Konfektionsgrößen Geschmack Symbolgehalt von Farben
Nahrungsmitteln	Zusammensetzung Geschmack Haltbarkeit Verpackung Etikettierung Religiöse Einflüsse und Verbote
Maschinen	Ausbildungsniveau des Bedienungspersonals Verfügbarkeit von Energie Servicemöglichkeiten (After Sales Service, Wartung, Reparatur) Normen
Fahrzeugen	Kaufkraft Wertbeständigkeit Straßenverhältnisse
Pharmazeutischen Produkten	Arzneimittelgesetze Absatzwege

Bei der Festlegung der ...	sind zu berücksichtigen ...
Verpackung	Eichgesetze Größe, Normen Form Schutzwirkung (Klima, Transport usw.) Deklarationsvorschriften Verbrauchergewohnheiten Symbolgehalt von Farben Verpackungsentsorgung
Markierung / Etikettierung	Schutz des Markenzeichens Lesbarkeit Aussprechbarkeit Vorschriften

Bei der Gestaltung von ...	sind zu berücksichtigen ...
Prospekten / Bedienungsanleitungen	Symbolgehalt von Farben Verständlichkeit Einprägbarkeit

Infobox 7-1: Beispiele für zu berücksichtigende Produktanforderungen beim Export
Quelle: IHK für München und Oberbayern 2012

ibi

Bedeutung der Länder-Ratings

Um das Risiko, das sich aus den wirtschaftlichen, sozialen und politischen Rahmenbedingungen eines Landes ergibt, einschätzen zu können, geben unter anderem auch Finanzdienstleister so genannte Länderindizes bzw. Länder-Ratings heraus. Bei diesen wird jedem Land eine bestimmte Risikoklasse zugeordnet. Was eine Einstufung in eine bestimmte Risikoklasse beim Kreditversicherer Coface bedeutet, zeigt Ihnen die nachfolgende Übersicht.

A1: Die politische und wirtschaftliche Situation ist sehr gut. Das exzellente Geschäftsumfeld wirkt sich positiv auf das Zahlungsverhalten von Unternehmen aus. Sehr geringe Ausfallwahrscheinlichkeit von Zahlungen.

A2: Die politische und wirtschaftliche Situation ist weiterhin gut. Das grundsätzlich stabile und effiziente Geschäftsumfeld lässt allerdings Raum für Verbesserungen. Die Wahrscheinlichkeit für Zahlungsausfälle bei Unternehmen bleibt indessen generell gering.

A3: Schwankungen bei den im Allgemeinen guten, jedoch etwas unbeständigen politischen und wirtschaftlichen Umständen können das Zahlungsverhalten der Unternehmen beeinträchtigen. Ein im Grunde sicheres Geschäftsumfeld kann Unternehmen dennoch gelegentlich Schwierigkeiten bereiten. Die Wahrscheinlichkeit eines Zahlungsausfalls ist noch immer gering.

A4: Etwas schwächere politische und wirtschaftliche Aussichten und ein relativ unzuverlässiges Geschäftsumfeld konnen das Zahlungsverhalten der Unternehmen beeinträchtigen. Dennoch liegt die Wahrscheinlichkeit eines Zahlungsausfalls weiterhin im akzeptablen Bereich.

B: Politische und wirtschaftliche Unsicherheiten und ein gelegentlich schwieriges Geschäftsumfeld können das Zahlungsverhalten der Unternehmen beeinträchtigen. Die Wahrscheinlichkeit von Zahlungsausfällen nimmt spürbar zu.

C: Die sehr unbeständigen politischen und wirtschaftlichen Aussichten und ein Geschäftsumfeld mit vielen besorgniserregenden Schwächen können sich deutlich auf das Zahlungsverhalten der Unternehmen niederschlagen. Die Wahrscheinlichkeit von Zahlungsausfällen ist hoch.

D: Das hohe Risikoprofil der wirtschaftlichen und politischen Umstände und ein häufig sehr schwieriges Geschäftsumfeld können das Zahlungsverhalten der Unternehmen vehement verschlechtern. Die Wahrscheinlichkeit von Zahlungsausfällen ist ausgesprochen hoch.

Infobox 7-2: Bedeutung der Länder-Ratings
Quelle: Coface 2012

Währungsrisiken können sich aus Schwankungen der Wechselkurse ergeben, wenn die Forderung gegen den Kunden auf eine andere Währung als den Euro lautet. Wird mit dem Kunden beispielsweise ein Preis vereinbart, der auf US-Dollar lautet, so trägt der Händler das Risiko, dass der US-Dollar gegenüber dem Euro abgewertet wird und somit die Forderung an Wert verliert. Bei Bestellungen aus den Euro-Ländern besteht für Sie als Händler somit kein Währungsrisiko. In den Nicht-Euro-Ländern der EU ist z. T. das Währungsrisiko durch eine vereinbarte Schwankungsbreite des Wechselkurses der einheimischen Währung gegenüber dem Euro begrenzt.

Schließlich ist zu beachten, dass Lieferungen bestimmter Waren ins Ausland oder Lieferungen in bestimmte Länder oder an bestimmte Personen bzw. Organisationen aufgrund gesetzlicher Regelungen genehmigungspflichtig oder sogar ganz verboten sein können. Weitere Informationen zu Genehmigungspflichten, Exportverboten sowie Sanktionslisten finden Sie in Infobox 7-3 und z. B. auf der Website des Bundesamts für Wirtschaft und Ausfuhrkontrolle (www.ausfuhrkontrolle.info).

ibi

Nicht nur die Sprache ändert sich – Internationalisierung des Shops

Sind die Länder festgelegt, auf die man sich bei der Internationalisierung konzentrieren will, folgt als Nächstes die Internationalisierung des Shops. In diesem Kontext sind im Wesentlichen zwei Tendenzen zu beobachten: Einige Online-Händler (28 %) bauen einen eigenständigen Web-Auftritt bzw. Shop für die einzelnen Länder auf, während annähernd die Hälfte (47 %) aller international agierender Händler den bestehenden Shop anpasst bzw. erweitert. Wie Abbildung 7-4 zeigt, werden insbesondere die Sprache, die Domain, die AGB, die Zahlungsverfahren, die Produktbeschreibungen, die Preisangaben und das Impressum häufig auf die Gegebenheiten in ausländischen Märkten abgestimmt.

Sprachliche Anpassungen sind notwendig, da nur ein Bruchteil der weltweiten Internet-Nutzer deutsch spricht. Der Shop sollte daher zumindest in englischer Sprache bereitgestellt werden. Noch bequemer ist der Bestellvorgang für Kunden jedoch, wenn sie ihre Produkte in der entsprechenden Landessprache präsentiert bekommen. Die meisten Shop-Lösungen bieten für viele Länder entsprechende Sprachmodule, mit denen sich Standardtexte im Shop mit überschaubarem Aufwand in ausländischen Sprachen bereitstellen lassen. Für die Übersetzung von Produktbeschreibungen bietet es sich an, mit einem professionellen Übersetzungsbüro zusammenzuarbeiten.

In den AGB ist insbesondere festzulegen, welche Rechtsordnung bei Verträgen mit ausländischen Kunden zugrunde gelegt werden soll. Auf rechtliche Fragen rund um das Thema Internationalisierung geht auch Volker Baldus, janolaw, im nachfolgenden Interview ein. Wenn Sie sich explizit an ausländische Kunden richten und keine Rechtswahl treffen, gilt bei Geschäften mit Verbrauchern das Recht des Landes, in dem diese ihren Wohnsitz haben. Auch durch eine Festlegung auf deutsches Recht können Sie jedoch gegebenenfalls höhere Verbraucherschutzstandards in dem Land, in dem der Verbraucher seinen Wohnsitz hat, nicht ausschließen. Umgekehrt kann es aber durchaus auch sinnvoll sein, ausländisches Recht anzuwenden, da das Schutzniveau für Verbraucher im elektronischen Handel im deutschen Recht höher ist als

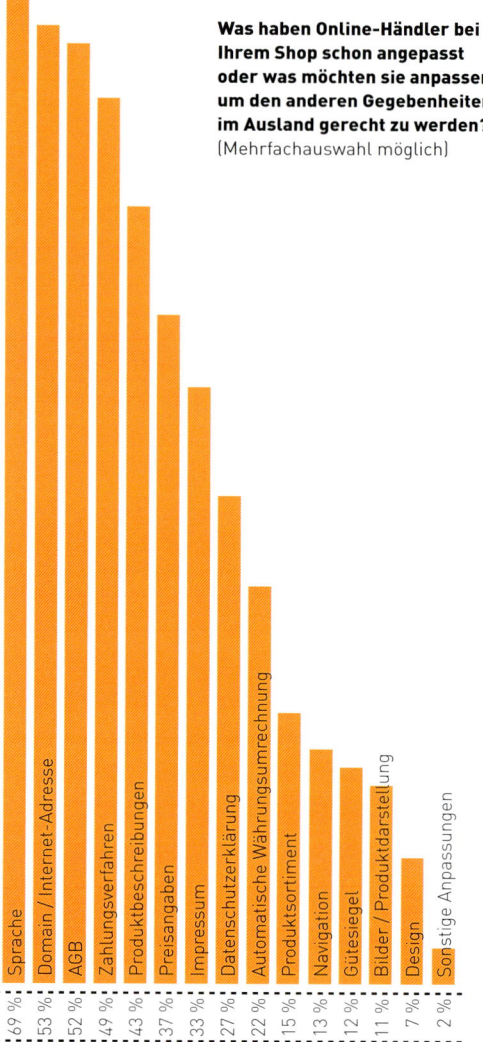

Was haben Online-Händler bei Ihrem Shop schon angepasst oder was möchten sie anpassen, um den anderen Gegebenheiten im Ausland gerecht zu werden?
(Mehrfachauswahl möglich)

Kategorie	Wert
Sprache	69 %
Domain / Internet-Adresse	53 %
AGB	52 %
Zahlungsverfahren	49 %
Produktbeschreibungen	43 %
Preisangaben	37 %
Impressum	33 %
Datenschutzerklärung	27 %
Automatische Währungsumrechnung	22 %
Produktsortiment	15 %
Navigation	13 %
Gütesiegel	12 %
Bilder / Produktdarstellung	11 %
Design	7 %
Sonstige Anpassungen	2 %

Die Hälfte der Händler passt das Angebot an Zahlungsverfahren für Bestellungen aus dem Ausland an.

Abb. 7-4: Durchgeführte Anpassungen beim Online-Verkauf ins Ausland
Quelle: ibi research (Zahlungsabwicklung im E-Commerce 2011)

in den meisten anderen Ländern. Sie sollten sich daher von einem Fachmann über die rechtlichen Risiken beim Versand ins Ausland beraten lassen und eventuell das Liefergebiet auf bestimmte Länder begrenzen.

Die Preise sollten gegebenenfalls in der Währung des Kunden angegeben werden und dabei Zölle, Steuern und sonstige Abgaben berücksichtigen. Es hängt jedoch häufig auch von den Gepflogenheiten in den einzelnen Ländern ab, ob Preise brutto oder netto angegeben werden müssen.

Im Impressum sind oftmals die bereits vorhandenen Informationen um in den einzelnen Ländern verpflichtende Elemente zu erweitern (z. B. die Angabe des Hosting-Providers in Frankreich). Weiterhin sind insbesondere die Kontaktdaten um die Landesvorwahl bei der Telefonnummer sowie die Erreichbarkeit des Kundenservices in den jeweiligen lokalen Zeitzonen zu ergänzen.

Bei den Produktbeschreibungen ist zu beachten, dass im Ausland häufig andere Maß- und Gewichtseinheiten üblich sind. Wenn Sie länderspezifische Maß- und Gewichtseinheiten (z. B. inch oder pound)

verwenden, erleichtern Sie ausländischen Kunden die Orientierung und können dadurch Ihren Verkaufserfolg steigern.

Haben Sie's passend? Zahlungsverfahren für ausländische Kunden

Um Kaufabbrüche von Kunden zu vermeiden, weil sie nicht das richtige Zahlungsverfahren vorfinden, sollten Sie sich überlegen, welche Verfahren den Kunden im Zielland angeboten werden sollten. Dabei ist insbesondere zu berücksichtigen, dass einige Verfahren, wie etwa die Kreditkarte oder PayPal, international verbreitet sind. Andere hingegen weisen in einzelnen Ländern keinen signifikanten Marktanteil auf bzw. können nicht außerhalb Europas genutzt werden (vgl. Kapitel 4 dieses Leitfadens). Wie deutsche Online-Händler im Allgemeinen die Eignung ausgewählter Zahlungsverfahren für den internationalen E-Commerce einschätzen, zeigt Abbildung 7-5.

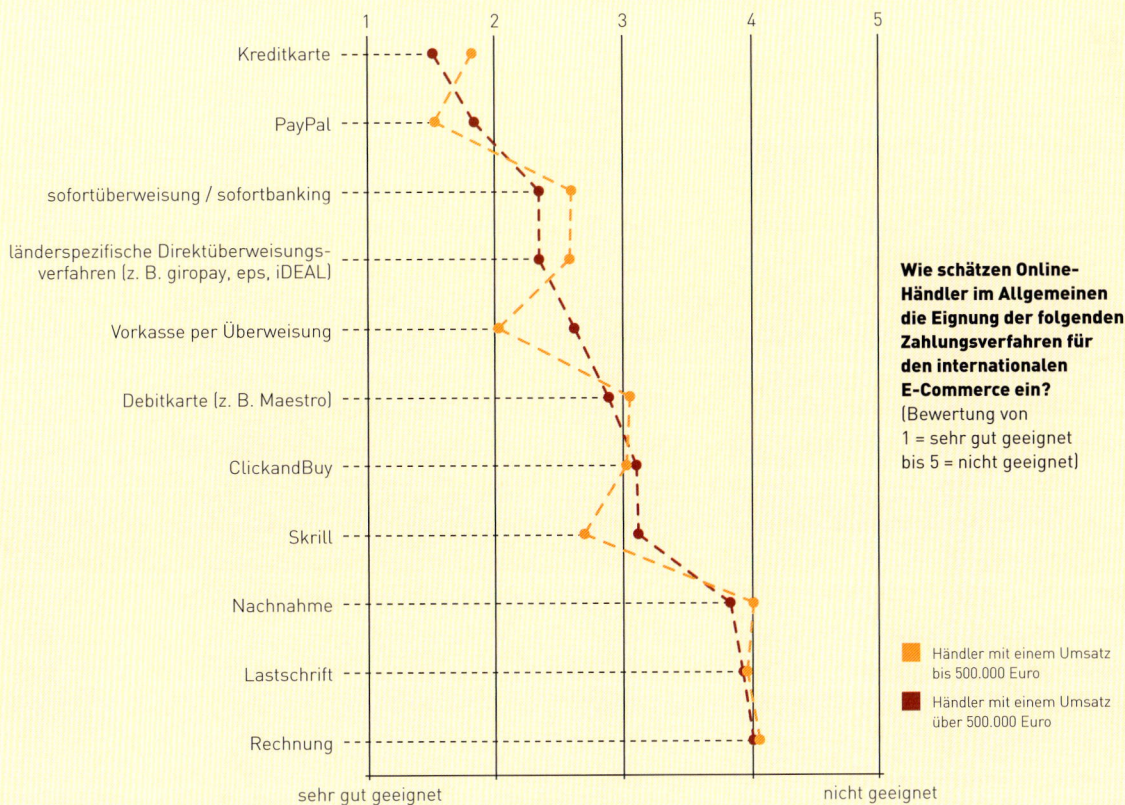

Die Kreditkarte gilt unter größeren Händlern als sehr gut für den internationalen E-Commerce geeignet.

Wie schätzen Online-Händler im Allgemeinen die Eignung der folgenden Zahlungsverfahren für den internationalen E-Commerce ein? (Bewertung von 1 = sehr gut geeignet bis 5 = nicht geeignet)

■ Händler mit einem Umsatz bis 500.000 Euro
■ Händler mit einem Umsatz über 500.000 Euro

Abb. 7-5: Eignung von Zahlungsverfahren für den internationalen E-Commerce
Quelle: ibi research (E-Payment-Barometer – Fokus: Internationalisierung 2011)

Online-Handel mit dem Ausland – alles was recht ist!

Im Gespräch mit Dr. Volker Baldus, janolaw, www.janolaw.de

Rechtsanwalt Dr. Volker Baldus arbeitet bei dem Rechtsservice-Anbieter und Leitfadenpartner janolaw AG und betreut dort den Bereich Internet. Immer mehr Shop-Betreiber nutzen die anwaltlichen Leistungen von janolaw erfolgreich und kostengünstig für ihr Business. Für dauerhafte Rechtssicherheit im E-Commerce sorgen der komfortable AGB-Hosting-Service und die Update-Services für eBay und Amazon.

INTERVIEW

Herr Baldus, im grenzenlosen Internet müsste mit dem richtigen Produkt doch auch ein grenzenloser Umsatz möglich sein. Stehen dem Shop-Betreiber etwa rechtliche Hürden „Made in Germany" im Wege?

Ja, aber auch z. B. Hürden „Made in France" oder „Made in Spain", wenn man sich zunächst einmal auf die EU beschränkt. Es ist politisch zwar gewollt, dass der Kunde sich seine Waren und Dienstleistungen auf einem europäischen Markt aussuchen kann. Mehr Angebote sollen zu mehr Konkurrenz und damit im Endeffekt zu besseren und günstigeren Produkten führen. Zölle und ähnliche Beschränkungen wurden bereits abgeschafft, um einen freien Warenverkehr zu gewährleisten. Man konnte sich aber bislang noch nicht auf ein gemeinsames europäisches Verbraucherrecht einigen. Die Umsetzung von europäischen Richtlinien in den Mitgliedstaaten führte zwar dazu, dass innerhalb der EU ein vergleichbares Verbraucherschutzniveau herrscht. Nahezu jeder Mitgliedstaat hat aber die Umsetzungsspielräume genutzt und länderspezifische Sonderregeln verabschiedet. Bei internationalen Rechtsstreitigkeiten geht es oft um Details, in die sich alle Beteiligten dann erst einmal einarbeiten müssten. Und diese schwer überschaubare Rechtslage blockiert natürlich den Online-Handel mit ausländischen Kunden.

Können Sie die Problematik an einem Beispiel erläutern?

Ein anschauliches Beispiel ist das Widerrufsrecht, über das jeder deutsche Shop-Betreiber seinen Kunden belehren muss. Die meisten Shop-Betreiber nutzen dafür einen Mustertext, den der deutsche Gesetzgeber zur freiwilligen Nutzung bereitgestellt hat. Das dem Verbraucher zustehende Widerrufsrecht bei Fernabsatzverträgen basiert auf einer europäischen Richtlinie, die den Mitgliedstaaten bei der Umsetzung ins nationale Recht Spielräume zugestand. Als Folge sieht das deutsche Widerrufsrecht z. B. eine Widerrufsfrist von 14 Tagen (bzw. einem Monat) vor, in anderen Ländern gelten hingegen Widerrufsfristen zwischen 7 und 15 Tagen. Da die deutsche Wertersatzregelung bereits vom Europäischen Gerichtshof (EuGH) beanstandet wurde, kann man den Mustertext nicht einfach nur in die jeweiligen Landessprachen übersetzen und dann blind auf die Rechtmäßigkeit vertrauen.

Welches Recht findet Anwendung, wenn z. B. ein Verbraucher aus Frankreich in einem deutschen Shop Waren bestellt?

Diese Frage ist nicht so leicht zu beantworten. Zunächst muss geprüft werden, ob sich in den AGB eine Rechtswahlklausel (z. B. „Der Vertrag unterliegt deutschem Recht, soweit nicht ...") befindet. Das Gesetz lässt bei Verträgen mit Verbrauchern eine Rechtswahl zu, solange den Käufern dadurch nicht die zwingenden Verbraucherschutzvorschriften des Heimatrechts entzogen werden. Ist keine Rechtswahlklausel vorhanden, muss im zweiten Schritt geprüft werden, ob sich der Shop an Kunden im Ausland „ausrichtet". Wenn diese Ausrichtung bejaht werden kann, gilt auch das Heimatrecht des Käufers. Ansonsten gilt bei Kaufverträgen das Recht des Staates, in dem der Verkäufer seinen gewöhnlichen Aufenthalt hat.

ibi

> Es empfiehlt sich derzeit, für jedes Land einen eigenen Shop in der jeweiligen Landessprache einzurichten und von einem Fachmann kontrollieren zu lassen.
>
> Dr. Volker Baldus, janolaw

Woran erkennt man, ob sich der Shop auch an Kunden im Ausland richtet?

Das Gesetz gibt keine festen Kriterien vor, d. h. der Rechtsbegriff „ausrichten" muss ausgelegt werden. Der EuGH hat im Zusammenhang mit der Frage nach dem zuständigen Gericht, bei der sich die gleiche Problematik stellt, einige Anhaltspunkte genannt. Danach kann man von einer internationalen Ausrichtung ausgehen, wenn der Händler seine Ware in mehreren namentlich benannten Mitgliedstaaten anbietet. Weitere Indizien sind die Angabe von Telefonnummern mit internationaler Vorwahl, die Verwendung eines neutralen Domainnamens wie „.com", „.eu" oder gar eines Länder Domainnamens wie „.at" (für Österreich) oder „.fr" (für Frankreich). Auch die Verwendung einer anderen Sprache oder Währung (z. B. britisches Pfund) sind deutliche Anhaltspunkte für einen grenzüberschreitenden Handel.

Man liest häufig, dass der deutsche Verbraucherschutz im europäischen Vergleich sehr hoch sei. Sollten sich ausländische Kunden dann nicht über die Rechtswahl freuen?

Dies ist ein wichtiger Aspekt. Der hohe Verbraucherschutz in Deutschland bringt im Gegenzug natürlich Nachteile für den Online-Händler mit sich. Er könnte also auf eine Rechtswahlklausel verzichten, das Heimatrecht seiner Kunden akzeptieren und dadurch ggf. von einer kürzeren Widerrufsfrist profitieren. Wenn aber die Kaufsache später Mängel aufzeigt, eine gütliche Einigung nicht möglich ist und vom Kunden die heimatlichen Gewährleistungsrechte in Anspruch genommen werden, kann ein deutscher Anwalt dem Online-Händler meist nicht weiterhelfen. Die durch die Einschaltung eines ausländischen Anwalts entstehenden Kosten, auch in zeitlicher Hinsicht, können beträchtlich sein. Ferner ist jedoch auch zu beachten, dass sich die Gewährleistungsrechte in den einzelnen Ländern stark unterscheiden können. Im Vergleich zu Deutschland beträgt in Schweden die Dauer der Gewährleistung nicht zwei, sondern drei Jahre. Auch kann der Zeitpunkt der Beweislastumkehr anders sein als in Deutschland, z. B. deutlich mehr als die in Deutschland üblichen sechs Monate. Ein Beispiel hierfür ist Finnland mit zwei Jahren.

Wie hoch ist im internationalen Handel das Risiko, abgemahnt zu werden?

In diesem Bereich gibt es nach meiner Kenntnis keine verlässlichen Zahlen. Viele Abmahnungen landen nicht vor den Gerichten, sondern werden bereits vorher durch die Abgabe der geforderten Unterlassungserklärung und Zahlung der entstandenen Anwaltskosten erledigt. In einigen Fällen sind aber auch schon Entscheidungen veröffentlicht worden. Wer z. B. einen europaweiten Versand anbietet, muss auch die konkret anfallenden Versandkosten angeben. Einige Shop-Betreiber, die auf ihren Websites lediglich angegeben haben, dass diese Kosten auf Nachfrage mitgeteilt werden, sind wegen eines Verstoßes gegen die Preisangabenverordnung erfolgreich abgemahnt worden. Weiterhin ist zu beachten, dass auch die Wettbewerbszentrale in diesem Bereich Abmahnungen aussprechen kann. Sie wurde damit beauftragt, die Rechte der Verbraucher bei grenzüberschreitenden Verstößen durchzusetzen und zwar für Fälle, in denen die Interessen mehrerer Verbraucher aus anderen EU-Mitgliedstaaten geschädigt werden.

Was ist Ihre Empfehlung?

Wer sich mit dieser Thematik nicht weiter beschäftigen möchte, sollte sein Liefergebiet einfach auf Deutschland beschränken. Ansonsten empfiehlt es sich, für jedes Land einen eigenen Shop in der jeweiligen Landessprache einzurichten und von einem Fachmann kontrollieren zu lassen. Erst wenn sich auf europäischer Ebene ein einheitliches Verbraucherrecht durchgesetzt hat und es nur eine Muster-Widerrufsbelehrung für alle Mitgliedsstaaten gibt, ist der Online-Handel mit dem Ausland auch aus rechtlicher Sicht harmonisiert. ■

ibi

Die folgende Abbildung 7-6 zeigt, welche Zahlungsverfahren deutschsprachige Online-Händler ihren ausländischen Kunden in den jeweiligen Ländern anbieten.

Die Zahlung per Vorkasse, Kreditkarte und PayPal werden für Bestellungen aus dem Ausland häufig angeboten.

Welche Zahlungsverfahren bieten Sie Ihren Kunden aus dem Ausland in den jeweiligen Ländern an?

	Vorkasse per Überweisung	Rechnung	Lastschrift	Kreditkarte	PayPal	Nachnahme	ClickandBuy	Skrill	sofortüberweisung / sofortbanking	länderspezifische Direktüberweisungsverfahren	weitere länderspezifische Zahlungsverfahren
Österreich	74 %	22 %	9 %	55 %	58 %	21 %	3 %	12 %	31 %	6 %	6 %
Schweiz	64 %	25 %	2 %	63 %	50 %	13 %	0 %	9 %	18 %	5 %	11 %
Belgien	69 %	14 %	2 %	55 %	62 %	10 %	2 %	10 %	21 %	2 %	2 %
Dänemark	83 %	7 %	0 %	48 %	79 %	17 %	0 %	7 %	3 %	7 %	6 %
Frankreich	72 %	13 %	2 %	49 %	66 %	15 %	0 %	13 %	2 %	9 %	11 %
Italien	74 %	11 %	6 %	49 %	69 %	9 %	0 %	14 %	3 %	6 %	6 %
Luxemburg	70 %	12 %	3 %	58 %	64 %	12 %	3 %	9 %	6 %	6 %	6 %
Niederlande	71 %	18 %	4 %	51 %	61 %	18 %	4 %	8 %	14 %	16 %	4 %
Spanien	87 %	7 %	3 %	47 %	73 %	17 %	0 %	10 %	7 %	10 %	10 %
Vereinigtes Königreich	63 %	9 %	0 %	47 %	72 %	13 %	0 %	6 %	9 %	0 %	16 %

Abb. 7-6: Angebotene Zahlungsverfahren für Kunden aus dem Ausland
Quelle: ibi research (E-Payment-Barometer – Fokus: Internationalisierung 2011)

Sanktionslisten – Terroristen müssen draußen bleiben

Seit den Anschlägen vom 11. September 2001 werden Sanktionen von der Europäischen Union nicht mehr nur gegen einzelne Länder, sondern auch gegen bestimmte Terroristen und terroristische Organisationen ausgesprochen. Verstöße gegen diese Sanktionen können mit Geld- oder Freiheitsstrafen geahndet werden.

Online-Händler sind daher gut beraten, jede Rechnungs- und Lieferadresse mit den Namenslisten der Europäischen Union abzugleichen. Zusätzlich wird von Experten ein Abgleich mit den Na-

menslisten weiterer Länder (z. B. Kanada und der USA) empfohlen, um nicht aufgrund von Geschäften mit gesperrten Personen oder Organisationen selbst als verdächtig eingestuft und daraufhin vom Handel mit Unternehmen in diesen Ländern ausgeschlossen zu werden. Mithilfe spezieller Software oder externer Dienstleister ist der Abgleich auch automatisiert möglich.

Weitere Informationen zu den Sanktionslisten der EU finden Sie unter www.ausfuhrkontrolle.info.

Infobox 7-3: Sanktionslisten

7

Länderspezifische Zahlungsverfahren im europäischen Ausland (Auswahl)

Neben international einsetzbaren Zahlungsverfahren existieren in den meisten Ländern auch länderspezifische nationale Zahlungsverfahren (in Deutschland beispielsweise giropay oder die GeldKarte, vgl. Kapitel 4 dieses Leitfadens). Beispiele für ausgewählte länderspezifische Zahlungsverfahren in anderen europäischen Ländern sind in der folgenden Übersicht dargestellt.

Land	Zahlungsverfahren	Anbieter	Website
Benelux-Länder	Bancontact / Mister Cash iDEAL	diverse Banken iDEAL	www.ideal.nl
Frankreich	4 étoiles Carte bleue Carte Aurore Cofinoga	Cofidis diverse Banken Cetelem Laser Cofinoga	www.4etoiles.fr/cms/site/4e/home www.aurore.com www.cofinoga.fr/carte/index.do
Vereinigtes Königreich	Maestro UK	MasterCard	www.maestrocard.com
Italien	Carta Postepay CartaSi / Sipay	Poste italiane CartaSi	www.postepay.it www.cartasi.it
Österreich	eps Online-Überweisung paybox	STUZZA paybox Bank	www.eps.or.at www.paybox.at
Polen	kein länderspezifisches Zahlungsverfahren mit signifikanter Verbreitung		
Schweiz	myOne PostFinance Card / e-Finance	Accarda PostFinance	www.myone.ch www.postfinance.ch
Skandinavien	eDankort	PBS	www.pbs.dk
Spanien	kein länderspezifisches Zahlungsverfahren mit signifikanter Verbreitung		
Tschechien	kein länderspezifisches Zahlungsverfahren mit signifikanter Verbreitung		

Infobox 7-4: Länderspezifische Zahlungsverfahren im europäischen Ausland (Auswahl)

Bei Zahlungen per Rechnung sind zudem die unterschiedlichen Zahlungsgewohnheiten in den einzelnen Ländern zu berücksichtigen: Dauert es in Deutschland im Durchschnitt 35 Tage bis eine Rechnung bezahlt wird, so sind es in Frankreich 28, in Italien durchschnittlich 63 Tage und in Spanien sogar 86 Tage (Atradius 2011).

In Bezug auf Lastschriftzahlungen ergeben sich durch die Schaffung der Single Euro Payments Area (SEPA) einige Veränderungen. Zudem führt die Single Euro Payments Area zu einer Vereinheit-lichung der aufsichtsrechtlichen Anforderungen an die Abwicklung von Zahlungen innerhalb Europas. Welche Konsequenzen SEPA im Einzelnen für Anbieter von Waren und Dienstleistungen im Internet haben wird, zeigt Abschnitt 7.3.

Viele der in Deutschland tätigen Zahlungsdienstleister wickeln auch Transaktionen aus dem Ausland ab. Nur wenige der im Ausland aktiven Online-Händler setzen hierfür auf einen lokalen Dienstleister.

ibi

Gefunden werden ist kein Zufall – Werbung und Marketing im Ausland

Wie im Inland, so ist auch im Ausland die Bekanntmachung Ihrer Angebote keine leichte Aufgabe. Viele Unternehmen setzen hierbei auf spezialisierte Partner vor Ort, denn nicht in jedem Land erreichen Sie beispielsweise mit derselben Suchmaschine die meisten Internet-Nutzer. Häufig dominieren landesspezifische Suchmaschinen den Markt, wie in Tschechien, Russland oder auch China. Überprüfen Sie auch, welche Marktplätze und Plattformen für Sie im Zielland relevant sind. Zudem sollten Sie berücksichtigen, ob es landesübliche Regeln für E-Mail-Marketing bzw. Bannerwerbung gibt. Die Zusammenarbeit mit ortsansässigen bzw. spezialisierten Agenturen ist hierbei häufig sehr hilfreich. Abbildung 7-7 zeigt, welche Maßnahmen Online-Händler einsetzen, um ihr Angebot im Ausland bekannt zu machen.

Darüber hinaus dürfen Ihre Marketing-Überlegungen nicht nur von der Kundengewinnung bis zum Verkauf gehen. Nach dem Kauf sind das Marketing und die Kundenbetreuung ebenso von Bedeutung, um aus den „Einmal-Kunden" zufriedene Stammkunden zu machen. Hierfür ist es beispielsweise erforderlich, dass Regelungen für die Bearbeitung von Kunden-E-Mails getroffen werden, die in der Landessprache des Kunden verfasst

sind. Eventuell ist es notwendig, in solchen Fällen ein Übersetzungsbüro einzuschalten, das bei der Bearbeitung der Anfrage hilft. Noch besser ist es häufig, wenn der Kunde auch am Telefon einen Ansprechpartner erreicht, der ihm in seiner Landessprache weiterhilft. Auch hierfür bietet sich die Zusammenarbeit mit spezialisierten Partnern, wie beispielsweise Call-Center-Betreibern vor Ort, an.

Von Castrop-Rauxel nach Shanghai – Lieferungen ins Ausland

Hat der ausländische Kunde im Shop eingekauft, dann stellt sich bei physischen Waren abschließend das Problem, wie sie an den Kunden geliefert werden sollen. Primär stehen dabei Fragen der Verpackung und des Versands im Vordergrund. Aber auch umsatzsteuer- und zollrechtliche Vorschriften sind in diesem Zusammenhang zu beachten. Auf solche Aspekte wird in diesem Abschnitt näher eingegangen.

Der Warenversand an ausländische Kunden stellt mittlerweile kein allzu großes Problem mehr dar. Die meisten Paketdienstleister bieten heute den Versand in europäische und außereuropäische Länder an und stellen häufig auch ergänzende Informationen und Serviceleistungen bereit. Von Ihrer Seite aus ist besonders darauf zu achten, dass die Waren

Welche der folgenden Möglichkeiten nutzen Sie, um Kunden aus dem Ausland auf Ihren Shop aufmerksam zu machen und sie dauerhaft zu binden?
(Mehrfachauswahl möglich)

28 %	Suchmaschinenoptimierung (SEO)
21 %	Suchmaschinenwerbung (SEA)
10 %	Eintrag auf internationalen Preisvergleichs-Websites
10 %	Newsletter-Versand speziell für Kunden aus dem Ausland
7 %	Gütesiegel
6 %	Sonstige Offline-Werbung
6 %	Bannerwerbung auf ausländischen Websites
5 %	Anzeigen in Zeitungen und Zeitschriften
3 %	Newsletter von ausländischen Partnern
6 %	Sonstige Möglichkeiten
6 %	Keine besonderen Maßnahmen

Vor allem SEO und SEA werden genutzt,
um Kunden aus dem Ausland zu gewinnen.

Abb. 7-7: Maßnahmen zur Bekanntmachung eigener Angebote
bei Kunden aus dem Ausland
Quelle: ibi research (Geschäfte ohne Grenzen –
E-Commerce international 2012)

ausreichend vor Beschädigungen beim Transport geschützt sind (z. B. durch eine zusätzliche Polsterung zwischen der Originalverpackung und der Versandverpackung) und dass die Sendung richtig adressiert ist. So ist beispielsweise bei Sendungen nach Russland oder in asiatische Staaten zu berücksichtigen, dass der Fahrer des Paketdienstes vor Ort in der Regel nicht mit den in Deutschland gebräuchlichen lateinischen Schriftzeichen vertraut ist.

Bezüglich der Umsatzsteuer gilt grundsätzlich, dass Privatpersonen und nicht umsatzsteuerpflichtigen Unternehmen im Ausland die deutsche Umsatzsteuer in Rechnung gestellt werden kann, solange der Gesamtwert Ihrer pro Jahr in dieses Land gelieferten Waren eine bestimmte Schwelle nicht

übersteigt. Diese Lieferschwellen unterscheiden sich je nach Zielland der Lieferung. Für die europäischen Staaten sind die Lieferschwellen in den Länderprofilen am Ende dieses Abschnitts aufgeführt. Wird die Lieferschwelle überschritten, dann müssen Sie sich in dem betreffenden Land registrieren lassen und die Umsatzsteuer dorthin abführen. Weitere Informationen zu den umsatzsteuerlichen Regelungen beim Verkauf ins Ausland erhalten Sie bei Ihrer IHK oder Ihrem Steuerberater.

Neben der Umsatzsteuer existieren auch einige spezielle Verbrauchssteuern, die beim Verkauf über das Internet berücksichtigt werden müssen. Für Lieferungen innerhalb der EU fallen solche Verbrauchssteuern insbesondere für Kaffee, Alkohol,

ibi

Parfüm und Zigaretten an. Bei Lieferungen solcher Waren ins Ausland empfiehlt es sich, vorab beim Paketdienstleister bzw. bei der ausländischen Zollbehörde nachzufragen, ob und in welcher Höhe bei der Einfuhr Steuern abzuführen sind.

Ansonsten werden bei Lieferungen innerhalb der Europäischen Union bis auf wenige Ausnahmegebiete keine Zölle erhoben und es sind auch keine Zolldokumente erforderlich. Die Ausnahmegebiete können Sie unter www.zoll.de abrufen. Über die Regelungen für Nicht-EU-Länder und EU-Ausnahmegebiete können Sie sich bei den oben genannten Behörden bzw. Ihrem Paketdienstleister erkundigen.

7

Länderprofile im Überblick

Land	Einwohnerzahl in Mio. (2011, geschätzt) Quelle: Eurostat	BIP nominal in Mrd. EUR (2010) Quelle: Eurostat	Währung (2012)	Länder-Rating (2012) Quelle: Coface	MwSt.-Satz (Normalsatz, 2012) Quelle: EK / Wikipedia	Lieferschwelle (Umsatzsteuer) in EUR (2011) Quelle: EK
Belgien	11,0	354	Euro (EUR)	A2	21,0 %	35.000
Bulgarien	7,5	36	Lew (BGN)	B	20,0 %	35.791
Dänemark	5,6	236	Krone (DKK)	A2	25,0 %	37.557
Deutschland	81,8	2477	Euro (EUR)	A2	19,0 %	100.000
Estland	1,3	14	Euro (EUR)	A3	20,0 %	35.151
Finnland	5,4	180	Euro (EUR)	A2	23,0 %	35.000
Frankreich	65,1	1933	Euro (EUR)	A2	19,6 %	100.000
Griechenland	11,3	227	Euro (EUR)	C	23,0 %	35.000
Irland	4,5	156	Euro (EUR)	A4	23,0 %	35.000
Island	0,3	9	Krone (ISK)	A4	25,5 %	k. A.
Italien	60,6	1556	Euro (EUR)	A4	21,0 %	100.000
Lettland	2,2	18	Lats (LVL)	B	22,0 %	34.052
Liechtenstein	0,036	3 (aus 2009)	Franken (CHF)	k. A.	8,0 %	k. A.
Litauen	3,2	28	Litas (LTL)	A4	21,0 %	36.203

Im Folgenden finden Sie für den Export relevante Kennzahlen der an SEPA teilnehmenden Länder mit Ausnahme von Monaco (zu SEPA vgl. Abschnitt 7.3). Die Kennzahlen wurden unter Verwendung der folgenden Quellen recherchiert:

- Bundesministerium der Finanzen (BMF, www.bundesfinanzministerium.de)
- Coface (www.trading-safely.com)
- Europäische Kommission (EK, www.ec.europa.eu)
- Statistisches Amt der Europäischen Gemeinschaften (Eurostat, www.epp.eurostat.ec.europa.eu)

7

Anteil der Haushalte mit Internet-Zugang (2010) Quelle: Eurostat	Anteil der Haushalte mit Breitband-zugang (2010) Quelle: Eurostat	Anteil der Unternehmen mit Breit-bandzugang (2010) Quelle: Eurostat	Anteil der Unternehmen, die über das Internet verkaufen (2009) Quelle: Eurostat	Anteil der Einzelpersonen, die in den letzten drei Monaten Waren oder Dienstleistungen über das Internet gekauft haben (2010) Quelle: Eurostat	Anteil der Haushalte mit internet-fähigen Mobiltelefonen (GPRS, UMTS) (2010) Quelle: Eurostat	Ländercode
73 %	70 %	89 %	20 %	38 %	10 %	BE
33 %	26 %	61 %	3 %	5 %	2 %	BG
86 %	80 %	84 %	19 %	68 %	32 %	DK
82 %	75 %	88 %	18 %	59 %	20 %	DE
68 %	64 %	87 %	11 %	17 %	3 %	EE
81 %	76 %	93 %	15 %	59 %	15 %	FI
74 %	67 %	93 %	12 %	56 %	12 % (aus 2008)	FR
46 %	41 %	80 %	6 %	12 %	5 %	GR
72 %	58 %	84 %	21 %	36 %	3 %	IE
92 %	87 %	95 %	k. A.	45 %	22 %	IS
59 %	49 %	83 %	4 %	15 %	5 %	IT
60 %	53 %	66 %	4 %	17 %	16 %	LV
k. A.	k. A.	k. A.	k. A.	k. A.	k. A.	LI
61 %	54 %	78 %	18 %	11 %	22 %	LT

7

Land	Einwohnerzahl in Mio. (2011, geschätzt) Quelle: Eurostat	BIP nominal in Mrd. EUR (2010) Quelle: Eurostat	Währung (2012)	Länder-Rating (2012) Quelle: Coface	MwSt.-Satz (Normalsatz, 2012) Quelle: EK / Wikipedia	Lieferschwelle (Umsatzsteuer) in EUR (2011) Quelle: EK
Luxemburg	0,5	40	Euro (EUR)	A1	15,0 %	100.000
Malta	0,4	6	Euro (EUR)	A2	18,0 %	35.000
Niederlande	16,7	588	Euro (EUR)	A2	19,0 %	100.000
Norwegen	4,9	312	Krone (NOK)	A1	25,0 %	k. A.
Österreich	8,4	286	Euro (EUR)	A2	20,0 %	35.000
Polen	38,2	354	Zloty (PLN)	A3	23,0 %	40.293
Portugal	10,6	173	Euro (EUR)	B	23,0 %	35.000
Rumänien	21,4	122	Leu (RON)	B	24,0 %	28.012
Schweden	9,4	347	Krone (SEK)	A1	25,0 %	36.232
Schweiz	7,9	399	Franken (CHF)	A1	8,0 %	k. A.
Slowakei	5,4	66	Euro (EUR)	A3	20,0 %	35.000
Slowenien	2,1	35	Euro (EUR)	A3	20,0 %	35.000
Spanien	46,2	1051	Euro (EUR)	A4	18,0 %	35.000
Tschechische Republik	10,5	149	Krone (CZK)	A2	20,0 %	46.570
Ungarn	10,0	97	Forint (HUF)	B	27,0 %	32.257
Vereinigtes Königreich	62,4	1700	Pfund (GBP)	A3	20,0 %	81.843
Zypern	0,8	17	Euro (EUR)	B	15,0 %	35.000

ibi

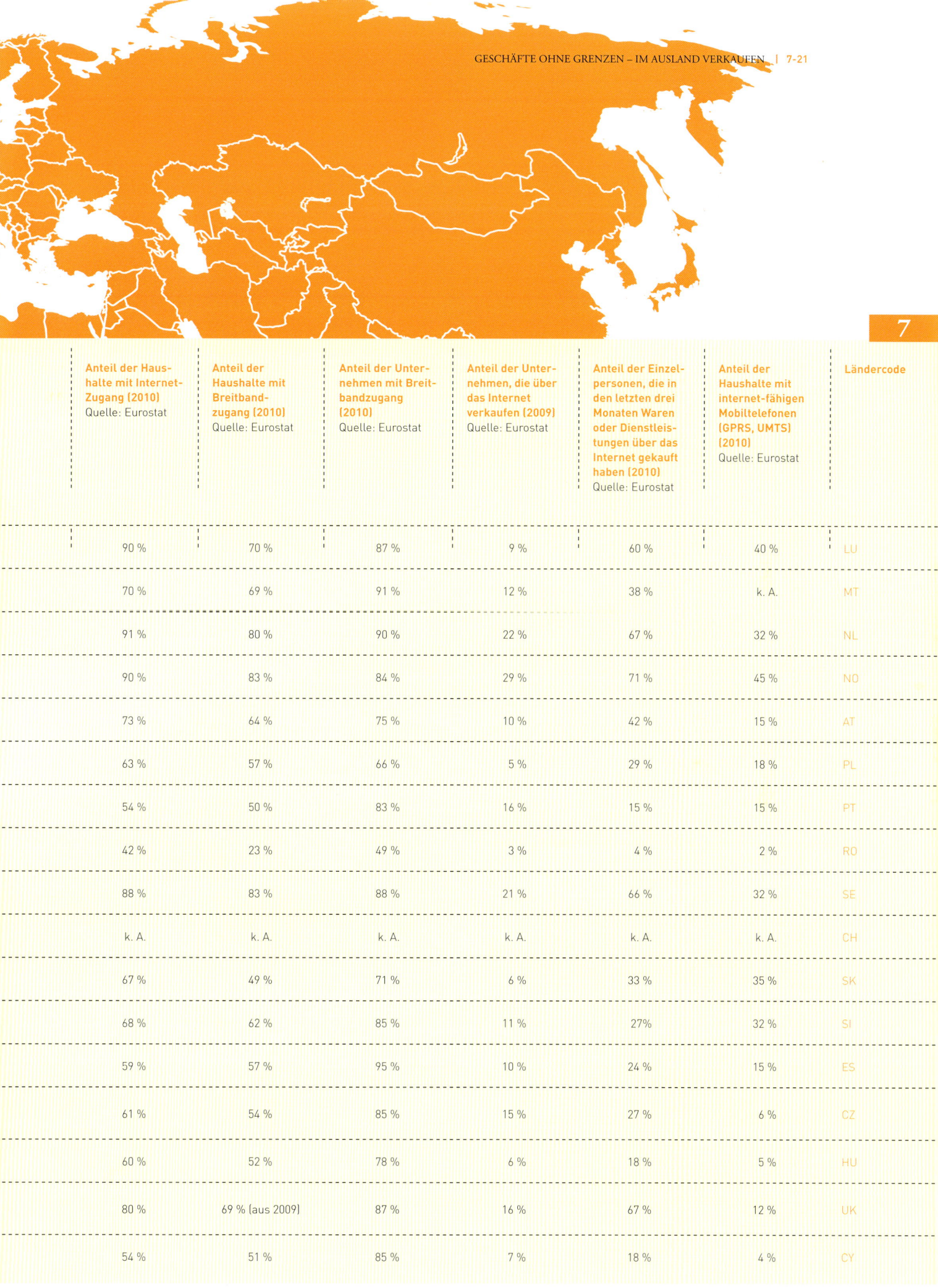

Anteil der Haushalte mit Internet-Zugang (2010) Quelle: Eurostat	Anteil der Haushalte mit Breitband-zugang (2010) Quelle: Eurostat	Anteil der Unter-nehmen mit Breit-bandzugang (2010) Quelle: Eurostat	Anteil der Unter-nehmen, die über das Internet verkaufen (2009) Quelle: Eurostat	Anteil der Einzel-personen, die in den letzten drei Monaten Waren oder Dienstleis-tungen über das Internet gekauft haben (2010) Quelle: Eurostat	Anteil der Haushalte mit internet-fähigen Mobiltelefonen (GPRS, UMTS) (2010) Quelle: Eurostat	Ländercode
90 %	70 %	87 %	9 %	60 %	40 %	LU
70 %	69 %	91 %	12 %	38 %	k. A.	MT
91 %	80 %	90 %	22 %	67 %	32 %	NL
90 %	83 %	84 %	29 %	71 %	45 %	NO
73 %	64 %	75 %	10 %	42 %	15 %	AT
63 %	57 %	66 %	5 %	29 %	18 %	PL
54 %	50 %	83 %	16 %	15 %	15 %	PT
42 %	23 %	49 %	3 %	4 %	2 %	RO
88 %	83 %	88 %	21 %	66 %	32 %	SE
k. A.	k. A.	k. A.	k. A.	k. A.	k. A.	CH
67 %	49 %	71 %	6 %	33 %	35 %	SK
68 %	62 %	85 %	11 %	27%	32 %	SI
59 %	57 %	95 %	10 %	24 %	15 %	ES
61 %	54 %	85 %	15 %	27 %	6 %	CZ
60 %	52 %	78 %	6 %	18 %	5 %	HU
80 %	69 % (aus 2009)	87 %	16 %	67 %	12 %	UK
54 %	51 %	85 %	7 %	18 %	4 %	CY

ibi

Internationaler Online-Handel

Studienergebnisse zum internationalen Online-Handel

www.ecommerce-leitfaden.de/internationaler-ecommerce

Was sind die wichtigsten Gründe, weshalb Händler derzeit nicht aktiv ins Ausland verkaufen?

Rechtliche Unsicherheiten beim Verkauf an Kunden aus dem Ausland	66 %
Schwierigkeiten beim Angebot eines Kundenservices in der jeweiligen Sprache	40 %
Unsicherheit bei der Zahlungsabwicklung	39 %
Versandabwicklung sehr aufwendig	35 %
Geltendmachung offener Forderungen schwierig	35 %
Aufwendige Übersetzung der Website bzw. des Artikelangebots	34 %
Fehlende Informationen über ausländische Märkte	28 %
Mehrsprachenfähigkeit des Shops nicht gegeben	18 %
Zu hoher Aufwand für das Online-Marketing im Ausland	17 %
Keine Länderexpertise	11 %
Starke ausländische Konkurrenz vor Ort	8 %
Fremdwährungsrisiko	8 %
Kulturelle Besonderheiten	8 %
Sonstige Gründe	9 %

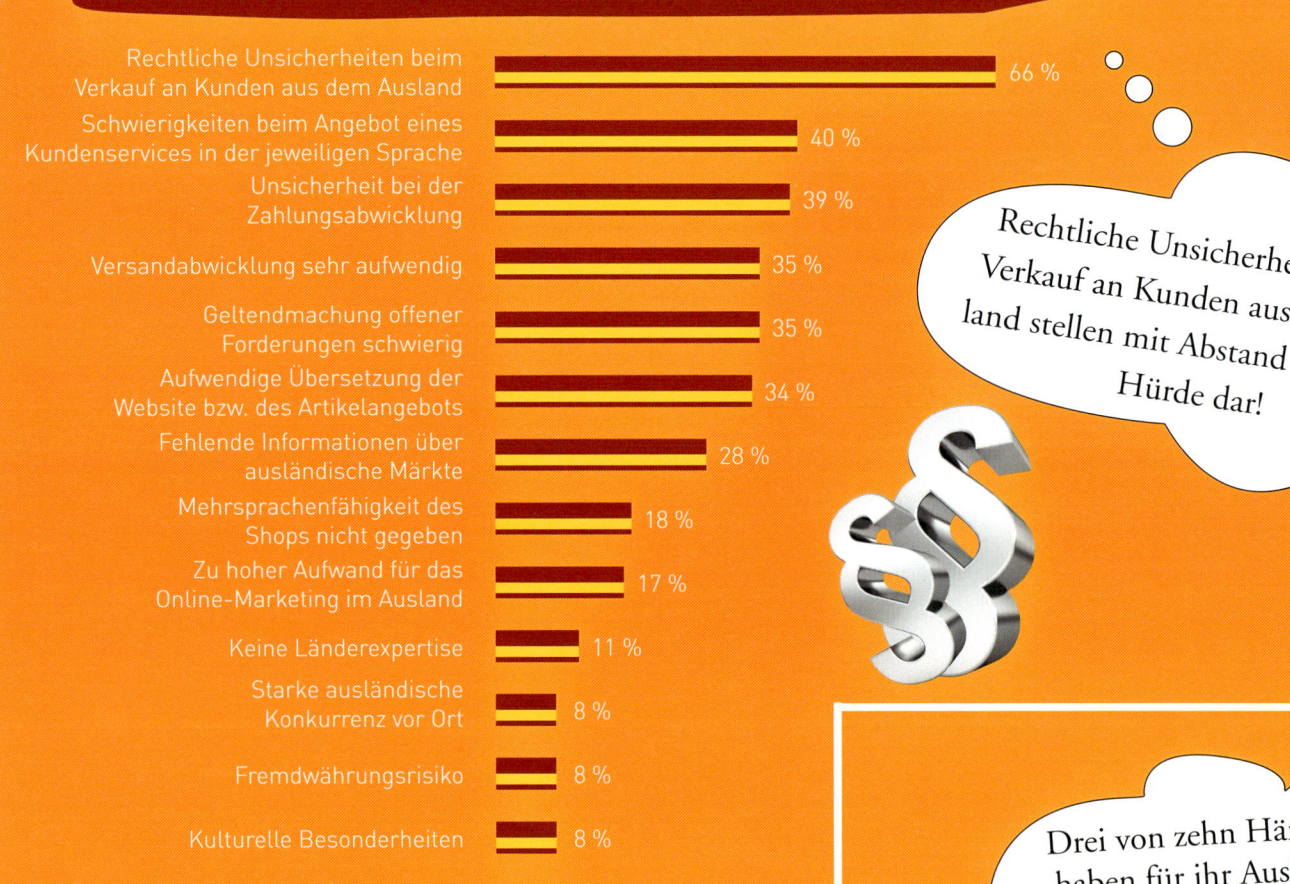

> Rechtliche Unsicherheiten beim Verkauf an Kunden aus dem Ausland stellen mit Abstand die größte Hürde dar!

> Drei von zehn Händlern haben für ihr Auslandsgeschäft einen eigenen Shop realisiert.

Wie haben Sie Ihren Internet-Auftritt angepasst bzw. möchten ihn anpassen, um den anderen Gegebenheiten im Ausland gerecht zu werden?

Wir haben einen eigenständigen Internet-Auftritt / Shop für einzelne Länder aufgebaut bzw. wollen ihn aufbauen.	28 %
Wir haben unseren bestehenden Shop angepasst / erweitert bzw. wollen dies tun (z. B. Inhalte auch in anderen Sprachen).	47 %
Wir haben keine Anpassungen vorgenommen. Kunden aus dem Ausland müssen über unseren normalen Shop bestellen.	31 %
Sonstige Anpassungen	3 %

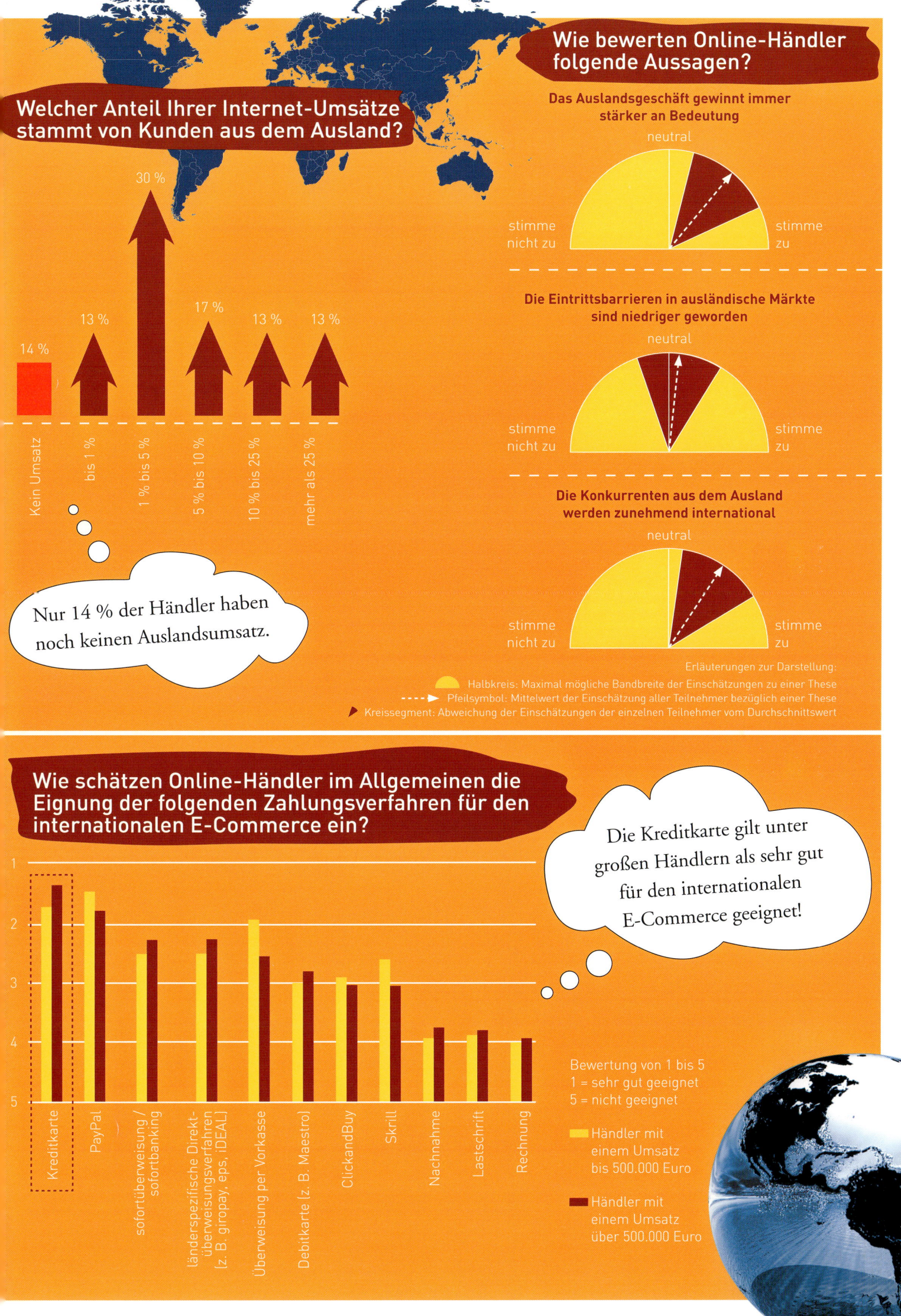

Welcher Anteil Ihrer Internet-Umsätze stammt von Kunden aus dem Ausland?

- 14 % Kein Umsatz
- 13 % bis 1 %
- 30 % 1 % bis 5 %
- 17 % 5 % bis 10 %
- 13 % 10 % bis 25 %
- 13 % mehr als 25 %

Nur 14 % der Händler haben noch keinen Auslandsumsatz.

Wie bewerten Online-Händler folgende Aussagen?

Das Auslandsgeschäft gewinnt immer stärker an Bedeutung

neutral

stimme nicht zu — stimme zu

Die Eintrittsbarrieren in ausländische Märkte sind niedriger geworden

neutral

stimme nicht zu — stimme zu

Die Konkurrenten aus dem Ausland werden zunehmend international

neutral

stimme nicht zu — stimme zu

Erläuterungen zur Darstellung:
Halbkreis: Maximal mögliche Bandbreite der Einschätzungen zu einer These
Pfeilsymbol: Mittelwert der Einschätzung aller Teilnehmer bezüglich einer These
Kreissegment: Abweichung der Einschätzungen der einzelnen Teilnehmer vom Durchschnittswert

Wie schätzen Online-Händler im Allgemeinen die Eignung der folgenden Zahlungsverfahren für den internationalen E-Commerce ein?

Die Kreditkarte gilt unter großen Händlern als sehr gut für den internationalen E-Commerce geeignet!

Bewertung von 1 bis 5
1 = sehr gut geeignet
5 = nicht geeignet

- Händler mit einem Umsatz bis 500.000 Euro
- Händler mit einem Umsatz über 500.000 Euro

Kreditkarte
PayPal
sofortüberweisung / sofortbanking
länderspezifische Direkt-überweisungsverfahren (z. B. giropay, eps, iDEAL)
Überweisung per Vorkasse
Debitkarte (z. B. Maestro)
ClickandBuy
Skrill
Nachnahme
Lastschrift
Rechnung

7.3 Der einheitliche Euro-Zahlungs-verkehrsraum (SEPA)

Obwohl der europäische Binnenmarkt in vielen Bereichen bereits Realität ist, verursacht der Verkauf an Kunden im europäischen Ausland vielen Händlern noch häufig Probleme. Unter den drei größten Schwierigkeiten beim Verkauf an ausländische Kunden wurden von jeweils einem Fünftel der Händler das Angebot kundenfreundlicher Zahlungsmöglichkeiten und die Geltendmachung offener Forderungen genannt (vgl. Abbildung 7-8). Im Rahmen von SEPA sind nun die Voraussetzungen dafür geschaffen worden, dass die Durchführung grenzüber-schreitender Euro-Zahlungen im elektronischen Massenzahlungsverkehr (EMZ) innerhalb Europas genauso einfach und zu gleichen Preisen wie auf nationaler Ebene möglich ist.

Die Zahlungsabwicklung ist ein Hindernis für den internationalen Online-Handel, wenn auch nicht das Einzige.

Was sind derzeit Ihre drei größten Schwierigkeiten beim Verkauf ins Ausland?

37 %	Rechtliche Unsicherheit
34 %	Übersetzung der Website bzw. des Artikelangebots
31 %	Versandabwicklung
27 %	Mehrsprachenfähigkeit des Shops
23 %	Geltendmachung offener Forderungen
22 %	Online-Marketing im Ausland
20 %	Angebot kundenfreundlicher Zahlungsmöglichkeiten
17 %	Fehlende Informationen über ausländische Märkte
10 %	Starke ausländische Konkurrenz vor Ort
9 %	Anpassung der Website
6 %	Fremdwährungsrisiko / Angebot in Fremdwährung
4 %	Kulturelle Besonderheiten
7 %	Sonstige Schwierigkeiten

Abb. 7-8: Schwierigkeiten beim Verkauf an ausländische Kunden
Quelle: ibi research (Zahlungsabwicklung im E-Commerce 2011)

Auch nach der Einführung des Euro als Gemein-schaftswährung bestehen die Unterschiede zwischen den nationalen Zahlungssystemen in den einzelnen europäischen Ländern noch immer fort. So konnte vor SEPA Ihr spanischer Kunde seine Waren oder Dienstleistungen bisher nicht einfach mit seinem gewohnten Überweisungsverfahren be-zahlen, sondern musste dafür eine Auslandsüber-weisung verwenden (vgl. Abbildung 7-9). Der Ein-zug der offenen Forderung per Lastschrift auf Ihr deutsches Geschäftskonto, den Sie oder viele Ihrer deutschen Kunden vielleicht gerne nutzen, war z. B. vom Konto des Kunden bei einer spanischen Bank nicht möglich.

Ziel von SEPA ist es, diese Unterschiede zwischen inländischen und grenzüberschreitenden Zahlungen innerhalb Europas mit einem für alle einheitlichen Format, Rechtsrahmen sowie ein-heitlichen Fristen und Laufzeiten langfristig zu be-seitigen, um die Hürden für den E-Commerce mit Kunden im europäischen Ausland zu senken und den Wettbewerb zwischen den Zahlungsdienst-leistern in den europäischen Ländern zu fördern. Ferner gibt es klare Regeln, was die Preisgestal-tung und transparente Preise und Kosten betrifft. SEPA umfasst die derzeit 27 EU-Mitgliedsländer sowie Island, Norwegen, Liechtenstein, Mona-co und die Schweiz. Maßgeblich beteiligt bei der Ausgestaltung von SEPA ist das von europäischen Kreditinstituten gegründete European Payments Council (EPC). Auf der zugehörigen Website

Zahlungsverkehr vor und nach der Einführung von SEPA

Zahlungsverkehr vor der SEPA-Einführung

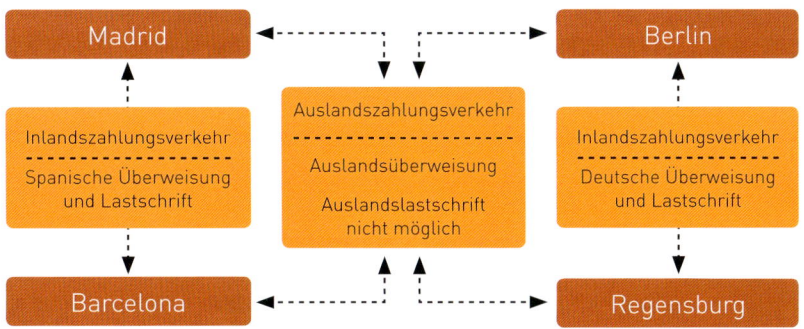

Zahlungsverkehr nach der SEPA-Einführung

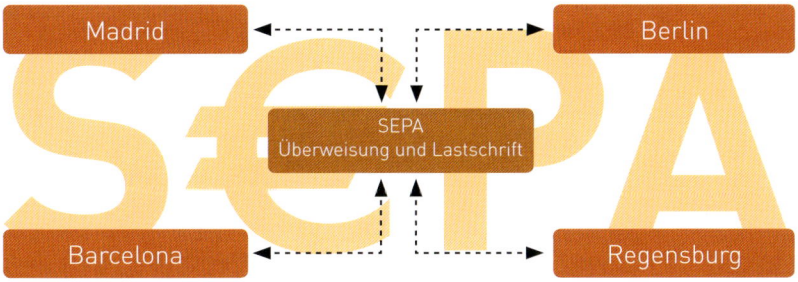

Abb. 7-9: Zahlungsverkehr vor und nach der Einführung von SEPA
Quelle: ibi research / Deutsche Bank 2012

www.europeanpaymentscouncil.eu finden sich die wichtigsten Informationen rund um SEPA.

Die Umsetzung von SEPA im Bereich der Überweisungen und Lastschriften erfolgt zunächst parallel zu den bestehenden nationalen Überweisungs- und Lastschriftverfahren. So kann bereits seit Januar 2008 die SEPA-Überweisung sowohl für nationale als auch für grenzüberschreitende Zahlungen genutzt werden. Von allen Kreditinstituten in den Euroländern, die für den Verbraucher Lastschriften in dem jeweiligen nationalen Verfahren einlösen, muss die SEPA-Lastschrift seit November 2010 unterstützt werden. Die restlichen EU-Staaten haben Zeit bis zum 31. Oktober 2016.

Ein wesentlicher Unterschied der SEPA-Zahlungsverfahren gegenüber den bestehenden deutschen Verfahren ist, dass statt der Kontonummer und der Bankleitzahl die IBAN (International Bank Account Number) und derzeit auch der BIC (Business Identifier Code) des Zahlungsempfängers (bei der SEPA-Überweisung) bzw. des Zahlungspflichtigen (bei der SEPA-Lastschrift) angegeben werden müssen (vgl. Infobox 7-5).

Allerdings reicht ab 1. Februar 2016 für alle Zahlungen alleine die IBAN in der Kunden-Bank-Beziehung aus. Die verpflichtende Angabe des BIC entfällt somit für SEPA-Zahlungen und ist somit optional („BIC optional"). Für rein nationale Zahlungen gilt dies schon ab dem 1. Februar 2014. Zudem wird das bisher für Zahlungsaufträge gebräuchliche DTA-Datenformat durch ein XML-Datenformat, UNIversal Financial Industry message scheme (UNIFI, ISO 20022), abgelöst.

Um Kunden die Umstellung auf die SEPA-Verfahren zu erleichtern, dürfen in Deutschland bis zum 1. Februar 2016 Banken Verbrauchern kostenlose Konvertierungsdienstleistungen zur Verfügung stellen, die es ermöglichen, die bisherigen Kontonummern und Bankleitzahlen bei inländischen Zahlungsvorgängen weiter zu nutzen. Eine gesetzliche Verpflichtung, diesen Service anzubieten, besteht nicht. Es ist allerdings davon auszugehen, dass aus Service- und Prestigegründen die meisten Banken diese Hilfestellung in der Übergangsfrist anbieten werden.

IBAN und BIC

Der Aufbau von IBAN und BIC wird im Folgenden erläutert.

IBAN

Die IBAN (International Bank Account Number) fasst die bisherige deutsche Kontonummer und Bankleitzahl in einer international standardisierten Notation zusammen. Die IBAN für ein deutsches Konto ist wie folgt aufgebaut:

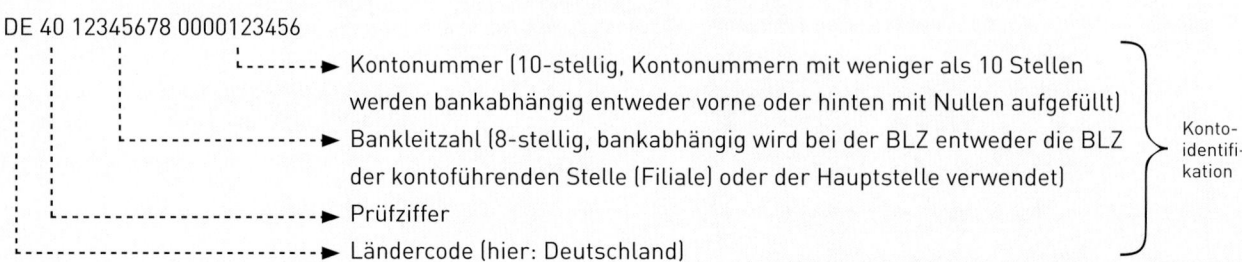

DE 40 12345678 0000123456

▶ Kontonummer (10-stellig, Kontonummern mit weniger als 10 Stellen werden bankabhängig entweder vorne oder hinten mit Nullen aufgefüllt)

▶ Bankleitzahl (8-stellig, bankabhängig wird bei der BLZ entweder die BLZ der kontoführenden Stelle (Filiale) oder der Hauptstelle verwendet)

▶ Prüfziffer

▶ Ländercode (hier: Deutschland)

Konto-identifi-kation

Informationen zum Aufbau der IBAN in anderen Ländern finden Sie auf der Website von SWIFT unter www.swift.com/products/bic_registration/iban_format_registration (IBAN Registry). In anderen Ländern können im Rahmen der Kontoidentifikation auch Buchstaben vorkommen (max. 30-stellig). Bei einer papierhaften Darstellung (z. B. Kontoauszüge und Rechnungen) werden die Zeichen in Vierergruppen unterteilt.

BIC

Der BIC (Business Identifier Code) oder SWIFT-Code ist ein international standardisierter 8- oder 11-stelliger Code zur eindeutigen Identifizierung von Kreditinstituten und sonstigen Unternehmen. Der BIC ist wie folgt aufgebaut:

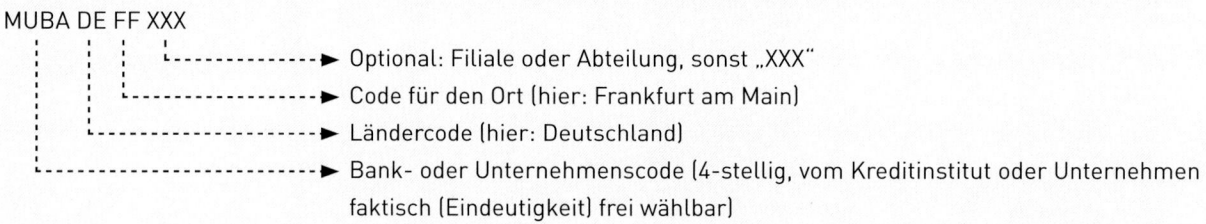

MUBA DE FF XXX

▶ Optional: Filiale oder Abteilung, sonst „XXX"

▶ Code für den Ort (hier: Frankfurt am Main)

▶ Ländercode (hier: Deutschland)

▶ Bank- oder Unternehmenscode (4-stellig, vom Kreditinstitut oder Unternehmen faktisch (Eindeutigkeit) frei wählbar)

Infobox 7-5: Aufbau von IBAN und BIC

Um einen langfristigen und aufwendigen Parallelbetrieb zu vermeiden, wurde per Verordnung (Verordnung (EG) Nr. 260/2012) der Europäischen Union als gemeinsamer Endtermin für die nationalen Überweisungs- und Lastschriftverfahren der 1. Februar 2014 für Euroländer und der 31. Oktober 2016 für Nicht-Euroländer im SEPA-Raum festgelegt. Ab diesem Zeitpunkt gibt es das bisherige deutsche Überweisungs- und Lastschriftverfahren sowie vergleichbare nicht-deutsche nationale Verfahren in der gewohnten Art und Weise nicht mehr. Dies gilt sowohl für Unternehmen als auch für alle Verbraucher.

Online-Händler sind daher bis zu diesem Zeitpunkt noch nicht verpflichtet, die neuen Verfahren zu nutzen. Gerade für Händler, die auch im europäischen Ausland aktiv sind oder diese Märkte zukünftig erschließen wollen, bieten die neuen SEPA-Zahlungsverfahren jedoch interessante Prozessoptimierungspotenziale in der Zahlungsabwicklung. Diese werden im Abschnitt „Weitere SEPA-Entwicklungen" im Einzelnen beschrieben.

Trotz der starken Auswirkungen der SEPA-Einführung auf die Zahlungsabwicklung wissen bisher nur wenige Händler über SEPA Bescheid. Wie die Abbildungen 7-10 und 7-11 zeigen, weiß zwar fast jeder Händler, was hinter dem Begriff SEPA steckt, genaue Vorstellungen, was SEPA für das eigene Unternehmen bedeutet, haben aber nur 13 %. Die Auswirkungen von SEPA für (Online-)Händler und wichtige Aspekte, die bei der SEPA-Einführung zu beachten sind, werden daher in den folgenden Abschnitten näher erläutert.

ibi

Fast jeder weiß, was hinter dem Begriff „Sepa" steckt.

Bei einer Quizshow im Fernsehen wird nach dem Begriff „Sepa" gefragt.
Was versteckt sich Ihrer Meinung nach hinter dem Begriff „Sepa"?

95 % Ein einheitlicher Euro-Zahlungsverkehrsraum
3 % Eine indische Gottheit
1 % Eine spezielle Einsatzverpflegung, ausreichend für einen Tag, für Soldaten der Bundeswehr
1 % Eine seltene Schmetterlingsart
0 % Ein Fluss in British Columbia
0 % Ein ägyptischer Säbel

Abb. 7-10: Was bedeutet der Begriff „Sepa"?
Quelle: ibi research (Geschäfte ohne Grenzen – E-Commerce international 2012)

Viele Unternehmen haben noch Aufklärungsbedarf, was SEPA angeht.

Wie gut fühlen Sie sich über die Auswirkungen der „Single Euro Payments Area" (SEPA) auf Ihr Unternehmen informiert?

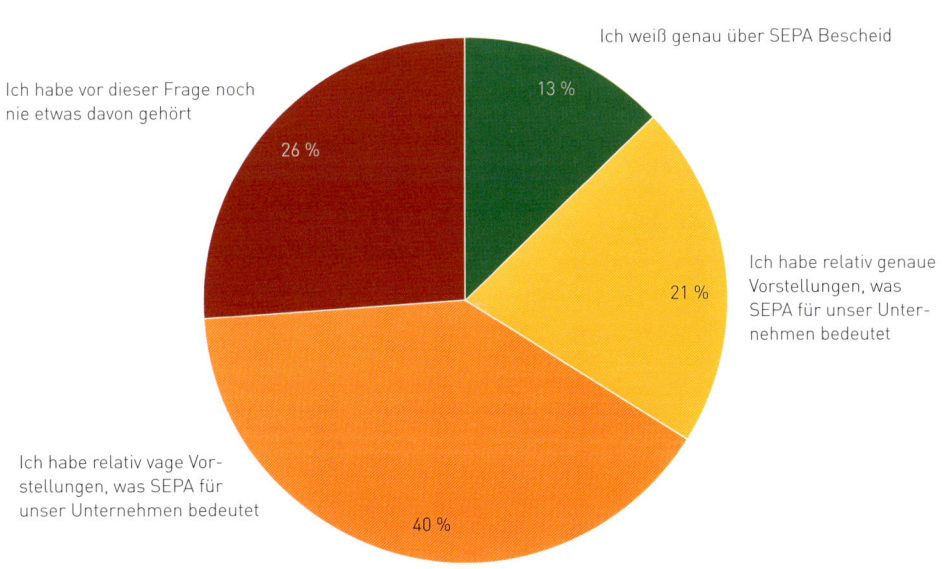

Ich weiß genau über SEPA Bescheid — 13 %

Ich habe vor dieser Frage noch nie etwas davon gehört — 26 %

Ich habe relativ genaue Vorstellungen, was SEPA für unser Unternehmen bedeutet — 21 %

Ich habe relativ vage Vorstellungen, was SEPA für unser Unternehmen bedeutet — 40 %

Abb. 7-11: Informationsstand von Online-Händlern zu SEPA
Quelle: ibi research (Geschäfte ohne Grenzen – E-Commerce international 2012)

Online-Händler können sowohl direkt als auch indirekt von den neuen SEPA-Zahlungsverfahren profitieren. Direkte Vorteile ergeben sich insbesondere aus der Einführung der SEPA-Verfahren, da im SEPA-Raum keine national unterschiedlichen Überweisungs- und Lastschriftverfahren mehr existieren. Indirekt profitieren Sie als Händler vom zu erwartenden intensiveren Wettbewerb im Zahlungsverkehrsmarkt und zusätzlichen Dienstleistungen, die auf Basis der SEPA-Zahlungsverfahren entwickelt werden. Allerdings müssen Online-Händler, die das deutsche Lastschriftverfahren nutzen, sich zum Teil mit massiven Änderungen im Verfahrensablauf befassen. Auf die wichtigsten Aspekte rund um die SEPA-Überweisung und die SEPA-Lastschrift wird in den folgenden Abschnitten eingegangen.

7

Die SEPA-Überweisung

Die SEPA-Überweisung (SEPA Credit Transfer bzw. SCT) ist der bekannten EU-Standardüberweisung sehr ähnlich. Mit Letzterer können grenzüberschreitende Überweisungen bis 50.000 Euro innerhalb des Europäischen Wirtschaftsraums (EWR) zu gleichen Preisen wie Inlandsüberweisungen getätigt werden. Die EU-Standardüberweisung wird allerdings seit 5. Dezember 2011 vor dem Hintergrund der Einführung des SEPA-Raums nicht mehr von dem für den europäischen Zahlungsverkehrsraum wichtigen Zahlungsverkehrssystem STEP2 (so genanntes Clearing-System für Euro-Zahlungen im europäischen Massenzahlungsverkehr) der Euro Banking Association (EBA) unterstützt. Verschiedene Kreditinstitute nehmen, auch nach der Abschaltung des Leitweges z. B. durch die Bundesbank, keine EU-Standardüberweisungen mehr an und verweisen ausschließlich auf die SEPA-Überweisung. Andere leiten die vom Kunden eingereichte EU-Standardüberweisung als SEPA-Überweisung weiter.

Wesentliche Merkmale der SEPA-Überweisung

- Der tatsächliche Überweisungsbetrag wird ohne Abzüge auf dem Konto gutgeschrieben. Als eventuell anfallende Kosten können nur Gebühren, die mit dem eigenen Zahlungsdienstleister vereinbart wurden, entstehen.
- Die zulässige Höchstdauer bis zur Gutschrift auf dem Empfängerkonto (vgl. § 675 s BGB) ist seit dem 1. Januar 2012 im Euroraum bei einem elektronisch eingereichten Zahlungsauftrag ein Bankarbeitstag. Wird der Zahlungsvorgang jedoch in Papierform ausgelöst, so kann die Höchstdauer um einen Bankarbeitstag erhöht werden. Durch diese eindeutig vorgeschriebenen Zeiten lassen sich die Zahlungsströme im Unternehmen zeitlich wesentlich genauer ermitteln, so dass im Rahmen des Cash Managements (= Liquiditätsmanagement) die Finanzdisposition präziser wird.
- Für die Angabe eines Verwendungszwecks stehen 140 Stellen (4 Zeilen zu je 35 Zeichen) zur freien Verfügung (strukturiert oder unstrukturiert), die während der Übermittlung vom Zahlungspflichtigen zum Zahlungsempfänger unverändert übertragen werden müssen. Mit dem strukturierten Verwendungszweck kann eine prüfzifferngesicherte Referenz (analog zum beleglosen Zahlscheinüberweisungsverfahren, BZÜ) übermittelt werden, die für eine (voll-)automatisierte Weiterverbuchung / Weiterverarbeitung genutzt wird. Im Verwendungszweck und im Namensfeld sind keine Umlaute mehr zulässig. Bezogen auf die Länge des Verwendungszwecks im DTA-Verfahren (deutscher Standard zur elektronischen Verarbeitung von Überweisungen und Lastschriften) ist dies allerdings ein großer Rückschritt. Im alten DTA-Verfahren stehen für Zahlungsinformationen mit 14 Zeilen zu je 27 Stellen somit 378 Stellen zur Verfügung.
- Der SEPA-Raum umfasst auch Überweisungen aus Nicht-Euroländern bzw. in Nicht-Euroländer. Die Betragswährung ist dabei stets Euro. Im SEPA-Raum sind z. B. auch Nicht-EU-Länder, wie die Schweiz und Norwegen. Innerhalb der EU gilt die so genannte Preisverordnung (Verordnung (EG) Nr. 924/2009). Diese regelt u. a., dass Zahlungen innerhalb der EU bis 50.000 Euro als preisregulierte Zahlungen gelten. D. h. grenzüberschreitende Zahlungen bis zur Betragsgrenze dürfen nicht teurer sein als rein nationale Zahlungen. Für Länder, die nicht in der EU und nicht der Preisverordnung beigetreten sind, wie die Schweiz, gilt diese Regelung allerdings nicht. Es können deshalb höhere Gebühren bei Zahlungen in und aus diesen Ländern entstehen.
- Ein Betragslimit wie bei der bisherigen EU-Standardüberweisung in Höhe von 50.000 Euro existiert nicht. Es sind Einzelzahlungen bis zur Höhe von 999.999.999,99 Euro (1 Milliarde weniger 1 Cent) möglich. Allerdings gilt auch für die SEPA-Überweisung die EU-Preisverordnung, d. h. ein bankabhängiger einheitlicher Preis für alle SEPA-Überweisungen innerhalb des SEPA-Raums gilt nur bis 50.000 Euro. Für höhere Überweisungen können bankabhängig zusätzliche Gebühren anfallen.
- Der Auftraggeber sollte jeder Überweisung, soweit vorhanden, eine für ihn eindeutige, so genannte „Ende-zu-Ende-Referenz" zuordnen (z. B. eine Vertragsnummer). Dabei stehen maximal 35 Stellen für diese Auftraggeberreferenz zur Verfügung. Hintergrund ist, dass diese Referenz durch die gesamte Zahlungskette vom Zahlungspflichtigen bis zum Zahlungsempfänger unverändert durchgereicht wird.

Dadurch können z. B. vom Zahlungsdienstleister zurückgegebene Überweisungen (z. B. aufgrund falscher Kontodaten) leichter beim Auftraggeber zugeordnet werden. Die Angabe eines abweichenden Auftraggebers sowie eines abweichenden Empfängers ist möglich, sofern die Zahlung selbst durch einen Dritten getätigt wird oder zugunsten eines Dritten erfolgt.

- Die Angabe eines abweichenden Auftraggebers sowie eines abweichenden Empfängers ist möglich, sofern die Zahlung selbst durch einen Dritten getätigt wird oder zugunsten eines Dritten erfolgt.

- Alle Teilnehmer im SEPA-Raum können untereinander auf gleiche Art und Weise sicher und schnell Zahlungen durchführen.

- Die europaweit einheitlichen Standards (z. B. IBAN) und Datenformate sowie die Festlegung der Datenelemente, die ausgeliefert werden müssen, vereinfachen die Auftragserteilung und Automatisierung sowie die Rückgabe. Dadurch sind automatische Kontenabgleiche (Reconciliation) mit offenen Posten verbessert möglich.

Die SEPA-Lastschrift

Mit der SEPA-Lastschrift ist es möglich, Beträge von Konten in anderen europäischen Ländern einzuziehen. Damit können an sich auch Kunden aus dem europäischen Ausland per Lastschrift in Deutschland einkaufen. Knapp 60 % der Händler, die ins Ausland verkaufen und die Zahlung per Lastschrift anbieten, zeigen sich daran interessiert (vgl. Abbildung 7-12).

Knapp 60 % zeigen Interesse an der SEPA-Lastschrift, aber nur gut jeder Zehnte hat sie schon einmal genutzt.

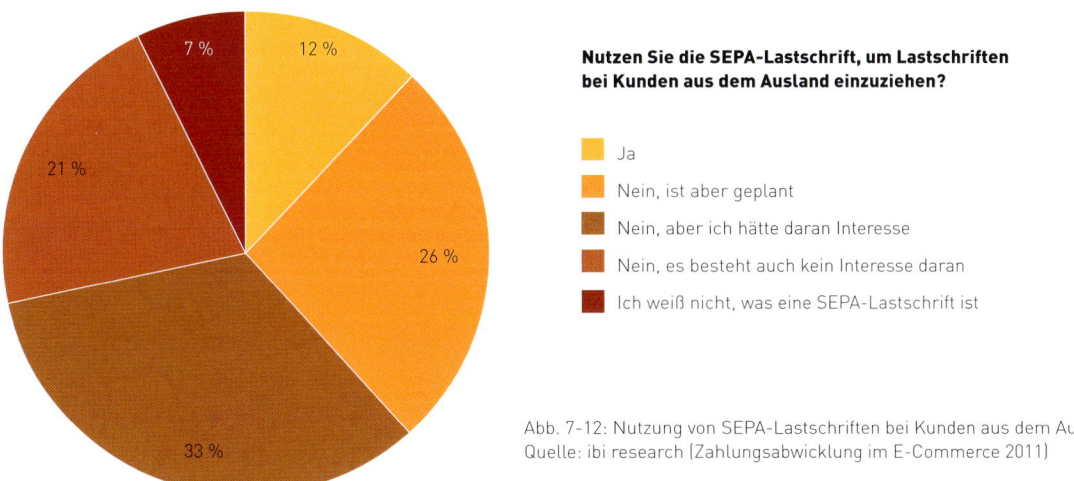

Nutzen Sie die SEPA-Lastschrift, um Lastschriften bei Kunden aus dem Ausland einzuziehen?

- Ja
- Nein, ist aber geplant
- Nein, aber ich hätte daran Interesse
- Nein, es besteht auch kein Interesse daran
- Ich weiß nicht, was eine SEPA-Lastschrift ist

Abb. 7-12: Nutzung von SEPA-Lastschriften bei Kunden aus dem Ausland
Quelle: ibi research (Zahlungsabwicklung im E-Commerce 2011)

Die SEPA-Lastschrift wird derzeit in zwei Varianten angeboten: einer SEPA-Basislastschriftvariante (SEPA Core Direct Debit), die Ähnlichkeiten zum bisherigen Einzugsermächtigungsverfahren aufweist, und einer speziellen SEPA-Firmenlastschriftvariante (SEPA Business to Business Direct Debit). Letztere unterscheidet sich von der Basisvariante unter anderem dadurch, dass nach Einlösung der Lastschrift keine Rückgabe mehr möglich ist (ähnlich dem bisherigen Abbuchungsauftragsverfahren). Außerdem darf der Debitor kein Endverbraucher sein, sondern muss z. B. ein Firmen- oder Geschäftskunde sein. Bietet eine Bank seinen Kunden ein nationales Lastschriftverfahren an, so ist sie verpflichtet, auch die SEPA-Basislastschrift zu unterstützen und anzubieten. Das Angebot der Firmenlastschriftvariante bleibt ihr hingegen freigestellt. Nachfolgende Ausführungen beziehen sich **ausschließlich** auf die Basislastschrift. Für einen Vergleich der beiden Lastschriftvarianten vgl. Infobox 7-6.

7

Ausgewählte Merkmale und Vergleich der SEPA-Basislastschrift und der SEPA-Firmenlastschrift

SEPA-Basislastschrift (SEPA Core Direct Debit)	SEPA-Firmenlastschrift (SEPA Business to Business Direct Debit)
Keine Einschränkung beim Debitor	**Einschränkung:** Debitor darf kein Endverbraucher sein
Unterscheidung zwischen Erstlastschrift, Folgelastschrift, Einmallastschrift und letzter Lastschrift	
Mindestens **5** TARGET2-Arbeitstage bei Erstlastschriften und maximal 14 Kalendertage als Vorlauffrist vor dem Fälligkeitstermin bei der Bank des Debitors	Mindestens **1** TARGET2-Arbeitstag als Vorlauffrist bei Erstlastschriften und maximal 14 Kalendertage als Vorlauffrist vor dem Fälligkeitstermin bei der Bank des Debitors
Mindestens **2** TARGET2-Arbeitstage bei Folgelastschriften und maximal 14 Kalendertage als Vorlauffrist vor dem Fälligkeitstermin bei der Bank des Debitors	Mindestens **1** TARGET2-Arbeitstag als Vorlauffrist bei Folgelastschriften und maximal 14 Kalendertage als Vorlauffrist vor dem Fälligkeitstermin bei der Bank des Debitors
SEPA-Basislastschriftmandat nötig; eine Umdeutung einer gültigen Einzugsermächtigung ist möglich	SEPA-Firmenlastschriftmandat nötig; eine Umdeutung eines gültigen Abbuchungsauftrags ist nicht möglich und ein SEPA-Basislastschriftmandat kann auch nicht verwendet werden → Unternehmen müssen zwingend ein Mandat einholen
Mandat ist bis auf Widerruf gültig bzw. Gültigkeitsverfall nach 36 Monaten nach einem Lastschrifteinzug bei Nichtnutzung	
Es besteht die Pflicht zur Vorankündigung (Prenotification) für jede Lastschrift unter Angabe des Betrages, des Fälligkeitstermins, der Gläubiger-ID und der Mandats-ID durch den Kreditor mindestens 14 Kalendertage vor dem Fälligkeitstermin. Bilateral können kürzere Fristen vereinbart werden, wobei ein Verzicht nicht möglich ist. Sie muss außerdem auf jeden Fall versendet sein, bevor die Lastschrift bei der Bank eingereicht wird.	
Prüfung der Lastschrift durch die Bank des Debitors vor der Einlösung der Lastschrift ist **nicht erforderlich**	Prüfung der Lastschrift durch die Bank des Debitors vor der Einlösung der Lastschrift ist **erforderlich**. Dazu muss eine Kopie des Mandats bei der Bank des Debitors hinterlegt sein
Rückgabe durch die Bank des Debitors bis **5** TARGET2-Arbeitstage nach der Bankenverrechnung (Interbank Settlement Date) ist möglich	Rückgabe durch die Bank des Debitors bis **2** TARGET2-Arbeitstage nach der Bankenverrechnung (Interbank Settlement Date) ist möglich
Rückgabe durch den Debitor ohne Angabe von Gründen bis 8 Wochen nach der Belastung einer autorisierten oder nicht autorisierten Lastschrift ist **möglich**	Rückgabe durch den Debitor nach der Einlösung einer autorisierten Lastschrift ist **nicht möglich**
Rückgabe durch den Debitor bis 13 Monate nach der Belastung der Lastschrift bei einer nicht autorisierten Lastschrift ist möglich	Rückgabe durch den Debitor bis 13 Monate nach der Belastung der Lastschrift bei einer nicht autorisierten Lastschrift ist möglich, wenn z. B. das Mandat gegenüber dem Kreditor gekündigt, die Bank des Debitors aber nicht informiert wurde

Infobox 7-6: Ausgewählte Merkmale und Vergleich der SEPA-Basislastschrift und der SEPA-Firmenlastschrift
Quelle: ibi research / EPC 2011a / EPC 2011b / van den Berg 2012

Im Vergleich zum gewohnten deutschen Lastschriftverfahren weist die Basisvariante zahlreiche, zum Teil signifikante Unterschiede auf (vgl. Infobox 7-7). So ist die SEPA-Lastschrift nicht mehr bei Sicht fällig, d. h., sobald sie bei der Bank des Zahlungspflichtigen (Debitor) eingeht. Vielmehr muss der Zahlungsempfänger (Kreditor) ein genaues Fälligkeitsdatum (Due Date) der Lastschrift festlegen und dieses dem Zahlungspflichtigen inklusive des genauen Betrags explizit mitteilen. Diese Vorankündigung (Prenotification) muss spätestens 14 Kalendertage vor dem Fälligkeitsdatum erfolgen. Allerdings kann auch eine davon abweichende (kürzere oder längere) Frist vereinbart werden. Die Mitteilung muss ferner mindestens den Betrag, den genauen Fälligkeitstermin, die Gläubiger-Identifikationsnummer (eindeutige Kennzeichnung des Lastschriftgläubigers) und die Mandatsreferenz (Nummer, die ein SEPA-Lastschriftmandat beim Kreditor eindeutig identifiziert, Mandats-ID) beinhalten. Bei Einmaleinzügen (one-off Direct Debits) und bei der Erstlastschrift von wiederkehrenden Einzügen (recurrent Direct Debits) muss die Lastschrift spätestens fünf Bankarbeitstage vor dem Fälligkeitstermin bei der Bank des Kunden vorliegen, bei Folgelastschriften reicht eine verkürzte Frist von zwei Bankarbeitstagen aus.

Zu beachten ist, dass das Fälligkeitsdatum jeder beliebige Tag des Jahres sein kann, also auch z. B. Samstage, Sonntage und auch Feiertage. Ist das Fälligkeitsdatum jedoch kein Bankarbeitstag, erfolgt die Belastung (valutarische Kontobelastung) am nächstmöglichen Bankarbeitstag. Bankarbeitstage zwischen den Banken sind dabei alle Tage der Woche mit Ausnahme von Samstag und Sonntag sowie der speziellen Zahlungsverkehrsfeiertage (so genannte TARGET2-Feiertage des europäischen Systems der Zentralbanken, ESZB): 1. Januar, Karfreitag, Ostermontag (Gregorianischer Kalender), 1. Mai sowie der 25. und 26. Dezember. In der Kunden-Bank-Beziehung hingegen sind Bankarbeitstage alle Tage der Woche mit Ausnahme von Samstag und Sonntag sowie der jeweiligen nationalen und regionalen Feiertage. Ist eine Zahlung aufgrund eines Vertragsverhältnisses z. B. am Pfingstsonntag fällig, so erfolgt die Verrechnung zwischen den Banken (Interbank Settlement Date) am Pfingstmontag (kein TARGET2-Feiertag). Da der Pfingstmontag allerdings ein nationaler Feiertag in Deutschland ist, liegt in der Kunden-Bank-Beziehung kein Bankarbeitstag vor. Die kundenseitige Belastung erfolgt somit am Dienstag.

Wesentliche Merkmale der SEPA-Basislastschrift

- Lastschriften können zum ersten Mal innerhalb des gesamten SEPA-Raums auf dieselbe Art und Weise eingezogen werden.
- Alle Kreditinstitute in der EU sind aufgrund der EU-Verordnung (Verordnung (EG) Nr. 924/2009) verpflichtet, an der SEPA-Basislastschrift teilzunehmen, wenn sie ihren Kunden ein nationales Lastschriftverfahren anbieten.
- Der Fälligkeitstermin muss exakt festgelegt werden, so dass z. B. eine bessere Planbarkeit für den Bezogenen besteht. Gleichzeitig sind auch die Vorlaufzeiten und Widerspruchsfristen einheitlich und eindeutig geregelt. Bei den Vorlaufzeiten bestehen Unterschiede, wenn es sich bezogen auf die Ausführungssequenz um eine einmalige (one-off) / erste Lastschrift oder eine Folgelastschrift (recurrent) handelt (vgl. Infobox 7-8).
- Jeder Zahlungsempfänger benötigt eine eindeutige, standardisierte Gläubiger-Identifikationsnummer (Creditor Identifier), die er in Deutschland bei der Bundesbank beantragen muss (www.glaeubiger-id.bundesbank.de).
- Für den Einzug einer Lastschrift muss ein vom Debitor unterschriebenes SEPA-Lastschriftmandat vorliegen, dessen Bestandteile europaweit vereinheitlicht sind. Dabei muss der Kreditor für jedes Mandat eine eindeutige Mandatsreferenz vergeben (vgl. Infobox 7-9).
- Bestehende gültige deutsche Einzugsermächtigungen können in der Regel aufgrund der AGB-Änderungen durch die deutsche Kreditwirtschaft (seit 9. Juli 2012) in SEPA-Mandate umgewandelt werden, ohne dass ein neues SEPA-konformes Mandat eingeholt werden muss. Notwendig ist dazu allerdings, dass eine unterschriebene Einzugsermächtigung vorliegt und der Debitor nicht der AGB-Änderung seiner Bank widersprochen hat. Hat der Debitor widersprochen, so legt die EU-Verordnung fest, dass gültige Einzugsermächtigungen dennoch in SEPA-Mandate umgedeutet werden können. Auf jeden Fall muss bei einer Erstlastschrift der Debitor darüber, z. B. im Rahmen der Prenotification, informiert werden, dass eine Umdeutung erfolgt. Dabei muss auch die Gläubiger-ID und die Mandatsreferenz mitgeteilt werden.
- Im Verwendungszweck und im Namensfeld sind keine Umlaute mehr zulässig.
- Die Mandatsreferenz und das Datum der Mandatsunterzeichnung müssen bei jedem Lastschrifteinzug übermittelt werden.
- Die Gültigkeit eines Mandats, das drei Jahre lang nach einem Lastschrifteinzug nicht genutzt wird, erlischt.
- Der Kreditor muss ein erteiltes SEPA-Mandat regel- und gesetzeskonform aufbewahren, solange es gültig ist und solange bis keine weitere Nachweispflicht seitens des Kreditors besteht (z. B. ob zum Zeitpunkt des Lastschrifteinzugs ein gültiges Mandat vorgelegen hat). Die Dauer der Aufbewahrungspflicht beträgt mindestens 14 Monate nach dem letzten erfolgten Lastschrifteinzug.
- Rückgaben z. B. aufgrund eines erloschenen oder nicht gedeckten Kontos bzw. Rückgaben aufgrund eines Widerrufs seitens des Zahlungspflichtigen unterliegen europaweit einheitlichen Verfahren und Standards.

7

■ Der Kreditor sollte jeder Lastschrift, soweit vorhanden, eine für ihn eindeutige so genannte „Ende-zu-Ende-Referenz" zuordnen (z. B. eine Vertragsnummer). Dabei stehen maximal 35 Stellen für diese Lastschrifteinreicherreferenz zur Verfügung. Hintergrund ist der, dass diese Referenz durch die gesamte Zahlungskette bis zum Zahlungspflichtigen unverändert durchgereicht wird. Dadurch kann diese Referenz z. B. bei einer Rücklastschrift vom Auftraggeber genutzt werden, um den Zahlungsauftrag genau einem Vorgang oder einem Kunden zuzuordnen. Auf diese Weise kann eine (verbesserte) Automatisierung der Rückabwicklung erfolgen.

■ Liegt ein papierhaftes, unterschriebenes Mandat vor, muss dieses, bis auf die Unterschrift, dematerialisiert werden. Dies bedeutet gemäß der SEPA-Vorgaben, dass die Datenelemente digital erfasst werden müssen, ohne den Inhalt zu verändern. Dies kann beispielsweise durch das Einfügen der Daten und das Anlegen eines Debitors im Electronic-Banking-System erfolgen. Ebenso müssen bei einem elektronischen Mandat die benötigten Datenelemente ohne inhaltliche Veränderung herausgelöst werden.

Vergleich des deutschen Einzugsermächtigungsverfahrens mit der SEPA-Basislastschrift

Kriterium	Deutsches Einzugsermächtigungsverfahren	SEPA-Basislastschrift
Örtliche Anwendbarkeit	Ausschließlich in Deutschland	Im gesamten SEPA-Raum
Währung	EUR	EUR
Kontoidentifikation	Kontonummer und Bankleitzahl	IBAN und BIC (für nationale Zahlungen ist ab 1. Februar 2014, für grenzüberschreitende Zahlungen ab 1. Februar 2016 ausschließlich die IBAN im SEPA-Raum notwendig)
Gültigkeit der Lastschrifterlaubnis	Einzugsermächtigung bis auf Widerruf gültig	Mandat bis auf Widerruf gültig bzw. Gültigkeitsverfall nach 36 Monaten nach einem Lastschrifteinzug bei Nichtnutzung
Spezielle Lastschriftidentifikation	Nein, lediglich Verweis auf eine bestehende Einzugsermächtigung	Zwingende Verwendung einer eindeutigen Gläubiger-Identifikationsnummer und einer eindeutigen Mandatsreferenz, die beim Einzug als Daten mitgegeben werden müssen
Verbindung von Grundgeschäft und Zahlungsvorgang	Nein, keine zwingende Referenzierung	Ja, durch die spezielle Lastschriftidentifikation (vgl. oben)
Festes Fälligkeitsdatum	Nein (bei Sicht)	Ja, Vorgabe eines exakten Fälligkeitsdatums (Due Date) mit festgelegten Vorlauffristen in Abhängigkeit der Ausführungssequenz (z. B. einmalig, wiederkehrend)
Sperrmöglichkeiten	Konto kann für Lastschriften gesperrt werden	Konto kann für Lastschriften bezüglich Betrag, Periodizität und bestimmter Zahlungsempfänger gesperrt bzw. explizit frei geschaltet werden
Widerspruchsfristen seitens des Kunden	Seit dem 9. Juli 2012 gelten für den Zahler analoge Widerspruchsfristen wie auch bei der SEPA-Basislastschrift. Davor war die Widerspruchsfrist 6 Wochen nach Zugang des Rechnungsabschlusses (in der Regel monatlich oder quartalsweise) bzw. 13 Monate nach dem Tag der Belastung bei nicht autorisierten Einreichungen (z. B. aufgrund einer ungültigen oder nicht vorhandenen Einzugsermächtigung).	8 Wochen nach valutarischer Kontobelastung bzw. 13 Monate nach valutarischer Kontobelastung bei nicht autorisierten Einreichungen (z. B. aufgrund eines ungültigen oder nicht vorhandenen Mandats)

Infobox 7-7: Vergleich des deutschen Einzugsermächtigungsverfahrens mit der SEPA-Basislastschrift
Quelle: ibi research / Deutsche Bundesbank 2012 / EPC 2011b / van den Berg 2012

ibi

Wichtige Fristen bei der SEPA-Basislastschrift

In der folgenden Grafik ist dargestellt, wann bestimmte Aktionen von den Beteiligten am Lastschrifteinzug spätestens erfolgen müssen.

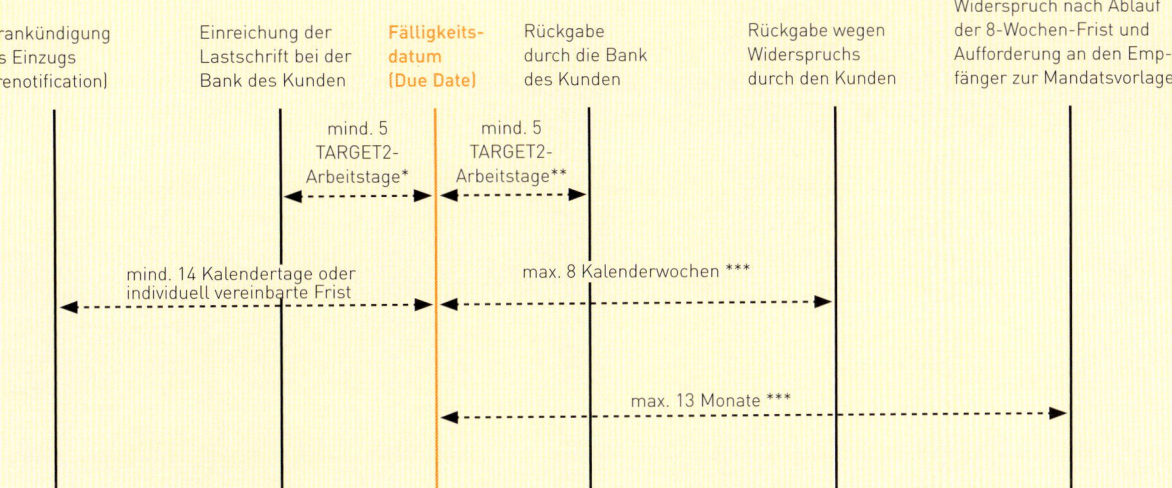

* Bei Folgelastschriften (recurrent) von wiederkehrenden Einzügen reicht im Unterschied zur Einmallastschrift (one-off) eine Frist von zwei TARGET2-Arbeitstagen aus.

** Für die Bank des Kunden (Debitor) ist der spätestmögliche Zeitpunkt für die Verrechnung einer Rückgabe 5 TARGET2-Arbeitstage nach dem Interbank Settlement Date (Verrechnung der zugrunde liegenden Lastschrift zwischen den Banken).

*** Bei Widersprüchen durch den Kunden nach Ablauf der 8-Kalenderwochenfrist wird der Zahlungsempfänger von seiner Bank aufgefordert, eine Kopie des Mandats und der ggf. vorliegenden Mandatsänderungen vorzulegen. Diese Daten werden an die Bank des Zahlungspflichtigen weitergeleitet, die final über die Rückgabe aufgrund der Aktenlage entscheidet. Legt der Zahlungsempfänger die Kopie des Mandats nicht vor, so wird in der Regel die Lastschrift zurückgegeben. Widersprüche des Kunden, die später als 13 Monate nach der Kontobelastung bei seiner Bank eingehen, werden grundsätzlich nicht mehr von ihr berücksichtigt.

Infobox 7-8: Wichtige Fristen bei der SEPA-Basislastschrift
Quelle: ibi research / EPC 2011b

Wie deutsche Lastschriften können auch SEPA-Basislastschriften zurückgegeben werden. Weist das Konto des Kunden nicht die erforderliche Deckung auf, kann die Bank des Kunden die Lastschrift innerhalb von fünf Bankarbeitstagen nach Fälligkeit zurückgeben. Der Kunde kann der Lastschrift innerhalb von acht Wochen nach der valutarischen Kontobelastung ohne Angabe von Gründen widersprechen. Bei Widersprüchen nach Ablauf der 8-Wochen-Frist wird der Zahlungsempfänger von seiner Bank aufgefordert, eine Kopie des Mandats und der ggf. vorliegenden Mandatsänderungen vorzulegen. Diese Daten werden an die Bank des Zahlungspflichtigen weitergeleitet, die final über die Rückgabe aufgrund der Aktenlage entscheidet. Legt der Zahlungsempfänger die Kopie des Mandats nicht vor, so wird in der Regel die Lastschrift zurückgegeben. Widersprüche des Kunden, die später als 13 Monate nach der valutarischen Kontobelastung bei seiner Bank eingehen, werden grundsätzlich nicht mehr von ihr berücksichtigt.

Würde somit ein Online-Händler auf die relativ aufwendige Einholung eines schriftlichen Mandats verzichten, so wie es bei der derzeitigen Lastschriftpraxis gerade im Online-Handel üblich ist, würde er den mit seiner Bank geschlossenen Inkasso-Vertrag nicht korrekt erfüllen und könnte deshalb von seiner Bank vom Lastschriftverfahren ausgeschlossen werden. Eine weitere Folge wäre, dass er erst 13 Monate plus maximal 30 Kalendertage für die Bearbeitung seitens der Banken nach der valutarischen Kontobelastung (= Datum der Wertstellung) endgültig vor Rückbuchungen geschützt wäre. Das für diesen Zeitraum für seine Bank entstehende Kreditrisiko könnte von seiner Bank auf seinen Kreditrahmen angerechnet oder entsprechend bepreist werden. Um die Einholung von Lastschriftmandaten unter anderem im Online-Handel zu vereinfachen, wurde daher auch eine elektronische Version des Mandats spezifiziert. Welche Elemente ein SEPA-Lastschriftmandat besitzen muss oder kann, wird in Infobox 7-9 beschrieben.

7

Bestandteile eines Mandats für SEPA-Basislastschriften

Das Mandat ersetzt bei SEPA-Basislastschriften die Einzugsermächtigung. Es muss in mindestens einer bis maximal drei Landessprache(n) des Wohnsitzlandes des Zahlungspflichtigen (Debitor) oder in Englisch ausgestellt sein, wenn der Zahlungsempfänger (Kreditor) nicht sicher die Sprache kennt, die der Schuldner versteht.

Das Mandat selbst muss mindestens die nachfolgenden Inhalte, inklusive Feldbezeichnungen, in dieser Reihenfolge enthalten und kann um optionale Angaben ergänzt werden. Die Schriftart oder die verwendeten Farben sind nicht festgelegt, wenngleich das Mandat grundsätzlich gut lesbar sein muss.

Bestandteile:

- Die Bezeichnung „SEPA-Lastschriftmandat", „(SEPA) Lastschriftmandat" oder „Lastschriftmandat (SEPA)" als klar erkennbare Überschrift
- Die eindeutige Mandatsreferenz (Nummer des Mandats)
- Die Aufklärung des Zahlungspflichtigen über die Bedeutung des SEPA-Mandats und seine Rechte und Pflichten im SEPA-Lastschriftverfahren: Vereinbarung zwischen dem Debitor, dem Kreditor und der Bank des Debitors fällige Beträge mittels des SEPA-Lastschriftverfahrens einzuziehen (Ermächtigung). Ferner erfolgt ein expliziter Hinweis auf das Widerrufsrecht des Debitors und den Einschluss der AGB seiner Bank.
- Der Name und die genaue Anschrift (inkl. Land) des Zahlungspflichtigen (Debitor)
- Die IBAN und der BIC des Debitors (für nationale Zahlungen ist ab 1. Februar 2014, für grenzüberschreitende Zahlungen ab 1. Februar 2016 ausschließlich die IBAN im SEPA-Raum notwendig, der BIC ist optional)
- Der Name des Zahlungsempfängers (Kreditor)
- Die Gläubiger-Identifikationsnummer des Zahlungsempfängers
- Die genaue Anschrift (inkl. Land) des Zahlungsempfängers
- Der Ausführungstyp der Zahlung (einmaliger oder regelmäßig wiederkehrender Einzug)
- Der Ort, das Datum und die Unterschrift des Zahlungspflichtigen

Weitere informatorische Angaben:

- Eine Identifikationsnummer des Zahlungspflichtigen (Debitor)*
- Der Name eines abweichenden Zahlungspflichtigen (Schuldner)*
- Die Identifikationsnummer des abweichenden Zahlungspflichtigen (Schuldner)*
- Der Name eines abweichenden Auftraggebers des Zahlungsempfängers (Gläubiger)*
- Die Identifikationsnummer des abweichenden Auftraggebers des Zahlungsempfängers (Gläubiger)*
- Die Referenznummer des zugrunde liegenden Vertrages (sofern vorhanden)
- Die Vertragsbezeichnung bzw. der Vertragszweck*
- Interne Vermerke des Zahlungsempfängers*

* optionaler Bestandteil

Infobox 7-9: Bestandteile eines Mandats für SEPA-Basislastschriften
Quelle: ibi research / EPC 2011b

7

Weitere SEPA-Entwicklungen

Auf Basis der SEPA-Überweisung und der SEPA-Lastschrift werden derzeit zusätzliche Dienstleistungs-angebote entwickelt, um die Zahlungsabwicklung innerhalb Europas weiter zu vereinfachen. So wird von der EBA (Euro Banking Association) das neue Zahlungsverfahren MyBank auf Basis einer SEPA-Über-weisung unter Nutzung des Online-Bankings des Kunden entwickelt, das allen Kunden im SEPA-Raum zur Verfügung stehen soll (ähnlich dem in Kapitel 4 beschriebenen giropay-Verfahren in Deutschland). MyBank soll dann auch die Erteilung des elektronischen Mandats für SEPA-Lastschriften ermöglichen.

Eine weitere mögliche Dienstleistung stellt die Option der Verkürzung der Vorlauffristen bei Erst- und Folgebasislastschriften dar. Ein Grund hierfür ist, dem Wunsch des Handels nachzukommen, auch schnellere Einzüge mit kürzeren Vorlaufzeiten, wie bei dem bisherigen Einzugsermächtigungsverfahren, zu ermöglichen. Zahlungsdienstleister können sich untereinander eine Verkürzung der üblichen Vor-lauffristen (vgl. Infobox 7-6) bei SEPA-Erstlastschriften (5 Bankarbeitstage) bzw. bei Folgelastschriften (2 Bankarbeitstage) auf einen Bankarbeitstag vor Fälligkeitsdatum durch entsprechende Vereinbarungen einräumen (so genannte COR1-Lastschrift). Ob und wenn ja, in welcher Weise die Deutsche Kredit-wirtschaft (DK, vormals der Zentrale Kreditausschuss) diese Option unterstützen wird, ist derzeit noch nicht abzusehen.

Zudem soll durch SEPA die grenzüberschreitende elektronische Rechnungsabwicklung (E-Invoicing, vgl. Abschnitt 4.3) durch europaweit einheitliche Regelungen weiter vereinfacht werden.

Darüber hinaus wird mit der Schaffung des einheitlichen Euro-Zahlungsverkehrsraums auch das Ziel verfolgt, den Wettbewerb zwischen den Dienstleistern im Zahlungsverkehrsgeschäft zu intensivieren. So haben Händler bei europaweit einheitlichen Zahlungsverkehrsdienstleistungen die Wahl, ob sie die Zahlungsabwicklung über eine Bank oder einen Zahlungsdienstleister in Deutschland oder in einem ande-ren Land der EU durchführen. Für das Angebot von Zahlungsverkehrsdienstleistungen ist nicht zwingend eine Banklizenz, sondern nur noch eine mit geringeren Anforderungen verbundene Zahlungsdienstleister-lizenz erforderlich. Zahlungsinstitute können aber von den finalen Systemen (wie dem SEPA-Clearer der Deutschen Bundesbank) ausgeschlossen werden, so dass die Zahlungsinstitute die SEPA-Lastschriften dann über eine Drittbank abwickeln müssten.

Die Mehrheit der befragten Händler geht davon aus, dass die Gebühren für die Zahlungsverkehrs-abwicklung aufgrund von SEPA sinken werden (vgl. Abbildung 7-13). Weitere Vorteile sehen die Händler in einer möglichen Reduzierung der Anzahl an Kontoverbindungen in Europa und im geringeren Aufwand für die Zahlungsabwicklung, da für nationale und grenzüberschreitende Zahlungen innerhalb Europas nur noch ein einheitliches Überweisungs- bzw. Lastschriftverfahren benötigt wird.

Online-Händler versprechen sich von SEPA weniger Aufwand, eine höhere Effizienz und niedrigere Gebühren in der Zahlungsabwicklung.

Welche Auswirkungen hat SEPA auf Ihr Unternehmen?

Zahlungen lassen sich leichter zuordnen

Die internen Aufwände für die Zahlungs-abwicklung werden sinken

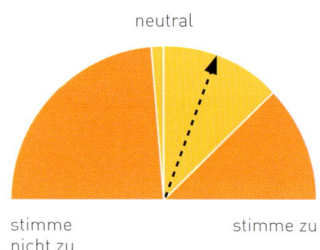

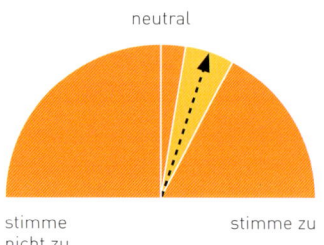

Die Bankgebühren für die Zahlungs-abwicklung werden sinken

Der Zahlungsverkehr in Europa wird effizenter

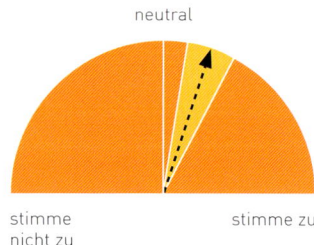

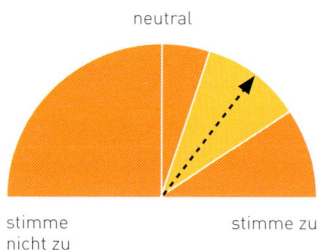

Das Cash-Management wird genauer

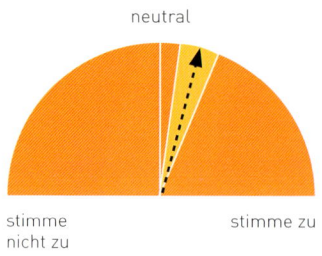

Erläuterungen zur Darstellung:

 Maximal mögliche Bandbreite der Einschätzungen zu einer These

------▶ Mittelwert der Einschätzung aller Teilnehmer bezüglich einer These

▸ Abweichung der Einschätzungen der einzelnen Teilnehmer vom Durchschnittswert

Abb. 7-13: Auswirkungen von SEPA auf Online-Händler
Quelle: ibi research (Geschäfte ohne Grenzen – E-Commerce international 2012)

ibi

SEPA: woran Sie denken müssen!

Wie bereits deutlich wurde, besteht derzeit noch keine Pflicht zur Nutzung der SEPA-Zahlungsverfahren (SCT und SDD). Die SEPA-Einführung bietet jedoch eine spürbare Erleichterung bei der Zahlungsabwicklung mit Kunden im europäischen Ausland. Rein national tätige Händler sind aber spätestens ab 1. Februar 2014 vollständig von SEPA betroffen, da die bisherigen nationalen Überweisungs- und Lastschriftverfahren nicht mehr verwendet werden können. Auch diese Händler sollten sich daher frühzeitig mit den aufgrund von SEPA anstehenden Änderungen vertraut machen – insbesondere dann, wenn ohnehin Investitionen in neue IT-Systeme oder Abläufe im Zahlungsverkehr anstehen. Es wird Händlern daher empfohlen, möglichst bald die erforderlichen Anpassungen im Bereich der SEPA-Überweisung und der SEPA-Lastschrift durchzuführen und erste Erfahrungen zu sammeln. Denken Sie auch daran, dass Sie eventuell schon jetzt Kunden haben, die auf die SEPA-Verfahren umgestellt haben oder diese zeitweise nutzen, und Sie damit konfrontiert werden.

Die nachfolgende Checkliste 7-1 soll dabei helfen, die erheblichen Auswirkungen von SEPA auf Unternehmen zu verdeutlichen und die Voraussetzungen für die Nutzung von SEPA zu schaffen.

7

ibi

7

CHECKLISTE ZUR SEPA-EINFÜHRUNG

Die folgende Checkliste zeigt wichtige Aspekte auf, die bei der Einführung der neuen SEPA-Zahlungs-verfahren zu beachten sind.

ALLGEMEIN

☑ Grundsätzlich müssen Sie beachten, dass die Auswirkungen von SEPA in technischer und betriebswirt-schaftlicher Hinsicht auf Ihr Unternehmen und Ihre Prozesse komplex und nicht zu unterschätzen sind. Gerade bei der SEPA-Lastschrift sind die Auswirkungen massiv. SEPA betrifft weit mehr Geschäfts-bereiche als man auf den ersten Blick vermuten mag.

☑ Benennen Sie einen SEPA-Verantwortlichen als Ansprechpartner für alle Fragen und setzen Sie ein Projektteam auf, in dem sich entsprechende Experten aus den diversen Unternehmensbereichen befinden, die von SEPA mittel- und unmittelbar betroffen sind. Seien Sie sich bewusst, dass SEPA kein einmaliger kurzer Prozess, sondern eine wohl mehrere Jahre andauernde geschäftsbereichsübergreifende Herausforderung darstellt.

Beziehen Sie auch Ihre Geschäfts-partner mit ein!

☑ Prüfen Sie, ob Sie Ihre gegebenenfalls bestehenden Konten bei ausländischen Banken auch auf längere Sicht wirklich noch benötigen. Ermitteln Sie ferner, ob Sie weitere länderspezifische Zahlungsverfahren im Einsatz haben und ob Sie diese noch benötigen oder ob Sie besser auf die SEPA-Verfahren umstellen.

☑ Beachten Sie, dass die Meldepflicht nach der AWV (Außenwirtschaftsverordnung) auch weiterhin für grenzüberschreitende ein- und ausgehende SEPA-Zahlungen besteht.

☑ Prüfen Sie, ob Ihre IT-Systeme (z. B. ERP- und Electronic-Banking-Systeme) die neuen XML-Formate verarbeiten können, von denen auszugehen ist, dass sie auch in weiteren wichtigen Finanzprozessen, z. B. in der elektronischen Rechnungsabwicklung, immer mehr zum Einsatz kommen werden.

☑ Führen Sie umfangreiche technische Tests mit Ihrem Zahlungsdienstleister durch.

☑ Berücksichtigen Sie, dass z. B. im Verwendungszweck und im Namensfeld keine Umlaute mehr verwendbar sind. Zulässig sind alleine die nachfolgenden Zeichen (EPC 2009):

a b c d e f g h i j k l m n o p q r s t u v w x y z
A B C D E F G H I J K L M N O P Q R S T U V W X Y Z
0 1 2 3 4 5 6 7 8 9
' : ? , - (+ .) /
Leerzeichen

Die Bank des Debitors könnte eine Lastschrift zurück-weisen, wenn Zeichen verwendet werden, die nicht in dieser Auflistung enthalten sind. Alternativ hierzu könnte sie auch „fehlerhafte" Zeichen durch z. B. Leerzeichen oder bedeutungsähnliche Zeichen aus dem vorgegebenen Zeichensatz ersetzen. Somit können bzw. sollten, um auf der sicheren Seite zu sein, keine deutschen Umlaute und kein Eszett mehr verwendet werden: Ä Ü Ö ä ü ö ß

7

☑ Sprechen Sie mit Ihren Software-Lieferanten und Ihrer Bank, wie diese Sie bei der SEPA-Einführung unterstützen können.

☑ Beachten Sie, dass die neuen SEPA-Formate deutlich mehr Daten erzeugen und deshalb Ihre Systeme darauf vorbereitet sein müssen, damit die notwendige Leistung (Performance) aufrecht erhalten bleiben kann.

☑ Denken Sie daran, dass im Verwendungszweck deutlich weniger Zeichen als bisher zur Verfügung stehen: statt 378 Stellen nur noch 140 Stellen. Dies kann signifikante Auswirkungen auf Ihre Prozesse haben, wenn Sie derzeit mit mehr als 140 Zeichen im Verwendungszweck operieren, um Ihre Prozesse durchgängig zu gestalten (durchgehende Datenverarbeitung bzw. Straight Through Processing).

> *Das Problem eines kurzen, 140-stelligen Verwendungszwecks kann Sie auch schon vor der Abschaltung der nationalen Systeme am 1. Februar 2014 treffen, wenn einer Ihrer Kunden bereits auf die SEPA-Verfahren umgestellt hat oder diese zeitweise nutzt.*

ZAHLUNGSEINGÄNGE PER SEPA-ÜBERWEISUNG

☑ Teilen Sie Ihren Kunden Ihre IBAN und Ihren BIC mit (zu Beginn ergänzend zur bisherigen Kontonummer und Bankleitzahl), z. B. auf Rechnungen und auf Ihrer Website.

☑ Passen Sie gegebenenfalls vorhandene automatisierte Verfahren für den Abgleich der offenen Posten an die Struktur von SEPA-Zahlungseingängen auf Ihrem Kontoauszug an.

☑ Sie sollten eine kundeneigene, eindeutige Referenz (z. B. die Vertragsnummer), soweit vorhanden, mit dem Zahlungsauftrag weiterreichen (z. B. innerhalb der Ende-zu-Ende-Referenz), so dass diese Referenz Ihnen beispielsweise bei Rückgaben wieder übermittelt wird. Dadurch können Sie eine vom Zahlungsdienstleister zurückgegebene Überweisung (z. B. aufgrund falscher Kontodaten) leichter einem Vorgang oder einem Kunden zuordnen und Folgeprozesse anstoßen.

☑ Sprechen Sie mit Ihrer Bank, wie lange Sie noch Ihre Überweisungsaufträge in den alten Datenformaten (z. B. für den Auslandszahlungsverkehr das DTAZV-Format) einliefern können.

ibi

7

ZAHLUNGSEINZÜGE PER SEPA-LASTSCHRIFT

☑ Beantragen Sie eine Gläubiger-ID bei der Bundesbank (www.glaeubiger-id.bundesbank.de). Diese Nummer muss bei jeder Lastschrifteinreichung mit angegeben werden.

☑ Wandeln Sie die vorhandenen Kontodaten Ihrer Kunden in IBAN und BIC um bzw. erheben Sie die IBAN und den BIC Ihrer Kunden und ergänzen Sie diese in Ihren Kundenstammdaten. Den BIC benötigen Sie z. B. zur Durchführung von Zahlungen außerhalb des SEPA-Raums.

☑ Die deutschen Banken und Sparkassen haben unter www.iban-service-portal.de einen Dienst zur Umwandlung von Kontonummern und Bankleitzahlen in IBAN und BIC eingerichtet. Die Zugangsdaten erhalten Sie von Ihrer Hausbank. Beachten Sie allerdings dabei, dass ggf. nicht alle Umwandlungen automatisiert erfolgen können.

☑ Ändern Sie gegebenenfalls die Prüfroutinen für die Syntax- und Prüfziffernkontrolle der Kontodaten, wenn Sie die IBAN und den BIC direkt von Ihren Kunden erheben. Weitere Informationen hierzu finden Sie unter www.swift.com/products/bic_registration/iban_format_registration (IBAN Registry).

☑ Legen Sie fest, nach welcher Systematik die Nummern zur eindeutigen Identifizierung der SEPA-Lastschriftmandate (Mandatsreferenzen) vergeben werden. Die Mandatsreferenz muss bei jeder Lastschrifteinreichung angegeben werden.

☑ Beachten Sie, dass erteilte SEPA-Mandate sowie etwaige Änderungen regel- und gesetzeskonform aufbewahrt werden müssen.

☑ Legen Sie fest, wie das Fälligkeitsdatum von Lastschriften bestimmt wird (z. B. 6 Bankarbeitstage nach Bestelleingang bei Bestellungen bis 16 Uhr, sonst 7 Bankarbeitstage nach Bestelleingang). Achten Sie dabei darauf, dass die Vorlauffristen für die Benachrichtigung des Kunden und die Vorlage der Lastschrift bei der Bank des Kunden eingehalten werden müssen.

☑ Beachten Sie, dass bestehende deutsche Einzugsermächtigungen aufgrund der AGB-Änderungen durch die deutsche Kreditwirtschaft (9. Juli 2012) in SEPA-Mandate umgewandelt werden können, ohne dass Sie ein neues SEPA-konformes Mandat einholen müssen. Notwendig ist dazu allerdings, dass Ihnen eine gültige unterschriebene Einzugsermächtigung vorliegt. Ferner müssen Sie auf jeden Fall bei einer Erstlastschrift Ihren Kunden darüber informieren, z. B. im Rahmen der Prenotification, dass eine Umdeutung erfolgt. Dabei müssen Sie auch Ihre Gläubiger-ID und die von Ihnen vergebene Mandatsreferenz mitteilen. Problematisch kann dies werden, wenn der Vertragspartner nicht gleich Schuldner ist: die Eltern bezahlen für ihr studierendes Kind, das einen Vertrag mit dem örtlichen Versorger abgeschlossen hat, die anfallenden Kosten. Der Versorger muss in diesem Fall die Rechnung an das Kind versenden und die Eltern über den Einzug der Forderung im Rahmen der Prenotification informieren. Wenn dem Versorger die Adresse der Eltern aber nicht bekannt ist, dann kann in diesem Ausnahmefall ersatzweise das Kind (der Vertragspartner) informiert werden, dass es den Kontoinhaber entsprechend informieren möge. Etwaige dadurch entstehende Vertragsstörungen, wie Rücklastschriften, sind durch den Einreicher zu verantworten.

7

☑ Erfragen Sie bei Ihrer Bank die Einreichungsfristen (Cut-off-Zeiten) für die SEPA-Lastschrift. Diese benötigen Sie, um zu wissen, bis wann Ihre bei der Bank eingereichten SEPA-Lastschriften noch als am selben Tag eingegangen angesehen werden.

☑ Beachten Sie, dass Sie eine Versionsverwaltung für die Mandate benötigen (z. B. bei Änderung der Bankverbindung Ihres Kunden oder Änderung der Anschrift) und diese auch die Ausführungsart der Lastschrift (Erst-, Folge-, Einmal- und letzte Lastschrift) verwalten kann. So resultiert z. B. aus der Änderung der Bankverbindung immer eine Erstlastschrift mit einer (mit ihr verbundenen) längeren Vorlaufzeit.

☑ Stellen Sie sicher, dass der Kunde rechtzeitig über den Lastschrifteinzug und das Fälligkeitsdatum informiert wird (Prenotification). Dies können Sie auch z. B. im Rahmen einer Rechnung oder eines Bescheides machen. Sie muss ferner mindestens den Betrag, den Fälligkeitstermin, die Gläubiger-Identifikationsnummer und die Mandatsreferenz beinhalten.

☑ Berücksichtigen Sie in Ihrem Liquiditätsmanagement, dass sich aufgrund der relativ langen Einreichungsfristen (insbesondere bei erst- oder einmaligen Basislastschriften) im Vergleich zum Einzugsermächtigungsverfahren, bei der eine Lastschrift bei Sicht fällig war, Änderungen im Zeitpunkt des Zahlungszuflusses ergeben. Dies kann sogar so weit führen, dass bisher mögliche Geschäftsabläufe / Geschäftsmodelle in der gewohnten Art und Weise aufgrund der relativ langen Vorlaufzeiten nicht mehr möglich sind.

☑ Sie sollten eine kundeneigene, eindeutige Referenz (z. B. die Vertragsnummer), soweit vorhanden, mit dem Zahlungsauftrag weiterreichen (z. B. innerhalb der Ende-zu-Ende-Referenz), so dass diese Referenz Ihnen z. B. bei Rücklastschriften wieder übermittelt wird. Dadurch können Sie einer Rücklastschrift automatisiert einen Vorgang oder einen Kunden zuordnen und Folgeprozesse anstoßen.

☑ Legen Sie für den Fall von Rückweisungen, Rückgaben, Widersprüchen und Rücklastschriften die Folgeprozesse fest (z. B. bei Rücklastschriften in Abhängigkeit des Rücklastschriftengrunds). Beachten Sie dabei, dass mit SEPA geänderte Rückgabecodes ausgeliefert werden.

Checkliste 7-1: SEPA-Einführung

ibi

www.ecommerce-leitfaden.de

Vertiefende Informationen zu den Inhalten dieser Abschnitte sowie Links zu Lösungsanbietern erhalten Sie auf der Website www.ecommerce-leitfaden.de. Dort finden Sie auch
weitere kostenlose Angebote, wie den Newsletter, Online-Tools und weitere Studien.

Anhang

A

ibi

Glossar

A

3-D Secure

3-D Secure ist ein Verfahren zur Transaktionsabsicherung für Kreditkartenzahlungen im Internet. Der Händler erhält für so abgesicherte Transaktionen in der Regel einen gesicherten Zahlungsanspruch (für bestimmte Chargeback-Gründe). Durch eine regelmäßige oder bei Betrugsverdacht eingeleitete Abfrage z. B. eines Kennworts oder einer »TAN bei der Kreditkartenzahlung im Internet soll sichergestellt werden, dass es sich um den rechtmäßigen Inhaber der »Kreditkarte handelt und kein Kartenmissbrauch vorliegt. Das Verfahren wurde ursprünglich von Visa entwickelt und unter dem Markennamen „Verified by Visa" auf den Markt gebracht. Unter dem Begriff „MasterCard SecureCode" bietet auch MasterCard International diesen Standard an.

Abrechnungszeitraum

Zeitraum, in dem die bei einem Handels- oder Dienstleistungsunternehmen getätigten Kartenumsätze durch den »Acquirer gutgeschrieben und somit abgerechnet werden.

Acquirer

Ein Acquirer ist die kreditkartenbetreuende Stelle des Händlers. Er wickelt für den Händler die »Autorisierung und Abrechnung von Kreditkartenzahlungen ab. Des Weiteren akquiriert er »Akzeptanzstellen für Kreditkartenzahlungen (z. B. aus Handel, Hotellerie, Gastronomie, Autovermietung oder Fluggesellschaften). Um tätig zu werden, benötigt ein Acquirer von der entsprechenden Kartenorganisation eine Lizenz.

Address Verification Service

Mithilfe eines Address Verification Service lässt sich prüfen, ob die bei einer Bestellung angegebene Lieferanschrift mit der Anschrift des Kreditkarteninhabers übereinstimmt. Der Kartenherausgeber vergleicht dazu die ihm vom Händler übermittelte Lieferanschrift mit der Anschrift, an die die Kreditkartenabrechnung versandt wird. Bei MasterCard und Visa ist dieser Service z. B. für »Kreditkarten verfügbar, die in den USA herausgegeben wurden, American Express bietet den Address Verification Service für alle Karten an.

Affiliate-Programm

Vertriebsprogramme, bei denen auf Websites Werbemittel eines Partners eingebunden werden, die auf dessen Website verweisen. In der Regel wird für jeden vermittelten Kunden bzw. Kauf eine Provision bezahlt.

Akzeptanzstelle

Dies sind beispielsweise Handels- oder Dienstleistungsunternehmen, die Kartenzahlungen akzeptieren.

A

App

Eine App ist ein Anwendungsprogramm, welches einen spezifischen Zweck erfüllen soll und vor der Nutzung auf ein Endgerät heruntergeladen und installiert werden muss. Durch die zunehmende Verbreitung von mobilen Endgeräten, wie Smartphones und Tablet-Computer, bzw. des mobilen Internets, wird der Begriff meistens mit kleinen Programmen, die speziell für diese Endgeräte entwickelt wurden, assoziiert.

Attention Map

Die Attention Map verdeutlicht grafisch die Stellen einer Website, die die Aufmerksamkeit der Nutzer erregt haben. Hierbei werden die Stellen, die die Besucher besonders interessiert haben, d. h. die Stellen, an denen viele Mausbewegungen stattgefunden haben, sichtbarer dargestellt. Die Attention Map kommt im Rahmen des » Mouse-Trackings zum Einsatz.

Auktionsplattform

Als Auktionsplattformen werden Internet-Auktionshäuser, wie beispielsweise eBay, bezeichnet, bei denen Waren unterschiedlicher Anbieter versteigert werden.

Autorisierung

Als Autorisierung bezeichnet man den Genehmigungsvorgang einer Kartenzahlung durch die Bank des » Karteninhabers. Im Rahmen der Autorisierung wird unter anderem geprüft, ob es sich um eine gültige Karte handelt und ob das Kartenlimit für die beabsichtigte Transaktion noch ausreicht. Bei erfolgreicher Autorisierung hat der Händler die Gewissheit, dass das Konto des Kunden mit dem autorisierten Betrag belastet werden kann.

B

Bank Identification Number

Die Bank Identification Number (BIN) ist ein Code, der zur Identifikation von » Kredit- und » Debitkarten verwendet wird. Anhand der BIN können der verwendete Kartentyp und die kartenherausgebende Bank identifiziert werden.

Bannerwerbung

Werbemittel in Form einer Grafik-, Animations- oder Videodatei, das üblicherweise im Kopf- oder Seitenbereich einer Website angezeigt wird.

Beitreibung

Die Beitreibung bezeichnet die versuchte Einziehung von offenen Geldforderungen. Häufig werden hierfür spezialisierte Dienstleister (Inkasso-Unternehmen) beauftragt.

Besucher-Feedback

Beim Besucher-Feedback können Besucher dem Website-Betreiber z. B. mit Klick auf einen Feedback-Button Rückmeldung geben, ob sie mit der Website zufrieden sind oder ggf. Hinweise oder Anregungen haben. Die Rückmeldung zu einer konkreten Seite einer Website wird auch als seitenbezogenes Besucher-Feedback bezeichnet.

Bonitätsprüfung

Im Rahmen einer Bonitätsprüfung wird das Risiko ermittelt, dass eine Forderung gegen einen Kunden ganz oder teilweise ausfällt oder aufgrund von Zahlungsunwilligkeit oder einer sich anbahnenden Zahlungsunfähigkeit des Kunden nicht termingerecht eingeht.

Business Identifier Code

Der Business Identifier Code (BIC) ist ein international standardisierter Code, der vor allem bei Banken als „internationale Bankleitzahl" verwendet wird. Mit dem BIC kann jede teilnehmende Partei weltweit eindeutig identifiziert werden.

C

Chargeback

Ein Chargeback (Rückbelastung) entsteht, wenn ein »Karteninhaber bei seiner Bank einer Kreditkartenbelastung widerspricht. Die Bank wird bei Vorliegen bestimmter Kriterien dem Karteninhaber den Betrag wieder gutschreiben. Dem Händler wird der Betrag durch den »Acquirer wieder zurückbelastet. Der Händler muss in der Regel zusätzlich auch noch Bearbeitungsgebühren bezahlen.

Check-out-Prozess

Als Check-out bezeichnet man die letzten Schritte einer Online-Bestellung. Beim Check-out-Prozess gibt der Kunde beispielsweise seine Liefer- und Rechnungsdaten sowie sein gewünschtes »Zahlungsverfahren an und schließt seine Bestellung hiermit ab.

Clickmap

Mithilfe einer Clickmap kann ermittelt werden, wie oft bestimmte Links auf einer Website von Besuchern angeklickt wurden.

Cookies

Cookies sind Daten, die von einem Web-Server auf dem Rechner des Besuchers abgespeichert werden. Mit deren Hilfe soll der Besucher bei einem späteren Besuch wiedererkannt werden.

ibi

A

Cross-Selling

Cross-Selling (Querverkauf) bezeichnet im Marketing zielgerichtete Aktivitäten eines Anbieters, um bestehenden Kunden zusätzliche Produkte oder Dienstleistungen zu verkaufen.

D

Debitkarte

Eine Debitkarte ist eine Zahlungskarte, mit der ein »Karteninhaber Waren oder Dienstleistungen bargeldlos bezahlen kann. Bei Zahlung mit einer Debitkarte wird das Konto des Kunden in der Regel sofort oder bereits nach einigen Werktagen direkt mit dem Zahlungsbetrag belastet.

Debitor

Als Zahlungspflichtigen (Debitor) bezeichnet man einen Schuldner, welcher Verbindlichkeiten aus Lieferungen und Leistungen hat.

Direktüberweisungsverfahren

Ein Direktüberweisungsverfahren ist ein »E-Payment-Verfahren, das ein Online-Banking-fähiges Bankkonto des Kunden nutzt, um eine Online-Überweisung an den Händler durchzuführen. Die Bank bzw. der Dienstleister bestätigen dem Händler in der Regel unmittelbar die erfolgreiche Entgegennahme der Überweisung. Nach Abschluss der Überweisung wird der Nutzer wieder zum »Web-Shop geleitet.

Disagio

Dabei handelt es sich um eine in der Regel umsatzabhängige Provision, die eine »Akzeptanzstelle (z. B. Online-Händler) an den Zahlungsdiensteanbieter (z. B. »Acquirer) abführen muss.

Domain

Die Domain ist die weltweit eindeutige Adresse eines Internet-Auftritts. Jede Domain ist einer so genannten »Top-Level-Domain (TLD) untergeordnet.

Double-Opt-In-Verfahren

Die Einverständniserklärung eines Verbrauchers zu Werbemaßnahmen kann durch das Double-Opt-In-Verfahren rechtskonform verifiziert werden. Nach der erstmaligen Zustimmung zu einer Werbemaßnahme, z. B. dem Wunsch einen Newsletter zu beziehen, wird eine E-Mail mit einem so genannten nutzerindividuellen Aktivierungs-Link an die von ihm angegebene Adresse versendet. Erst nach dem Anklicken des Links durch den Empfänger ist die Registrierung abgeschlossen. Somit ist sichergestellt, dass die Einverständniserklärung nicht von einem Dritten, sondern nur vom E-Mail-Inhaber erteilt wurde.

A

E

E-Commerce

E-Commerce, auch Electronic Commerce, elektronischer Handel, Online-Handel, bezeichnet alle Formen des Kaufens und Verkaufens von Produkten und Dienstleistungen sowie die dazugehörigen Geschäftsprozesse (z. B. die Angebotsabgabe oder die Zahlungsabwicklung) im Internet oder über andere elektronische Systeme. Eine Ausprägung des E-Commerce stellt der »M-Commerce dar.

E-Mail-Marketing

E-Mail-Marketing ist eine Direktmarketing-Maßnahme, bei der die Empfänger per E-Mail angeschrieben werden. Üblicherweise werden hierfür Newsletter in regelmäßigen Abständen versendet. Die Newsletter können beispielsweise eine einmalige Aktion bzw. Werbemaßnahmen zum Inhalt haben oder über das Unternehmen bzw. den Shop im Allgemeinen informieren. Ziel des E-Mail-Marketings ist es oft, den Leser der E-Mail zu bewegen, durch Anklicken eines Links, eine entsprechende Website bzw. »Landing-Page zu besuchen.

E-Payment-Verfahren

Neben den »klassischen Zahlungsverfahren Vorkasse, Rechnung, Nachnahme, »Lastschrift und »Kreditkarte, die zum Teil auch für den Einsatz im elektronischen Handel angepasst wurden, sind speziell für den »E-Commerce neue »Zahlungsverfahren entwickelt worden, die als so genannte E-Commerce-Payment-Verfahren, kurz E-Payment-Verfahren, bezeichnet werden. Diese lassen sich in folgende drei Kategorien unterteilen: »Direktüberweisungsverfahren, »nutzerkontounabhängige und »nutzerkonto-abhängige Verfahren. Werden die Bezahlvorgänge über mobile Endgeräte abgewickelt, fallen sie auch unter den Begriff »M-Payment-Verfahren.

Einzugsermächtigung

Eine Einzugsermächtigung stellt eine in der Regel schriftlich dem Zahlungsempfänger (»Kreditor) erteilte Ermächtigung durch den Zahlungspflichtigen (»Debitor) dar, fällige Beträge von seinem Konto einzuziehen.

Einzugsermächtigungsverfahren

Das deutsche Einzugsermächtigungsverfahren ermöglicht die Belastung von Zahlungspflichtigen (»Debitoren) durch Zahlungsempfänger (»Kreditoren). Das Verfahren selbst kann ausschließlich in Deutschland verwendet werden und setzt üblicherweise eine schriftliche »Einzugsermächtigung voraus. Ab dem 1. Februar 2014 wird dieses Verfahren vollständig durch die »SEPA-Lastschrift ersetzt.

Electronic Data Interchange

Als Electronic Data Interchange (EDI) wird der Austausch von elektronischen Geschäftsdokumenten, wie Rechnungen oder Bestellungen, in einem strukturierten, standardisierten Format bzw. über ein standardisiertes Übertragungsprotokoll zwischen Unternehmen bezeichnet.

A

Elektronische Rechnungsabwicklung

Die elektronische Rechnungsabwicklung umfasst nicht nur die elektronische Übermittlung, sondern den gesamten Prozess des Rechnungsaustauschs und der Rechungsverarbeitung auf elektronischem Wege. Gängige Übermittlungswege sind hierbei der Versand per E-Mail (z. B. im Anhang als PDF-Dokument), das zur Verfügung stellen über eine Website (z. B. zum Download), die Übertragung per Computer-Fax oder der Datenaustausch per EDI (»Electronic Data Interchange).

EMV

EMV ist ein von den Kartenorganisationen Europay International (jetzt MasterCard Europe), MasterCard und Visa entwickelter und verbindlicher internationaler Sicherheitsstandard für chipkartenbasierte Kredit- und Debitkartenzahlungen.

F

Factoring

Der Begriff Factoring bezeichnet den Ankauf von Geldforderungen aus Waren- und Dienstleistungsge- schäften durch ein Factoring-Institut (z. B. Bank). Das Factoring-Institut schreibt seinen Kunden die Forderungsbeträge abzüglich eines Abschlags gut. Das Institut übernimmt in der Regel das Risiko des Forderungsausfalls („echtes" Factoring).

Fernabsatzvertrag

Vertrag über Leistungen (Kauf- oder Dienstverträge), der zwischen den beteiligten Parteien über Fern- kommunikationsmittel (z. B. per Brief, Telefonanruf, Fax, E-Mail und Internet) abgeschlossen wurde.

Fingerprint

Individuelles Profil eines Website-Besuchers, das auf Basis einer Vielzahl von technischen Informationen (z. B. Provider, Bildschirmauflösung, installierte »Plug-ins) erstellt wird. Sucht der Besucher mit dem gleichen Profil die Seite später erneut auf, kann er anhand dieser Informationen häufig wiedererkannt werden.

Formularfeldanalyse

Die Formularfeldanalyse bezeichnet die systematische Beobachtung und Analyse, wie ein Benutzer online ein Formular ausfüllt, benutzt und ggf. wo er abbricht.

Fulfillment

Fulfillment umfasst alle Aufgaben, die im Rahmen der Bestellabwicklung zu erledigen sind. Hierzu gehören beispielsweise die Kommissionierung, die Verpackung, die Versandabwicklung, das Debitoren- management und die Zahlungsabwicklung.

A

G

GeldKarte

Bei der GeldKarte handelt es sich um ein guthabenbasiertes Zahlungssystem der deutschen Kreditwirtschaft. Zum Bezahlen benötigt der Kunde eine Bankkarte mit Chip, die die GeldKarten-Funktionalität unterstützt. Für Bezahlvorgänge im Internet muss der Kunde zusätzlich über ein geeignetes Kartenlesegerät
am PC verfügen.

GeoIP-Analyse

Versuch der Ermittlung der geografischen Herkunft des Besuchers anhand seiner »IP-Adresse. Diese Information kann beispielsweise für die Anpassung von Marketing-Maßnahmen an regionale Gegebenheiten,
für Web-Controlling-Auswertungen oder zum Schutz vor Betrug genutzt werden.

girocard

System der deutschen Kreditwirtschaft, das Verbrauchern die elektronische und somit bargeldlose Bezahlung im Handel und bei Dienstleistern erlaubt. Nötig dazu sind eine PIN-Eingabe und eine »Autorisierung.
Bei erfolgreicher Autorisierung erhält der Händler durch die kartenherausgebende Bank eine Zahlungsgarantie für den bestätigten Betrag.

Gütesiegel

Ein Gütesiegel dokumentiert in der Regel eine erfolgreiche Zertifizierung durch einen Gütesiegelanbieter.
Im Rahmen der meist kostenpflichtigen Prüfung wird ein Online-Shop nach definierten Kriterien geprüft.
Gütesiegel anerkannter Anbieter schaffen damit für Kunden Transparenz sowie Verlässlichkeit und stär-
ken die Glaubwürdigkeit eines Online-Anbieters.

H

Haftungsumkehr

Im »E-Commerce trägt zunächst der Händler das Risiko bei einer missbräuchlich eingesetzten Kreditkartenzahlung, wenn ein »Karteninhaber seine Zahlung bestreitet. Durch den Einsatz von »3-D Secure
im Online-Handel verschiebt sich jedoch das Risiko für die Zahlungen, die der Karteninhaber mit diesen
Verfahren bestreitet, auf die kartenherausgebende Bank. Diese Risikoverschiebung wird als „Haftungsumkehr" oder „Liability Shift" bezeichnet.

Heatmap

Eine Heatmap verdeutlicht grafisch durch unterschiedliche Farbtöne, worauf die Besucher einer Website
wie oft geklickt haben. Allerdings werden im Unterschied zur »Clickmap auch Klicks auf nicht verlinkte
Texte oder Grafiken registriert. So lässt sich z. B. ermitteln, wo die Besucher scheinbar einen Link erwartet
hätten, um diesen ggf. nachträglich zu ergänzen.

A

I

International Bank Account Number

Die International Bank Account Number (IBAN) ist ein international standardisierter Code, der zur eindeutigen Notation von Bankkontonummern verwendet wird.

IP-Adresse

IP-Adressen dienen zur Adressierung von Geräten in Computernetzen, die auf dem Internet-Protokoll basieren.

Issuer

Ein Issuer (Herausgeber) ist eine Bank, die »Kredit- oder »Debitkarten an Kunden herausgibt.

K

Karteninhaber

Person, auf deren Namen eine Karte ausgestellt ist.

Kartenprüfnummer

Die Kartenprüfnummer ist als zusätzliches Sicherheitsmerkmal ausschließlich auf der »Kreditkarte aufgedruckt und muss i. d. R. bei Transaktionen, bei denen der »Karteninhaber nicht physisch anwesend ist (Bestellungen per Fax, Telefon oder Internet), neben dem Namen des Karteninhabers, der Kreditkartennummer und dem Ablaufdatum angegeben werden. Somit soll sichergestellt werden, dass eine Kreditkartenzahlung nur vom tatsächlichen Besitzer der Karte initiiert wird.

Keywords

Keywords kommen vor allem im »Suchmaschinenmarketing zum Einsatz. Sie bezeichnen zum einen den Suchbegriff, der in eine Suchmaschine eingegeben wird, um bestimmte Inhalte zu finden, und zum anderen Schlüsselwörter, auf deren Eingabe hin eine bezahlte Suchmaschinenwerbeanzeige eingeblendet werden soll.

Klassische Zahlungsverfahren

Unter klassischen Zahlungsverfahren werden »Zahlungsverfahren verstanden, die nicht speziell für den elektronischen Handel entwickelt, aber zum Teil dafür angepasst worden sind. Hierzu gehören »Lastschrift, Überweisung, Nachnahme und »Kreditkarte.

Klickbetrug

Beim Klickbetrug werden Werbeschaltungen im Rahmen einer Pay-per-Click-Kampagne viele Male z. B. von einem Dritten böswillig bzw. ohne Kaufabsicht angeklickt. Dadurch wird das eingestellte Budget für die Kampagne bei jedem Klick vermindert, ohne das Verkäufe angestoßen werden.

A

Klickpfad

Ein Klickpfad, auch Navigationspfad genannt, beschreibt den Weg, den ein Besucher durch Klicks über mehrere Seiten, z. B. in einem »Web-Shop von der Startseite bis zum Abschluss der Bestellung, geht.

Konversionsrate

Die Konversionsrate (Conversion Rate) bezeichnet in der Regel den Anteil von Besuchern eines »Web-Shops, die einen Kauf tätigen.

Kreditkarte

Kreditkarten dienen der bargeldlosen Bezahlung von Waren und Dienstleistungen bei Vertragsunternehmen der kartenherausgebenden Organisationen. Eine Kreditkarte weist einen mit dem Kartenherausgeber vereinbarten Verfügungsrahmen auf. Im Unterschied zu einer »Debitkarte erfolgt die Bezahlung bei den gängigsten Kreditkartenverträgen für den »Karteninhaber in Deutschland zeitlich verzögert (zu einem festgelegten Zeitpunkt) für alle zwischen zwei Abrechnungszyklen aufgelaufenen Beträge. Im Internet sind Kreditkartenzahlungen durch Übermittlung des Namens des Karteninhabers, der Kreditkartennummer, der »Kartenprüfnummer sowie des Ablaufdatums möglich. Durch zusätzliche Maßnahmen (z. B. Einsatz von »3-D Secure) kann das Betrugsrisiko verringert werden.

Kreditkartenakzeptanzvertrag

Der Kreditkartenakzeptanzvertrag, auch Merchant-Vertrag genannt, wird zwischen dem Händler (Merchant) und dem »Acquirer geschlossen. Der Händler erhält daraufhin eine Vertragsunternehmensnummer (VU-Nummer) und ist damit berechtigt, Kreditkartenzahlungen entgegenzunehmen.

Kreditor

Als Zahlungsempfänger (Kreditor) bezeichnet man einen Gläubiger von Forderungen aus Lieferungen und Leistungen.

KUNO

KUNO ist die Abkürzung für „Kriminalitätsbekämpfung im unbaren Zahlungsverkehr unter Nutzung nichtpolizeilicher Organisationsstrukturen". Die KUNO-Datenbank enthält Kontodaten und ggf. auch Kartennummern von »Debitkarten, die bei der Polizei und Bundespolizei als verloren oder gestohlen gemeldet sind. Zudem werden auch Daten von Betrugsfällen bei Kontoeröffnungen eingestellt. Die Nutzung der KUNO-Datenbank ermöglicht es gesperrte bzw. gemeldete Konto- bzw. Kartennummern von der Bezahlung, z. B. in Online-Shops, auszuschließen.

A

L

Landing-Page

Eine Landing-Page ist eine speziell eingerichtete Internet-Seite, auf die man nur über einen Link aus einer Marketing-Maßnahme (z. B. Anzeige, Newsletter) oder über einen Eintrag z. B. in einer Suchmaschine gelangen kann.

Lastschrift

Die Lastschrift ist ein Instrument des bargeldlosen Zahlungsverkehrs. Bei der Ausführung einer Lastschrift erteilt der Zahlungsempfänger seiner Bank den Auftrag, vom Konto des Zahlungspflichtigen bei dessen Bank einen bestimmten Geldbetrag abzubuchen und seinem Konto gutzuschreiben.

Lastschriftmandat

Für den Einzug einer »SEPA-Lastschrift muss ein vom »Debitor unterschriebenes Lastschriftmandat vorliegen, dessen Bestandteile im SEPA-Raum vereinheitlicht sind. Es ersetzt bei der SEPA-Lastschrift die »Einzugsermächtigung des deutschen Lastschriftverfahrens. Das Mandat stellt eine Vereinbarung (Ermächtigung) zwischen dem Debitor, dem »Kreditor und der Bank des Debitors dar, fällige Beträge mittels der SEPA-Lastschrift einzuziehen. Ferner erfolgt im Mandat ein expliziter Hinweis auf das Widerrufsrecht des Debitors und den Einschluss der AGB seiner Bank.

Lead

Als Lead bezeichnet man im »E-Commerce in der Regel eine erfolgreiche Kontaktanbahnung eines Online-Händlers zu einem potenziellen Interessenten.

Logfile-Analyse

Die Logfile-Analyse bezeichnet das systematische Auswerten von Server-Protokollen (Logfiles), die z. B. das Aufrufen einer Seite oder den vom Besucher verwendeten Browser protokollieren.

M

M-Commerce

M-Commerce (auch Mobile Commerce) stellt eine Ausprägung des »E-Commerce dar, bei dem der Kaufabschluss auf einem mobilen Endgerät, wie einem Smartphone oder Tablet-Computer, über drahtlose elektronische Kommunikationsnetze vollzogen wird.

A

M-Payment-Verfahren

Unter M-Payment-Verfahren fasst man die »Zahlungsverfahren zusammen, mit denen Bezahlvorgänge über mobile Endgeräte am »Point of Sale oder im Internet abgewickelt werden können. Bei letzteren handelt es sich auch um »E-Payment-Verfahren.

Makro-Konversionsrate

Die Makro-Konversionsrate bezeichnet den Anteil der Besucher eines »Web-Shops, der einen Kauf tätigt.

Mikro-Konversionsrate

Die Mikro-Konversionsrate bezeichnet den Anteil der Besucher eines »Web-Shops, der in die nächste Stufe eines Bestellprozesses übergeht.

Mobiler Shop

Ein mobiler Shop ist eine auf die Gegebenheiten von mobilen Endgeräten angepasste Ausprägung eines Online-Shops.

Motion Player

Mithilfe des Motion Players lassen sich die Mausbewegungen und die -klicks eines einzelnen Website-Besuchers visualisieren. Der Motion Player findet im Rahmen des »Mouse-Trackings Anwendung.

MOTO

MOTO (Mail Order / Telephone Order) bezeichnet einen Teilbereich des Fernabsatzes, bei dem der Vertragsabschluss über Leistungen (Kauf- oder Dienstverträge) zwischen den beteiligten Parteien über Post, Fax oder Telefon erfolgt.

Mouse-Tracking

Mithilfe des Mouse-Trackings wird versucht das Verhalten des Besuchers auf einer Website nachzuvollziehen. Zu diesem Zweck werden die Bewegungen des Mauszeigers von Website-Besuchern aufgenommen, um sie anschließend analysieren zu können. Anhand der Verläufe kann man erkennen, welche Stellen der Website der Besucher über welchen Zeitraum betrachtet hat. Die hierbei erfassten Daten können in unterschiedlicher Form aufbereitet werden (z. B. mittels »Motion Player, »Attention Map, »Visibility Map).

Multikanalvertrieb

Unter dem Begriff Multikanalvertrieb versteht man das Angebot mehrerer Interaktionspunkte (Kanäle), um mit (potenziellen) Kunden in Kontakt zu treten. Zu diesen Kanälen können beispielsweise Online-Shops, mobile Shops, Kataloge oder auch der stationäre Handel gezählt werden.

A

N

Near Field Communication

Der Übertragungsstandard Near Field Communication (NFC) ermöglicht eine kontaktlose Datenübertragung im Nahbereich. Beispielhafte Anwendungsfälle für diese Technologie sind die Bezahlung per Handy oder Chipkarte im stationären Handel oder digitale Tickets im Bereich des öffentlichen Nahverkehrs.

Negativlisten

Auf Negativlisten werden z. B. Personen bzw. Kreditkarten- oder Kontonummern geführt, bei denen in der Vergangenheit bereits » Zahlungsstörungen aufgetreten sind. Je nach Art der » Negativmerkmale und der vorliegenden Daten lassen sich verschiedene Negativlisten unterscheiden.

Negativmerkmale

Negativmerkmale sind Informationen über das Zahlungsverhalten einer Privatperson oder eines Unternehmens. Man unterscheidet zwischen „harten" und „weichen" Negativmerkmalen. Harte Negativmerkmale liegen beispielsweise bei (Verbraucher-)Insolvenz, Abgabe der eidesstattlichen Versicherung und Haftbefehl zur Abgabe der eidesstattlichen Versicherung vor. Diese Merkmale werden in öffentlichen Registern geführt. Weiche Negativmerkmale liegen beispielsweise vor, wenn ein Inkasso-Verfahren gegen einen Schuldner geführt wird. Diese weichen Merkmale können unter bestimmten gesetzlichen Voraussetzungen von Unternehmen an Auskunfteien übermittelt und von diesen beauskunftet werden. Negativmerkmale werden häufig zur Einschätzung der Bonität eines Kunden herangezogen (» Bonitätsprüfung). Auskunfteien informieren über harte und weiche Negativmerkmale.

Nutzerkontoabhängige Verfahren

Ein nutzerkontoabhängiges Verfahren ist ein » E-Payment-Verfahren, das eine Registrierung des Nutzers beim Zahlungsverfahrensanbieter erfordert. Der Nutzer muss bei der Kontoeröffnung zahlungsverkehrsrelevante Daten angeben, wie Adresse, Telefonnummer, E-Mail-Adresse und weitere Kontoverbindungen.

Nutzerkontounabhängige Verfahren

Ein nutzerkontounabhängiges Verfahren ist ein » E-Payment-Verfahren, das keine vorherige Registrierung des Nutzers beim Zahlungsverfahrensanbieter erfordert. Vorab müssen Guthaben erworben (z. B. in Form von Seriennummern, Codes oder Karten) oder auf bestehende Karten geladen werden.

O

Online-Marketing

Online-Marketing bezeichnet alle Marketing-Maßnahmen, die online durchgeführt werden können. Hierzu zählen beispielsweise » Suchmaschinenmarketing, » Bannerwerbung sowie Newsletter-Versand.

A

P

Payment Service Provider

Ein Payment Service Provider (PSP) ist ein Unternehmen, das in der Regel mehrere »Zahlungsverfahren für Online-Shops anbietet, idealerweise über eine einzige technische Schnittstelle. Bei Kreditkartenzahlungen beispielsweise realisiert der PSP die technische Anbindung des Händlers an den »Acquirer. Zunehmend bieten PSP auch weitere umfangreiche Zahlungsdienstleistungen an, wie etwa die Authentifizierung von Verbrauchern, Konto- bzw. »Bonitätsprüfungen oder die Übernahme des Debitorenmanagements.

Pay-per-Click

Abrechnungsmodell im »Online-Marketing, bei dem pro Klick auf eine Anzeige abgerechnet wird. Häufig abgekürzt: PPC bzw. CPC (Cost-per-Click).

Pay-per-Sale

Abrechnungsmodell im »Online-Marketing, bei dem pro erfolgreichem Verkauf abgerechnet wird. Häufig abgekürzt: PPS bzw. CPS (Cost-per-Sale).

PCI DSS

Um Kreditkartendaten vor Missbrauch zu schützen, haben die Kreditkartenorganisationen einen gemeinsamen Standard, den Payment Card Industry Data Security Standard (PCI DSS), geschaffen. Dieses Regelwerk im Zahlungsverkehr besteht aus einer Liste von Anforderungen an die Rechnernetze für alle Unternehmen, die Kreditkartendaten verarbeiten, speichern oder weiterleiten (z. B. Händler, »Acquirer oder sonstige Dienstleister).

PIN

Eine PIN (persönliche Identifikationsnummer bzw. auch Geheimzahl) ist ein Code, der ursprünglich rein aus Ziffern bestand, von dem in der Regel nur eine Person Kenntnis hat. Heute kann eine PIN oftmals auch andere Zeichen enthalten. Mit der PIN kann sich eine Person gegenüber einer Maschine oder einem System authentifizieren.

Plug-in

Als Plug-in wird eine Software-Komponente bezeichnet, die den Funktionsumfang von Programmen (z. B. Web-Browsern) erweitern kann.

Point of Sale

Der Point of Sale (PoS) ist der Ort, an dem eine Kauf- bzw. Verkaufstransaktion abgewickelt wird.

Postident-Verfahren

Beim Postident-Verfahren wird die angegebene Identität einer Person durch die Deutsche Post anhand eines Personalausweises oder Reisepasses persönlich überprüft und gegenüber einem Dritten bestätigt.

ibi

A

Processing
Als Processing wird die zahlungstechnische Abwicklung des Kartengeschäfts, vor allem die Umsatzabrechnung, bezeichnet.

Prozessor
Ein Prozessor (Processor) ist ein Unternehmen, welches die zahlungstechnische Abwicklung des Kartengeschäfts vornimmt.

Prüfziffernkontrolle
Konto- und Kreditkartennummern enthalten eine oder mehrere Prüfziffern, die aus den übrigen Ziffern der jeweiligen Nummer errechnet werden. Durch eine Prüfziffernkontrolle können falsch eingegebene oder frei erfundene Konto- bzw. Kreditkartennummern besser erkannt werden. Trotzdem ist dadurch nicht sichergestellt, dass das Konto oder die »Kreditkarte auch tatsächlich existiert.

Q

Qualifizierte elektronische Signatur
Qualifizierte elektronische Signaturen sind rechtlich der handschriftlichen Unterschrift gleichgestellt. Zur Erstellung einer qualifizierten elektronischen Signatur wird eine Chipkarte, ein Kartenlesegerät sowie ein elektronisches Zertifikat eines Trust Centers benötigt.

Qualitative Besucherbefragung
Bei der qualitativen Besucherbefragung werden mithilfe eines Online-Befragungstools Besucher zu verschiedenen website-bezogenen Themen befragt (z. B. Übersichtlichkeit, Farbgestaltung).

R

Referrer
Die Adresse der verweisenden Website, von der der Besucher per Klick auf die aktuelle Seite gekommen ist.

Risikomanagement
Als Risikomanagement werden im Kontext des Bezahlens im Online-Handel Maßnahmen bezeichnet, die einem Unternehmen helfen sollen, »Zahlungsausfälle und »Zahlungsstörungen auf ein Minimum z. B. durch eine »Zahlungswegesteuerung zu begrenzen.

Risiko-Scoring
Ein Risiko-Scoring (auch Bonitäts-Scoring) ermittelt einen Punktewert (Score), der die Wahrscheinlichkeit einer »Zahlungsstörung oder eines »Zahlungsausfalls eines Kunden widerspiegelt. Zur Ermittlung dieses Scores werden häufig soziodemografische Daten, wie etwa das Alter und das Wohnumfeld, herangezogen.

ibi

A

Rücklastschrift

Bei einer Rücklastschrift wird eine »Lastschrift von der Bank des Zahlungspflichtigen nicht eingelöst und zurückgegeben. Gründe hierfür können sein, dass die Lastschrift nicht zugeordnet werden kann (z. B. Konto gesperrt, Konto erloschen, Kontonummer falsch), das Konto eine ungenügende Deckung aufweist oder der Zahlungspflichtige der Abbuchung widerspricht.

S

Sanktionslisten

Seit den Anschlägen vom 11. September 2001 werden Sanktionen von der Europäischen Union nicht mehr nur gegen einzelne Länder, sondern auch gegen bestimmte Personen, Gruppierungen und Organisationen ausgesprochen. Verstöße gegen diese Sanktionen können mit Geld- oder Freiheitsstrafen geahndet werden. Sanktionslisten ermöglichen, z. B. im Rahmen von Compliance-Checks, eine Prüfung von Kunden, Zulieferern oder Partnern eines Unternehmens gegen eine Liste von Personen, Unternehmen oder Organisationen, mit denen Geldgeschäfte und Transaktionen untersagt bzw. nur unter besonderen Auflagen erlaubt sind, um z. B. Geldwäsche und Terrorismus zu verhindern.

SCHUFA

Die SCHUFA (ursprünglich als „Schutzgemeinschaft für Absatzfinanzierung" gegründet) speichert unter anderem »Negativmerkmale, die von den Vertragspartnern der SCHUFA (insbesondere Banken, Versandhandels- und Telekommunikationsunternehmen) gemeldet werden. Auf Anfrage werden den Vertragspartnern die gespeicherten Negativmerkmale zu bestimmten Personen mitgeteilt.

Sendungsverfolgung

Durch eine Sendungsverfolgung ermöglichen es Dienstleister dem Kunden, den aktuellen Standort und Status seiner Sendungen zu überprüfen. Die für die Sendungsverfolgung notwendigen so genannten Tracking-IDs werden in der Regel aus dem Versandsystem des Versanddienstleisters automatisch erstellt und können dem Kunden durch den Online-Händler z. B. in einer Versandbestätigung mitgeteilt werden.

SEPA

Als Single Euro Payments Area (SEPA) wird der einheitliche europäische Zahlungsverkehrsraum bezeichnet, der grenzüberschreitende Euro-Zahlungen innerhalb Europas zu gleichen Preisen wie auf nationaler Ebene ermöglicht. Im Zuge von SEPA wurden auch einheitliche Zahlungsinstrumente, wie die »SEPA-Überweisung (SEPA Credit Transfer, SCT) sowie die »SEPA-Lastschrift (SEPA Direct Debit), eingeführt.

A

SEPA-Lastschrift

Mit der SEPA-Lastschrift (SEPA Direct Debit bzw. SDD) können im gesamten SEPA-Raum mit einem vereinheitlichten Verfahren Zahlungspflichtige (»Debitoren) von Zahlungsempfängern (»Kreditoren) belastet
werden. Die SEPA-Lastschrift wird derzeit in zwei Varianten angeboten: einer SEPA-Basislastschriftvariante
(SEPA Core Direct Debit), die Ähnlichkeiten zum bisherigen deutschen »Einzugsermächtigungsverfahren
aufweist, und einer speziellen SEPA-Firmenlastschriftvariante (SEPA Business to Business Direct Debit).
Letztere unterscheidet sich von der Basisvariante unter anderem dadurch, dass nach Einlösung der »Lastschrift i. d. R. keine Rückgabe mehr möglich ist (ähnlich dem bisherigen Abbuchungsauftragsverfahren)
und Fristen kürzer sind. Außerdem darf der Debitor kein Endverbraucher, sondern ausschließlich ein Fir-
men- oder Geschäftskunde sein. Die SEPA-Lastschrift ersetzt ab dem 1. Februar 2014 für Euroländer und
ab dem 1. Oktober 2016 für Nicht-Euroländer die nationalen Lastschriftverfahren im SEPA-Raum.

SEPA-Überweisung

Mit der SEPA-Überweisung (SEPA Credit Transfer bzw. SCT) können im gesamten SEPA-Raum mit einem
vereinheitlichten Verfahren Euro-Überweisungen durchgeführt werden. Die SEPA-Überweisung ersetzt ab
dem 1. Februar 2014 für Euroländer und ab dem 1. Oktober 2016 für Nicht-Euroländer vollständig die nationalen Überweisungsverfahren im SEPA-Raum.

Shop-System

Ein Shop-System umfasst die Software und die technische Umgebung, auf der ein Online-Shop aufgesetzt
ist. Das Shop-System stellt Waren und digitale Güter zum Verkauf bereit und fungiert als Schnittstelle zum
Kunden.

Social Media

Social Media, auch soziale Medien genannt, umfassen alle digitalen Medien und Technologien, die es Nutzern ermöglichen, sich untereinander auszutauschen und mediale Inhalte einzeln oder in Gemeinschaft
zu gestalten. Foren, Blogs oder soziale Netzwerke, wie Facebook, Google+ oder XING, stellen Teilbereiche
von Social Media dar.

Sperrlisten

Sperrlisten enthalten Konto- bzw. Kreditkartennummern, die z. B. gestohlen wurden oder mit denen bereits betrügerische Transaktionen durchgeführt wurden.

STEP2

STEP2 ist ein zentrales Abwicklungssystem (Clearing-System) im europäischen Massenzahlungsverkehr,
das von der Euro Banking Association (EBA) betrieben wird.

A

Sub-Shops

Neben »Web-Shops, »Auktions- und »Verkaufsplattformen sind Sub-Shops eine weitere Möglichkeit, Produkte über das Internet zu verkaufen. Dabei wird die Shop-Plattform in die Website eines Dritten integriert, um so bestimmte Produkte über dessen Website anbieten und verkaufen zu können. Der Betreiber der Shop-Plattform beteiligt den Website-Betreiber in der Regel an den Verkäufen (Provisionsmodell).

Suchfunktion

Die Suchfunktion eines »Shop-Systems ermöglicht es dem Kunden, ein bestimmtes Produkt zu finden. Um den Kunden möglichst komfortabel zum Produkt zu „führen", können eine fehlertolerante Suche sowie weitere vielfältige verkaufsfördernde Suchfunktionalitäten eingesetzt werden. Dies bezeichnet man auch als optimierte bzw. intelligente Suche und ist wesentlicher Bestandteil von „Searchandising", womit die Bedeutung und die Möglichkeit ausgedrückt wird, die Suchfunktion als verkaufsförderndes Instrument (Merchandising-Instrument) einzusetzen.

Suchmaschinenmarketing

Unter Suchmaschinenmarketing (auch Search Engine Marketing, SEM) werden alle Maßnahmen zusammengefasst, die dazu beitragen, mehr Besucher auf Websites über Suchmaschinen zu gewinnen. Suchmaschinenmarketing gliedert sich in die Unterbereiche »Suchmaschinenoptimierung und »Suchmaschinenwerbung.

Suchmaschinenoptimierung

Suchmaschinenoptimierung (auch Search Engine Optimization, SEO) umfasst alle Maßnahmen, die dazu beitragen, dass Websites in Suchmaschinen bei relevanten Suchanfragen möglichst auf den vorderen Plätzen angezeigt werden.

Suchmaschinenwerbung

Unternehmen haben bei Suchmaschinenanbietern die Möglichkeit, Anzeigen zu bestimmten Suchbegriffen zu kaufen (auch Search Engine Advertising, SEA), um Besucher für die eigene Website zu gewinnen. Diese Anzeigen werden immer dann – meist neben den natürlichen Suchergebnissen – aufgelistet, wenn nach dem vorher definierten Begriff gesucht wird.

T

TAN

TAN steht für Transaktionsnummer und ist ein Einmalpasswort, das zur Freigabe von Transaktionen verwendet wird. Die TAN findet häufig im Online-Banking Verwendung. In der Regel besteht die TAN aus mehreren Ziffern.

A

Top-Level-Domain
Jede »Domain ist einer so genannten Top-Level-Domain (TLD) untergeordnet. Dies ist der letzte Teil einer Domain, also beispielsweise „.de" bei der Domain „www.ecommerce-leitfaden.de". Die TLD bezeichnet entweder das Land, in dem der Domain-Name registriert wurde (z. B. „.de" für Deutschland), oder einen thematischen oder organisatorischen Bereich (z. B. „.org" für Organisationen, „.com" für Unternehmen (commercial) oder „.biz" für geschäftliche oder gewerbliche Nutzungen).

Treuhanddienst
Bei der Zahlungsabwicklung über einen Treuhanddienst bezahlt der Käufer in der Regel zunächst den Kaufbetrag auf ein Konto des Treuhanddienstes ein. Der Verkäufer wird benachrichtigt, dass das Geld eingegangen ist und sendet die Ware an den Käufer. Nachdem der Käufer die Ware erhalten und geprüft hat, bestätigt er den ordnungsgemäßen Wareneingang und der Kaufpreis wird – in der Regel verringert um eine Gebühr – an den Verkäufer übertragen. Der Treuhänder fungiert hierbei als eine Art Mittler und reduziert dadurch die Risiken der Transaktion sowohl für den Käufer als auch für den Verkäufer.

U

Usability
Usability, auch Benutzerfreundlichkeit bezeichnet, beschreibt die Qualität der Benutzbarkeit von Websites oder Programmen für den Benutzer. Verfügt eine Website über eine hohe Usability, so zeichnet sie sich für den Benutzer durch einen hohen Bedienkomfort und eine gute Unterstützung in der Bedienung der Website aus. Eine hohe Usability spiegelt sich in der gesteigerten Zufriedenheit des Nutzers wider.

V

Verfügbarkeitsanzeige
Eine Verfügbarkeitsanzeige ist eine Funktion des »Shop-Systems, die dem Kunden auf der Produktseite und im Warenkorb anzeigt, ob bzw. wann eine gewünschte Ware verfügbar ist. Dies geschieht in der Regel durch Abgleich mit dem aktuellen Lagerbestand oder der Disposition.

Verkaufsplattform
Verkaufsplattformen bilden das Prinzip eines Einkaufszentrums oder eines Marktplatzes im Internet nach, indem die Angebote unterschiedlicher Anbieter unter einer »Domain verfügbar gemacht werden. Für die Händler werden häufig zusätzliche Dienstleistungen, wie die Abwicklung von Zahlungen, erbracht.

A

Visibility Map

Eine Visibility Map visualisiert das aggregierte Scroll-Verhalten (Bildlauf) von Besuchern auf einer Website und zeigt weiterhin wie lange diese auf einem Abschnitt verharrt sind. So kann festgestellt werden, ob alle Bestandteile einer Website wahrgenommen wurden. Eine Visibility Map kommt im Rahmen des »Mouse-Trackings zum Einsatz.

Vorausbezahlte Karte

Der Begriff „vorausbezahlte Karte" (Prepaid-Karte) bezeichnet ein Kundenkonto, das beim Erwerb über ein Guthaben verfügt und / oder über Einzahlungen mit einem Guthaben versehen wird. Der Kunde kann stets nur maximal über den Betrag verfügen, der zuvor auf die Karte geladen wurde. Beim Bezahlen im Internet muss der Kunde z. B. einen auf der Wertkarte aufgedruckten Code und evtl. ein zusätzliches Kennwort im Browser eingeben. Anschließend wird das Guthaben auf dem Verrechnungskonto geprüft und bei ausreichender Deckung um den Kaufpreis reduziert.

W

Warenwirtschaftssystem

Als Warenwirtschaftssystem bezeichnet man eine Software, welche die Warenströme auf Basis der Geschäftsprozesse innerhalb eines Unternehmens abbildet. Es kann unter anderem häufig Angebote, Lieferscheine sowie Rechnungen verwalten und kann gerade im »Multikanalvertrieb dazu genutzt werden, den Datenbestand über alle Kanäle aktuell und synchron zu halten.

Web-Controlling

Als Web-Controlling (auch Web-Analyse) bezeichnet man alle Maßnahmen zur Erfolgskontrolle und -steuerung von Web-Auftritten durch die systematische Sammlung und Auswertung von Kunden- und Nutzungsdaten.

Web-Controlling-Lösung

Mithilfe von Web-Controlling-Lösungen können die Herkunft und das Verhalten von Besuchern einer Website werkzeuggestützt ausgewertet werden. Daraus können Handlungsempfehlungen, z. B. zur Optimierung der Website, abgeleitet werden.

Web-Shop

Ein Web-Shop (Online-Shop) ist eine Internet-Vertriebsplattform, über die physische oder digitale Produkte oder Dienstleistungen online angeboten und verkauft werden.

A

Z

Zählpixel

Kleine, für den Besucher nicht sichtbare Grafiken auf Websites oder in Newslettern. Öffnet man die Seite oder den Newsletter, wird das Herunterladen der Grafik registriert, sofern vom Nutzer oder Programm nicht unterdrückt, um statistische Auswertungen durchführen zu können.

Zahlungsausfall

Ein Zahlungsausfall liegt vor, wenn ein Teilbetrag oder die gesamte Forderung abgeschrieben werden muss und somit endgültig ausfällt.

Zahlungsdienstleister

Zahlungsdienstleister sind gemäß des Zahlungsdiensteaufsichtsgesetzes (ZAG) Unternehmen, die Zahlungsdienste, wie die Ausführung von »Lastschriften oder Überweisungen, erbringen. Dies können Banken, aber auch andere Unternehmen wie »Payment Service Provider sein.

Zahlungsrisiko

Ein Zahlungsrisiko bezeichnet die Möglichkeit, dass bei einer Forderung eine »Zahlungsstörung oder ein »Zahlungsausfall entstehen kann.

Zahlungsstörung

Eine Zahlungsstörung liegt vor, wenn der vereinbarte Zahlungsbetrag nicht fristgerecht oder vollständig gutgeschrieben oder wieder zurückgebucht wurde. Im Zeitverlauf kann entweder die Störung behoben werden oder ein »Zahlungsausfall eintreten.

Zahlungsverfahren

Zahlungsverfahren im »E-Commerce dienen zur Übertragung von Geldeinheiten und können in so genannte »klassische Zahlungsverfahren und »E-Payment-Verfahren unterschieden werden. Unter klassischen Zahlungsverfahren werden solche verstanden, die nicht speziell für den elektronischen Handel entwickelt, aber zum Teil dafür angepasst worden sind. Dies sind »Lastschrift, Überweisung, Nachnahme und »Kreditkarte. Unter den E-Payment-Verfahren versteht man hingegen Zahlungsverfahren, die speziell für die Nutzung im E-Commerce konzipiert wurden. Dies sind »Direktüberweisungsverfahren, »nutzerkontoabhängige sowie »nutzerkontounabhängige Verfahren. Werden die Bezahlvorgänge über mobile Endgeräte abgewickelt, fallen sie auch unter den Begriff »M-Payment-Verfahren.

Zahlungswegesteuerung

Die so genannte Zahlungswegesteuerung steuert in der Regel in Abhängigkeit von bestimmten Parametern (z. B. Neu- bzw. Bestandskunde oder »Risiko-Scoring) in Echtzeit den weiteren Zahlungsabwicklungsvorgang. Beispielsweise könnte beim Vorliegen eines negativen Prüfergebnisses ausschließlich das »Zahlungsverfahren Vorkasse, bei nicht negativen Prüfergebnis hingegen zusätzliche Zahlungsverfahren, wie die »Lastschrift oder Rechnung, zugelassen und somit dem Kunden angeboten werden.

ibi

A

Partner des Leitfadens

Das Projekt E-Commerce-Leitfaden wird von den folgenden namhaften Lösungsanbietern aus dem E-Commerce-Bereich unterstützt.

Abb. A-1: Partner des E-Commerce-Leitfadens 2012

Atrada

Die Atrada AG bietet Handel und Herstellern hochskalierbare E-Commerce-Lösungen. Dabei übernimmt das Unternehmen Verantwortung über die gesamte Wertschöpfungskette hinweg. Dies reicht von Beratung und Analyse über Planung und technische Umsetzung bis hin zum wirtschaftlichen Betrieb von maßgeschneiderten Handelsplattformen.

Kunden profitieren insbesondere vom langjährigen Know-how eines E-Commerce-Dienstleisters, über dessen Plattformen Monat für Monat Millionen von Web-Transaktionen aus dem B2B- und B2C-Umfeld realisiert werden. Die branchenübergreifenden Online-Geschäftsprozesse umfassen unter anderem Ticketverkäufe, Musik-Downloads und B2B-Auktionen für Kraftfahrzeuge.

Die Atrada AG mit Sitz in Nürnberg beschäftigt derzeit rund 60 Mitarbeiter. Als Vorstand und CEO zeichnet sich Konstantin Waldau verantwortlich. Das 1995 gegründete Unternehmen gehört seit 2001 als 100%ige Tochtergesellschaft zur Deutschen Telekom Gruppe.

■ Weitere Informationen: www.atrada.net

atriga

atriga besitzt als eines der wenigen Inkasso-Unternehmen eine eigene IT-Entwicklungsabteilung mit umfangreicher Erfahrung aus einer Vielzahl von Mandaten internationaler Mandanten, kleinerer und mittlerer Unternehmen ebenso, wie auch weltweit tätiger Konzerne und Unternehmen aus den unterschiedlichsten Branchen (z. B. Assekuranz, Kreditinstitute, Payment, Telekommunikation, Versandhandel).

atriga ist Partner namhafter Payment- und Shop-Software-Anbieter, Vertragspartner der SCHUFA Holding AG und der meisten Auskunfteien, Mitglied im BvCM Bundesverband Credit Management e. V. und im Bundesverband der Dienstleister für Online-Anbieter (BDOA) e. V.

Mithilfe der selbst entwickelten modernsten IT-Lösungen realisiert atriga für Mandanten hochtransparente und -automatisierte, völlig individuelle und maximal personalisierte Inkasso-Verfahren. Diese neuen Lösungen für personalisiertes Inkasso geben dem Mandanten die Möglichkeit, zusätzliche Erlös- und Kundenrückgewinnungspotenziale und – aufgrund maximaler Automatisierung – gleichzeitig innerbetriebliche Effizienzsteigerungen zu nutzen. Somit erhält man im Ergebnis also mehr Ertrag bei geringerem Aufwand.

■ Weitere Informationen: www.atriga.de

cateno

Seit über 12 Jahren steht die cateno GmbH & Co. KG für innovative Lösungen in den Bereichen Warenwirtschaft und E-Commerce. Der IT-Experte kombiniert die leistungsstarken Software-Produkte renommierter Partnerunternehmen mit intelligenten Eigenentwicklungen zu integrierten Gesamtlösungen und macht es damit möglich, die komplette Prozesskette des E-Business auf allen Verkaufskanälen in einem durchgängigen Verfahren zu bearbeiten: von Online-Shops und Auktionsplattformen über die Warenwirtschaft bis hin zur Versandlogistik und der Integration eines hochfunktionalen CRM-Systems.

Herzstück der Produktpalette bilden die Warenwirtschaftssysteme büro+ und ERP-complete aus dem Haus microtech, die in Verbindung mit den cateno-eigenen Software-Lösungen ShopSync und AuctionSync um wichtige Funktionen erweitert und optimal für den Bedarf im E-Commerce angepasst werden. Darüber hinaus umfasst das Lösungsportfolio die CRM-Lösungen von cobra computer's brainware, die Versand-Software V-LOG und das Zollabwicklungsprogramm Z-ATLAS der MHP Solution Group sowie maßgeschneiderte Individualprogrammierungen. Zudem bietet cateno ein umfassendes Dienstleistungsangebot, z. B. kompetente Beratung vor und während der Einführung der Software-Produkte sowie intensive Schulungen.

■ Weitere Informationen: www.cateno.de

ConCardis

Mit rund 30 Jahren Erfahrung im Bereich der Kartenakzeptanz zählt ConCardis zu einem der führenden Anbieter im europäischen Acquiring-Geschäft und erbringt Serviceleistungen rund um den bargeldlosen Zahlungsverkehr für ca. 400.000 Akzeptanzstellen. Als von der BaFin zugelassenes Zahlungsinstitut bietet das Unternehmen seine Produkte und Services bereits seit vielen Jahren in Deutschland, Österreich, Benelux sowie der Schweiz an und expandiert in weitere europäische Länder.

Unternehmen, die Kredit- oder Debitkarten akzeptieren möchten, erhalten ein komplettes Lösungsangebot: vom Akzeptanzvertrag und Terminal für das Präsenzgeschäft bis hin zu besonderen Dienstleistungen zur Optimierung der mit der Kartentransaktion verbundenen Abläufe. Darüber hinaus stellt ConCardis eine große Auswahl an Bezahlverfahren für den E-Commerce und den Versandhandel sowie eine eigene E-Payment-Lösung zur Verfügung. ConCardis unterstützt und berät seine Kunden bei der Einhaltung der PCI DSS-Anforderungen – den weltweiten Sicherheitsstandards für den Umgang mit Zahlungskartendaten – und betreibt ein eigenes Missbrauchspräventionssystem.

■ Weitere Informationen: www.concardis.com

creditPass

creditPass ist einer der führenden Anbieter für Bonitätsprüfungen im E-Commerce. Das Leistungsspektrum von creditPass umfasst alle relevanten Risikomanagement-Tools, wie Kontosperrlisten, ComplianceChecks, Altersprüfung, GeoIP, Adress- und Bonitätsauskünfte der renommierten Auskunfteien und Datenanbieter (bspw. accumio, Bürgel, CEG Creditreform, Deutsche Post Direkt, infoscore, KSV1870, Orell Füssli, SCHUFA). Durch die händlerindividuellen Abfrage- und Entscheidungslogiken lassen sich die unterschiedlichen Abfragetypen und Datenbanken dabei je Kaufvorgang individuell kombinieren und ermöglichen somit eine, auf den jeweiligen Einzelvorgang optimierte, automatisierte Bonitätsprüfung. Händler zahlen somit nur, was sie auch tatsächlich benötigen und gewinnen dennoch deutlich mehr Sicherheit gegenüber Bonitätsprüfungen über nur eine Auskunftei. Zudem profitieren Kunden vom jahrelangen Know-how des creditPass-Teams. Die zahlreichen Schnittstellen / Module ermöglichen eine einfache und kostengünstige Integration in bestehende (Shop-)Systeme.

Die Vorteile im Überblick:
- Alle relevanten Abfragearten
- Alle renommierten Anbieter / Datenbanken
- Individuelle Abfrage- und Entscheidungslogiken
- Keine Mindestlaufzeit, keine Mindestabnahme
- Sofortantwort
- Hohe Kosteneffizienz
- Top-Referenzen
- Einfache und schnelle Integration über bestehende Schnittstellen / Module
- Optional: Automatische Lastschriftverarbeitung und Inkasso-Weiterleitung

■ Weitere Informationen: www.creditpass.de (Partner bis Ende 2011)

etracker

Die etracker GmbH aus Hamburg ist mit mehr als 110.000 Kunden ein in Europa führender Anbieter von Produkten und Dienstleistungen zur Optimierung von Websites und Online-Marketing-Kampagnen.

etracker bietet vier am Geschäftsmodell ausgerichtete Optimisation Suites: die eCommerce Optimisation Suite für Website-Betreiber, die über das Internet Kunden gewinnen; die Website Optimisation Suite für Betreiber von Medien-, Marken- und Unternehmens-Websites; die Intranet Optimisation Suite für Mitarbeiterportale, Extra- und Intranets sowie die Enterprise Optimisation Suite für Betreiber sehr großer, hochfrequentierter Online-Auftritte.

Die umfassenden Suites integrieren alle für die jeweilige Zielgruppe wichtigen Funktionalitäten zur Web-, Usability-, Marketing- und Zufriedenheitsanalyse und können entweder abhängig vom Traffic oder erstmalig standardmäßig über eine traffic-unabhängige Flatrate lizenziert werden. Die verschiedenen Lösungen von Web-Analyse und Mouse-Tracking über Onsite-Befragungen und Feedback-Buttons bis hin zum Multi-Channel-Marketing-Controlling sind darüber hinaus auch einzeln nutz- und lizenzierbar.

etracker wurde mehrfach mit Innovationspreisen ausgezeichnet. Die etracker Lösungen überzeugen zudem durch ihr hervorragendes Preis-Leistungs-Verhältnis – und sie sind zu 100 Prozent datenschutzkonform.

■ Weitere Informationen: www.etracker.com (Partner bis Ende 2011)

ibi

exorbyte

Die exorbyte GmbH ist ein mehrfach ausgezeichnetes Software-Unternehmen, das intelligente Lösungen für Suche und Analyse in semi-strukturierten Datenmengen entwickelt. exorbyte's In-Memory SearchCube™ und dessen einzigartige Anwendungen sind weltweit führend in der Kombination aus treffsicherer Fehlertoleranz, Performanz und Individualisierbarkeit. Namhafte Kunden, wie Allianz, Aponeo, BAUR, Bundesfinanzministerium, Billiger.de, Fashion.de, Real, Vodafone, WMF und ZVAB, verdeutlichen die technologische Führerschaft.

Die speziell für Online-Shops entwickelte intelligente, fehlertolerante Produktsuche „exorbyte Commerce Search" und deren verkaufsfördernde Funktionen sind als Cloud-Lösung binnen Minuten in jeden Shop integriert und ersetzen die bestehende Suche des Shop-Systems. Zahlreiche Shops vertrauen auf die beliebte und im Preis-Leistungs-Verhältnis führende In-Shop-Suche für nachweislich mehr Usability, Conversions und Umsatz.

■ Weitere Informationen: www.exorbyte-commerce.de

Hermes Logistik Gruppe

Die Hermes Logistik Gruppe Deutschland GmbH (HLGD) gehört zu den erfolgreichsten Logistikunternehmen Europas und ist Deutschlands größter privater Logistikdienstleister bei der Zustellung an Endkunden (B2C- und C2C-Sektor).

Hermes transportiert fast alles: vom Paket über Gepäckstücke bis hin zu Möbeln und Großgeräten. Mit seinen sechs HUBs und 59 Niederlassungen ist das Hamburger Unternehmen in ganz Deutschland vertreten. Die bundesweit mehr als 14.000 Hermes PaketShops bilden Europas größtes flächendeckendes Netz von Annahmestellen für den privaten Paketversand. Dabei kommen die verlängerten Öffnungszeiten vieler PaketShops insbesondere Berufstätigen entgegen.

Versandhändler nutzen die PaketShops zudem als alternative Zustelladresse – auf Wunsch können die Kunden ihre Sendungen dort bequem abholen. Die nächste Filiale ist in Großstädten nur ca. 600 Meter und in ländlichen Gebieten im Durchschnitt nie weiter als drei Kilometer entfernt.

Hermes überzeugt unter anderem mit einer Zustellquote von mehr als 99 Prozent und einer Schadens- und Verlustquote von nur 0,03 Prozent. Zusätzlich bietet der Testsieger der Stiftung Warentest zahlreiche kundenorientierte Dienstleistungen, wie Sendungsverfolgung in Echtzeit, E-Mail-Benachrichtigungsservices, Samstagslieferung, Ablieferung bei Nachbarn, Urlaubslagerung, an.

■ Weitere Informationen: www.hermesworld.com

janolaw

Die janolaw AG mit Sitz in der Rhein-Main-Region ist mit mehr als 10-jähriger Erfahrung und weit über 200.000 Kunden einer der Top-Anbieter im Bereich Rechtsservices. Über das Online-Portal www.janolaw.de findet der Kunde komfortable und preiswerte Lösungen für seine rechtlichen Fragen und Probleme im Alltag und Beruf.

So bietet janolaw neben einer telefonischen Rechtsberatung ein umfassendes Portfolio mit mehr als 1.000 Mustern zum Download an. Abgerundet wird das Vorlagenangebot durch den Vertragsassistenten, mit dem Dokumente individuell und personalisiert online erstellt werden können. Der Assistent führt den Nutzer dabei durch einen erläuterten Frage-Antwort-Katalog und erstellt aus anwaltlich formulierten und geprüften Textbausteinen das gewünschte Dokument zusammen.

Shop-Betreiber nutzen die preiswerten Services der janolaw AG bereits seit Jahren erfolgreich für ihr Business.

Für dauerhaften Abmahnschutz mit Abmahnkostenhaftung sorgt der speziell auf den innerdeutschen Warenverkauf im Internet zugeschnittene AGB-Hosting-Service für Online-Shops. Die rechtlichen Dokumente, wie AGB, Impressum, Datenschutzerklärung und Widerrufsbelehrung, werden einmalig erstellt und durch die Schnittstellenanbindung bei Neuerungen automatisch durch die Anwälte der janolaw AG aktualisiert.

■ Weitere Informationen: www.janolaw.de

kuehlhaus

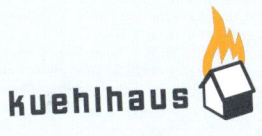

Die kuehlhaus AG gehört mit ihren Standorten in Mannheim und Karlsruhe zu den größten Internet-Agenturen in Deutschland.

Unsere Kunden, nationale sowie internationale Konzerne und mittelständische Unternehmen, schätzen uns als reaktionsschnelle und effiziente Full-Service-Internet-Agentur. Das resultiert aus unserer Erfahrung seit 1995 im Bereich Internet-Entwicklung und der Kompetenz unseres inhabergeführten Expertenteams.

Wir erkennen Potenziale, entwickeln stimmige Konzepte und Ideen und setzen diese gekonnt in Lösungen um, die die digitale Wertschöpfung unserer Kunden optimieren. Return on Invest, in Form von mehr Leads, mehr Umsatz, weniger Kosten, steht bei unseren kundenspezifischen Lösungen im Fokus. Das erreichen wir durch „Business Centered Design", der von uns entwickelten Methodik, die den Endanwender und den Betreiber in den Mittelpunkt unserer Arbeit setzt. Unterstützt wird diese Methode durch eine eigens entwickelte Software-Suite.

Unser ehrgeiziges Ziel ist es, mittels Internet-Technologie Werte für Ihr Unternehmen zu schaffen – wirtschaftlich, kreativ und technologisch. Unser Beratungsmodell ist exakt auf die Anforderungen im Bereich Internet, E-Business und Online-Marketing abgestimmt. Bei der Entwicklung von Internet-Anwendungen sind wir Innovator und setzen Trends.

■ Weitere Informationen: www.kuehlhaus.com (Partner bis Ende 2011)

mpass

mpass ist das gemeinsame Bezahlsystem von Vodafone D2, Telefónica Germany und Telekom Deutschland für E- und M-Commerce. Von dem komfortablen Service profitieren neben 25 Millionen vorregistrierten, privaten Vertragskunden der drei deutschen Telekommunikationsunternehmen auch Prepaid-Kunden und die Kunden anderer deutscher Mobilfunkanbieter. Diese können sich auf einfache Weise für mpass anmelden.

Dank der Autorisierung von Zahlungen per Handy bietet mpass den Kunden ein Höchstmaß an Sicherheit. In Planung ist ebenfalls ein Einsatz im stationären Handel. Somit wird mpass zu einem universellen Bezahlsystem – online, auf dem Handy und im stationären Kassenumfeld.

■ Weitere Informationen: www.mpass.de

PHOENIX MEDIA

Seit zehn Jahren entwickelt PHOENIX MEDIA anspruchsvolle und ganzheitliche Lösungen im E-Commerce-Bereich. Der Spezialist für Online-Shop-Systeme und strategische Beratung hat sich auch als umfassender Dienstleister für E-Business-Unternehmen einen Namen gemacht. Als Gold-Partner für MAGENTO in Deutschland und Österreich besetzt PHOENIX MEDIA am Markt eine führende Position: Namhafte Mittelstandskunden und Konzerne vertrauen auf seine erfolgreichen Komplettlösungen.

Mit seinen leistungsstarken Technologien und Partnern bietet PHOENIX MEDIA eine kunden- und zielorientierte Beratung für einen erfolgreichen Einsatz von E-Commerce-Plattformen. Und das mit Lösungen, welche bereits Händler in ganz Europa überzeugt haben.

■ Weitere Informationen: www.phoenix-media.eu

RatePAY

Die RatePAY GmbH ist der Zahlungsdienstleister für den erfolgreichen E-Commerce. RatePAY-Ratenzahlung ermöglicht Käufern den Ratenkauf im Online-Shop ohne das Postident-Verfahren. RatePAY-Rechnung bietet Käufern den klassischen Kauf auf Rechnung im Online-Shop. Ein elektronisches Lastschriftverfahren deckt RatePAY mit dem Produkt RatePAY-Lastschrift ab. Dem Händler bietet RatePAY dabei einen 100-prozentigen Schutz vor Zahlungsausfällen. RatePAY übernimmt für den Händler die gesamte Abwicklung, die Risikoprüfungen und alle Prozesse im Hintergrund, wie das Forderungsmanagement.

Mit den RatePAY-Zahlungsarten können Händler die Konversion in ihrem Shop deutlich steigern. Es kommt zu weniger Kaufabbrüchen und die Warenkörbe vergrößern sich durch die Attraktivität vom Raten- und Rechnungskauf. Händler erreichen mehr Käufer und erhöhen so ihren Umsatz.

Die RatePAY GmbH mit Sitz in Berlin wurde im Dezember 2009 von Internet- und Zahlungsdienstexperten gegründet. RatePAY gehört zur international agierenden EOS Gruppe, einem Unternehmen der Otto Group. Zu den Kunden von RatePAY zählen die Online-Shops der Travel Overland Gruppe und des Versandhandels Klingel sowie flug.de und Butlers.

■ Weitere Informationen: www.ratepay.com

Saferpay

Saferpay ist die professionelle und ausgereifte E-Payment-Lösung für die sichere und einfache Zahlungsabwicklung im Internet. Die Bezahlplattform wurde speziell für den E-Commerce- und Mail- / Phone-Order-Handel entwickelt und gehört zu den maßgebenden E-Payment-Lösungen im deutschsprachigen Markt. Über eine einzige Schnittstelle können alle gängigen nationalen und internationalen Zahlungsmittel verarbeitet werden – flexibel, einfach und sicher.

Saferpay ist ein Produkt von SIX Payment Services, dem führenden Anbieter im Bereich des bargeldlosen, elektronischen Zahlungsverkehrs in Europa. Als einer der größten Transaktionsverarbeiter unterstützt der Payment Service Provider Finanzinstitute bei der Abwicklung ihres gesamten Kartenportfolios. Über das Banken- und PCI-zertifizierte Rechenzentrum von SIX Payment Services werden täglich mehrere Millionen Finanztransaktionen sicher verarbeitet. Als eines der führenden europäischen Acquiring-Unternehmen schließt SIX Payment Services zudem mit Händlern Verträge für die Akzeptanz aller gängigen Kredit- und Debitkarten ab. Mit rund 1.100 Mitarbeitern an zehn Standorten weltweit begleitet das Tochterunternehmen von SIX Group Kunden aus 33 Ländern.

Mehr als 8.500 Händler haben sich bereits für Saferpay entschieden. Zu den Kunden zählen namhafte Unternehmen, wie Fleurop, Amway, dress-for-less, cyberport, Verlagsgruppe Weltbild, UCI Kinowelt u.v.m.

■ Weitere Informationen: www.saferpay.com

A

STRATO

Das Berliner Unternehmen STRATO ist der größte deutsche Anbieter von gehosteter E-Commerce-Standard-Software mit über 25.000 Miet-Shops im Kundenbestand. Als zweitgrößter europäischer Anbieter von Internet-Speicherplatz und Web-Anwendungen bietet STRATO Online-Festplatten, Homepage-Komplettpakete, dedizierte und virtuelle Server sowie gehostete Unternehmens-Software, wie zum Beispiel Online-Miet-Shops, an. STRATO ist ein Unternehmen der Deutschen Telekom AG und hostet 4 Millionen Domains in zwei TÜV-zertifizierten und klimaneutralen Rechenzentren.

■ Weitere Informationen: www.strato.de

xt:Commerce

Die xt:Commerce GmbH ist Entwickler und Anbieter eines der erfolgreichsten Online-Shop-Systeme weltweit. Auf der Basis von xt:Commerce 4 umfasst das Leistungsportfolio der xt:Commerce GmbH zahlreiche Produkte und Serviceleistungen rund um das Thema Online-Handel. Komplette Online-Shop-Pakete stehen Interessierten zur Verfügung, die ohne spezielle technische Vorkenntnisse sofort mit ihrem Online-Shop starten möchten.

Zusammen mit ausgesuchten Partnern, darunter ERP-Anbieter, Hosting-Provider sowie Banken, entwickelt die xt:Commerce GmbH ständig neue zukunftsweisende Technologien und Anwendungserweiterungen für die bestehende Online-Shop-Software. Zudem wurde das Portfolio durch spezielle E-Marketing-Services erweitert, die Online-Händler auch in den Bereichen Suchmaschinenoptimierung und Suchmaschinenmarketing unterstützen.

■ Weitere Informationen: www.xt-commerce.com

Unterstützer des Leitfadens

Bundesverband der Dienstleister für Online-Anbieter

Der Bundesverband der Dienstleister für Online-Anbieter (BDOA) mit Sitz in Köln ist ein Zusammenschluss von Unternehmen, Institutionen und Einzelpersonen aus den Bereichen Mehrwertdienste und E-Commerce. Die Mitglieder erforschen, entwickeln und produzieren virtuelle Ausstattungen für Online-Dienste und Versandhandelsplattformen.

■ Weitere Informationen: www.bdoa.de

Bundesministerium für Bildung und Forschung

GEFÖRDERT VOM

Im Rahmen des Forschungsprojekts „Stärkung der internationalen Wettbewerbsfähigkeit von KMU durch Internationalisierung von Finanzdienstleistungen" unterstützt das Bundesministerium für Bildung und Forschung (BMBF) den E-Commerce-Leitfaden.

■ Weitere Informationen: www.bmbf.de

Bundesverband des Deutschen Versandhandels

Der Bundesverband des Deutschen Versandhandels e.V. (bvh) mit Sitz in Berlin wurde im Jahr 1947 in Solingen gegründet und setzt sich seitdem für die Interessen seiner Mitglieder ein. Die über 330 bvh-Mitgliedsunternehmen repräsentieren rund 75 Prozent des gesamten Umsatzes der Online- und Versandhändler in Deutschland. Weiterhin sind dem bvh über 100 namhafte Dienstleister der Branche angeschlossen.

■ Weitere Informationen: www.bvh.info

Handelsverband Deutschland

Seit 1919 ist der Handelsverband Deutschland (HDE) die Spitzenorganisation des deutschen Einzelhandels und das legitimierte Sprachrohr der Branche gegenüber der Politik. Dabei kann er auf die breite Unterstützung von zahlreichen Landes- und Regionalverbänden sowie von Fachverbänden bauen. Im HDE haben sich rund 100.000 Mitgliedsunternehmen aller Branchen, Standorte und Größenklassen des Einzelhandels zusammengeschlossen.

■ Weitere Informationen: www.einzelhandel.de

IHK Regensburg für Oberpfalz / Kelheim

Die IHK Regensburg repräsentiert die regionale gewerbliche Wirtschaft in der Oberpfalz und dem Landkreis Kelheim. Gesetzlich übertragene Aufgaben leistet die IHK unbürokratisch und wirtschaftsnah an Stelle des Staates. Durch verschiedene Produkte und Dienstleistungen unterstützt die IHK die Unternehmen, sich selbst weiterzuentwickeln, um die Stärke und Wettbewerbsfähigkeit der Region und der deutschen Wirtschaft auszubauen.

■ Weitere Informationen: www.ihk-regensburg.de

ibi

Abkürzungen

A

4DBC	Four Digit Batch Code
AG	Aktiengesellschaft
AGB	Allgemeine Geschäftsbedingungen
AGOF	Arbeitsgemeinschaft Online Forschung
ASV	Approved Scanning Vendor
AWV	Außenwirtschaftsverordnung
B2B	Business to Business
B2C	Business to Consumer
BattG	Batteriegesetz
BDOA	Bundesverband der Dienstleister für Online-Anbieter
BDSG	Bundesdatenschutzgesetz
BGB	Bürgerliches Gesetzbuch
BGB-InfoV	BGB-Informationspflichten-Verordnung
BIC	Business Identifier Code
BIP	Bruttoinlandsprodukt
BITKOM	Bundesverband Informationswirtschaft, Telekommunikation und neue Medien
BLZ	Bankleitzahl
BMBF	Bundesministerium für Bildung und Forschung
BMF	Bundesministerium der Finanzen
BMWi	Bundesministerium für Wirtschaft und Technologie
BSI	Bundesamt für Sicherheit in der Informationstechnik
BVDW	Bundesverband Digitale Wirtschaft
bvh	Bundesverband des Deutschen Versandhandels
C2C	Consumer to Consumer
CEO	Chief Executive Officer
CID	Card Identification Number
CPA	Cost per Action
CPC	Cost per Click
CPX	Cost per Transaction
CRM	Customer Relationship Management
CVC	Card Verification Code
CVV	Card Verification Value
DENIC	Deutsches Network Information Center
DK	Die Deutsche Kreditwirtschaft

ibi

DL-InfoV	Dienstleistungs-Informationspflichten-Verordnung
DLR	Deutsches Zentrum für Luft- und Raumfahrt
DPMA	Deutsches Patent- und Markenamt
DTA	Datenträgeraustausch
DTAUS	Datenträgeraustauschverfahren
DTAZV	Datenträgeraustausch Auslandszahlungsverkehr
DTI	Datenträgeraustausch Information
EBA	Euro Banking Association
ec	electronic cash
ECL	E-Commerce-Leitfaden
EDI	Electronic Data Interchange
EG	Europäische Gemeinschaft
EGBGB	Einführungsgesetz zum Bürgerlichen Gesetzbuche
EK	Europäische Kommission
ELV	Elektronisches Lastschriftverfahren
EMV	Europay / MasterCard / Visa
EPC	European Payments Council
ERP	Enterprise Resource Planning
ESZB	Europäisches System der Zentralbanken
EU	Europäische Union
EuGH	Europäischer Gerichtshof
EWR	Europäischer Wirtschaftsraum
FAQ	Frequently Asked Questions
GbR	Gesellschaft bürgerlichen Rechts
GDPdU	Grundsätze zum Datenzugriff und zur Prüfbarkeit digitaler Unterlagen
GmbH	Gesellschaft mit beschränkter Haftung
GoBS	Grundsätze ordnungsmäßiger DV-gestützter Buchführungssysteme
GPRS	General Packet Radio Service
GRUR	Deutsche Vereinigung für gewerblichen Rechtsschutz und Urheberrecht
HDE	Handelsverband Deutschland
HRB	Handelsregister Abteilung B
HTML	Hypertext Markup Language
HTTP	Hypertext Transfer Protocol
IBAN	International Bank Account Number

ibi

A

ID	Identification
IHK	Industrie- und Handelskammer
IP	Internet Protocol
ISO	International Organization for Standardization
IT	Informationstechnik
KG	Kommanditgesellschaft
KMU	Kleine und mittlere Unternehmen
KPN	Kartenprüfnummer
LCD	Liquid Crystal Display
MarkenG	Markengesetz
MCC	Merchant Category Code
MOTO	Mail Order / Telephone Order
MPI	Merchant Server Plug-in
MwSt	Mehrwertsteuer
NFC	Near Field Communication
OHG	Offene Handelsgesellschaft
PAngV	Preisangabenverordnung
PCI	Payment Card Industry
PCI DSS	Payment Card Industry Data Security Standards
PDF	Portable Document Format
PIN	Persönliche Identifikationsnummer
POS	Point of Sale
PPC	Pay per Click
PPL	Pay per Lead
PPS	Pay per Sale
PSP	Payment Service Provider
QSA	Qualified Security Assessor
RSS	Really Simple Syndication
RVG	Gesetz über die Vergütung der Rechtsanwältinnen und Rechtsanwälte
SaaS	Software as a Service
SAQ	Self-Assessment Questionnaire
SCT	SEPA Credit Transfer
SDD	SEPA Direct Debit
SEA	Search Engine Advertising
SEO	Search Engine Optimization

ibi

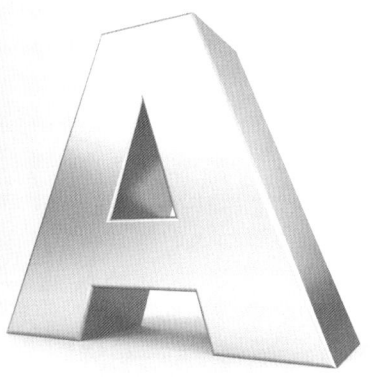

SEPA	Single Euro Payments Area
SLA	Service Level Agreement
SMS	Short Message Service
SWIFT	Society for Worldwide Interbank Financial Telecommunication
TAN	Transaktionsnummer
TARGET2	Trans-European Automated Real-time Gross Settlement Express Transfer System
TKP	Tausenderkontaktpreis
TLD	Top-Level-Domain
TMG	Telemediengesetz
UMTS	Universal Mobile Telecommunications System
UNIFI	UNIversal Financial Industry message scheme
UrhG	Gesetz über Urheberrecht und verwandte Schutzrechte
URI	Uniform Resource Identifier
URL	Uniform Resource Locator
USP	Unique Selling Proposition
USt	Umsatzsteuer
UStDV	Umsatzsteuer-Durchführungsverordnung
UStG	Umsatzsteuergesetz
UWG	Gesetz gegen den unlauteren Wettbewerb
VerpackV	Verpackungsverordnung
VersVermV	Versicherungsvermittlungsverordnung
VP	Vertragspartner
VU	Vertragsunternehmen
W3C	World Wide Web Consortium
WIPO	World Intellectual Property Organization
XML	Extensible Markup Language
ZAG	Zahlungsdiensteaufsichtsgesetz
ZPO	Zivilprozessordnung

ibi

Abbildungen

›› 4. BEZAHLEN BITTE – EINFACH, SCHNELL UND SICHER!

ibi

》 5. KEINE CHANCE OHNE RISIKOMANAGEMENT – SCHÜTZEN SIE SICH VOR ZAHLUNGSSTÖRUNGEN

>> 6. VERSAND – VOM SHOP ZUM KUNDEN

>> 7. GESCHÄFTE OHNE GRENZEN – IM AUSLAND VERKAUFEN

ibi

Checklisten

2. IM INTERNET VERKAUFEN – ABER RICHTIG!

3. LASST ZAHLEN SPRECHEN – KONVERSIONSRATEN STEIGERN DURCH WEB-CONTROLLING

4. BEZAHLEN BITTE – EINFACH, SCHNELL UND SICHER!

5. KEINE CHANCE OHNE RISIKOMANAGEMENT – SCHÜTZEN SIE SICH VOR ZAHLUNGSSTÖRUNGEN

6. VERSAND – VOM SHOP ZUM KUNDEN

7. GESCHÄFTE OHNE GRENZEN – IM AUSLAND VERKAUFEN

Infoboxen

A

 2. IM INTERNET VERKAUFEN – ABER RICHTIG!

3. LASST ZAHLEN SPRECHEN – KONVERSIONSRATEN STEIGERN DURCH WEB-CONTROLLING

ibi

Infoboxen

A

ibi

A

》 6. VERSAND – VOM SHOP ZUM KUNDEN

》 7. GESCHÄFTE OHNE GRENZEN – IM AUSLAND VERKAUFEN

ibi

EXPERTENINTERVIEWS

A

4. BEZAHLEN BITTE – EINFACH, SCHNELL UND SICHER!

5. KEINE CHANCE OHNE RISIKOMANAGEMENT – SCHÜTZEN SIE SICH VOR ZAHLUNGSSTÖRUNGEN

6. VERSAND – VOM SHOP ZUM KUNDEN

7. GESCHÄFTE OHNE GRENZEN – IM AUSLAND VERKAUFEN

Literatur

AGOF 2012

AGOF – Arbeitsgemeinschaft Online-Forschung e. V.: internet facts 2012-01.
www.agof.de/index.download.f4f9c262ba4604cd4e1157060fcc2140.zip (2012), Abruf am 23.04.2012

Atradius 2011

Atradius Kreditversicherung: Atradius Zahlungsmoralbarometer – Ergebnisse Herbst 2011.
www.atradius.de/images/stories/Atradius_Zahlungsmoralbarometer_Studie_Herbst_2011.pdf (2011),
Abruf am 23.04.2012

BMWi 2006

Bundesministerium für Wirtschaft und Technologie: e-f@cts zum Thema „Online-Shop".
www.bmwi.de/Dateien/BMWi/PDF/e-facts/e-f_40cts-nr-19-online-shops,property=pdf,bereich=bmwi,
sprache=de,rwb=true.pdf, Abruf am 04.07.2012

BMWi 2012

Bundesministerium für Wirtschaft und Technologie: Rechtliche Bestimmungen im E-Commerce.
www.bmwi.de/BMWi/Navigation/Mittelstand/e-business,did=187964.html (2012), Abruf am 23.04.2012

Bundesverband Deutscher Inkasso-Unternehmen 2011

Bundesverband Deutscher Inkasso-Unternehmen e. V.: Herbstumfrage 2011.
www.inkasso.de/_downloads/387.pdf (2011), Abruf am 09.05.2012

Coface 2012

Coface: Das Coface-System der Länderbewertung.
www.laenderrisiken.de/cofaceratingsystem.php (2012), Abruf am 03.04.2012

Destatis 2011a

Statistisches Bundesamt: Unternehmen und Arbeitsstätten – Nutzung von Informations- und Kommunikationstechnologien in Unternehmen.
www.destatis.de/DE/Publikationen/Thematisch/Informationsgesellschaft/Unternehmen/Informations
technologieUnternehmen5529102117004.pdf?__blob=publicationFile (2011), Abruf am 23.04.2012

Destatis 2011b

Statistisches Bundesamt: Wirtschaftsrechnungen – Private Haushalte in der Informationsgesellschaft –
Nutzung von Informations- und Kommunikationstechnologien.
www.destatis.de/DE/Publikationen/Thematisch/EinkommenKonsumLebensbedingungen/Private
Haushalte/PrivateHaushalteIKT2150400117004.pdf?__blob=publicationFile (2011), Abruf am 23.04.2012

Deutsche Bank 2012

Deutsche Bank; Bundesverband der Deutschen Industrie: SEPA-Leitfaden.
www.bdi.eu/download_content/120224_TS_Broschuere_SEPA_Checkliste_BDI_D_A4_SCREEN%281%29.
pdf (2012), Abruf am 23.04.2012

Deutsche Bundesbank 2012

Deutsche Bundesbank: SEPA – Der einheitliche Euro-Zahlungsverkehrsraum.
www.bundesbank.de/Redaktion/DE/Standardartikel/Kerngeschaeftsfelder/Unbarer_Zahlungsverkehr/
sepa_lastschriften.html (2012), Abruf am 29.05.2012

EPC 2009

European Payments Council: SEPA Requirements for an Extended Character Set.
www.europeanpaymentscouncil.eu/knowledge_bank_download.cfm?file=EPC217-08%20Best%20
Practices%20-SEPA%20Requirements%20for%20Character%20Set.pdf (2009), Abruf am 19.03.2012

EPC 2011a

European Payments Council: SEPA Business to Business Direct Debit Rulebook Version 3.1.
www.europeanpaymentscouncil.eu/knowledge_bank_download.cfm?file=EPC222-07%20SDD%20
B2B%20RB%20v3.1%20Approved.pdf (2011), Abruf am 19.03.2012

EPC 2011b

European Payments Council: SEPA Core Direct Debit Rulebook Version 5.1.
www.europeanpaymentscouncil.eu/knowledge_bank_download.cfm?file=EPC016-06%20Core%20
SDD%20RB%20%20V5.1%20Approved.pdf (2011), Abruf am 19.03.2012

Eurostat 2011

Eigene Berechnungen auf Basis von Eurostat-Datentabellen.
www.epp.eurostat.ec.europa.eu/tgm/table.do?tab=table&init=1&plugin=1&language=de&pcode=tps00001
und appsso.eurostat.ec.europa.eu/nui/show.do?dataset=isoc_pibi_use (2011), Abruf am 23.04.2012

Weitere Informationen unter:
www.ecommerce-leitfaden.de/studien

ibi research (E-Commerce-Leitfaden-Studien 2011)
Eigene Berechnungen auf Basis der Quellen ibi research (Shop-Systeme, Warenwirtschaft und Versand –
So verkaufen Online-Händler 2011), ibi research (So steigern Online-Händler ihren Umsatz 2011),
ibi research (Zahlungsabwicklung im E-Commerce 2011)

ibi research (E-Payment-Barometer – Fokus: E-Commerce-Trends 2011)
Wittmann, G.; Stahl, E.; Weinfurtner, S.; Pur, S.: E-Payment-Barometer – Trends und aktuelle
Entwicklungen im E-Payment. Fokus: E-Commerce-Trends 2012. Regensburg 2011

ibi research (E-Payment-Barometer – Fokus: Internationalisierung 2011)
Wittmann, G.; Stahl, E.; Weinfurtner, S.; Weisheit, S.; Pur, S.: E-Payment-Barometer –
Trends und aktuelle Entwicklungen im E-Payment. Fokus: Internationalisierung. Regensburg 2011

ibi research (E-Payment-Barometer – Fokus: Mobile Payment 2011)
Wittmann, G.; Weinfurtner, S.; Stahl, E.; Weisheit, S.; Pur, S.: E-Payment-Barometer –
Trends und aktuelle Entwicklungen im E-Payment. Fokus: Mobile Payment. Regensburg 2011

ibi research (E-Payment-Barometer – Fokus: Zahlungsausfälle 2011)
Wittmann, G.; Stahl, E.; Weinfurtner, S.; Weisheit, S.; Pur, S.: E-Payment-Barometer –
Trends und aktuelle Entwicklungen im E-Payment. Fokus: Zahlungsausfälle. Regensburg 2011

ibi research (Elektronische Rechnungsabwicklung – einfach, effizient, sicher: Teil I 2010)
Weisheit, S.; Stahl, E.; Wittmann, G.; Pur, S.: Elektronische Rechnungsabwicklung –
einfach, effizient, sicher: Teil I: Rahmenbedingungen und Marktüberblick. Regensburg 2010

ibi research (Elektronische Rechnungsabwicklung – einfach, effizient, sicher: Teil II 2011)
Weisheit, S.; Pur, S.; Stahl, E.; Wittmann, G.: Elektronische Rechnungsabwicklung –
einfach, effizient, sicher: Teil II: Fallbeispiele erfahrener Unternehmen. Regensburg 2011

ibi research (Elektronische Rechnungsabwicklung – einfach, effizient, sicher: Teil III 2011)
Weisheit, S.; Stahl, E.; Pur, S.; Wittmann, G.: Elektronische Rechnungsabwicklung –
einfach, effizient, sicher: Teil III: Fakten aus der Unternehmenspraxis. Regensburg 2011

ibi research (Elektronische Rechnungsabwicklung – einfach, effizient, sicher: Teil IV 2012)
Pur, S.; Stahl, E.; Wittmann, G.; Weisheit, S.: Elektronische Rechnungsabwicklung –
einfach, effizient, sicher: Teil IV: Leitfaden zur Einführung. Regensburg 2012

Weitere Informationen unter:
www.ecommerce-leitfaden.de/studien

A

ibi research (Erfolgsfaktor Payment 2008)
Stahl, E.; Breitschaft, M.; Krabichler, T.; Wittmann, G.: Erfolgsfaktor Payment –
Der Einfluss der Zahlungsverfahren auf Ihren Umsatz. Regensburg 2008

ibi research (Geschäfte ohne Grenzen – E-Commerce international 2012)
Wittmann, G.; Stahl, E.; Weinfurtner, S.; Pur, S.; Schneider, C.:
Geschäfte ohne Grenzen – E-Commerce international. Regensburg 2012

ibi research (Multikanalvertrieb: ganz klar! Aber wie? 2012)
Schneider, C.; Wittmann, G.; Stahl, E.; Weinfurtner, S.; Pur, S.:
Multikanalvertrieb: ganz klar! Aber wie? – Fakten aus dem deutschen (Online-)Handel. Regensburg 2012

ibi research (Shop-Systeme, Warenwirtschaft und Versand – So verkaufen Online-Händler 2011)
Wittmann, G.; Stahl, E.; Weinfurtner, S.; Weisheit, S.; Pur, S.:
Shop-Systeme, Warenwirtschaft und Versand – So verkaufen Online-Händler. Regensburg 2011

ibi research (So steigern Online-Händler ihren Umsatz 2011)
Bauer, C.; Wittmann, G.; Stahl, E.; Weisheit, S.; Pur, S.; Weinfurtner, S.:
So steigern Online-Händler ihren Umsatz – Fakten aus dem deutschen Online-Handel. Regensburg 2011

ibi research (Total global? 2010)
Weisheit, S.; Krabichler, T.; Wittmann, G.; Stahl, E.:
Total global? – Die Bedeutung regionaler Kunden für Online-Händler. Regensburg 2010

ibi research (Übertragung von Zahlungsdaten 2012)
Wittmann, G.; Stahl, E.; Weinfurtner, S.; Schneider, C.; Pur, S.:
Übertragung von Zahlungsdaten – So läuft das bei Ihnen!
www.ecommerce-leitfaden.de/uebertragung-von-zahlungsdaten-so-laeuft-das-bei-ihnen.html (2012),
Abruf am 23.04.2012

ibi research (Zahlungsabwicklung im E-Commerce 2011)
Weinfurtner, S.; Weisheit, S.; Wittmann, G.; Stahl, E.; Pur S.:
Zahlungsabwicklung im E-Commerce – Fakten aus dem deutschen Online-Handel. Regensburg 2011

ibi

IHK Hannover 2012

Industrie- und Handelskammer Hannover: Anbieterkennzeichnung / Impressum auf Websites.
www.hannover.ihk.de/uploads/media/Merkblatt_IHK_Hannover_Impressum_03.pdf (2010),
Abruf am 23.05.2012

IHK München 2012

IHK für München und Oberbayern: Merkblatt Export Checkliste.
www.muenchen.ihk.de/mike/ihk_geschaeftsfelder/international/Anhaenge/Export-Checkliste2.pdf
(2012), Abruf am 03.04.2012

Initiative D21 2012

Initiative D21: Empfohlene Online-Gütesiegel.
www.internet-guetesiegel.de (2012), Abruf am 12.04.2012

MasterCard 2011

MasterCard: Chargeback Guide.
www.mastercard.com/us/wce/PDF/TB-Entire_Manual.pdf (2011), Abruf am 23.04.2012

van den Berg 2012

van den Berg: SEPA-Lastschrift.
www.vdb.de/SEPA-Lastschrift-1.aspx (2012), Abruf am 24.04.2012

Visa 2011

Visa: Chargeback Management Guidelines for Visa Merchants.
www.usa.visa.com/download/merchants/chargeback-management-guidelines-for-visa-merchants.pdf
(2011), Abruf am 23.04.2012

Über ibi research

research
an der Universität Regensburg

Das Beratungs- und Forschungsinstitut ibi research an der Universität Regensburg GmbH betreibt anwendungsorientierte Forschung und Beratung mit Schwerpunkt auf Innovationen rund um Finanzdienstleistungen.

Auf Basis seiner Kernkompetenzen konzentriert sich ibi research auf vier Geschäftsfelder: Retail Banking, E-Commerce & Zahlungsverkehr, Business Process & Quality Management sowie Governance, Risk & Compliance Management.

Seit 1993 bildet ibi research eine Brücke zwischen Universität und Praxis. Zugleich bietet ibi research umfassende Beratungsleistungen zur Umsetzung der Forschungs- und Projektergebnisse an.

ibi-Grundsätze:

- ibi research entwickelt Ergebnisse stets mit zwei Zielen: hohe inhaltliche Qualität und kommerzielle Attraktivität für Partner und Kunden.

- ibi research verbindet in herausragender Weise anspruchsvolle wissenschaftliche Standards und breite Praxiserfahrung.

- ibi research arbeitet mit einem guten Mix aus erfahrenen und jüngeren Mitarbeitern, die gleichermaßen kompetent und motiviert sind.

- ibi research arbeitet grundsätzlich in Projektform. Dies sind multilaterale Konsortialprojekte oder bilaterale Projekte, für den privatwirtschaftlichen oder den öffentlichen Bereich, außerdem ibi-interne Projekte.

- ibi research dokumentiert die Ergebnisse der Arbeit systematisch und bietet sie den ibi-Partnern sowie – mit definierten Einschränkungen – interessierten Dritten in unterschiedlichen Formaten an.

- ibi research ist zudem Initiator und Herausgeber des E-Commerce-Leitfadens. Um Antworten auf die wichtigsten Fragen rund um den elektronischen Handel zu geben, hat sich bereits 2008 in diesem Projekt ein Konsortium bestehend aus namhaften Lösungsanbietern und ibi research zusammengeschlossen. Die Leitfadenpartner bündeln in diesem Projekt ihr Know-how und ihre Erfahrungen, um zusammen mit ibi research die wichtigsten Informationen für Online-Händler und solche, die es werden wollen, in einfach verständlicher und prägnanter Form zusammenzustellen.

- ibi research ist im Rahmen eines deutschlandweiten E-Business-Netzwerks Träger eines Informationsbüros in Ostbayern. Im Rahmen des vom Bundesministerium für Wirtschaft und Technologie (BMWi) geförderten Netzwerks informiert ibi research zu den Themen E-Commerce und E-Finance (www.ecommerce-ostbayern.de).

» Weitere Informationen: www.ibi.de

Notizen

Notizen